中国经济学名家文集（多卷本）系列

汪海波文集

第三卷

经济管理出版社
ECONOMY & MANAGEMENT PUBLISHING HOUSE

图书在版编目（CIP）数据

汪海波文集/汪海波著. —北京：经济管理出版社，2011.2
ISBN 978-7-5096-1291-0

Ⅰ.①汪…　Ⅱ.①汪…　Ⅲ.①经济—文集　Ⅳ.①F-53

中国版本图书馆 CIP 数据核字（2011）第 040496 号

出版发行：经济管理出版社
地　　址：北京市海淀区北蜂窝 8 号中雅大厦 11 层
邮　　编：100038
电　　话：(010) 51915602
印　　刷：三河市海波印务有限公司
经　　销：新华书店
责任编辑：勇　生
责任印制：黄　铄
责任校对：超　凡

720mm×1000mm/16　　　350.75 印张　5406 千字
2011 年 6 月第 1 版　　　2011 年 6 月第 1 次印刷
定　　价：980.00 元（全十卷）
书　　号：ISBN 978-7-5096-1291-0

作者像

目 录

中华人民共和国
工业经济史*
(1949.10~1998)

* 本著由山西经济出版社 1998 年 12 月出版。

序

一、中华人民共和国工业经济史研究的任务

为了创立工业经济史这门新学科，推动经济学和管理学的研究、教学和经济、企业管理工作，深入开展中华人民共和国工业经济史（以下简称工业经济史）的研究，很有必要。

基于经济工作和研究工作的实际需要，以及工业经济史研究现状，再考虑到我国有关主管部门已经将管理学从经济学分离出来的情况，可以考虑将工业经济史的研究任务确定为：通过工业经济发展史实的研究和叙述，具体地阐明工业生产关系（包括基本经济制度及其各种实现形态）和生产力以及经济管理和企业管理发展的历史过程和客观规律。可见，工业经济史是一门横跨经济学、管理学和历史学的学科。但就它的主体内容来说，属于经济学和管理学；就它的叙述形式来说，属于历史学。笔者在过去的论述中给工业经济史下定义时，只提到经济学和历史学，未提管理学，看来是不全面的。

二、工业经济史研究的指导思想

研究新中国工业经济史这门学科，需要遵循下列指导思想：在马克思列宁主义指导下，从中国的实际情况出发，去探索工业经济发展的历史过程及其规律。

过去的历史唯心主义者虽然也承认历史现象的规律性，但他们不能把这些现象的变化看作是客观的历史过程，只限于指出支配这些历史现象的社会思想和人的目的，而不是把这些思想和目的归结为物质的社会关系，即客观的社会生产关系。与此根本相反，历史唯物主义"之所以第一次使科学的社会学的出现成为可能，还由于只有把社会关系归结于生产关系，把生产关系归结于生产力的高度，才能有可靠的根据把社会形态的发展看作自然历史过程。不言而喻，没有这种观点，也就不会有社会科学"。① 毫无疑问，马克思列宁主义的这个基本原理应该成为我们研究新中国工业经济史这门学科的指导思想。从一定意义上说，马克思列宁主义的这个基本原理对于这门学科的研究还有特殊重要的意义：

第一，就新中国工业经济史这门学科的任务来说，它是要探索工业中生产关系和生产力发展的历史过程及其规律，同时要研究有关的社会主义上层建筑的作用。很显然，如果没有历史唯物主义关于生产力和生产关系以及经济基础和上层建筑相互关系的原理作指导，工业中生产关系和生产力的历史发展过程及其规律是不可能得到阐明的，对社会主义上层建筑在工业上发生的作用也不可能作出正确的评价，这门学科的研究任务也就无法完成。

第二，就新中国工业经济史这门学科所要研究的史料来说，也有三种情况值得注意：（1）这门学科研究的史料涉及到生产关系、生产力和上层建筑这样极为广阔的领域，情况十分复杂。再加以人的认识过程本身具有曲折性。这样，在研究过程中，就很可能发生"把认识的某一个特征、方面、部分片面地、夸大地……发展（膨胀扩大）为脱离了物质、脱离了自然、神化了的绝对"，就很可能把"认识这一曲线的任何一个片断、碎片、小段都能被变成（被片面地变成）独立的、完整的直线"。而这种"直线性和片面性"，"就是唯心主义的认识论根源"。②（2）工业中的社会主义生产关系的建立和生产力的发展，都是由无产阶级国家领导实现的。在计划经济体制下，尤其是这样。这种情况很容易使人们误认为，社会主义的上层建筑可以决定社会主义的经济基础和生产力，而不是生

---

① 《列宁全集》第 1 卷，人民出版社 1963 年版，第 120 页。
② 《列宁选集》第 2 卷，人民出版社 1972 年版，第 715 页。

产力决定社会主义的生产关系，经济基础决定上层建筑。（3）在社会主义社会的初级阶段，由于缺乏经验及其他原因，无论在处理生产关系或者在组织生产力方面，都存在着许多不成熟的、不完善的地方，甚至发生严重的错误。这样，业已存在的工业经济史料就会有两种情形：一种是反映了工业中的生产关系和生产力发展规律的；一种是没有完全反映甚至是根本违反了这些规律的。显然，对工业经济史料的鉴别、取舍和分析，没有马克思列宁主义的武器，也是难以做好的。这三点都说明，工业经济史的研究，更需要马克思列宁主义的指导。

在论到马克思列宁主义的指导作用时，需要强调毛泽东思想在这方面的特别重要意义。作为党的集体智慧结晶的毛泽东思想，是马克思列宁主义的普遍真理和中国革命和建设的具体实践相结合的产物，因而不仅对我国的社会主义革命和社会主义建设，而且对我国的社会科学研究（包括工业经济史这门学科的研究），都有更直接的指导意义。

在论到马克思列宁主义的指导作用时，尤其需要强调邓小平理论在这方面极重要的指导意义。毛泽东思想是马克思列宁主义发展的一个新的阶段。邓小平理论又是一个新的发展阶段。[①] 这个理论"是在和平与发展成为时代主题的历史条件下，在我国改革开放和社会主义现代化建设的实践过程中，在总结我国社会主义胜利和挫折的历史经验并借鉴其他社会主义国家兴衰成败历史经验的基础上，逐步形成和发展起来的。它是马克思列宁主义基本原理与当代中国实际和时代特征相结合的产物，是毛泽东思想的继承和发展，是全党全国人民集体智慧的结晶，是中国共产党和中国人民最可宝贵的精神财富"。[②] 这个理论不仅是今后党和人民进行社会主义经济建设和改革开放的基本指导思想，也是我们总结新中国历史（包括新中国工业经济史）的基本指导思想。在这方面，这个理论具有更全面、更现实和更深远的指导意义。所谓更全面，就是在总结新中国成立40多年正、反两方面经验（主要是"左"的错误）的基础上发展起来的理论，有助于人们去鉴别工业发展过程中的"左"的错误，并注意防止右的倾向，从而达到全面总结工业发展的历史经验和揭示工

---

① 汪海波：《论社会主义市场经济》，《中国工业经济研究》1992年第12期。
②《中国共产党第十四次代表大会文件汇编》，人民出版社1992年版，第15~16页。

业经济发展规律的目的。所谓更现实，就是依据社会主义建设实践及其需要发展起来的理论，有助于人们立足于当前工业现代化建设的要求去总结工业发展的历史经验和探索工业经济发展规律，做到古为今用。所谓更深远，就是这样发展起来的理论，有助于人们去探索工业未来的发展趋势。

在论到邓小平理论在这方面的指导意义时，还需注意党的十五大对邓小平理论所作的重要发展。党的十五大最伟大的历史功绩就是把邓小平理论确定为党的指导思想。同时，党的十五大又对邓小平理论作了一系列的重大发展。仅就经济改革方面来说，最重要的有：关于社会主义初级阶段基本经济制度的分析；关于公有制含义的分析；关于公有制主体地位和国有经济主导作用的分析；关于公有制实现形式的分析；关于按劳分配和按生产要素分配相结合的分析；等等。①

三、工业经济史研究的方法

第一，实事求是是辩证唯物论认识论的基本要求，是一切研究工作的基本方法。因此，工业经济发展的史实，就成为工业经济史研究工作的基本出发点。一般说来，马克思主义理论"和任何理论一样，至多只能指出基本的和一般的东西，只能大体上概括实际生活中的复杂情况"。②而且，"自然界在人的思想中的反映，应当了解为不是'僵死的'，不是'抽象的'，不是没有运动的，不是没有矛盾的，而是处在运动的永恒过程中，处在矛盾的产生和解决的永恒过程中的"。③社会界在人的思想中的反映亦复如此。这样，"一个事物的概念和它的现实，就像两条渐近线一样，一齐向前延伸，彼此不断接近，但是永远不会相交"。④因而，像任何科学研究工作一样，新中国工业经济史这门学科的研究工作如果从原则出发，而不从实际情况出发，就不可能完成它的使命。

但是，这里所说的史实，必须是经过批判地审查过的、去伪存真的，

①《中国共产党第十五次全国代表大会文件汇编》，人民出版社1997年版，第21~26页。
②《列宁全集》第24卷，人民出版社1963年版，第25页。
③《列宁全集》第38卷，人民出版社1963年版，第208页。
④《马克思恩格斯全集》第39卷，人民出版社1975年版，第408页。

而不是虚实混杂的；是"从事实的全部总和、从事实的联系去掌握事实"，而不是"片断的和随便排出来的"；①是反映客观规律要求的大量事实，而不是个别的偶然现象；是表现本质的典型事实，而不是非本质的现象。

这里所说的史实，是历史过程中的事实。因此，用历史事实叙述这个过程，是包括工业经济史在内的所有史学著作在叙述形式上所必须具有的一个重要特点。这同经济学对问题的分析采取摆脱了具体历史形式的抽象论点，是有重大区别的。

就工业经济史中的重大事件来说，这个历史过程需要包括决策过程、实施过程和实施结果三方面。

在叙述这些历史过程时，势必涉及决策实施过程中的重要人物。这样，对重要人物在这些过程中作用的叙述，就成为工业经济史不可分割的重要内容。

与叙述历史过程的特点相联系，工业经济史这门学科在篇章排列顺序上也有它的特点。马克思在论到政治经济学资本主义部分的经济范畴排列次序以及与此直接相联系的分篇时曾经指出："把经济范畴按它们在历史上起决定作用的先后次序来安排是不行的，错误的。它们的次序倒是由它们在现代资产阶级社会中的相互关系决定的。"②与此不同，工业经济史的研究则必须按照历史的发展阶段来分篇。

这样说，并不意味着经济史的研究可以不采用逻辑的方法。事实上，经济史对某个历史阶段内各方面经济问题进行分析时，也有一个诸方面先后次序的排列问题。而这诸方面由于均处于同一个历史阶段，这就没有历史发展的先后次序之分；对这诸方面先后次序的安排，就不可能采取历史的方法，而只能依据它们在社会经济中的相互关系来决定。经济史对某个具体经济问题的分析所提出的各种论点的先后次序的排列，也存在这种情况。但是，经济史在这两方面采用的逻辑的方法，与政治经济学仍然不同。后者可以采取抽象的论点形式，而经济史则必须通过历史事实来阐述。就这方面说，可以称为逻辑方法与历史方法的结合。

---

① 《列宁全集》第 23 卷，人民出版社 1975 年版，第 279 页。
② 《马克思恩格斯选集》第 2 卷，人民出版社 1973 年版，第 110 页。

第二，工业经济史的研究必须坚持生产力标准。生产力决定生产关系是人类社会发展最基本的规律，是历史唯物主义的基本原理。邓小平提出：对于改革是非，"判断的标准，应该主要看是否有利于发展社会主义社会的生产力，是否有利于增强社会主义国家的综合国力，是否有利于提高人民的生活水平"。[①] 这"三个有利于"，是上述历史唯物主义基本原理在我国条件下的重大发展，必须坚持。否则，工业经济发展的历史进程，就不可能得到说明。

第三，工业经济史的研究必须着重注意党和国家在工业发展方面的领导作用。因为：（1）包括工业在内的社会主义生产关系和经济、企业管理体制，是在无产阶级取得政权以后由党和国家领导在全国范围内逐步建立和发展起来的。（2）新中国成立以后的长时期内（1949 年 10 月~1978 年）实行以国家指令计划为主要特征的计划经济。（3）1978 年底召开的党的十一届三中全会揭开了市场取向改革的序幕，开始实现由计划经济向社会主义市场经济的过渡，而这项改革也是在党和国家领导下有计划进行的。（4）即使在本世纪末社会主义市场经济体制基本框架初步建立的情况下，由我国国情（包括建立了社会主义基本制度；农业在国民经济中的比重大，目前农业一般是弱质产业；边远地区经济发展相对落后，但有丰富的自然资源亟待开发，并且是少数民族的聚集地区等）决定的市场经济，不能是古典的、自由放任的市场经济，也不是一般的、现代的、有国家干预的市场经济，而是特殊的、有国家更多干预的市场经济。当然，这种干预是以市场为基础的，市场仍是社会生产资源配置的主要方式。这样，如果脱离了党和国家的领导作用，那么，社会主义条件下工业经济发展过程（包括顺利发展过程和遭受严重挫折过程），是不可能得到说明的。正因为这样，本书每编在叙述新中国各个时期工业经济发展过程时，都要首先叙述党和国家在这个时期提出的任务以及路线、方针和政策。这绝不是形式主义的做法，绝不是多余的，而是为了真实地再现新中国工业经济发展的过程。当然，这绝不是说，党和国家提出的任务以及路线、方针和政策，在各个时期和各个方面都是正确的，都起了积极作用。实际上，在某些时期或某些时期的某些方面是有缺陷和错误

①《邓小平文选》第 3 卷，人民出版社 1993 年版，第 372 页。

的，在不同程度上起了消极作用。这是需要依据各个时期工业经济发展的具体情况给予客观评价的。如果脱离了党和国家的领导作用，新中国工业经济发展的进程是无法得到说明的。①

第四，工业经济史的研究还必须注意工业经济发展历史过程中数量的关系。历史过程像一切事物一样，都是质和量的统一。因此，如果只注意历史过程质的方面，忽视量的方面，那就不可能全面反映历史过程。

正是基于这个考虑，本书在正文叙述时注意了这一点，而且通过附表（放在正文的后面）系统地揭示了历年工业经济发展过程中的各种基本数量关系。这些附表主要包括：工业各种经济类型的生产要素（包括职工和固定资产等）；由工业基本建设新增的主要产品生产能力；工业主要产品产量和产值以及各种构成（包括各种所有制、基础产业和非基础产业、轻重工业、大中小型企业和东中西部的分布等方面的构成）；固定资产投资及其各种构成；各种价格的形式和指数；工业基本建设和生产的经济效益；工资总额、平均工资和福利费用等。

限于篇幅，有些需要说明的问题正文没有提到，或者没有充分展开。这些方面的不足，均需由附表来弥补。所以说，附表是本书不可缺少的组成部分。

还要说明，中国统计出版社出版的某些统计资料计算口径不同，而且有些后续年份对前续年份的数字有调整，因此，该社出版的统计资料的某些数字也不完全一致。本书主要用的是该社出版的统计资料，但也用了其他单位的资料，而且有相当一部分资料是笔者依据有关数据计算的。这样，有些数字的不一致，可能更大。

这里还要提到，西方的经济学和管理学，从总体上说，反映了西方资本主义的国情（包括资本主义制度及国情的其他方面），但其中的许多

---

① 这里需要提到：英国《剑桥中华人民共和国史（1949~1965）》主编费正清和罗德里克·麦克法夸尔在该书的《序》中指出："与帝国时代和民国时代不同，在中国共产党的统治下，生活的任何方面，国家的任何地区都不能不受到中央政府使中国革命化的坚定努力的影响。要考察中国社会的任何方面而不考察共产党变革它的努力的来龙去脉，则是毫无意义的。因此，人们就必然要从北京的党的政治局和政府的国务院的角度着手观察中国。"（英国《剑桥中华人民共和国史（1949~1965）》（中译本），上海人民出版社1992年版，第1页）如果把这段文字中的"在中国共产党的统治下"换成"在中国共产党的领导下"，那么，它的基本精神都是可以同意的。可见，尽管这两位史学家和我们的世界观根本不同，但在研究中国社会生活各方面(当然包括工业经济)时必须研究党和政府的作用这一点上，同我们的看法是一致的。

内容在不同程度上反映了市场经济的一般规律。这样，在工业经济史研究中，如何借鉴西方的经济学和管理学中正确的、适合我国国情的有益成分，就成为一个重大课题。

四、工业经济史的分期

笔者在《新中国工业经济史》（1949 年 10 月~1985 年）[①] 中把新中国工业经济史划分为以下六个时期：

第一，国民经济恢复时期的工业经济（1949 年 10 月~1952 年）；

第二，生产资料私有制的社会主义改造时期的工业经济（1953 年~1957 年）；

第三，社会主义建设"大跃进"时期的工业经济（1958 年~1960 年）；

第四，国民经济调整时期的工业经济（1961 年~1965 年）；

第五，"文化大革命"时期的工业经济（1966 年~1976 年 9 月）；

第六，社会主义现代化建设新时期的工业经济（1976 年 10 月~1985 年）。

上述分期从某个方面如实地反映了各该时期的特征，因而具有某种合理性。如果孤立地看待各个时期，尤其是这样。

但上述分期也存在诸多缺陷。只要把六个时期联系起来看，就可明显观察到：各个时期的划分缺乏一个统一的标准。其中，第一、第三、第四、第六个时期，是从社会生产力变化的标准来划分的；而第二个时期是从社会生产关系变化的标准来划分的；第五个时期又是从政治标准来划分的。这还只是表面上的缺陷。

其深层的缺陷，则是脱离了新中国工业经济史这门学科的最主要任务来处理历史分期。如前所述，新中国工业经济史这门学科的最主要任务，是要通过新中国工业经济史的研究和叙述，具体地阐明工业中生产关系（包括基本经济制度和它的实现形式——经济体制）发展的历史过程及其规律。因此，新中国工业经济史的分期首先和主要应依据基本经济制度或作为其具体实现形式的经济体制的变化。诚然，一般说来，基

---

① 该书由汪海波主编，并参与写作，经济管理出版社 1986 年版。

本经济制度在一个很长的历史时期内是不怎么变化的。相对生产力的发展来说，它是比较稳定的。但就新中国成立以后的具体情况来看，社会的基本经济制度已经发生了两次根本性的变化。一次是 1949 年 10 月新中国成立后，把半殖民地半封建的社会经济制度变革成为新民主主义的社会经济制度。一次是 1953 年以后，把新民主主义的社会经济制度基本上改造成为社会主义的社会经济制度。至于新中国成立以后建立的计划经济体制，尽管有其历史必然性，并在它的初期起过重要的积极作用，但很快就不适合社会生产力发展的要求，亟待改革。只是由于对马克思列宁主义的某些原理采取了教条主义的态度，以及"以阶级斗争为纲"的"左"的错误的影响，一直到 1978 年底召开的党的十一届三中全会以后，才开始逐步进行根本性改革。所以，在正常情况下，经济体制可能比基本经济制度变化得更快。而且，就我国的情况来看，无论是基本经济制度的变革，或者是经济体制的改革，都给予社会生产力的变化极大的影响。因此，按照基本经济制度或经济体制的变化作为新中国工业经济史分期的主要标准，不仅在理论上是能够成立的，在实践上也是必要的，并且是可以做到的。

这当然不是说，不能用社会生产力的发展状况作为新中国工业经济史分期的标准。但基于上面说过的理由，社会基本经济制度或经济体制的变化是分期的主要标准，而社会生产力的变化是处于第二位的标准。

这也不是说，在有些时期由于政治因素对经济发展起了特别大的作用，不可以政治因素作为新中国工业经济史分期的标准。但是，按照上述的原因，即使在这些特殊时期，社会基本经济制度或经济体制的变化也是主要的标准，政治因素居于次要的地位。

基于上述的理由，我们在本书中试图以社会基本经济制度或经济体制的变化作为新中国工业经济史分期的主要标准，并以正标题表示；在许多时期以社会生产力的变化状况作为第二位标准，并以副标题表示；在个别时期还以政治因素作为次要标准，也以副标题表示。

这样，新中国工业经济史的分期就发生了如下变化：

第一，新民主主义社会的工业经济

——国民经济恢复时期的工业经济（1949 年 10 月~1952 年）；

第二，从新民主主义社会到社会主义社会的过渡时期的工业经济

——社会主义工业化初步基础建立时期的工业经济（1953 年~1957 年）；

第三，实行计划经济体制时期的工业经济（一）

——社会主义建设"大跃进"时期的工业经济（1958 年~1960 年）；

第四，实行计划经济体制时期的工业经济（二）

——国民经济调整时期的工业经济（1961 年~1965 年）；

第五，实行计划经济体制时期的工业经济（三）

——"文化大革命"时期的工业经济（1966 年~1976 年 9 月）；

第六，市场取向改革起步阶段的工业经济

——以实现经济总量翻两番、人民生活达到小康水平为战略目标的社会主义建设新时期的工业经济（一）（1976 年 10 月~1984 年）；

第七，市场取向改革全面展开阶段的工业经济

——以实现经济总量翻两番、人民生活达到小康水平为战略目标的社会主义建设新时期的工业经济（二）（1985 年~1992 年）；

第八，市场取向改革制度创新阶段的工业经济

——以实现经济总量（或人均国民生产总值）翻两番、人民生活达到小康水平为战略目标的社会主义建设新时期的工业经济（三）（1993 年~1998 年）。

这一变化就克服了《新中国工业经济史》（1949 年 10 月~1985 年）分期标准不统一的缺陷，并把社会基本经济制度或经济体制的变化作为分期的主要标准。

但上述分析只是说明了新中国工业经济史分期的一般依据，即从总的方面说明了这种划分的首要标准和第二位标准，并未说明各个时期提法的具体根据。这一点正是需要进一步回答的问题。如果再考虑到第一、第二、第六、第七、第八个时期的提法在学术界有争论，以及第三、第四、第五个时期的特殊因素需要进一步说明，那么逐个地简要地分析各个时期的提法就显得更为必要了。

依据中共中央的有关文件和毛泽东等领导人的著作，以及实际的经济发展状况，笔者将第一、第二个时期确定为新民主主义社会和从新民

主主义社会到社会主义社会的过渡时期。① 这是从社会基本经济制度的变化来说的。从社会生产力的发展来看，第一个时期是国民经济恢复时期，第二个时期是建立社会主义工业化初步基础时期。这是很明显的。

我国实行的计划经济体制是伴随官僚资本的没收，以及资本主义工商业、个体农业和个体工商业的社会主义改造而逐步地全面建立起来的。一直到"文化大革命"，这种体制不仅没有得到根本改革，而且有了进一步强化。但从社会生产力的变化和政治因素来看，这个时期却经历了各有特点的三个阶段，即"大跃进"、国民经济调整和"文化大革命"。所以，笔者从前一角度将这个时期划分为实行计划经济体制时期（一）、（二）、（三），从后一角度将这个时期划分为"大跃进"时期、国民经济调整时期和"文化大革命"时期。

从1978年底召开的党的十一届三中全会开始，我国即开始步入了市场取向的经济体制改革和社会主义现代化建设新时期。依据改革的进程，笔者将其划分为三个阶段：市场取向改革的起步阶段（1978年~1984年），市场取向改革的全面展开阶段（1985年~1992年），市场取向改革的制度创新阶段（1993年~1998年）。就社会主义现代化建设来说，就是要实现邓小平提出的分三步走的经济发展战略目标：第一步在本世纪80年代实现国民生产总值翻一番，基本解决人民生活的温饱问题；第二步在本世纪90年代实现国民生产总值再翻一番，使人民生活达到小康水平；第三步在21世纪中叶使我国达到中等发达国家的水平，使人民过上中等富裕生活。② 这里需要说明：鉴于1995年比原定计划提前五年实现了经济总量翻两番的目标，中共中央和八届全国人大四次会议将原定的经济总量翻两番的目标发展成为人均国民生产总值翻两番。③ 笔者在前面对第六、第七、第八个时期所作的划分，其依据就在这里。

以上就具体划分八个时期的依据分别作了分析。这里还拟就其中某些时期的起点期和终点期作一些说明：（1）当前一般说法都把1963年~1965年称作国民经济调整时期。但是，我国国民经济的调整实际上从1961年就开始了。所以，把1961年~1965年称作国民经济调整时期。

---

① 汪海波：《"新民主主义论"研究——纪念毛泽东诞辰100周年》，《经济研究》1993年第12期。
②《邓小平文选》第3卷，人民出版社1993年版，第79、143页。
③《关于国民经济和社会发展"九五"计划和2010年远景目标纲要》，人民出版社1996年版，第64页。

（2）准确地说，我国社会主义现代化建设的新时期是从1978年底召开的党的十一届三中全会开始的。但1976年10月以粉碎江青反革命集团为标志的"文化大革命"的结束，确实为社会主义现代化建设创造了基本的政治前提。从这方面来说，可以把社会主义现代化建设向前延伸到1976年10月。（3）市场取向改革的全面展开阶段是以1984年10月召开的党的十二届三中全会作出的《关于经济体制改革的决定》为标志。选择1985年作为这个阶段的起点，是考虑到这个决定实际发生指导作用的起始时间。（4）市场取向改革的制度创新阶段是以1992年9月召开的党的十四大首次提出建立社会主义市场经济体制的改革目标为标志的。选择1993年作为这个阶段的起点，也是考虑到这个决定实际发生指导作用的起始时间。（5）按预定计划，无论是社会主义市场经济体制基本框架的初步建成，或者是第二步经济发展战略目标的实现，都要到2000年。但本书的叙述只到1998年。

最后，还有一点虽与新中国工业经济史历史分期无关，但却是需要说明的问题：这就是本书论述的范围只限于中国大陆，未包括我国香港特别行政区和台湾省、澳门地区。但必须看到：1976年10月~1978年，曾经长期存在的"左"的路线和传统的经济体制、经济战略并未改变。选择1976年10月，只是因为它为迎接社会主义现代化建设新时期的到来创造了基本政治前提，拉开了新时期到来的序幕。从这个意义上把它列入了这个新时期。这并不意味着这期间"左"的路线、传统的体制和战略有多少改变。

汪海波

1998年10月26日

Contents

Period for Fulfilling the Strategic Objective of Quadruple Economic Scale
(Per-Capita GNP) and Well-to-do Living Standard of People   (Ⅲ)
(1993~1998)

第一编

新民主主义社会的工业经济
——国民经济恢复时期的工业经济
(1949 年 10 月~1952 年)

第一章 党的七届二中全会决议与国民经济恢复时期工业方面的主要任务

毛泽东曾经指出：在帝国主义时代，在半殖民地半封建的中国，"共产党领导的整个中国革命运动，是包括民主主义革命和社会主义革命两个阶段在内的全部革命运动"。①"这个中国革命的第一阶段……其社会性质是新式的资产阶级民主主义的革命。"这个革命决不是也不能建立中国资产阶级专政的资本主义社会，而是要建立以中国无产阶级为首的中国各个革命阶级联合专政的新民主主义的社会。这样，随着1949年中国新民主主义革命在全国范围的胜利和同年10月1日中华人民共和国的成立，中国也就由半殖民地半封建社会进入了新民主主义社会。

在中国民主革命行将在全国取得胜利的时候，1949年3月，中国共产党于河北省平山县西柏坡村举行了第七届中央委员会第二次全体会议。中共中央主席毛泽东代表党中央在全会上作了报告。报告全面地提出了党在民主革命胜利后的路线、方针和政策。党的七届二中全会依据毛泽东报告通过了相应的决议。决议完整地阐述了新民主主义社会的经济纲领。"国营经济是社会主义性质的，合作社经济是半社会主义性质的，加上私人资本主义经济，加上个体经济，加上国家和私人合作的国家资本主义经济，这就是人民共和国的几种主要的经济形态，这就是新民主主义的经济形态。"决议强调，"人民共和国的国民经济恢复和发展，没有

_____

① 《毛泽东选集》第2卷，人民出版社1991年版，第651、671、672页。

对外贸易的统制政策是不可能的。"决议还提出了"有步骤地彻底地摧毁帝国主义在中国控制权的方针。"决议还充分地评价了恢复和发展生产的重要地位及其意义。"只有将城市的生产工作恢复起来和发展起来了，将消费的城市变成生产的城市了，人民政权才能巩固起来。城市中其他的工作，……都是围绕着生产建设这一中心工作并为这个中心工作而服务的。"①

历史已经证明：毛泽东的报告和党中央的决议是从当时中国国情出发的，是依据了马克思主义关于生产关系一定要适合生产力性质这一基本原理的。

这个报告和决议连同毛泽东在同年6月写的《论人民民主专政》一文，共同构成了同年9月中国人民政治协商会议第一届全体会议通过的，并在新中国成立初期曾经起过临时宪法作用的《中国人民政治协商会议共同纲领》（以下简称《共同纲领》）的政策基础。

《共同纲领》的《总纲》部分指出："中华人民共和国必须取消帝国主义国家在中国的一切特权，没收官僚资本归人民的国家所有，有步骤地将封建半封建的土地所有制改变为农民的土地所有制，保护国家的公共财产和合作社的财产，保护工人、农民、小资产阶级和民族资产阶级的经济利益及其私有财产，发展新民主主义的人民经济，稳步地变农业国为工业国。"

《共同纲领》中"经济政策"部分指出："中华人民共和国经济建设的根本方针，是以公私兼顾、劳资两利、城乡互助、内外交流的政策，达到发展生产、繁荣经济之目的。国家应在经营范围、原料供给、销售市场、劳动条件、技术设备、财政政策、金融政策等方面，调剂国营经济、合作社经济、农民和手工业者的个体经济、私人资本主义经济和国家资本主义经济，使各种社会经济成分在国营经济领导之下，分工合作，各得其所，以促进整个社会经济的发展。"

"土地改革是发展生产力和国家工业化的必要条件。凡已实行土地改革的地区，必须保护农民已得土地的所有权。"

"国营经济为社会主义性质的经济。凡属有关国家经济命脉和足以操

①《毛泽东选集》第4卷，人民出版社1991年版，第1429~1434页。

纵国民生计的事业，均应由国家统一经营。凡属国营的资源和企业，均为全体人民的公共财产，为人民共和国发展生产、繁荣经济的主要物质基础和整个社会经济的领导力量。"

"合作社经济为半社会主义性质的经济，为整个人民经济的一个重要组成部分。人民政府应扶助其发展，并给以优待。"

"凡有利于国计民生的私营经济事业，人民政府应鼓励其经营的积极性，并扶助其发展。"

"国家资本与私人资本合作的经济为国家资本主义性质的经济。在必要和可能的条件下，应鼓励私人资本向国家资本主义方向发展，例如为国家企业加工，或与国家合营，或用租借形式经营国家的企业，开发国家的资源等。"

以上是《共同纲领》规定的新民主主义社会的经济纲领。关于恢复和发展工业生产问题，《共同纲领》指出："应以有计划有步骤地恢复和发展重工业为重点，例如矿业、钢铁业、动力工业、机器制造业、电器工业和主要化学工业等，以创立国家工业化的基础。同时，应恢复和增加纺织业及其他有利于国计民生的轻工业的生产，以供应人民日常消费的需要。"[1]

依据《共同纲领》的上述规定，国民经济恢复时期工业方面的主要任务，可以归结为以下两个方面：一是在工业方面实现新民主主义社会的经济纲领。主要包括：（1）建立在国民经济中处于主导地位的社会主义国营工业[2]经济制度；（2）保护并有限制地发展民族资本主义工业；（3）保护和发展个体手工业。这是就工业经济领域来说的。如果从整个国民经济范围来考察，那么，废除封建地主土地所有制，建立个体农民的土地所有制，也是新民主主义社会的经济纲领的一项基本内容。二是恢复和发展工业生产。本编在下面依次叙述这两方面的历史过程。

---

[1]《中国人民政治协商会议文件选集》，第37~47页。
[2] 本书在1993年之前，统称"国营工业"、"国营经济"；"国营企业"；1993年后，统称"国有工业"、"国有经济"、"国有企业"。

第二章 建立处于主导地位的社会主义国营工业经济制度

本章所说的社会主义国营工业经济制度，包括相互联系但又相互区别的三个层次的内容：（1）作为基本经济制度的社会主义国家所有制；（2）作为这项基本经济制度表现形态的经济管理体制，即高度集中的计划经济体制；（3）社会主义国营工业企业的管理制度。本章将依次叙述这三方面制度的建立过程。最后从这些因素综合作用结果的角度，考察了社会主义国营工业的发展。

第一节 没收官僚资本主义工业企业，建立社会主义国家所有制工业

一、没收官僚资本主义工业企业

官僚资本主义工业在抗日战争胜利以后的半殖民地半封建中国的工业中居于垄断地位。据估算，1946 年，官僚资本主义工业资本约占中国全部工业资本（包括东北地区和台湾省）的 80％以上。① 又据计算，1947 年，官僚资本主义工业企业提供的工业产品占国民党统治区全部工业产品的比重，电为 78％，煤为 80％，石油和有色金属为 100％，钢铁为 98％，机械为 72％，水泥为 67％，烧碱为 65％，硫酸为 80％，盐酸为

---

① 陈真编：《中国近代工业史资料》第 4 辑，三联书店 1961 年版，第 56 页。

45%，化学肥料为67%，纺锭为60%，机制纸为50%，机制糖为90%，漂白粉为41%，出口植物油为70%。①

　　毛泽东说过："蒋宋孔陈四大家族，在他们当权的二十年中，已经集中了价值达一百万万至二百万万美元的巨大财产，垄断了全国的经济命脉。这个垄断资本，和国家政权结合在一起，成为国家垄断资本主义。这个垄断资本主义，同外国帝国主义、本国地主阶级和旧式富农密切地结合着，成为买办的封建的国家垄断资本主义。这就是蒋介石反动政权的经济基础。这个国家垄断资本主义，不但压迫工人农民，而且压迫城市小资产阶级，损害中等资产阶级。这个国家垄断资本主义，在抗日战争期间和日本投降以后，达到了最高峰，它替新民主主义革命准备了充分的物质条件。……新民主主义的革命任务，除了取消帝国主义在中国的特权以外，在国内，就是要消灭地主阶级和官僚资产阶级（大资产阶级）的剥削和压迫，改变买办的封建的生产关系，解放被束缚的生产力。"②

　　所谓没收官僚资本主义工业企业，主要是指没收由国民党各级政府（包括中央政府、省政府和县市政府）经营的工业企业（包括国民党政府在抗日战争以后接收的日、德、意帝国主义在中国的工业企业）以及由国民党大官僚经营的工业企业。至于由小官僚和地主经营的工业企业，以及官僚资本主义工业企业中的民族资本的股份，都不属没收之列。

　　没收官僚资本主义工业企业的工作，是伴随人民解放战争在全国范围内的逐步胜利，依靠人民政权的力量，作为接管城市的重要任务，逐步向新解放的城市铺开的。1946年解放哈尔滨时，就开始了没收官僚资本主义工业企业的工作。从1947年7月人民解放战争由战略防御进入战略反攻开始，到1948年底1949年初，辽沈、淮海、平津三大战役胜利以后，就基本上没收了长江以北的官僚资本主义的工业企业。从1949年4月渡江作战开始至1949年底的全国解放，除台湾以外的所有大陆上的官僚资本主义工业企业均被没收了。

　　没收官僚资本主义工业企业的工作，是遵循下列重要指导思想进行的。
　　1.把国民党统治区的党组织和在官僚资本主义工业企业中的广大工

①陈真编：《中国近代工业史资料》第3辑，三联书店1961年版，第1445~1446页。
②《毛泽东选集》第4卷，人民出版社1991年版，第1253~1254页。

人群众作为一支重要的依靠力量。依托他们做好没收前、没收中和没收后的各项工作。

2. 依据马克思主义关于革命就是解放和发展生产力的观点，在没收官僚资本主义工业企业的过程中，始终把保护社会生产力放在第一位，把没收后恢复和发展工业生产置于中心位置。

3. 严格地把作为反动国家机器的国民党政府与作为经济组织的企业从原则上区分开来。依据马克思主义关于打碎旧的国家机器的重要原理，对国民党的政府机构原则上是打乱、解散；一般人员也给饭吃，但决不是原职原薪。除少数市政公用部门、卫生部门等机关人员外，对行政、司法、军事、警察等军政人员一般不依靠他们来进行工作，更不依靠他们原来的机构。一般的职员经过训练，除少数必要者回本机关外，主要是另行分派工作。有条件地利用旧警察和保甲人员暂时维持秩序，但这并不意味着承认他们在民主政权系统中的合法地位。

但是，作为经济组织的工业企业则是现代社会生产力的载体。因此，保护企业是保护社会生产力的一项基本要求。这样，对原有的经济组织和企业机构，如铁路、邮政、电信、银行、工厂、矿山等，就不是打乱的办法了，而是原封原样接收下来，以后逐步进行改造。接收原有的经济组织及企业机构后，我们留下来的军代表，仍要依靠原有的机构和人员继续维持工作，不代替他们去指挥管理，只负责监督他们的工作，保证上级命令的执行；原有的管理组织和规章制度，一般也暂不改动。

4. 依据马克思主义关于资本主义企业管理二重性的原理，有分析地对待资本主义企业的管理制度。关于这一点，中共中央在 1948 年 8 月 23 日给东北局的指示中明确提出："现时资本主义的工厂、企业管理制度是资本主义生产长期发展的结果，资本主义不仅为我们准备了科学技术，同时又为我们准备了一套管理制度；资本主义的管理制度，不仅有适应高度剥削需要的一个方面，也还有适应高度技术需要的一个方面。我们的任务是批判地接受资本主义管理制度，发扬其合理性和进步性，去掉其不合理性和反动性。"考虑到当时我们管理企业的经验不多的情况，这个指示还特别指出："当我们还没有能够定出一套更合理更有效的制度来代替旧制度中某些不合理或过了时的东西时，宁肯不轻举妄动，以免影响生产组织，发生无政府状态。"

当然，这绝不是说，可以对资本主义企业的管理制度不进行改革，然而改革必须持谨慎态度。上述的中共中央指示还提出：在我们还没有彻底了解情况准备好改革以前，只要照常生产，一般以维持原状不动为原则。必须经过调查研究，深思熟虑，订出办法和步骤，并经过宣传，群众有了准备，才能开始有计划有步骤地改革，才能避免由于盲目性和急躁性而发生政策性的偏向。

5. 着眼于尽快实现社会安定，为恢复和发展工业生产创造有利的社会环境。

6. 依据从实际出发的思想原则，认真总结较早解放地区没收工作的经验教训。解放战争时期，在较早解放地区的接收工作中，就有过不少教训。比如，收复井陉、阳泉等工业区，曾经发生乱抓物资、乱抢机器的现象，使工业受到了很大破坏。1948 年 4 月，毛泽东对这种情况提出了尖锐的批评：在城市或乡镇破坏工商业，"是一种农业社会主义思想，其性质是反动的、落后的、倒退的，必须坚决反对"。[1]

1948 年下半年，济南和沈阳的接管工作创造了许多好经验。沈阳是由陈云主持接管的。同年 12 月 4 日，党中央批发了他写的《关于接收沈阳经验简报》。沈阳的经验，解决了接管工作中的两大难点，即怎样做到接收完整和怎样迅速恢复秩序。具体办法是："各按系统，自上而下，原封不动，先接后分"，做到接收得快而完整；同时，抓紧解决有助于在政治上、经济上稳定人心的关键问题，例如迅速恢复电力供应、解决金融物价问题、收缴警察枪支徒手服务、利用报纸传播政策、妥善处理工资问题等，城市秩序就能较快地恢复。陈云在简报中还建议组织专门接收班子。他说："接收一个大城市，除方法对头外，需要有充分准备和各方面能称职的干部。依目前形势看，中央和各战略区野战军，均需准备有专门接收大城市的班子，待工作告一段落，即可移交给固定的市委等机关。这样的接收班子，可以积累经验，其中骨干可以变成专职，依次接收各大城市。"[2]党中央赞同陈云的意见。可以说毛泽东关于"原封原样接收"的思想，是对已接管城市的正反两方面经验的高度概括，特别是吸收了

① 薄一波：《若干重大决策与事件的回顾》上卷，中共中央党校出版社 1991 年版，第 7 页。
②《陈云文选》第 1 卷，人民出版社 1995 年版，第 374~379 页。

陈云的经验。这一思想，成为全党做好城市接管工作的指导方针。

为了完整地把官僚资本主义工业企业接收过来，尽量减少接收过程中的损失和破坏，并能在接收之后迅速地恢复生产，依据上述指导思想，在接收中着重地进行了以下几项工作：

1. 依靠国民党统治区的我党组织，发动广大工人群众展开反拆迁、反疏散、反破坏、保护厂矿的斗争，抵制国民党反动派的破坏阴谋，把绝大部分的物资、资料和工程技术人员、管理人员保留下来。

2. 在新解放的城市实行短期军事管理制度，设立军事管制委员会，并强调接管工作由军事管制委员会统一领导与指挥。要严明接管纪律。要普遍深入地对部队、机关、生产单位和群众进行教育。接管工作要由专门承担接收工作的人员负责，而不是由各机关临时抽调来的干部担任。产业机构和工矿企业要整个地接收，而不能分别地多头地接收。

3. 号召所有在官僚资本企业中供职的人员，在人民政府接管以前，均须照旧供职，并负责保护资财、机器、图表、账册、档案等，听候清点和接管。对保护有功者奖，怠工破坏者罚。

4. 为了安定人心，稳定企业秩序，实行"原职、原薪、原制度"的政策，不打碎企业原来的组织机构。原来的厂（矿）长、工程师及其他职员，愿意继续服务的，只要不是破坏分子，就继续担任原职务。原来的工资标准、工资等级和奖励制度等，暂不取消，不任意改变。企业中原有的各种制度，暂不宣布废除，不任意改革。

由于采取了这些有力的灵活的措施，使得人民政府能够在很短的时间内，顺利地完成了对全部官僚资本主义工业企业的接收工作，所有企业的资财、机器、图表、账册、档案等，都清点交接清楚，并促进了企业的迅速复工。

据统计，到 1949 年，被人民政府没收的官僚资本的工矿企业有：控制全国资源和重工业生产的国民党政府资源委员会，垄断全国纺织工业的中国纺织建设公司，国民党兵工、军事后勤系统所属企业，国民党政府交通、粮食等部门所属企业，蒋宋孔陈家族和其他大官僚办的企业、"CC"系统的"党营企业"，以及各省地方官僚资本系统所属的企业。共计有工业企业 2858 个，职工 129 万人，其中发电厂 138 个，采煤、采油企业 120 个，铁锰矿 15 个，有色金属矿 83 个，炼钢厂 19 个，金属加工厂 505 个，化学加工厂 107 个，造纸厂 48 个，纺织厂 241 个，食品企业 844 个。

到 1951 年初，又贯彻执行了政务院于同年 1 月 5 日和 2 月 4 日发布的《企业中公股公产清理办法》和《关于没收战犯、汉奸、官僚资本家及反革命分子财产的指示》，[①] 对私营企业和公私合营企业中尚未查出的官僚资本（包括国民党政府及其国家经济机关、金融机关，以及官僚资本家在企业中的股份和财产）进行了清理和没收。这就彻底地完成了对官僚资本的没收工作。

没收官僚资本是属于新民主主义革命性质的任务，但没收官僚资本，是把官僚资本主义所有制经济转变为社会主义国家所有制经济，因而同时具有社会主义革命的性质。

通过没收官僚资本主义工业企业，使得社会主义国营工业空前未有地扩大起来，使得社会主义国家所有制经济掌握了经济命脉，成为国民经济的领导力量，并为国民经济的恢复、发展和改造奠定了最重要的基础。据统计，1949 年，社会主义国营工业产值占全国工业总产值的 26.2%，占全国大工业产值的 41.3%；国营工业拥有全国电力产量的 58%，原煤产量的 68%，生铁产量的 92%，钢产量的 97%，水泥产量的 68%，棉纱产量的 53%。

二、清除帝国主义在工业方面的侵略势力

在半殖民地半封建的中国，帝国主义和封建主义是"压迫和阻止中国社会向前发展的主要的东西"，"而以帝国主义的民族压迫为最大的压迫"。因此，中国新民主主义的主要任务"就是对外推翻帝国主义压迫的民族革命和对内推翻封建地主压迫的民主革命，而最主要的任务是推翻帝国主义的民族革命。"[②]

按照毛泽东的分析，旧中国是一个被帝国主义制度所控制的半殖民地国家，中国人民民主革命的彻底的反帝国主义的性质，使得帝国主义者极为仇视这个革命，竭尽全力地帮助国民党，因而激起了中国人民对帝国主义者的深刻的愤怒，并使帝国主义者丧失了自己在中国人民中的

---

① 《新华月报》1951 年 2 月号，第 820~821 页。
② 《毛泽东选集》第 2 卷，人民出版社 1991 年版，第 633、637 页。

最后一点威信。同时，整个帝国主义制度在第二次世界大战以后是大大地削弱了，以苏联为首的世界反帝国主义战线的力量是空前地增长了。所有这些情形，使得我们可以采取和应当采取有步骤地彻底地摧毁帝国主义在中国的控制权的方针。帝国主义者的这种控制权，表现在政治、经济和文化等方面。在国民党军队被消灭、国民党政府被打倒的每一个城市和每一个地方，帝国主义者的政治上的控制权即随之被打倒，其经济上和文化上的控制权也被大大地削弱。但是帝国主义者直接经营的经济事业和文化事业依然存在，被国民党承认的外交人员和新闻记者依然存在。对于这些，我们必须分别先后缓急，给以正当的解决。不承认国民党时代的任何外国外交机关和外交人员的合法地位，不承认国民党时代的一切卖国条约的继续存在，取消一切帝国主义在中国开办的宣传机关，立即统制对外贸易，改革海关制度，这些都是我们进入大城市的时候所必须首先采取的步骤。剩下的帝国主义的经济事业和文化事业，可以让它们暂时存在，由我们加以监督和管制。"对于普通外侨，则保护其合法的利益，不加侵犯。"[1]

解放战争在全国范围内节节胜利的革命形势，迫使帝国主义者纷纷撤走在华投资。到全国解放时，外国资本在华企业大约还余下 1000 多家，其中约有 5/6 是属于英美两国垄断资本的。在外国资本企业中，有些是属于外国一般侨民经营的小企业。对于外国资本经营的企业，就是采取上述的方针。

美国政府于 1950 年 12 月 16 日宣布管制我国在美国辖区内的公私财产，并禁止一切在美国注册的船只开往中国港口，企图继其武装侵略我台湾、轰炸我东北、炮轰我商船之后，进一步掠夺我国人民的财产。鉴于美国政府这种对我国日益加剧的侵略和敌视行动，并为了防止其在我国境内从事经济破坏和危害我国人民利益的活动，中央人民政府政务院于 1950 年 12 月 28 日发布命令：中国境内之美国政府和美国企业的一切财产，应即由当地人民政府加以管制，并进行清查；中国境内所有银行的一切美国公私存款，应即行冻结。[2]

---

[1]《毛泽东选集》第 4 卷，人民出版社 1991 年版，第 1434~1435 页。

[2] 中央人民政府政务院：《关于管制美国财产冻结美国存款的命令》，《新华月报》1951 年 1 月号，第 587 页。

　　为了有效地同帝国主义作斗争，对各个帝国主义财产的处理是有区别的，其中对美国是从严的，但一般也不采取无偿没收的方式，而是有分别地采取征用、代管和征购等多种形式。按照党中央 1951 年 5 月 15 日发出的《关于处理美国在华财产的指示》，为了坚决地肃清美帝国主义在华的经济侵略势力，对美国的企业财产的处理原则是：对有关我国主权或与国计民生关系较大者，可予征用；关系较小或性质未便征用者，可予代管；政府认为有需要者，可予征购；对一般企业，可加强管制，促其自行清理结束。在上述四种方式中，应以征用及加强管制为主。对少数在政治上、经济上无大妨碍的美国企业，在上海、天津、广州等地可以保留一些。①

　　根据中央工商行政管理局的统计资料，从全国解放到 1953 年，外国资本的企业从 1192 个减少到 563 个，职工由 12.6 万人减少到 2.3 万人，资产由 12.1 亿元减少到 4.5 亿元。其中，英国资本的企业由 409 个减少到 223 个，职工由 10.4 万人减少到 1.5 万人，资产由 6.9 亿元减少到 3.1 亿元；美国资本的企业由 288 个减少到 69 个，职工由 1.4 万人减少到 1500 人，资产由 3.9 亿元减少到 1600 万元。这样，就基本上清除了帝国主义在我国工业和其他经济领域的侵略势力，并进一步扩大了社会主义国营的工业和其他经济事业的阵地。

　　在新中国成立初期，实行对外贸易管制，是清除和抵御帝国主义经济侵略势力、确立和捍卫中国主权的一个重要方面。根据《共同纲领》关于实行对外贸易管制的规定，政务院在这期间制定和推行了一系列重要决定。主要有：1950 年 3 月 7 日政务院《关于关税政策和海关工作的决定》，② 中华人民共和国 12 月 9 日《中华人民共和国对外贸易管理暂行条例》。③

　　这些决定和条例的贯彻执行，使得旧中国长期存在的帝国主义对中国外贸控制权得以完全结束，新中国外贸自主权得以完全确立。

　　总体来看，社会主义国家所有制的工业主要是通过没收官僚资本主义工业而建立的；小部分是由直接没收敌伪工业（包括日、德、意帝国

---

　　① 房维中主编：《中华人民共和国经济大事记（1949~1980）》，中国社会科学出版社 1984 年版，第 49 页。

　　②《1949~1952 中华人民共和国经济档案资料选编》（综合卷），中国城市经济社会出版社 1990 年版，第 683~686 页。

　　③《中国工业经济法规汇编（1949~1981）》，第 626 页。

主义在中国的企业、伪满和汪伪政权的公营工业）而来的；另一部分是来自新中国成立前解放区建立的公营工业。

社会主义国营工业，无论从生产力或者从生产关系来看，都是最先进的部分，而且是国民经济命脉的主要组成部分，因而在国民经济中处于主导地位。

第二节　统一财政经济工作，建立高度集中的计划经济体制雏形

1950 年 3 月开始实行的统一财政经济工作，不仅对稳定物价、争取国家财政经济状况的好转、恢复国民经济起了关键性的作用，而且是建立高度集中的计划经济体制雏形的首要一环。前一方面作用留待本章第四节去作论述，这里只叙述后一方面作用。

1950 年 3 月 3 日，中央人民政府政务院作了《关于统一国家财政经济工作的决定》。①这个决定规定的统一管理的主要内容是统一财政收支，重点在财政收入，即国家的主要收入，如公粮、税收及仓库物资的全部、公营企业的利润和折旧金的一部分，统归国库。没有中央人民政府财政部的支付命令，不能动支。这样，就保证了国家收入的统一使用。在财政支出方面，则规定：军队供给统一于人民解放军总司令部的后勤部，政府机关、学校、团体则规定编制，规定供给标准，编外和编余人员由全国编制委员会统一调配，不经批准，不得自招新的人员。机关、学校和工厂企业，按照工作和生产情况，均须规定工作人员的数量和每个人员的工作额，一切可节省和应该缓办者，统统节省和缓办，反对百废俱兴。要集中财力于军事上消灭残敌，经济上重点恢复。此外，全国国营贸易机构资金、物资的运用调拨，集中于中央人民政府贸易部，一切军政机关、学校、团体和公营企业的现金，除留若干近期使用者外，一律存入国家银行。所有这些，是统一管理的主要内容。当然，统一管理并不否定分散经营。实际上，在统一管理之后，仍然存在分散经营。例如，农业生产，在中央人民政府农业部规定了总的方针之后，必须由地方政

---

① 《新华月报》1950 年 4 月号，第 1393~1395 页。

府担任具体的组织和领导；国营工厂，一部分完全划归地方政府和军事机关管理，另一部分属于中央人民政府所有的，也暂时委托地方政府或军事机关管理；财政收入，地方附加粮和纯属地方税，仍归地方支配；依据税则、税目、税率，国家规定了征收公粮、税收数字后，地方政府在严遵法令之下，努力工作，严查漏税得来的款项，则以分成办法，大部归地方。但这种分散经营是在统一管理前提下进行的，同过去基本上分散经营是有原则区别的。

这个决定首先是依据新中国成立以后经济发展新形势提供的条件而提出的。新中国成立以前抗日根据地和解放区的财经工作，从抗日战争开始直至1949年的12年间，都是分散经营的。其中又分两个段落：1937年~1948年这11年是一个段落，1949年又是一个段落。1950年初正式开始新的时期。在头11年中，各解放区的财经工作完全分散经营，各有货币，各管收支，统一的方面只有一项，即政策统一（仅仅最后一两年，在各解放区之间才有可能作少数军用品和物资的调拨）。这种完全分散经营的政策，是适应当时解放区被分割的情况的，因此获得了极大成绩。1949年，解放战争的胜利迅速扩大，一年之间，除西藏外，全国大陆全部解放，都成了解放区。为适应这种情况，财经工作统一的范围和程度也随之增加。首先是货币的统一，除东北外，人民币已成为通货。在上海、武汉解放之后，像第一阶段那样仅限于政策上的统一，已经不够。全国各地财经机关一致要求对下列各项问题作出统一的规定、计划和管理。这些项目是：税则、税目、税率；国营工厂的生产计划、原料来源、产品推销；外销物资的采购，外汇使用的分配；内地贸易物资的调拨，物价管理；铁道、轮船的合理使用，邮电的管理；等等。所有这些，都需要统一，而且都陆续地统一了。但就财经工作的全部来说，基本上仍是分散经营的，因为财政的收入并未规定统一管理的办法，只统一支出，未统一收入。这种情况在当时是不可避免的。一方面，因为解放区的扩大极为迅速，新解放地区的财政收支，又只能由各地接管机关自行处理；另一方面，作为国家财政收入主要部分的秋征公粮，大部分新区只在1950年1月~2月间才收齐，不少地方尚未收齐，新解放区的税收整理也不是很快的。所以1949年一年的情况是，继续分散经营，但分散经营中的统一程度迅速提高。1950年初进入新的时期，公粮大部已征收齐，统一的税则、税目、税率已经公布，因为大陆已解放，税收也比 1949 年多。依据这个新情况，中央人民政府政务院决定：财经工作要从基本上分散经营，前进到基本上统一管理。也就是说，虽然分散经营的成分仍然有，但主要的将是统一管理。这种改变，是适应 1950 年初在地域、交通、物资交流、关内币制等方面已经统一的情况的。

这个决定也是适应当时消除通货膨胀、支援革命战争和恢复国民经济的迫切需要而提出的。如果不实行统一管理，如果国家收入不作统一使用，如果国家支出不按统一制度并遵守节省原则，如果现有资金不加集中使用，则后果必然是加剧通货膨胀，有害于对战争和军政人员的供应，有害于国民经济的恢复和人民生活的改善。①

实践已经证明：正是由于这个决定的贯彻执行，才迅速地、有效地制止了当时的通货膨胀，从而有力地支持了革命战争的需要，并为迅速恢复国民经济创造了最基本的条件。

但是，鉴于一年来的实践经验，为了在继续保证国家财政经济工作统一领导、计划和管理的原则下，把财政经济工作中一部分适宜于由地方政府管理的职权交给地方政府，以利于地方政府的因地制宜，又利于国家财政经济工作的统一领导方针的贯彻执行，1951 年 5 月 24 日政务院又颁发了《关于划分中央与地方在财政经济工作上管理职权的决定》。②基于上述原则，这个决定划给地方的职权，大体分为两类：(1) 把一部分国营企业或一部分财经业务全部划给地方管理，如地方工业、地方财政、地方贸易、地方交通事业等。在这些事业上，除保证政策、方针、重要计划、重要制度的全国统一性外，一切经营管理工作与一切政治工作，全部由地方负责。(2) 散在各地的由中央财经部门直接管理的企业单位，其一切政治工作均归大行政区人民政府指定的地方当局领导。这些企业在执行上级交付的任务上，必须受地方当局的监督、指导、协助。这样划分，是适合上述原则的。

作出这种划分，也是基于下述具体情况的考虑：

1. 1950 年是在分散管理的基础上进行统一，1951 年则是在统一的基

①《为什么要统一财政经济工作》，《人民日报》1950 年 3 月 10 日社论。
②《中国工业经济法规汇编（1949~1981）》，第 108~109 页。

础上作恰当的划分。一年多来的事实证明，1950 年强调统一是十分必要的，大困难是避免了，国家的财政经济工作已经有了巨大的进步。但在地方工作上，因 1950 年的财政经济统一，确实发生了一些小困难，多少限制了地方工作的积极性。这些小困难，在保证与巩固统一的基础上，是必须恰当地予以解决的。财政三级制的实行，中央工业与地方工业的划分，已经证明是能够解决这些小困难的。

2. 1950 年在统一国家财政经济工作中，由于经验不足，在某些工作上中央是管得多了一些。例如国营贸易工作，没有区别全国性比重较大的业务与地方性比重较大的业务，统由全国的各个专业公司实行垂直的领导。这就使得某些地方性比重较大的业务，特别是在指导土产的产销上，限制了地方"因地制宜"的作用。现在有了一年多的经验，已经可以逐渐区别哪些业务全国性的比重较大，哪些业务地方性的比重较大，因而可以根据不同部门的业务情况，适当地划分中央与地方的管理职责。

3. 对于属于中央集中管理但又散在各地的企业，如中央直接管理的矿业、铁路、银行、国营贸易公司等，其企业单位的领导管理工作，过去没有明确规定哪些职权是属于中央的，哪些职权是属于地方的，这就使得地方当局对在本地区的属于中央直接管理的企业难以插手过问。事实证明，像企业中的政治工作，离开了地方当局的领导，中央各部门是不可能直接管理好的。现在已有需要把散在各地的中央直接管理的企业，明确划分中央与地方在领导、管理、监督、指导、协助等方面的职权。

4. 我国是一个地广人众、交通尚不很发达的国家，解放初期仍处在人民革命大变革时期，许多事情需要由地方管理，但中央财经各部门又必须集中力量于全国财政经济工作的方针、政策、计划的掌握和主要工作的领导。因此，这时提出财政经济各部门根据在业务管理上必须集中和应该分散的不同情况，适当地划分中央与地方的管理职权，是正确的。[1]

后来的事实证明：上述《关于划分中央与地方在财政经济工作上管理职权的决定》，对调动地方政府的积极性，促进国民经济的恢复，起了积极作用。

我们在上面只一般地论述了财政经济工作的高度集中的计划经济体

---

[1] 《论中央与地方财经工作职权的划分》，《人民日报》1951 年 5 月 26 日社论。

制雏形的形成过程，没有专门叙说工业经济方面的、高度集中的、计划经济体制雏形的形成问题，但在实际上，前一个雏形的形成过程包含了后一个雏形的形成过程。

这个时期工业经济方面的高度集中的计划经济体制的雏形包括两个层次的内容。

第一个层次，是中央人民政府与地方人民政府管理工业权限的划分。在这方面，实行统一领导和分级管理。

1950 年，政务院《关于统一国家财政经济工作的决定》把凡属国家所有的工厂企业，分为三种办法管理：一是属于中央人民政府各部直接管理；二是属于中央人民政府所有，暂时委托地方人民政府或军事机关管理；三是划归地方人民政府或军事机关管理。依据各部门或各地区对现有各国营工厂企业的管理责任，承担对这些工厂企业投资。一切公营工厂企业及合作社，均须依照中央人民政府财政部的规定，按时纳税。一切中央人民政府或地方人民政府经管的工厂企业，均须将折旧金和利润的一部分，按期解缴中央人民政府财政部或地方人民政府。[①]

与 1951 年政务院《关于划分中央与地方在财政经济工作上管理职权的决定》相适应，1951 年 4 月 6 日政务院还通过了《关于 1951 年国营工业生产建设的决定》。[②] 这个决定扩大了地方政府在发展地方工业方面的权力和责任，并就发展地方工业的方针、地方工业的经营方向、范围和资金来源，以及利润使用等一系列重要问题作出了规定。

这个决定指出：国营地方工业在发展国民经济中具有重要作用，必须采取积极发展的方针，鼓励各级地方政府经营工业的积极性。

地方工业的经营方向：（1）面向农村，解决广大农民缺乏的生活资料与生产资料。（2）为国家企业加工，成为国家企业得力助手。（3）主要利用当地的原料。（4）地方资力与人力能办到的中小型工业，特别是生产民用品的轻工业。

在中央人民政府尚未制定包括地方工业的全盘计划之前，各地方工业的生产与基本建设计划，应逐级审查，由各大行政区财政经济委员会

①《新华月报》1950 年 4 月号，第 1394 页。
②《中国工业经济法规汇编（1949~1981）》，第 7~9 页。

审核决定，其重要者报告政务院财政经济委员会批准；一般的计划，均应报政务院财政经济委员会及中央有关工业部门备案。

地方工业的经营范围：（1）不在输电网内的独立发电厂。（2）小型矿山（小矿区）的经营。（3）制造农具及小五金的铁工厂。（4）建筑器材工业（如砖瓦窑、锯木厂等）。（5）纺织厂与针织厂。（6）民用被服业。（7）地方需要的食品工业。（8）造纸厂与印刷文具业。（9）制造日用品的化学工业。（10）地方性的公用事业及其他地方需要而中央尚难筹办的轻工业。

地方工业的资金来源：地方工业的发展，应依靠地方自己积累资金进行，中央人民政府财经各部门，在可能条件下，对地方工业进行下列帮助：（1）国家有余的生产设备，可依据地方的基本计划拨作地方建设工业之用，由地方按年向国家缴纳折旧费，或作为国家对地方工业的投资。（2）中央各主管工业部对地方工业作技术上的指导与帮助。（3）贸易部门与银行应在可能范围内对地方工业加以扶植。（4）地方工业利润在一定时期内解除上解国库的任务，以供地方工业扩大再生产之需要。（5）建立地方工业的领导系统，以加强对地方工业政策方针的领导与经营管理上的帮助。

地方工业的利润使用：为提高地方工业部门改善经营管理的积极性，1951年、1952年两年地方管理的各国营工业的超计划利润，由各大行政区工业部掌握；其运用范围，由政务院财政经济委员会规定。

后来的事实证明：这个决定在推动地方工业的恢复和发展方面起了重要的促进作用。到1952年，地方国营工业的企业数达到7272个，占国营企业（包括中央工业和地方工业）总数的76.4%；职工人数达887044人，占总数的32.7%；总产值达38.2686亿元，占总数的28.4%。[①]

第二个层次，是国家和企业的关系，这是新中国成立初期工业方面开始实行的高度集中的计划经济体制雏形的最基本的内容。其主要特点是：

1. 在财政方面，实行统收统支。国营企业需要的资金（包括固定资产投资和定额流动资金），按所属关系，由中央人民政府或地方政府的预算拨款。超定额的流动资金由中国人民银行贷款。国营企业除了均须依

---

① 《1949~1952中华人民共和国经济档案资料选编》（工商体制卷），中国社会科学出版社1993年版，第280页。

照中央人民政府财政部的规定缴纳税收外，还需依所属关系把折旧金和利润的大部分缴中央人民政府财政部或地方政府。国营企业只能分别提取计划利润的 2.5%～5% 和超计划利润的 12%～20%，作为企业奖励基金。

2. 在物资供应和产品销售方面，开始实行以计划调拨为主的物资供应和产品收购体制。当时由中央人民政府贸易部承担这个物资调拨和产品收购任务。1950 年，对煤炭、钢材、木材、水泥、纯碱、杂铜、机床、麻袋 8 种主要物资实行计划调拨；1951 年，计划调拨的物资增加到 33 种；1952 年，又增加到 55 种。

3. 在劳动方面，开始着手建立集中管理的体制。当时设立了中央和各大行政区、省、市的编制委员会，统一管理这方面的工作。规定各部门各企业编外及多余的人员，不得擅自遣散，均由全国各级编制委员会统一调配使用；各部门各企业如须增添人员，在经过适当机关批准之后，必先向全国编制委员会请求调配，只有在调配不足时，才能另外招收。

4. 在计划方面，开始对国营企业实行直接计划即指令性计划。在国民经济恢复时期，这项任务是由政务院财政经济委员会（以下简称"中财委"）承担的。其程序是：先由中财委提出年度的国营工业生产控制数字，报中央人民政府政务院批准，并责成中央各工业部和各大行政区工业部，根据此数字，分配给所属企业；然后再由基层企业开始，自下而上地编制本系统的生产、成本、劳动等项具体计划，逐级审查汇总，由中央各工业部分别审核后，综合送达中财委批准；最后再按系统逐级下达至基层企业贯彻执行。①

在工业方面建立这种高度集中的计划经济体制的雏形是以在国民经济中居于主导地位的社会主义国家所有制工业为基础的，是符合工业生产发展水平低和工业结构较为简单的历史情况的，是适应当时解决财政经济困难的需要的。因此，在它建立以后，对于消除财政赤字，稳定市场，集中财力用于军事上和经济上重点恢复的需要，都起了重要的积极的作用。

当然，即使在国民经济恢复时期，国家对国营企业实行直接计划为主的、主要依靠行政手段的、高度集中的计划经济体制，对企业积极性

---

① 政务院：《关于 1951 年国营工业生产建设的决定》，《中国工业经济法规汇编（1949~1981）》，第 7 页。

也有束缚作用。但新中国成立初期，经济战线上面临的主要任务，是制
止通货膨胀，稳定市场，以及重点恢复、建设重工业。这都需要国家集
中当时还很有限的财力、物力和人力。集中的计划经济体制是适应了这
种经济发展要求的，因而积极作用是主要的。而且，由于这个时期党的
宏观经济决策正确，党和政府的威信很高，党的作风正派，党的干部队
伍比较年轻，官僚主义比较少，党的思想政治工作很有力，广大干部和
群众由全国解放而激发的政治热情很高，所以，这种集中的计划经济体
制的行政管理，其效率很高，使得这种经济体制的积极作用得到了比较
充分的发挥。还要看到：1949 年~1952 年，国营工业产值只占工业总产
值的 26.2%~41.5%，直接计划大体上只是限制在这个范围以内。在此范围
以外，政府又很好地运用了价值规律，对私营工业和个体手工业实行了
有成效的间接计划和市场调节。同时，这时国营工业的生产社会化还没
有后来那样发展，生产结构比较简单，商品经济也不发达；由于美国帝
国主义实行的经济封锁，对外贸易又受到很大限制。这一切又大大限制
了集中的计划经济体制的消极作用。

　　总之，新中国成立初期高度集中的计划经济体制雏形的形成，既不
是人为的结果，也不是简单地照搬了苏联模式，而主要是当时弥补财政
赤字、消除通货膨胀和恢复国民经济的客观要求。

第三节　实施民主改革和生产改革，建立国营工业企业管理制度

　　如前所述，新中国成立后，在没收官僚资本主义企业时实行原职、
原薪、原制度的政策。这样，反映官僚资本主义剥削压迫关系以及某些
不适应社会化大生产要求的企业管理制度，就被保存下来；大量带有旧
社会思想作风的管理人员也会保留下来；甚至还有少数反革命分子会隐
藏下来。显然，这些都是束缚社会生产力发展的，必须改变。同时，还
要建立适应社会生产力发展和社会主义制度的企业管理制度。在我国，
这些都是通过民主改革和生产改革完成的。

一、实施民主改革
　　在 1949 年完成了对官僚资本主义企业的没收工作以后，就开始了企

业的民主改革。这项改革工作到 1952 年"三反"(反贪污、反浪费、反官僚主义)运动结束后就基本上完成了。

民主改革的内容包括许多方面,主要是:

(一)国家委派厂长(或经理)

为了彻底改变官僚资本主义企业的领导机构,由接收时派遣军事代表进行监督和间接管理的办法,进一步发展到由国家委派厂长(或经理)直接管理企业。

(二)开展镇压反革命和"三反"运动

民主改革的一些重要方面,如清除隐藏的反革命分子,改造旧人员的思想作风,建立社会主义新型的企业领导者、管理人员、工程技术人员和工人群众的关系,是通过镇压反革命、"三反"和知识分子思想改造等运动进行的。

新中国成立以后,经过各种群众运动和行政手段,已在不同的程度上打击了隐藏在企业内部的反革命分子,并在不同的程度上改革了帝国主义和官僚资本原来在企业内部所形成的不合理制度。特别是党中央在 1950 年 10 月 10 日颁发的《关于镇压反革命活动的指示》以后,各地在工厂、矿山中,都进行过镇压反革命运动,残余的反革命势力已经遭受了更多更大的打击。但是,在大部分工厂、矿山中,还没有进行系统的清理。其中,混有大批的反动党团、反动会道门分子和少数潜伏的逃亡地主、土匪、恶霸、特务、间谍分子;有些过去曾与国民党反动统治者狼狈为奸的封建把头,还未受到应有的惩治或改造;有些反革命分子,甚至混入了党和青年团内,或者把持了工会。他们从各方面进行破坏活动,压制着工人的政治积极性和生产积极性。为此,党中央在 1951 年 11 月 5 日发出《关于清理厂矿交通等企业中的反革命分子和在这些企业中开展民主改革的指示》。①这个指示要求必须用足够的力量,发动与依靠工人群众,有领导、有计划、有步骤地争取于 1952 年底以前,对工厂、矿山和交通企业部门,首先对国营厂矿交通企业内的残余反革命势力,加以系统的清理,并对国营企业内所遗留的旧制度,进行或者进一步地完成必

①《1949~1952 中华人民共和国经济档案资料选编》(综合卷),中国城市经济社会出版社 1990 年版,第 237~243 页。

要的和适当的民主改革。

上述改革取得了巨大的成效。凡坚决进行了镇压反革命和开展民主改革运动的厂矿企业，罪恶重大的、有血债的反革命分子均已受到严重的打击。这样，就纯洁了工人队伍，加强了工人内部的团结，因而政治上和生产上出现了一片新气象。

1952 年"三反"运动开始以后，企业的民主改革又结合这个运动进行。为此，党中央在 1952 年 3 月 20 日又发出了《对厂矿企业中民主改革的指示》，①这个指示强调了民主改革的重要性。对留用人员的思想行动及工作，必须经过"三反"运动加以全盘揭发，彻底了解，然后分别处理。只有把那些作恶的留用人员所作所为在工人群众面前搞清楚，国营工矿企业中的民主改革，才算真正完成，社会主义性质企业才能真正掌握在工人阶级手中。"三反"运动在纯洁工人队伍，建立新型的社会主义的关系等方面起了重要作用。

（三）废除带有封建性的、剥削压迫关系的制度

废除旧社会资本主义企业留下的带有封建性的、剥削压迫关系的制度（如把头制和搜身制等），也是民主改革的一项重要内容。在旧社会的煤矿企业中，由于把头制的存在，工人遭受着封建野蛮的剥削。把头不但毫不注意矿坑的安全设备，而且驱使工人违反技术及安全规程来采掘，以致时常发生巨大的生命伤害。因此摧毁此一黑暗制度，摆脱封建的桎梏，早就成为广大煤矿工人的迫切要求。为此，燃料工业部在 1950 年初依据全国煤矿工会代表会议的建议，发出了《关于全国各煤矿废除把头制的通令》。②1950 年初，全国总工会常委扩大会也批准了全国纺织工会代表会议通过的《关于废除"搜身"制度的决议》并付诸实施。③这些都大大地激发了工人群众作为社会主义企业主人翁的积极性。

（四）实现管理民主化

实现工厂管理民主化，在国营企业民主改革中处于极重要的地位。中财委在 1950 年 2 月 28 日发布的《关于国营、公营企业建立工厂管理委

① 《1949~1952 中华人民共和国经济档案资料选编》（综合卷），中国城市经济社会出版社 1990 年版，第 243 页。
②《中国工业经济法规汇编（1949~1981）》，第 491~492 页。
③《中华人民共和国工业大事记（1949~1990）》，湖南出版社 1991 年版，第 875 页。

员会的指示》①中提出：这种改革的中心环节，就是建立工厂管理委员会，实行工厂管理民主化。在尚未建立工厂管理委员会的工厂企业中，应根据1949年华北人民政府所颁布的《关于在国营、公营企业中建立工厂管理委员会与职工代表会议的实施条例》，②立刻开始认真执行。

按照上述条例，凡属国营、公营工厂企业，均应组织管委会，由厂长（或经理）、副厂长（或副经理）、总工程师（或主任工程师）及其他生产负责人和相当于以上数量之工人职员代表组织之。厂长、副厂长（或经理、副经理）、总工程师及工会主席为当然委员，其他生产负责人须参加管委会者由厂长报告上级机关决定。工人职员代表由工会召集全体职工大会或职工代表会议选举。管委会是在上级工厂企业管理机关领导下的工厂企业中统一领导的行政组织，管委会的任务是根据上级企业领导机关规定之生产计划及各种指示，结合本厂实际情况，讨论与决定一切有关生产及管理的重大问题，如生产计划、业务经营、管理制度、生产组织、人事任免、工资福利问题等，并定期检查与总结工作。管委会以厂长（或经理）为主席，管委会的决议，以厂长（或经理）的命令颁布实施。

凡有职工200人以上的国营、公营工厂必须组织工厂职工代表会议。在200人以下的工厂中不建立代表会议，但每月须召集全厂职工大会一次或两次，由工会主席召集。工厂职工代表会议有权听取与讨论管委会的报告，检查管委会对于工厂的经营管理及领导作风，对管委会进行批评、提出建议。

1951年2月~3月，由中财委召开的全国工业会议就国营企业实行新的领导体制作出了重要决定：在国营工业企业的生产行政管理工作上实行厂长负责制，但实行厂长负责制应同管理民主化结合起来。③

1951年5月，党中央还就企业领导体制问题批准了《中共中央东北局

---

①《中国工业经济法规汇编（1949~1981）》，第489页。说明：1952年9月8日政务院《关于各级政府所经营的企业名称的规定》指示："关于各级政府所经营的企业，目前有称'国营企业'的，有称'公营企业'的，名称殊不一致。为此，政务院特作如下规定：一、凡中央及各大行政区各部门投资经营的企业（包括大行政区委托城市代管的），称'国营企业'。二、凡省以下地方政府投资经营的企业，称'地方国营企业'。"（《新华月报》1952年第10期，第179页）

②《关于在国营、公营工厂企业中建立工厂管理委员会与工厂职工代表会议的实施条例》（华北人民政府1949年8月10日公布），《中国工业经济法规汇编（1949~1981）》，第487~488页。

③房维中主编：《中华人民共和国经济大事记（1949~1980）》，中国社会科学出版社1984年版，第41~42页。

关于党对国营企业领导的决议》。①这个决议首先强调：党管理工业的基本思想，即在企业中一切工作都必须贯彻依靠工人阶级的思想。

这个决议对国营厂、矿企业中党的组织、行政组织、工会组织和青年团组织的基本任务作了明确规定，即均应以提高厂、矿的生产作为自己最高与最基本的任务。

这个决议规定了国营厂、矿中的党、行政、工会、青年团的工作分工。（1）厂、矿中的生产行政工作实行厂长负责制。厂长由国家的经济机关委派，并由国家取得必要的生产资料和资金，实施对生产行政工作的专责管理。厂长领导下的管理委员会，是目前时期实行工人参加生产管理的制度。厂长必须召开管理委员会，讨论有关经济计划及其实现的步骤、管理制度、生产组织、人事任免、工资福利等重大问题，并定期向职工代表会议报告自己的工作。（2）党是工人阶级组织的最高形式，是独立的政治组织。它对厂、矿中的政治思想领导负有完全的责任，对厂、矿中行政生产工作负有保证和监督的责任。（3）工会是厂、矿中工人阶级的群众组织。它的主要工作是教育广大职工群众，组织生产竞赛，保护工人阶级的日常利益。（4）青年团是厂、矿中青年职工的政治的与群众性的组织。它的主要工作是对团员进行毛泽东思想的教育，组织团员与青工的政治文化技术学习，开展体育活动，积极参加生产竞赛。

这个决定还规定了厂、矿中的党、行政、工会、青年团的工作方针，即坚持厂长负责制与管理民主化相结合的方针，坚持政治工作与经济工作相结合的方针，坚持在增加生产的基础上，逐步改善工人生活的方针等。

这个决定在马克思主义指导下，依据较早解放的东北地区党领导工业的经验，就实行厂长负责制的条件下，如何同管理民主化相结合，如何实现党的政治思想领导和保证、监督作用等重大问题，作出了一系列明确的规定。这虽然是在计划经济体制条件下作出的决定，但相对于尔后实行的企业领导体制来说，是一种较好的体制。因而，该决定在当时起了有益的作用。可惜的是，当时该决定并没在全部国营企业中贯彻。

总体来说，国营企业的民主改革，在纯洁工人"阶级队伍，建立新型的社会主义"企业管理制度和人与人之间的关系，提高职工的主人翁

①《中国工业经济法规汇编（1949~1981）》，第503~510页。

地位等方面，都起到了重要作用。

二、实施生产改革

生产改革是在民主改革的基础上进行的。在国民经济恢复时期，多方面地进行了生产改革工作。在 1952 年"三反"运动结束、基本上完成了民主改革之后，工作重点就由民主改革转到了生产改革。生产改革的时间比民主改革要延续得长一些。

生产改革的主要内容包括以下各点：

（一）建立健全企业管理机构和生产责任制度

建立健全企业管理机构，实行科学的分工，是工业企业进行正常生产和提高生产的基本条件。但新中国成立初期，从官僚资产阶级手中接收过来的国营企业，管理机构很不健全，缺乏科学的分工，很不适合社会主义工业发展的需要。因此，解决这个问题，就成为生产改革中的一项重要工作。比如，中央人民政府纺织工业部在 1950 年 4 月曾经作出了《关于公营纺织工厂组织机构的决定》。[①]该决定对新的纺织工厂组织机构设置的要求及各类管理人员的分工都作了严格规定。

建立生产责任制，不仅因为它是管理工业企业的基本原则，而且因为它是新中国成立初期工业企业管理中最薄弱的环节。当时在工业企业中，相当普遍地不同程度地存在着这样的现象：生产与建设计划不能完成无人负责，原材料供应不及时发生停工待料无人负责，产品质量差无人负责，破坏技术操作规程招致损失无人负责，机器的保护与使用无人负责，生产不能相互配合无人负责，浪费惊人无人负责，等等。在这种情况下，不建立生产责任制，工业的恢复和改造，就无法迈开步。但是，建立生产责任制，绝不是消极的，它是积极地推进工业前进的力量。

建立生产责任制，要求做到人人对生产负责，事事有人负责。为此，需要建立各种生产责任制，特别是建立企业领导者的责任制以及质量责任制和安全责任制。为了保证各种生产责任制的贯彻执行，还需建立健全检查部门和检查制度、奖惩制度。比如，纺织工业部在 1950 年 12 月 15 日作出《关于建立和加强生产责任制的决定》，[②]就是适应上述要求作出

---

①《中国工业经济法规汇编（1949~1981）》，第 492~494 页。
②《中国工业经济法规汇编（1949~1981）》，第 498~499 页。

的。该决定对上述各项责任制度都作了明确规定。

（二）推行经济核算制

新中国成立初期，周恩来总理提出："现在已不是供给制时代，而是要走上经济核算时代了。"①在过去长期战争环境形成的供给制，已经不适合恢复和发展工业的需要。在这种情况下，提出实行经济核算制的任务，是很必要的。

在初步建立的计划经济体制下，经济核算制是管理国营企业的基本原则。其目的是在国家计划的集中指导下，发扬各企业的经营积极性与责任心，提高劳动生产率，努力增加产量，提高质量，消灭浪费，降低成本，加速资金的周转与增加国家资金的积累，从而保证工业的扩大再生产与提高劳动者的物质文化生活水平。

基于这一点，政务院在1951年4月6日通过了《关于1951年国营工业生产建设的决定》。②该决定提出国家对国营企业，经过以下五项方法，实施经济核算的管理：（1）实行计划管理，即规定企业增加生产（数量、质量与品种）、提高劳动生产率及降低成本的任务，并建立系统的检查制度，促其实现。（2）确定每个企业必要的固定资产与流动资金。凡未确定资金的企业，应即认真清理资产，确定资金，其有多余或不足者，由国家统一调配。（3）实行独立会计制，由中国人民银行集中国营企业的一切信贷，允许各企业有权独立与国家银行发生往来，逐渐发挥银行对企业财务活动的监督作用。责成各企业的领导人，对所管企业的盈亏负完全责任。（4）在完成国家平衡计划的条件下，企业有权通过合同制自行销售产品与收购原材料。（5）实行工厂奖励基金制。凡已确定资金，并能有计划地进行生产的企业，在经济核算制已奠定初步基础之后，可从超计划利润中提取一定比例（至多不超过30%），充作工厂奖励基金。

鉴于我国各地解放时间有早晚的差别以及与此相联系的企业管理基础的差别，该决定对各企业在1951年推行经济核算制方面规定了不同的要求：凡尚未开始实行经济核算制的国营企业，1951年内务必建立经济

①《1949~1952中华人民共和国经济档案资料选编》（基本建设投资和建筑业卷），中国社会科学出版社1989年版，第438页。

②《新华月报》1951年第5期，第138页。

核算制的初步基础；凡经济核算制已有初步基础的厂矿（如东北），1951年应提高一步。在国民经济恢复时期，该决定及其他相关决定的贯彻，使得许多国营企业的经济核算制初步建立起来。

（三）改革工资制度，贯彻按劳分配原则

在半殖民地半封建的中国，不仅工资水平极为低下，而且工资制度也混乱不堪。

新中国成立初期，对没收过来的企业职工还需要实行原薪制，一般按解放前 3 个月内每月所得实际工资的平均数领薪。尔后进行的民主改革，废除了把头制等封建性剥削，并对少数极不合理的职工和地区的工资作了调整。但这些并没有从根本上触动旧社会留下的工资制度。面对新中国成立初期通货膨胀的局面，人民政府对职工实行了以实物为基础计算工资的办法。这对于保证职工生活和实现社会稳定起了重要作用。但这同样没有从整体上改变工资制度的混乱局面。

这种混乱状态主要表现为：（1）工资计算单位不统一。解放初期，全国共有十几种计算单位。（2）在部门之间，轻工业职工工资高于重工业；在企业内部，辅助工人工资高于主要工人，事务人员工资高于技术人员。（3）同一产业部门没有统一的工资标准，同级职员的工资差别高达 2 倍~3 倍。（4）没有统一的等级制度。企业都是多等级制，有的多到三十几级、五十几级，甚至一百几十级；级差小，有的只有一斤小米。工资制度的这种混乱状态，同社会主义国营经济和恢复国民经济的要求极不适应，必须改革。根据党中央指示，中华全国总工会和中央人民政府劳动部，为召开全国工资准备会议作准备，在深入广泛调查研究的基础上，起草了《工资条例草案》、《工资条例说明书》、《全国各主要地区"工资分"所含物品牌号及数量表草案》、《各产业工人职员工资等级表草案》等文件。经过这些准备，中财委在 1950 年 8 月~9 月间召开了全国工资准备会议。会议肯定了上述文件所提出的新工资制度，并同意以工资分作为全国统一的工资计算单位。会议还确定了改革工资制度的三项原则：（1）在可能范围内，把工资制度改得比较合理，打下全国统一的、合理的工资制度的初步基础。（2）一定要照顾现实，尽可能做到为大多数工人拥护。（3）要照顾国家财政经济能力，不能过多增加国家负担。

依据上述指示和文件，各大行政区在 1951 年~1952 年相继进行了一次工资改革。概括起来，这次工资改革的内容，主要有以下四点：（1）统一以"工资分"为工资的计算单位。每个"工资分"中五种物品的含量为：粮0.8斤（0.4公斤）、白布0.2尺（0.067米）、食油00.05斤（0.025公斤）、盐0.02斤（0.01公斤）、煤2斤（1公斤）。物品的规格与牌号，各地根据本地区经济条件和职工生活习惯而定，如南方一般用大米，北方用白面和粗粮，以中等质量为准。按国营商业的零售牌价计算"工资分"值，并由当地主管机关或人民银行定期（按月、半月或日）公布。（2）企业工人实行新的工资等级制度，职员实行新的职务等级制度。各地国营和地方国营企业的工人大多数实行八级工资制，少数实行七级制或六级制，最高、最低工资的倍数一般为2.5倍~3倍，多数为2.8倍，并且大都制定了工人技术等级标准。企业职员包括企业的管理人员与工程技术人员，实行了职务等级工资制。职务等级工资制是按职务规定工资，即按各职务的责任大小、工作复杂性和繁重性以及各职务所需要具备的知识和能力而确定的。每个职务又规定几个工资等级，各职务之间上下有一定的交叉。（3）推广计件工资制和奖励工资制，建立特殊情况下（包括调动工作、停工、学习和加班加点等）的工资支付办法。（4）统一了工资总额组成。工资总额应包括基本工资和辅助工资，但不包括非经常性的一次性奖金、企业缴纳的劳动保险金、工会经费、失业救济基金，以及职工调动工作的旅费、调遣费和解雇费。

这次改革对于建立符合按劳分配原则的新工资制度，提高工资水平，激发职工的劳动热情，都起了有益的作用，并为进一步贯彻按劳分配原则和改革工资制度创造了有利的条件。当然，这次工资改革也有某些不足之处。比如，有不少地方对现实情况的照顾多了一些；各企业工资水平高低不一，有的相差大了一些；仍有平均主义现象。

（四）开展生产竞赛运动

随着官僚资本主义经济的被没收和民主改革、生产改革的进行，职工群众成为社会主义的国家和企业的主人，劳动积极性趋于高涨，生产竞赛也随之逐步开展起来。据统计，全国解放至1950年，有68.3万职工参加了生产竞赛；1951年增长到238万人；1952年，参加爱国增产节约竞赛运动的职工占职工总数的80%以上。1949年~1952年，先进集体单位达到1.9万个，其中先进小组1.8万个；先进生产工作者20.8万人，其中女性有 2.6 万人。[①] 这 3 年，职工群众在改进机器、操作方法和劳动组织等方面，创造了很多先进经验，提出了很多合理化建议。这 3 年合理化建议达到近 40 万件，其中被采用的就有 24.1 万件。[②]

在这期间，为了推动和领导生产竞赛运动合乎规律地发展，政务院于 1950 年 9 月 25 日 ~10 月 2 日在北京召开了全国工农兵劳动模范代表会议，出席的劳动模范和先进集体代表 459 人，其中工人代表 203 人。毛泽东主席代表中共中央到会致祝词。又在 1951 年 4 月 6 日发布了《关于 1951 年国营工业生产建设的决定》。[③] 决定指出：（1）"竞赛的内容必须与完成生产计划的总任务相结合，与解决当前生产中最薄弱或最关键的一环相结合，明确每一阶段、每一厂矿的竞赛目标，避免一般性与盲目性。"（2）"增产与提高技术相结合，启发职工的智慧，从改善工具、改善操作方法、改善劳动组织等方面来提高生产，防止单纯加强劳动强度、追逐数量、忽视质量的偏向。"（3）"推广先进生产者与先进生产小组的经验，是开展生产竞赛的方式。"比如，沈阳第五机器厂马恒昌生产小组是 1949 年上半年就涌现出来的先进生产小组，仅在 1950 年，该组就改进了 15 种生产工具，创造了 25 项新纪录，提前完成了生产任务，质量达到标准的占产品总数的 99%。该组的特点：一是打破技术保守思想，促进全组技术进步，完成和超额完成生产任务；二是互助团结，表现了工人阶级的伟大友谊，避免了个人锦标主义；三是高度的劳动热情与钻研技术相结合；四是把全组创造的先进经验变成经常的制度。从 1950 年起，就推广了马恒昌小组的先进经验，开展马恒昌小组竞赛活动。[④] 又如，当时青岛第六棉纺织厂郝建秀创造了一套科学的细纱工作法，1950 年下半年总结和推广了这个先进工作方法，并把它称为郝建秀工作法。该工作法的基本特点：一是工作主动，有规律，有计划，有预见性；二是动作合理，把几种工作结合起来做；三是抓住了细纱工作的主要环节——清洁工作，因为清洁工作做得好，断头就少，皮辊花

---

① 《伟大的十年》，人民出版社 1959 年版，第 165 页。
② 《中华人民共和国三年来的伟大成就》，人民出版社 1953 年版，第 151~152 页。
③ 《中国工业经济法规汇编（1949~1981）》，第 9 页。
④ 《新华月报》1950 年 7 月号，第 554 页；1951 年 2 月号，第 759~760 页。

出得少，产量就高，质量也好。①（4）"在竞赛中建立与改善各种经营管理制度，创造新的技术标准与定额，提倡联系合同和集体合同，使职工之间、各生产部门之间求得相互配合、相互团结的平衡发展。"（5）"在竞赛中建立合理的奖励制度。"按照中财委的规定，1952 年企业奖励基金 25% 用于技术措施费，45% 用于集体福利事业，5% 用于生活困难职工的补助，其余 25% 用于职工的奖励。②所有这些，都促进了这个期间生产竞赛运动的健康发展。

上述历史情况表明：我国社会主义的国营企业管理制度，正是通过民主改革和生产改革建立起来的。

第四节　社会主义国营工业的发展

在没收官僚资本主义的基础上建立了社会主义国家所有制工业，又通过民主改革和生产改革建立了社会主义企业管理制度。这就彻底地消灭了官僚资本主义的剥削关系，清除了残存的封建主义的压迫关系，确立了劳动者在国家和企业中的主人翁地位，初步地实现了企业管理民主化和按劳分配原则，解放了生产力，激发了广大职工的劳动积极性，开展了生产竞赛运动。高度集中的计划经济体制的初步建立，保证了有限资金能够集中用于重点建设。这些都有力地推动了国营工业生产建设的发展。1949 年~1952 年，国营工业的产值由 36.8 亿元增长到 142.6 亿元，增长了 2.9 倍。由于国营工业产值的增长速度较高，因而它在工业总产值的比重有了显著的上升，由 1949 年的 26.2% 上升到 1952 年的 41.5%（详见表 1-2-1）。

---

① 《新华月报》1951 年 10 月号，第 126 页。
② 《新华月报》1952 年 5 月号，第 95 页。

表 1-2-1   国民经济恢复时期各种经济类型工业产值及其比重的变化 ①

年份	合计	国家所有制工业	集体所有制工业	公私合营工业	私营工业	个体手工业
1. 绝对额（亿元）						
1949	140.7	36.8	0.7	2.2	68.3	32.7
1950	191.7	62.5	1.5	4.1	72.8	50.8
1951	263.5	90.8	3.4	8.0	101.2	60.1
1952	343.3	142.6	11.2	13.7	105.2	70.6
2. 速度（%）						
1949	100.0	100.0	100.0	100.0	100.0	100.0
1950	140.0	169.8	214.3	186.4	106.6	155.4
1951	188.6	246.7	485.7	363.6	148.2	183.8
1952	245.0	387.5	1600.0	622.7	154.0	215.9
3. 比重（%）						
1949	100.0	26.2	0.5	1.6	48.7	23.0
1950	100.0	32.7	0.8	2.1	38.1	26.3
1951	100.0	34.5	1.3	3.0	38.4	22.8
1952	100.0	41.5	3.3	4.0	30.6	20.6

①《中国统计年鉴》(1984)，中国统计出版社，第 194~195 页。本表数字，后面有关章节还要用到。本表序号 1-2-1 表示第 1 编第 2 章第 1 表。以下依次类推。

第三章　保护并有限制地发展民族资本主义工业

在国民经济恢复时期，保护并有限制地发展民族资本主义工业的经济纲领，主要是通过扶植有益的民族资本主义工业，打击投机资本和调整民族资本主义工业，开展"五反"运动（反对行贿、反对偷税漏税、反对盗窃国家资财、反对偷工减料、反对盗窃国家经济情报）和进一步调整民族资本主义工业这样依次相连的三个环节实现的。这期间，民族资本主义工业的恢复、改组和国家资本主义的初步发展，也是在这个过程中实现的。这样，我们在本章中依次叙述这四个历史过程。

第一节　扶植有益的民族资本主义工业

新中国成立初期，民族资本主义工业（或称私营工业）在工业中居于重要的地位。1949年，民族资本主义工业产值为68.3亿元，占工业总产值的48.7%，[①] 其中，原煤占28.3%，烧碱占59.4%，电动机占79.6%，棉纱占46.7%，棉布占40.3%，纸占63.4%，火柴占80.6%，面粉占79.4%，卷烟占80.4%。这就决定了在当时的条件下还必须利用有益于国计民生的民族资本主义工业。但在半殖民地半封建的中国，民族资本主义工业普遍陷入衰落状态。新中国成立初期，在原料供应、产品销售和

---

① 《中国统计年鉴》(1984)，中国统计出版社，第194页。

资金周转等方面也不可避免地存在许多困难。

为了利用民族资本主义工业在发展国民经济方面的积极作用，人民政府采取了一系列措施帮助民族资本主义工业解决原料、市场和资金等方面的困难问题。这些措施主要是：供给原料或以原料换成品，委托加工或代销成品，发放工业贷款，降低工业税率，使其低于商业税率等。这就促使有益的民族资本主义工业能在较短的时间内得到不同程度的恢复。比如，解放较早的沈阳市，在 1949 年 6 月~12 月的半年中，私营工业企业由 9727 家增加到 12007 家，增加了 23%。又如，解放较晚的上海市，据 1949 年 12 月对全市 68 个工业行业的调查，在 10078 家私营工厂中，开工的已达 61.7%，其中有些行业已经达到 80% 以上（如棉纺织业），甚至达到 100%（如碾米业）。

第二节　打击投机资本和调整民族资本主义工业

在旧中国的市场上，投机资本盛行。在这种条件下，民族资本也竞相做投机买卖，他们由此获得的利润，常常超过从事生产经营获得的利润。当然，在旧中国，投机活动主要来自帝国主义资本和官僚主义资本，而不是民族资本。但在解放以后，没收了官僚资本，清除了帝国主义在经济方面的侵略势力。这时候，投机活动主要就来自民族资本了。这种投机资本的活动，正是 1949 年下半年和 1950 年初物价急剧上升的最重要因素。这就决定了必须打击破坏国民经济的投机资本。这场斗争在 1950 年 3 月统一全国财政经济工作以后，就取得了胜利。

打击投机资本，统一财政经济工作，使物价趋于稳定，这就为工业的恢复和发展创造了条件。但对于从半殖民地半封建社会过来的民族资本主义工业来说，却暂时地发生了严重的困难，商品滞销，生产萎缩，工厂停工，工人失业。同 1950 年 1 月相比较，全国私营工业 5 月份主要产品产量大幅度下降了。其中，棉布减少 38%，绸缎减少 47%，毛纱减少 20%，卷烟减少 59%，烧碱减少 41%，普通纸减少 31%。

全国失业工人逾百万。这种状况，激化了一些社会矛盾，失望和不满的情绪在一部分工人和城市贫民中迅速蔓延。经济问题已影响到了社会的安定。①

这些问题的发生，有客观原因。主要是：（1）由于帝国主义、封建主义和官僚资本主义的残酷剥削和长期战争的破坏，社会生产大幅度下降，人民购买力显著下降。（2）在过去长期的通货膨胀的条件下，人们为了避免物价上升的损失，竞相购买不是为了消费的商品。随着物价的稳定，这种虚假的购买力也就消失了。（3）在半殖民地半封建的中国发展起来的民族资本主义工业，许多方面是适应旧中国统治者的需要的。随着国民党反动统治的被推翻，许多商品也就从根本上失去了销售市场。（4）许多民族资本主义工业企业机构臃肿庞大，企业经营方法也不合理，产品成本高，利润少，甚至亏本。（5）民族资本主义经济特有的生产上的盲目性。所有这些都会引起私营企业的减产、停工甚至倒闭。

但是，上述问题的发生同经济工作中的某些缺点和错误也有一定的关系。主要是：（1）1950年初平抑物价的措施有些过猛。紧缩银根起了消除通货膨胀、稳定物价的作用，而对于正常的工商经营活动也产生了一些副作用。（2）新中国成立初期，对于一些工业行业，如火柴、肥皂、棉纱等，领导上没有综观全局、统一筹划、精确计算，而盲目地扶持私人生产，致使生产过剩。（3）在经营范围上，国营贸易和合作社所控制的范围和数量过大过多，甚至有垄断一切的现象，使私营工商业感到道路很窄，没什么可干。（4）在价格政策上，防止和限制投机分子捣乱是正确的，但限制私营工商业的正当利润则不对。（5）在税收上，虽已取得很大成绩，但任务重，税目多，手续繁，也影响私营工商业者不敢放手去经营。（6）在公债征收上，存在问题更多：一是分配欠公；二是与税收挤得太紧；三是数目太大。（7）在贷款政策上，公重于私、工重于商是正确的。但先公后私、只公不私则不当。（8）在劳资政策上，做到了重视工人工资福利，但失之于不以发展生产为前提。（9）在商品购销上，各专业公司坚决完成回笼任务，使货币紧缩、物价平稳有成绩。但物价已经平稳、市场呈现呆滞状态之后，在商品购销方面仍只吐不吞也不妥。（10）在原料分配上，亦是先公后私、只公不私。此外，在加工、订货、成品收购上，利润太低，条件太苛刻，执行合同不守信用，交通运输亦只顾公不顾私等，都

① 薄一波：《若干重大决策与事件的回顾》上卷，中共中央党校出版社1991年版，第94~95页。

影响了和影响着公私关系。①

上述种种情况是同超越新民主主义社会的经济纲领、企图过早地实现社会主义的"左"倾思想相联系的。当时有一种说法是"今天的问题是谁战胜谁的问题",因而,对私资"能排挤便排挤,能代替便代替"。

针对上述问题,毛泽东在 1950 年 4 月召开的党中央政治局会议上提出:"中央人民政府成立以后,主要是抓了一个财政问题。""目前财政上已经打了一个胜仗,现在的问题要转到搞经济上,要调整工商业。"②毛泽东在 1950 年 6 月召开的党的七届三中全会上,还重申了调整工商业在恢复国民经济方面的重要作用,并尖锐地批评了企图过早消灭资本主义的"左"的思想。他说,在统筹兼顾的方针下,逐步地消灭经济中的盲目性和无政府状态,合理地调整现有工商业,切实而妥善地改善公私关系和劳资关系,使各种社会经济成分,在具有社会主义经济性质的国营经济领导之下,分工合作,各得其所,以促进整个社会经济的恢复和发展。有些人认为可以提早消灭资本主义实行社会主义,这种思想是错误的,是不适合我们国家的情况的。

所谓调整工商业,"就是说,在半殖民地半封建的国民经济轨道拆毁了之后,应该按照新民主主义的轨道来安排工商业的问题。其中最突出的是三个基本环节:(1)调整公私关系。(2)调整劳资关系。(3)调整产销关系"。③

调整公私关系又包括两个基本方面:(1)调整公私工业之间的关系。(2)调整税收负担。

调整公私工业之间关系的目的,是要使私人资本主义工业在国营经济的领导下分工合作,各得其所。

为达到这个目的,由政府或国营企业委托私营工厂加工、订货和由国营商业收购其产品,具有特殊重要的意义。因为当时主要就是通过它来调整民族资本主义工业,以维持和促进私营工厂的生产。

---

①《1949~1952 中华人民共和国经济档案资料选编》(综合卷),中国城市经济社会出版社 1990 年版,第 736~739 页。

②薄一波:《若干重大决策与事件的回顾》上卷,中共中央党校出版社 1991 年版,第 98 页。

③陈云:《中华人民共和国过去一年财政和经济工作的状况》,《新华月报》1950 年 10 月号,第 1320~1321 页。

国营企业向私营工业订货和收购产品的原则，主要有以下几点：[①]（1）应当根据国家的需要与可能。所谓需要，就是指所委托加工的、所订的、所收购的货物应当对国家目前或将来有用。所谓可能，就是指所订的、所收购的货物数量，应当以国家现有经济力量的可能为限。（2）订货和收购的地区分配要适当，必须根据各个地区各种企业的不同情况，从全局观点给以恰当的帮助。（3）收购价格应根据市价，不应低于或高于市价。加工的"工缴费"，应根据加工地区合理经营的中等标准计算工厂成本。（4）对公私工厂加工条件应当一视同仁，不应有所偏颇。（5）公私双方均应严格信守订货合同和收购合同。

经过这次对民族资本主义工业的调整，加工、订货、包销和收购达到了很大的规模。1949 年，这部分产值只占私营工业总产值的 11.5%，1950 年上升到 27.3%。

调整税收负担的目的，是在保证满足国家财政需要的前提下，适当地减轻私营企业的负担，以促使民族资本主义工业的恢复。主要内容有：继续实行工轻于商和日用品轻于奢侈品的征税政策；简化税目；对部分工业品实行减税和免税；对所得税提高了起征点和最高累进点，增加了累进级数，使累进放缓。

调整劳资关系，当时贯彻了以下三项基本原则：（1）必须确认工人阶级的民主权利。（2）必须首先从有利于发展生产出发。（3）解决劳资关系问题，必须用协商的办法，只在协商不成时，才由政府仲裁。

为了调整好劳资关系，1950 年 4 月，中央人民政府劳动部发布了《关于在私营企业中设立劳资协商会议的指示》。[②] 劳资协商会议这种组织形式，是天津、武汉等地私营工厂中的工人和厂主创造出来的，是贯彻"劳资两利"政策的一种良好的组织形式。它的基本精神，就是要依据民主原则，用平等协商的办法解决企业中劳资关系问题。指示要求用集体合同来规定劳资双方的权利和义务。这样，一方面确认了工人的民主权利，保护了工人的利益，从而激发了工人的生产积极性；另一方面也使资方获得了行使自己经营权的新方式，能够更好地经营企业。全国各地

---

①《如何调整公私工商业关系》，《人民日报》1950 年 6 月 8 日社论；《1949~1952 中华人民共和国经济档案资料选编》（综合卷），中国城市经济社会出版社 1990 年版，第 746~747 页。
②《新华月报》1950 年 6 月号，第 311 页。

依照这个指示普遍地在私营企业中建立了劳资协商会议。据不完全统计，到 1950 年 6 月底为止，北京、天津、上海、武汉、广州等地就已经建立了 923 个劳资协商会议，对调整劳资关系起了有益的作用。

调整产销关系的目的，是要克服资本主义生产的无政府状态。在半殖民地半封建的中国，工业畸形发展，重工业比重很小，轻工业比重很大。新中国成立初期，随着物价趋于稳定而产生的暂时困难，使得这方面的矛盾更为突出了，一方面许多重工业亟待恢复和发展；另一方面不少轻工业又出现了生产过剩，而民族资本主要是经营轻工业的。这样，调整产销关系就成为调整民族资本主义工业的一个重要问题。而且，在人民民主政权已经建立、社会主义国营经济在国民经济中的领导地位已经确立的条件下，采取经济的和行政的办法，逐步地把民族资本主义工业生产纳入国家计划的轨道是有可能的。

为了调整产销关系，1950 年中央人民政府财经部门召开了一系列的全国性的工业专业会议。会上，公私企业的代表协商解决产销关系中的问题，依据社会需要拟定各行业的产销计划，又按照公私兼顾的原则对公私企业合理分配计划任务。对私营企业的计划任务，很多都是通过加工订货的方式实现的。

为了巩固调整民族资本主义工业的成果，进一步把民族资本主义工业纳入新民主主义经济的轨道，1950 年 12 月政务院颁布了《私营企业暂行条例》。条例规定：私营企业的设立，变更营业范围和资本，以及迁移、转业、停业、歇业等，均须经政府核准和进行登记；私营企业应接受社会主义国营经济的领导，执行国家制定的重要产品的产销计划和有关的劳动法令。条例还规定了企业盈余的分配办法。独资和合伙企业的盈余分配，除法令另有规定者外，依契约或行业通例办理。公司组织的企业在年度决算后，如有盈余，除缴纳所得税和弥补亏损外，先提 10%以上的公积金作为扩充事业和保障亏损之用，然后再分配股息，股息最高不得超过年息的 8%，余额依下列各项分配：股东红利及董事监察人、经理人、厂长等酬劳金一般不少于 60%，改善卫生设备基金、职工福利基金和职工奖励金等一般不得少于 30%。①

①《新华月报》1951 年 1 月号，第 578~580 页。

经过大力调整私营工商业，各地市场的经济情况已发生了显著的变化，迅速取得了显著成效。从 1950 年 4 月开始调整，半年之后，私营工商业户数从歇业多开业少，转变为开业多歇业少；市场活跃，成交量增加，城乡物资交流增进；产量显著增加。到 1951 年更明显地表现出来。1951 年与 1950 年相比，全国私营工业的户数增加了 11%，职工人数增加了 11.4%，产值增长了 39%。

这当然不是说，这次调整工商业把民族资本主义工商业经营困难的问题都解决了，民族资本主义生产经营潜力都发挥出来了。实际上，在这方面还存在问题。据计算，[①] 1951 年初，上海工商企业中公私资本的比例是 1∶5，而它们的营业额则是 2∶5；国营工业设备利用率已恢复到 70%~80%，私营工业仅恢复到 40%~50%，有一半的生产能力闲置在那里。这也说明私营工商业困难多，恢复乏力。而当时私营工商业又在一些重点产业部门还占优势。如按资本额计算，机电行业占 60%，机械行业占 75%，酸碱制造业占 60%，纺织业占 60%，其他日用品工业几乎都掌握在私人手里。从国计民生的需要看，还应继续调整工商业，把私营企业的潜力利用起来。但这次调整工商业的工作，由于抗美援朝开始，未能坚持做到底，还遗留下了一些问题没有得到解决。

第三节　开展"五反"运动和进一步调整民族资本主义工业

由于调整工商业政策的贯彻执行，民族资本主义工业获得了迅速的恢复。在这个过程中，资本主义唯利是图的本质又有了进一步的暴露。其时，在全国财政经济统一、物价稳定、社会主义国营经济已经掌握了市场领导权的条件下，资产阶级不可能像 1949 年~1950 年初那样，靠从事商业投机来获取暴利了。于是他们转而采用"五毒"的办法，即偷工减料、偷税漏税、盗窃国家资财、盗窃国家经济情报和行贿等办法来获取暴利。

在资产阶级中，犯"五毒"行为的面是很广的。据 1952 年上半年

---

① 薄一波：《若干重大决策与事件的回顾》上卷，中共中央党校出版社 1991 年版，第 110 页。

"五反"运动期间的材料，北京、天津、上海等九大城市 45 万多户私营工商业中，不同程度犯有"五毒"行为的就有 34 万多户，占总户数的76%。

不法资本家的"五毒"行为达到了疯狂的令人发指的程度。比如，他们为了获取暴利，竟不顾淮河流域广大人民生命财产的安全，大量盗窃国家的治淮资财。1952 年，单是河南省治淮总部在上海招商代办工程和采购工程器材费用，就达到 500 多亿元☆，①其中被上海奸商侵吞、诈骗和盗窃的就有 100 多亿元☆。

资产阶级的猖狂进攻，不仅在经济上给国家造成了重大损失，而且在政治思想上严重地腐蚀了国家干部。如果听其发展，国家的前途就有危险。为了打退资产阶级的猖狂进攻，党中央继 1951 年 12 月 1 日作出《关于实行精兵简政、增产节约、反对贪污、反对浪费和反对官僚主义的决定》之后，于 1952 年 1 月 26 日又发出了《关于在城市限期展开大规模的坚决彻底的"五反"斗争的指示》。在党中央的领导下，1952 年上半年，全国开展了一个大规模的"五反"运动。这个运动是在党自上而下的领导和工人、店员以及全国人民自下而上的支持下进行的。

这场斗争的目的不是要在这时候就消灭资本主义，而是要打退资产阶级的猖狂进攻，取缔他们的违法活动，使之遵守政府的法令，接受国营经济的领导。"党和国家的基本方针，是通过这些斗争使那些坚持不法行为的少数资产阶级分子在人民群众中，同时也在资产阶级内部陷于完全的孤立，而把那些愿意服从国家法令的大多数资产阶级分子团结起来。"②

为了贯彻这一基本方针，党和国家在处理违法私营工商户的原则、方法等方面作了一系列的严格规定。

1. 正确掌握在"五反"运动中处理违法私营工商户的基本原则：过去从宽，今后从严；多数从宽，少数从严；坦白从宽，抗拒从严；工业

---

① 有"☆"者为旧人民币。1955 年 1 月 21 日国务院发布了《关于发行新的人民币和收回现行的人民币的命令》。命令规定：中国人民银行自 3 月 1 日起发行新人民币，新旧币的折合比率为 1 元等于 1 万元。以下叙述文字中，凡有"☆"者，均为旧人民币。

② 刘少奇：《中国共产党中央委员会向第八次全国代表大会的政治报告》，《中国共产党第八次全国代表大会文件》，人民出版社 1980 年版，第 22 页。

从宽，商业从严；普通商业从宽，投机商业从严。其主要精神就是要实现宽大与严肃相结合，实事求是地进行定案处理工作，做到合情合理，才能既有利于清除资产阶级的"五毒"，又有利于团结资产阶级发展生产和营业。

2. 正确掌握在"五反"斗争中对于工商户分类的标准、比例和处理办法。[①]

区别各类工商户的界限，应以其违法所得数目和违法情节作为同等重要的条件，并将二者结合起来，加以评定。同时，根据团结和改造资产阶级、有利于他们发展生产和营业的实际需要，在确定类别时，还应照顾到其他一些重要因素，如资本家一贯的政治态度、在经济生活中的作用等，加以全面考虑。这对于确定政治上与中共合作的资产阶级代表人物及若干大户特别是大工业户的类别时，更为重要。

一般工商户分为以下五类：（1）守法户的处理办法，即给以守法户通知书。（2）基本守法户的处理办法，一般免退或减退，并给以基本守法户处理通知书。（3）半守法半违法户的处理办法，是"补退不罚"，并给以半守法半违法户处理通知书。（4）严重违法户的处理办法，除令其退出违法所得外，并按情节酌处罚金。（5）完全违法户的处理办法，除令其退出违法所得外，并按其情节从重处以罚金，或判徒刑，最重者可判死刑，并没收其财产的一部或全部。

工商户分类的比例：在各大城市的工商户总数中，守法户约占10%，基本守法户约占60%，半守法半违法户约占25%，严重违法户和完全违法户约占5%。这种比例大体上是合乎各地基本情况的。

对工商界中大户的处理还要宽些。

党和国家的上述政策规定，在"五反"运动中得到了很好执行，或者说实际执行的结果比政策规定还要宽。比如，依据北京等8个城市的统计，守法户占参加"五反"运动工商户总数的比重为22.9%，基本守法户的比重为58.6%，半守法半违法户的比重为13.6%，严重违法户的比重

---

① 1952年3月8日政务院批准的《北京市人民政府在"五反"运动中关于工商户分类处理的标准和办法》、1952年5月20日中共中央《关于争取"五反"斗争胜利结束中的几个问题的指示》，《1949~1952中华人民共和国经济档案资料选编》（综合卷），中国城市经济社会出版社1990年版，第481~489页。

为 2.45%，完全违法户的比重为 0.45%。[①]同政策规定相比较，一类户的比重约高出 12.9 个百分点；二类户约低 1.4 个百分点；三类户约低 11.4 个百分点；四、五类户约低 2.1 个百分点。

上述各项政策的贯彻执行，保证了"五反"运动的健康发展及其胜利。

"五反"运动的胜利，具有重大的意义。这个胜利大大地巩固了工人阶级在社会政治生活中的领导地位以及社会主义国营经济在国民经济中的主导地位；极大地教育了工人群众和广大干部，增强了他们抵抗资产阶级腐蚀的能力；深刻地触动了资产阶级的灵魂，有力地促进了民族资本主义企业中的民主改革和生产改革。这样，"五反"斗争就不仅为工业和国民经济的恢复工作，而且为私人资本主义接受社会主义，创造了有利的条件，并对廉政建设起了重要的促进作用。

但是，"五反"运动也带来了影响社会经济发展的问题。主要是"五反"期间，许多城市工业产品积压，商品销售不畅，工人失业增加；许多资本家惶惶不安，感到今后经营无所适从；有些工人和干部则希望多搞公私合营。[②]这样，为了利用私人资本主义工业有益于国计民生的作用，需要在"五反"运动获得胜利的新的条件下进一步贯彻调整工商业的政策。

这次调整主要也是围绕调整公私关系、调整劳资关系和调整产销关系三方面进行的。[③]

调整公私关系方面，主要是恢复和扩大对私营工业的加工订货。在这方面要解决的问题有两个：（1）确定加工订货的合理利润问题。这就需要各地贸易机关重新审查合同，正确核算成本，保证私营工厂获得它们所应得的利润。大体上就是按照不同情况，保证私营工厂按其资本计算，在正常合理经营的情况下每年获得 10%~30% 的利润。（2）确定加工订货的规格问题。为此，各大城市要分别召开有关各业的规格会议，请工商局、各加工企业、工商联和工会等有关部门来参加，按照各地各业的实际情形商订具体的加工订货规格，作为验收标准；同时组织加工订货的评议委员会，来处理验收中的争论问题。上述政策规定，推动了加工订货的

①《1949~1952 中华人民共和国经济档案资料选编》（综合卷），中国城市经济社会出版社 1990 年版，第 525 页。

②薄一波：《若干重大决策与文件的回顾》上卷，中共中央党校出版社 1991 年版，第 175~176 页。

③陈云：《在中华全国工商联合会筹备代表会议上的讲话》，《新华月报》1952 年 7 月号，第 34~35 页。

发展。1952 年，国家对私营工业加工订货及收购的总产值达 58.98 亿元，比 1951 年增长了 13.6%。

调整公私关系的内容，还包括调整银行利息和税收。

在银行利息方面，若干年来，我国银行贷款的利息是很高的，这对工商业的发展有不利的影响。两年来金融物价逐渐稳定，降低银行利息的时机已经成熟。"五反"运动以后，从 1952 年 6 月起，中国人民银行决定对私营工商业的放款利率由 2.4 分~3 分降到 1.05 分~1.95 分，还扩大了对私营工商业的放款额。

在税收方面，中财委决定，对个别行业厂商计税不当，有偏高偏低者，可以由各地税务复议委员会进行复议，多退少补。

调整劳资关系方面，当时存在着两种情况：（1）在一部分私营企业中，尤其是大的企业中，劳资关系一般是正常的。有些大企业由于资方对职工福利有所改进，职工的生产积极性提高，劳资关系更加融洽。（2）在另一部分私营企业中，特别是一部分小企业中，劳资关系则是不正常的。主要是：有的资方因为不满意职工检举他的"五毒"行为，存心报复，实行停伙、停薪；也有一部分职工，由于过去所受的待遇过分恶劣，在"五反"运动时提出了过高的要求。

所有这些不正常状态，都应加以调整。报复职工的行为，必须制止。职工所提的要求，必须适合于企业经营的可能情况，不能过高。资方的财产，应受到保护，对于企业中经营管理和人事调配的职权，属于资方，但资方应遵守政府的法令，对职工的待遇应作可能和适当的改善。

劳资之间的争议，应该继续采取双方协商，订立集体合同。劳资协商会议要经常开会讨论有关生产改革、民主改革及工人的合理要求，以便达到发展生产、劳资两利的目的。签订劳资合同，是在"五反"运动取得胜利的新形势下，使劳资关系趋于正常和相对稳定的一种基本方式；否则，劳资关系总是动荡不定的。当时除工人监督生产问题因缺乏经验还要加以研究和试验外，关于工人的生活以及其他的关系问题，应用劳资合同的形式加以规定，并由双方代表签字，共同遵守。这种合同可以由一个较大的厂、店的工人和资本家来签订，也可以由一个行业的工人（工会代表）和资本家来签订。

调整产销关系方面，"五反"运动最紧张的时期，工商业曾有部分呆滞的现象。为此，国营贸易机构大力进行加工订货，使市场情况迅速好转。但是，各大城市还有许多工业品没有推销出去，内地小城市和农村市场则感到工业品的缺乏和某些土产品的滞销。为此，当时中央人民政府贸易部推广了天津、上海等地召开城乡物资交流大会的好经验，并调整了一般商品的地区差价和批发零售差价，又规定了国营零售业仍以稳定市场为度，使正当的私营商业参加物资交流，取得了很好的成效。到1952 年 11 月底，上海市参加 275 个地区的物资交流会，购销额达到 2.9 亿元，其中私人经营的占 46.5%。

为了在组织上进一步加强对私营工商业的领导，使得它们沿着《共同纲领》的轨道健康发展，1952 年 6 月，召开了中华全国工商业联合会筹备代表会议，筹备成立工商界的全国性组织。工商业联合会是由全国各类工商业者（包括国营企业、合作社企业、公私合营企业和私营企业，其中主要是私营企业）联合组成的人民团体。它的主要任务是：一方面领导工商业者遵守《共同纲领》和人民政府的政策法令；另一方面代表私营工商业者的合法利益，向人民政府或有关机关反映意见，提出建议。各地工商业联合会要受同级人民政府的指导和监督。中华全国工商业联合会是于 1953 年正式成立的，当时所属省级工商联组织 28 个，市、县工商联组织 1913 个。

由于采取了上述一系列的经济上和组织上的措施，有力地促进了民族资本主义工业的恢复、改组和改造。

但是，"五反"运动对当年私营工业企业的生产带来了一些不利的影响。根据上海、天津、北京、武汉、广州、重庆、西安、沈阳、济南、青岛、南京、归绥、石家庄、开封、南昌、成都、大连及乌兰浩特 18 个城市的统计，1952 年私营工业企业开歇业总户数从开多歇少转变为歇多开少。开业总户数 1951 年为 63947 户，歇业为 15410 户，开歇相抵，增加48537 户。1952 年开业为 27421 户，歇业为 22332 户，开歇相抵，只增加5089 户。①形成这种状况的原因是多方面的，但"五反"运动过猛显然是一个重要原因。从新中国成立以后 40 多年来的经验来看，"五反"运动

---

① 《1949～1952 中华人民共和国经济档案资料选编》（工商体制卷），中国社会科学出版社 1993 年版，第726～727 页。

还带来了一个长期的消极后果，即成为 1952 年底过早地结束新民主主义社会，实现新民主主义社会向社会主义社会过渡的一个重要因素。而这一点，对我国以后的经济发展在一个长时期中都发生了不良影响。

第四节　民族资本主义工业的恢复、改组和国家资本主义工业的初步发展

国民经济恢复时期，在党的保护和有限制地发展民族资本主义方针的指引下，经过扶植有益的民族资本主义工业、打击投机资本和调整民族资本主义工业、开展"五反"运动和进一步调整民族资本主义工业三个步骤，使民族资本主义工业得到了恢复、改组，国家资本主义工业也有了初步发展。

一、民族资本主义工业的恢复

1949 年~1952 年，民族资本主义工业户数由 12.32 万户增长到 14.96 万户，增长了 21.4%；职工人数由 164.38 万人增长到 205.66 万人，增长了 25.1%；总产值由 68.28 亿元增长到 105.26 亿元，增长了 54.2%（详见表 1-3-1）。[①]

表 1-3-1　1949 年~1952 年全国私营工业变化情况

年份	企业单位数			职工人数			总产值（万元）		
	户数	定比	环比	人数	定比	环比	产值	定比	环比
1949	123165	100	100	1643832	100	100	682816	100	100
1950	133018	108	108	1815893	110.47	110.47	727826	106.6	106.6
1951	147650	119.88	111	2022800	123.05	111.39	1011836	148.2	139
1952	149571	121.44	101.3	2056589	125.11	101.67	1052611	154.2	104

但在这个期间，由于社会主义工业的增长速度更快，因而民族资本主义工业产值占工业总产值的比重还是逐年下降的。1949 年这个比重为 48.7%，1950 年下降到 38.1%，1951 年略有上升，为 38.4%，1952 年再下

[①]《1949~1952 中华人民共和国经济档案资料选编》（工商体制卷），中国社会科学出版社 1993 年版，第 732 页。

降到 30.6%（详见表 1-2-1）。当然，从这里也应该看到：1950 年和 1952 年，民族资本主义工业有下降过快的问题。这一点，我们在前面叙述"五反"运动时已经做过分析，我们在本编第五章的最后还将做进一步分析。

二、民族资本主义工业的改组

这个时期，民族资本主义工业同时经历了深刻的改组过程。有利于国计民生的工业部门，在人民政府和国营经济的领导和帮助下，得到了较快的恢复和发展。比如，与 1949 年相比，1952 年全国私营机器制造业户数增长 2.26 倍，职工人数增长 2.57 倍，产值增长 3.98 倍；钢铁冶炼业户数增长 2.47 倍，职工人数增长 3.71 倍，产值增长 4.04 倍；造纸业户数增长 88.1%，职工人数增长 86.84%，产值增长 1.88 倍；日用棉纺织业户数增长 25.84%，职工人数增长 10.2%，产值增长 59.35%。[1] 可见，这些部门无论户数的增长速度、职工人数的增长速度或者产值的增长速度，一般都超过了民族资本主义工业总户数、总职工人数和总产值的增长速度。然而，那些不利于国计民生的部门则趋于衰落的状态，陷入被淘汰的境地。专供官僚买办和地主阶级享受的奢侈品和迷信品的生产，就是这样。比如，天津市原有 55 户造香企业，解放后的 1949 年就纷纷停产或转业了。[2]

以上所述，是这期间民族资本主义工业经历的深刻改组过程的根本特点。由此还派生了两个重要特点：（1）与半殖民地半封建的中国生产资料工业不发达的情况相比，新中国成立初期，民族资本主义的生产资料工业比消费资料工业有了较快的发展。1949 年~1952 年，生产资料工业增长了 83.47%，消费资料工业增长了 47.5%。因而，前者的比重由 18.5% 上升到 22.02%，后者的比重由 81.5% 下降到 77.98%。（2）现代工业比工场手工业得到了更快的发展。在这期间，现代工业增长了 58.92%，工场手工业增长了 42.26%。因而，前者的比重由 71.42% 上升到 73.62%，后者的比重由 28.58% 下降到 26.38%。至于大型工业比重的下降，则同部分大型

---

[1]《1949~1952 中华人民共和国经济档案资料选编》（工商体制卷），中国社会科学出版社 1993 年版，第 729~731 页。

[2]《新华月报》1949 年 11 月号，第 94 页。

的民族资本主义工业转为公私合营有关（详见表 1-3-2）。①

表 1-3-2　1949 年~1952 年全国私营工业总产值构成变化情况

分类	项目	变化情况（单位：万元）				变化趋势（以 1949 年为 100）			比重（%）			
		1949 年	1950 年	1951 年	1952 年	1950 年	1951 年	1952 年	1949 年	1950 年	1951 年	1952 年
规模	大型	499999	486021	680627	721709	97.2	136.13	144.34	73.23	66.78	67.27	68.56
	小型	182817	241805	331209	330902	132.27	181.17	181	26.77	33.22	32.73	31.44
技术	现代工业	487640	494149	701244	774957	101.33	143.8	158.92	71.42	67.89	69.3	73.62
	工场手工业	195176	233677	310592	277654	119.73	159.13	142.26	28.58	32.11	30.7	26.38
产品	生产资料	126321	125588	217948	231757	99.42	172.54	183.47	18.5	17.26	21.54	22.02
	消费资料	556495	602238	793888	820854	108.22	142.66	147.5	81.5	82.74	78.46	77.98

三、国家资本主义工业的初步发展

这个时期，国家资本主义工业也得到了初步发展。这首先和主要是作为国家资本主义初级形式的加工订货有了比较迅速的发展。

工业方面，国家资本主义的初级形式，根据社会主义经济与资本主义经济联系的方式和程度不同，有加工、订货、统购、包销、收购五种具体形式。通常所谓"加工订货"，实际上是泛指这五种形式。这些形式的具体内容是：（1）加工，是指由国营企业（或其他国家单位）供给原料或半成品，委托私营工厂按照规定的规格、质量、数量和期限，进行加工生产。加工的产品交给国营企业后，按照规定付给私营工厂加工费（又叫工缴费）。加工费一般包括工资及其他合理费用、加工产品应缴纳的营业税和合理利润。（2）订货，是指由国营企业（或其他国家单位）规定所需产品的规格、质量、数量，并确定合理货价和交货期限，向私营工厂订购产品，私营工厂根据合同规定的标准进行生产。订货货价包括

---

① 《1949~1952 中华人民共和国经济档案资料选编》（工商体制卷），中国社会科学出版社 1993 年版，第 773 页。

说明：按照 1952 年 11 月 14 日中财委《关于私营企业统一分类办法（草案）》的规定，私营工业企业依其规模分为大型企业和小型企业，其标准如下：（一）大型企业：有机械动力设备（蒸汽机、发电机、电动机或内燃机），职工人数在 16 人以上者，或无机械动力设备，职工在 31 人以上者；（二）小型企业：有机械动力设备，职工人数不足 16 人者，或无机械动力设备，职工不足 31 人者。

私营工业企业依其生产技术机械化程度分为机械化工业和工场手工业，其标准如下：（一）机械化工业：有机械动力设备，且其主要作业过程已利用机器进行者（如火柴厂具有排梗机、造纸厂具有抄纸机、面粉厂具有钢磨者）；（二）工场手工业：无机械动力设备，或虽有机械动力设备，但其主要作业过程未利用机器而利用手工工具进行者（包括未机械化的窑业、伐木业、矿山业）。

该项产品的合理成本、产品应缴纳的营业税及合理利润。（3）统购，是指国家对某些与国计民生关系重大的产品，以法令规定由国家或指定国营商业部门统一收购。统购的产品（例如棉纱），通常亦是通过加工的方式向私营工厂收进。其不同于加工的是不准许私营工厂再将该类产品在市场上自行销售。（4）包销，是指国营企业对某些私营工厂规定其产品规格、质量和合理价格，在一定时期内由国营企业包下其产品的全部或一部分。包销通常也是采取加工、订货或近似于加工订货的方式进行，其不同之处是，产品既由国营企业包销，一般即不准许私营工厂自行销售。（5）收购，是指国营商业根据产品的规格、质量，以合理价格，临时或定期地向私营工厂收购一定数量的产品。①

1949年~1952年，加工订货的产值由8.11亿元增长到58.98亿元，占私营工业和公私合营工业总产值的比重由11.88%上升到56.04%（详见表1-3-3）。

表1-3-3　1949年~1952年加工订货的发展②　　　　单位：亿元

	1949	1950	1951	1952
全国私营工业总产值	68.28	72.78	101.18	105.26
其中：				
1. 加工、订货、统购、包销、收购价值	8.11	20.98	43.21	58.98
占总产值%	11.88	28.83	42.71	56.04
2. 自产自销价值	60.17	51.80	57.97	46.28
占总产值%	88.12	71.17	57.29	43.96

这个时期，加工订货的发展，主要还是为了利用民族资本主义工业的积极作用，以便国家掌握更多的日用工业品，去实现同农民的农产品交换，也为了调整私营工商业，促进民族资本主义工业的改组。

加工订货这种国家资本主义的初级形式，虽然没有根本改变资本主义私有制，但它对资本主义的自由竞争及其剥削都有限制，因而同资本主义的本性不相容，必然遇到它们的抵抗。但是，由于有了人民民主专政国家以及居于主导地位的国营经济，特别是它们掌握了原料和市场；再加上1950年统一财政经济工作以后，资本主义工业暂时陷入了困难，

①《资本主义工商业的社会主义改造》，人民出版社1962年版，第156~157页。
②《1949~1952中华人民共和国经济档案资料选编》（工商体制卷），中国社会科学出版社1993年版，第739页。

1952 年"五反"运动期间市场一度也面临停滞的局面。所以，加工订货尽管是在限制与反限制的斗争中实现的，但却能够逐步发展起来。

　　新中国成立初期，加工订货是在一些大城市进行的，是以大企业为主的，多数是在同国计民生关系较大的行业中发展的。1952 年，纳入加工订货的水泥和棉纺为 100%，钢材和面粉为 80%~85%，电动机、棉布和纸张为 70%~79%，烧碱、胶鞋和火柴为 60%~69%，金属切削机床和食用油为 50%~59%。

　　加工订货虽然有上述各种形式，但均具有共同的根本点，即社会主义经济成分同资本主义经济成分在企业外部的联系形式，也就是这两种经济成分在流通过程中的联系形式。通过这种联系，把民族资本主义的生产和流通开始纳入国家计划的轨道，限制了资本主义特有的盲目性，使得资本主义企业的一部分利润转化为国家的收入，限制了资本主义的剥削；增强了职工群众对资本主义企业的监督作用，限制了资本家对企业的经营管理权。因此，加工订货虽然没有根本改变资本主义企业的性质，但这时的企业已不是完全的资本主义企业了，它具有社会主义的萌芽或因素，成为实现对资本主义工业的社会主义改造的过渡形式。

　　在国民经济恢复时期，作为国家资本主义高级形式的个别企业的公私合营，也有了一定的发展（详见表 1-3-4）。

表 1-3-4　1949 年~1952 年公私合营工业的发展

	1949	1950	1951	1952	1952 年为 1949 年的%
户数	193	294	706	997	516.6
职工人数（万人）	10.54	13.09	16.63	24.78	235.1
总产值（亿元）	2.20	4.14	8.06	13.67	621.4
占全部工业总产值的%	2.0	2.9	4.0	5.0	
占公私合营和私营工业全部产值的%	3.1	5.4	7.4	11.5	
资本额（亿元）	1.3	2.4	3.28	5.37	413.1
占公私合营和私营工业全部资本额的%	9.0	15.0	16.1	24.5	

　　表 1-3-4 的资料表明：1949 年~1952 年，公私合营企业户数由 193 户增加到 997 户，职工人数由 10.54 万人增加到 24.78 万人，总产值由 2.20 亿元增加到 13.67 亿元，资本额由 1.3 亿元增加到 5.37 亿元；四者分别增加了 416.6%、135.1%、521.4%和 313.1%。公私合营工业总产值占公私合营工业和私营工业总产值的比重由 3.1%上升到 11.5%，资本额由 9.0%上升到 24.5%。

这个时期，建立公私合营企业的途径有三方面：（1）多数是原来有官僚资本投资的企业，或有敌伪财产的企业，经过没收转为公股而合营的。（2）一部分是在"五反"运动以后，由没收资本家的违法所得转为公股而合营的。（3）还有一部分是由于有些私营企业财务发生困难，要求国家投资作为公股而合营的。

按照当时中财委有关文件的规定，公私合营的厂矿，均组织董事会管理之。公私合营企业应经股东会产生新董事及监察人，负责执行及监察该企业的业务经营及财务状况。公私董监人数，一般应按公私股权比例，由公私双方协商分配。公股董监由政府选派，私股董监由股东会之私股股东选举。董事会在讨论有关公私关系问题时，亦应尽量采取公私协商方式，求得公平合理地解决。至于公私合营企业内部的管理方法，则由各该厂矿的董事会自行决定。[1]

当时中财委还就公私合营企业的领导体制作了规定：（1）凡有公股公产之企业，除中央直接领导或委托地方政府代管者外，其余均由大行政区财委根据具体情况自行掌握，或划归省、市作为地方企业管理。（2）公私合营企业由中央直接领导者，其股权及收益均归中央；委托地方政府代管者，其收益的 15% 归地方留用，其余上缴中央；划归地方政府者，其股权及收益全归地方。（3）各地方政府领导的公私合营企业，其股权仍可委托所在地交通银行代管；无交通银行机构者归人民银行代管或由业务主管部门自行管理。[2]

国民经济恢复时期，公私合营企业的营业状况一般都是比较好的。1950 年~1952 年，公私合营企业各年私股股息率分别为 3.6%、4.9%、4.9%。

这个时期，公私合营企业的一个主要特点是公股比重大，1949 年占67.1%，1950 年占 52.4%，1951 年占 50.7%，1952 年占 52.5%。公私合营企业是由国家委派干部参与领导管理，因此，它具有半社会主义的性质。至于那些公股比重很大的公私合营企业，则具有更多的社会主义性质。

---

[1] 政务院：《企业中公股公产清理办法》（1951 年 2 月 4 日）、中财委：《关于工业划分及工业组织若干问题的决定（草案）》（1950 年 3 月 14 日），《1949~1952 中华人民共和国经济档案资料选编》（工商体制卷），中国社会科学出版社 1993 年版，第 455、495 页。

[2] 中财委：《关于公私合营企业领导及股权收益划分的指示》（1951 年 4 月 23 日），《1949~1952 中华人民共和国经济档案资料选编》（工商体制卷），中国社会科学出版社 1993 年版，第 507 页。

第四章　保护和发展个体手工业

初步发展手工业合作组织，是与恢复个体手工业相区别的问题，但又是一个相互联系的问题。就国民经济恢复时期的情况来看，前者是促进后者的一个重要因素，发展合作社经济，也是新民主主义经济的重要内容之一。基于这些考虑，本章将叙述以下两个历史过程：（1）促进个体手工业生产的恢复。（2）初步发展手工业合作组织。

第一节　个体手工业生产的恢复

解放前，我国资本主义工业没有得到充分发展，以致新中国成立初期手工业在全国工业生产中占有相当重要的地位。据统计，1949年，个体手工业产值为32.7亿元，占工业总产值的23%。[①]

据20世纪50年代初期全国手工业调查，若以生产服务对象来划分，个体手工业生产可分为以下五类：[②]（1）为农业生产服务的，包括铁、木、竹农具等行业，其产值占个体手工业总值的5.88%。（2）为工业生产服务的，包括工业用金属制品、煤炭开采、工业用木材制品、土碱、硫磺、土硝、油漆、油墨颜料生产以及棉、毛、麻初步加工等行业，其产值占个体手工业总值的12.45%。（3）生活日用品，包括食品、缝纫、纺织、竹藤、棕草、铁、木等行业，其产值占个体手工业总值的69.52%。（4）其他

[①]《中国统计年鉴》（1984），中国统计出版社，第194页。
[②]《我国手工业的发展和改造》，财政经济出版社1956年版，第18~20页。

生产资料，包括建筑材料生产（如石灰、砖瓦、土砂石的开采），汽车、船舶等修理，交通运输用木器以及度量衡制造等行业，其产值占个体手工业总值的 4.63%。（5）其他消费资料，包括未列入生活日用品中的生活资料，主要是文化教育用品、特种手工艺品、迷信品等行业，其产值占个体手工业总值的 7.52%。

这里还要提到，全国个体手工业，大部分分布在农村，如以全国个体手工业为 100，则农村的就占 57.1%，而城市仅占 42.9%。在农村的个体手工业中，有相当大一部分是农民兼营的手工业，它占农村手工业 64.5%。在农村手工业中，农民利用农闲所进行的手工业所占比重还相当大。这充分说明，我国的手工业与农业生产有着密切的关系。当然，在独立生产的手工业产值中，城市比重较农村要大。城市独立生产的手工业产值约占全部手工业产值 42.9%，而农村独立生产的手工业产值约占 30.2%。

上述情况表明：新中国成立初期，恢复个体手工业生产，是恢复国民经济的一个重要方面。

但当时恢复手工业生产存在许多严重困难。解放前，中国的手工业生产处在帝国主义的经济侵略、官僚资产阶级的压迫剥削下，又经历了战争的严重破坏，极其衰落。据全国重点省、市的 18 种手工业产品估算，①自抗日战争以来到 1949 年全国解放时止，在 12 年过程中，我国手工业破坏了 47%。在 18 种主要产品中，农村生产资料如铁器农具、皮革的产量，约达战前的 62.4%，减少了 37.6%；城乡人民生活资料如土布、糖、针织品、毛毯、酒等，约达战前的 55.9%，衰落了 44.1%；国内外销售的手工业产品如花边刺绣、夏布、丝织品、草帽辫、瓷器等，约达战前的 46.8%，降低了 53.2%；其他迷信品如爆竹、锡箔等约为战前的 42.6%，衰落了 50% 以上。

手工业遭到严重破坏，是恢复的头道难题。此外，解放初期，由于整个国民经济性质突然发生变化，手工业原有的供、产、销关系被打乱，而新的供、产、销关系还没有建立起来。当时许多手工业行业出现了产品滞销，资金周转困难，原料供应不足，致使生产减缩，关店歇业的户

---

① 《我国手工业的发展和改造》，财政经济出版社 1956 年版，第 25~27 页。

数增加。

当时，为了促进手工业生产的恢复，党和政府采取了以下重要措施：

1. 加强组织领导。新中国成立初期，整个经济管理组织还不完善，加上手工业本身存在着行业复杂、地区性大的特点，所以当时各地没有统一的管理机构，或由地方政府设立手工业工作委员会管理，或由工业管理部门设专门机构管理，或由财委代管，或由工商局兼管。但不久轻工业部成立手工业生产指导委员会，计划和指导全国手工业生产，并号召各地组织手工业联合会，逐步组成全国性的联合会。这个时期，很多地区还召开了由个体手工业者、合作社及有关财政经济部门代表参加的手工业代表会，并注意吸收个体手工业者加入工会和工商联组织，加强对个体手工业的领导。

2. 指导手工业的发展方向。1950 年 3 月，轻工业部提出手工业生产应向以下几方面发展：（1）与机械工业相结合。（2）向机械工业生产不足的部门发展。（3）与农村救灾工作相结合，发展各种作为农民副业的手工业生产。（4）与对外贸易相结合，发展可供出口的农产品加工工业。（5）与部队需要相结合。[①]这样，就使个体手工业生产能与整个国民经济的发展合拍，减少了盲目生产的弊病。

3. 疏通流通渠道。这个时期，帮助个体手工业解决产销关系中的矛盾并逐步摆脱私营商业的控制，是一项非常重要的工作。这项工作分为两个方面：（1）建立国营经济和个体手工业的商业联系。这项工作在农村主要是通过供销合作社实现的。供销合作社是个体农民与个体手工业者在流通领域自愿组织起来的集体经济组织。它根据国家计划和价格政策为国家收购产品，通过供销业务和合同制，把个体经济纳入国家计划；同时根据手工业者和农民的利益，推销手工业产品和农副产品，并供应日用工业品；所得利润按入股资金返回手工业者和农民手中。在城市，则由国营经济通过组织原料供应、加工订货、收购成品等手段，对个体手工业的供销活动进行间接的计划指导。这样，就缩小了自由市场，限制了私营商业的活动，提高了手工业生产，也促进了个体手工业者组织起来。（2）在组织土产交流的活动中，调节手工业产品的供求关系。当时，

---

① 《人民日报》1950 年 4 月 20 日。

多次召开了县、省、大区三级土产会议和土产展览会，用以解决远距离（跨县、跨省、跨大区）交流手工业产品问题；还注意发挥初级市场的积极作用，组织了各种庙会和"骡马"大会。在交流活动中，政府有关部门具体指导解决手工业产品的销路、价格、交通运输、运费和资金周转等一系列问题，使手工业生产者和消费者之间，直接建立联系，减轻或消除了中间剥削，调节了手工业产品的供求关系。

4. 运用税收和信贷手段促进手工业生产。在税收方面，政府本着发展手工业的精神，制定了工业轻于商业、必需品轻于奢侈品的税收原则。并根据手工业不同行业在国民经济发展中的作用，分别制定了不同的税率，对某些在国计民生中特别重要的手工业品，还采取了免税、减税的办法。如 1950 年初公布的《工商业税暂行条例》规定，对手工业制造业和修理业的工商税减征 10%，对主要是属于个体手工业的贫苦艺匠及农民家庭副业予以免税照顾。[①]在信贷方面，个体手工业者在国家银行的支持下，逐渐摆脱了高利贷资本的剥削和控制，并且采用联购联销的形式，或联合向国营公司整批购买原料，或推定代表联合向产地购进原料，或组织联合推销组向外推销产品。这样，不仅促进了手工业的发展，而且使得个体手工业者初步认识到组织起来的优越性，为个体手工业的合作化创造了有利的条件。

国民经济恢复时期，由于党和国家采取了一系列的措施，在手工业方面取得了巨大成就。主要有：

1. 手工业生产得到了迅速的恢复和发展。全国手工业生产总值从 1949 年的 32.7 亿元，增加到 1952 年的 70.6 亿元，3 年中增长了 1.16 倍。[②]

手工业生产的发展，在国民经济的恢复时期，无论对工业、农业、基本建设，或者保证人民群众日用品的供应方面，都起了很大的作用。

2. 手工业行业结构发生了重大变化。随着我国社会主义工业与国民经济的发展，以及人民生活习惯的改变，手工业各个行业也有很大的变化。各地区的资料都表明：迷信品如香烛、鞭炮、锡箔、烧纸等行业，都迅速地没落了；有些产品如土烟、土面、皮革、肥皂、锯木等，由于

①《新华月报》1950 年 2 月号，第 1155 页。
②《中国统计年鉴》（1984），中国统计出版社，第 194 页。

机械工业的发展及人民生活的提高，逐渐为机制品所代替；还有些行业如铜锡、酿酒等，或由于原料缺乏，或由于国家专卖，也多转为专业经营。这类没落的行业户数约占总户数 20%。

但也有很多行业如铁、木、竹农具、建筑器材、翻砂、机器修配、家具、油漆、肠衣、猪鬃整理及一般食品和日用品等行业，都有不同程度的发展。这是由于在土地改革后农业的发展、基本建设的开展、对外贸易的增长以及人民购买力普遍上升的缘故。这类发展的行业户数约占总户数 50%。

还有维持的或需要维持的行业，如五金制造、丝、麻、毛纺织、棉织、针织、漂染、造纸、榨油、榨糖等行业。国家不可能投入大量资金发展轻工业，所以机制品供应不足部分，还需要维持这些行业的手工业生产。这些行业户数约占总户数 25%。此外，还有许多特种手工艺品，如绣花、花边、发网、丝绸、漆器等，随着对外贸易的开展，以及国内人民物质生活的逐步提高，也有广阔的发展前途。

3. 手工业在城市与农村的布局也起了一定程度的变化。这是由于农村手工业增长的速度比较城市为快。这种情况表明：新中国成立初期，相对城市而言，手工业生产对农业生产具有更大的重要性。

第二节 手工业合作组织① 的初步发展

如前所述，发展包括手工业合作化在内的合作社经济，是实现新民主主义经济纲领的重要内容。这样做，也是为了促进手工业生产的恢复，避免个体手工业的两极分化。

为了促进手工业合作化，1950 年 6 月召开了第一次全国手工业生产合作会议。

会议总结了手工业合作化的成就及经验。② 据统计，1950 年，全国手工业生产合作社 1300 个，社员 26 万人，股金 151 亿元。这些合作社经营

---

① 这里所说的手工业合作组织，包括具有社会主义因素的手工业生产小组、半社会主义性质的手工业供销合作社和社会主义性质的手工业生产合作社。详见本书第二编第三章的叙述。

②《人民日报》1951 年 7 月 29 日。

的行业有纺织、针织、食品加工、农具制造、服装制鞋、日用品制造和小型矿产等。这些合作社有的已经建立了经济核算制度、技术管理制度、工资制度，并订立了劳动公约，组织了生产竞赛，因而提高了产品的质量和产量，降低了生产成本，积累了生产资金，改进了生产，举办了文化福利事业。

同时，会议也指出了手工业合作化中的问题。主要是：由于各地合作社的领导机关对于组织手工业生产合作社还不够重视，对手工业生产合作社的发展方针、政策在认识上还不统一，干部的工作经验也还不够，所以有许多手工业生产合作社还没有走上正轨。

根据上述情况，会议强调了手工业生产和手工业合作化的重要性，并提出了推进手工业合作化的方针。主要是：（1）由于干部、技术条件和工作经验不足，目前发展手工业生产合作社应当稳步进行。已有的手工业生产合作社应加以巩固，总结经验；未成立手工业生产合作社的地区，应立即有重点地试办。简言之，"先整顿，再发展"。（2）过去大多数手工业生产合作社是为了解决大、中城市失业工人的生活困难而组成，因此工作被动，困难很多。今后应把工作重点放在组织中、小城镇和农村中的独立小手工业者和家庭手工业者上面。（3）手工业生产合作社的当前任务是组织供销业务，通过供销业务发展生产，不应过早地组织集体生产和机器生产。

为了保证今后手工业生产合作社能走上正轨，会议规定了手工业生产合作社的努力目标是：（1）统一供销业务。（2）统一计算盈亏，盈余按社员劳动的多少来分配。（3）统一产品规格。（4）统一原料、成品的定量标准，实行社员按期交货责任制。（5）统一计件工资标准和支付办法。

这次会议确定的方针的贯彻，推动了手工业合作化的发展。

为了适应手工业合作化的需要，1952年8月~9月又召开了第二次全国手工业生产合作会议。[①]

会议肯定了第一次全国手工业生产合作会议决定的"先整顿，再发展"的方针。各地手工业生产合作社经整顿后，到1951年底，社员由26万人减少到13.9万人。社员数量虽然减少，但社员质量纯洁了，为合作

---

①《人民日报》1952年7月30日。

社的巩固和发展打下了基础。到 1952 年 6 月，社员又增加到 20 万人。这就证明"先整顿，再发展"的决定是完全正确的。

同时，会议总结了各地取得的经验。主要是：（1）中国手工业的生产力存在着很大的潜力，只要组织起来，就是利用原来的生产工具，一般也可以达到较高的产量。（2）手工业生产合作社的产品销路是合作社发展的关键。为此，必须提高产品质量，降低成本，减低售价，做到价廉物美，才能远近畅销。（3）技术定额管理、流水作业、计件工资和超额奖励制度等先进生产管理方法，对于手工业生产合作社也是适用的。（4）手工业生产合作社在开始组织时，应深入调查研究，慎重选择行业，首先要注意原料来源是否充足，产品是否有销路；否则，就会招致失败。（5）加强对社员的阶级教育，进行思想改造，是关系着手工业生产合作社发展方向的重大问题。通过这些，把小手工业者从个体经济引导到集体经济轨道上来，并可避免生产合作社变质而走资本主义的道路。

会议还讨论、修改了《手工业生产合作社章程准则》（修正草案），并将该准则下发试行。[①]该准则依据新中国成立初期手工业合作化初步发展的经验，对发展手工业生产合作社一系列基本问题进一步作了明确规定。主要有：

关于合作社的任务。负责推销社员所制产品，购置社员所需生产资料，以发展生产，并减除中间剥削；组织社员劳动，实行合理分工；实行"按劳取酬"的工资制和奖励工资制等。

关于合作社的生产资料。合作社进行集体生产所必需的生产资料，均为合作社的公共财产。社员以生产资料和产成品入股，按市价折算。

关于合作社的生产管理和业务经营。合作社应实行民主集中制、计划生产和经济核算制。

合作社应完成和超额完成生产计划、财务计划和技术定额；组织劳动竞赛，在现有基础上实行分工，利用现有设备改进技术，有系统地提高劳动生产率；有步骤地促成生产由分散到集中、由手工到半机械化的转变，在较高的技术基础上改组并扩大合作社的生产；尽量利用当地原料，加工制造，并尽量利用废品废料；改进产品质量，取缔不合规格的

---

①《中国手工业合作化和城镇集体工业的发展》第 1 卷，中共党史出版社 1992 年版，第 550~561 页。

产品，产品须经检查并印贴商标；实行经济核算，节约原料，减少损耗，降低成本，加速资金周转，增加合作社的收益；保护合作社财产，节约开支，反对浪费、贪污、偷工减料，并执行严格的经济纪律；关心社员生活，改善劳动条件，并改进安全设备。

合作社应依照国家法律和合作社章程规定的经营业务，有权支配自己的资金财产，订立契约；在国家银行开立户头，接受订货款，进行借款；在司法机关和仲裁机关起诉或应诉；购置机具设备，设立工厂、仓库；通过国营企业、上级社、供销合作社，推销产品，必要时经上级社批准，可设立门市部，经营产品的推销；办理社员文化福利事业；等等。

关于合作社的组成和社员的义务与权利。组织生产合作社，在城市至少须有 15 人，在乡镇至少须有 9 人。凡年满 16 岁能直接参加合作社体力和脑力劳动者，和年满 14 岁在合作社做练习生者，均得加入合作社为社员。未满 18 岁之社员在合作社内有选举权，但不得被选为合作社之理事、监事或参加上级合作社联合社的代表。

社员入社须缴纳入股金及社费。股金额至少应为该社员所得之 1 个月的工资（按 3 个月的平均工资计算），另缴股金额的 1/10 为入社费。社员退社时，入社费不退，股金则应予退还。

社员应遵守合作社章程、规则，执行合作社的决议，爱护合作社的公共财产，为合作社的巩固发展而斗争。

社员的权利包括：参加社员大会，参加对合作社各项决议的表决，选举或被选举为合作社的理事、监事或代表，享受本社各种福利设施及优待等。

关于合作社的资金和收入分配。合作社的资金由基本基金、股金基金及特种基金所构成。基本基金包括社员的入社费、由盈余中提出的公积金等，基本基金的用途是购置机具设备，并应拨其一部分为流动资金。股金基金由社员股金所构成，作为流动资金之用。特种基金包括劳动奖励金、福利基金、教育基金，特种基金的来源由盈余中提成。

合作社年终决算，经扣除应缴税款后，盈余参照下列比例分配：公积金不得少于 40%；劳动返还金不得超过 25%；教育基金不得超过 5%；提缴上级联合社的合作事业建设基金；其余部分用作劳动奖励金及福利基金。

关于合作社的民主管理。社员大会或社员代表大会，为本社的最高权力机关。其职权是：通过和修改合作社章程；选举理事会、监事会和出席上级联合社代表大会的代表；批准社员入社、退社及开除；规定入社费和股金的缴纳办法；审查并批准合作社的生产计划、财务计划、支出预算和基本建设计划，并通过生产定额和工资计算标准；根据合作社章程的规定，批准关于各项基金的调拨计划；审查并批准理事会关于合作社生产的和业务的报告，并听取监事会的报告；批准年终决算的盈余分配方案和弥补损失方案；批准管理合作社生产、劳动和业务的各项规章；审查并批准本社各分支机构的设立和预算，及本社与其他合作社的合并；批准关于合作社财产的转让或处理；通过本社加入上级联合社为社员社的决议；审查社员对理事会和监事会提出的申诉；罢免失职渎职个别的或全体的理事或监事。

合作社理事会为本社的执行机关，由社员大会或社员代表大会选举。理事会职权如下：执行社员大会或社员代表大会的决议及上级的指示，对社员大会或社员代表大会及上级联合社负责；依照社员大会或社员代表大会批准的计划和预算执行任务；对外代表本社签订合同及办理其他事项；依照上级联合社的规定，编制各种计划、统计报表、财务报表和报告等。

合作社监事会为本社的监察机关，由社员大会或社员代表大会选举。监事会的职权是：审核本社的生产、财务和业务，并保护本社的财产和社员的利益；监督理事会执行政府法令、上级社的指示、本社章程和社员大会或社员代表大会的决议；检查生产计划、财务计划和合同的执行情况；稽核账目及一切现金、物料的收进与支出；检查本社固定财产及物料的保管情况；检查贪污浪费；审核债权债务的处理等。

这次手工业生产合作会议精神和《手工业生产合作社章程准则》（修正草案）的贯彻，又进一步推动了我国手工业合作组织的发展。

国民经济恢复时期，除了组织具有社会主义因素的手工业生产小组和半社会主义的手工业供销合作社以外，还试办了一批社会主义性质的手工业生产合作社。1949年~1952年，手工业生产合作社（组）由311个增加到3658个，增加了10.8倍；人员由8.9万人增加到22.8万人，增加了1.6倍（详见表1-4-1）。其中，手工业生产合作社1952年达到3280

个，比 1949 年增加了 10.1 倍；手工业生产合作社社员达到 21.8 万人，比
1949 年增加了 1.5 倍，占同期手工业者总数的 3%；手工业生产合作社的
产值达到 2.46 亿元，比 1949 年增加了 19 倍，占同期手工业总产值的
3.4%。这种情况说明：国民经济恢复时期，手工业生产合作社虽属试办
阶段，但也初步显示了优越性，有力地推动了手工业生产。

表 1-4-1   1949 年~1952 年手工业合作组织的发展 ①

年份	社（组）数（个）	人员（人）	产值增长速度 （以 1949 年为 100；%）	产值占个体手工业 产值的比重（%）
1949	311	88941	100	0.4
1950	1321	264122	266	0.8
1951	1068	139613	896	2.2
1952	3658	227786	2037	3.5

① 《我国手工业的发展和改造》，财政经济出版社 1956 年版，第 37 页。

第五章　恢复和发展工业生产

　　我们在前面第二、第三、第四章分别叙述了在工业方面实现新民主主义三大经济纲领（没收官僚资本主义企业和清除帝国主义经济侵略势力，以建立社会主义国家所有制工业；保护并有限制地发展民族资本主义工业；保护并发展个体手工业）的过程，并在某些方面分别叙述了恢复和发展这三种经济成分工业生产的过程。本章将从整个社会着眼，全面叙述恢复和发展工业生产的过程。

第一节　恢复和发展工业生产的方针、政策和措施

　　新中国成立初期，恢复和发展工业生产具有有利条件。主要是：中华人民共和国的成立；新民主主义社会经济结构的形成；以苏联为首的社会主义阵营的存在。这是根本的政治、经济和国际条件。

　　但在这方面也存在严重困难。主要是：部分地区尚待解放，新区匪特活动猖獗；以美国为首的帝国主义对我国实行经济封锁；由于美国发动侵朝战争，从 1950 年 10 月起又被迫进行了抗美援朝战争；财政巨额赤字，通货急剧膨胀，人民生活困难；作为恢复、发展工业的基础产业、设施和条件的农业、交通运输、邮电通信、商业和教育、科学事业原本十分落后，又遭长期战争严重破坏。

　　但在国民经济恢复时期，终于依据有利条件，克服严重困难，在恢复国民经济方面取得了巨大成就。这除了加强治理社会政治环境（如清

剿国民党留在大陆的反革命武装、镇压反革命运动）和加强廉政建设（如反贪污、反浪费、反官僚主义运动）以及实行新民主主义社会的经济纲领和建立高度集中的计划经济体制（以上各点见前述）以外，同采取下列一系列重要方针、政策和措施也是直接相关的。

一、坚持以恢复和发展社会生产（包括工业）为中心任务

国民经济恢复时期，较好地贯彻了毛泽东在党的七届二中全会上提出的把城乡的生产事业的恢复和发展作为中心任务的战略方针，[①] 适当地处理了生产（包括工业生产）这个中心任务同没收官僚资本主义企业、抗美援朝战争、"三反"和"五反"政治运动以及各项工作（包括党的组织、政权机关、群众团体的工作等）的关系。这就为恢复和发展工业和国民经济提供了基本保证。

二、建立政务院财政经济委员会

新中国成立以后，1949 年 10 月 21 日成立了中央人民政府政务院财政经济委员会。陈云任主任，薄一波为副主任。还增加了党外著名经济学家马寅初先生为副主任，以后又陆续增加了李富春、曾山、贾拓夫、叶季壮为副主任。中财委成立时，共有委员 52 人。

中财委成立以后，华东、中南、西北、华北、西南和东北等大行政区也都建立了各该区的财政经济委员会，并统归中财委领导。

新中国成立初期，在统一财经管理，稳定物价，调整工商业，恢复生产和重点建设等方面，中财委都卓有成效地进行了工作，为完成国民经济恢复任务做出了突出的贡献。历史已经证明：建立由陈云主持的中财委，是贯彻新民主主义社会的经济纲领、恢复发展工业和国民经济的重要组织保证。

三、稳定物价

1949 年是人民解放战争在全国取得胜利的一年，同时又是财政困难的一年。一方面，解放战争正在进行，对国民党反动政府留下的几百万名公教人员需要采取包下来的政策，军政费用支出巨大。另一方面，国民经济受到战争的严重破坏，新解放区急剧扩大，税收工作跟不上，财政收入不敷支出。于是这年财政支出中赤字就占了 2/3，不得不依靠发行

---

① 《毛泽东选集》第 4 卷，人民出版社 1991 年版，第 1428 页。

货币来弥补。这样，虽然满足了革命战争的需要，但却不能避免物价上涨。比如，1949 年 7 月底发行货币 2800 亿元☆，到同年 11 月 13 日增加到 1.6 亿元☆，增长近 5 倍。在这期间，尽管人民币的流通范围扩大了，但仍然免不了物价暴涨。1948 年 12 月~1949 年 12 月，全国 13 个城市的批发物价综合指数上升了 73.8 倍。[1] 这时，民族资本主义中的投机资本为了追逐暴利，利用国家的财政困难，凭借它所掌握的经济力量，扰乱金融，囤积居奇，哄抬物价，以致成为物价急剧上升的一个最重要的因素。

在革命战争正在进行的条件下，物价在某种幅度内的上涨是不可避免的。但是，如果不改变由投机资本的活动引起的物价急剧波动的局面，则社会主义国营经济就没有取得市场领导权，国营工业的恢复缺乏必要的前提，民族资本主义工业的积极作用难以发挥，人民生活遇到很大困难，新生的人民政权也难以巩固。

为了有效地同投机资本作斗争，人民政府除了积极恢复、发展社会主义的工业和商业，逐步在市场上确立社会主义经济的优势以外，还运用政权力量加强了国家的行政管理。首先是金融管理。人民政府在建立、发展社会主义金融体系的同时，发动各地人民群众展开反对银行、金钞投机的斗争。比如，当时上海举行了大规模的"反对银元投机，保障人民生活"的游行，查封了金融投机的大本营——"证券大楼"，将破坏金融的首要分子 230 多人逮捕法办。还公布了金银、外币的管理办法，禁止金银、外币自由流通，并由中国人民银行收兑。对于私营的金融机构也加强了管理，对专门经营高利贷的地下钱庄等违法的金融机构坚决取缔，对一般的私营银行、钱庄则加强监督。这样，就基本上制止了金融投机活动，并把私营金融机构的业务活动逐步地纳入国家银行的控制之下。同时，还加强了市场管理。当时的主要措施有：公布工商业登记办法，普遍登记，不经核准不得开业；管理市场交易，建立交易所，实行主要物资的集中交易；管理市场价格，主要是保护国营商业牌价不受私商破坏，使之成为市场上的主导价格；管理采购，把大宗采购工作置于政府监督之下，防止争购；取缔投机活动，对一般私营工商业的投机违

---

[1]《1949~1952 中华人民共和国经济档案资料选编》（综合卷），中国城市经济社会出版社 1990 年版，第 110 页。

法行为，要依据情节轻重，予以处理，对少数敌视人民政府、带头哄抬物价的反动资本家，则依法制裁；保护正当的私营工商业。这些对于打击投机资本的破坏活动，稳定物价，起了重要的作用。

然而，物价上涨是由货币和商品供应的不平衡而产生的经济问题，仅用行政管理手段，并不能从根本上解决物价上涨问题，也不能有效地打击投机资本的破坏活动。但在当时还难以缩减财政赤字的情况下，主要的经济措施，就只有依靠国营贸易部门掌握主要商品，选择有利时机，集中抛售物资，平抑物价，打击投机资本。1949年，由于国营工业的恢复，又加强了公粮的征收工作，以及主要的工农业产品的收购和调运工作，实行了对外贸易的管理，迅速地集中了大量的物资。当时国营商业控制了商品粮的1/3左右，棉纱供应量的30%，棉布的50%，食盐的66%。在掌握了这种物资力量的前提下，国营商业选择有利时机，集中抛售大量物资，给囤积居奇、哄抬物价的投机者以沉重打击，把物价涨风平抑下来。这在平抑1949年11月的物价涨风中表现得尤为明显。这次物价上涨是新中国成立以来物价上涨最猛、延续时间最长、投机资本最猖獗的一次。从11月1日起，在中财委统一领导下，一面短期紧缩通货，把一些可以暂缓的开支推迟一下，并超征能起收缩通货作用的税收，一面在全国范围内调运和集中粮食和棉纱等重要物资。然后从同月25日起，全国各大城市的国营商业乘物价高涨之时，一齐开始大量抛售。于是从26日起，物价开始下跌。连续抛售了10天，物价大幅度下降，涨风被平抑。这就使得投机资本陷于措手不及的境地，受到了一次毁灭性的打击。

当然，要使物价持续的稳定，投机资本无空隙可钻，还必须首先实现统一财政经济工作，平衡财政收支，然后进一步争取国家财政经济状况的根本好转。实际上，如前所述，由于1950年3月开始实行了统一财政经济工作，物价就开始出现了稳定的局面。

1950年，这一年来的物价总形势，是由上升转向疲落，又由疲落趋于稳定的。这年2月财政会议决定统一全国财经工作，争取财政收支平衡、物资供求平衡、现金吐纳平衡，以制止通货膨胀，争取物价、通货的稳定。在这个财经方针指导下，采取了现金管理、增加税收、发行公债和大力推销商品、大量回笼货币等办法，基本上胜利地制止了通货膨胀、物价上涨的局面，使物价趋于稳定。但3月份以后，由于社会虚假购买力的消失及真实购买力的降低，物价跌落，私营工商业蒙受很大困难，市场死滞。自5月份起，在全国统一调整公私关系、调整工商业措施的推动下，市场又趋好转，交易活跃。10月份以后，由于朝鲜战争的影响，虚假购买力又开始复活，再加上农村购买力的提高，曾使物价一度上涨。为保持物价的继续稳定，11月份，在中财委决定指引下，采取冻结资金，紧缩投放，加强市场管理，取缔投机，大量出售、回笼等办法，物价发展又趋于稳定。由政务院贸易部统计的表1-5-1中的数字，可以清楚地证明这一点。①

表 1-5-1　1950 年全国大中城市主要商品价格的定基总指数

（以 1949 年 12 月为 100）　　　　　　　　　　　单位:%

月份	总指数	月份	总指数
1	126.6	7	166.8
2	203.3	8	173.6
3	226.3	9	177.8
4	169.9	10	185.8
5	156.7	11	193.3
6	155.8	12	193.2

注：（1）本表包括 15 个城市：北京、天津、张家口、太原、上海、青岛、济南、福州、汉口、广州、长沙、南昌、西安、兰州、重庆。

（2）本表包括商品 25 种：食粮类有面粉、小麦、大米、玉米、小米、高粱、大豆；副食品类有食油、食盐、猪肉、白糖、鸡蛋；花纱布类有皮棉、二十支纱、白细布、色布；燃料类有煤、煤油、汽油；百货类有火柴、硫磺、肥皂、纸烟、胶胎、碱面。

表1-5-1的资料表明：1950 年全年以 3 月份指数为最高，3 月份以后物价基本上是稳定的。

正如陈云所指出的："一九五〇年三月以后，国内市场的性质已经改变，官僚资本操纵下的以投机和破坏国民经济为目的的市场，已经基本上改变为在国营经济领导下的以服务于人民生活与恢复及发展生产为目的的市场了。"② 事实也正是这样的。如果以 1950 年为 100%，则 1952 年全国批发物价总指数为 118.1%，零售物价总指数为 111.8%，职工生活费

①《1949~1952 中华人民共和国经济档案资料选编》（综合卷），中国城市经济社会出版社 1990 年版，第402 页。

②《1949~1952 中华人民共和国经济档案资料选编》（综合卷），中国城市经济社会出版社 1990 年版，第718 页。

用价格总指数为 115.5%，农副产品收购价格总指数为 121.6%，农村工业品零售价格总指数为 109.7%。[①]可见，1950 年 3 月以后，物价上升的幅度大大低于在此以前的速度。在此以后，物价基本上稳定了下来。这就为恢复工业生产创造了前提条件。

四、恢复和发展农业、运输邮电业和商业

农业是工业发展的基础，运输邮电业也是基础产业，商业是工业与农业之间的纽带。如前所述，在半殖民地半封建的中国，这些产业本来就很落后，又遭到长期战争的严重破坏。这样，恢复和发展农业、运输邮电业和商业，就是恢复和发展工业的基础和条件。

这个时期，采取了一系列有效措施促进了农业、运输邮电业和商业的恢复和发展。1949 年~1952 年，农业总产值由 326 亿元提高到 416 亿元，3 年增长 48.4%，平均每年增长 14.1%。这 3 年，工业总产值年平均增长速度为 35.7%。这样，农业和工业年平均增长速度对比关系为 1 : 2.5。应该说，农业与工业增长速度对比关系是合适的。

1949 年~1952 年，货物周转总量由 255 亿吨公里增长到 762 亿吨公里，其中铁路货物周转量由 184 亿吨公里增长到 602 亿吨公里，两者的年平均增长速度分别为 44% 和 48.4%。邮电业务总量在这期间，由 0.97 亿元增长到 1.64 亿元，增长了 69.1%。还需提到，1949 年~1952 年，货物周转总量和铁路货物周转量与工业总产值的年平均增长速度之比依次分别为 1.23 : 1 和 1.35 : 1。当然，货物周转量不只是包括工业部门货物周转量，而且包括其他部门货物周转量，但大部分是工业部门货物周转量。比如，1952 年铁路平均每日装车数为 12334 车，其中仅煤、石油、钢铁和矿物性建筑材料四项就有 6196 车，占总车数的 50.2%。[②]所以，这种对比关系表明：国民经济恢复时期运输业的恢复、发展是促进工业恢复、发展的重要因素。

按可比价格计算，1950 年社会商品零售总额为 170.6 亿元，1952 年为 276.3 亿元，增长了 62.3%。其中，农业生产资料零售额由 7.3 亿元上升到 14.1 亿元，增长了 93.2%。在这期间，农副产品采购总额由 80 亿元

①《当代中国的物价》，中国社会科学出版社 1989 年版，第 26~27 页。
②《中国统计年鉴》（1983），中国统计出版社，第 16~19、309、312、320 页。

上升到 129.7 亿元，增长了 62.1%。[①] 这些数字表明：国民经济恢复时期商业的发展，一方面开拓了工业品（包括生产资料和消费资料）的市场，另一方面为工业的恢复发展提供了粮食、副食品和原料。在工农业产品交换价格"剪刀差"存在的条件下，由商业承担的城乡之间的商品交流还为工业积累了资金。这些都说明国民经济恢复时期商业的恢复和发展，有力地促进了工业的恢复和发展。

五、发展以苏联为主的对外经济贸易关系

1950 年 12 月 26 日，美国帝国主义等国对我国实行禁运，这就迫使我国在新中国成立初期把对外经济贸易关系主要限制在苏联和东欧人民民主国家的范围内。

1. 开展对外贸易，主要是开展对苏联和东欧人民民主国家的贸易。（1）1950 年~1952 年，进出口总额为 50.3 亿美元，1952 年比 1950 年增长了 71.68%，其中，进口总额增长了 1.03 倍。（2）在这期间，进口的生产资料为 24.56 亿美元，增长了 1.06 倍，占进口总额的比重由 83.4% 上升到 89.4%，特别是进口设备等增长了 3.75 倍，占进口总额的比重由 22.5% 上升到 55.7%。（3）在这期间，出口的农副产品及其加工品为 18.28 亿美元，增长了 34.93%，出口的工矿产品为 3.04 亿美元，增长了 1.88 倍，前者的比重由 90.7% 下降到 67.2%，后者的比重由 9.3% 上升到 17.9%。（4）1950 年 12 月 26 日，美国等国对我国实行禁运以后，我国同主要资本主义国家的贸易额，无论是绝对量或者相对量都大幅度下降了，比重由 1950 年的 74.06% 下降到 1952 年的 34.11%。在这期间，我国同苏联和东欧人民民主国家的贸易额比重由 25.94% 上升到 65.89%。[②]

2. 从苏联引进资金。依据 1950 年 2 月 14 日中、苏两国《关于贷款给中华人民共和国的协定》，从 1950 年 1 月 1 日起的 5 年内，苏联政府给予中国政府 3 亿美元的贷款，按 35 美元等于一盎司纯金计算。贷款年息为 1%。贷款用以偿付苏联提供的机器设备等。机器设备等的价格按世界市场的价格计算。中国政府将以原料、茶、美元等支付上述贷款和利息。原料和茶的价格也按世界市场价格计算。贷款将在 1954 年 12 月 31 日~

[①]《伟大的十年》，人民出版社 1959 年版，第 146、148、150 页。

[②]《1949~1952 中华人民共和国经济档案资料选编》（基本建设投资和建筑业卷），中国社会科学出版社 1989 年版，第 552 页。

1963 年 12 月 31 日 10 年内归还，每年还贷款总额的 1/10。贷款利息按使用贷款实数并自使用之日起计算，每半年交付一次。[①]

需要着重指出的是，苏联的资金援助是在帝国主义封锁禁运、我国资金供给异常困难的情况下提供的；贷款利息和还款期限等方面的条件都是很优惠的，特别是这项资金对我国社会主义工业化建设增添技术设备具有极重要的作用。这笔贷款尽管在新中国成立初期基本建设投资方面占的比重不是很大，但其意义是很大的。

3. 从苏联和东欧人民民主国家引进设计技术人员。这一点，对于新中国成立初期进行重大的工业基本建设项目具有重大的意义。

4. 与苏联合办股份公司，引进苏联的生产设备、技术和管理经验。1950 年 3 月 27 日，中、苏两国政府签订了三个股份公司的协定：《关于在新疆创办中苏石油股份公司的协定》、《关于在新疆创办中苏有色及稀有金属股份公司的协定》和《关于建立中苏民用航空股份公司的协定》。前两个协定是有关工业的，第三个协定是有关交通的。这些协定在引进苏联的生产设备、技术和管理经验等方面起了重要作用。

总之，在国民经济恢复时期，发展对外经济贸易关系，主要是发展对苏联的经济贸易关系，在扩展进出口商品、筹集资金、引进技术设备和技术人才等方面，为恢复和发展工业生产建设创造了重要条件。

还需提到，在国民经济恢复时期，政府还注意了吸引海外华侨到国内投资的工作。1951 年经政务院批准，设立了华侨回国投资辅导委员会。这个时期，在这方面也取得了一定的成效。比如，到 1952 年年底，在广州市私营经济中，港澳地区和国外华侨投资户数达到 2331 户，投资人数为 8257 人，投资金额为 1994.38 亿元☆。[②]

六、以现有工业为主进行调整和恢复，有重点地进行建设

新中国成立初期，由于过去长期的战争，国民经济受到了严重的破坏，国家财政经济困难，旧中国留下的经济发展的畸形状态也亟待消除。这个时期本来财力、物力和人力有限，由于抗美援朝战争的需要，国防

---

①《1949～1952 中华人民共和国经济档案资料选编》（综合卷），中国城市经济社会出版社 1990 年版，第 183～185 页。

②《1949～1952 中华人民共和国经济档案资料选编》（工商体制卷），中国社会科学出版社 1993 年版，第 774 页。

费又占了国家财政支出相当大的部分，经济建设费占的比重不大，直到1952年才超过了国防费。因此，当时还不可能进行大规模的经济建设，主要任务是搞好经济的调整和恢复。就工业来说，也是以现有工业为主进行调整和恢复。这样做，不仅是必要的，而且是可能的。因为旧中国的生产关系在帝国主义、封建主义和官僚资本主义的束缚下，包括工业在内的社会生产的潜力还没有得到发挥。新中国成立以后，随着社会经济制度的变革，特别是由于社会主义国营工业制度的建立，为充分发挥包括工业在内的社会生产的潜力创造了根本的经济条件。所以，1950年8月，周恩来指出："目前我们的财政经济状况已开始好转，但要达到基本好转还需要经过三五年困难阶段，也就是恢复、整顿、调整和有重点地建设阶段，然后才能在全国规模上进行建设。"[①]同月，中财委召开计划工作会议，提出在工业方面应以现有为主进行调整与恢复。[②]这些都是完全正确的。

关于以现有为主进行调整和恢复问题，我们在前面已经进行了多方面的叙述。这里只是叙述有重点地进行建设的问题。

（一）基本建设投资的来源及其规模

为了推进重点建设，除了集中和培训现有技术人员，并通过恢复教育拓宽技术人员的来源，以满足建设对技术力量的需要以外，还要着重开辟资金的来源。

新中国成立初期，与新民主主义社会经济结构相适应，恢复和发展工业的资金来源也是多方面的。

在这方面，首先是国家投资（也称政府投资）。新中国成立初期，与社会主义国营经济在国民经济占主导地位相适应，国家投资占了主要地位。如前所述，1950年初，全国实行财政经济工作统一以后，在基本建设投资方面实行了中央和地方分级管理体制。1951年以后，在巩固中央的经济管理体制的前提下，又扩大了地方在管理经济方面的权限。这样，在国民经济恢复时期，国家投资就分为中央政府投资和地方政府投资两个方面，前者始终占主要地位，后者的比重趋于上升。1950年~1952年，国家

---

① 《周恩来选集》下卷，人民出版社1984年版，第24页。
② 《中华人民共和国工业大事记（1949~1990）》，湖南出版社1991年版，第72页。

投资依次分别为 11.34 亿元、23.46 亿元和 43.56 亿元。其中，中央政府投资占的比重依次分别为 84.7%、83.6%和 77.5%，3 年合计为 80.4%；地方政府投资占的比重依次分别为 15.3%、16.4%和 22.5%，3 年合计为 19.6%。[①]

政府投资来自财政收入，而财政收入是来自各种经济成分的，从这种相互联系的意义上说，政府投资是由各种经济成分负担的。1950 年~1952 年，国家财政收入分别为 65.2 亿元、133.1 亿元和 183.3 亿元。其中，来自国营经济的比重由 33.4%上升到 55.04%，来自公私合营经济的比重由 0.4%上升到 1.04%，来自集体所有制经济的比重由 0.29%上升到 1.14%，来自私营经济的比重由 30.2%下降到 18.61%，来自个体经济的比重由 34.52%下降到 17.98%。[②] 可见，在国民经济恢复时期，尽管国家财政收入来自国营经济的比重大大上升了，来自私营经济和个体经济的比重大大下降了，但后两种经济成分占的比重还是相当大的。

国家财政来自私营经济的收入，主要是通过税收和公债两种形式；来自个体农民经济的收入，主要是通过税收、工农业产品价格"剪刀差"和公债；来自国营经济的收入，主要是通过税收、企业上缴的收入和公债。企业上缴的收入主要包括企业固定资产的折旧费和利润。在谈到国营企业上缴国家财政的收入增长时，需要强调新中国成立初期开展的增产节约运动在这方面所起的重要作用。据统计，1952 年，国营经济因增产获得利润 2.1956 亿元，因降低生产和建设成本获得利润 13.7102 亿元，因加速资金周转和减少超额储备节约流动资金 6.4061 亿元。以上三项共计 22.3137 亿元。[③]尽管这些收入未全部列入 1952 年国家预算收入，但它在增加国营企业上缴国家财政的收入方面所起的重要作用是很明显的。

国家银行贷款，在国民经济恢复时期提供工业生产建设资金方面也起过重要的作用。比如，1952 年，国家银行贷款达到 10 亿元，相当于同年的工业基本建设投资 18.9 亿元的 52.9%。[④] 当然，银行贷款并没全部用

---

① 《1949~1952 中华人民共和国经济档案资料选编》（基本建设投资和建筑业卷），中国社会科学出版社 1989 年版，第 107 页。

② 《中国统计年鉴》（1992），中国统计出版社，第 215、217 页。

③ 《1949~1952 中华人民共和国经济档案资料选编》（基本建设投资和建筑业卷），中国社会科学出版社 1989 年版，第 69~70 页。

④ 《1949~1952 中华人民共和国经济档案资料选编》（基本建设投资和建筑业卷），中国社会科学出版社 1989 年版，第 254 页。

于工业生产建设，但有相当部分是用于这方面的。

1950年~1952年，私营企业投资在工业生产建设方面也有一定的作用。在这期间，私营经济上缴国家的收入只占其纯收入的25%~38%，余下62%~75%的纯收入中的一部分也是用于工业生产建设的。[1]

1950年~1952年，侨汇在提供工业生产建设资金方面也起过有益的作用。1950年侨汇为1.18亿美元，1951年为1.68亿美元，1952年约为1.7亿美元。侨汇主要用于侨眷的养家费，但也有一部分用于轻纺工业的投资。[2] 至于利用外资（主要是苏联资金）方面的作用见前述。

总的说来，在国民经济恢复时期，基本建设投资规模大体上是合适的。1950年，国家行政管理费很大，这年10月又爆发了抗美援朝战争。但即使在这种困难情况下，这年的经济建设费仍达到17.36亿元，占国家财政支出的35.4%。然而，这年有2.9亿元的财政赤字。但到1951年~1952年，就是在朝鲜战争没有结束的情况下，经济建设费分别增加到35.11亿元和73.23亿元，分别占财政支出的28.7%和41.6%。然而，这两年不仅没有发生财政赤字，而且分别有10.6亿元和7.7亿元的财政结余。[3] 还要着重提到，在国民经济恢复期间，人民生活有了显著改善。考虑到这些情况，这个时期，基本建设投资是在国力能够承受的范围内，并兼顾了社会生产和人民生活两方面需要，大体上是合适的。

（二）工业基本建设投资重点投向恢复、改建项目、重工业部门和东北地区

与以调整和恢复现有工业为主，有重点地进行建设的方针相适应，并且为了节约资金，国民经济恢复时期的工业基本建设以恢复、改建为主，新建为辅。1952年，恢复和改建的投资约占全部投资的3/4，新建的投资约占1/4。1950年~1951年，前者的比重更大，后者的比重更小。[4] 与尔后的各个计划时期相比较，这个时期恢复、改建的比重是最高的，新

---

[1]《1949~1952中华人民共和国经济档案资料选编》（基本建设投资和建筑业卷），中国社会科学出版社1989年版，第86页。

[2]《1949~1952中华人民共和国经济档案资料选编》（基本建设投资和建筑业卷），中国社会科学出版社1989年版，第84~85页。

[3]《中国统计年鉴》（1992），中国统计出版社，第215、224页。

[4]《1949~1952中华人民共和国经济档案资料选编》（基本建设投资和建筑业卷），中国社会科学出版社1989年版，第225页。

建的比重是最低的。

为了优化资源配置，这个时期基本建设投资无论在国民经济各个部门之间的分配，还是在各个地区之间的分配，都贯彻了重点配置的原则。

恢复和发展工业的重点部门是重工业。如前所述，半殖民地半封建的中国所留下的工业结构是畸形的，轻工业比重大，重工业比重小。这是旧中国经济落后的最鲜明的标志。为了改变这种状态，实现社会主义工业化，需要加快恢复和发展的主要是重工业。如果再考虑到新中国成立初期的国际形势，特别是1950年10月底抗美援朝战争爆发以后，更需要加快恢复和发展与国防工业紧密相关的重工业。当然，恢复轻工业也是恢复重工业的必要条件。因而，在重点恢复重工业的同时，也需要恢复轻工业。

在国民经济恢复时期，较好地处理了轻、重工业两个方面的关系。这突出地表现在国家基本建设投资的分配上。1950年~1952年的3年中，特别是后两年，重工业投资占70%以上，轻工业投资占20%以上。①轻工业的这个投资比重超过了尔后的许多计划时期。还要看到国民经济恢复时期轻工业的三个具体情况：(1)当时轻工业产值占工业总产值的比重大于重工业，因而增产潜力比重工业大。(2)当时轻工业设备闲置多，生产能力不能得到充分发挥，其主要原因是农产品原料供给不足。(3)当时重工业特别是轻工业的恢复，主要依靠前面说过的社会主义国营工业经济制度的建立，以及保护和有限制地发展民族资本主义工业。如果考虑到这些具体情况，这个时期安排的重工业投资比重大于轻工业，是符合当时实际情况的。

恢复和发展工业的重点地区是东北地区。在半殖民地半封建的中国，整个说来，工业是很落后的。但相对关内来说，东北工业要发达得多。全国解放以前，近代工业在国民经济中只占10%左右，而东北工业1943年即占56%左右。据估算，这年东北煤的产量占全国的49%，生铁产量占87%，钢材产量占93%，电力占78%，铁路线占42%。东北农业发展也比较好，如1938年大豆产量占全国的51%。东北自然资源也很丰富，

———————————

① 《1949~1952中华人民共和国经济档案资料选编》(基本建设投资和建筑业卷)，中国社会科学出版社1989年版，第245~246、257~261、1001页；《伟大的十年》，人民出版社1959年版，第52页。

如解放前估计全国铁矿储量约 68 亿吨，其中 80%以上集中在东北。[①] 而且东北解放得早，受战争破坏的时间也较关内为短。因此，新中国成立初期，把恢复和发展工业的重点放在东北地区，有利于充分利用该地区的工业基础，有利于该地区乃至全国工业的恢复和发展。

把恢复和发展工业的重点放在东北地区，突出地反映在基本建设投资的重点也放在东北地区。就工业基本建设投资来看，1950 年~1952 年，全国累计完成的投资总额中，有一半多投到了东北地区。[②] 基本建设投资在地区之间的这种分配，大大促进了东北地区工业的恢复。比如，与1951 年相比，1952 年东北地区实际完成的工业基本建设投资增长了211.5%，新增的工业固定资产增长了 114.5%，其中新增的重工业固定资产增长了 125.9%。[③] 东北地区工业的率先恢复和发展，就在技术装备、原材料和技术力量等方面为关内工业的恢复和发展创造了有利的条件。

（三）必须按基本建设程序办事

为了按期按质地完成基本建设的任务，提高基本建设投资的经济效益，严格按照反映客观要求的正常的基本建设程序办事，具有十分重要的意义。

新中国成立初期，基本建设虽然取得了巨大的成绩，但也存在严重浪费现象。这是同基本建设工作不按基本建设程序办事相联系的。这一点，表现在计划方面、设计方面和施工方面。

为了解决不按基本建设程序办事的问题，中财委依据对新中国成立初期基本建设经验的总结，于 1951 年 1 月 5 日发布了《对于 1951 年基本建设工作步骤的执行规定》；同年 3 月 28 日发布了《基本建设工作暂行办法》；1952 年 1 月 9 日又发布了一个更为完善的《基本建设工作执行办法》。这后一个办法除了确定基本建设概念、内容、种类和组织机构以外，着重就设计、施工、监督拨款和编制计划等程序问题做了系统的、严格的规定，并强调必须按基本程序办事。[④]

[①]《1949~1952 中华人民共和国经济档案资料选编》（基本建设投资和建筑业卷），中国社会科学出版社1989 年版，第 968 页。

[②] 彭敏主编：《当代中国的基本建设》上，中国社会科学出版社 1989 年版，第 17 页。

[③]《1949~1952 中华人民共和国经济档案资料选编》（基本建设投资和建筑业卷），中国社会科学出版社1989 年版，第 1002、1004 页。

[④]《中国工业经济法规汇编（1949~1981）》，第 300~312 页。

这后一个办法对解决当时和尔后一个长时期内基本建设按程序办事的问题起了重要的指导作用。

（四）加强地质勘探、勘察设计、建筑力量和建筑企业的经营管理

加强地质勘探和勘察设计力量，是进行基本建设的一个重要条件。当时勘探工作和勘察设计工作均极为落后。为了解决这个问题，中财委从加强组织领导、确定方针、统一调配、开展培训和引进技术力量等方面做了大量工作，并取得了显著成效。到 1952 年底，地质勘探职工人数增加到 29996 人，钻探进尺达到 35.6 万米，分别相当于 1907 年~1949 年累计数的 150 倍和 2.4 倍；勘察设计职工人数也增加到 21271 人。[①] 这些就促进了国民经济恢复时期乃至尔后的"一五"时期工业生产建设的发展。

加强建筑力量和建筑企业经营管理，也是进行基本建设的重要条件。旧中国的建筑力量极为薄弱，很不适应新中国成立初期恢复和发展工业的需要，亟待加强建筑力量。经过招工培训等多方面的努力，建筑业的职工人数由 1949 年末的 20 万人增加到 1952 年底的 104.8 万人（其中包括地质勘探和勘察设计职工 5 万余人）。[②]

新中国成立初期，建筑企业的供给制管理方式和无人负责的现象以及由此造成的浪费，比工业生产方面还要严重，迫切需要加强建筑企业的经营管理。为此，所有施工部门，均实行企业化的经营方法，实行经济核算制、承包工程合同制和生产责任制。[③]

经济核算制规定：清理资财，核定资金；统一成本项目；确定工程取费和利润标准；制定材料供应、调拨、运输和保管制度；设计、施工和材料供应都实行合同制。

承包工程合同制明确规定了发包方的行政管理部门与承包方的企业单位对完成工程在技术经济等方面应负的责任，任何一方不得违反。

生产责任制有以下四种：甲乙双方分工、合作责任制，工区主任负责制，生产（施工）责任制，技术责任制。

---

① 《1949~1952 中华人民共和国经济档案资料选编》（基本建设投资和建筑业卷），中国社会科学出版社 1989 年版，第 323、336、356 页。

② 《中国劳动工资统计资料（1949~1985）》，中国统计出版社 1985 年版，第 26 页。

③ 《1949~1952 中华人民共和国经济档案资料选编》（基本建设投资和建筑业卷），中国社会科学出版社 1989 年版，第 445~448、481~483 页。

（五）建设的成就

尽管国民经济恢复时期在工业基本建设方面存在许多困难，但由于采取了上述各项措施，仍然赢得了较好的投资效益。1950年~1952年，工业基本建设投资固定资产交付使用率为64.1%（详见附表43）。

有重点地进行建设，取得了显著的成效。这集中表现在由建设带来的新增生产能力在工业产量增长方面起了重要的作用。如钢、煤、电、水泥、纸和糖等12种主要工业产品的产量中，新增生产能力占增加产量的50%以下的有10种，超过50%的有2种（详见附表1）。当然，这些基本建设主要是与现有工业的调整、恢复相结合，所以，恢复和发展主要还是依靠现有的工业企业。

第二节　恢复和发展工业生产的主要成就和问题

1949年~1952年期间，我国在恢复和发展工业生产方面取得了巨大的成就，同时也存在一些问题。

一、恢复和发展工业生产的主要成就

（一）各种经济成分的工业都迅速增长

表1-2-1的资料表明：与1949年相比，1952年国营工业、集体工业、公私合营工业、私营工业和个体手工业分别增长了287.5%、1500%、522.7%、54%和115.9%。只是由于五种经济成分工业增长速度不同，它们各自在工业总产值中所占的比重有了不同的变化。社会主义的国家所有制工业和集体所有制工业由1949年的26.7%上升到1952年的44.8%；半社会主义性质的公私合营工业由1.6%上升到4%，民族资本主义工业由48.7%下降到30.6%，个体手工业由23%下降到20.6%（详见表1-2-1）。这是国民经济恢复时期贯彻新民主主义社会经济纲领取得巨大成就的集中表现，也是经济得到迅速恢复的根本原因。

（二）工业生产恢复、发展的速度很快

全社会工业总产值按当年价格计算，1949年工业总产值为140亿元，1950年为191亿元，1951年为264亿元，1952年为349亿元；按可比价格计算，1950年工业总产值比1949年增长36.4%，1951年比1950年增

长 38.2%，1952 年比 1951 年增长 29.9%，1952 年比 1949 年增长 1.45 倍，平均每年增长 34.8%（详见附表 12）。1952 年工业总产值超过了抗日战争以前的水平，比 1936 年增长了 22.5%。

1952 年，主要工业产品产量大大地超过了 1949 年，其中，超过最少的是火柴，超过 35.6%；超过最多的是金属切削机床，超过了 7.563 倍（详见附表 3）。1952 年，主要工业产品产量也超过了全国解放前的最高年产量，其中，超过最少的是火柴，超过 5.9%；超过最多的是烧碱，超过 5.583 倍。

工业产品的品种。在国民经济恢复时期，原有工业产品的品种有了很大的增长。以钢为例，全国解放以前，我国能生产的钢不到 100 种，1952 年增加到 400 种。[1] 同时，又增加了许多新的工业产品。新中国成立以前，冶金设备、发电设备、大型机床、机车、民用钢质船舶、电影放映机和缝纫机等重要工业产品都是不能生产的。但到 1952 年，这些工业产品都能开始生产了。

上述情况表明：在国民经济恢复时期，我国工业生产恢复和发展的速度是很迅速的。

（三）工业生产技术水平迅速提高

这突出表现在工业基本建设和工业生产方面创造和推广了许多先进技术和方法。

在工业基本建设方面创造和推广的先进技术和方法主要有：苏长有先进砌砖法、谢万福木工流水作业法、混凝土真空模型板施工法、建设竖井的平行作业法以及施工管理上按指示图进行有节奏的施工等。[2]

在工业生产方面创造和推广的先进技术和方法主要有：[3] 在钢铁工业中，推广了快料顺行法和快速炼钢法。这在提高设备利用率方面有显著的成效。在小型轧钢上创造了"反围盘"装置，使小型钢材的生产自动化，改善了安全条件，提高了产量和质量。在机器制造工业中，部分企业开始采用苏联高速切削法，创造和推行了多刀多刃切削法，并开始按

---

[1]《伟大的十年》，人民出版社 1959 年版，第 74 页。
[2]《1949~1952 中华人民共和国经济档案资料选编》（基本建设投资和建筑业卷），中国社会科学出版社 1989 年版，第 501 页。
[3]《新华月报》1954 年第 10 期。

指示图表组织有节奏的生产。在电力工业中，推行了快速检修法、定期检修制度，调整了负荷，并推广了燃烧低质煤的经验，因而提高了设备利用率和供电能力，降低了发电成本。在煤炭工业中，推广了多孔道循环作业法，深孔作业、空心爆破法，大大提高了掘进效率。在纺织工业中，郝建秀细纱工作法和 1951 织布工作法，已获得推广，生产效率均有提高；并实行了棉布轻浆和印染布取消上浆等技术改革。在造纸工业中，创造了稻草半料浆法，使造纸工业的原料获得新的巨大来源。

新中国成立初期，大力推广先进生产技术，是恢复和发展工业的一个重要因素，也是一个巨大成就。

（四）工业结构发生重大变化

现代工业的比重。按 1952 年不变价格计算，1949 年，现代工业总产值为 79.1 亿元，占工业总产值的 56.4%；到 1952 年，二者分别增长到 220.5 亿元和 64.2%，即分别上升了 1.79 倍和 7.8 个百分点。[1]

轻、重工业的比重。按当年价格计算，1949 年~1952 年期间，轻工业产值由 103 亿元增加到 225 亿元，重工业产值由 37 亿元增加到 124 亿元；按可比价格计算，二者分别增长了 1.15 倍和 2.3 倍。这个时期，轻工业产值占工业总产值的比重由 73.6% 下降到 64.5%，重工业产值由 26.4% 上升到 35.5%（详见附表 19）。

沿海和内地工业的比重。按 1952 年不变价格计算，1949 年~1952 年期间，沿海工业产值由 100.2 亿元增加到 243.2 亿元，内地工业产值由 40 亿元增加到 100.1 亿元，二者分别增长了 1.43 倍和 1.5 倍。这个时期，沿海工业产值占工业总产值的比重由 71.5% 下降到 70.8%，内地工业产值由 28.5% 上升到 29.2%（详见附表 19）。

可见，在国民经济恢复时期，半殖民地半封建的中国留下的现代工业在工业（包括现代工业和手工业）中所占比重不大以及重工业在工业（包括重工业和轻工业）中只占小部分的状况，已经发生了重大的变化；工业布局极不平稳的状况（主要集中在沿海地区）也开始有了变化。

（五）工业经济效益显著提高

劳动生产率。按 1980 年不变价格计算，国家所有制独立核算工业企

---

①《伟大的十年》，人民出版社 1959 年版，第 74 页。

业全员劳动生产率,1949 年为 3016 元,1952 年上升到 4184 元,增长了 38.7%,平均每年增长 11.5%。这个时期,劳动生产率的提高在发展工业方面起了重要的作用。1950 年,工业总产值的增加值中,由劳动生产率的提高而增加的工业产值占 41.1%,1951 年占 43.5%,1952 年占 37.8%。[①]

生产设备利用率。1949 年~1952 年,钢铁工业的大中型高炉利用系数由 0.62 吨/立方米·昼夜提高到 1.02 吨/立方米·昼夜,平炉利用系数由 2.42 吨/平方米·昼夜提高到 4.78 吨/平方米·昼夜;煤炭工业的大中型煤矿的回采率由 63.1%增长到 76%;电力工业的发电设备利用小时由 2330 小时增加到 3800 小时;纺织工业的棉纱每千锭时产量由 16.6 公斤增加到 19.64 公斤,棉布织机每台时产量由 3516 米增加到 3988 米。[②]

物质消耗的比重。1949 年~1952 年,工业生产的物质消耗是逐年下降的。比如,发电标准煤耗率由 1.020 公斤/千瓦时下降到 0.727 公斤/千瓦时,减少了 28.7%;每件纱用棉量由 205.85 公斤下降到 198.97 公斤,减少了 3.3%。[③]

工业产品成本。工业劳动生产率的提高,生产设备利用率的上升,以及物质消耗的下降,导致了工业产品成本的降低。比如,1952 年,国家所有制工业企业可比产品成本比 1951 年下降了 2.3%(详见附表 42)。

可见,在国民经济恢复时期,工业经济效益是有显著提高的。

(六)职工生活和劳动条件明显改善

职工消费水平的提高。解放初期,旧中国留下 400 万名左右的失业人员和为数更多的从来没有就业的失学青年和家庭妇女等。新中国成立以后,随着工业和国民经济的恢复、发展,职工队伍大大扩大了,显著地减少了失业人员。1949 年~1952 年,职工队伍由 800.4 万人增长到 1580.4 万人,增加了 97.5%;其中产业工人由 300.4 万人增长到 493.9 万人,增长了 64.4%。[④]

1952 年,包括工业职工在内的职工平均货币工资达到了 446 元,比

①《中国统计年鉴》(1983),中国统计出版社 1984 年版,第 297 页。

②③《伟大的十年》,人民出版社 1959 年版,第 97 页。

④《伟大的十年》,人民出版社 1959 年版,第 159、160、162 页。

1949 年提高了 70%左右。① 1950 年~1952 年期间，职工生活费用价格总指数上升了 15.5%。② 这意味着职工平均实际工资水平的提高。

就业面的扩大和职工平均实际工资的上升，带来职工平均消费水平的提高。据调查，抗日战争前的 1936 年，全国每一职工（包括家属在内，下同）平均消费额约为 140 元（按 1957 年的物价计算，下同），1952 年则增加到 189.5 元。③

享受劳动保险职工人数和劳动保险福利费用的增长。为了保护劳动者的健康，减轻职工生活的特殊困难，政务院依据当时的经济条件，于1951 年 2 月公布了《中华人民共和国劳动保险条例》，决定从同年 3 月起，先在雇用职工人数在 100 人以上的国营、公私合营、私营和合作社经营的工矿企业及其附属单位与业务管理机关等实行。④ 此后，享受劳动保险职工人数和劳动保险福利费用逐年增加，到 1952 年，二者分别增长到330 万人和 9.5 亿元。这年劳动保险福利费用相当于工资总额的 14%。⑤

劳动条件的改善。新中国成立以后，职工的劳动条件大大改善，因工而病、伤、亡的情况大大减少了。比如，旧中国采用机械通风的煤矿仅占 30%，其余 70%都是自然通风。而到 1952 年，国营煤矿采用机械通风的达到 90%。这样，死伤事故大大减少。依照中央人民政府劳动部的统计资料，按每月伤亡人数平均数计算，1951 年同 1950 年相比，死亡事故减少了 10.7%，重伤事故减少了 9.6%；1952 年同 1951 年相比，死亡事故又减少了 39.1%，重伤事故减少了 38.3%。⑥

职工生活和劳动条件的显著改善，是提高广大劳动者生产积极性、恢复工业的极重要的因素。

综上所述，国民经济恢复时期，在恢复和发展工业生产方面取得了巨大的成就。原来预计需要 3 年~5 年才能恢复国民经济（包括工业），实际上只用 3 年时间就超额完成了这个艰巨的任务。这些成就是在中国共

---

① 《伟大的十年》，人民出版社 1959 年版，第 187 页。
② 《中国统计年鉴》（1983），中国统计出版社，第 455 页。
③ 《伟大的十年》，人民出版社 1959 年版，第 188 页。
④ 《新华月报》1951 年第 5 期，第 1010 页。
⑤ 《伟大的十年》，人民出版社 1959 年版，第 193 页；《中国统计年鉴》（1983），中国统计出版社，第491页。
⑥ 《新华月报》1953 年第 3 期，第 125 页。

产党的正确领导下，依靠工人阶级和全国人民的努力取得的，是在苏联和其他友好国家的帮助下取得的。这是主要方面。

还要着重指出，这个时期，在恢复和发展工业生产方面还创造了许多好的经验（详见本章第一节）。其中有不少经验在社会主义建设的现阶段仍有现实意义。这当然不是说要照搬过去的经验，更不是说要从社会主义社会的初级阶段倒退到新民主主义社会。但是确实需要结合现阶段的实际状况，运用新中国成立初期的有益经验。这是主要方面。

二、恢复和发展工业生产中的问题

在国民经济恢复时期，在恢复和发展工业生产方面也存在不少缺陷。最明显的例子，就是当时由于缺乏经验和健全的制度，由于过去革命根据地长期战争环境下形成的供给制的影响，由于急于求成以及某些工作中的官僚主义作风，曾经在基本建设某些方面造成了严重的浪费。

依据新中国成立后 40 多年正、反经验的比较，新中国成立初期也有不少值得吸取的教训。这些教训集中起来说就是：企图超越新民主主义社会阶段，过早地实现社会主义的"左"的思想，尽管在当时不占主导地位，并且曾经一度受到过毛泽东的批评，但在实际工作的许多方面，过多地限制民族资本主义的情况仍时有表现。就民族资本主义工业来说，1950 年产值仅比 1949 年增加了 4.5 亿元，占工业总产值比重由 1949 年的48.7%下降到 38.1%，一年下降了 10.6 个百分点；1951 年产值比 1950 年增长了 29.2 亿元，比重略有回升，为 38.4%，上升了 0.3 个百分点；1952年产值比 1951 年只增长了 4 亿元，比重下降到 30.6%，下降了 7.8 个百分点。[①]毫无疑问，在实行新民主主义经济纲领的情况下，社会主义国营工业比民族资本主义工业发展快是正常现象。但 1950 年和 1952 年民族资本主义工业比重下降幅度显然过快，这同 1950 年初打击投机资本和 1952 年上半年"五反"运动声势过猛有着直接的联系。在建筑业方面，1951 年曾经有过这种主张：国家兴办的建筑工程逐渐做到均由国营建筑公司担任。比如，东北地区的国营建筑工程中，私营包工完成的比重，1951 年就很少，为 6.2%；1952 年就下降为零了。[②]这实际上是从国家举办的建筑

---

① 《中国统计年鉴》（1984），中国统计出版社，第 194 页。

② 《1949~1952 中华人民共和国经济档案资料选编》（基本建设投资和建筑业卷），中国社会科学出版社1989 年版，第 395、475 页。

工程这个领域内完全排除了私人资本。诚然，当时私营建筑承包商在偷工减料、降低建筑工程质量以及贿赂干部等方面存在诸多严重问题，但这是需要加强管理的问题。就当时的生产力水平看，似乎不宜完全排除私人资本在这个领域的经营。在商业领域更是多次发生排挤私人资本的问题，中财委对此做过多次纠正。在交通运输业和金融业领域更是如此。

除了上述"左"的思想外，有些问题在理论上并没有弄清楚。比如，有些经济形式，既是资本主义社会条件下发展商品经济所需要的，也是新民主主义社会条件下发展商品经济所需要的。对这些经济形式，有的需要加以发展的，如北京市兴业投资公司这一类公私合营的投资公司，但实际上并没有得到发展；有的需要对其当时存在的严重弊病加以限制、改造和利用的，如股票交易所和建筑业方面的投标制，[①]但实际上二者都是先后在1950年和1951年干脆取消了。

上述各种问题的发生，同当时缺乏经验也有很大的关系。由于缺乏长期的正反经验的比较，对有些经济问题的判断，缺乏明确的标准；即使有了明确的标准，在实际经济工作中如何把握操作的力度，也缺乏成熟的办法。从上述各个方面来说，这些问题的发生，主要是由于受到了当时历史条件的限制。

但是，总的说来，在国民经济恢复时期，还是较好地坚持了新民主主义社会的经济纲领。

---

①《1949~1952中华人民共和国经济档案资料选编》（基本建设投资和建筑业卷），中国社会科学出版社1989年版，第395页。

第二编

从新民主主义社会到社会主义社会的过渡时期的工业经济
——社会主义工业化初步基础建立时期的工业经济(1953年~1957年)

第一章 党在过渡时期的总路线与 "一五"时期工业 方面的主要任务

如前所述，按照毛泽东提出的"新民主主义论"（其中包括"新民主主义革命论"和"新民主主义社会论"），新民主主义革命在全国取得胜利以后，还要实行一个时期的新民主主义社会。按照毛泽东、刘少奇和周恩来等中共中央领导人的预计，这个时期大约需要 10 年、15 年甚至二三十年的时间。①

但在实际上，随着新中国成立初期各项社会、政治、经济改革和国民经济恢复的进展，毛泽东在 1951 年就在思想上酝酿由新民主主义社会向社会主义社会过渡和党在过渡时期的总路线问题了。但毛泽东正式提出向社会主义社会过渡的主张，还是在 1952 年 9 月 24 日党中央书记处会议上。② 在 1953 年 6 月 15 日中共中央政治局会议上，毛泽东对党在过渡时期的总路线作了完整的表述："党在过渡时期的总路线和总任务，是要在十年到十五年或者更多一些时间内，基本上完成国家工业化和对农业、手工业、资本主义工商业的社会主义改造。这条总路线是照耀我们各项工作的灯塔。不要脱离这条总路线，脱离了就要发生'左'倾或者右倾的错误。"③

1954 年 2 月 10 日，党的七届四中全会通过决议，正式批准了由毛泽

---

① 胡绳主编：《中国共产党的七十年》，中共党史出版社 1991 年版，第 297 页。
② 薄一波：《若干重大决策与事件的回顾》上卷，中共中央党校出版社 1991 年版，第 214~215 页。
③《毛泽东选集》第 5 卷，人民出版社 1977 年版，第 81 页。

东提出的、并经党中央政治局讨论通过的党在过渡时期的总路线。同年 9
月，党中央提出的过渡时期总路线，被第一届全国人民代表大会第一次
会议所接受，作为国家在过渡时期的总任务，列入了我国宪法。宪法规
定："从中华人民共和国成立到社会主义社会建成，这是一个过渡时期。
国家在过渡时期的总任务是逐步实现国家的社会主义工业化，逐步完成
对农业、手工业和资本主义工商业的社会主义改造。"① 如前所述，当时预
计，完成这个总任务，除了恢复时期的 3 年以外，大概还需要 15 年左右
的时间，即大概需要三个五年计划的时间。

　　我国发展国民经济的第一个五年计划（简称"一五"计划），是根据
中共中央 1952 年提出的党在过渡时期的总路线，亦即国家在过渡时期的
总任务而制定的；同时又是从当时一系列具体情况出发的。

　　为了推进"一五"计划的编制工作，党和国家首先加强了这方面的
组织建设。1951 年 11 月 15 日，中央人民政府委员会第 19 次会议决定：
成立国家计划委员会。任命高岗为国家计划委员会主席，邓子恢为副主
席，陈云、彭德怀、林彪、邓小平、饶漱石、薄一波、彭真、李富春、习
仲勋、黄克诚、刘澜涛、张玺、安志文、马洪、薛暮桥为委员。秘书长马
洪、副秘书长王光伟。② 1953 年 9 月 24 日，中央人民政府委员会第 28 次
会议任命李富春、贾拓夫为计划委员会副主席。③ 1953 年 12 月召开的党
中央政治局会议揭露了高岗、饶漱石反党分裂活动以后，国家计划委员
会主席由李富春担任。

　　1955 年 3 月，召开党的全国代表会议，讨论通过了"一五"计划草
案，并建议由国务院提请全国人大审议批准，颁布实施。同年 7 月 30 日，
第一届全国人民代表大会第二次会议讨论通过了《中华人民共和国发展国
民经济的第一个五年计划》（1953 年~1957 年），并同意李富春作的《关于
发展国民经济的第一个五年计划的报告》。同年 11 月 9 日和 12 月 9 日，
国务院先后发布命令，将第一个五年计划下达各地区和各部门，要求各
地、各部遵照执行。④

---

①《中华人民共和国宪法》，人民出版社 1954 年版，第 5、7 页。
②《中华人民共和国国民经济和社会发展计划大事辑要（1949~1985）》，红旗出版社 1987 年版，第 31 页。
③《中华人民共和国宪法》，人民出版社 1954 年版，第 53 页。
④《中华人民共和国宪法》，人民出版社 1954 年版，第 72~73 页。

　　"一五"计划的基本任务是："集中主要力量进行以苏联帮助我国设计的一百五十六个建设单位为中心的、由限额以上的六百九十四个建设单位组成的工业建设，建立我国的社会主义工业化的初步基础；发展部分集体所有制的农业生产合作社，并发展手工业生产合作社，建立对于农业和手工业的社会主义改造的初步基础；基本上把资本主义工商业分别地纳入各种形式的国家资本主义的轨道，建立对于私营工商业的社会主义改造的基础。"①

　　上述的第一个五年计划基本任务的第一项，就是"一五"时期工业方面的第一项主要任务；"一五"计划基本任务的第二项，除了农业的社会主义改造以外，也是"一五"时期工业方面的第二项主要任务；"一五"计划基本任务的第三项，除了资本主义商业的社会主义改造以外，就是"一五"时期工业方面的第三项主要任务。据此，我们拟在本编分五章叙述以下五个问题：（1）国家在过渡时期的总任务与"一五"时期工业方面的主要任务（这个问题见前述）。（2）实现资本主义工业的社会主义改造。（3）实现个体手工业的社会主义改造。（4）高度集中的计划组织体制的形成及其改进方案的提出。（5）建立社会主义工业化的初步基础。

---

　　①《中华人民共和国发展国民经济的第一个五年计划（1953~1957）》，人民出版社1955年版，第18页。说明：国家为着便于管理和掌握重大的基本建设单位，按照我国的具体情况，规定出各类基本建设单位的投资限额。凡一个建设单位，不论其为新建、改建或恢复，它的全部投资额大于限额者，即是限额以上的建设单位；小于限额者，即是限额以下的建设单位。例如，在工业中，各类工业基本建设单位的投资限额规定如下：钢铁工业、汽车制造工业、拖拉机制造工业、船舶制造工业、机车车辆制造工业的投资限额为1000万元；有色金属工业、化学工业、水泥工业的投资限额为600万元；电站、输电线路和变电所、煤炭采掘工业、石油开采工业、石油加工工业、除交通机械以外的机器制造工业、汽车和船舶的修配工业、纺织（包括印染）工业的投资限额为500万元；橡胶工业、造纸工业、制糖工业、卷烟工业、医药工业的投资限额为400万元；陶瓷工业、除制糖以外的食品工业、其他各项轻工业的投资限额为300万元。

第二章 实现资本主义工业的
社会主义改造

　　1953 年 6 月，中共中央确定通过国家资本主义形式改造资本主义这个决定在 1954 年已为第一届全国人民代表大会第一次会议所接受，并写入了这次代表大会通过的《中华人民共和国宪法》。[①] 这样，发展各种形式（包括初级形式和高级形式）的国家资本主义，就成为"一五"时期的一项重要任务。

第一节　1953 年~1955 年，国家资本主义初级形式的普遍发展

一、发展国家资本主义初级形式的措施

　　"一五"前半期，为了积极发展国家资本主义的初级形式，国家采取了一系列重要措施。

　　1. 社会主义经济在流通领域中掌握控制资本运动的一系列物质条件。其表现是：（1）经过新中国成立初期实行的社会主义国有化，以及国民经济恢复时期的发展，社会主义国营工业、交通运输业、商业和金融业不仅已经建立起来，而且有了很大的发展。（2）国家于 1952 年 12 月对私营银行、钱庄实行了全行业公私合营，组成公私合营银行，在中国人民银行领导下经营业务。这就基本上完成了私营金融业的社会主义改造，建

[①]《中华人民共和国宪法》，人民出版社 1954 年版，第 9 页。

成了统一的社会主义金融体系。（3）1953年~1954年，实现了重要农产品的统购统销和主要批发商的国有化。统购，就是按国家规定的合理价格，由政府有关部门统一收购这种商品，不准私商自行向生产者收购。统销，就是对于某种商品，国家按照一定的价格，按计划供应人民生活和工业生产的需要，禁止私商自行贩运。1953年11月，首先对粮食和食用油脂实行了统购统销。1954年9月，又对棉花实行统购，对棉布实行统购统销。由于粮食、油料、棉花等交易在农村市场上占有极大的比重，对这些商品实行统购统销后，农村中农副产品的商品量就有70%左右为国家所掌握。随后，生猪、蛋品、皮革、烤烟等也都列入计划收购的范围，后来演变成为派购制度。

实现主要批发商的国有化，首先就是要把有关国计民生的主要商品的批发业务掌握在国家手中。在国民经济恢复时期，国营商业的发展就是以批发商业为主的。随着国营工业的发展和对私营工业逐步实行加工订货，对农副业产品逐步实行国家收购和委托供销合作社收购，国营批发商业扩展很快。但仍有一小部分主要商品的批发业务是在私人手中。1953年~1954年，国家采取了扩大对私营工业加工订货和收购、包销，扩大对农副产品收购，以及扩大进出口贸易等一系列措施，由国营商业代替它们，这就实现了主要批发商业的国有化。

统购统销政策的贯彻和主要批发商业的国有化，大大加强了国营商业的力量和它在市场上的领导地位。1953年，国营和合作社商业在全国纯商业机构零售额中的比重由1952年的42.6%增为49.7%，批发额比重由63.2%增为69.2%。到1954年，零售额比重增为69%，批发额比重增为89.3%。

2. 在扩展加工订货的过程中，政府加强了对这项工作的管理。主要包括：（1）加强计划管理，以适应"一五"时期加强国民经济计划管理的要求。（2）加强合同管理，其主要目的是督促私营工业企业按照合同规定的质量、数量、时间完成国家给予它们的任务，以保证国家计划的严肃性。（3）加强工缴货价的核算工作，使资本家只能取得合理的利润。（4）加强工人监督，保证加工订货任务按时、按质、按量完成。

3. 为了推进资本主义工商业的社会主义改造，1953年11月，党和国家在全国人民中间展开了过渡时期总路线的宣传教育。总路线明确地指出了社会主义改造的必要性和改造的步骤，指出了我国社会主义光明灿烂的未来。总路线的传播，鼓舞起全国劳动人民的社会主义积极性，形成了一个巨大的社会力量，给资本主义工商业的社会主义改造事业建立了广泛的群众基础。总路线同时也教育了民族资产阶级。

上述各项措施①为发展国家资本主义的初级形式创造了一系列条件，有力地推动了资本主义工业的社会主义改造。

二、国家资本主义初级形式普遍发展的过程

1953 年~1955 年，国家资本主义的初级形式得到了普遍的发展。这个发展过程的特点是：

1. 由大城市和沿海地区迅速向中小城市和内地发展。解放初期，加工订货是在一些大城市和沿海地区实行的。1953 年以后，内地城市也普遍发展起来。到 1954 年和 1955 年，内蒙古自治区加工订货产值占私营工业总产值的比重由 49.78%上升到 62.30%；青海由 68.13%上升到 74.03%；甘肃由 30.84%上升到 71.90%。

2. 由大型企业迅速向中小型企业发展。解放初期，加工订货以大型企业为主。1953 年以后，中小型企业的加工订货迅速增加。据北京、天津、上海、武汉、广州、重庆、西安、沈阳、哈尔滨、济南、青岛、无锡等 12 个大中城市的统计，对私营大型企业的加工订货产值占私营大型工业总产值的比重，1954 年为 86.04%，1955 年为 92.11%；而中小型企业 1954 年为 51.45%，1955 年上升为 64.38%。

3. 由主要行业迅速向一般行业发展。解放初期，加工订货主要是棉纺织品和机器、粮食等主要产品。1952 年，全国 18 种主要工业产品中：100%纳入国家加工订货的有水泥、棉纺 2 种，80%~85%的有轧钢材、面粉 2 种，70%~79%的有电动机、棉布、纸张 3 种，60%~69%的有烧碱、胶鞋、火柴 3 种，50%~59%的有金属切削机床、食用油 2 种。到 1955 年，据全国私营工业 73 个工业行业的统计，加工订货在 99%~100%的有铁矿等 25 个行业，80%~88.99%的有燃料等 17 个行业，70%~79.99%的有电力等 13 个行业，60%~69.99%的有其他非金属开采冶炼等 10 个行业，40%以下的仅消费资料修理 1 个行业。

---

① 《中国资本主义工商业的社会主义改造》，人民出版社 1962 年版，第 151~154、161~163、192 页。

4. 国家资本主义初级形式的工业产值及其在全国私营工业总值中的比重有了大幅度的提高。1953 年，加工订货的产值达到 81.07 亿元，比 1952 年的 58.98 亿元增长了 22.09 亿元，比 1949 年的 8.11 亿元增长了 72.96 亿元。1954 年以后，由于许多私营工业企业已逐步转为公私合营，故加工订货产值增长不多或有所减少。但如扣除由私营转公私合营这一因素，1954 年加工订货价值较 1953 年实际上升 19.3%，1955 年又较 1954 年上升 1%。1955 年加工订货产值占私营工业总产值的比重达到 81.69%，比 1952 年的 56.04% 上升了 25.65 个百分点，比 1949 年的 11.88% 上升了 69.81 个百分点。

5. 就国家资本主义初级形式本身来说，也呈现出由低级到高级的发展趋势。以加工订货五种具体形式——加工、订货、统购、包销、收购来看，收购是国家资本主义初级形式中比较低一级的形式。因为收购多是一次性的，它是社会主义经济和资本主义经济之间的一种不经常、不固定的联系，并且，它是在产品生产出来以后进行的，未能把这部分生产纳入国家计划的轨道。而加工、订货、统购、包销则是国家资本主义初级形式中比较高一级的形式。因为它们都是在产品生产出来以前，就由国营经济同它们订立合同，从而在不同程度上将这部分生产纳入国家计划的轨道。解放初期，收购形式曾被大量采用，1953 年以后逐年减少，而被其他较高形式所代替。据 12 个大中城市的统计，在整个加工订货的总产值中，收购部分 1949 年占 24.33%，1953 年降为 8.97%，1955 年再降为 5.42%。与此相对应，加工、订货、统购、包销这些较高的形式，则得到了较快的发展。

上述各项特点[①] 表明：1953 年~1955 年，国家资本主义的初级形式已经得到了普遍发展。

三、国家资本主义初级形式的性质及作用

国家资本主义初级形式的发展，使私人资本主义生产关系受到了很大的限制。这一点，特别明显地表现在由工业方面的加工订货而导致的资本主义分配关系某种程度的变化。首先，加工订货的工缴、货价是按中等标准成本和一定利润幅度核算的。如果资本家按照这个标准守法经

---

① 《中国资本主义工商业的社会主义改造》，人民出版社 1962 年版，第 158~160 页。

营，那么，加工订货就会起到限制剩余价值生产的作用。其次，加工订货要求资本家必须把产品交给国营商业。这样，由资本主义企业生产的一部分价值就以商业利润的形式转移给国家，变成社会主义积累。再次，企业的利润，必须按照国家规定的四个方面分配的办法分配，其中一部分通过所得税的形式转变为社会主义积累，一部分是企业公积金，一部分是工人的福利奖金，而资本家占有的部分只有 1/4 左右。公积金虽然是剩余价值的转化形态，但是，资本家已不能任意支配，更不能用之于私人消费。这一切都在某种程度上从收入分配上改变了资本主义的分配关系。有一项统计资料表明：工商业所得税一般占 30% 左右，企业公积金一般占 10%~20%，工业资本家所得占企业盈余的份额，1952 年平均约为25%，1953 年以后降低，1955 年约为 18%。可见，国家资本主义初级形式尽管没有从根本上触动资本主义私有制，但已使这种所有制受到了很大的限制，而且就其中有些方面（如资本主义工业企业生产的剩余产品的一部分，通过加工订货形式变成社会主义积累）来说，实际上已具有社会主义的因素。

历史表明：在"一五"时期，国家资本主义初级形式无论在推动社会主义生产建设方面，或者在促进资本主义工业的社会主义改造方面，都起过重要的积极作用。

当然，国家资本主义初级形式不能从根本上改变资本主义所有制，也就不能根本解决社会主义经济和资本主义经济的矛盾，以及资本主义企业内部的劳动和资本的矛盾。这些矛盾的根本解决，主要要靠发展国家资本主义的高级形式——公私合营。[①]

第二节 1954 年以后，有计划地扩展国家资本主义高级形式

公私合营在其整个发展过程中大致可以划分为三个阶段：第一阶段是 1949 年~1952 年初步发展时期，第二阶段是 1953 年~1955 年有计划的扩展时期。这两个阶段都是个别企业的公私合营，即一个企业一个企业

[①]《中国资本主义工商业的社会主义改造》，人民出版社 1962 年版，第 184~185、188~189 页。

地实行公私合营。第三阶段是 1955 年底开始的全行业公私合营。全行业公私合营可以看作是国家资本主义的高级形式。

第一阶段已在本书第一编作过叙述。本节叙述第二阶段，第三阶段将在下一节进行叙述。

一、有计划地扩展国家资本主义高级形式方针的提出

1954 年 3 月 4 日，中共中央批转了中财委《关于 1954 年扩展公私合营工业计划会议的报告》。[1] 报告在肯定已有成绩的基础上，为了根本解决资本主义私有制问题，提出了有计划地扩展公私合营的方针。其依据的条件是：(1) 国家资本主义初级形式已得到普遍发展，资本主义工商业已经日益依靠于社会主义经济，很难再独立进行生产经营。并且，政府有关部门已逐步掌握了私营工商企业的生产经营能力，可以对它们的进一步改造作出规划。(2) 几年来公私合营的发展，在这方面积累了工作经验，培养了干部，提供了范例。(3) 资本家在公私合营优越性的启示下，特别是在过渡时期总路线广泛宣传和深入教育下，他们中的一部分人开始认识到大势所趋，表示愿意接受社会主义改造，主动申请公私合营。这些情况表明，提出上述方针，是同当时的条件相适应的。

二、《公私合营工业企业暂行条例》的颁布

为了规范和促进公私合营工业企业的发展，1954 年 9 月 2 日，政务院颁布了《公私合营工业企业暂行条例》。[2] 条例就总则、股份、经营管理、盈余分配、董事会和领导关系等问题作了规定。

关于总则。由国家或者公私合营企业投资并由国家派干部，同资本家实行合营的工业企业，是公私合营工业企业。对资本主义工业企业实行公私合营，应当根据国家的需要、企业改造的可能和资本家的自愿。企业的公私合营，应当由人民政府核准。合营企业中，社会主义成分居于领导地位，私人股份的合法权益受到保护。合营企业应当遵守国家计划。

关于股份。对于企业实行公私合营，公私双方应当对企业的实有财产进行估价，并将企业的债权债务加以清理，以确定公私双方的股份。合营企业的股东对于合营企业的债务负有限责任。

---

[1]《中共党史教学参考资料》第 20 册，第 288 页。
[2]《中国工业经济法规汇编（1949~1981）》，第 77~79 页。

关于经营管理。合营企业受公方领导，由人民政府主管业务机关所派代表同私方代表负责经营管理。公私双方代表在合营企业中的行政职务，由人民政府主管业务机关同私方代表协商决定，并且加以任命。他们在企业行政职务上，都应当有职有权，守职尽责。合营企业应当采取适当的形式，实行工人代表参加管理的制度。合营企业在生产、经营、财务、劳动、基本建设、安全卫生等方面，应当遵照人民政府有关主管机关的规定执行。

关于盈余分配。合营企业应当将全年盈余总额在缴纳所得税以后的余额，就企业公积金、企业奖励金、股东股息红利三个方面，依照下列原则加以分配：(1) 股东股息红利，加上董事、经理和厂长等人的酬劳金，共可占到全年盈余总额的 25% 左右。(2) 企业奖励金，参酌国营企业的有关规定和企业原来的福利情况，适当提取。(3) 发付股东股息红利和提取企业奖励金以后的余额，作为企业公积金。

关于董事会和股东会议。合营企业的董事会是公私双方协商议事的机关，对下列事项进行协商：(1) 合营企业章程的拟定或者修改。(2) 有关投资和增资的事项。(3) 盈余分配方案。(4) 其他有关公私关系的重要事项。董事会听取合营企业的生产经营情况和年度决算报告。公私双方董事的名额由公私双方协商规定。公方董事由人民政府主管业务机关派任，私方董事由私股股东推选。董事会可以定期召开私股股东会议，报告董事会的工作、处理私股股东内部的权益事项。

关于领导关系。合营企业应当分别划给中央、省、直辖市、县、市人民政府主管业务机关领导。人民政府工商行政机关负责管理合营企业有关工商行政的事项。人民政府财政机关和所属的交通银行，负责监督合营企业的财务。

这个条例的颁布实施，对规范公私合营企业的行为，起了积极作用。

三、国家资本主义高级形式迅速发展的进程

在有计划地扩展国家资本主义高级形式方针和《公私合营企业暂行条例》的指导下，1953 年~1955 年，公私合营企业获得了迅速的发展。这个发展过程呈现出以下特点：

1. 就企业的规模看，先合营大户，逐步推广到中小户，并结合生产改组，使企业由分散到集中。1954 年以前，实行合营的工业企业主要是

大厂，资金一般都在 100 万元~500 万元，人数则在 100 人~500 人之间。1954 年以后，扩展合营的工作不仅着重于大厂，同时也向 10 人以上的中小厂发展。这一趋势不仅反映了合营工作的发展，而且也反映了生产组织上的变革，因为中小企业实行公私合营多半是先经过改组合并，然后合营。但总的看，在个别合营时期，实行公私合营的还是以大户为多。

2. 就行业看，扩展合营工作由主要行业逐步推进到一般行业。在国民经济恢复时期，实行公私合营的多半是和国计民生有重大关系的主要工业行业，如煤矿、钢铁冶炼、机器制造、纺织、面粉、卷烟等。1955 年以后，在许多次要行业中也发展了公私合营。

3. 就地区看，合营企业由大城市逐步扩展到中小城市。1954 年以前，合营的都是大厂，而大厂主要集中在大城市，因此，合营工作也偏重于大城市。1953 年，内蒙古、辽宁、吉林、青海、新疆、贵州等省没有公私合营企业；到 1954 年，全国各省、市、区都相继扩展了公私合营企业。

4. 就公私合营的方式看，由个别企业公私合营逐步发展到全行业公私合营。个别企业在开始扩展公私合营的时候是有必要的，因为这不仅有利于这项工作的开展，而且有利于对资本家进行教育，吸取经验，树立榜样，为全行业合营提供有利条件。但在合营工作有了一定的基础之后，就需要结合对生产和市场的全面安排，分地区按行业实行公私合营；否则，不仅社会主义经济和未合营的资本主义企业之间的矛盾会日益突出，而且已合营企业和未合营企业之间的矛盾也将日益突出。只有实行全行业公私合营，才能解决这些问题。

5. 公私合营工业企业产值及其在公私合营和私营工业总产值的比重有了大幅度的增长。1953 年~1955 年，公私合营工业企业产值由 20.13 亿元增长到 71.88 亿元，占公私合营和私营工业总产值的比重由 13.3%上升到 49.7%。

以上特点 [1] 说明：1953 年~1955 年，国家资本主义的高级形式得到了迅速发展。

四、个别公私合营企业的性质及作用

与作为国家资本主义初级形式的加工订货相比较，作为国家资本主

---

① 《中国资本主义工商业的社会主义改造》，人民出版社 1962 年版，第 198、200~201 页。

义的高级形式的公私合营，其最大特点在于社会主义经济成分同资本主义经济成分的联系，由企业外部进入到企业内部，从而使企业变成了半社会主义性质的企业。

这一变化有利于发挥工人群众的积极性，从而有利于提高劳动生产率，节约原材料和降低生产成本，有利于增加积累和扩大生产。

1950 年共有公私合营工业 294 户，产值 4.14 亿元，减除当年新合营的 110 户的产值，与 1949 年比较，增加了 3800 万元。以同样方法计算，1951 年比 1950 年增长 2.86 亿元，1952 年比 1951 年增长 5.22 亿元，1953 年比 1952 年增长 6.88 亿元，1954 年比 1953 年增长 7.72 亿元，1955 年比 1954 年增长 27.08 亿元。

由于个别企业的公私合营并不能完全解决社会主义经济成分与资本主义经济成分的矛盾，也不能完全解决资本家和无产者的矛盾，甚至使得合营企业与非合营企业在生产经营方面的矛盾尖锐起来。这些矛盾的彻底解决，有赖于实现全行业的公私合营。

第三节　1956 年初，实现全行业公私合营的高潮

一、毛泽东发动全行业公私合营高潮

毛泽东在 1955 年 10 月 11 日党的七届六中（扩大）全会所作的结论中，首次明确透露了他关于加快资本主义工商业改造步伐的设想。[1] 全会一结束，他立即就加快资本主义工商业的社会主义改造问题作了一系列部署。1955 年 10 月 27 日和 29 日，毛泽东两次约见工商界的代表人物谈话。在资本主义工商业的社会主义改造大潮中，我国广大工商业者，既有愿意接受改造的积极性，又有自觉不自觉地抵制倾向和悲观的消极情绪。具体说来，有以下四种状况：（1）一小部分进步分子，愿意接受社会主义改造，有少数人还能在改造中起核心作用。（2）一小部分落后分子，对社会主义改造心存不满，采取各种消极抗拒的态度。（3）有极少数人是坚决反对社会主义的反动分子。（4）大部分人则是处于中间状态，对待改

---

①《毛泽东选集》第 5 卷，人民出版社 1977 年版，第 195 页。

造时而积极，时而消极。据此，毛泽东在这两次谈话中都勉励民族资本家要认清社会发展的规律，掌握自己的命运，走社会主义道路。针对有的工商业者对党和政府能否真正贯彻赎买政策思想上存在疑虑，毛泽东在讲话中反复论述了对资产阶级实行付定息的赎买政策，郑重宣布：定息一定7年，到期如不能解决问题，再拖一个尾巴也可以。毛泽东的讲话稳定了绝大多数资本主义工商业者的不安心绪，给他们以很大的鼓舞。于是，在1955年11月间召开的全国工商联一届二次执行委员会议上，他们通过了《告全国工商界书》，号召全国工商业者积极地接受社会主义改造。[①]

在10月29日同工商界代表人物谈话后，毛泽东去杭州，主持起草《中共中央关于资本主义工商业改造问题的决议》。同年11月16日~24日，根据毛泽东的提议，党中央召开了对资本主义工商业改造问题的工作会议，讨论《中共中央关于资本主义工商业改造问题的决议（草案）》。这个决议指出："我们现在已经有了充分有利的条件和完全的必要把对资本主义工商业的改造工作推进到一个新的阶段，即从原来在私营企业中所实行的由国家加工订货、为国家经销代销和个别地实行公私合营的阶段，推进到在一切重要的行业中分别在各地区实行全部或大部公私合营的阶段，从原来主要的是国家资本主义的初级形式推进到主要的是国家资本主义的高级形式。"这个决定大体上统一了全党在实行全行业公私合营问题上的思想。

这样，在中共中央工作会议和全国工商联执委会议之后，各地敲锣打鼓，掀起资本主义工商业的社会主义改造高潮，来势甚猛。在这种形势下，中共中央决定，先批准公私合营，把要做的清产核资、改组企业、安排生产、安置人员、组织专业公司等工作，放到以后去做。[②]

二、形成全行业公私合营高潮的条件

依据毛泽东和中共中央其他领导人的分析，1956年初资本主义工商业全行业公私合营"高潮的出现，不是偶然的，而是1949年以来我国各种社会条件发展成熟的必然结果。"[③] 这些社会条件，除了中国共产党领导

---

① 荣毅仁：《毛主席指引社会主义道路》，《人民日报》1993年9月8日，第5版；《中国资本主义工商业的社会主义改造》，人民出版社1962年版，第216~217页。
② 薄一波：《若干重大决策与事件的回顾》上卷，中共中央党校出版社1991年版，第407~409页。
③《刘少奇选集》下卷，人民出版社1982年版，第180、208页。

的人民民主专政获得进一步巩固和在国民经济中居于主导地位的社会主义国营经济有了迅速发展以外，重要的还有：(1) 在农业合作化的基础上，工农联盟得到进一步巩固。(2) 资产阶级经历"三反"、"五反"运动后，在思想上政治上取得的进步，为后来推进社会主义改造提供了重要的条件。(3) 新中国成立以后，各种形式（特别是高级形式）的国家资本主义的广泛发展，已经奠定了很好的基础。(4) 私人资本主义工业在生产经营方面遇到了严重困难，不接受改造就没有出路。(5) 大多数私营工商业者愿意接受社会主义改造。(6) 当时的国际形势，为加快社会主义提供了良好的国际环境。

三、全行业公私合营高潮的经过及其意义

资本主义工商业全行业公私合营的高潮是从首都北京开始的。1956年1月1日，北京市资本主义工商业者首先踊跃地提出了公私合营的申请。这时申请合营是一个行业一个行业进行的，因而很快就形成了热火朝天的运动。到1月10日，就实现了全市资本主义工商业的公私合营。同时，北京市个体的农业、手工业的社会主义改造也全部取得了决定性的胜利。北京市开始的这个高潮，大大地推动了其他城市的资本主义工商业的社会主义改造高潮。到1月底，我国资本主义工商业集中的大城市以及中等城市都相继实现了全市的全行业公私合营。到3月末，除西藏等少数民族地区外，全国资本主义工商业基本上实现了全行业公私合营。

在全行业公私合营的高潮中，涌现了一批资产阶级积极分子，他们带头申请合营，并推动别人申请合营。当然，对资产阶级的多数人来说，还是在大势所趋的情况下不太勉强地交出了企业，他们的内心深处是心有余痛的。其中有的人白天敲锣打鼓，晚上痛哭流涕。这样，尽管全行业公私合营是根本改变资本主义所有制的决定性的一环，是一场深刻的阶级斗争，但在高潮中，资产阶级基本上没有反抗。这是因为："(1) 他们在经济上已经没有别的出路。(2) 经过'三反'、'五反'，他们中的多数人认识了反对工人阶级是没有出路的。(3) 政府对他们合营后，在经济上和政治上都作了适当的安置。"[1]

1956年初，全国原有资本主义工业88000余户。到年底，已有99%

---

[1] 邓小平：《关于整风运动的报告》，人民出版社1957年版，第6页。

实现了社会主义改造，其中除极少数转入地方国营工业外，分别组成了33000多个公私合营企业。同时，有48200多户个体手工业户由于他们或者与私营工厂原有协作关系，或者是行业户数不多，根据他们的申请，也参加了公私合营。全国240余万私营商业户，到1956年底，已有82%实现了改造，其中除少数转入国营商业或供销合作社商业外，分别组成了公私合营商店、合作商店、合作小组。私营轮船的98.62%和几乎全部的汽车运输业在高潮中也实现了全行业公私合营或合作化。私营饮食业有86%实现了改造。到1957年底，私营服务业有77%实现了改造。[①]

经过全行业公私合营以后，资本主义私有制仅仅表现在定息上，在其他方面同社会主义国家所有制已经没有区别。这时的公私合营企业的经济性质基本上已经是社会主义的了。所以，全行业公私合营高潮以后，我国原来存在的社会主义经济与资本主义经济之间的矛盾，以及私营企业内部的劳资矛盾已经基本上得到了解决，资本主义工商业的社会主义改造获得了基本胜利。

这样，在1956年就基本上完成了资本主义工商业的社会主义改造，远远超过了"一五"计划规定的"基本上把资本主义工商业分别纳入各种形式的国家资本主义的轨道"的要求。

四、全行业公私合营高潮中的定股、定息和安排资方人员的工作

在全行业公私合营的过程中及其以后的一段时间内，政府对资产阶级继续贯彻赎买政策。因此，在合营高潮中，全国各地都进行了定股、定息和人事安排工作。

定股，即对资本家公私合营时的生产资料进行估价，核定私股股额。在个别企业公私合营阶段，定股工作是按户由政府派工作组到企业，同资本家共同进行。这种做法细致，工作量大，时间长。为适应全行业公私合营高潮的形势，定股工作采取了在企业工人监督下，由资方自报、同业评议、行业合营委员会（由公方、工人、资方三方面代表组成）核定的方式。

定股的原则，仍和个别企业公私合营时一样，要求做到"公平合理"。但在全行业公私合营高潮中，为了顺利地推进改造，政府对定股提

①《当代中国经济》，中国社会科学出版社1987年版，第136~138页。

出了"宽"和"了"的方针。"宽"，即对财产估价有关公私关系方面的问题，一般都从宽处理。"了"，即对企业各种债务关系，能够在公私合营时了结的，都尽量了结。这样清理的结果，连同 1956 年以前合营的企业在内，全国公私合营企业的私股股额共为 24.1864 亿元。

定息，即企业在公私合营期间，按期由国家根据核定的私股股额发给私股股东固定息率的股息。

定息在个别企业公私合营阶段就开始实行了。原来的公私合营企业给资本家分配利润，有两种形式：一种是"四马分肥"，把企业的盈利分成四份（所得税、企业公积金、职工福利基金、资方股息红利），资本家取得其中的一份；另一种就是定息，主要在公私合营的银行、钱庄、煤矿、锡矿和某些公私合营的公用事业单位中实行。①

为适应全行业公私合营的需要，定息作为赎买形式被普遍采用了。国务院于 1956 年 7 月间规定："全国公私合营企业的定息户，不分工商、不分大小、不分盈余户亏损户、不分地区、不分行业、不分老合营新合营，统一规定为年息五厘，即年息 5%。个别需要提高息率的企业，可以超过五厘。过去早已采取定息办法的公私合营企业，如果他们的息率超过五厘，不降低；如果息率不到五厘，提高到五厘。"② 高潮后，各地定息的结果，超过 5 厘的计有 4368 户，占全部定息户的 2%稍多一些，其余全部定息 5 厘。定息期限原定为 7 年，从 1956 年起到 1962 年止，"如果七年后工商业者生活上还有困难，还可以拖一个尾巴"。③ 1962 年又宣布，从 1963 年起，延长 3 年，到时再议。

1956 年初，全行业公私合营高潮后，全国公私合营企业在这年上半年共发息 5757.61 万元，其中工业公私合营企业发息 4453.49 万元。

关于全行业公私合营高潮中人事安排问题，刘少奇在中国共产党第八次全国代表大会的政治报告中指出："资方人员凡能工作的都由国家有关部门分配工作，不能工作的也酌量给以安置，或者予以救济，保障他

① 薄一波：《若干重大决策与事件的回顾》上卷，中共中央党校出版社 1991 年版，第 425~426 页。
② 国务院：《关于对私营工商业、手工业、私营运输业的社会主义改造中若干问题的指示》（1956 年 7 月 28 日），《中国工业经济法规汇编（1949~1981）》，第 84 页。
③ 陈云：《在中华全国工商业联合会第二届会员代表大会上向全国工商界代表讲解五个问题》，《人民日报》1956 年 12 月 16 日。

们的生活。这也是一种必要的赎买的办法。"① 对私营企业原有在职资本家及资本家代理人进行工作职位的安排，贯彻了政府提出的"量才使用，适当照顾"② 的原则。根据 1957 年的统计，全国拿定息的 71 万在职私方人员和 10 万左右资本家代理人，全部安排了工作。据几个大城市的情况，大体是：安排直接参加生产经营的占 60%~65%；安排为管理人员的占 35%~40%。对部分资产阶级的代表人物，还安排了国家机关、国营经济业务部门的行政职务。根据 1957 年底统计，民主建国会（主要由资产阶级分子组成的政党）会员除被选为第一届全国人民代表大会代表的 70 人、第二届政治协商会议全国委员会委员的 65 人以外，担任部长、副部长的 7 人，大学院校校长 2 人，副省长 7 人，北京、上海和天津三大城市的副市长 4 人，正副局长 24 人，省正副厅长 35 人。

此外，私营企业资本家的薪金一般较高，有的很高。1955 年统计，上海私营和公私合营工业投资在 10 万元以上的资本家 509 人中，工资在 1000 元以上的有 12 人，其中最高的是 1675 元。但为了利于改造，把这种高薪作为赎买政策的一部分保留了下来。③

五、全行业公私合营高潮后企业的改组、改革和公私共事关系的调整

全行业公私合营高潮只是改变了私营企业的性质。但是，资本主义企业的组织和企业内部的经营管理制度尽管在高潮前有过某些改革，但基本上还没改变。这种组织和制度具有两重性：一是与资本主义制度相联系，有不利于生产的一面；二是与社会化大生产及其他条件相联系，有适合于组织生产和适应消费者需要的一面。所以，在全行业公私合营的高潮实现以后，还必须有分析地对公私合营工业企业组织和企业内部的经营管理制度进行改组和改革。

按照政府的有关规定，企业改组和企业改革必须遵循的原则是：（1）服从于生产和生活的需要，达到增加产量，提高质量，增加花色品种，降低生产成本，保持和发扬优良的工艺传统、技术和经营管理方法，以及方便和改善人民生活的目的。（2）对于资本主义工商业的生产技术和

---

① 《刘少奇选集》下卷，人民出版社 1982 年版，第 217 页。

② 国务院：《关于对私营工商业、手工业、私营运输业的社会主义改造中若干问题的指示》（1956 年 7 月 28 日），《中国工业经济法规汇编（1949~1981）》，第 85 页。

③ 《中国资本主义工商业的社会主义改造》，人民出版社 1962 年版，第 221~226 页。

管理办法，必须进行全面分析，对于其中不合理的部分，应该逐步加以改革；对于其中合理的部分，应该在合营企业中充分加以运用。我们应当将资本主义工商业、手工业的生产技术和管理办法中有用的东西，看成是民族遗产，把它保留下来，决不应该不加分析地全盘否定。(3)针对全行业公私合营高潮时发生的某些混乱的、不利于生产发展和人民生活改善的现象，政府特别强调要遵循慎重的、有充分准备的原则。为了有充分时间去逐行逐业地顺利地完成社会主义的改造工作，国务院决定：(1)私营工商企业从批准公私合营到完成改造，需要相当长时间，因此在批准合营以后，一般在6个月左右的时间内，仍然应该按照原有的生产经营制度或习惯进行生产经营。(2)企业原有的经营制度和服务制度，例如进货销货办法、会计账务、赊销暂欠、工作时间、工资制度等等，一般在6个月以内照旧不变。(3)企业原有的供销关系要继续保持，原来向哪里进货销货的，仍旧向哪里进货销货；进货销货的双方，必须密切合作；原来出口的手工艺品，必须继续出口，手工艺品所需要的国外原料，必须尽可能地继续进口。(4)各企业之间原有的协作关系，如加工、修理、供应配件、零件等，必须继续保持，不得随意变动。国务院还强调，凡是已经有了充分准备，已经作了详细研究并且提出了通盘改组规划的行业，经过省（自治区）、市领导机关的批准，就可进行改组。①

公私合营企业改组要服从发展生产和改善人民生活的需要。因此，公私合营企业改组并不是把所有的小厂都并成大厂。因为许多工厂虽规模小，但服务面广，需要适当地分散生产，而且有些小厂生产的小产品，虽产值不大，但品种繁多，各有各的销售对象，是大企业不能代替的；有些小厂在技术上有优良的工艺传统，群众欢迎它们的产品。所以，为搞好生产，有些固然要合并，但有些目前不需要合并，有些长期不需要合并。可以并厂的只是那些厂房设备有条件，先进设备可以代替落后设备和手工生产，工序可以平衡衔接，变厂外协作为厂内协作，以及集中生产而不影响品种和协作关系的少数行业和企业。为此，当时国家规定了改组的方针是："大部不动，小部调整。"

---

① 国务院：《关于目前私营工商业和手工业的社会主义改造中若干事项的决定》(1956 年 2 月 8 日)，《中国工业经济法规汇编（1949~1981)》，第 80~81 页。

公私合营企业改组的形式在 1956 年和 1957 年上半年，主要采取并厂和联合管理两种形式。此外，还有少数企业实行单独管理、迁厂或裁撤。据统计，到 1957 年 6 月，在高潮中实行公私合营的工厂中，进行合并的约占半数；采取联合管理的约占 1/3，联合管理中，实行统一核算和分别核算的，又约各占半数；其余则为单独管理、迁厂或裁撤。

1956 年和 1957 年上半年，公私合营企业的企业改革工作，主要有如下四点：（1）设立专业公司或指定专业机构，统一负责所属合营企业的经济工作和政治工作；在企业内部则加强党的领导，建立公方代表制度，健全工会组织。（2）实行党委领导下的厂长（经理）负责制，建立有职工和公私各方面代表参加的民主管理机构。（3）实行计划管理，同时，逐步实行经济核算。（4）新公私合营企业的工资标准和工资制度，应该逐步向同一地区的性质相同、规模相近的国营企业看齐。①

调整公私共事关系，是全行业公私合营以后提出来的新问题。公私共事关系既是共同工作关系又是阶级关系。公私共事关系包括企业职工、公方代表和资产阶级分子三个方面。搞好公私共事关系不仅有利于发挥资产阶级分子为社会主义服务的积极性，帮助他们逐步进行政治思想改造，也有利于提高公私合营企业生产经营水平。

在全行业公私合营高潮后一段时间里，许多公私合营企业的公私共事关系还不正常。为此，政府在 1956 年下半年进行了调整公私共事关系的工作：（1）对公方干部和职工加强党的统一战线政策教育，使干部和职工对资产阶级分子合作共事采取正确态度，即对待资产阶级分子既要热情地团结他们，尊重他们的职权，又要从团结的愿望出发，帮助他们进行政治思想改造。（2）加强对资产阶级分子的政治思想教育，使他们对公私共事关系也采取正确的态度，主动接受公方代表的领导，向职工群众学习。（3）在搞好公私共事关系方面建立了一些必要的制度，如在党委和公方代表领导下，明确资产阶级分子的分工范围，吸收他们参加企业的民主管理机构等。

全行业公私合营和定息政策的实行，又经过企业的改组、改革和公

① 国务院：《关于对私营工商业、手工业、私营运输业的社会主义改造中若干问题的指示》（1956 年 7 月 28 日），《中国工业经济法规汇编（1949~1981）》，第 84 页。

私共事关系的调整，公私合营企业的生产有了一定程度的扩大。1956 年，公私合营工业企业的总产值较 1955 年这些企业的总产值增加了 32%。此外，公私合营商店、合作商店和合作小组的零售额，也比 1955 年这些企业的零售额增加了 15%以上，表现了全行业公私合营的优越性。[①]

第四节　资本主义工业的社会主义改造的主要成就和问题

一、资本主义工业的社会主义改造的主要成就

我国资本主义工业的社会主义改造的成就主要表现为以下几个方面：

1.在短短的几年时间就基本上完成了这种改造。如果从党和国家在过渡时期的总路线和总任务公布时算起，只花了 3 年时间（1953 年~1955年）。即使从新中国成立时算起，也只花了 6 年的时间。

表 2-2-1　1949 年~1957 年工业总产值中各经济类型比重的变化[②]

(不包括手工业)

	1949 年	1950 年	1951 年	1952 年	1953 年	1954 年	1955 年	1956 年	1957 年
社会主义工业	34.7	45.3	45.9	56.0	57.5	62.8	67.7	67.5	68.2
国家资本主义工业	9.5	17.8	25.4	26.9	28.5	31.9	29.3	32.5	31.7
其中：公私合营	2.0	2.9	4.0	5.0	5.7	12.3	16.1	32.5	31.7
加工、订货	7.5	14.9	21.4	21.9	22.8	19.6	13.2	—	—
资本主义工业（自产自销部分）	55.8	36.9	28.7	17.1	14.0	5.3	3.0	—	—

表 2-2-1 的资料表明：1949 年，资本主义工业（自产自销部分）占工业总产值的比重为 55.8%；1952 年下降到 17.1%；1956 年下降到几乎为零。与此相对应，公私合营工业占工业总产值的比重在这三个时限分别为 2%、5%和 32.5%。全行业公私合营以后的公私合营企业的性质基本上是社会主义的。所以，上述数字表明：1956 年我国就基本上完成了资本主义工业的社会主义改造。

2. 总的说来，在我国资本主义工业的社会主义改造过程中，工业生

---

① 《中国资本主义工商业的社会主义改造》，人民出版社 1962 年版，第 234~240 页。

② 周太和主编：《当代中国的经济体制改革》，中国社会科学出版社 1984 年版，第 21 页。

产有了较大发展。

表2-2-2　1949年~1957年资本主义工业生产的变化

	单位	1949年	1952年	1953年	1954年	1955年	1956年	1957年
1. 总产值	亿元	70.5	119.0	151.2	154.3	144.5	191.4	206.7
公私合营	亿元	2.2	13.7	20.1	50.9	71.9	191.1	206.3
加工、订货、包销、收购	亿元	8.1	59.0	81.1	81.2	59.3	0.3	0.4
自产自销	亿元	60.2	46.3	50.0	22.9	13.3		
2. 职工人数	万人	174.9	230.4	250.1	232.9	209.5	244.4	241.0
公私合营	万人	10.5	24.8	27.0	53.3	78.5	243.0	239.7
私营	万人	164.4	205.6	223.1	179.6	131.0	1.4	1.3
3. 劳动生产率	元/人	4030.9	5164.9	6045.6	6625.2	6897.4	7831.4	8576.8
公私合营	元/人	2095.2	5524.2	7444.4	9549.7	9159.2	7854.2	8606.6
私营	元/人	4154.5	5121.6	5876.3	5757.2	5542.0	2142.9	3076.9

表2-2-2的资料表明：（1）1949年~1957年，在整个资本主义工业的社会主义改造过程中，包括公私合营企业和私营企业在内的工业总产值除了1955年以外，是以较大的幅度逐年增长的，劳动生产率也是以较大幅度逐年上升的。（2）公私合营企业工业总产值则是以更大的幅度逐年增长的，劳动生产率除了1956年和1957年这两年以外，也是以很高的速度逐年上升的。

3. 创造了一条具有中国特点的资本主义工业的社会主义改造的道路。主要是：实行了和平改造的方针，利用限制改造的政策和赎买的政策；实行了由低级到中级到高级的国家资本主义，再由高级形式的国家资本主义向社会主义逐步过渡的形式；把经济改造与政治斗争（如"五反"运动）结合起来，团结与斗争结合起来；把资本主义私有制的改造和资产阶级分子的改造以及企业的改造与发挥资产阶级分子管理作用结合起来；把全行业公私合营与全行业生产改组结合起来；等等。这是中国资本主义工业的社会主义改造取得成功的重要原因。当然，根本原因还是由于建立了人民民主专政以及在国民经济中起主导作用的社会主义国营经济。

但无论如何，就资本主义工业的社会主义改造本身来说，以上三点确实是伟大成就！是科学社会主义的理论和实践的历史上的伟大创造！外国有些著名史学家也肯定了中国社会主义改造的巨大成就。"总体上来讲，中华人民共和国的工作自 1949 年以来还是非常成功的。""由于在安定社会秩序、发展经济、改善生活条件和恢复国家声望等方面的成效，共产党还是取得了极其广泛的群众支持。同一时期，中国还完成了社会和制度的基本转变。这样，到 1956 年，中国进入了社会主义阶段。"①

二、资本主义工业在社会主义改造中的问题

我国资本主义工业的社会主义改造取得上述伟大成就，实属不易，但从总结经验来说，资本主义工业在社会主义改造中也存在诸多问题。其中带根本性的问题有：

1. 资本主义工业的社会主义改造的时间过于短促。即使按照预定的时间来算，也是过于短促的。原来预计需要三个五年计划的时间，即用 15 年（1953 年~1967 年）来完成社会主义改造。但实际上只用了 3 年的时间（1953 年~1955 年）。还需指出，原来预定用 15 年时间完成包括资本主义工业在内的社会主义改造（加上国民经济恢复时期为 18 年），是参照了苏联经验的。毛泽东 1955 年 7 月 31 日在《关于农业合作化问题》的报告中论到在这个时间内能否实现社会主义改造时说："苏联的经验告诉我们，这是完全可能的。"② 然而，现在已经可以看得很清楚，苏联在从资本主义到社会主义的过渡时期中也犯了急于求成的毛病。这一点，甚至后来毛泽东也觉察到了。他在 1956 年 12 月上旬与全国工商联领导人谈话时提到："我怀疑俄国新经济政策结束得早了，只搞两年，退却转为进攻，到现在社会物资还不足。"③ 但更重要的问题还在于：十月社会主义革命胜利前的俄国是帝国主义国家；我国革命胜利前却是半殖民地半封建的国家。这个情况表明，即使用 15 年时间来完成我国的社会主义改造的任务，时间也不算长，而宁可说是短的。更何况只用了 3 年时间就基本上完成了这项任务，其时间之过于短促就可想而知了。

2. 资本主义工业的社会主义改造的面过宽。其重要表现有二：

第一，把大量的原本属于个体劳动者或小资产阶级也列入了资本主

---

① 英国《剑桥中华人民共和国史（1949~1965）》（中译本），上海人民出版社 1992 年版，第 152 页。着重号是本书作者加的。

② 《毛泽东选集》第 5 卷，人民出版社 1977 年版，第 184 页。

③ 薄一波：《若干重大决策与事件的回顾》上卷，中共中央党校出版社 1991 年版，第 433 页。

义工商业的范畴，并进行了全行业的公私合营。这一点，在全行业公私合营实现不久，毛泽东已经发现了。他在上述 1956 年 12 月那次谈话中提出："现在资本家当中大体有百分之七十左右对定息没兴趣。一个月拿几毛钱，他们要求放弃定息，摘帽子入工会，享受劳保待遇。我看也可以放弃吧！""把小的占百分之八十到九十的不划入资产阶级范围内，拿到的定息只能买几包香烟的，就叫他们小资产阶级。"① 但是，毛泽东的这个意见在当时并没有付诸实施。后来在长达 20 年以"阶级斗争为纲"的年代，更不可能付诸实施。直到党的十一届三中全会以后，这个问题才获得真正解决。据统计，1956 年参加全行业合营和以前单个合营的工商业者，共计为 86 万人。1979 年 11 月 12 日，中共中央批准了统战部等六单位《关于把原工商业者中的劳动者区别出来的请示报告》。根据报告规定：共有 70 万人被摘掉"资本家"的帽子，恢复劳动人民的身份。②

　　第二，即使就真正属于资本主义工商业的范畴来说，改造的面也过宽了。在中国民族资本主义工业中，工场手工业还占了相当大的比重，即使是机械化的生产部分，机械化的程度以及与之相联系的集中度都不高。这样，从发展社会生产力的角度来观察，对民族资本主义工业的相当部分，特别是对于资本主义工场手工业部分并不需要急于改造。因为它们在一定长的时间内对中国社会生产力的发展还有积极作用。马克思在 1859 年就历史唯物主义的基本原理作经典表述时指出："无论哪一个社会形态，在它们所能容纳的全部生产力发挥出来以前，是决不会灭亡的。"③ 马克思这里说的虽是社会形态，但其原理对我们这里所论的民族资本主义工业的社会主义改造也是适用的。这样，如果人为地过早地全部消灭资本主义，那就像刘少奇在 1948 年下半年所预言的那样，如果过早地消灭了资产阶级，"消灭了以后你还要把他请来的"。④ 尽管毛泽东在 20世纪 50 年代初多次批判过刘少奇所坚持的（实际是毛泽东提出的）"新民主主义社会论"，但在由 1956 年资本主义工商业的社会主义改造高潮导致的社会矛盾暴露以后，他又部分地主张实践刘少奇的上述预言，在某

---

① 薄一波：《若干重大决策与事件的回顾》上卷，中共中央党校出版社 1991 年版，第 435 页。
② 薄一波：《若干重大决策与事件的回顾》上卷，中共中央党校出版社 1991 年版，第 437 页。
③《马克思恩格斯选集》第 2 卷，人民出版社 1973 年版，第 83 页。
④ 薄一波：《若干重大决策与事件的回顾》上卷，中共中央党校出版社 1991 年版，第 48 页。

种范围内把资本主义请回来，并把这种政策称做"新经济政策"。他在上述的1956年12月那次谈话中提出："上海地下工厂同合营企业也是对立物。因为社会有需要，就发展起来。要使它成为地上，合法化，可以雇工。……这叫新经济政策。……还可以考虑，只要社会需要，地下工厂还可以增加。可以开私营大厂，订条约，十年、二十年不没收。华侨投资的二十年、一百年不要没收。可以开投资公司，还本付息。可以搞国营，也可以搞私营。可以消灭了资本主义，又搞资本主义。当然要看条件，只要有原料，有销路，就可以搞。"① 显然，毛泽东这里讲的"又搞资本主义"，不是要发展资本主义社会，也不是要回到新中国成立初期的新民主主义社会，而是要在国营经济和集体经济为主体的前提下，适当发展一些私营经济、个体经济和外资经济。这可以看作是我国社会主义初级阶段所有制结构思想的开端。但这个"新经济政策"的命运也像"新民主主义社会论"一样，由毛泽东自己否定了。所不同的是，后者在新中国成立以前的革命根据地和解放区部分地实行过，在新中国成立以后的头3年比较完整地实行过；而前者在提出的当时和尔后的20年都没有实行过。只是在党的十一届三中全会以后，在有了大大发展以后，已经和正在付诸实施。

上述各种问题的发生有复杂的社会原因，但主要还是由于时代的限制，以及与此相联系的认识上的局限。

---

① 薄一波：《若干重大决策与事件的回顾》上卷，中共中央党校出版社1991年版，第433~434页。

第三章 实现个体手工业的社会主义改造

第一节 1953年~1955年，手工业合作化的普遍发展

实现个体手工业的社会主义改造，既是党和国家在过渡时期的总路线和总任务的重要组成部分，也是"一五"计划的基本内容之一。在国民经济恢复时期，虽然手工业合作化有了初步发展，但手工业者大部分还是个体的劳动者。这种状况与党的过渡时期总路线公布以后的整个国民经济发展的要求不相适应。这个时期试办的手工业合作组织已为个体手工业者树立了榜样，国家也逐步积累了管理手工业合作化的经验。这样，在"一五"前半期手工业合作化就得到了普遍发展。

为了加强对手工业合作化的指导，全国合作总社在1953年底召开了第三次手工业生产合作会议。中共中央副主席朱德代表中共中央到会作了题为"把手工业者组织起来，走社会主义道路"的讲话。会议系统地总结了新中国成立以来手工业合作化运动的基本经验，提出对手工业的社会主义改造，"在方针上，应当是积极领导，稳步前进；在组织形式上，应当是由手工业生产小组、手工业供销生产合作社到手工业生产合作社；在方法上，应当是从供销入手，实行生产改造；在步骤上，应当是由小到大，由低级到高级"。[1]

---

① 《新华月报》1954年第8期，第162页。

这些经验的总结，对"一五"前半期手工业合作化的普遍发展，起了有益的作用。这里值得着重提出的是，其中关于组织形式的总结，起了尤为重要的作用。

手工业生产小组，是组织手工业劳动者的一种低级形式。它的组织条件不高，人数或户数较少，一般不超过 15 户（在农村中有 3 户以上，在城市中有 5 户以上)，有一些简单工具和设备，就可以组织起来，简便易行。它在个体生产的基础上，从供销入手把手工业劳动者组织起来，使他们能有组织地向供销合作社、消费合作社或国营企业购买原料，推销成品，或承接加工订货，逐步解决供销困难，发展手工业生产，避免商业资本的控制和剥削，同时，也便于以此为基础，逐步发展，为过渡到手工业供销生产合作社创造条件。

手工业供销生产合作社，是由若干个体手工业劳动者为解决原料采购和产品推销的共同困难而组织起来的。其主要活动是统一地向供销合作社或国营企业购买原料，向供销合作社、消费合作社或国营企业推销成品，承接加工订货。手工业供销生产合作社建立在分散生产的基础上，只是从流通过程中把个体手工业者联系起来。社与社员各自分负盈亏责任，社对社员不负盈亏责任。合作社本身一般以盈余的 60% 作为积累，10% 作为上缴合作事业建设基金，其余 30% 作为股金分红和教育、福利、奖励等基金。所以，手工业供销生产合作社是个体手工业合作化中比较低级的形式，是向手工业生产合作社过渡的形式。

手工业生产合作社是对手工业实行社会主义改造的高级形式，在城市和农村中至少须有 15 人。手工业生产合作社，主要生产资料已经完全归合作社所有，完全实行了按劳分配，是劳动群众集体所有制的社会主义经济，是完全的社会主义性质的生产合作社。

但在手工业合作化过程中，还有一部分手工业生产合作社，主要生产资料尚未完全成为合作社所有，实行工具入股，按股分配收入，以收入的一部分按劳分配。这是劳动群众部分集体所有制的半社会主义性质的生产合作社，是手工业劳动者走向劳动群众集体所有制的过渡形式。

为了加强对手工业及其合作化的组织领导，1954 年 6 月，中共中央提出：各级党委要指定一定的工作部门或专人负责领导手工业工作，各级人民政府应设立管理手工业的机构。依此指示，同年 11 月，国务院成立了手工业管理局，地方政府也相继成立了手工业管理局（处、科）。

为了促进手工业合作化的发展，这时国家在各方面对手工业合作社给予了积极的帮助。在原料供应上，国家物资部门和商业部门供应手工业合作组织所需要的原料。在产品销售上，国营商业和供销合作社对手工业合作组织实行加工、订货、收购和包销。在税收上，凡新成立的手工业合作社，营业税可减半缴纳一年，所得税可减半缴纳两年。在财政上，国家给予一定的投资、合作社基金和经费补助。国家银行对手工业合作组织给予低息贷款。

为了做好手工业合作化的思想准备和组织准备，这时各地普遍召开了手工业劳动者代表会议，不少地区成立了手工业劳动者协会，向手工业者进行社会主义前途教育，推动他们走合作化的道路。

为了稳步地推进手工业合作化，认真地贯彻了自愿、互利和民主办社原则。

为了贯彻自愿原则，主要采取了说服教育、典型示范和国家援助等项措施。

为了贯彻互利原则，注意处理了以下三个重要问题：（1）社员缴纳股金问题。手工业生产合作社的社员在入社时，须缴纳至少等于其所得一个月工资的股金，和相当于股金1/10的入社费。手工业劳动者的合作组织是以劳动为基础的，所以，按照工资收入的多少确定缴纳股金的数额。（2）生产资料改变为合作社集体所有的问题。合作组织成员可以用主要工具、原料和成品入股，经民主评议，按市价折算。社员个人自有自用的小型工具，一般不必归合作社集体所有，基本上可以保持原来的自有自用，由合作社酌情支付折旧费。（3）公积金和劳动分红问题。公积金制度是为了保证社（组）内的社会主义经济成分的不断增长，在照顾社员生活水平逐步提高的前提下，应保证公积金的不断增加。劳力分红是按劳分配，以提高社员劳动生产的积极性。

手工业生产合作社必须实行民主办社原则。社员大会是手工业合作社的最高权力机关，理事会和监事会必须由社员大会民主选举产生，每个社员都有选举权和被选举权。合作社的一切重大问题，如生产计划、财务计划、基建计划、有关组织形式、核算形式、工资福利的调整等都必须经过社员大会讨论决定。理事会和监事会要负责领导和监督合作社的日常工作和业务，并要定期向社员大会报告工作。

上述各项方针、原则和措施的贯彻，推动了1953~1954年手工业合作化的发展。但在这个过程中也发生了诸多问题，亟待解决。为此，中共中央手工业管理局和全国手工业生产合作社联合总社筹备委员会在1954年底~1955年初召开了第四次全国手工业生产合作会议。朱德代表中共中央到会作了《要把手工业生产合作社办好》的讲话。①

随着社会主义的建设和改造的发展，手工业与大机器工业之间以及手工业之间（包括合作化手工业和个体手工业之间）在供销方面的矛盾变得明显起来。为此，全国第四次手工业生产合作会议将对手工业社会主义改造的方针发展为"统筹兼顾，全面安排，积极领导，稳步前进"。

为了检查已经组织起来的手工业生产合作社和供销生产合作社的健全程度，这次会议提出四个条件作为衡量的标准：（1）组织纯洁，有一定的民主管理制度。（2）生产正常，比较有计划。（3）财务制度不乱，没有贪污。（4）产品质量至少不低于合作化以前的正常标准。凡具备这四个条件者为健全社；只具备一、三两条，二、四两条较差者为中间社；四个条件都差的为不健全社。以北京市、山西省晋城县等市县来看，健全社约占1/3，中间社和不健全社约占2/3。

为了贯彻上述方针，这次会议确定：1955年，手工业社会主义改造工作的中心任务是：把手工业主要行业的基本情况继续摸清楚，分别轻重缓急按行业拟定供、产、销和手工业劳动者的安排计划，以便有准备、有步骤、有目的地进行改造；整顿、巩固和提高现有社（组），每一县（市）分别总结出主要行业的社会主义改造和整顿社的系统的典型经验，为进一步开展手工业社会主义改造工作奠定稳固的基础。在上述两项工作的基础上，从供销入手，适当地发展新社（组）。

这次会议还就手工业合作化中几项政策作了规定：

1. 关于手工业社会主义改造的对象和目前组织重点问题。第三次全国手工业生产合作会议已指出，手工业社会主义改造的对象是独立手工业者、家庭手工业者和手工业工人。这时对手工业从业人员数量的估计是，独立手工业者约900万人（城市家庭手工业者在外），农业兼营商品

①《朱德选集》，人民出版社1983年版，第334页。

性手工业者约 1000 万人，受雇于 10 人以下的工厂手工业工人 100 余万人。农业兼营商品性手工业者，除特殊行业外，一般以由农业生产合作社组织附属小组为好。工厂手工业工人的社会主义改造，目前在试点，因此，目前手工业合作化的组织重点应该是独立手工业者。

2. 关于手工业合作化的阶级路线问题。独立劳动者和学徒的关系是师徒的关系；雇工不多的雇主和雇工的关系是主要劳动者和助手的关系。这种关系和手工业资本家对雇工的剥削关系根本不同。因此，在手工业社会主义改造中，要引导他们在自愿原则下，逐步改变个体私有制为集体所有制。

3. 关于农村副业和农业兼营商品性手工业的领导关系问题。农业和农副业在未分化以前，一般均由农业生产合作社组织领导；但应贯彻农业和手工业生产两不误的原则并最好各计收入、盈亏，以保证从业人员的积极性。在手工业较集中、农业兼营商品性手工业、农户收入以手工业为主要来源的地区，组织手工业和农业的混合社，并以手工业联社领导为主，或者手工业和农业分别组社，社员可以跨社。

4. 关于雇佣 3 人以上 10 人以下的工厂手工业小资本家的入社问题。在吸收工厂手工业小资本家加入手工业合作社时，必须掌握：（1）资本家放弃剥削，参加劳动。（2）让他们参加较大的和基础巩固的手工业生产合作社，并须经社员大会通过。（3）入社后，将他们分散编入不同的生产组内，并不让他们担负领导职务。（4）生产资料及其他所需固定资产，除折价入股部分外，多余部分可以存款计息。（5）接收小资本家入社的合作社，要继续对这些小资本家进行思想改造。

5. 关于手工业生产合作社联社的供销业务和国营商业、供销合作社的关系问题。1954 年，各地手工业生产合作社联社领导的生产合作社（组），产品通过国营商业和供销合作社销售的占 70%~80%；原料通过国营商业和供销合作社供应的占 50%左右，有力地支持了手工业生产合作社的发展，必须继续实行。

6. 关于手工业劳动者协会的组织领导问题。一年来，各地试行组织手工业劳动者协会的经验证明，经过这一组织，在团结教育手工业者，为组织起来做一定的准备工作，指导手工业生产等方面都起了一定的作用。因而，1955 年仍应重点试办，取得经验，再加推广。

1955 年 5 月，中共中央批准了中央手工业管理局、中华全国手工业生产合作社联合总社筹备委员会《关于第四次全国手工业生产合作会议的报告》，[①] 各地认真地进行了贯彻。

这年上半年，还在手工业生产合作社内部开展了以反对资本主义经营思想作风为中心的整社运动。通过整社，提高了手工业劳动者的觉悟，划清了资本主义和社会主义经营思想作风的原则界限，集中解决了生产中的关键问题，建立了切实可行的民主管理制度和生产管理制度，从而使手工业合作组织的素质得到提高。

这样，手工业合作化就在全国的大部分地区、手工业的各主要行业普遍地开展起来。到 1955 年底，全国手工业合作组织发展到 64591 个，社（组）员达到 220.6 万人，全年产值达到 20.16 亿元，分别比 1952 年增长了 16.7 倍、8.7 倍和 6.9 倍；其中手工业生产合作社 20928 个，社员 97.6 万人，全年产值 13.01 亿元，分别比 1952 年增长了 5.4 倍、3.5 倍和 4.3 倍。

第二节　1956 年上半年，实现手工业合作化的高潮

毛泽东在 1955 年 7 月亲自发动了我国农业合作化的高潮，同年 10 月，又亲自发动了资本主义工商业全行业公私合营的高潮，接着又亲自发动了手工业合作化的高潮。1955 年 12 月 5 日，中共中央召开座谈会，由中共中央副主席刘少奇传达毛泽东的指示，要求各条战线批判"右倾保守"思想，加快社会主义改造和社会主义建设的步伐，并且批评手工业社会主义改造"不积极，太慢了"。根据中共中央和毛泽东的指示，中共中央手工业管理局和中华全国手工业合作总社筹委会于同年 12 月 21 日~28 日召开了第五次全国手工业生产合作会议，着重批判不敢加快手工业合作化步伐的"右倾保守"思想。后来，中共中央在批转这次会议报告中指出："加快手工业合作化的发展速度，是当前一项迫切的任务。"[②]

---

① 《中共党史教学参考资料》第 20 册，第 583~590 页。
② 薄一波：《若干重大决策与事件的回顾》上卷，中共中央党校出版社 1991 年版，第 448~449 页。

1955 年底以前，手工业合作化的普遍发展，为手工业合作化高潮的到来打下了基础。由毛泽东发动的 1955 年下半年农业合作化高潮也有力地推动了 1956 年上半年手工业合作化高潮的到来。

这次合作化高潮，走在前列的是大城市，比较突出的又是首都北京。1956 年 1 月间，北京市采取了全市按行业一次批准合作化的办法，在 11 日、12 日两天之间，就有 53800 多个手工业者参加了各种形式的手工业合作社，加上在此以前入社（组）的手工业者 36000 多人，全市手工业者基本上全部实现了合作化。① 紧接着，天津市、南京市、武汉市、上海市等大城市在几天之内先后全面实现了手工业合作化。到 2 月 20 日，全国已有 143 个大中城市（约占当时全国大中城市的 88%）和 691 个县的手工业全部或基本上实现了合作化。到 1956 年 6 月，除某些边远地区外，全国基本上实现了手工业合作化。1956 年底，全国手工业合作组织发展到 104430 个，社（组）员达到 603.9 万人，全年产值达到 108.76 亿元，分别比 1955 年增长了 0.6 倍、1.7 倍和 4.4 倍；社（组）员占手工业从业人员的比重由 1955 年的 26.99%上升到 91.7%，社（组）全年产值占手工业总产值的比重由 19.9%上升到 92.9%。其中，手工业生产合作社 74669 个，社员 484.9 万人，全年产值 100.93 亿元，分别比 1955 年增长 2.6 倍、4 倍和 6.8 倍；社员占手工业从业人员的比重由 1955 年的 11.9%上升到 73.6%，全年产值占手工业总产值的比重由 12.9%上升到 86.2%。

由于手工业合作化和农业合作化、资本主义工商业的社会主义改造几乎是同时进入高潮的，因而，手工业合作化与农业合作化、资本主义工商业的改造就有可能结合起来进行。一部分分散在农村的个体手工业者和约 1000 万农村兼营商品性手工业的人员参加了农业合作化。一部分同私营工业协作关系密切、而从业人员又很少的手工业行业，如火柴、西药、碾米等，随同私营工业进行改造；另一部分半工半商、工商界限不甚分明的行业或商业性较大的服务行业，如鞋帽、豆腐、糕点、屠宰等，则随同私营商业进行改造。后两类人员大都参加了公私合营企业，到 1956 年底，共有 48000 多户个体手工业并入了公私合营企业。

这样，就基本上完成了个体手工业的社会主义改造。

---

① 《人民日报》1956 年 1 月 13 日。

但是，由于对手工业合作化要求过急、发展过快，不顾条件地办大社、办多行业的综合社（这方面的情况，留待本章第三节叙述），因此在手工业合作化中发生了一系列问题。主要是：盲目推行集中生产和统一核算盈亏；供产销脱节，协作中断；服务点撤销过多，居民生活不便；家庭辅助劳动力难以安排；部分社员收入减少；对特种工艺品生产保护不够；等等。此外，在个体手工业社会主义改造基本完成以后，也还出现了一些新的问题需要解决。

为了解决这些问题，国务院于 1956 年 2 月 8 日发布了《关于目前私营工商业和手工业的社会主义改造中若干事项的决定》，同年 7 月 28 日又发布了《关于对私营工商业、手工业、私营运输业的社会主义改造中若干问题的指示》。中共中央于 1956 年 7 月批转了中共中央手工业管理局、全国手工业合作总社筹委会党组《关于当前手工业合作化中几个问题的报告》，同年 11 月，中共中央又批转了中共中央手工业管理局、全国手工业合作总社筹委会党组《关于全国手工业改造工作汇报会议的报告》。上述决定、指示和报告就手工业合作化中发生的问题，提出了解决办法。[①]其主要内容是：

1. 关于集中生产和分散生产、统一核算盈亏和分别核算盈亏问题。高潮中，由于对集中生产和统一核算盈亏的好处强调得多了一些，以致有些制造行业和许多修理服务行业曾经不适当地集中生产和统一核算盈亏。从当时情况看，需要整顿的手工业合作社，有的是包括多种不同行业的综合社；有的虽是一个行业，但产品类型复杂，生产车间很多，彼此又没有协作关系；有的是全县按行业组织一个统一核算盈亏的大社；有的修理服务合作社布点过多，集中过大，或者直接管辖服务点过多，分布地区很广。对这些社（组），应该根据具体情况，在社（组）员自愿的基础上分别加以处理。处理的办法是：有的可以划分为小社、小组，单独核算盈亏；有的可以改为供销合作社；有的能够生产独特产品，或者家庭辅助劳动力难以安排的手工业户，还可以允许他们在手工业合作社领导下分散经营，自负盈亏。总之，要改变一切不利于生产经营和不

---

①《中国工业经济法规汇编（1949~1981）》，第 80~81、82~85 页；《中共党史教学参考资料》第 21 册，第 406~411、511~516 页。

合乎人民需要的组织形式和经营管理制度，以充分发挥大社、小社、小组和在合作社领导下的分散经营户的生产积极性。

2. 关于供产销问题。在手工业生产的原料供应和产品推销问题上，手工业合作化以前，商业部门通过加工订货和统购包销等办法，对手工业合作化和生产的发展，起了积极的支持作用。但由于在社会主义改造高潮后，未能及时改变限制资本主义工商业的一套办法，使现有的手工业合作社（组），在自购自销、工缴价格和合同制度等方面，受到某些限制。解决问题的主要办法是：手工业合作社（组）的原料供应和产品推销，除由国家统购统销的某些产品和原料以外，允许基层社自购自销。对手工业产品必须贯彻优质优价的原则，商业部门对手工业产品的统购、包销和选购，在工缴费和价格方面要公道合理。

3. 关于工资福利问题。当时手工业合作社（组）员的分配中平均主义严重，工资一般比较低，约有20%的社员，收入比入社前有所减少；劳保福利工作比较差，多数社（组）员的疾病医疗问题还没有得到解决。解决问题的办法是：（1）手工业合作社（组）的工资标准，一般应不低于入社前的劳动收入，不高于当地同行业同等技术条件的国营工厂的工资标准。在收益分配上，应贯彻"先工资、次治病、后积累"的原则。（2）手工业合作社（组）的工资，必须贯彻"按劳取酬"的原则。根据劳动轻重和技术繁简，规定合理的工资等级，克服平均主义。（3）手工业合作社（组）的工资形式是多种多样的，有的计件，有的计时，有的采取提成的办法，不论采取何种工资形式，都应根据生产情况，经过社（组）员民主讨论决定。（4）在不影响产品零售价格的条件下，各地可根据手工业合作社（组）的具体条件，按工资总额提取5%~10%的附加工资。这些附加工资，除作为解决社（组）员一般疾病的医疗费用外，还要解决社（组）员的病假、产假、法定节日的工资补助，以及社员家庭生活困难的补助。（5）手工业中的小业主的工资也应该按照技术标准来评定，不应该歧视他们。小业主带徒弟，应该给予合理的报酬。

4. 关于保护和提高特种工艺问题。（1）加强对工艺美术工作的领导，迅速成立中央及各省（市）工艺美术管理局，把各种经济类型的工艺美术业（国营、公私合营、合作社和个体户），统一管起来。（2）加强对老艺人的团结和照顾。在物质上，给予较合理的工资和技艺津贴，鼓励他们传授技艺，对新产品的创作和工作场所、参观旅行等方面，都要给予帮助。在政治上，给予适当的政治地位和学术头衔，吸收他们参加美术家协会，并让他们参加必要的政治活动。（3）重视对新艺人的培养工作，除教育现有的学徒向优秀艺人努力学习外，要招收一部分初中以上文化程度的学生作艺徒，以适应客观的需要。（4）对工艺美术品的原料供应和产品销售，要贯彻"优质优料、优质优价"的原则。（5）各省市党委、政府对现有的各种特种工艺要很好地加以保护，对提高和保护优良的工艺美术品中发生的各种困难，要适当地加以解决。

5. 关于手工业的领导和组织机构问题。手工业是地方工业的组成部分。专区、县以下的工业产值，手工业占 80%~90%，省和自治区一般占 30%~50%。因此，今后手工业的改造和管理工作必须由地方党委、政府负责领导。

鉴于当时县（市）以下的工业主要是手工业，为了统一管理县（市）的工业与手工业，县（市）工业科与手工业科可以合并成立工业科（局），中等以上城市和工业、手工业较多的省，可以保留手工业管理局，但要与工业部门密切配合；工业和手工业较少的省，可以在省工业厅以下设立手工业管理局。各级手工业联社与同级手工业管理局合署办公。县（市）工业科和手工业联社，应该在县（市）党委、政府的领导下，对基层合作社（组）的企业管理和改组、原料供应、产品推销、生产安排、计划平衡、财务管理、技术改造、干部培养、劳动工资、劳保福利以及组织与教育个体手工业者等各项工作，负直接领导的责任。省（市）手工业管理局和联社的主要任务，是在省（市）党委、政府的领导下，负责对基层社和下级联社进行生产指导、供销安排、计划平衡和干部培养等工作，并且帮助解决县（市）所不能解决的困难。中共中央手工业管理局和全国手工业合作总社筹委会的主要任务，是在党中央和国务院的领导下，对手工业工作进行督导检查、政策研究、交流经验，协助解决省（市）所不能解决的困难等。

由于贯彻执行了以上各项措施，高潮中出现的问题，在一定程度上得到解决，促进了手工业生产合作社的巩固和发展。1957 年，手工业生产合作社的劳动生产率比 1956 年提高 20.3%，比 1952 年提高 121.9%。这年每人年平均工资达到 384 元，较 1956 年增长 10.7%，较 1952 年增长

83%，5 年中平均每年增长 12.9%。①

第三节　个体手工业的社会主义改造的主要成就和问题

我国手工业的社会主义改造的成就和问题，在许多方面存在着与资本主义工业的社会主义改造相类似的情况。

一、个体手工业的社会主义改造的主要成就

1. 在很短的几年时间里，就在绝大多数个体手工业者基本自愿的情况下完成了个体手工业的社会主义改造。

表 2-3-1　1949 年~1957 年手工业合作化的发展②　　　　单位：%

项目	1949 年	1950 年	1951 年	1952 年	1953 年	1954 年	1955 年	1956 年	1957 年
1. 手工业者人数	100	100	100	100	100	100	100	100	100
合作化手工业	—	—	—	3.1	3.9	13.6	26.9	91.7	90.2
个体手工业	—	—	—	96.9	96.1	86.4	73.1	8.8	9.8
2. 总产值	100	100	100	100	100	100	100	100	100
合作化手工业	0.5	0.8	2.2	3.5	5.6	11.2	19.9	92.9	95.2
个体手工业	99.5	99.2	97.8	96.5	94.4	88.8	80.1	7.1	4.8

表 2-3-2　1952 年~1956 年手工业生产合作社的发展③

年份	手工业生产合作社数目（个）	手工业生产合作社社员占手工业从业人员总数（%）	手工业生产合作社产值占手工业总产值（%）
1952	3280	3	3.4
1953	4629	3.5	5.3
1954	11741	6.7	8.2
1955	20928	11.9	12.9
1956	74000	73.6	86.2

表 2-3-1 和表 2-3-2 的资料表明：如果从党和国家在过渡时期的总路线和总任务公布时算起，只花了 4 年时间（1953 年~1956 年），实际上只花了 3 年半时间（1953 年~1956 年上半年）。即使从新中国成立算起，

① 邓洁：《中国手工业社会主义改造的初步总结》，人民出版社 1958 年版，第 89 页。
② 周太和主编：《当代中国的经济体制改革》，中国社会科学出版社 1984 年版，第 29 页。
③《中共党史教学参考资料》第 21 册，第 517 页。

也只花了 7 年时间（实际上是 6 年半时间）。1949 年合作化手工业产值占手工业总产值的比重为 0.5%，1952 年上升到 3.5%，1956 年上升到 91.7%。其中，手工业生产合作社的产值占手工业总产值的比重，1952 年为 3.4%，1956 年上升到 86.2%。所以，到 1956 年（实际是 1956 年上半年），就基本完成了个体手工业的社会主义改造。

2. 在我国手工业合作化过程中，尽管有些年份（1956 年~1957 年），许多手工业产品品种减少了，质量下降了，但总的说来，生产是有较大发展的。

表 2-3-3　1952 年~1957 年手工业生产的发展

	单位	1952 年	1953 年	1954 年	1955 年	1956 年	1957 年
1. 手工业从业人员数	万人	736.4	778.9	891.0	820.2[①]	658.3	652.8
合作化手工业	万人	22.8	30.1	121.3	220.6	603.9	588.8
其中：手工业生产合作社	万人	21.8	27.1	59.6	97.6	484.9	474.1
个体手工业	万人	713.6	748.8	769.7	599.6	54.4	64.0
2. 手工业总产值	亿元	73.12	91.19	104.62	101.23	117.03	133.67
合作化手工业	亿元	2.55	5.06	11.70	20.16	108.76	127.22
其中：手工业生产合作社	亿元	2.46	4.86	8.56	13.01	100.93	118.74
个体手工业	亿元	70.57	86.13	92.92	81.07	8.27	6.45
3. 劳动生产率	元/人	992.9	1170.8	1174.2	1234.2	1777.8	2047.6
合作化手工业	元/人	1118.4	1681.1	964.6	913.9	1801.0	2160.7
其中：手工业生产合作社	元/人	1128.4	1793.4	1436.2	1333.0	2081.5	2504.5
个体手工业	元/人	988.9	1150.2	1207.2	1352.1	1520.2	1007.8

表 2-3-3 的资料表明：（1）1955 年~1957 年，尽管手工业从业人员显著减少，但在 1952 年~1957 年间（1955 年除外），手工业总产值是逐年以较大幅度上升的，劳动生产率也是逐年上升的。（2）合作化手工业总产值则是以更大的幅度逐年上升，劳动生产率除了 1954 和 1955 这两年以外，也是以很高的速度逐年增长的。

3. 创造了一条具有中国特点的个体手工业社会主义改造的道路，即创造了由手工业生产小组到手工业供销生产合作社，再到手工业生产合作社的逐步过渡的形式。这些做法是符合中国国情的。因而，既能在一

---

① 1955 年~1957 年手工业从业人员减少，是由于在合作化过程中，一部分城市手工业者被吸收入国营工厂，一部分农村手工业者加入了农业生产合作社。

定时期内发挥个体手工业的积极性，又能减少手工业合作化过程对生产带来的消极影响，还能发挥合作化手工业对生产的促进作用。这是我国个体手工业社会主义改造过程中生产能够有较大发展的一个重要原因。

以上三点，是我国个体手工业的社会主义改造的伟大成就，是科学社会主义理论和实践史上的伟大创造，这些成就和创造确实来之不易。

二、个体手工业在社会主义改造中的问题

从总结经验的角度来说，我国手工业合作化过程中也存在不少问题。其中带根本性的问题有：

1. 个体手工业社会主义改造的时间过于短促。这突出表现在1956年上半年实现手工业合作化高潮这段时间上。用半年时间来实现手工业合作化这个决定性步骤，其时间过于短促，是不言而喻的。

2. 在手工业合作化高潮中建立起来的生产合作社，其中相当一部分规模过大。1956年上半年，手工业生产合作社的平均人数为50.9人，比1955年平均人数45.8人增加了11.3%。有些省市的平均人数还远远超出此数。[①] 手工业生产合作社规模过大，不适合当时我国手工业的状况，其中主要包括采用手工劳动、合作社干部管理水平低、社员的文化技术素质低等因素。

3. 个体手工业社会主义改造的面过宽。按照我国社会生产力发展水平不高的状况，个体手工业在一个很长的历史时期内，对社会生产的发展还有积极作用，在满足人民生活需要方面还有机器工业所不能替代的独特作用，因而具有生命力，不会退出历史舞台。如果人为地要它退出，在社会需求的刺激下，它还会再生出来。这是一条已经为我国长期社会实践所证明了的客观规律。事实上，在我国手工业合作化高潮刚过不久，就又有大量的个体手工业再次生长出来。据统计，1956年底，仅上海市自发产生的个体手工业者达到4236户，从业人员有14773人，从事90多种行业的生产。

4. 更有甚者，1956年下半年，中共中央在批转中共中央手工业管理局和全国手工业合作总社筹委会党组的报告中，提出了社会主义集体所有制的手工业生产合作社向社会主义全民所有制的工厂过渡的任务，并

---

① 邓洁：《中国手工业社会主义改造的初步总结》，人民出版社1958年版，第35页。

于 1957 年部分地付诸实施。到 1957 年底，全国由手工业生产合作社转为合作工厂（实质上是地方国营企业）的有 1000 多个，还有一些手工业生产合作社直接转为地方国营工厂。[①] 这一点，还成为 1958 年以后急于实现由集体所有制向全民所有制过渡的思想来源。

产生上述问题有很复杂的社会原因，主要还是受到了时代的限制，以及与此相联系的认识上的限制。

---

① 薄一波：《若干重大决策与事件的回顾》上卷，中共中央党校出版社 1991 年版，第 451、456~457 页。

第四章 高度集中的计划经济体制的 形成及其改进方案的提出

第一节 1956 年，高度集中的计划经济体制的形成

一、高度集中的计划经济体制形成的历史背景

在国民经济恢复时期，已经确立了高度集中的计划经济体制的雏形。到了"一五"时期，这个雏形有了进一步的发展，形成了高度集中的计划经济体制。

高度集中的计划经济体制形成的历史背景，一是以往几千年封建社会形成的自然经济思想的影响；二是过去 20 多年革命根据地和解放区处于被包围、被分割的农村情况下形成的自给自足、各自为战的管理制度，以及战时共产主义供给制的影响；三是在缺乏社会主义建设经验的情况下，基本上学习了苏联斯大林时期实行的计划经济体制（这些因素都是重要的，但都是历史的或外在的因素，而不是现实的和内在的因素）；四是这种体制适应了"一五"时期集中主要力量进行以重工业为主的重点建设的需要（这是现实的和内在的因素）。

这种高度集中的计划经济体制有一个很大的优点，就是能够把社会的资金、物资和技术力量集中起来，用于有关国计民生的重点项目、国民经济发展中的薄弱环节和经济落后地区，从而比较迅速地形成新的生产力，克服国民经济各个部门之间和各个地区之间的发展不平衡状态，

促使国民经济迅速发展。这一点，正好适应了实现"一五"计划基本任务的需要。

"一五"计划首要的基本任务，是集中主要力量进行以苏联帮助我国设计的 156 个建设项目为中心的、由限额以上的 694 个建设项目组成的工业建设，建立我国的社会主义工业化的初步基础。显然，要实现这项任务，需要大量的财力、物力和技术力量。1952 年，尽管我国国民经济已经得到了恢复，但财力、物力和技术力量都很有限，不能充分适应建立社会主义工业化初步基础的需要。要使得有限的经济力量能够满足社会主义工业化建设的需要，就需要适当集中。根据"一五"计划的规定，单是苏联帮助设计的建设单位在 5 年内的投资就达到 110 亿元，占工业基本建设投资 248.5 亿元的 44.3%。而且，直接配合这些建设单位的，还有 143 个限额以上的建设单位，5 年内对这些建设单位的投资是 18 亿元，占工业基本建设投资的 7.2%。两项合计共占 51.5%。[①] 这就表明"一五"期间需要集中主要的投资来保证这些工程的建设，而且限额以上的 694 个建设单位，特别是苏联帮助我国设计的 156 个建设单位，都是关系国民经济命脉的项目。建设这些项目不是为了满足一个地区的需要，而是为了满足全国的需要。这些建设项目不仅技术复杂，而且投资量大。这种情况又决定了这些建设项目必须由中央集中统一管理。因而也需要由中央集中资金、物资和技术力量。显然，如果不实行由中央集中全国经济力量（包括资金）的高度集中的计划经济体制，是难以实现"一五"期间建立社会主义工业化初步基础的任务的。

二、高度集中的计划经济体制的主要内容

在实行这种高度集中的计划经济体制的条件下，无论就中央政府和地方政府的管理权限来说，或者就国家和企业的管理权限来说，都是高度集中在中央政府手中的。

1. 工业企业的管理。国民经济恢复时期，在国家对工业企业的管理方面，曾经实行了统一领导和分级管理的原则。当时除了在华北地区中央政府直接管理了一部分国营工业企业以外，在其他各大行政区，工业企业基本上是由各大行政区直接管理的。但在"一五"期间，中央政府

①《中华人民共和国发展国民经济的第一个五年计划（1953~1957）》，人民出版社 1955 年版，第 31 页。

各部门直接管理的工业企业数大大增长了，即由 1953 年的 2800 多个增长到 1957 年的 9300 多个，大约占当年国营工业企业总数 58000 个的 16%，工业产值接近国营工业总产值的一半。决定这一点的有三个基本因素：（1）有计划经济建设的开展，要求进一步加强中央政府的集中统一领导。与此相联系，1954 年 6 月 19 日中央人民政府决定撤销大区一级的行政机构。于是，原来由各大行政区直接管理的国营企业就转到中央政府各部门手中。（2）随着私人资本主义工业的社会主义改造的基本完成，原来的私营工业企业变成了公私合营的工业企业，其中一部分由国家直接管理。（3）由国家投资兴建的工业企业投产以后，也由中央政府有关部门直接管理。

2. 工业基本建设项目的管理。"一五"期间，基本建设项目（特别是大中型基本建设项目）投资的绝大部分都是由中央政府直接安排的。从"一五"计划实际执行的结果来看，国家预算内投资达到 531.18 亿元，占基本建设投资总额的 90.3%。[①] 其中，属于中央政府直接管理的项目的投资占 79%，属于地方政府直接管理的项目的投资占 21%。

"一五"期间，基本建设项目的审批权也是高度集中的。依据有关文件规定，国务院各部门和各省、自治区、直辖市管理的各类基本建设项目在 500 万元~3000 万元间的，需经国家建设委员会审核，国务院批准；60 万元~500 万元之间的各类基本建设项目需经国务院各部或各省、自治区、直辖市人民委员会审核批准；60 万元以下的各类基本建设项目，其审核和批准程序，分别由国务院各部和各省、自治区、直辖市人民委员会自行规定。[②]

在这期间，中央政府各主管部门对重点建设项目的管理权也很集中，从人、财、物的调度，到设计施工，到生产准备的安排，是一管到底的。

3. 计划管理。国民经济恢复时期结束时，工业中的社会主义经济成分的比重是大大增长了，但各种私有制工业还占大部分。依据这种实际经济状况，"一五"期间实行了直接计划与间接计划和市场调节相结合的

[①]《中国统计年鉴》(1981)，中国统计出版社，第 303 页。
[②] 国务院：《基本建设工程设计和预算文件审核批准暂行办法》(1955 年 7 月 12 日发布)，《中国工业经济法规汇编 (1949~1981)》，第 209~210 页。

计划管理制度。就是说，对国营企业和生产国家计划产品的一部分公私合营企业实行直接计划，由国家向这些企业下达指令性生产指标。指令性指标有 12 项：总产值、主要产品产量、新种类产品试制、重要的技术经济定额、成本降低率、成本降低额、职工总数、年底工人到达数、工资总额、平均工资、劳动生产率和利润。对多数公私合营企业和私人资本主义工业以及一部分手工业实行间接计划，主要由国家采用各种经济政策、经济合同和经济措施，把它们的经济活动引导到国家的计划轨道。至于对各类小商品生产，一般不列入国家计划，由市场进行调节。

在"一五"前期，有关国计民生的工业品生产已经纳入国家的直接计划，但工业生产中的间接计划和市场调节部分仍占有很大的比重。1952 年，公私合营工业、私人资本主义工业和个体工业产值占工业总产值的 55.2%；直到 1955 年还占到 41%。[①] 所以，即使扣除了公私合营工业产值中已纳入国家直接计划的部分，"一五"前期间接计划和市场调节部分的比重仍然不小。这种直接计划与间接计划和市场调节相结合的计划管理制度，既具有宏观经济发展需要的统一性，又在某些方面（主要是私有经济中）具有微观经济发展需要的灵活性，从而成为这个时期经济发展的重要因素。

但到"一五"后期，工业生产中直接计划的部分大大增长了，而间接计划的部分大大缩小了。1953 年，国家计委统一管理、直接下达计划指标的产品是 115 种；到 1956 年，增加到 380 多种，其产值占到工业总产值的 60%上下。这部分是由于重点建设的开展，需要中央政府集中更多的财力和物力；部分是由于国民经济计划工作经验的积累，对各种生产条件的认识更加清楚，有可能制定更多的指令性计划指标；部分是由于生产资料私有制的社会主义改造的基本完成，有可能把原来对国营工业企业的管理制度推广到更多的公私合营的企业中去。

4. 财务管理。"一五"时期，国家对国营企业继续实行统收统支的财务管理制度。国营企业需要的资金（包括固定资产更新改造需要的技术措施费、新产品试制费和零星固定资产购置费，以及定额流动资金），按企业隶属关系，由中央政府或地方政府的财政拨款，超定额流动资金由

①《中国统计年鉴》(1984)，中国统计出版社，第 194 页。

国家银行贷款。国营企业除了需要依据中央人民政府财政部的规定缴纳税款外，还需要按照隶属关系把全部折旧基金和大部分利润上缴中央政府财政部或地方政府。企业只能按照国家规定提取一定比例的计划利润和超计划利润作为企业奖励基金。1952 年曾经规定：各产业部门的国营企业可以提取计划利润的 2.5%~5% 和超计划利润的 12%~25% 作为企业奖励基金。[①]"一五"时期，对提取奖励基金的条件和比例做了一些修改。同时，为了发挥企业超额完成国家计划的积极性，还对中央各部门直属的企业超计划利润的分成和使用做了规定。国营企业超计划利润分成的计算，以年度为准，以主管部为单位，超计划利润扣除应提的企业奖励基金和企业社会主义竞赛奖金以后，以 40% 留归主管部使用，60% 上缴国库。各主管部可以将超计划利润留成的一部分，分给企业用于弥补流动资金、基本建设资金和技术改造资金的不足。[②]但这并没有改变国营工业经济中财权高度集中的状况。据计算，"一五"期间，国营企业奖励基金和超计划利润提成 5 年合计仅有 12.4 亿元，相当于同期企业上缴国家财政总数的 3.75%。

5. 物资管理。"一五"时期，为了加强对物资的集中统一管理，将物资分为三类：一是统配物资，即关系国计民生的最重要的通用物资，由国家计划委员会组织生产和分配的平衡。二是部管物资，即重要的专用物资，由国务院各主管部门组织生产和分配的平衡。这些列入国家计划分配的物资，均由国家计委或国务院各主管部门统一组织生产和分配，生产企业、国务院其他部门和地方政府无权支配。三是地方管理物资，即第一、第二两项以外的工业品生产资料，不由国家计划分配，而是一部分由地方政府安排生产和销售，大部分由企业自产自销。

与这种物资管理体制相适应，在物资价格管理上，第一、二类物资都是按国家的计划价格组织调拨，第三类物资的价格由地方或企业自行规定。

前面说过，"一五"时期，国家直接计划生产的产品的范围不断扩

①国务院财政经济委员会：《国营企业提用企业奖励基金暂时办法》，《新华月报》1952 年 2 月号，第132 页。
②财政部：《关于一九五六年国营企业超计划利润分成和使用的规定》（1956 年 10 月 11 日），《中国工业经济法规汇编（1949~1981）》，第 111 页。

大。与此相联系，计划分配物资的种类也在增长。1953 年，计划分配的物资为 227 种，其中一类物资为 112 种，二类物资为 115 种；到 1957 年，计划分配物资增长到 532 种，其中一类物资为 231 种，二类物资为 301 种。与此相对应，非计划分配的重要物资，不仅在品种上减少了，在供应的数量上也下降了。通过商业部门按市场牌价供应的钢材占全国钢材供应总量的比重，1953 年为 35.9%，1956 年下降到 8.2%。

6. 劳动工资管理。在劳动管理方面，1954 年以前，是在中央统一政策指导下，以大行政区管理为主的。当时，不论是国营企业，或是私营企业都可以在国家政策允许的限度内自行增减职工；企业招工可以对职工进行考核，并可择优录用，还有辞退职工的权力。进入"一五"时期以后，1954 年撤销了大行政区，对劳动用工的管理，就逐步转到以中央集中管理为主。同时，为了适应有计划的经济建设的需要，又逐步扩大了国家对职工统一分配的范围，从大学毕业生，到中专毕业生和技工学校毕业生，一直到复员退伍军人。而在全行业公私合营以后，对原来私营企业的职工又实行了包下来的政策，这就形成了能进不能出的"铁饭碗"制度，同时也意味着企业的用工权利丧失殆尽。

在工资管理方面也存在类似的情况。在国民经济恢复时期，工资也是以各大行政区的分散管理为主的。进入"一五"时期以后，1953 年已经开始对工资实行集中管理，但这时国家只控制工资总额和平均工资指标，而且这两个指标是逐年增加的。这样，地方、部门和企业都可以在国家规定的范围内安排部分职工升级，并依据需要实行计件工资和建立奖励制度。1954 年，大行政区撤销以后，工资管理就集中到中央政府劳动部手中。经过两年的准备，到 1956 年，进行了全国工资改革。从建立全国统一的国营企业工资制度来说，这次工资改革的内容主要包括：取消工资分制度和物价津贴制度，统一实行直接用货币规定工资标准的制度；分别按产业规定工人的工资等级数目和工资等级系数，统一制定或修改技术等级标准，实行等级工资制，对企业领导人员、工程技术人员和职员实行职务或职称的等级工资制；地方国营企业职工的工资标准和工资制度，由各省、自治区、直辖市根据企业的规模、设备、技术水平和现在的工资情况等条件，参照中央国营企业职工的工资标准和工资制度来制定。

但这次工资改革，不仅涉及到中央和地方国营工业企业，而且涉及到公私合营的工业企业。按照当时的有关规定，在全行业公私合营以前实行了公私合营的企业，一般与国营企业同时进行工资改革，使它们的工资标准和工资制度与同一地区性质相同、规模相近的国营企业大致相同，现行工资标准高于当地同类性质国营企业的，一律不予降低。全行业公私合营以后建立的公私合营企业的工资标准和工资制度，逐步向同一地区性质相同、规模相近的国营企业看齐。公私合营企业的职工和私方人员的现行工资标准，同当地同类性质的国营企业的工资标准相比较，高了的不减少，低了的根据企业生产、营业情况和实际可能，分期地逐步增加。

这样，经过这次工资改革，不仅在国营经济（包括国营工业）内部建立了统一的工资制度（包括由中央政府统一规定职工工资标准以及职工定级、升级制度等），而且开始把这种统一的工资制度向公私合营企业推广了。

上述情况表明，"一五"时期，我国在对工业企业管理、基本建设项目管理、计划管理、财务管理、物资管理和劳动工资管理等方面都建立了高度集中的管理制度，从而形成了较完整的高度集中的计划经济体制。

当然，"一五"时期是我国高度集中的计划经济体制的形成时期。因而，在这方面，"一五"前期（即1956年生产资料私有制的社会主义改造基本完成以前）和"一五"后期（即1956年生产资料私有制的社会主义改造基本完成以后）就会出现阶段性的差别。

总的说来，"一五"前期的计划经济体制虽已是高度集中的管理体制，但相对"一五"后期来说，中央政府的集权还不是很高，地方政府和工业企业还有较多的管理权力。但到了"一五"后期，伴随着生产资料私有制的社会主义改造的基本完成，以及社会主义工业建设对于财力物力的需要和财力物力供应不足的矛盾的发展，这种高度集中的计划经济体制就进一步向前发展了，将工业经济的管理权力更进一步集中在中央政府手中，地方政府和工业企业就没有多少活动余地了。这一点，从上述计划经济体制各个方面的变化可以看得很清楚。

三、高度集中的计划经济体制的历史作用及其弊病

1. 历史经验已经证明，"一五"时期建立起来的高度集中的计划经济

体制，对"一五"计划各项任务的实现，起了重要的促进作用。这种体制有利于集中主要力量建立我国的社会主义工业化的初步基础；有利于克服半殖民地半封建中国留下的农业、轻工业和重工业之间的比例失调状态，以及沿海和内地之间的经济发展的严重不平衡情况；有利于为生产资料私有制的社会主义改造提供良好的物质条件；有利于保证国家财政收入的增长、市场价格的稳定和人民生活的提高。

历史经验还表明，高度集中的计划经济体制固有的弊病，在"一五"时期也已经有了暴露。这包括：这种体制不适合国营企业作为商品生产者的要求，束缚了企业的积极性；由这种体制造成的条块分割状态，割断了发展商品经济要求的部门之间和地区之间的经济联系；这种体制容易造成基本建设投资膨胀，引发国民经济比例关系的失调；这些又会导致经济效益低的后果等。比如，1956 年有一篇文章写道："在上海，一些国营工厂和公私合营工厂的负责人经常这样说：由于上级国家机关在计划管理、财务管理、干部管理、职工调配、福利设施等方面管理过多、过死，许多事情他们做不了，管不了，只能起'算盘珠子'的作用。"[1]

束缚企业的积极性，是高度集中的计划经济体制的基本弊病；束缚地方政府的积极性，也是这种弊病的一个重要方面。比如，新中国成立后 5 年中，中央只给天津地方工业安排了 20 万元基本建设投资，建什么都要报中央有关部门批准，甚至连市里设多少电影队、每队配备多少人，也都要报经中央主管部门同意。[2]

高度集中的计划经济体制虽然既有积极作用，也有消极作用，但二者并不是平分秋色的关系。在"一五"时期具体条件下，其积极作用得到了较充分的发挥，是主要的方面；其消极作用受到了限制，是次要的方面。半殖民地半封建中国产业结构是畸形的，农业比重过大，工业比重过小，轻工业落后，重工业尤其薄弱。新中国成立以来，经过国民经济恢复时期的建设，这种畸形状态有了一定程度的改善，但并没有得到根本的改变。所以，在第一个五年计划期间，继续优先发展重工业，是一个正确的战略决定。这个时候我国工业基础仍然是很薄弱的，外延的

①《新华半月刊》1956 年第 3 期，第 46~47 页。
② 薄一波：《若干重大决策与事件的回顾》下卷，中共中央党校出版社 1993 年版，第 782 页。

扩大再生产形式，即主要依靠新建企业来进行的形式占有特别重要的地位。但相对于发展轻工业和进行内涵的扩大再生产形式（即通过对原有企业的技术改造实现扩大再生产）来说，发展重工业和进行外延的扩大再生产，均需要较多的资金。这就需要把社会有限的财力集中于国家手中，用于建设有关国计民生的重点项目，以加速工业和整个国民经济的发展。高度集中的计划经济体制，正好适应了经济发展的这一客观要求，并促进了生产的发展。

2. 以行政管理为主的计划经济体制，它的运行机制是国家各级上级机关对各级下级机关以及国家行政机关对企业的行政命令，是国家各级下级机关对各级上级机关以及企业领导人对国家行政机关的行政责任，是维护行政命令和行政责任的行政纪律，是国家各级行政干部和企业领导人的责任心，是党的思想政治工作。而在第一个五年计划期间，党和政府的威信很高，党的作风正派，党的干部队伍比较年轻，官僚主义比较少，广大干部的政治激情高涨，党的思想政治工作也很有力。这一切就使得计划经济体制的运行机制是比较灵敏的，行政管理的效率也是比较高的。

3. 第一个五年计划期间党和国家的宏观经济决策是正确的。在各种经济管理体制下，党和国家的宏观经济决策都是重要的。而在高度集中的、以行政管理为主的计划经济体制下，党和国家的宏观经济决策的正确与否，其意义尤为巨大。因为只有宏观经济决策正确了，才能从根本上保证行政管理的效率；否则，就根本谈不上行政管理的效率。所以，第一个五年计划期间正确的宏观经济决策，是充分发挥高度集中的计划经济体制积极作用的一个十分重要的条件。

上面分析的仅仅是问题的一个方面，即由于第一个五年计划期间的各种具体条件，使得高度集中的计划经济体制的积极作用得到了较充分的发挥；另一方面，在这个期间，这种经济管理体制的消极作用却受到了很大的限制。（1）我国生产资料私有制的社会主义改造基本上是在1956年完成的。在此之前，社会主义经济虽然已经居于领导地位，但还存在着大量的资本主义经济以及个体的手工业经济。而且，在这个期间，党和政府比较成功地通过运用价值规律，对这些私有经济实行了计划指导。所以，由这种计划经济体制产生的管理过于集中，管得过死，否定市场调节的作用等缺陷，这个期间首先在范围上受到了限制。（2）在这个期间，生产社会化和社会主义的商品经济都还不发展，由于美国等资本主义国家对我国实行封锁禁运，对外贸易也受到了很大的限制。这样，由这种经济管理体制带来的否定国营企业的商品生产者的地位以及阻碍社会主义商品生产等消极作用，这个期间也暴露得不甚充分。

上述情况表明：高度集中的计划经济体制，适应了"一五"时期社会生产力发展的要求，并符合"一五"时期的具体情况，从而使它的积极作用成为主要方面。

这是把"一五"时期作为一个整体说的，它并不意味着这种体制的积极作用和消极作用，在"一五"前期和后期都是同等的。实际上，由于前面已经论述过的原因，在"一五"前期，这种体制的积极作用更大些，消极作用要小些；而在"一五"后期，虽然还有主要的积极作用，但消极作用明显地增长了。

第二节　1957年，高度集中的计划经济体制改进方案的提出

一、高度集中的计划经济体制改进方案的形成过程

前面说过，在国民经济恢复时期，已经建立了高度集中的计划经济体制的雏形。"一五"时期形成了高度集中的计划经济体制。到1956年，在建立计划经济体制方面，已经积累了几年的经验。而且，这时高度集中的计划经济体制的弊病，已经较多地和较明显地暴露出来。正是在这种历史背景下提出了改进计划经济体制的问题。

为了总结新中国成立以来社会主义建设的经验，探索社会主义建设的正确道路（包括计划经济体制改进的正确道路），毛泽东从1956年2月起，用了一个多月的时间听取中央34个部门（包括工业、农业、交通运输业和财政等部门）的工作汇报。在这个汇报过程中，2月4日毛泽东依据他在1955年下半年到外地巡视工作听到的各省负责人的反映（即关于中央政府对经济统得过死，严重束缚地方政府和企业的手足，强烈要求中央政府向下放权）尖锐提出"地方同志对中央集权太多不满意"，这个问题"光从思想上解决不行，还要解决制度问题"，"思想问题常常是在

一定情况和制度下产生的，制度搞对头了，思想问题也容易解决"。①毛泽东在这里讲了马克思主义的一条根本道理：制度是带根本性的问题，解决制度问题是基本途径。这实际上发出了改进计划经济体制的号召。

毛泽东经过大量系统的调查研究之后，在 4 月 25 日~28 日召开的中央政治局扩大会议上，发表了《论十大关系》的讲话。他在讲话中开宗明义地说："提出这十个关系，都是围绕着一个基本方针，就是要把国内外一切积极因素调动起来，为社会主义服务。""过去我们就是鉴于苏联经验教训，少走了一些弯路，现在当然要引以为戒。"他在讲到国家、生产单位和生产者个人的关系时指出："国家和工厂、合作社的关系，工厂、合作社和生产者个人的关系，这两种关系都要处理好。为此，就不能只顾一头，必须兼顾国家、集体和个人三个方面。……把什么东西统统都集中在中央或省市，不给工厂一点权力，一点机动的余地，一点利益，恐怕不妥。""各个生产单位都要有一个与统一性相联系的独立性，才会发展得更加活泼。"他在讲到中央和地方的关系时指出："中央和地方的关系也是一个矛盾。解决这个矛盾，目前要注意的是，应当在巩固中央统一领导的前提下，扩大一点地方的权力，给地方更多的独立性，让地方办更多的事情。这对我们建设强大的社会主义国家比较有利。我们的国家这么大，人口这样多，情况这样复杂，有中央和地方两个积极性，比只有一个积极性好得多。"②毛泽东这个讲话为改进高度集中的计划经济体制指出了基本方向。

中央政治局扩大会议一致同意毛泽东《论十大关系》的讲话，认为应当根据讲话的精神正确处理好各方面的关系，改进中央权力高度集中的经济管理体制，并要求国务院尽快研究具体改进的方案。

国务院根据毛泽东《论十大关系》的讲话和中央政治局扩大会议的精神，于 1956 年 5 月和 8 月间召开全国体制会议，研究改进经济管理体制的方案。

周恩来在 6 月 23 日的会上讲了话，对改进体制的意义、原则和方法作了系统阐述。③

---

① 薄一波：《若干重大决策与事件的回顾》下卷，中共中央党校出版社 1993 年版，第 783 页。
②《毛泽东选集》第 5 卷，人民出版社 1977 年版，第 272~277 页。
③ 薄一波：《若干重大决策与事件的回顾》下卷，中共中央党校出版社 1993 年版，第 787~788 页。

依据毛泽东、周恩来的上述讲话精神，当时由国务院有关部门专家起草了《国务院关于改进国家行政体制（即国家经济管理体制——引者注）的决议（草案）》。要点是：划分中央和地方行政管理职权的原则，以及计划、财政、工业和国民经济其他部门的改革。① 同年 8 月 28 日，国务院召开第 36 次全体会议，对上述草案作了修改后，提交党中央讨论通过。

1956 年 9 月，中国共产党召开了第八次全国代表大会。刘少奇在代表中国共产党中央委员会向第八次全国代表大会所作的政治报告中就改进高度集中的计划经济体制的原则问题作了进一步的论述。他说："在这里，有必要指出这样一个事实，就是上级国家机关往往对于企业管得过多、过死，妨碍了企业应有的主动性和机动性，使工作受到不应有的损失。应当保证企业在国家的统一领导和统一计划下，在计划管理、财务管理、干部管理、职工调配、福利设施等方面，有适当的自治权利。""我们的经济部门的领导机关必须认真把该管的事管好，而不要去管那些可以不管或者不该管的事。"②

1957 年初，党中央为了加强对经济工作（其中包括改进体制工作）的统一领导，决定成立一个小组，在中央政治局领导下具体负责。1 月 10 日，中共中央发出《关于成立中央经济工作五人小组的通知》，小组由陈云、李富春、薄一波、李先念、黄克诚组成，陈云为组长。小组成立后，立即着手研究落实党的八大关于改进体制的精神和《国务院关于改进国家行政体制的决议（草案）》的各项规定，认为改进体制的重点是工业、商业和财政，首先应解决好这三个方面的问题，并督促有关部门尽快提出具体实施方案。同年 10 月，在扩大的党的八届三中全会上，基本上通过了由陈云主持起草的《关于改进工业管理体制的规定（草案）》、《关于改进商业管理体制的规定（草案）》和《关于改进财政管理体制的规定（草案）》。这三个规定于 1957 年 11 月经国务院第 61 次全体会议通过，接着又经过全国人民代表大会常务委员会第 84 次会议原则批准，11 月 18 日用国务院名义正式公布下达。

---

① 薄一波：《若干重大决策与事件的回顾》下卷，中共中央党校出版社 1993 年版，第 789~790 页。
②《刘少奇选集》下卷，人民出版社 1982 年版，第 233 页。

二、高度集中的计划经济体制改进方案的主要内容

依据本书的考察范围，下面只是叙说《关于改进工业管理体制的规定》（以下简称《规定》）的主要内容。①

《规定》指出：我国是社会主义国家，我国的建设是有计划的建设，全国各地区各企业的生产和建设工作都必须服从国家的统一计划，决不可以违反国家的统一计划。我们现行的工业管理体制基本上是符合这种要求的。但是，从目前情况看来，现行工业管理体制存在着两个主要的缺点：一个是有些企业适宜于交给地方管理的，现在还由中央工业部门直接管理；同时，地方行政机关对于工业管理中的物资分配、财务管理、人事管理等方面的职权太小。另一个是企业主管人员对于本企业的管理权限太小，工业行政部门对于企业中的业务管得过多。这两个主要缺点限制了地方行政机关和企业主管人员在工作方面的主动性和积极性。在国家的统一计划以内，给地方政府和企业以一定程度的因地制宜的权力，是完全必要的。这种在国家统一计划范围内给地方政府和企业一定程度的机动权力，正是为了因地制宜地完成国家的统一计划，这是国家统一计划所必需的。为了适当地扩大地方政府在工业管理方面的权限和企业主管人员对企业内部的管理权限，作了下列规定。

1. 在适当扩大省、自治区、直辖市管理工业的权限方面，《规定》提出：

第一，调整现有企业的隶属关系，把目前由中央直接管理的一部分企业，下放给省、自治区、直辖市领导，作为地方企业。现在属于轻工业部和食品工业部的企业，除了若干企业必须由中央管理的以外，大部分企业都下放给省、自治区、直辖市管理。纺织工业先下放一小部分，以后根据具体情况，再定大部分下放的步骤。重工业各部门所属的企业，凡是大型矿山、大型冶金企业、大型化工企业、重要煤炭基地、大电力网、大电站、石油采炼企业、大型和精密的机器、电机和仪表工厂、军事工业以及其他技术复杂的工业，仍旧归中央各工业部门管理。除此以外，其他工厂凡属可以下放的，都应该根据情况，逐步下放。森林工业部所属的企业，除个别单位需要由部直接管理的以外，其余全部下放。一切仍归中央各部管辖的企业，都实行以中央各部为主的中央和地方的

①《陈云文选》第3卷，人民出版社1995年版，第87~94页。

双重领导，加强地方对中央各部所属企业的领导和监督。

第二，增加各省、自治区、直辖市人民委员会在物资分配方面的权限。中央各部所属企业、地方所属企业（包括地方所属的公私合营企业）和商业系统这三个方面所需要的物资，不论是国家经济委员会所管的全国统一分配的物资（以下简称统配物资），或者是中央各部所管的统一分配物资（以下简称部管物资），仍旧各按原来系统申请和分配。地方国营、地方公私合营企业所需要的物资由省、自治区、直辖市统一申请和分配。但是，省、自治区、直辖市人民委员会，对于在省、自治区、直辖市范围以内的中央企业、地方企业和地方商业机关为本企业生产经营所申请分配的物资，在保证完成国家计划的条件下，有权根据当地的情况和需要的缓急，在各个企业之间进行数量、品种和使用时间方面的调剂；各个系统的企业，都要服从这种调剂。

省、自治区、直辖市管理的企业所生产的统配物资和部管物资，如果生产数量超过了国家计划规定数量，超过计划的部分，当地政府可以按照一定比例提成，自行支配使用，但是原定的品种计划不能改变。中央各部所属企业的超过计划的产品，除了中央指定的少数企业和少数产品品种以外，地方政府也可以按照中央批准的比例分成。

第三，原来属于中央各部管理现在下放给地方政府管理的企业，全部利润的 20% 归地方所得，80% 归中央所得。凡是属于第二机械工业部、邮电部、铁道部、对外贸易部外销部分和民航局等部门的企业和大型矿山、大型冶金、大型化工、大型煤矿、大电力网、石油采炼、大型机器和电机的制造等企业以及长江、沿海跨省经营的航运企业，地方政府不参与利润分成；除此以外，所有仍旧属于中央各部管理的其他企业，例如纺织企业，地方政府也可以分得全部利润的 20%。所有地方政府参与利润分成的企业，上述规定的二八分成的比例，3 年不变。凡是属于原来由地方管理的企业，其全部利润，仍旧归地方政府所得。

第四，在人事管理方面，增加地方的管理权限。凡是属于中央各部下放给地方政府管理的企业，在人事管理方面，都按照地方企业办理。各省、自治区、直辖市对仍归中央各部管辖的企业的所有干部，在不削弱主要厂矿领导力量的条件下，可以进行适当的调整。但是，国务院管理范围的干部，地方要求调动的时候，应该报请国务院批准。各主管工业部门管理范围的干部，地方调动的时候，应该同主管部门协商。在调动干部尤其是调动高级技术人员的时候，应该注意干部原来的专业，照顾到某些干部在他的工作岗位上要有一定期间的稳定性。

中央各部所属的企业和分驻各地的管理机构，有关编制定员工作，应该受当地人民委员会的领导和监督。

2. 在适当扩大企业主管人员对企业内部的管理权限方面，《规定》指出：

第一，在计划管理方面减少指令性的指标，扩大企业主管人员对计划管理的职责。在生产计划方面，原来由国务院规定的非经国务院批准不得改变的指令性的指标共有 12 个，即总产值、主要产品产量、新种类产品试制、重要的技术经济定额、成本降低率、成本降低额、职工总数、年底工人到达数、工资总额、平均工资、劳动生产率和利润。现在把国务院指令性的指标减为 4 个，即主要产品产量、职工总数、工资总额和利润。其余 8 个指标，在一般情况下，都作为非指令性的指标。这些非指令性的指标，在下达计划和上报计划的时候，仍旧和 4 个指令性指标一样，全部列入计划，作为计算根据，但是，企业在执行中可以依据实际情况进行修改。对于非指令性指标修改后的方案，应该报有关部、局备案。除了国务院规定的 4 个指令性的指标以外，各工业部可以根据企业的特殊需要，增加个别指令性的指标，例如新种类产品试制、重要技术经济定额、成本降低率等。各省、自治区、直辖市人民委员会也可以根据当地需要，对自己所属企业增加个别指令性的指标，例如规定在省、自治区、直辖市范围内平衡的某种产品的产量。在基本建设计划方面，国务院 1957 年规定的指令性指标有 4 个，即总投资额、限额以上项目、动用生产能力和建筑安装工作量，今后仍旧按照这 4 个指令性指标执行。建筑安装部门的劳动工资指标，仍旧按照过去规定办理。各省、自治区、直辖市对于地方基本建设投资的使用，在保证完成上述指令性指标的条件下，在国务院核定的地方投资总额以内，可以对建设项目、建设进度等方面进行调剂。国家计划只规定年度计划。关于季度、月度计划，哪些企业应该由主管的部、局规定，哪些企业应该由企业自行制定，都由各主管部门根据具体情况，作出决定。

第二，国家和企业实行利润分成，改进企业的财务管理制度。企业的利润，由国家和企业实行全额分成。分成的基数根据各工业部门第一个五年计划期间领取的 4 项费用（技术组织措施费用、新种类产品试制费用、劳动保护费用、零星购置费用），加上企业奖励基金，再加上 40% 的超计划利润，把各部所领取的这 3 笔收入与工业部门在同一时期所实现的全部上缴利润，以部为单位，分别算出比例。例如各工业部所领取的 3 笔收入各占该工业部上缴利润的百分之几，就把这个比例分别作为各工业部的固定分成比例。以后年度预算中，国家不再拨付 4 项费用和企业奖励基金，所有这些费用，统由利润固定分成中解决。分成比例确定以后，3 年不变。每年根据实现的利润，计算分成数额。各工业部对于所属企业根据上述原则和具体情况，分别确定各个不同的分成比例，实现国家和企业在利润方面的分成。但是，各工业部可以在自己直属各企业的全部分成所得中，集中一部分作为企业间调剂之用。各省、自治区、直辖市的工业管理部门也可以在它直属企业（包括中央下放企业）所得的利润分成中，抽出一部分，作为当地各企业间调剂之用。国防企业中新种类产品试制费用，以及其他企业的特殊重要的新种类产品的试制费用，如果超过本企业负担能力，由主管部门另行拨付。企业在使用分成所得的时候，必须把其中的大部分用于生产事业方面，同时，适当地照顾到职工福利方面。取消现行的某些不合理的规定，例如大修理不准"变形"、"增值"等规定。企业的事业费在保证完成计划的条件下，可以由企业在事业费总额内的项目之间调剂使用。企业的固定资产在上级规定的权限内，可以由企业增减或者报废。

第三，改进企业的人事管理制度，除企业主管负责人员（厂长、副厂长、经理、副经理等）、主要技术人员以外，其他一切职工均由企业负责管理。企业有权在不增加职工总数的条件下，自行调整机构和人员。

以上改进方案，在我国高度集中的计划经济体制建立时间不长、还缺乏经验的条件下，已经开始提到了这种体制两个重要弊病（地方政府管理工业的职权太小和企业主管人员对于本企业的管理权限太小），并相应地提出了改进措施，这是改进我国计划经济体制的第一个方案，具有重要的历史意义。但是，由于时代条件和认识水平的限制，这个方案还有很大的局限性。《规定》虽然提到了高度集中的计划体制的缺点，但没有看到从发展趋势来说这种体制根本不能适应社会主义商品经济发展的要求，因而也提不出进行根本改革计划经济体制的措施。诚然，《规定》也提到了企业主管人员对于本企业的管理权限太小，并提出了适当扩大企业主管人员对企业内部的管理权限的措施，但没有指出国营企业是独立的商品生产者和经营者，没有提出措施要使企业真正成为独立的经济实体，更没有提出建立社会主义市场经济这样的改革目标模式。这样，即使《规定》提出的各项措施全面地付诸实现了，也只能使得高度集中的计划经济体制的弊病得到一定程度的缓解，而并不能获得根治。所以，从本质的和主要的意义上说来，《规定》只是对中央政府和地方政府管理经济权限上的调整，是行政性的分权，还谈不上是对计划经济体制的根本改革。

还要提到，《规定》涉及的改进还只是局限于国营经济的管理体制，还没有涉及整个国民经济管理体制和多种经济成分的发展问题。

但在这方面值得提出，陈云依据"一五"时期社会主义改造经验的总结，在1956年9月召开的党的八大上就改进包括整个国民经济和多种经济成分的管理体制问题提出了以下重要的原则："我们的社会主义经济的情况将是这样：在工商业经营方面，国家经营和集体经营是工商业的主体，但是附有一定数量的个体经营。这种个体经营是国家经营和集体经营的补充。"在生产计划方面，"计划生产是工农业生产的主体，按照市场变化而在国家计划许可范围内的自由生产是计划生产的补充""在社会主义的统一市场里，国家市场是它的主体，但是附有一定范围内国家领导的自由市场。"[①] 还要提到，毛泽东在1956年12月上旬与全国工商联领导人谈话时曾经提出中国还需要继续实行一段"新经济政策"的思想（详见本编第二章第五节）。当然，不能认为毛泽东、陈云在这里已经形成了我国社会主义初级阶段所有制结构的思想。但确实是这个思想的开端。然而，在1958年以后的一个长时期内，在"左"的路线占主要地位的条件下，这些重要指导思想不仅没有付诸实现，而且以单一公有制（主要是国营制）和指令性计划为主要特征的计划经济体制还得到了进一步的强化。

①《陈云文选》第3卷，人民出版社1995年版，第13页。

第五章 建立社会主义工业化的初步基础

我们拟在本章先对"一五"时期建立社会主义工业化初步基础的历史进程作简要的纵向剖析，然后对这个历史进程的横断面作详细叙述，最后就这个历史进程的发展成就和存在问题作概括。

第一节 "一五"时期工业生产建设发展的总进程

一、1953 年工业生产建设发展迅速，但"小冒了一下"[①]

1953 年的国民经济计划（包括工业生产建设计划）是依据党和政府"边打、边稳、边建"的方针制定的。这个指导思想无疑是正确的。但是，这年是我国开展有计划的、大规模的经济建设的第一年，百业待举。这年上半年，朝鲜战争的停战协定还未签字。这种形势也要求加快社会主义经济建设。1952 年，农业是一个丰收年，农业总产值比上年增长15.2%。[②] 在这种经济、军事形势下，急于求成的思想冒了头，把包括工业在内的基本建设的摊子铺得过大了。

为了促进 1953 年工业生产建设的发展，着重抓了建立和加强计划管理与责任制，学习和推广苏联先进经验，并着力加强了基本建设工作。为了解决由基本建设规模过大而带来的财政收支不平衡的问题，1953 年

[①] 《周恩来选集》下卷，人民出版社 1984 年版，第 235 页；《陈云文选》第 3 卷，人民出版社 1995 年版，第 28 页。

[②] 《中国统计年鉴》（1984），中国统计出版社，第 25 页。

8 月党中央发出了《关于增加生产、增加收入、厉行节约、紧缩开支、平衡国家预算的紧急通知》，9 月全国总工会又发了《关于进一步开展增产节约劳动竞赛，保证全面地完成国家的生产计划的紧急通知》，推动了全国的群众性的增产节约运动的展开，促进了工业生产建设计划的实现。这年工业（不包括手工业）产值完成计划指标 107%；[①] 工业总产值为 450 亿元，比上年增长 30.3%。[②] 国家所有制工业基本建设投资由上年的 16.9 亿元增加到 28.4 亿元，新增工业固定资产由上年的 11.3 亿元增加到 23.4 亿元。[③] 所以，这年工业生产建设发展迅速，并在建立社会主义工业化初步基础方面迈出了重要的一步。

但是，就是从计划执行的实际结果来看，这年包括工业在内的基本建设也"小冒了一下"。这年包括工业在内的国家基本建设投资比上年增加了 107.6%；而作为基本建设投资来源的国家财政收入只增长了 21.3%；作为基本建设三大材料的钢材、水泥和木材只分别增长了 38.7%、35.7%和 42.3%。与工业生产建设发展相联系的消费品购买力增加了 25.8%；而这种购买力赖以实现的消费品货源只增长了 18.7%。[④]

二、1954 年工业生产建设稳步发展

1954 年的工业生产建设是在困难的条件下进行的。(1)工业设备和原料不能满足工业生产建设的需要，供产销不平衡的问题比较突出。这主要是由于我国原来工业基础薄弱，新的工业基础还没有建立起来，旧的工业还没有进行技术改造；小农经济技术落后，生产发展很慢。这是一方面。另一方面，1953 年 7 月签订了朝鲜停战协定，使得 1954 年的社会主义工业建设有可能在更大的规模上展开。(2)作为工业发展基础的农业，1953 年遭受了严重的自然灾害，以致农业总产值仅比 1952 年增长 3.1%，而作为工业最重要的原料的棉花产量，还下降了 9.9%。[⑤] 这就不仅减少了农产品原料，而且增加了国家的财政支出（如救灾费用），减少了财政收入来源（如农业税），从而使得工业建设中的原料资金问题变得更加紧张

① 《关于 1953 年度国民经济发展和国家计划执行结果的公报》，《新华月报》1954 年第 10 期，第 223 页。
② 《中国统计年鉴》(1984)，中国统计出版社，第 23、25 页。
③ 《伟大的十年》，人民出版社 1959 年版，第 48、57 页。
④ 《中国统计年鉴》(1984)，中国统计出版社，第 225、226、301、417 页。
⑤ 《中国统计年鉴》(1984)，中国统计出版社，第 25、142 页。

起来。(3) 随着工业生产建设在更大规模上展开，技术力量不足和技术水平不高的矛盾也更明显地暴露出来。1953 年，重工业部门技术人员在职工中的比例为 4.6%，轻工业只有 3.6%；高级技术工人在工人中的比例也很低；能够解决复杂技术问题的高级专家就更为缺乏。

为了促进 1954 年工业生产建设的发展，着重抓了下述三方面的措施。

1. 在工业企业的生产方面，首先是充分发挥国营企业的潜在力量，努力增产。其次是进一步贯彻对私营工业的利用、限制、改造政策，加强加工订货工作，特别是有步骤地把私营企业改造成为公私合营企业，促进其生产的发展。

2. 在工业基本建设方面：(1) 继续贯彻重点建设方针，集中使用资金和建设力量，并抓紧工程质量和建设速度，加强检查工作。(2) 加强勘探、设计、施工与设备、材料的供应工作，使之密切衔接。(3) 加强工业城市的规划工作，使之赶上工业建设的要求；同时加强各有关部门的密切协作，保证新建工业地区的厂外各种工程的及时配套。

3. 从综合工业的生产和建设两方面来看，重要的措施有：(1) 为了解决资金不足的问题，要求各经济部门进一步贯彻经济核算制，完成和超额完成利润、税收上缴计划，增加国家财政收入；要求文教部门和国家机关厉行节约，并提倡社会节约，奖励储蓄。(2) 为了保证工业生产建设对于物资的需要，加强重要物资的分配工作，增加国家集中分配的主要物资的品种和数量，开辟新的物资来源，合理确定物资使用方向，实现物资供应的地区平衡和季节平衡，节约使用物资；物资供销双方可以根据国家物资分配计划采用合同形式把产供销的工作结合起来。(3) 为了解决技术力量的不足，要求办好现有的高等学校、中等技术学校和技工学校，充分利用现有的厂矿企业和正在建设中的厂矿企业，培养新的技术人才；各工业部门和企业要加强对现有的技术人员的教育、团结、提高工作，并合理地使用技术力量。(4) 要进一步对企业职工和经济管理干部深入进行党在过渡时期总路线的教育，使之成为动员他们刻苦钻研技术和业务，勇于克服困难，以及推动生产建设的力量的泉源。(5) 要进一步加强党对工业生产建设的领导，经常检查政策的执行情况，加强对干部的培养和教育，继续抽调优秀干部加强工业战线。

上述各项措施有力地推进了 1954 年的工业生产建设，使得工业在困难的条件下仍然赢得了稳定的发展，使社会主义工业化事业持续前进。1954年，工业（不包括手工业）产值完成计划指标的106%；[①] 工业总产值达到515亿元，比1953年增长16.3%。[②] 国家所有制工业基本建设投资由1953年的28.4亿元增加到1954年的38.3亿元，工业新增固定资产由23.4亿元增加到28.23亿元。[③]

三、1955年工业生产建设有了进一步发展，但增长速度偏低

前述的1954年工业生产建设面临的各种困难，在1955年仍然是存在的。而就前两年（1953年和1954年）农业连续遭受严重的自然灾害来说，困难就更加重了。1954年农业总产值只比上年增长3.4%，棉花产量又下降了9.4%。[④]

为了推进1955年工业生产建设，仍须继续贯彻前述1954年提出的一系列措施。鉴于1955年工业资金问题很紧张，而生产和建设等方面又普遍存在浪费现象，因而特别需要进一步建立严格的节约制度，推行经济核算制，以增加社会主义的内部积累。为此，1955年7月中共中央发布了《关于厉行节约的决定》。决定要求：在基本建设方面，除了新建的主要厂房、主要设备以及其他主要的生产性和技术性工程须按现代化技术标准进行设计、施工和安装，并保证其进度和质量外，其他次要的和附属的各种建筑工程能削减者削减，不能削减者也须降低设计标准和工程造价。非生产性的建设，必须严格控制，削减非急需建设项目，降低设计标准和工程造价。要求各经济部门改善经营管理，贯彻经济核算制，降低成本，增加上缴利润。要求在机关、学校、部队和企业的生活设施方面降低汽车、宿舍、家具的使用标准。在中央决定的号召下，一个群众性的节约运动在全国特别是在基本建设方面普遍地、蓬勃地开展起来，并取得了显著的成效。根据1955年对3280个较大的建设单位的统计，节约的资金达到10亿多元，比原投资计划减少了16.1%。[⑤]

1955年工业生产建设获得了进一步的发展。这年工业（不包括手工

①《关于1954年度国民经济发展和国家计划执行结果的公报》，《新华月报》1955年第10期，第166页。
②《中国统计年鉴》（1984），中国统计出版社，第23、25页。
③《伟大的十年》，人民出版社1959年版，第48、57页。
④《中国统计年鉴》（1984），中国统计出版社，第25、142页。
⑤《关于1955年度国民经济计划执行结果的公报》，《新华半月刊》1956年第13期，第41页。

业）产值完成计划指标的 101%,①工业总产值达到 534 亿元,比 1954 年增长 5.6%。②工业基本建设投资由 1954 年的 38.3 亿元增加到 1955 年的 43 亿元,新增工业固定资产由 1954 年的 28.23 亿元增加到 35.29 亿元。③这样,社会主义工业化事业又继续向前发展了。

但 1955 年工业生产增长速度是偏低的,比"一五"时期其他 4 年都低,比增长较快的 1953 年要低 24.7 个百分点,比增长较慢的 1957 年还低 5.9 个百分点。这年工业增长速度较低有客观原因,主要是农业连续遭受了自然灾害。以棉纱为例,1954 年生产 459.8 万件。1955 年因原料不足,计划定为 400 万件,后又因原料收购情况不好,又削减为 392 万件。这样,棉纱一项即比 1954 年减产将近 68 万件,减少产值 17 亿元。此外,还有卷烟、麻袋等产品减产,如卷烟比 1954 年减少 25.8 万箱,麻袋减少 787 万条,两项共减少产值 1 亿元。仅此两项就相当于 1955 年工业总产值的 3.4%。但也有主观原因。就是说,同经济工作中的保守倾向,没有充分估计和挖掘工业生产建设的潜力也有联系。这一年,不但财政上出现了过多的结余,而且在重要的建筑材料方面（如钢材、水泥和木材等）也出现了过剩现象,铁路运力也未得到充分的利用。据 1955 年 9 月估算,如果按照原定的计划进行,并考虑到节约运动全面开展起来以后财力、物力和运力节约的情况,那么,到 1955 年底,财政上将结余 23 亿元~28 亿元,水泥、玻璃和木材分别积压 120 万吨、100 万箱和 1300 万立方米,铁路货运只能完成原计划的 93.2%。后来又把一时过剩物资当作一个比较长期的趋势来看待,因而用出口的办法解决钢材和水泥一时多余的困难。这种情况表明工业生产潜力没有得到充分发挥。当然,相对工业生产建设全局而言,这种保守倾向只是局部性的。

四、1956 年加快了工业生产建设的发展,但又"大冒了一下"④

提出加快 1956 年工业生产建设发展速度的要求,是同作为"一五"时期第三年的 1955 年下半年的经济形势相联系的。据这年 9 月预计,包

---

① 《关于 1955 年度国民经济计划执行结果的公报》,《新华半月刊》1956 年第 13 期,第 39 页。

② 《中国统计年鉴》(1984),中国统计出版社,第 23、25、27 页。

③ 《伟大的十年》,人民出版社 1959 年版,第 48、57 页。

④ 《周恩来选集》下卷,人民出版社 1984 年版,第 235 页;《陈云文选》第 3 卷,人民出版社 1995 年版,第 28 页。

括有些工业部门在内的某些经济部门 1955 年实现的计划指标有可能达不
到 "一五" 计划规定的当年水平，尤其是包括工业在内的基本建设投资，
前 3 年（1953 年~1955 年）只能完成 5 年投资总额的 51%，后 2 年（1956
年~1957 年）还须完成 49%。如果把厉行节约后新增加的一些项目的投资
计算进去，实际上后 2 年还须完成 5 年投资总额的一半以上。如不加快
工业生产建设的发展，"一五" 计划规定的指标，有可能不能按期实现。
这是一方面的情况。另一方面，1955 年下半年，我国开始形成了个体农
业、个体手工业和资本主义工商业社会主义改造的高潮，这个高潮大大
推动了社会主义建设高潮。1955 年农业获得了大丰收，农业总产值比上
年增长 7.6%，是 1953 年~1955 年这 3 年增长速度最高的一年。在执行
"一五" 计划前 3 年过程中，财力有了一定的结余，物力上有了一定的储
备，技术力量有了一定的成长，基本建设的设计、设备和施工组织都有
了较好的准备。在这种背景下，既有必要也有可能加快 1956 年工业生产
建设的发展速度。

　　但在这方面也面临着困难。工业生产建设中原有的一些不利因素还
存在，而且还会出现新的困难。如随着工业基本建设在更大的规模上开
展，开始施工的重点建设单位增多，技术更加复杂，而技术力量的成长
还不能完全跟上去；生产资料和生活资料的供应也会有某些紧张。1955
年节约运动取得了很大成绩，但也发生了某些偏差。如有些工厂和建设
单位只顾节约，不顾产品或工程质量，不积极地去完成新产品试制计划，
以致产品的质量低劣和品种规格太少，成为当时工业中的一个严重问题。

　　为了加快 1956 年工业生产建设的发展，要继续贯彻前述既定的各项
措施。在这方面，党中央着重强调必须继续贯彻关于在各个部门、各个
地方和一切方面反对浪费、厉行节约的指示。要求各部门、各地方精打
细算，把各方面节约的潜力直接规定在 1956 年各种计划指标之内，并使
节约成为经常的制度。党中央还再次把提高产品质量和增加品种规格作
为发展工业的方针提出来。要求在不断提高质量的前提下，力求节约原
材料，降低成本；在不断增加适合社会需要的新种类、新规格产品的前
提下，力求完成和超额完成产量和产值计划。要求凡原来质量较好的产
品，不许降低质量，已经降低了的，必须迅速提高；凡适合社会多种多
样需要的产品，不许减少品种，已经减少了的，必须迅速恢复；凡国家

和人民需要而又有条件试制的新产品，必须加紧试制，保证质量合格，争取尽快转入成批生产；凡设计和试制新产品成功者，必须给予奖励。

1956 年，我国工业像整个国民经济一样，发生了巨大的变化，个体手工业和资本主义工业已经基本完成了社会主义改造，工业生产建设获得了巨大的发展。工业（不包括手工业）产值完成了年度计划的 109%。[①] 这一年工业总产值达到 642 亿元，比上年增长 28.1%。[②] 这一年，工业基本建设投资由上年的 43 亿元增长到 68.2 亿元，工业新增固定资产由上年的 35.29 亿元增长到 49 亿元。[③] 1956 年工业取得的巨大成就，意味着社会主义工业化事业又向前跨进了一大步，并为完成和超额完成"一五"计划打下了牢固的基础。

但是，由于急于求成思想的影响，1956 年的工业生产建设也发生过冒进倾向。据计算，包括工业在内的基本建设投资多了 15 亿元~20 亿元。与此相联系，由于职工人数的增加，工资总额也增加得多了。当然，这年工资总额过多，同学校发展快以及一部分职工工资增加过多也有关系。于是造成当年财政赤字 18.3 亿元，除动用历年财政结余 16.5 亿元以外，还向银行透支 1.8 亿元。再加上这年银行对农业、手工业和公私合营企业的贷款超过了计划，信贷也出现了差额，相应地增加了货币发行。与 1955 年底相比较，1956 年底市场货币流通量增加了 16.9 亿元。这样，尽管这年生产资料和生活资料的增长幅度都很大，但二者供需矛盾仍然很大。单是当年社会零售商品货源与当年社会商品购买力的差额就达 25.6 亿元。由于商品供应紧张，这年动用了国家商品物资库存约 20 亿元。[④]

但这种冒进倾向是局部性的。就包括工业在内的基本建设投资多支出的 15 亿元~20 亿元来说，只相当于同年的基本建设投资总额的 5%~6%。就多发行的 16.9 亿元的货币来说，其中大部分是发展商品流通的正常需要，只有一小部分是超过正常需要的。社会商品零售货源与社会商品购买力的差额 25.6 亿元，只占当年社会商品购买力的 5.3%。动用国家

①《关于 1956 年度国民经济计划执行结果的公报》，《新华半月刊》1957 年第 17 期，第 201 页；《新华半月刊》1957 年第 14 期，第 29 页。

②《中国统计年鉴》（1984），中国统计出版社，第 23、25 页。

③《伟大的十年》，人民出版社 1959 年版，第 48、57 页。

④《新华半月刊》1957 年第 14 期，第 4 页。

商品物资库存约 20 亿元，也只占库存很小的一部分。当年仅国家商业部门经常保有的库存物资就有 200 亿元~300 亿元。[①]

五、1957 年工业生产建设又获得了稳步发展

1956 年，我国基本上完成了生产资料私有制的社会主义改造，取得了社会主义建设的巨大胜利。这就为 1957 年的工业生产建设创造了有利的条件。但是，1956 年，发生了局部性的冒进错误，以致国家财政出现赤字，物资储备减少。这年农业又遇到了严重的自然灾害，农业总产值只比上年增加 5%，棉花产量又下降了 4.8%，[②] 这样，就发展工业生产建设来说，财力、物力供应都比较紧张。

为了解决财政经济方面所发生的这些问题，以促进 1957 年工业生产建设的发展，主要抓了以下四项工作：

1. 普遍而深入全面地开展增产节约运动。为此，中共中央于 1957 年 2 月发布了《关于 1957 年开展增产节约运动的指示》。就工业生产建设来说，在增产方面，凡属有原料、有销路的工业产品，都应该尽量增产；在节约方面，除了保证必需的费用以外，要节省一切可以节省的开支。

2. 适当压缩包括工业在内的基本建设投资，使 1957 年的基本建设规模，适应国家财力和物力供应状况。1957 年，包括工业在内的基本建设投资计划安排为 111 亿元，为上年的 79.4%。[③] 这样，对原定在 1957 年开工的建设项目，要依据具体情况，重新排队，把那些在 1957 年和 1958 年都有可能和必要的施工项目，列入年度计划；把那些 1957 年虽有可能施工，但 1958 年没有条件继续施工的项目，从年度计划中取消；把那些需要建设、已经设计，但目前限于条件还不可能施工的项目，列入预备项目。

在基本建设投资的使用上，根据保证重点、保证急需的原则，作了合理的分配。在工业方面，着重保证了生产能力不足的冶金、煤炭、电力、化学（包括化学肥料）、建筑材料等工业以及与农业直接有关的工业的投资，着重保证了那些有原料、有销路的轻工业的投资；而对于重工业和轻工业中（如机械制造工业以及纺织工业和食品工业等）生产能力有余或者目前并不急需的投资，做了适当削减。

---

① 《新华半月刊》1957 年第 14 期，第 18~19 页。
② 《中国统计年鉴》(1984)，中国统计出版社，第 25、146 页。
③ 《新华半月刊》1957 年第 14 期，第 33 页。

这年在基本建设投资的安排方面，还依据勤俭建国的方针，在保证工程质量的前提下，修改了某些过高的和不适当的设计标准，并且尽可能就地取材，以降低工程造价。

3. 为了有计划地控制社会购买力增长的速度，除了在提高农产品收购价格方面采取适当的限制措施以外，还有计划地控制工资总额的增长。采取这些办法来恢复消费品供应量和社会购买力的平衡。

4. 适当降低工业的发展速度。1957 年，工业产值（不包括手工业产值）计划安排只比上年增长 4.5%。这主要是因为 1956 年农业遭受严重自然灾害。1957 年计划安排的工业消费品增产很少。而工业消费品产值在工业产值中占的比重又很大，1956 年为 50.3%，1957 年计划为 48.4%；在消费品工业产值中，纺织、食品工业的产值占的比重又最大，1956 年为 77.7%，1957 年计划为 77%。由于棉纱产量 1957 年计划比上年减产 61.1 万吨，使棉纺织工业产值将减少 14.4 亿元。仅此一项，就使工业产值增长速度降低约 2.5%。1957 年计划安排的食品工业产值虽比上年有所增长，但增长很少，仅 2.2 亿元。另外，由于有些农业机械工业（如新式畜力农具、锅驼机和水车等）1956 年生产过多，1957 年基本上停止生产。机械工业的其他若干产品则又因 1957 年计划安排的基本建设投资大量减少，其产值也要相应下降。这样，1957 年计划安排的机械工业产值为 54.9 亿元，只相当于上年的 95.6%。[①]

由于采取了上述重要措施，1957 年工业生产建设又获得了稳步发展，并完成和超额完成了"一五"计划规定的指标。1957 年工业（不包括手工业）产值完成计划指标的 104.1%，超过了"一五"计划规定 1957 年指标的 17.3%。[②] 这一年工业总产值达到 704 亿元，比上年增长 11.5%，比 1952 年增长 128.6%；"一五"期间平均每年增长 18%，5 年增长速度比"一五"计划指标要多 30.3 个百分点，平均每年增长速度要多 3.3 个百分点。[③] 这一年工业基本建设投资由上年的 68.2 亿元达到 72.4 亿元，新增工业固定资产由上年的 49 亿元增加到 64.7 亿元。5 年用于工业基本建设的

① 《新华半月刊》1957 年第 14 期，第 31~32 页。

② 《新华半月刊》1958 年第 5 期，第 13 页。

③ 《新华半月刊》1958 年第 5 期，第 13 页；《中华人民共和国发展国民经济的第一个五年计划（1953~1957)》，人民出版社 1955 年版，第 27 页；《中国统计年鉴》（1984），中国统计出版社，第 23、25 页。

投资总额达到 250.3 亿元，比"一五"计划指标要多 1.8 亿元；新增工业固定资产总额达到 200.6 亿元。[①]

上述 5 年的情况表明：1953 年工业生产建设取得了重大的进展，只是"小冒了一下"。1954 年工业生产建设得到了稳步的发展。1955 年和 1956 年工业生产建设方面分别发生的保守倾向和冒进倾向，都是局部的。1957 年工业生产建设的发展也是正常的。所以，从总的方面说，"一五"期间我国工业生产建设的发展是稳步的、持续的、高速度的，实现建立社会主义工业化初步基础的任务也是顺利的，比较充分地表现了社会主义制度的优越性。

第二节 "一五"时期发展工业生产建设的方针、政策和措施

"一五"时期在发展工业生产建设方面采取了一系列的方针、政策和措施，其重要内容有以下几点。

一、把基本建设放在首要地位，同时充分发挥现有企业的生产潜力

（一）把基本建设放在首要地位

在国民经济恢复时期即将结束的时候，1952 年 11 月 18 日党中央机关报《人民日报》发表了题为《把基本建设放在首要地位》的社论，传达了党中央和政务院的号召。对实现"一五"时期建立社会主义工业化初步基础这个基本任务来说，提出把基本建设放在首位的方针，是一项决定性的政策措施。

"一五"期间为了实现居于头等重要地位的基本建设任务，采取了一系列措施。

1. 建立和加强基本建设的管理机构。适应"一五"时期大规模基本建设的要求，1954 年 11 月 8 日正式成立了国家建设委员会，由薄一波任国家建设委员会主任，王世泰、孔祥祯、孙志远、安志文、谷牧任副主任。

2. 依靠高度集中的计划经济体制，聚集基本建设所需要的财力、物力、技术力量和管理干部。在这方面，集中财力是进行基本建设的首要

---

① 《伟大的十年》，人民出版社 1959 年版，第 48、57 页。

条件。"一五"期间基本建设资金来源的主要渠道是国家的财政收入。在这5年中，国家财政收入总计为1354.88亿元，约占同期国民收入的1/3；其中用于基本建设的拨款占同期财政收入的40%。在财政收入中，国营企业上缴的利润和税收等占69.4%，农业集体经济和个体经济上缴占19%，债务收入占4.7%。[①]

3. 加强对基本建设的计划管理。主要的措施是：

第一，合理安排了包括工业在内的基本建设投资。就"一五"计划的执行结果来看，新建项目投资为271.62亿元，改建、扩建项目投资为309.24亿元；前者占基本建设投资总额的46.2%，后者占52.6%。[②]后者的比重同后续许多计划时期比较是最大的。这是"一五"时期投资效益较高的一个重要因素。

第二，按照首先保证重点工程的建设，适当地照顾必要的配合重点的工程，能够迅速地发挥投资效果增加生产能力的工程，以及尽可能地扩大生产性固定资产的比例等项原则，来具体地安排工程项目，掌握工作量和工程进度，研究定额，使地质勘察、设计、施工和设备材料的供应能够平衡和衔接，克服盲目被动的现象。

第三，加强对基本建设投资的计划管理，对基本建设投资实行拨款监督。为此，1954年9月9日政务院第224次会议通过《关于成立中国人民建设银行的决定》，10月1日正式建立了中国人民建设银行。[③]

第四，加强新工业城市的规划和建设工作。城市建设的标准要适合国家现在生产力发展的水平。城市公用事业的建设应该同新工业企业的建设密切配合。

第五，加强工业基本建设同运输、对外贸易、工业生产各部门之间的平衡协作。

第六，加强对于工业基本建设计划执行情况的经常检查，以便帮助基本建设单位克服缺点，改善工作。

4. 增强设计、施工力量，提高设计、施工水平，加强设计、施工管理，严格按基本建设程序办事，以保证建设工程的质量。

---

① 彭敏主编：《当代中国的基本建设》上卷，中国社会科学出版社1989年版，第59~60页。

②《中国统计年鉴》（1984），中国统计出版社，第305页。

③ 彭敏主编：《当代中国的基本建设》上卷，中国社会科学出版社1989年版，第59页。

5. 进行广泛、深入的宣传，动员全党和全国人民积极参加和配合基本建设工作，要求各项工作都要围绕这一中心进行。

（二）充分发挥现有企业的生产潜力

按照"一五"计划的要求，在贯彻把基本建设放在首要地位的方针的同时，也执行了充分发挥现有企业生产潜力的方针。[①] 对实现"一五"计划来说，这是一个很重要的方针。因为"一五"计划规定的工业增产任务，主要是依靠现有企业完成的。按照"一五"时期工业总产值计算，在 1957 年比 1952 年新增加的产值中，由原有企业所增产的约占 70% 左右，由新建和重大改建的企业所增产的约占 30% 左右。

"一五"期间，为了贯彻充分发挥现有企业的生产潜力的方针，除了在思想方面批评了部分干部中存在的厌旧贪新的不良倾向以外，还采取了一系列重要措施。

1. 增产和节约工业原料。"一五"期间，工业原料不够是妨碍工业增产的一个突出问题。

2. 增加现有企业的更新改造投资。这也是实现工业增产的一个重要条件。"一五"时期尽管固定资产投资的绝大部分资金均投入到了基本建设中，但也有一部分资金投入到现有企业的更新改造中，而且这部分资金是逐年大幅度增长的。这个期间的更新改造和其他措施投资由 1953 年的 1.15 亿元增加到 1957 年的 7.91 亿元，占固定资产投资的比重由 1.3% 提高到 5.2%。[②]

3. 提高产品质量和增加产品新品种。"一五"初期，工业基础很薄弱，提高产品质量和增加产品新品种在发展工业生产方面也显得特别重要。

4. 加强企业内部、各个企业之间、各工业部门之间的协作。

5. 加强原材料生产、供应同销售相结合的计划性，逐步地按照产品的种类、规格和地区进行平衡，努力克服供产销之间某些脱节现象。

6. 提高企业的管理工作水平。为了提高企业管理水平，当时采取的重要措施有：

第一，建立、健全企业各种责任制，克服生产中无人负责的现象。

①《中华人民共和国发展国民经济的第一个五年计划（1953~1957）》，人民出版社 1955 年版，第 19 页。
②《中国统计年鉴》（1984），中国统计出版社，第 301 页。

在建立、健全各种责任制方面，进一步推广厂长负责制具有关键的意义。新中国成立后东北区首先实行厂长负责制，在 1951 年 5 月得到党中央肯定以后，同年下半年就在东北区普遍推行。但其他区实行这种制度的不多。1953 年 7 月中共中央召开的第二次全国组织工作会议又进一步提出：过去除了东北区在国营企业中普遍实行厂长负责制外，各区在国营企业中则分别采取党委制或党委集体领导下的厂长负责制。新区在国营企业中采取党委制而不采取厂长负责制，这主要是由于新区在解放初期党不得不首先集中力量深入农村进行土地改革，以及因当时干部缺乏管理厂矿企业的经验，故对接管后的国营企业，暂时仍由旧的技术人员任厂长并依靠原有的旧厂长和技术人员来继续维持生产的进行。在这种条件下暂时采取党委制来监督旧人员和旧厂长，或采取党委集体领导下的厂长负责制，是必要的和正确的。但现在新区不但农村土地改革已经结束，而且国营厂矿民主改革已经完成，生产开始走上正轨，绝大多数国营厂矿已由党员干部担任厂长，故在目前条件下为了建立生产行政管理的责任制，消除工作中无人负责的混乱现象，全国各地国营厂矿均应普遍实行厂长负责制。① 于是，在 1953 年下半年先后在全国各地推行厂长负责制，并对"一五"时期工业生产建设起了重要的积极作用。但在 1956 年 9 月召开的党的第八次全国代表大会上，厂长负责制受到了不应有的责难。此后，转而实行党委领导下的厂长负责制。这样，就不适当地否定了适应现代化生产要求的、并且同党的领导和民主管理可以相容的厂长负责制，使得我国企业领导制度在健康发展道路上出现了一次严重的曲折。

但"一五"时期建立、健全生产责任制并不限于厂长负责制，还有多方面的内容。主要有行政、技术、设备维护、安全和成本财务等方面的责任制。

第二，把推行作业计划，作为企业加强计划管理的中心环节，以克服生产中的不均衡现象。

第三，加强技术管理，以提高企业的生产技术水平。

第四，加强设备管理，克服设备损坏严重现象，提高设备完好率。

第五，推行经济核算制，加强财务管理。

---

① 《中共党史教学参考资料》第 22 册，第 122 页。

第六，加强劳动管理，巩固劳动纪律。

第七，加强企业的安全卫生管理。

第八，开展劳动竞赛。为此，中华全国总工会1954年1月27日依据党的有关政策发布了《关于在国营厂矿企业中进一步开展劳动竞赛的指示》，① 就竞赛形式、条件和奖励等问题作了明确规定。1956年4月30日~5月2日在北京召开了全国先进生产者代表会议，出席会议代表615人。中共中央副主席刘少奇代表中共中央向会议致了祝词，高度评价了先进生产者在社会主义建设中的巨大作用。② 这次会议在总结中对先进生产者的精神作了如下的概括：革新精神和创造精神，克服困难的英雄气概和坚强毅力，任劳任怨精神，追求上进精神和高度负责精神等。③ 这样，"一五"期间社会主义劳动竞赛有了更大规模的发展。在这个过程中，涌现出了大量的先进集体单位和先进生产者。1953年~1957年，先进集体单位共计273万个，其中先进班组225万个；先进生产（工作）者达到3042万人，其中女先进生产（工作）者288万人。④

二、不断克服急躁冒进倾向，使工业生产建设规模和速度与国力相适应，使包括工业在内的国民经济获得稳定、持续、高速增长

工业生产建设规模和速度与国力相适应，是实现国民经济总量平衡（即社会总需求与社会总供给平衡）的最重要内容，因而是包括工业在内的国民经济获得稳定、持续、高速增长的最重要条件，也是建立社会主义工业化初步基础所必需的宏观经济环境。而"一五"期间经验表明，要做到这一点，就必须不断克服急躁冒进倾向。

如前所述，在1953年面临的经济、军事形势下，在工业生产建设方面的急于求成思想和急躁冒进倾向已经开始形成和发展。针对这种急躁冒进倾向，中共中央和政务院对这年有关部门提出的基本建设投资计划进行了3次削减。但即使如此，这年基本建设的摊子仍然铺大了。这样，就1953年经济实际运行结果来看，这种倾向也有明显的表现。表2-5-1的资料说明，1953年，包括社会主义国家所有制工业在内的基本建设投

---

① 《中国工业经济法规汇编（1949~1981）》，第344~346页。

② 《刘少奇选集》下卷，人民出版社1982年版，第195~196页。

③ 《新华半月刊》1956年第11期，第89~91页。

④ 《中国劳动工资统计资料（1949~1985）》，中国统计出版社，第107页。

资的增长速度，大大超过了国家财政收入和钢材、水泥、木材的增长速度，同基本建设投资增长有关的当年消费品购买力的增长速度也超过当年消费品货源的增长速度。所以，1953年基本建设投资规模实际上是偏大了。与此相联系，这年的工业增长速度实际上也是偏高的。总之，1953年工业生产建设都"小冒了一下"。

由于1953年经济工作中局部性的急躁冒进倾向得到了总结，并用于指导而后的工作，因而1954年工业生产建设的发展情况，基本上是正常的（详见表2-5-1）。

表2-5-1　1952年~1957年工业生产和基本建设 ①

项　目	1952年	1953年	1954年	1955年	1956年	1957年
工业总产值：总额（亿元）	349	450	515	534	642	704
比上年增长（%）	—	30.3	16.3	5.6	28.1	11.5
基本建设投资：总额（亿元）	43.56	90.44	99.07	100.36	155.28	143.32
比上年增长（%）	—	107.6	9.5	1.3	54.7	−7.7
国家财政收入：总额（亿元）	183.7	222.9	262.4	272.0	287.4	310.2
比上年增长（%）	—	21.3	17.7	3.7	5.7	7.9
钢材：总额（万吨）	106	147	172	216	314	415
比上年增长（%）	—	38.7	17.0	25.6	45.4	32.2
水泥：总额（万吨）	286	388	460	450	639	686
比上年增长（%）	—	35.7	18.6	−2.2	42.0	7.4
木材：总额（万立方米）	1233	1754	2221	2093	2105	2787
比上年增长（%）	—	42.6	26.6	−5.5	0.6	32.4
当年消费品购买力：总额（亿元）	273.9	343.0	362.8	366.4	439.4	446.7
比上年增长（%）	—	25.8	5.8	1.0	19.9	1.7

1955年，基本建设投资的增长速度是低于国家财政收入和钢材的增长速度的。与此相联系，当年消费品购买力的增长速度也低于当年消费品货源的增长速度。这年的基本建设规模偏小，工业增长速度也偏低，有局部性的保守错误。

毛泽东在1955年12月初，发起了对包括工业在内的生产建设方面右倾保守思想的批判。1955年12月5日，由中共中央副主席刘少奇向在北京的中共中央委员、党政军各部门负责人传达了毛泽东在这方面的批

①《中国统计年鉴》（1984），中国统计出版社，第20、25、225、226、301、417页。

示。① 1956 年初，国务院各部专业会议，在毛泽东批判"右倾保守"、"提前实现工业化"的口号激励下，纷纷要求把 15 年（1953 年~1967 年）远景计划规定的任务提前在 5 年甚至 3 年内完成。据国家计委 1956 年 1 月 5 日报告，国务院各部门、各省市要求的投资已达 153 亿元，后又增加到 180 亿元、200 多亿元，比 1955 年预计完成数增加 1 倍多，而全年财政收入只增长 9.29%。

当时正像周恩来说的"各方面千军万马，奔腾而来"，"基本建设一多，就乱了，各方面紧张"。防止和反对冒进，关键在于控制基本建设投资。从 1956 年 1 月下旬开始，周恩来集中做这方面的工作。到 6 月初，由周恩来提出的把基本建设投资进一步压缩到 140 亿元，经中共中央政治局会议和国务院全体会议讨论通过。② 又经国务院副总理兼财政部长李先念在 1956 年 6 月 15 日一届全国人大三次会议上所作的《关于 1955 年国家决算和 1956 年国家预算的报告》中，把这年的基本建设投资最后确定为 140 亿元。③

但是，由于毛泽东发动的急躁冒进来势甚猛，虽然周恩来、陈云等领导人在反冒进方面进行了艰苦努力，急躁冒进也只是得到了基本遏止，并没有完全遏止住，以致 1956 年经济运行过程中仍然出现了局部性的冒进错误（详见表 2-5-1）。然而，如果不是进行了这场反冒进的斗争，那在 1956 年就可能发生像 1958 年"大跃进"带来的大灾难。

然而反冒进的斗争，不仅表现在制定和执行 1956 年国民经济计划方面，而且表现在制定 1957 年国民经济计划方面。编制 1957 年的国民经济发展计划，是 1956 年 7 月开始的。那时，国家经济委员会刚成立，按照中共中央和国务院的规定，国家计委管长期计划，国家经委管年度计划。编制 1957 年国民经济计划的任务，就由国家经委承担了。这时由国家经委汇总的国务院各部、各省（自治区、直辖市）上报的基本建设投资指标共计为 243 亿元，比 1956 年计划 140 亿元又多 103 亿元。面对这种局面，周恩来认为，急躁冒进情绪还未平息，还得继续反冒进。他的意见

---

① 薄一波：《若干重大决策与事件的回顾》上卷，中共中央党校出版社 1991 年版，第 522 页。
②《周恩来选集》下卷，人民出版社 1984 年版，第 190~191 页；薄一波：《若干重大决策与事件的回顾》上卷，中共中央党校出版社 1991 年版，第 531~536 页。
③《人民日报》1956 年 6 月 16 日。

是：1957 年基本建设投资应压到明显低于 1956 年的实际水平。他强调，把过高的投资额压下来，是 1957 年全部国民经济协调发展的关键。根据周恩来和陈云的指示，国家经委最后将基本建设投资定案为 110 亿元。国家经委主任薄一波 1957 年 7 月 1 日向一届全国人大四次会议作的《关于一九五六年国民经济计划执行结果和一九五七年国民经济计划草案的报告》也是这样定的，使得 1957 年基本建设投资比上年实际完成数减少 20.6%。[①] 在周恩来总理、陈云副总理主持下，1957 年的综合平衡工作是做得比较好的，比例关系较为协调。经济稳定发展（详见表 2-5-1）。至于 1957 年基本建设投资的下降，以及由此引起的与国家财政收入和钢材、水泥、木材的增长不相适应的情况，是为了解决由前一年基本建设投资规模偏大而引起的国家财力、物力的紧张问题。这是经济发展的需要，同 1955 年的情况是不同的。

可见，尽管“一五”时期的有些年份有保守错误或冒进错误，但都是局部性的，不是全局性的；尽管在这期间发生了两次经济波动，但都是逐年增长的。所以，总的说来，“一五”期间包括工业在内的国民经济实现了稳定、持续、高速增长。决定这一点的一个极重要条件，就是在“一五”期间确定工业生产建设规模和速度，大体上遵循了量力而行的原则，大体上做到了与国力相适应。但要贯彻量力而行的原则，正确地确定工业生产建设的规模和速度，需要注意防止和纠正保守倾向，特别需要着重防止和纠正冒进倾向。1953 年特别是 1956 年经济计划工作的实践表明，冒进倾向是当时的主要危险。

但 1956 年所进行的反冒进倾向斗争的重大意义，不仅在于它避免了一次全局性的、严重的经济失衡，而且在于这场斗争为当时召开的党的八大会议做出正确的经济决策奠定了重要的思想基础，并为而后经济的稳定发展创造了极为重要的经验。周恩来依据反冒进斗争的实践，在 1956 年 9 月 16 日党的八大会议上所作的《关于发展国民经济的第二个五年计划的报告》中，提出了“应该根据需要和可能，合理地规定国民经济的发展速度，把计划放在既积极又稳妥可靠的基础上，以保证国民经济比较均衡地发展”等一系列正确原则。党的八大《关于政治报告的决议》

[①]《人民日报》1957 年 7 月 2 日。

又以这些认识为依据提出了发展经济的正确指导方针："党的任务，就是要随时注意防止和纠正右倾保守的或'左'倾冒险的倾向，积极地而又稳妥可靠地推进国民经济的发展。"① 陈云依据反冒进斗争的实践，1957年1月18日在中共中央召开的各省、自治区、直辖市党委书记会议上，提出了发展国民经济重要原则：建设规模要和国力相适应。② 中共中央在1957年2月8日通过的《关于1957年开展增产节约运动的指示》中，对这一重要原则作了进一步的分析。"1956年的经验证明，建设的速度和规模不但决定于国家的财政力量，更重要的是决定于建设物资的供应力量。""1956年的经验又证明，人民生活改善的速度主要决定于消费物资的供应力量。"③ 以上这些发展经济的重要原则，就是从1956年反冒进斗争实践中获得的宝贵的精神财富。

三、在重点发展重工业的同时，注意发展轻工业、农业、运输邮电业和商业

实现国民经济各部门按比例发展，是"一五"期间建立社会主义工业化初步基础必要的宏观经济条件。因而，这里需要叙述重点发展重工业与发展轻工业、农业、运输邮电业和商业的关系。

（一）重点发展重工业

如前所述，"一五"计划首要的基本任务就是集中主要力量进行以苏联帮助我国设计的156个建设单位为中心的、由限额以上的694个建设单位组成的工业建设，建立我国的社会主义工业化的初步基础。在156个建设项目中，实际进行施工的为150项。

在苏联援建的这些项目中，由能源工业、原材料工业和机器制造工业（包括军用机器制造工业和民用机器制造工业）组成的重工业就占了147项，而轻工业只有3项。④ 因此，重点发展重工业，是实现"一五"计划的最基本要求。

为了实现这个最基本要求，"一五"计划首先把国民经济各部门的基本建设投资的大部分资金投入了工业，把工业基本建设投资的绝大部分

① 《中国共产党第八次全国代表大会文件》，人民出版社1980年版，第192~196页。

② 《陈云文选》第3卷，人民出版社1995年版，第48~57页。

③ 《中共党史教学参考资料》第22册，第2页。

④ 薄一波：《若干重大决策与事件的回顾》上卷，中共中央党校出版社1991年版，第297页。

资金又投入了重工业。① 就 "一五" 计划的执行结果来看，"一五" 期间工业基本建设投资总额实际达到 250.26 亿元，比重达到 42.5%；前者比 "一五" 计划规定的指标 248.5 亿元超过不多，后者还未达到 58.2% 的计划。需要指出 "一五" 计划规定的工业基本建设投资在国民经济各部门投资总额中所占的比重是偏大的；执行的结果虽未达到 "一五" 计划规定的指标，但仍然偏大。

就 "一五" 计划执行的结果来说，不仅基本建设投资在国民经济各部门之间的分配状况，而且工业基本建设投资在重工业和轻工业的分配状况，贯彻了重点发展重工业的方针。"一五" 期间重工业投资比重也达到了 85%。这虽然低于 "一五" 计划规定的 88.8% 的指标，但也充分体现了重点发展重工业的方针。而且，这里的问题也不是 "一五" 计划执行的结果没有达到 "一五" 计划规定的指标，无论就计划的制定或执行来看，宁可说重工业投资偏大。

但是，"一五" 期间重工业投资在各部门分配也存在不足之处。一是相对原材料工业和机器制造工业来说，能源工业的投资额及其比重是偏低的。二是军用机器制造工业的投资也偏多。三是重工业投资为本身服务的部分偏多，为轻工业特别是为农业服务的部分偏少。

尽管 "一五" 期间重工业投资总量及在其内部的分配存在上述问题，但总的说来，是体现了重点发展重工业方针，并成为建立社会主义工业化初步基础的一个极重要因素。当然，要贯彻这个方针，要建立这个基础，并不只是依赖这一点。它还有赖于加强工业基本建设和生产（这一点，我们在前面已经说过了），也有赖于其他措施（这一点，我们将在后面叙说）。这样，"一五" 期间在贯彻重点发展重工业方针方面就取得了空前未有的巨大成就！"一五" 期间，重工业产值的年平均增长速度达到了 25.4%，占工业总产值的比重由 1952 年的 35.5% 提高到 1957 年的 45%。② 尽管重工业的增长速度偏高一点，但在发展重工业方面确实取得了极伟大的成就。

---

①《中华人民共和国发展国民经济的第一个五年计划（1953~1957）》，人民出版社 1955 年版，第 23~24 页。
②《中国统计年鉴》（1984），中国统计出版社，第 23、25、27 页。

（二）发展轻工业

总的说来，"一五"期间在重点发展重工业的同时，注意了轻工业的发展。1952年~1957年期间，重工业产值增长了210.7%，轻工业产值增长了83.3%；平均每年增长速度，前者为25.4%，后者为12.9%。[①]轻工业和重工业每年平均增长速度的对比关系为1：1.97。这种发展状况既体现了重点发展重工业的要求，又使得轻工业的发展基本上适应了重工业和国民经济其他部门的需要，以及与之相联系的人民生活提高的需要。就后一方面来说，其重要标志有二：（1）"一五"时期合计的消费品货源（与主要生产消费品的轻工业发展相联系的）为2066.8亿元，而消费品购买力（与重工业和整个国民经济的发展引起的劳动者货币收入的增长相联系的）为1958.3亿元，前者超出后者108.5亿元，前者为后者的105.5%。（2）"一五"期间各年全国零售物价总指数上升的幅度很小，最低年份（1956年）为0，最高年份（1953年）为3.4%。[②]

"一五"期间轻工业的发展，基本上适应了重工业和整个国民经济发展以及人民生活改善的需要。这是主要方面。另一方面，在这期间，轻工业的发展速度又是偏低的。决定上述两方面情况的有以下三个重要因素。

1. "一五"期间，轻工业的基本建设投资额总计达到37.47亿元，占工业总投资额的15%。[③]这里所说的还只是国家的投资，如果再加上当时在轻工业中还占有很大比重的私营工业、公私合营工业、地方政府工业和手工业的投资，那么轻工业的投资及其比重还要大一些。巨额投资无疑是促进轻工业生产发展的重要因素。但是，"一五"期间轻工业基本建设投资是偏低的。

2. "一五"期间，在农业（这是当时轻工业产品所需原料的主要来源）和重工业（这是轻工业产品所需原料的重要来源）发展的基础上，二者为轻工业提供了大量原料，促进了轻工业的发展。以农产品为原料的轻工业产值由1952年的193.5亿元增长到1957年的330.1亿元，增加了70.6%；以重工业产品为原料的轻工业产值由27.6亿元增长到74.4亿

---

①《中国统计年鉴》（1984），中国统计出版社，第23、25、27页。

②《中国统计年鉴》（1993），中国统计出版社，第239页。

③《中国固定资产投资统计资料（1950~1985）》，中国统计出版社，第97页。

元，增加了 169.6%。[1]但"一五"期间在原料供应方面也存在限制轻工业发展速度的因素。就农产品原料来说，由于农业生产落后，农业劳动生产率低，农业抗御自然灾害的能力低，农业生产很不稳定。这样，不仅农产品商品率低，而且有波动。"一五"期间，农产品商品率最高年份（1957 年）才有 40.5%，最低年份（1956 年）只有 31.5%，并且是曲线波动。[2]这些都限制了农产品原料供给的增长。就重工业产品原料来说，由于原材料工业的生产过多地为重工业自身服务，也限制了轻工业所需要的原料来源。"一五"期间，钢材产量增长了将近 3 倍，而轻工市场产品生产消费的钢材只增长了 1 倍多；占钢材消费总量的比重，由 1953 年的 22.5%下降到 1957 年的 20.7%。在重工业中，电力生产服务方向方面也存在类似的情况。1952 年~1957 年，重工业用电由 27.91 亿千瓦时增长到 93.88 亿千瓦时，增长了 2.36 倍；而轻工业用电由 21.9 亿千瓦时增长到 42.17 亿千瓦时，只增长了 92.6%；前者在用电量中的比重由 35.6%上升到 48.4%，后者由 28%下降到 21.8%。这种状况也限制了轻工业的发展。

3. "一五"期间，由于对资本主义工业和个体手工业采取了适合我国具体情况的逐步过渡的形式，促进了这些经济成分生产（包括轻工业生产）的发展。这是主要方面。另一方面，在 1955 年下半年掀起的社会主义改造高潮中，由于改造时间短、改造速度快、改造的面过宽以及生产过于集中，也对包括轻工业在内的生产起了消极作用。

（三）发展农业、运输邮电业和商业

"一五"期间，在着重发展工业（主要是重工业）的同时，注意发展了农业。在这期间，农业总产值平均每年增长 4.5%，工业总产值为 18%；二者增长速度之比为 1∶4。[3]这种增长速度的对比关系虽然差距大一些，但大体上也体现上述精神，因而"一五"时期农业基本上满足了包括工业职工在内的人民生活的需要。在 1952 年~1957 年期间，按人口平均的主要农产品产量，粮食由 288 公斤增长到 306 公斤，棉花由 2.3 公斤增加到 2.6 公斤，油料由 7.35 公斤下降到 6.6 公斤（其中 1955 年和 1956 年曾经分别达到 7.95 公斤和 8.2 公斤），猪牛羊肉由 5.95 公斤增加到 6.25 公

---

①《中国工业经济统计资料（1949~1984）》，中国统计出版社，第 26~28 页。

②《中国统计年鉴》（1984），中国统计出版社，第 20、25、364 页。

③《中国统计年鉴》（1984），中国统计出版社，第 23~27 页。

斤，水产品由 2.95 公斤增加到 4.9 公斤。①

　　但"一五"期间工业增长速度毕竟快了，农业慢了，前者部分地超过了作为工业发展基础的农业的负担能力。这一点，特别明显地表现在作为轻工业最重要原料的棉花的增长赶不上棉纱生产能力的增长。"一五"期间，由农业提供的副食品供应逐步紧张起来，这也表明工业发展超过了农业的负担能力。这种情况固然同重工业投资多、农业投资少有关，但也同重工业投资和生产为本身服务得多，为农业服务得少有联系。

　　"一五"期间在着重发展工业（主要是重工业）的同时，也注意了运输邮电业的发展。在 1952 年~1957 年期间，工业总产值增长了 128.6%，运输货物周转量增长了 137.5%，其中铁路运输货物周转量增长了 123.6%，邮电业务总量增长了 79.3%。②工业总产值的增长速度与运输货物周转量、铁路运输货物周转量和邮电业务总量的增长速度之比，依次为 1：1.07、1：0.96、1：0.62。

　　但在这方面也存在着部分不协调状况，即工业增长速度过快、运输邮电业增长速度过慢。这一点，从上述的工业发展速度和运输邮电业发展速度的对比关系上已可看出。实际上，"一五"时期，铁路运输一直是比较紧张的。这一点，同工业投资偏多、运输邮电业投资偏少，一级工业生产过多地为本身服务，部分忽视为运输邮电业服务也有关系。

　　"一五"时期，消费品供应紧张。在这种情况下，商业在实现商品供求平衡、稳定市场方面就起到了特殊重要的作用。"一五"期间商业在这方面发挥了积极作用。（1）"一五"期间消费品货源比消费品购买力要大 5.5%。（2）在这期间，全国零售物价总指数上升的幅度很小，即上升区间为 0~3.4%。这些情况证明：从总的方面看，"一五"期间市场基本上是稳定的。

　　但是，"一五"期间实现市场稳定的主要措施是：依靠计划经济制度，分别主要商品生产的不同情况，逐步实行了计划收购和计划供应，以便有计划地掌握货源和组织供应。其中在农产品方面，最主要的是政务院于 1953 年 11 月 19 日和 1954 年 9 月 14 日先后发布了《关于粮食的计

---

　　①《中国统计年鉴》（1984），中国统计出版社，第 167 页。
　　②《中国统计年鉴》（1984），中国统计出版社，第 20、24、285、296 页。

划收购和计划供应的命令》、《关于实行棉花计划收购的命令》，以及《关于
棉布计划收购和计划供应的命令》。如前所述，这种计划经济体制在当时
积极作用是主要的，但自始就有它的弊病。

综上所述，"一五"期间尽管重工业发展快了些，轻工业、农业和运
输邮电业发展慢了些，但整体说来，国民经济各部门大体上是协调发展
的。陈云对这一点做过总结："我国因为经济落后，要在短时期内赶上
去，因此，计划中的平衡是一种紧张的平衡。计划中要有带头的东西。
就近期来说，就是工业，尤其是重工业。工业发展了，其他部门就一定
得跟上，这样就不能不显得很吃力，很紧张。样样宽松的平衡是不会有
的，齐头并进是进不快的。但紧张决不能搞到平衡破裂的程度。目前我
们的计划是紧张的，但可以过得去，不至于破裂。"[1] 正是这种紧张的平
衡，构成了建立社会主义工业化初步基础的一个必要的宏观经济条件。

上面的叙述还说明：看不到"一五"时期在贯彻重点建设重工业的
方针方面取得的主要成就，是不对的；否定在贯彻这个方针过程中所产
生的诸多缺陷，也是片面的。

四、把工业建设重点转向内地的同时，注意发展沿海地区工业

在恢复国民经济任务完成以后，半殖民地半封建中国留下的沿海地
区和内地在工业和其他经济事业发展方面极不平衡的状态已经有了一些
改变，但并没有根本改观。1952 年，沿海地区工业总产值占全国工业总
产值仍在 70%以上（详见附表 19），为了改变旧中国留下的这种不合理状
况，建立社会主义工业化的初步基础，就需要把工业建设重点转向内地。
但沿海地区工业不仅是建设内地工业的"根据地"，而且是发展全国工业
最重要的物质基础。在沿海地区进行建设，投资上比较节省，收效也比
较迅速，又可以及时地满足国家和人民的迫切需要。

正是基于上述理由，"一五"计划对工业的地区分布作了比较合理的
部署。这就是：一方面合理地利用东北、上海和其他城市的工业基础，
发挥它们的作用，特别是对于以鞍山钢铁联合企业为中心的东北工业基
地进行必要的改建，以便迅速地扩大生产规模，供应国民经济的需要，
支援新工业地区的建设；另一方面则积极地进行华北、西北、华中等地

①《陈云文选》第 2 卷，人民出版社 1995 年版，第 242 页。

新的工业基地的建设，在西南开始部分的工业建设。根据这样的方针，5年内开始建设的限额以上的694个工业建设单位，分布在内地的将有472个，分布在沿海各地的将有222个。前者占总数的68%，后者占32%。①就苏联援建的150个项目来看，有106个民用工业企业，布置在东北地区50个，中部地区32个；44个国防工业，布置在中部地区和西部地区35个，其中有21个安排在四川、陕西两省。②这种部署体现了重点建设内地工业，同时发展沿海工业的方针。

就"一五"计划执行的结果看，大体上也贯彻了这个方针。"一五"期间，沿海地区的基本建设投资额为230.08亿元，占投资总额的41.8%；内地投资额为262.75亿元，占投资总额的47.8%；其中"三线"地区投资额为168.25亿元，占投资总额的30.6%。③在这期间，沿海地区工业产值增长了1.19倍；内地工业总产值增长了1.51倍，其中"三线"地区增长了1.66倍。三者工业产值占工业总产值的比重分别由1952年的70.8%下降到1957年的67.9%，由29.2%上升到32.1%，由17.9%上升到20.9%（详见附表19）。可见，"一五"期间工业生产建设的发展，在很大程度上改变了内地和沿海地区经济发展不平衡状态。

但在"一五"期间，特别是在1953年~1955年这3年，对沿海地区工业的发展注意不够。

对沿海地区工业发展注意不够，就导致了"一五"期间这一地区工业增长速度偏低，而内地则呈现出相反的状态。这一点，特别突出地表现在1954年和1955年。这两年内地工业分别增长了22.4%和9.9%，其中"三线"地区分别增长了27.3%和13.9%；而沿海地区只分别增长了13.7%和3.6%，其中上海分别只有7.4%和4.5%，天津分别只有11.6%和2.1%。④

---

① 《中华人民共和国发展国民经济的第一个五年计划》(1953~1957)，人民出版社1955年版，第187~188页。
② 薄一波：《若干重大决策与事件的回顾》上卷，中共中央党校出版社1991年版，第298页。
③ 沿海地区包括：广西、广东、上海、江苏、浙江、安徽、福建、山东、北京、天津、河北、辽宁12个省、自治区、直辖市。其余各省为内地。"三线"地区包括：四川、贵州、云南、陕西、甘肃、青海、宁夏、河南、湖北、湖南、山西11个省、自治区，其中有些省、自治区部分地方属于一、二线，因统计数字分不开，都按"三线"地区计算。沿海加内地的数字，不等于全国总计，因为全国统一购置的机车车辆、船舶、飞机等不分地区的投资未划到地区内。
④ 《中共党史教学参考资料》第21册，第364页。

"一五"期间沿海地区工业没有得到应有的发展，同主观上对发展这一地区工业重视不够有很大关系。此外，也有一系列客观原因，如当时国际形势紧张等。

五、在重点建设大型工业的同时，注意发展中小型工业

按照"一五"计划的要求，必须集中力量保证重点工程的建设，但这决不是说，我们只要大企业，可以不要中小企业。所以，要在工业建设的进行中适当地分配巨大企业和中小企业的投资，使大中小型的企业建设能够互相配合和互相协作，以达到既能保证必要的重点工程的建设，又能保证许多企业迅速地发挥投资效果的目的。[①]

显然，这个方针是符合我国"一五"时期具体情况的。就"一五"计划执行的结果来看，大体上也贯彻了这个方针。在基本建设投资方面，"一五"期间，大中型建设项目的投资额为302.79亿元，占投资总额的51.5%；小型项目的投资额为285.68亿元，占投资总额的49.5%。[②]

但在"一五"期间，特别是1953年~1955年，也存在着对中小型（特别是小型）企业发展注意不够的情况。

六、在重点建设重工业的同时，注意改善职工生活

"一五"计划依据社会主义生产目的和兼顾人民当前利益与长远利益的原则，确定在"保证国家建设的前提下，适当地提高人民生活水平"的方针。

"一五"时期在处理国家工业建设和职工生活的问题上，基本上做到了兼顾两方面。其基本标志是"一五"时期各年职工平均实际工资增长速度均低于工业劳动生产率的增长速度，低的幅度虽然偏大，但大体上也是适当的。按不变价格计算，社会主义国家所有制工业职工全员劳动生产率，由1952年的4200元提高到1957年的6376元，提高了51.8%，平均每年提高8.7%；而职工平均实际工资由1952年的515元提高到1957年的632元，提高了22.7%，平均每年提高4.2%。[③]

由于职工平均工资的增长速度适当低于劳动生产率的增长速度，因而就有可能为国家提供更多的建设资金。1952年~1957年，社会主义国

---

① 《中华人民共和国发展国民经济的第一个五年计划（1953~1957）》，人民出版社1955年版，第186~187页。
② 《中国固定资产投资统计资料（1950~1985）》，中国统计出版社，第70页。
③ 《中国劳动工资统计资料（1949~1985）》，中国统计出版社，第157、224页。

家所有制企业职工平均每人提供利润和税收由 1220 元增加到 2040 元，提高了 67.2%，平均每年提高 10.6%，就又可能保证职工生活的提高。

职工生活的提高，除了主要表现在平均实际工资的提高以外，还表现在下列几个重要方面。

1. 享受劳动保险的职工人数和劳动保险福利费用的增长。1951 年 2 月 26 日政务院公布了《中华人民共和国劳动保险条例》。1953 年 1 月 2 日政务院又修正公布了这个条例。[①] 条例规定劳动保险的各项费用，全部由实行劳动保险的企业行政方面或资方负担。

各项劳动保险待遇的规定：一是因工负伤、残废待遇的规定。二是疾病、非因工负伤、残废待遇的规定。三是工人与职员及其供养的直系亲属死亡时待遇的规定。四是养老待遇的规定。五是生育待遇的规定。六是集体劳动保险事业的规定。

在上述条例付诸实施以后，享受劳动保险职工人数和劳动保险福利费用有了进一步的增长，前者由 1952 年的 330 万人增长到 1957 年的 1150 万人，[②] 后者由 9.5 亿元增加到 27.9 亿元，相当于工资总额的比重由 14%增加到 17.9%（详见附表 47）。

2. 职工劳动条件有了很大改善。这样，"一五"期间，社会主义国家所有制企业职工因工千人死亡率下降了 22.2%，因工千人重伤率下降了 89.1%。[③]

3. 福利型的职工住房面积的增加。这是职工生活提高的一个重要方面。在 1953 年~1957 年的 5 年中，社会主义国家所有制单位平均每个职工在 5 年中增加了 3.9 平方米的住房。[④]

但同时也要看到，"一五"时期，包括住宅和城市公用事业等在内的非生产性建设投资总额存在下降趋势。[⑤] 这 5 年顺次分别为 43.54 亿元、39.19 亿元、29.89 亿元、43.12 亿元和 38.23 亿元。特别是它的比重逐年大幅度下降。这 5 年非生产性建设投资额在基本建设投资总额中的比重

[①]《中国工业经济法规汇编（1949~1981）》，第 418~433 页。
[②]《中国劳动工资统计资料（1949~1985）》，中国统计出版社，第 189 页。
[③]《新华半月刊》1956 年第 11 期，第 26 页。
[④]《中国统计年鉴》(1983)，中国统计出版社，第 123、359 页。
[⑤] 这里所说的以及本书其他有关各处所说的"非生产性"，是指的"非物质生产性"。

依次分别为 48.1%、39.6%、29.8%、27.8%和 26.7%。在住宅投资方面，虽然在绝对量方面有所增长，但投资比重也是趋于下降的。住宅投资由 1952 年的 4.48 亿元增加到 1957 年的 13.29 亿元；比重由 10.3%下降到 9.3%。[①] 这样"一五"时期，特别在 1955 年以后，基本建设方面就已经开始并愈来愈明显地表现出"骨头"和"肉"不协调的状态了。所以，"一五"后期在生产性建设投资和非生产性建设投资的安排方面，存在过前者偏多，后者偏少的缺陷。与此相联系，职工在住房方面也没得到应有的改善。

4. 失业人口减少，职工总人数增长。这也是"一五"时期职工生活提高的一个重要因素。在 1952 年~1957 年期间，全国失业人口由 376.6 万人减少到 200.4 万人，失业率由 13.2%下降到 5.9%；职工总数由 1608 万人增加到 3101 万人，其中国营单位由 1580 万人增加到 2451 万人，城镇集体单位由 23 万人增加到 650 万人。[②]

所以，"一五"时期在贯彻重点建设重工业方针的过程中，尽管对国家工业建设有所偏重，对职工生活有所忽视，在有的年份（如 1955 年）和有的方面（如非生产性建设，包括住宅建设）甚至有过多的忽视，但总起来说，大体上还是兼顾了国家工业建设和人民生活两方面。这样，就发挥了发展国家工业建设和改善职工生活的相互促进作用，在较大的程度上形成了一种良性循环。

七、推行工资改革，以贯彻按劳分配原则，同时加强思想教育

50 年代初进行的工资改革，对于改造旧的工资制度，贯彻按劳分配原则，提高劳动者的积极性，起了积极作用。但是，在当时工资制度中还有不少不符合按劳取酬的现象。为了巩固和提高职工的劳动热情，提前完成和超额完成国家的第一个五年计划的任务，国务院于 1956 年 6 月 16 日作出《关于工资改革的规定》：[③] 适当地提高工资水平，并根据按劳取酬的原则，对企业、事业和国家机关的工资制度，进行进一步改革。凡是这次进行工资改革的企业、事业和国家机关一律从 1956 年 4 月 1 日起实行新的工资标准。

---

① 《中国统计年鉴》（1983），中国统计出版社，第 339 页。
② 《中国劳动工资统计资料（1949~1985）》，中国统计出版社，第 13、109 页。
③ 《新华半月刊》1956 年第 15 期，第 175~177 页。

　　这次工资改革，确定 1956 年企业、事业和国家机关职工的平均工资提高 14.5%（如包括 1956 年新增人员在内，则为 13% 左右）；重工业部门、重点建设地区、高级技术工人和高级科学技术人员的工资，可以有较大的提高。

　　在这次工资改革中，采取了如下措施。

　　1. 取消工资分制度和物价津贴制度，实行直接用货币规定工资标准的制度，以消除工资分和物价津贴给工资制度带来的不合理现象，并且简化工资计算手续，便于企业推行经济核算制度。

　　2. 改进工人的工资等级制度，使熟练劳动和不熟练劳动、繁重劳动和轻易劳动，在工资标准上有比较明显的差别。同时，为了使工人的工资等级制度更加合理，各产业部门必须根据实际情况制定和修订工人的技术等级标准，严格地按照技术等级标准进行考工升级，使升级成为一种正常的制度。

　　3. 改进企业职员和技术人员的工资制度。企业职员和技术人员的工资标准，应该根据他们所担任的职务进行统一规定。每个职务的工资可以分为若干等级，高一级职务和低一级职务的工资等级线，可以交叉。对于技术人员，除了按照他们所担任的职务评定工资以外，对其中技术水平较高的，应该加发技术津贴；对企业有重要贡献的高级技术人员，应该加发特定津贴，务使他们的工资收入有较多的增加。

　　4. 推广和改进计件工资制。各产业都应该制定切实可行的推广计件工资制的计划和统一的计件工资规程，凡是能够计件的工作，应该在 1957 年全部或大部实行计件工资制。

　　5. 改进企业奖励工资制度。各主管部门应该根据生产的需要制定统一的奖励办法，积极建立和改进新产品试制，节约原材料、节约燃料或者电力，提高产品质量以及超额完成任务等奖励制度。

　　6. 改进津贴制度。审查现有的各种津贴办法，克服目前津贴方面存在的混乱现象，建立和健全生产必需的津贴制度。

　　地方国营企业的工人和职员的工资标准和工资制度，应该根据企业的规模、设备、技术水平和现在的工资情况等条件，参照中央国营企业的工人和职员的工资标准和工资制度制定。上述条件与当地同类性质的中央国营企业大致相同的，可以采用中央国营企业的工人和职员的工资标准；条件差于同类性质的中央国营企业的，其工资标准应该低于中央国营企业。

上述决定的贯彻执行，对于克服平均主义，贯彻按劳分配原则，激发劳动者的积极性，起了重要的促进作用。

但这次工资改革也有不足之处。即使就当时处于计划经济体制的历史条件来看，由于在这次工资改革中推行的工资标准过于繁杂，再加上企业劳动管理制度不健全，因而难以完全实现劳动者的劳动报酬和劳动成果挂钩。但在当时的历史条件下，1956 年的工资改革，在建立按劳分配制度，克服平均主义方面还是取得了重大进展。

"一五"时期在贯彻按劳分配原则的同时，还注重了对职工的思想教育，并且取得了巨大的成效。这是由下列一系列因素决定的。（1）这时全国解放不久，党在长期革命战争中形成的、重视思想工作的优良传统，在由解放区来的、并在经济战线上工作的大批干部身上还是比较完整地保留下来。（2）全国解放以后，广大工农劳动群众在政治上、经济上得到了翻身。由此激发起来的巨大劳动热情，不仅在国民经济恢复时期，而且在"一五"时期都是趋于高涨的。（3）"一五"时期经济增长也有波动，但总的说来是实现了持续、高速增长的；在提高人民生活方面，虽有注意不够的地方，但总的说来，是有显著改善的。这些都较好地显示了社会主义制度的优越性。与此相联系，广大人民心向社会主义。（4）"一五"时期社会风气、党风和廉政建设，是新中国成立以后最好的时期。这一点既是当时思想教育工作的伟大成果，又是当时思想教育得以发挥巨大效应的广泛群众基础和根本性的政治条件。这样，"一五"时期较好地实现了物质鼓励与精神鼓励相结合，在发展经济方面（包括建立社会主义工业化初步基础方面）较好地发挥了这两种动力的作用。

八、贯彻厉行节约方针，在实现工业高速增长的同时，注意提高工业经济效益

"一五"时期实现重点建设重工业的方针，就必须长期投入大量的建设资金。这笔资金又必须主要依靠我国国内的积累。因此"一五"计划把"厉行节约以积累资金"，提高到我国实现工业化所必须走的道路来看待。[1]因而成为促进社会主义工业化建设的一个重要因素。

为了贯彻厉行节约的方针，"一五"时期在宏观和微观方面，在工业生产和建设方面，采取了一系列的措施。最重要的是本节已述的第一至第七点和下述的第九点。此外，还应提到：（1）大力削减了非生产性建设的支出。"一五"期间在这方面存在过严重的浪费现象，必须大量削减。当然，如前所述，"一五"期间在削减非生产性建设投资方面也有过头的地方。（2）缩减了国家机关的行政管理费。"一五"期间国家行政机关已经出现了人员太多，人浮于事，以及其他的铺张浪费现象。削减国家机关的行政管理费，实属必要，并且取得了成效。1952年~1957年，国家的行政管理费虽然由14.5亿元增长到21.7亿元，但在国家财政支出中的比重由8.3%下降到7.1%。[2]（3）加强了国家的财政监督。按照"一五"计划的要求，不但财政部门，各个企业主管部门乃至行政、军事部门都要建立和加强财政监察机构；任何机关和个人都必须遵守财政制度，服从财政监督。这些规定对于保证节约制度的实施，起了重要的作用。（4）对全党和全国人民不断地进行了厉行节约的教育。这种教育对动员群众执行节约方针起了重要的推动作用。

"一五"时期在执行厉行节约方针、提高工业经济效益方面取得了巨大成就。

1. 资金利用效率的提高。1952年~1957年，社会主义国家所有制独立核算工业企业资金利税率由25.4%提高到34.6%（详见附表42）。

2. 劳动生产率的增长。1952年~1957年，社会主义国家所有制工业全员劳动生产率由4200元/人·年提高到6376元/人·年，提高了51.8%，平均每年提高8.7%（详见附表42）。这样，由提高工业劳动生产率而增加的工业产值在工业产值增加额中所占比重就大大提高了。国民经济恢复时期这一比重为48%，"一五"时期提高到59.8%。

3. 生产设备利用率的提高。1952年~1957年，钢铁工业的大中型高炉利用系数由1.02吨/立方米·昼夜提高到1.32吨/立方米·昼夜，平炉利用系数由4.78吨/立方米·昼夜提高到7.21吨/立方米·昼夜；煤炭工业大

①《中华人民共和国发展国民经济的第一个五年计划（1953~1957）》，人民出版社1955年版，第115~118页。
②《中国统计年鉴》（1984），中国统计出版社，第420~421页。

型煤矿回采率由 76%提高到81.9%；电力工业的发电设备利用小时由 3800 小时提高到 4794 小时；机械工业的金属切削机床利用率由 58.8%提高到 64.8%；纺织工业的棉纱每千锭时产量由 19.64 公斤提高到 20.67 公斤，棉纺织机每台时产量由 3988 米提高到 4075 米。[①]

4. 物质消耗的降低。1952 年~1957 年，工业生产的物质消耗持续下降。比如，发电标准煤耗率由 0.727 公斤/千瓦时下降到 0.604 公斤/千瓦时，每件纱用棉量由 198.97 公斤下降到 193.56 公斤。[②] 这样，工业生产物质消耗在工业总产值中的比重，"一五"时期平均为 65.6%，比 1952 年下降了 1.4 个百分点。

5. 工业产品成本的下降。1952 年~1957 年，社会主义国家所有制独立核算工业企业可比产品成本是逐年降低的，"一五"时期平均下降了 6.5%（详见附表 42）。

6. 固定资产交付使用率的提高。社会主义国家所有制工业固定资产交付使用率由 1952 年的 59.8%提高到 1957 年的 89.4%（详见附表 43）。

7. 全要素生产率。"一五"期间，社会主义国家所有制独立核算工业企业全要素生产率是在 2.9%~12.9%之间波动的，全要素生产率在产出增长率中所占的比重是在 10.7%~34.5%之间波动的。[③]

上述的"一五"时期工业经济效益的各项指标，同后续的各个计划时期比较起来，都是高的。这是支撑"一五"时期工业持续高速增长的极重要因素。

但这不是说，"一五"期间不存在阻滞经济效益的因素，不存在浪费现象。比如，"一五"时期曾经发生过两次经济波动（1953 年"小冒了一下"，1956 年"大冒了一下"），对发展轻工业、农业、运输邮电业以及沿海地区工业和中小工业有所忽视。这些显然都会降低资源配置效益。又如，在"一五"时期的基本建设工作中，由于有些项目违反基本建设程序，曾经造成了大量的浪费。再如，由于企业管理不善，产品质量不好，废品很多。

造成上述状况的原因是多方面的，例如，制度不健全，缺乏经验，

---

①《伟大的十年》，人民出版社 1959 年版，第 97 页。金属切削机床利用率是 1953 年~1957 年的数字。

②《伟大的十年》，人民出版社 1959 年版，第 97 页。

③ 汪海波：《工业经济效益问题探索》，经济管理出版社 1990 年版，第 78~79 页。

干部的数量和素质都不能满足需要等。但最重要的还是以下三点：一是重点建设重工业方针是对的，但在执行中存在着重点偏重、非重点偏轻的问题。二是在生产和建设方面，总的说来，执行了量力而行的原则，但急于求成的指导思想在1953年和1956年已经有了明显的表现。三是计划经济体制内部的投资膨胀机制和束缚企业与劳动者积极性的消极作用。

九、重视从苏联和东欧国家引进设备、技术、人才、资金和管理经验

"一五"期间，在美国为首的资本主义国家对我国实行经济封锁、物资禁运的条件下，我国主要从苏联和东欧人民民主国家引进成套设备、科学技术、人才、资金和管理经验，对建立社会主义工业化基础，起过特殊重要的作用。

1. 引进成套设备。苏联援建的、成套供应设备的项目经过多次商谈最后确定为154项。因为计划公布156项在先，所以仍称"156项工程"。[1]如果再加上1958年和1959年中苏商定的项目，在整个50年代，由苏联援建的、成套供应设备的项目共计304项，单独车间和装置64项。但由于1960年苏联单方面撕毁合同，成套供应设备的304项中，全部建成的只有120项，基本建成的29项，废止合同的89项，由中国自力更生续建的66项；在64项单独车间和装置中，建成的29项，废止的35项。[2]

在整个50年代（主要是"一五"时期），由东欧各国（包括民主德国、捷克、波兰、罗马尼亚、匈牙利和保加利亚）援建的、供应成套设备的建设项目共116项，其中完成和基本完成的108项，解除合同的8项；单项设备88项，完成和基本完成的81项，解除合同的7项。[3]

按引进的设备投资计算，1950年~1959年，从苏联共引进76.9亿旧卢布（折合人民币73亿元），其中，1950年~1952年引进2.4亿旧卢布，占3.2%；1953年~1957年引进44亿旧卢布，占57.1%；1958年~1959年完成30.5亿旧卢布，占39.6%。同期，从东欧各国共引进设备投资30.8亿旧卢布（折合人民币29.3亿元）。[4]

从苏联和东欧各国引进的成套设备几乎都是为建立社会主义工业化初步基础所必需的重工业项目，其中，重工业项目分别占97%和80%，

---

① 薄一波：《若干重大决策与事件的回顾》上卷，中共中央党校出版社1991年版，第297页。
②③ 彭敏主编：《当代中国的基本建设》上卷，中国社会科学出版社1989年版，第53页。
④ 彭敏主编：《当代中国的基本建设》上卷，中国社会科学出版社1989年版，第54页。

主要是基础工业。就引进的设备投资构成看，从苏联引进的总额中，能源工业占 34.3%，冶金工业占 22%，化学工业占 7.9%，机械工业占 15.7%，军事工业占 12% 左右，以上合计占 92% 左右；其中，"一五"时期实际引进的 44 亿旧卢布中，能源工业占 28.6%，冶金工业占 22%，化学工业占 7.8%，机械工业占 18.5%，军事工业占 14% 左右，以上合计占 91% 左右。[①]

苏联对我国建设的援助是全面的，技术是先进的。苏联援助我们建设的 156 个工业单位，从勘察地质，选择厂址，搜集设计基础资料，进行设计，供应设备，指导建筑安装和开工运转，供应新种类产品的技术资料，一直到指导新产品的制造，等等，总之是从头到尾全面地给予援助。苏联提供的设计、设备，都是最先进的。

从苏联和东欧各国引进成套设备的建设项目中，"一五"期间实际施工的分别为 146 个和 64 个，全部和部分投产的分别为 68 个和 27 个。[②] 这些项目的投产，在建立我国社会主义工业化初步基础方面起了极重要的作用。

"一五"时期不仅重视引进技术装备，同时重视在科研、设计、施工和管理等各个环节上进行全面的学习和培训，使得研究、设计、生产工艺和设备制造等环节上技术水平的提高基本上是同步的，因而比较快地提高了使用能力、消化能力和创新能力。比如，哈尔滨电机厂是"一五"时期苏联帮助建设的 156 项工业工程之一，在"一五"时期以后的 1958 年、1959 年和 1960 年这 3 年，分别相继制造出 2.5 万千瓦、5 万千瓦和 10 万千瓦的发电机组。随后又制造出 20 万千瓦的发电机组。

2. 引进技术。1954 年 10 月，我国和苏联签订了科学技术合作协定；以后，又分别与东欧各国签订了科学技术合作协定。到 1959 年，我国从苏联和东欧获得的关于能源、原材料和机械工业（包括民用和军用）的技术资料达到 4000 多项。另外，在我国掌握尖端科学技术与和平利用原子能技术方面，苏联也给予了一定的援助。[③]

3. 引进人才。50 年代（主要是"一五"时期）苏联和东欧各国来华

① 彭敏主编：《当代中国的基本建设》上卷，中国社会科学出版社 1989 年版，第 54~55 页。
② 彭敏主编：《当代中国的基本建设》上卷，中国社会科学出版社 1989 年版，第 55 页。
③ 彭敏主编：《当代中国的基本建设》上卷，中国社会科学出版社 1989 年版，第 56~57 页。

工作的技术专家达到 8000 多人，同时还为中国培养技术人员和管理干部 7000 多人。[1]

4. 引进资金。如前所述，1950 年 2 月 14 日，中苏双方政府签订了苏联政府向中国政府提供 3 亿美元贷款的协定。这笔贷款用于支付苏联供应中国的设备器材，年息 1%，中国从 1953 年起 10 年内用商品和外汇等偿还本息。1951 年~1955 年，中苏两国政府又签订了 10 笔贷款协议，其中 1 笔为无息，9 笔年息 2%，偿还期 2 年~10 年，用于支付从苏联购买抗美援朝战争和加强国防所需的军事装备物资、经济建设所需的设备物资以及苏联移交中国的设施、物资等费用。上述 11 笔贷款总金额共计 56.6 亿旧卢布（折合人民币 53.68 亿元），其中，用于购买军事装备物资和支付苏联移交旅大军事基地设施、物资的费用占 76.1%；用于购买经济建设设备物资的费用占 23.9%。到 1964 年，即比协定规定提前一年，偿还全部贷款，并付利息 5.8 亿旧卢布，本息折合人民币 55.5 亿元。偿付苏联贷款本息主要是靠直接向苏联出口商品支付的。这一部分约占归还贷款金额的 82%。[2] 而且，我国对苏联出口的商品，有相当一部分是苏联发展工业（包括军事工业）急需的重要战略物资。比如，1953 年 5 月 15 日中苏两国政府签订的协定中，就规定在 1954 年~1959 年间，中方向苏联提供钨砂 16 万吨、铜 11 万吨、锑 3 万吨、橡胶 9 万吨等战略物资作为苏联援建项目的部分补偿。[3]

5. 学习管理经验。如前所述，新中国成立初期（包括"一五"时期）从苏联学习的经济管理和企业管理的经验，在建设我国社会主义经济管理制度和企业管理制度方面，起了重要的作用。

总体来说，"一五"时期从苏联引进成套设备、技术、人才、资金和学习管理经验，对我国建立社会主义工业化初步基础，起了重要的促进作用。在这方面也充分体现了斯大林领导的苏联政府和苏联人民崇高的国际主义精神。这一点，值得中国人民永远纪念！

但"一五"时期在引进方面也存在着局限性和缺陷。由于当时的国际形势，以及美国等资本主义国家对我国实行封锁禁运政策，再加上

① 彭敏主编：《当代中国的基本建设》上卷，中国社会科学出版社 1989 年版，第 54 页。
② 彭敏主编：《当代中国的基本建设》上卷，中国社会科学出版社 1989 年版，第 57 页。
③ 薄一波：《若干重大决策与事件的回顾》上卷，中共中央党校出版社 1991 年版，第 300~301 页。

"一边倒"的外交政策，引进主要还只限于苏联和其他东欧国家。在学习苏联经验方面也存在着教条主义的毛病，特别是照搬了苏联计划经济体制。尽管这种体制在"一五"时期起了重要的积极作用（这是主要方面，也有消极作用，但不是主要的)，但在而后的一个长时期内成为我国经济发展的严重障碍。

十、巩固社会稳定局面，保证和促进工业生产建设的发展

巩固国民经济恢复时期已经实现的社会稳定局面，是"一五"时期顺利建设社会主义工业化初步基础的一个极重要的社会条件。

这个时期在巩固社会稳定局面方面采取了一系列的措施。

（一）经济方面的主要措施

1. 尽管在经济发展方面，1953年"小冒了一下"，1956年又"大冒了一下"，但总的说来，"一五"时期工业生产建设的发展规模和建设大体上做到了与国力相适应，实现了经济的持续、高速增长。

2. 大体说来，在重点建设重工业的同时，又兼顾了人民生活的提高，实现了毛泽东提出的"既要重工业，又要人民"的方针。[1]

3. 在实现社会主义改造的过程中，采取了照顾各经济主体（包括个体农民、个体手工业者和民族资本主义工商业者）利益的、逐步过渡的形式。诚然，在1955年下半年实现社会主义改造高潮的过程中，由于改造的步骤过急，产生了一系列矛盾。但在高潮过去以后，接着又采取一系列的调整和完善措施，使得各方面的需要得到适当的照顾。

（二）政治思想方面的主要措施

1. 加强党的思想建设和组织建设。（1）1953年1月中共中央发布了《关于开展反对官僚主义、命令主义、违法乱纪斗争的指示》，在国家行政机关进行这项斗争。[2]这场斗争对于加强党、政府与人民群众的联系和廉政建设起了有益的作用。（2）1954年2月6日召开了党的七届四中全会，针对高岗、饶漱石反党联盟活动，于2月10日通过了《关于增强党的团结的决议》。决议要求全党高级干部把党的团结和利益看得高于一切，应当把维护和巩固党的团结作为自己言论和行动的标准。[3]（3）1955年3

---

① 薄一波：《若干重大决策与事件的回顾》上卷，中共中央党校出版社1991年版，第556~557页。
②《中共党史教学参考资料》第20册，第56页。
③《中共党史教学参考资料》第20册，第261~263页。

月 21 日召开的党的全国代表会议，于 31 日通过了《关于高岗、饶漱石反党联盟的决议》，决定开除他们二人的党籍；还通过了《关于成立党的中央和地方监察委员会的决议》，以加强党的纪律。[1] 上述两次会议及其决议，对于巩固作为全国各族人民团结核心的党的团结，对于巩固安定团结的政治局面起了极其重要的作用。

2. 加强统一战线工作。这里包括工农联盟工作、知识分子工作、资本主义工商界工作、各民主党派工作、各人民团体工作、少数民族工作、宗教界工作、海外华侨和其他爱国民主人士的工作，以及作为人民民主统一战线组织的全国政治协商会议的工作。在整个"一五"时期，除了反右派斗争严重扩大化以外，在毛泽东、周恩来等党和国家领导人的直接领导下，统一战线的工作是做得很出色的，在团结全国人民方面起了极重要的作用。

3. "一五"时期注意加强了对人民群众的思想教育，并且取得了良好的实效。这对于形成良好的社会风尚和人际关系，加强人民之间的团结以及对于社会主义事业的向心力，都起了有益的作用。

在军事方面，从 1950 年 10 月 25 日开始的抗美援朝战争，到 1953 年 7 月 27 日实现了停战。这一点，不仅标志着美国发动的侵略朝鲜战争的彻底失败，而且对于振奋全国人民的爱国热情，增强人民对于党和政府的向心力，都发生了重要的作用。

因此，"一五"时期实现社会稳定局面，是经过了经济上、政治上、思想上和军事上的多方面努力才实现的，来之不易。这种局面又保证和促进了这个时期建立社会主义工业化初步基础任务的实现。

由于"一五"时期在发展工业生产建设方面采取了一系列方针、政策和措施，因而在建立社会主义工业化初步基础方面取得了巨大的成就。

第三节　"一五"时期工业生产建设的主要成就和问题

"一五"时期，工业生产建设的主要成就，有以下几个重要方面。

---

[1]《中共党史教学参考资料》第 20 册，第 535 页。

1. 社会主义性质的或基本上是社会主义性质的工业在全部工业中占了主要地位。社会主义国家所有制工业产值占工业总产值比重，由1952年的41.5%上升到1957年的53.8%，社会主义集体所有制工业产值比重由3.3%上升到19%，基本上是社会主义性质的公私合营工业产值的比重由4%上升到26.3%，资本主义私营工业产值的比重由30.6%下降到0.1%，个体工业产值的比重由20.6%下降到0.8%。可见，到1957年，社会主义的或基本上是社会主义的工业产值比重占到99.1%，而资本主义经济的和个体经济的工业产值比重只占0.9%（详见表2-5-2）。

表 2-5-2 "一五"时期工业总产值中各种经济类型的变化 [①]

年份	合计	国家所有制工业	集体所有制工业	公私合营工业	私营工业	个体工业
1. 绝对额（亿元）						
1952	343	142.6	11.2	13.7	105.2	70.6
1953	447	192.4	17.3	20.1	131.1	86.1
1954	520	244.9	27.7	50.9	103.3	92.9
1955	549	281.4	41.6	71.9	72.7	81.1
1956	703	383.8	120.1	191.1	0.3	8.3
1957	784	421.5	149.2	206.3	0.4	6.5
2. 比重（%）						
1952	100	41.5	3.3	4.0	30.6	20.6
1953	100	43.0	3.9	4.5	29.3	19.3
1954	100	47.1	5.3	9.8	10.0	17.9
1955	100	51.3	7.6	13.1	13.2	14.8
1956	100	54.5	17.1	27.2	0.04	1.2
1957	100	53.8	19.0	26.3	0.1	0.8

2. 工业基本建设有了巨大发展。如前所述，"一五"期间工业基本建设投资总额达到了250.26亿元。正是这一点，从根本上推动了这个期间我国工业基本建设的巨大发展。

数量众多的重要建设项目的全部投产和部分投产。"一五"期间，施工的工矿建设单位达1万个以上，其中限额以上有921个，到1957年底，全部投产的有428个，部分投产的有109个。其中，苏联援建的施工项目有146个，全部投产的有30个，部分投产的有38个。

---

①《中国统计年鉴》（1984），中国统计出版社，第194页。

由于数量众多的重要建设项目的投产，就导致许多新的工业部门的建立。这些新的工业部门包括飞机制造业、汽车制造业、新式机床制造业、发电设备制造业、冶金和矿山设备制造业，以及高级合金钢、重要有色金属冶炼业等。

数量众多的重要建设项目的投产，还使许多重要工业产品生产能力有了巨大的增长。以设计的年生产能力计算，炼铁 306.9 万吨，炼钢 278.9 万吨，采煤 6376 万吨，发电（以发电机容量计算）246.9 万千瓦，天然石油 131.2 万吨，人造石油 52.2 万吨，硫酸 32.3 万吨，合成氨 13.7 万吨，水泥 261.3 万吨，木材采运 409 万立方米，金属切削机床 13549 台，载重汽车 30000 辆，棉纺锭 190.33 万枚，机制糖 62 万吨，机制纸 25 万吨。除了少数产品以外，大部分产品的新增生产能力都超过了计划规定的指标（详见附表 1）。

3. 工业生产有了迅速发展。由于新建企业的投产，以及原有企业生产的增长，工业总产值和主要产品的产量有了大幅度增长。如前所述，"一五"期间工业总产值获得了持续的高速增长，每年平均增长 18%，超过了"一五"计划指标 3.3 个百分点；主要工业产品产量增长幅度为 0.23 倍~32 倍，大部分产品也都超过了"一五"计划指标（详见附表 3）。

由于新的工业部门的建立和原有企业技术水平的提高，生产了许多新的工业产品。钢铁工业方面有：高级合金结构钢、特殊仪表用钢、矽钢片、造船钢板、锅炉用无缝钢管、50 公斤的重轨等主要钢材。1952 年，我国只能生产 180 多种钢和 400 多种规格的钢材，1957 年已经能够生产 370 多种钢和 4000 多种规格的钢材了。机械工业方面有：飞机、载重汽车、客轮、货轮、容量 1.2 万千瓦的成套火力发电设备、1.5 万千瓦的成套水力发电设备、容积 1000 立方米的高炉设备、联合采煤机、200 多种新型机床、自动电话交换机，以及全套纺织、造纸、制糖等设备。在化学工业方面，已经能够生产化学纤维、各种抗菌素等产品。[①]

由于工业产量的巨大增长和新产品的大量涌现，我国工业材料和设备的自给率有了很大的提高。到 1957 年，我国钢材自给率达到 86%，机

①《关于发展国民经济的第一个五年（1953~1957）计划执行结果的公报》，中国统计出版社 1959 年版，第 7~8 页。

械设备的自给率达到 60% 以上。①

4. 工业技术水平有了显著提高。旧中国工业生产技术比资本主义国家要落后半个多世纪。经过"一五"时期的建设，由于许多限额以上的重点建设单位的投产，就使那些经过重大改建的老工业部门，特别是新建工业部门的技术提高到 40 年代后半期的水平。

1957 年，社会主义国家所有制工业工程技术人员达到 49.6 万人，比 1952 年增长 2 倍，占工业职工的比重由 1.1% 提高到 2.2%。到 1957 年，我国已经能够设计一些比较大型的、技术复杂的工程。如年产 240 万吨的煤矿，100 万千瓦的水电站（1952 年为 1.2 万千瓦），65 万千瓦的火电站（1952 年为 1 万千瓦），年产 150 万吨钢铁联合企业，年产 7.4 万吨的重型机器厂，日产 120 吨的造纸厂，日处理 2000 吨甘蔗的制糖厂。

1952 年~1957 年，社会主义国家所有制工业企业每一工人使用的动力机械总能力提高了 79.2%，每一工人使用的电力提高了 80.4%；每一职工占有的固定资产原值由 2918 元增加到 4473 元，每一职工占有的全部资金由 2878 元增加到 4416 元。②

5. 工业结构（包括部门结构、地区结构和所有制结构等）有了重大变化。

工业总产值在工农业总产值中占了大部分。工业总产值占工农业总产值的比重，由 1952 年的 43.1% 上升到 1957 年的 56.7%；农业总产值的比重由 56.9% 下降到 43.3%。③

现代工业在全部工业中占了显著的优势。现代工业产值占工业总产值的比重，由 1952 年的 64.2% 上升到 1957 年的 70.9%。④

主要生产生产资料的重工业在全部工业中的比重有了大幅度的上升。1952 年，这一比重为 35.5%，1957 年上升到 45%；与此相对应，主要生产消费品的轻工业比重由 64.5% 下降到 55%（详见附表 14）。

---

①《新华半月刊》1958 年第 2 期，第 57 页。

②《关于发展国民经济的第一个五年（1953~1957）计划执行结果的公报》，中国统计出版社 1959 年版，第 8 页；《伟大的十年》，人民出版社 1959 年版，第 67、98、163 页；《中国工业经济统计资料（1949~1984）》，中国统计出版社，第 112~113 页。

③《中国统计年鉴》(1984)，中国统计出版社，第 27 页。

④《伟大的十年》，人民出版社 1959 年版，第 80 页。

在重工业中，采掘工业和原料工业有了进一步发展，特别是制造工业得到了加强。"一五"期间，采掘业和原料工业生产大大增长了，但比重下降了。采掘工业的比重由 1952 年的 15.3%下降到 1957 年的14.6%，原料工业的比重由 42.8%下降到 39.7%，制造工业的比重由 41.9%上升到45.7%（详见附表 15）。其中生产机器的机械工业由 31.9%上升到37.7%。[①]这表明，半殖民地半封建中国留下的那种工业主要是提供燃料和原材料，机械工业主要是从事修配的畸形发展的状况，已经有了根本的改变；重工业内部得到了较均衡的发展，重工业提供生产资料特别是机器的能力大大增长了。

轻工业的原料来自重工业的部分增长了，来自农业的部分下降了。以工业品为原料的轻工业产值占轻工业总产值的比重，1952 年为 12.5%，1957 年上升到 16.8%；与此相对应，以农产品为原料的轻工业产值的比重由 87.5%下降到 83.2%（详见附表 16）。这表明重工业为轻工业提供原料的能力显著增长了。

原来工业比较发达的沿海地区的工业有了进一步发展，有些工业基地得到了进一步加强；原来工业不发达的内地的工业有了更迅速的发展，一些新的工业基地正在形成。经过"一五"时期的工业建设，以鞍钢为中心的东北工业基地已经基本建成，上海和其他沿海城市的工业基地也都已经大为加强；同时，在华北地区、华中地区和西北地区，新的工业区正在形成，在西南地区和华南地区，也开始了部分的工业建设。由于内地工业比沿海地区工业的发展速度更快，因而在 1952 年~1957 年期间，内地工业产值在工业总产值中的比重，由 29.2%上升到 32.1%；而沿海地区由 70.8%下降到 67.9%（详见附表 19）。这表明，半殖民地半封建中国留下来的工业集中于沿海地区而内地工业很少发展的畸形状态，在"一五"期间有了很大的改变，在沿海和内地工业均有发展的条件下，工业得到了比较合理的分布。

上述情况表明，在短短的 5 年期间，我国就建立了社会主义工业化的初步基础。这是一个极其伟大的成就！如前所述，这期间在发展工业生产建设方面也有不少缺陷。主要是 1953 年特别是 1956 年工业生产建设规

---

①《中国工业经济统计资料（1949~1984）》，中国统计出版社，第 101 页。

模过大，速度过快；过于偏重发展重工业，对轻工业、农业和运输邮电业有所忽视，对沿海地区和中小工业以及非生产性建设也注意不够。但上述缺陷的许多重要方面，毛泽东在 1956 年初已经有所觉察，并着手进行了某些纠正。所以，如果看不到"一五"期间在建立社会主义工业化初步基础方面所取得的伟大成就，是完全错误的；但如果看不到这个期间在这方面发生的缺陷，也是片面的。

第三编

实行计划经济体制时期的工业经济（一）
——社会主义建设"大跃进"时期的工业经济（1958年~1960年）

第一章 社会主义建设 "大跃进" 方针的形成

    1956 年由于主持经济工作的周恩来总理和陈云副总理坚持经济工作要实事求是的原则，反对由毛泽东发动的急躁冒进倾向，因而这年虽然发生了局部性的冒进错误，但却防止了当时可能发生的 1958 年 "大跃进" 带来的那样的大灾难，并使 1957 年的经济得到了健康发展，为当年 9 月召开的党的八大会议正确的经济决策奠定了重要的思想基础。

    但是，毛泽东对反冒进是有不同意见的。这一点，突出表现在 1956 年 11 月召开的党的八届二中全会上他的讲话中。但是，在这次全会上，毛泽东对当时进行的反冒进，毕竟没有正面提出批评，而且同意 1957 年执行 "保证重点、适当收缩" 的方针。[①] 这除了当时他还能够遵守民主集中制原则以外，同他当时注意力集中在 1956 年发生的波兰、匈牙利事件和赫鲁晓夫发动的对斯大林批判上，也很有关系。这一点，也促使他当时对反冒进采取保留态度。

    但到 1957 年下半年，国内外形势发生了很大变化。国际方面，波兰、匈牙利的风波已经平息；国内方面，反右派斗争已经基本结束，"一五" 计划提前超额完成，1957 年冬农村掀起了农田水利建设高潮。在这种形势下，毛泽东在 1955 年提出的批判经济发展速度方面的右倾保守思想，加快经济发展的主张，[②] 又被提到了日程上来。这样，在他看来，批判同

---

① 薄一波：《若干重大决策与事件的回顾》上卷，中共中央党校出版社 1991 年版，第 559 页。
②《毛泽东选集》第 5 卷，人民出版社 1977 年版，第 223~224 页。

这一主张相悖的反冒进也就成为紧迫的任务。

毛泽东亲自发动和主持的批判反冒进，主要是通过一系列党的中央会议进行的。这场批判发端于 1957 年 9 月~10 月召开的党的八届三中全会。毛泽东在这次会议上提出："去年（1956 年——引者）这一年扫掉了几个东西。一个是扫掉了多、快、好、省"，"还扫掉了农业发展纲要四十条"，"还扫掉了促进委员会"。① 他主张恢复这三个东西。这在实际上不仅否定了 1956 年反冒进的正确实践，而且否定了 1956 年 5 月党中央提出的，又为同年 9 月召开的党的八大会议所坚持的既反保守又反冒进，积极地而又稳妥可靠地推进国民经济发展的方针。② 在这次会议上，毛泽东还否定了党的八大关于我国当前主要矛盾是先进的社会主义制度同落后的社会生产力之间的矛盾的提法，认为"无产阶级和资产阶级的矛盾，社会主义道路和资本主义道路的矛盾，毫无疑问，这是当前我国社会的主要矛盾"。③ 这意味着毛泽东开始把个人凌驾于党中央领导集体和党的八大之上，是严重破坏党的民主集中制的开端。所以，毛泽东在党的八届三中全会上的讲话，似乎可以看作由 1935 年遵义会议后以毛泽东为主要代表的正确路线向又是以毛泽东为主要代表的"左"倾路线变化的重要转折点。

1958 年 1 月上旬到 4 月上旬，党中央先后召开了杭州会议、南宁会议、北京会议、成都会议和武汉会议，毛泽东在会上多次批评了反冒进，并点名批评了周恩来和陈云。④

直到同年 5 月召开的党的八大二次会议上，刘少奇代表党中央作的工作报告中，对批判反冒进问题作了结论。他指出：一些同志"认为一九五六年的跃进是一种'冒进'"。1956 年反冒进的"结果是损害了群众的积极性，影响了一九五七年的生产建设战线上特别是农业战线上的进展"。还形成了一个"马鞍形"，即"1956 年—1957 年—1958 年，在生产战线上所表现出来的高潮—低潮—更大的高潮，亦即跃进—保守—大跃

---

① 《毛泽东选集》第 5 卷，人民出版社 1977 年版，第 474~475 页。
② 《中国共产党第八次全国代表大会文件》，人民出版社 1956 年版，第 85 页。
③ 《毛泽东选集》第 5 卷，人民出版社 1977 年版，第 475 页。
④ 薄一波：《若干重大决策与事件的回顾》下卷，中共中央党校出版社 1993 年版，第 640~641 页。

进"。① 会上，与反冒进有关的领导人周恩来、陈云、李先念和薄一波等也都作了自我批评。毛泽东在这次会议结束前宣布：反冒进的问题，现在也搞清楚了，我们在新的基础上团结起来了。② 至此，批判反冒进问题告一段落。

现在需要进一步叙述毛泽东在批判反冒进时提出的几个重要论点，③以便进一步说明这个批判为"大跃进"方针奠定了思想基础。（1）毛泽东认为，反冒进的性质还不是路线问题，而只是一个时期（即 1956 年~1957 年）、一个问题上（即建设规模和速度）的方针性错误。并且认为，反冒进是非马克思主义。（2）毛泽东认为，反冒进是政治问题。还认为，反冒进和右派攻击二者之间是相关联的。二者相距不远，大概 50 米远。毛泽东在批判反冒进时甚至武断地说：以后反冒进的口号不要提，反右倾保守的口号要提。这实际上意味着以后不许反"左"，只许反右。④

正是上述这场批判反冒进的实践和理论，在思想方面为制定"大跃进"方针并为制定社会主义建设总路线打下了牢固的基础。

关于社会主义建设总路线的形成，毛泽东自己有过一个很简要的说明。他说：这条社会主义建设总路线，是在新中国成立以后 8 年中间逐步形成的。"1956 年提出《（论）十大关系》，提出多快好省，这是社会主义建设总路线形成的开始。1956 年的跃进，出来了一个反冒进，经过了一次曲折。1957 年 9 月（八届）三中全会恢复多快好省。1958 年春南宁、成都会议上批判反冒进，形成鼓足干劲、力争上游、多快好省地建设社会主义这条总路线的提法。5 月党的八届二次大会正式通过总路线。"⑤ 党的八大二次会议《关于中央委员会的工作报告的决议》指出："会议一致同意党中央根据毛泽东同志的创议而提出的鼓足干劲、力争上游、多快好省地建设社会主义的总路线。"⑥

①《新华半月刊》1958 年第 11 期，第 6 页。
② 薄一波：《若干重大决策与事件的回顾》下卷，中共中央党校出版社 1993 年版，第 642 页。
③ 薄一波：《若干重大决策与事件的回顾》下卷，中共中央党校出版社 1993 年，第 637~649 页。
④ 这场反冒进和批判反冒进的原则是非，1978 年党的十一届三中全会以后，在重新确立的实事求是思想路线指引下，终于得到了澄清（详见 1981 年 6 月召开的党的十一届六中全会《关于建国以来党的若干历史问题的决议》，人民出版社 1981 年版）。
⑤ 薄一波：《若干重大决策与事件的回顾》下卷，中共中央党校出版社 1993 年，第 658~659 页。
⑥《新华半月刊》1958 年第 11 期，第 1 页。

　　总的说来，鼓足干劲、力争上游、多快好省地建设社会主义的总路线，虽然反映了广大人民群众迫切要求改变我国经济文化落后状况的普遍愿望，但它过于强调了人的主观意志和主观努力的作用，忽视了客观经济规律的作用。它实际上是毛泽东在社会主义建设速度方面急于求成的"左"的思想的产物。这种追求经济超高速增长的急于求成思想，在党的八大二次会议的工作报告中已有明显的反映。诚然，报告提出不能"把多快好省这个统一的方针分割开来"，但报告强调的多快，是速度。"建设速度的问题，是社会主义革命胜利后摆在我们面前的最重要的问题。"① 以党的八大二次会议精神为依据，《人民日报》发表了《力争高速度》的社论，社论更明确地反映了社会主义建设总路线所包含的追求经济超高速增长的思想。社论宣扬"用最高的速度来发展我国的社会生产力，实现国家工业化和农业现代化，是总路线的基本精神"。"因此可以说，速度是总路线的灵魂"。② 理论分析和历史经验都已表明，这里所说的速度，不是客观条件能够允许达到的高速度，而是超越客观条件的高速度。

　　既然社会主义建设总路线的灵魂是速度（即超高速度），那么，它就给以生产建设的高指标为主要特征的"大跃进"方针的形成提供了路线基础。

　　但是，这并不意味着"大跃进"是从党的八大二次会议以后才开始的。实际上，农业方面"大跃进"从 1957 年冬大修水利的高潮中就已经出现了。工业方面的"大跃进"在 1958 年初召开的南宁会议以后也已经开始了。但在 1958 年 5 月党的八大二次会议以后，"大跃进"方针获得了一个路线基础，标志着"大跃进"方针的最终形成。

　　所以，总起来说，由毛泽东发动的批判反冒进，以及由他提出的社会主义建设总路线，为"大跃进"方针奠定了思想基础和路线基础。

　　本编在下面分章叙述工业生产建设贯彻"大跃进"方针的过程，以及与此相联系的改进工业经济管理体制、企业管理制度和手工业集体所有制变动的过程。

---

① 《新华半月刊》1958 年第 11 期，第 7 页。
② 《人民日报》1958 年 6 月 21 日，第 1 版。

第二章 工业生产建设实施 "大跃进"的方针

在社会主义建设总路线指引下，工业生产建设的"大跃进"于 1958 年迅速展开。但是受经济规律的制约，"大跃进"的工业指标在实践中难以落实，于是有了 1959 年的"压缩空气"。然而受政治斗争的驱使，1959 年庐山会议以后再次掀起"大跃进"的热潮。本章依次叙述这些历史过程。

第一节 1958 年，以全民大炼钢铁为中心的工业"大跃进"

一、钢铁工业"大跃进"

钢铁工业"大跃进"在 1958 年开始的工业"大跃进"中起了带头作用，并且最具典型性。这并不是偶然发生的。钢铁工业是国家工业化的基础。然而，直到 1957 年，中国的钢铁工业基础仍十分薄弱。这与中国工业化的要求相比，差距甚大。这样，实现钢铁工业"大跃进"，就会成为实现社会主义建设"大跃进"首要的、重点的选择。1957 年 12 月 2 日，刘少奇依据毛泽东 11 月 18 日在莫斯科举行的 64 个共产党会议上的讲话精神，代表中共中央向中国工会第八次全国代表大会致祝词时宣布："在 15 年后，苏联的工农业在最重要的产品的产量方面可能赶上和超过美国，我们应当争取在同一时间，在钢铁和其他重要工业品的产量方面赶上和超过英国。"从此，在钢铁和其他重要工业品产量方面赶上和超过英国就成为发动"大跃进"，特别是工业"大跃进"的一个重要口号。到

1958 年 6 月，又正式形成了工业发展"以钢为纲"的方针。

在上述口号和方针的鼓励下，1958 年钢铁产量计划指标急剧上升。政府有关经济部门 1958 年 2 月 3 日提出这年钢的产量指标为 624 万吨，4 月 14 日上升到 711 万吨，到 5 月 26 日召开的中共中央政治局扩大会议又上升到 800 万吨~850 万吨。6 月 19 日，毛泽东在与部分中央、部门和地区领导同志的谈话中提出 1958 年钢产量在 1957 年的基础之上"翻一番"，定为 1070 万吨。6 月 22 日，毛泽东又在有关报告上批示："赶超英国，不是十五年，也不是七年，只需要两年到三年，两年是可能的。这里主要是钢。只要 1959 年达到 2500 万吨，我们就在钢产量上超过英国了。"[1]

但是，这一年 1 月~7 月，累计生产钢 380 万吨稍多一点，同 1070 万吨的年计划相比差约 690 万吨，计划完不成的危险已经显而易见了。然而此时，中国要生产 1070 万吨钢的消息已经传到了国外。7 月 31 日~8 月 3 日赫鲁晓夫来华访问期间，毛泽东向他讲，中国今年产钢 1070 万吨。赫鲁晓夫不大相信，在华苏联专家总顾问阿尔西波夫也说恐怕实现不了，并表示土法炼钢再多也没有用。这些看法进一步激励了毛泽东等中国领导人实现计划的决心。加之"大跃进"是批判反冒进的产物。在毛泽东看来，能否实现"大跃进"，这是一个政治问题。因此，8 月 16 日，在北戴河中共中央政治局扩大会议的预备会议上，毛泽东提出大搞群众运动，实行书记挂帅，全党全民办钢铁。

8 月 17 日~30 日在北戴河召开的中共中央政治局会议通过并公开发表了《号召全党全民为生产 1070 万吨钢而奋斗》的决定。9 月 1 日，《人民日报》发表社论：《立即行动起来，完成把钢产量翻一番的伟大任务》。从此，声势浩大的全民大炼钢铁运动，在全国范围内广泛、迅速地开展起来。

9 月 5 日晚，中共中央书记处召开电话会议，再次强调，北戴河会议下达的钢铁指标，只能超额，不准完不成。9 月 25 日，中共中央召开电话会议，更进一步要求从省、地、县到乡，各级第一书记都要亲自挂帅，亲临钢铁生产现场，日夜不停地指挥作战。

当时，把主要作业采用机械化方法生产的大中型企业称为"大洋群"；把采用土法生产的，以农民为主体的小型企业（或生产点）称为

---

① 薄一波：《若干重大决策与事件的回顾》下卷，中共中央党校出版社 1993 年版，第 699~700 页。

"小土群"。对于"大跃进"的钢铁指标，单纯靠正常地发展钢铁工业，在短短的几个月内难以奏效。于是，完成指标的希望寄托于"小土群"。8月以前，全国已建成一批年产钢在10万吨以下的小高炉、土高炉。9月以后，又新建了几十万座。冶金部先后在天津和河南商城县召开全国土法炼钢现场会，大力宣传炼铁和炼钢都要大搞小（小转炉、小土炉）、土（土法炼钢）、群（群众运动）；要打破所谓"保守思想"和"怀疑论"，让土法炼钢遍及全国各地。

7月底，用在钢铁生产上的劳动力有几十万人，8月底增至几百万人，9月底猛增到5000万人，10月底又增至6000多万人。加上其他行业直接间接支援的人员，全国投入大炼钢铁的人力超过了1亿，占全国总人口的1/6。

小高炉、土高炉的数量也迅速增长。7月间，有3万多座；8月间，增至17万座；9月底，猛增到60多万座；10月底，达到了几百万座。不但工厂、公社，而且部队、机关、学校，甚至外交部、省委机关也建起了土高炉、炼铁厂。

为了推动全民大炼钢铁运动，这时报刊不断报道各地大放钢铁"高产卫星"的情况。9月7日《人民日报》发表社论，宣传河南土高炉日产生铁比老钢铁基地辽宁、吉林、黑龙江3省的生铁日产量还要高。为了放这一颗"卫星"，河南省建立了5万多座土高炉，抽调了360多万人炼铁。9月29日是中央确定的放"卫星"的日子。全国日产钢近6万吨，铁近30万吨，出现了9个日产生铁超过万吨的省，73个日产生铁超过万吨的县和2个日产5000吨钢、1个日产4000吨钢的省。[1] 10月15日~21日是中央确定的高产周，《人民日报》称："一周内钢的平均日产量比以前14天的平均日产量增加了85%，……其中钢的最高日产量曾达到10万多吨。"日产煤炭100多万吨，铁路装车35000多车。[2] 对于上述做法，有人提出反对意见，认为这是一种蛮干。这种做法搞乱了生产秩序，破坏了比例和平衡，造成了紧张，是得不偿失。《红旗》杂志斥责持上述观点的人为"怀疑派"，批判他们为"对革命厌倦的人"。[3]

---

①《卫星齐上天，跃进再跃进》，《人民日报》1958年10月1日社论。

②《"钢铁生产周"胜利以后》，《人民日报》1958年10月26日社论。

③《红旗》1958年第12期。

大型现代化企业，当时也忽视现代化企业的特点，片面强调发挥群众的作用，对广大职工只是号召要破除迷信，解放思想，发扬敢想、敢说、敢做的共产主义风格，不提倡尊重科学技术规律，否定遵守规章制度的必要性。这样做的结果，虽然有一部分企业在群众运动中提出了不少合理化建议，改革了操作法和设备，提高了劳动生产率，但是大多数企业在大搞群众运动中，片面追求产量，盲目拼设备和强化开采，不顾质量和安全，不计经济效益，使企业陷于混乱之中，造成很大损失。

经过几个月的突击蛮干，加上相当程度的虚报浮夸，钢铁的产量有了迅速的增加。12月19日，全国已生产钢1073万吨，22日《人民日报》正式宣布提前完成钢产量翻番的任务。年底，则宣布钢产量为1108万吨，生铁产量为1369万吨，超额完成了1958年钢产量翻番的任务。这个数字虽然保住了"大跃进"的面子，却给国民经济带来了严重后果。大量人力、物力、财力被白白浪费，不少设备因超负荷运转招致严重损伤。合格的钢产量只有800万吨。在生铁产量中土铁达416万吨，甚至明明是废品也拿来凑数。土钢土铁生产亏损达十几亿元。为了生产这些土钢土铁，还过量开采矿石，大量砍伐树木，砸掉大量铁锅铁器，破坏了矿产和森林资源，影响了人民生活。而绝大多数土铁土钢的质量都很差，含硫量大大超过规定，难以使用。[1]

二、机械、煤炭和电力工业"大跃进"

在"大跃进"的热浪中，为了保证"钢铁元帅"升帐，各项工业指标都不断加码。首当其冲的是机械工业和电力工业。毛泽东在最高国务会议上提出关于"三大元帅、两个先行"的意见。他说：一为粮，二为钢，加上机器，叫三大元帅。三大元帅升帐，就有胜利的希望。还有两个先行官，一个是铁路，一个是电力。因此，在工业各部门中，除了钢铁工业以外，机械工业及作为钢铁工业主要燃料来源的煤炭工业和电力工业在"大跃进"中也处于重要的位置。

在"大跃进"的形势下，各部门、各地方纷纷加快生产建设速度，许多基建项目迫切需要大量的机械设备。为了适应各方面的急需，机械工业开始了"大跃进"，主要表现在三个方面：

---

[1] 柳随年、吴群敢主编：《"大跃进"和调整时期的国民经济》，黑龙江人民出版社1984年版，第34页。

1. 大搞生产建设的群众运动。"大跃进"中，不仅强调老厂翻番，生产车间三班倒，工具、机修等技术后方上前线，拼体力、拼设备，而且大上基本建设，省、地、县、社各级都大办机械厂，其他产业部门、施工部门，以及学校实习工厂也都大量制造机械设备，形成"遍地开花"。1958年~1960年，机械工业产量平均年增长率达85.4%。产量大幅度增长，质量普遍下降。例如冶金设备，1957年年产量1.38万吨，1958年~1960年总产量猛增到66万吨，其中就包括300多套简易轧机，上千套简易炼焦设备，上万套简易小高炉、小转炉。又如金属切削机床，1957年年产量2.8万台，1958年~1960年3年累计生产35万台，其中简易土机床和皮带机床就有28万台。大部分是一些性能差、效率低、能耗高的设备，在生产上造成很大浪费。

2. 突击式的、群众性的普及和发展机械技术。"大跃进"期间，机械工业加速完成了"一五"计划时期着手安排的一些重大新产品，技术水平有了一定的提高。如制成了5万千瓦成套火电设备、220千伏级高压输变电设备、1513立方米高炉、3350立方米/小时制氧机、3200米石油钻机、跃进牌2.5吨载货汽车、Y7520W型万能螺纹磨床、80毫米×2500毫米精密丝杠车床、400毫米×560毫米双柱坐标镗床等。同时，自行设计制造了1.2万吨自由锻造水压机、1.2万千瓦双水内冷气轮发电机、7.25万千瓦混流式水轮发电机组、1.25万千瓦冲击式水轮发电机组、135系列柴油机等。由于这些产品是用突击方式完成的，没有严格执行技术标准和工艺规程，大都存在不同程度的质量问题，以后又花了较大力量逐步完善，多数产品到调整时期或调整以后才鉴定验收。为了实现机械工业的高速发展，当时强调要"解放思想，破除迷信，敢想敢干"，提倡土洋并举，土法上马，大搞土简设备。1958年10月，一机部在哈尔滨市机联机械厂召开现场会，推广大搞土设备的做法。由于机械工业的群众运动满足于表面上的轰轰烈烈，不讲求实效，"大跃进"中推广的355项重大革新，只有30%取得一定效果。有些革新违反了科学，严重影响产品的性能和质量。

3. 基本建设投资规模过大。为了适应高指标的要求，机械工业进行了大规模的基本建设。1958年~1960年的3年"大跃进"中，施工项目猛增到2000多个，其中大中型项目200多个。在3年内全部建成投产的只有20多个项目，这些项目主要是在"一五"时期已经开工续建的重点项目，包括机床行业的武汉重型机床厂、成都量具刃具厂、哈尔滨第一工具厂；重型机械行业的沈阳重机厂、第一重机厂、洛阳矿山机器厂；仪表行业的西安仪表厂；电工行业的哈尔滨三大动力厂二期工程、哈尔滨和西安绝缘材料厂、哈尔滨电碳厂、武汉锅炉厂、湘潭电机厂、西安电力电容器厂、西安高压高瓷厂、保定变压器厂；轴承行业的洛阳轴承厂；农机行业的洛阳第一拖拉机厂、石家庄农业机械厂、湖南动力机厂。部分投产的还有兰州石油化工机器厂、郑州砂轮厂等近百个项目。经过大规模的基本建设，在西安、兰州、郑州、合肥、杭州、保定等地形成了新的机械工业基地。布局虽然展开了，但是没有处理好与专业化协作的关系，工厂"大而全"、"小而全"，省市、部门之间都自成体系，重复生产、重复建设非常严重。由于基建规模过大，超过了可能，分散了力量，致使一些国家急需的重点建设项目，如开封阀门厂等反而没能按时建成。建设项目内部也不平衡，冷热加工不协调，前后左右不配套，大量项目没有建成就不得不停建缓建，造成很大浪费。①

煤炭工业作为保证"钢铁元帅升帐"的重要一环，在"大跃进"中，受到高指标、瞎指挥、浮夸风的影响很严重。首先是高指标。为了配合当时全民大炼钢铁，煤炭工业部提出了"全民大办煤矿"。1958 年 10 月，在河南省宝丰县召开全民办煤矿现场会。1959 年 3 月，进一步要求全国每一个矿井都要做到"日日高产，月月高产"，"大面积丰产"。计划产量和建井总规模指标越来越高。1958 年建井总规模达 2.5 亿吨，当年开工 1.7 亿吨。这个数字比 1957 年增加了 198%。结果只得简易投产，降低了工程质量和移交标准。地质勘探也片面追求进尺，忽视质量和效果，给设计、施工造成了困难。为了适应大办钢铁的紧迫形势，煤炭工业部在短短几天内仓促定点建设 232 个与小焦炉配套的简易洗煤厂，并突击设计、施工，3 年中开工建设了 170 个，后来大部分报废。其次是瞎指挥。这在技术工作上表现最为突出。如不顾水力采煤有很严格的适用条件，强行要求全国煤矿立刻普遍推广。最后是高指标、瞎指挥导致了说大话、说假话的浮夸风。有的煤矿在井下放几炮，打几条巷道，就算出了煤。此外，在所谓"破框框"的思想指导下，煤矿许多行之有效的规章制度

①景晓村主编：《当代中国的机械工业》，中国社会科学出版社 1990 年版，第 30~35 页。

都被废除了。"大跃进"给煤炭工业造成了严重的后果。生产矿井采掘关系失调，巷道和设备失修，生产能力受到严重破坏。从 1960 年 5 月开始，全国煤炭产量持续地大幅度下降。[1]

电力工业在"大跃进"中也受到高指标、瞎指挥和浮夸风的影响。电力工业产量 1958 年达到 275.3 亿千瓦时，比 1957 年实际增加近 82 亿千瓦时，增长 42.3%；1959 年达到 422.9 亿千瓦时，比 1958 年实际增加 147.6 亿千瓦时，增长 53.6%；1960 年达到 594.2 亿千瓦时，比 1959 年增长 40.5%。3 年平均增长速度是 46%。到 1960 年 3 年内累计完成电力工业基本建设投资 77.69 亿元，新增发电装机容量 750.3 万千瓦，分别比"一五"计划时期 5 年累计完成额和新增额增加 1.6 倍和 2 倍。3 年中不仅建成了一批"一五"计划期间开工建设的重要水、火电站项目，同时，在 1958 年 1 月提出的"水主火从"的建设方针指导下，还开工兴建了不少大型水电项目。主要有：装机 50 万千瓦的丹江口枢纽，装机 29.97 万千瓦的富春江七里垄水电站，装机 44.75 万千瓦的拓溪水电站，装机 35.2 万千瓦的盐锅峡水电站和装机 122.5 万千瓦的刘家峡水电站等。但是由于急于求成，这一时期在水电建设中也不顾条件，过早地上了一批大型项目，最后不得不被迫下马。这批下马的项目共计 24 个，其中 1958 年下半年动工的 19 个，1959 年动工的 4 个，1960 年动工的 1 个。总装机容量达 867.8 万千瓦，造成损失近 6 亿元。[2]尽管电力工业建设已尽力加快速度，但仍然赶不上需要，在迫不得已的情况下，也实施了"全民办电"。一切可利用的动力资源都挖掘了出来，简易的土法设备也制造了出来。但是，这种不计经济效果、大量浪费资源的做法难以持久，造成了更大的浪费。

三、地方工业"大跃进"[3]

毛泽东在 1958 年 1 月写作的《工作方法六十条（草案）》中，以及在 1958 年 3 月召开的成都会议上，提出了各地工业总产值要在 5 年~7 年内超过农业总产值的要求。1958 年 5 月中共八大二次会议召开以后，中共中央进一步提出了建立比较完整的工业体系的经济区域任务。6 月初，中共中央决定把全国划分为东北、华北、华南、华东、华中、西北、西南

---

① 《当代中国的煤炭工业》，中国社会科学出版社 1989 年版，第 44~47 页。
② 彭敏主编：《当代中国的基本建设》上卷，中国社会科学出版社 1989 年版，第 94~95 页。
③ 本著所说的地方工业，是指的省（自治区、直辖市）、地、县各级地方政府管理的工业。

七个协作区，要求各协作区根据自己的资源等条件，尽快建立大型的工业骨干和经济中心，形成若干个具有比较完整的工业体系的经济区域。8月10日，毛泽东在天津视察工作时又进一步提出，各省也应建立比较独立的但是情况不同的工业体系。

为了完成上述任务，全国各地出现了大办工业的"大跃进"高潮。如工业不发达的甘肃省，1958年2月~3月，全省办厂1000多个；3月~5月，建厂3500个；5月~6月，全省厂矿数猛增到22万个，其中社办的18.5万多个。全省每个乡平均有110个厂矿，每个农业社平均有12个厂矿。

1958年8月，北戴河会议以后，各省、自治区、直辖市党委把主要力量转移到工业战线上来，出现了全党办工业、全民办工业的热潮。第一书记挂帅抓工业生产和建设工作，地方工业有了进一步的发展。1957年~1960年，社会主义国家所有制工业企业由49600个增加到96000个，集体所有制企业由119900个增加到158000个（其中社办工业为117000个）（详见附表22）。这3年增加的工业企业，主要是地方工业企业。

这样做的结果，一方面是地方工业有了迅速发展，社办工业和街道工业的兴起为今后地方工业的发展奠定了基础；另一方面是各地基本建设迅速膨胀，职工队伍膨胀，社会购买力膨胀，而新建的一些小型企业却耗费资源很大，效益很差。这都导致国民经济失衡，对后几年的发展带来了灾难性的后果。

第二节　1959年上半年，对工业生产建设指标的调整

"大跃进"的高指标必然使计划落空。1959年1月~5月，人们尽了最大的努力，鼓足干劲去做，工业产值比上年提高90%，但钢铁、电力、机械工业的生产都没有完成计划。为了完成计划，能想的办法都想了，但就是完成不了任务。有的行业，如煤炭业，即使勉强完成了计划，但是由于靠的是加班加点突击采煤，违背了各个生产环节要按比例均衡生产的内在规律，造成了危机，导致20%~30%的煤矿不能正常生产。这时尽管人们没有从根本上否定经济工作中"左"的指导思想，但这种客观情况，迫使人们不得不对1959年工业生产建设指标进行调整。

实际上，从 1958 年 11 月初~1959 年 7 月中旬毛泽东和党中央连续召开了一系列重要会议，努力纠正已经察觉到的"左"倾错误。1958 年 11 月 2 日~10 日，党中央在郑州召开了由部分中央领导人和若干省委书记参加的会议，即第一次郑州会议。在会上，毛泽东开始向到会的 9 位省委书记做"降温"工作。他说：现在开的支票太大了，恐怕不好。11 月 21 日在武昌召开由各省、自治区、直辖市党委第一书记、中央有关部长参加的政治局扩大会议，毛泽东继续做"降温"工作。他说："整个说来，认识客观规律，掌握它，熟练地运用它，并没有。所谓速度，所谓多快好省，是个客观的东西。客观说不能速，还是不能速。"1959 年 3 月 25 日~4 月 5 日，中共中央在上海先后举行政治局扩大会议和党的八届七中全会。毛泽东主持了会议，并在会上着重批评计划不落实、主观主义、没有科学依据。党的八届七中全会以后，毛泽东对压缩后的钢产量指标（即 1959 年生产 1650 万吨钢）仍不放心。他委托中共中央副主席陈云进行研究。陈云在作了周密的调查研究之后，得出结论：1959 年生产 900 万吨钢材，1300 万吨钢，是有可能的，但是还需要做很大的努力。[1]

但是，实事求是地降低指标并不轻而易举，需要做大量的工作，特别是各级领导干部的思想工作。1959 年 5 月 28 日，中共中央总书记邓小平主持书记处会议。他针对原来定的 1959 年生产 1800 万吨钢的高指标，强调指出：思想上应从 1800 万吨钢中解放出来，注意力放在全局上，不仅要搞工业，而且要注意整个国民经济……全面安排，解决工农、轻重关系，眼睛只看到 1800 万吨钢，就会把全面丢掉，包括丢掉人心。邓小平的这一番讲话实事求是，具有很强的说服力。

这样，尽管这次纠正"左"的错误是在基本肯定"大跃进"的前提下进行的，很不彻底，但这项工作仍然收到了一定成效。

1. 调整了工业生产建设的速度和规模。关于 1959 年工业生产建设计划指标，1958 年 8 月北戴河会议的安排为：钢产量 2700 万吨，争取 3000 万吨；煤 3.7 亿吨。钢铁和其他主要工业产品的产量，除了电力等少数几种以外，都将超过英国。这是 1959 年冒进指标的最高点。1958 年 11 月召开的党的八届六中全会把钢产量计划指标降到 1800 万吨~2000 万吨。1959 年

---

[1]《陈云文选》第 3 卷，人民出版社 1995 年版，第 134 页。

4 月，中共八届七中全会上确定将钢的指标调至 1650 万吨。1959 年 5 月，中共中央进一步把钢产量降到 1300 万吨。当年执行结果是 1387 万吨钢。

2. 对工业各部门之间的关系作了某些调整。（1）在工业生产方面，强调抓轻工业生产，抓日用工业品生产。为了缓和日用百货供应紧张的矛盾，自 1959 年 2 月以后，陆续采取了以下措施：①拨出一部分原材料，专门保证日用品的生产。②责令已经改行的工厂恢复小商品生产。③在人员、原材料供应、市场等方面采取措施，促使手工业产品的品种和质量恢复到 1958 年 8 月以前的状况；同时，压缩了重型设备、发电设备、交通运输工具等重工业的生产指标。（2）在工业基本建设方面，1959 年初减少了机械、电力、冶金和"尖端"工业部门的投资，增加了煤炭、化工、轻工、纺织、交通、商业、文教等部门的投资，补列了城市建设的投资。在重工业内部，加强了煤矿、铁矿、有色金属矿、石油等采掘工业的建设，注意使采掘工业和加工工业比例协调。在各工业部门内部，加强了薄弱环节。如在冶金工业内部加强了铁矿和炼焦厂的建设；在机械工业内部，注意解决设备配套的需要；在化学工业内部，加强了酸、碱、氨和其他化工原料的生产建设；在轻工业内部，加强了纺织、造纸、盐和糖的生产建设项目。

3. 调整工业和国民经济各部门的比例关系。在物资分配方面，尽可能地安排好重工业、轻工业、农业之间的关系，注意解决纺织工业、轻工业和其他市场急需物资的需要，并照顾到农业上的需要；在固定资产投资方面，首先照顾生产、维修方面的需要，然后照顾必要的基本建设，使生产与基建有所兼顾；注意保证出口和援外的需要；尽可能地留有余地，适当地补充库存等。

但这次很不彻底的纠"左"，在庐山会议后期发动"反右倾"运动以后，即迅速结束了。

第三节　1959 年夏，庐山会议后再次掀起工业生产建设的"大跃进"

一、庐山会议后期毛泽东发动"反右倾"斗争

1959 年 7 月 2 日~8 月 1 日在庐山召开的中共中央政治局扩大会议，

和 8 月 2 日~8 月 16 日在同处召开的中共八届八中全会，统称为庐山会议。在上庐山之前，毛泽东在北京主持召开中央会议，中心议题是讨论工业、农业、市场等问题。毛泽东、周恩来和李富春在讲话中都指出了"大跃进"的主要问题是对综合平衡、有计划按比例地发展国民经济重视不够。毛泽东特别指出："工农商都要挂帅"，"工业指标、农业指标中，有一部分主观主义，对客观必然性不认识"。庐山会议开始时，毛泽东对要讨论的问题作说明时也谈到：在"大跃进"中反映出领导干部不懂得经济规律，需要读书。在"大跃进"形势中，包含着某些错误，某些消极因素。从这些讲话和会议要讨论的问题可以看出，召开庐山会议的原本宗旨是要总结经验，纠正"大跃进"的过高指标，以便更好地实现1959 年的"跃进"。

从 7 月 3 日开始，中央政治局扩大会议按六大区分组讨论。讨论中出现了意见分歧。分歧的焦点在于对"大跃进"和人民公社化运动的评价上。7 月 10 日，毛泽东在组长会议上讲话，认为尽管"得不偿失"的例子可以举出很多，但从全局来看，是 1 个指头与 9 个指头，或 3 个指头与 7 个指头的问题，最多是 3 个指头的问题。成绩还是主要的，无甚了不起。一年来有好的经验与坏的经验，不能说光有坏的、错误的经验。他希望与会者对形势的看法能够一致，以利团结，争取 1959 年的继续"跃进"。7 月 14 日，会议印发了初期讨论的议定记录，既肯定了"大跃进"的成就，也讲了缺点，并有许多指导性的具体规定。它的基本精神是纠"左"，但很不彻底，仍规定了工业增长 20%左右的速度。

尽管庐山会议初期的讨论进行得和风细雨，轻松愉快，被人们称之为"神仙会"，然而对"大跃进"基本评价的分歧预示着暴风骤雨即将来临。

彭德怀对庐山会议上出现的"护短"现象很焦虑。为此，他于 7 月 14 日给毛泽东写了一封信，要求认真总结 1958 年"大跃进"和人民公社化运动的经验教训。这封信引起了毛泽东的不满。他断然指出："现在党内党外出现了一种新的事物，就是右倾情绪、右倾思想、右倾活动已经增长，大有猖狂进攻之势"，"这种情况是资产阶级性质的"，右倾已经成为主要危险。8 月 2 日~8 月 16 日召开的八届八中全会，宗旨即由政治局扩大会议的总结经验转变为"为保卫党的总路线、反对右倾机会主义、反对党的分裂而斗争"。

二、"反右倾"后新的"跃进"指标不断上升

庐山会议的"反右倾"之后,在全党范围内从上到下开展了一场声势浩大的"反右倾"斗争,在政治、经济等方面造成了极为严重的后果。在经济上就是终止了纠"左",掀起了继续"跃进"的高潮。在"反右倾、鼓干劲"的口号下,大办钢铁,大办县、社工业,大办街道工业等各种"大办"一拥而上。

在原来拟定 1960 年计划时,也曾考虑在上年调整的基础上,继续搞好综合平衡,指标留有余地。但是,在"反右倾"斗争的影响下,不仅调整无法进行,而且新的"跃进"指标不断上升。1960 年 1 月 30 日,中共中央批转了国家计委《关于 1960 年国家经济计划的报告》。报告要求继续进行"反右倾"斗争,争取国民经济的继续"跃进",并提出产钢 1840万吨。4 月 14 日,中共中央同意并批转了冶金部提出的 1960 年钢产量三本账的计划以及冶金部、煤炭部、铁道部关于实现这个计划的联合报告。三本账即:1840 万吨、2040 万吨、2200 万吨。为了争取实现第三本账,冶金的生产能力、煤炭的开发、铁路的运力都要相应提高,投资都要加码。5 月 30 日,中共中央正式批准了这一计划,决定确保完成第二本账,争取实现第三本账,并以此为标准来检查工作。

三、以保钢为中心的增产节约运动

钢产量的一再加码,使本来就难以完成的 1960 年工业生产建设计划更加超越了实际的可能。为了完成计划,全国又一次掀起以"保钢"为中心的保煤、保运输的"跃进"高潮,开展了以半机械化和机械化为中心的技术革新和技术革命运动。在采煤、采矿、炼铁方面大搞"小洋群"、"小土群",提出了在基本建设方面贯彻大中小结合,以中为主,以"小土群"为主的方针,各地大办小煤窑、小铁矿、小高炉、小水电等。但也只是一季度勉强实现了计划指标,达到了所谓"开门红"。4 月份以后,主要工业产品出现了下降的局面。第二季度,在 20 种主要工业产品中,17 种都没有完成计划,9 种平均日产水平都比第一季度下降。其中钢下降 5.8%,钢材下降 6%。这样,1960 年钢铁生产计划指标难以完成就显而易见了。

在这种情况下,1960 年 6 月中旬,中共中央政治局在上海召开扩大

会议，总结几年来的经济工作，讨论1960年国民经济计划。毛泽东在会议期间写的《十年总结》中再次提出实事求是的原则，指出：搞工业的，以及搞农业、商业的同志在一段时间内思想方法有些不对头，忘记了实事求是的原则。但是，在实际工作中，他并不认为工业下降是由于计划指标定得过高，违反了实事求是的原则；而认为工业生产情况不好的最大教训，一是措施不够具体有力，二是虽有措施，但组织执行抓得不紧。于是，为了保证"以钢为纲"的工业生产计划的实现，会议要求在第三季度内下最大的决心尽快解决工业管理上的"松"、"散"现象。

1960年7月5日~8月10日，中共中央在北戴河召开工作会议，主要讨论经济问题和国际问题。当时国家计委主任李富春和国家经委主任薄一波联名提出《1960年第三季度工业交通生产中的主要措施的报告》，指出为了扭转第二季度以来主要产品下降的局面，解决基本建设战线过长、物资使用分散的局面，必须削基建、保生产，集中力量把钢、铁、煤、运输的生产搞上去。会议批准了这个报告，并指出有的省份应当实事求是，根据煤炭和生铁供应的可能，降低钢的产量。这次会议确定压缩基本建设战线，决定以后国民经济计划不搞两本账，只搞一本账，不搞计划外的东西，不留缺口。

但是，正当实事求是的气氛逐渐浓厚的时候，在会议进行过程中，7月16日，当时的苏联政府突然照会中国政府，单方面决定在一个月内撤回全部在华专家，撕毁了专家合同和合同补充书，废除了科学技术合作项目；并且撕毁经济援助合同，停止供应我国建设需要的重要设备，对我国施加经济压力。这一事件的发生，严重地干扰了我国的工业生产建设，使我国的经济生活雪上加霜。苏联政府的背信弃义，激起了中国共产党和中国人民的愤慨。刚刚开始的冷静思考和处理问题又受到了干扰。面对严重的困难，一些同志在会上提出要炼"争气钢"，要争取当年生产2000万吨钢，提前实现钢产量赶上英国的目标。这样，会议就没有对经济的调整问题进行深入的讨论，而是通过了《关于开展以保粮、保钢为中心的增产节约运动的指示》。1960年8月14日，中共中央发布指示指出，摆在全党面前的紧急任务是，立即在全国开展一个以保粮、保钢为中心的增产节约运动，争取完成和超额完成1960年的国民经济计划。

开展以保粮、保钢为中心的增产节约运动后，钢产量有所回升。但缓慢的回升中相当一部分是靠废钢铁支撑的，质量没有保障。煤炭等其他主要工业产品产量还大幅度下降。到 9 月底，全国一共生产钢 1290 万吨。如要完成计划规定的 1840 万吨，从 10 月 1 日起，每日必须生产 6 万吨，而当时的日产水平只有 5 万吨~5.5 万吨。鉴于全国钢铁生产面临完不成计划的严峻形势，中共中央一再发出保证钢铁生产的通知和紧急指示。12 月 3 日，中共中央发出的《关于保钢问题的紧急指示》指出：今年能不能完成 1840 万吨钢的生产任务，是国内外瞩目的一件大事，是一个政治问题。指示要求各地区、各部门抓紧时机，克服困难，集中力量抓煤、钢、铁、运，把钢铁的生产水平突击上去，确保 1960 年工业的继续跃进。并且号召全党和工业交通战线上的全体同志紧急动员起来，鼓足干劲，反对一切右倾思想和畏难情绪，加强组织管理工作，战胜一切困难，为保证全面完成和超额完成全年生产 1840 万吨钢的任务而奋斗。

在强有力的政治动员和不断"反右倾"斗争的压力下，各部门、各地区主要采取了以下措施增加钢的产量。

1. 扩大基本建设规模。全国施工的大中型项目，1958 年就有 1587个，1959 年压缩指标以后，比上一年减少了 226 个，1960 年上半年，全国施工的大中型项目又回升到 1500 个。[①]

2. 拼设备与强化开采。新建大型厂矿远水解不了近渴。为了实现"跃进"指标，只有大办在短时间内就能投产但耗能大、产品质量差的小企业，同时迫使老企业超负荷运转或强化开采。这不仅使设备、资源遭到严重破坏，而且产品质量下降，原材料消耗量增加。如 1960 年计划生产 1840 万吨钢，根据矿石品位情况，需矿石 9000 万吨以上和辅助原料2800 万吨。为了保钢，只得强化开采。到 1960 年底，铁矿掘进共欠账2731 万米，设备完好率仅 36.8%。

3. 兴办以"小洋群"和"小土群"为特征的地方企业。兴办采用土法生产的小型工业企业，自 1958 年逐步展开。到 1959 年底，土法生产的生铁占全国生铁产量的 50%，铁矿石的 45%，焦炭的 70%。1960 年国民经济计划进一步规定，各个工业部门、各个地方和人民公社都应当继续积极地发展一批"小洋群"企业和"小土群"企业。同时，提高原有的

---

①《中国工业经济统计资料》(1986)，中国统计出版社，第 169 页。

这类企业的生产水平。到 1960 年底，据 21 个省、自治区、直辖市的统计，工业部门共有职工 1820 万人，其中"小洋群"686.6 万人，"小土群"318 万人，合计 1004.6 万人，占职工总数的 55.2%。

4. 发动群众性的技术革新和技术革命运动。1958 年中共八大二次会议明确指出，我国正在进入以技术革命和文化革命为特征的社会主义建设的新时期。此后，在全国范围内就逐渐开展了技术革新与技术革命运动。1960 年初，中共中央两次发出指示，号召立即掀起一个以大搞半机械化和机械化为中心的技术革新和技术革命运动。技术革新和技术革命运动在 1960 年大体经历了三个阶段。在 4 月份以前，以大搞机械化、半机械化，自动化、半自动化为主；在 5 月份以后，以超声波、煤气化、管道反应化为主，推广新技术，创造新产品；在 8 月份以后，力求把技术革新、技术革命运动同以保粮、保钢为中心的增产节约运动结合起来。广大职工在这场运动中发扬了首创精神，创造了一批行之有效的革新成果。到 1960 年 6 月底，全国工业生产部门机械化、半机械化程度已经从 1959 年末的 30% 左右提高到 50% 左右。在采用新工艺、新技术和创制新产品方面也取得了成就。但是在运动中，也出现了急于求成、浮夸虚假的偏差。

5. 各行各业生产服务于实现钢铁生产指标。当时要求，"当钢铁工业的发展与其他工业的发展，在设备、材料、动力、人力等方面发生矛盾的时候，其他工业应该主动放弃或降低自己的要求，让路给钢铁工业先行"。[1] 这一精神基本上贯彻于"大跃进"的始终。

通过不顾一切后果，挤掉轻工业、农业和其他方面发展的措施，到 1960 年底，钢的产量勉强达到 1866 万吨，比 1959 年增加了 479 万吨，增长 34.5%。[2] 但同时使整个国民经济陷于极端困难的境地。

①《立即行动起来，完成把钢产量翻一番的伟大任务》，《人民日报》1958 年 9 月 1 日社论。
②《中国统计年鉴》(1984)，中国统计出版社，第 225 页。

第三章 改进工业的经济管理体制和企业管理制度

第一节 改进工业经济管理体制

一、实施改进工业经济管理体制的方案

在国民经济恢复时期和"一五"时期逐步建立起来的高度集中的计划经济体制，有其产生的历史必然性，并起过重要的积极作用，但同时也充分暴露了其固有的严重弊端。经过 1956 年~1957 年的酝酿和讨论，在 1957 年 10 月召开的扩大的党的八届三中全会上，基本上通过了由陈云主持起草的《关于改进工业管理体制的规定（草案）》、《关于改进商业管理体制的规定（草案）》和《关于改进财政管理体制的规定（草案）》。这三个规定于 1957 年 11 月经国务院第 61 次全体会议讨论通过，接着又经过全国人民代表大会常务委员会第 84 次会议批准，于同月 18 日由国务院正式公布下达。1958 年 3 月中共中央成都会议又进一步决定，对计划、工业、基本建设、物资、财政、物价和商业等方面的管理体制，按照统一领导、分级管理的原则进行改进。根据上述规定和决定，对工业管理体制进行了改进。

（一）调整中央和地方关系，扩大地方管理工业的权限

扩大地方管理工业权限的中心，是调整企业的隶属关系，把由中央直辖的一部分企业，下放给省、自治区、直辖市领导，作为地方企业。

1957 年 11 月轻工业部第一批下放了 43 个纸厂和胶鞋厂，接着又下放了食品工业各厂；同年 12 月，纺织工业部下放了 59 个大中型纺织企业；1958 年 3 月继续下放了 143 个纺织企业、事业单位，改由地方管理。

1958 年 3 月成都会议后，中共中央、国务院作出了《关于工业企业下放的几项决定》，① 进一步扩大企业下放的范围。文件规定：国务院各主管工业部门，不论轻工业或者重工业部门，以及部分非工业部门所管理的企业，除一些主要的、特殊的以及"试验田"性质的企业仍归中央继续管理以外，其余企业原则上一律下放归地方管理。下放的步骤：先轻工业，后重工业。在下放企业后，中央各工业部门的职责是，以三四分力量掌握全国规划和直接管理的大企业，加强科学研究工作；以六七分力量，从供给技术资料、指导技术设计、培养技术人员、交流先进经验、进行全面规划等方面，帮助地方办好企业。

根据这一决定，1958 年 6 月 2 日，中共中央确定，轻工业部门所属单位，除 4 个特殊纸厂和 1 个铜网厂外，全部下放；重工业部门所属单位大部分下放。6 月 6 日正式批转了冶金、第一机械、化学、煤炭、水利电力、石油、建筑、轻工、纺织 9 个工业部门关于企业下放问题的报告。要求它们一律于 6 月 15 日以前完成全部下放企业的交接手续。从 1957 年底开始到 1958 年 6 月 15 日止，上述 9 个工业部门陆续下放了 8000 多个单位。

中央各工业部所属企事业单位 80% 以上交给了地方管理。② 1958 年中央直属企业由 1957 年的 9300 多个减少到 1200 多个，其工业产值占整个工业总产值的比重由 39.7% 降为 13.8%。③

在下放工业企业的同时，还对计划、基本建设、物资、财政和劳动等方面的体制进行了改进。

1. 计划管理体制的改进。依据 1958 年 9 月 24 日中共中央、国务院《关于改进计划管理体制的规定》，④ 主要是实行在中央领导下以地区综合平衡为基础的专业部门和地区相结合的计划管理体制。其具体做法是：

① 《中国工业经济法规汇编（1949~1981）》，第 117 页。
② 《新华半月刊》1958 年第 13 期，第 63 页。
③ 《我国经济体制改革的历史经验》，人民出版社 1983 年版，第 71 页。
④ 《中国工业经济法规汇编（1949~1981）》，第 172~174 页。

（1）国家计划必须统一，各地方、各部门的经济、文化建设都应当纳入全国统一计划之内。中央负责编制全国的年度计划和远景计划，安排地区经济的合理布局和进行全国计划的综合平衡。中央管理的主要是：主要工农业产品的生产指标；全国基本建设投资；主要产品的新增生产能力和重大建设项目；重要的原材料、设备、消费品的平衡和调拨；进出口的贸易总额和主要商品量；全国财政收支和地方财政收入的上缴、支出和补助以及信贷的平衡和资金调拨；工资总额、职工总数和全国范围内的科学技术力量、劳动力的培养和调配；铁路的货运量和货物运输周转量；各部直接管理的企业和事业单位的计划和主要技术力量。（2）在国家的统一计划的前提下，实行分级管理的计划制度，充分发挥地方的积极性。各省、自治区、直辖市计划工作的主要任务是：根据中央所确定的方针，负责综合编制本地区内全部企业、事业（包括中央管理、地方管理的企业、事业单位在内）的计划，并在确保国家规定的生产任务的条件下，对本地区的工农业生产指标进行调整和安排；在确保新增生产能力和重大建设项目以及不增加国家投资的条件下，对本地区内的建设规模、建设项目、资金使用等方面进行统筹安排；在确保国家对重要的原料、设备和消费品的调拨计划的条件下，对本地区内的物资可以调剂使用；在确保财政收入上缴任务或不增加国家补助的条件下，超收分成和支出结余部分由地方支配；在确保国家的劳动计划和技术力量调配任务的条件下，对本地区内的劳动力和技术力量可以统筹安排。（3）自下而上地逐级编制计划和进行综合平衡。各区、乡、社的经济文化建设都纳入县的统一计划之内；各县、专区的计划经过综合平衡后纳入省、自治区、直辖市的计划，经过各协作区综合平衡后，纳入全国统一计划内；中央各部门在地区平衡的基础上编制全国范围的专业计划；中央计划机关在地区平衡和专业平衡的基础上，进行全面的综合平衡，编制国家的统一计划。

实行这一规定后，1959 年国家计委管理的工业产品从 1957 年的 300 多种减少到 215 种，按产值计算占全国工业总产值的 58%。[①]

2. 基本建设管理体制的改进。（1）放松基本建设项目的审批程序。为

[①]《我国经济体制改革的历史经验》，人民出版社 1983 年版，第 71 页。

了加快发展地方工业，1958 年 4 月，中央决定放松基本建设项目的审批程序，让地方扩大基本建设规模。各省、自治区、直辖市兴办限额以上建设项目，除了提出简要的计划任务书（其中规定产品数量、品种、建设规模、厂址和主要的协作配套条件）报送中央批准外，其他设计和预算文件，都由省、自治区、直辖市自行审查批准。某些与中央部门管理的企业没有协作配套关系，生产的产品不需要全国平衡的限额以上的建设项目，其计划任务书先经省、自治区、直辖市批准，再报送中央有关部门备案。限额以下的项目完全由地方自行决定。[①] 同年 9 月，国务院又进一步决定：中央将集中主要力量对全国分地区分事业的规划进行审查和研究（如一个协作区安排完整的工业体系的规划、煤矿的开发规划等）。中央只负责审批以下建设项目的设计任务书：①生产全国平衡的工业产品的骨干建设项目。②具有全国性的或者同几个省、自治区、直辖市有重大协作关系的重大建设项目。③对生产力的地区分布有重大影响的建设项目。④贯穿几个省（自治区）的铁路干线。其余建设项目的设计任务书，属于地方管理的，由各省、自治区、直辖市审批报有关部委备案；属于中央各部管理的，由各部审批后报国家计委、建委备案。[②]（2）实行基本建设投资包干制度。把年度国民经济计划和国家预算核定的基本建设投资（包括储备资金），在保证不降低生产能力、不推迟交工日期、不突破投资总额和不增加非生产性建设比重的条件下，交由各有关建设部门和单位统一掌握，自行安排，包干使用。建设工程竣工以后，资金如有结余，可以留给建设部门和建设单位另行使用于其他生产建设上。据不完全统计，1959 年全国实行投资包干的建设单位达 5000 多个，占全国投资总额的 40%左右。其中冶金、煤炭、水电、石油、化工等系统实行包干的投资额占本部门投资总额的 75%~80%。

3. 物资管理体制的改进。主要内容是增加各省、自治区、直辖市人民委员会在物资分配方面的权限，实行全国统一计划下的、以地区管理和地区平衡为主的物资调拨制度。具体做法是：（1）主要原材料和设备，由中央统一分配，并由中央各主管部门负责同省、自治区、直辖市协商，

---

①《中华人民共和国国民经济和社会发展计划大事辑要（1949~1988）》，红旗出版社 1989 年版，第 118 页。
②《中华人民共和国国民经济和社会发展计划大事辑要（1949~1988）》，红旗出版社 1989 年版，第 124 页。

编制该地区的年度调出调入计划。不在中央统一分配范围内的原材料和设备，由各省、自治区、直辖市，各专区、各县分别确定产品目录和分配计划进行统一调度。(2) 机械产品由有关主管部门分工负责分配。如冶金设备由冶金工业部负责，发电设备由水利电力部负责等。(3) 中央所属的企业单位和事业单位生产、基本建设所需要的物资，除军工生产单位所需要的物资，出口、援外和储备所需的物资，民航所需燃料外，都向所在地的省、自治区、直辖市提出申请，由省、自治区、直辖市的主管机关组织供应。(4) 各省、自治区、直辖市在保证完成国家计划的条件下，对国家分配的物资有权在本地区内进行调剂。

实行这一制度后，1959 年第一季度，统配、部管物资减少到 132 种，比 1957 年 532 种减少了 3/4。① 对保留下来的统配、部管物资，也由过去"统筹统支"，改为"地区平衡，差额调拨"，中央只管调出、调入。在分配供应方面，除铁道、军工、外贸、国家储备等少数部门外，不论中央企业和地方企业所需物资，都由所在省、自治区、直辖市申请、分配、供应。

4.劳动管理体制的改进。主要进行两方面的改进：(1) 试行合同工和亦工亦农制度。从 1957 年底到 1958 年初，针对单一的固定工形式和能进不能出的弊病开始进行改进试点，对原有工人和干部继续实行固定工制度，对新招收的工人实行合同工制度；从农村招收的，实行亦工亦农，合同期满仍回家务农。县以下企业增加工人基本上实行亦工亦农的合同工制度。(2) 放松招收新工人的审批管理。1958 年 6 月中共中央决定放松国家对招收新工人的审批管理，把劳动力的招收、调剂等项工作，交由各省、自治区、直辖市负责管理。②

5. 财政管理体制的改进。总的精神是扩大地方财政管理权限，既要保证国家重点建设所需要的资金，又要适当增加地方的机动财力。主要内容是：(1) 在财政的收支方面，把过去"以支定收，一年一变"改为"以收定支，五年不变"。具体做法是：①在财政收入方面，实行分类分成的办法。属于地方财政的收入有三种：第一种是固定收入，包括原有

---

① 周太和主编：《当代中国的经济体制改革》，中国社会科学出版社 1984 年版，第 505 页。
②《中国劳动立法资料汇编》，工人出版社 1981 年版，第 17 页。

地方企业收入、事业收入、其他收入以及 7 种地方税收；第二种是企业分成收入，包括中央划归地方管理的企业和虽然仍属于中央管理但地方参与分成的企业利润，20%分给企业所在省（市、区）作为地方收入；第三种是调剂分成收入，包括商品流通税、货物税、营业税、所得税、农业税和公债收入。这些收入划给地方的比例，根据各个地区财政平衡的不同情况，分别计算确定。②在财政支出方面，属于地方财政的支出有两种：第一种是地方的正常支出，由地方根据中央划给的收入自行安排；第二种是由中央专项拨款解决的支出（如基本建设拨款），每年确定一次，由中央拨付，列入地方预算。此外，对地方国营企业和地方公私合营企业需要增加的流动资金，30%由地方财政拨款，70%由中央财政拨款或者由银行贷款。③为了满足地方正常支出的需要，以省、自治区、直辖市为单位，按以下四种情况，分别划定地方的收入项目和分成比例：第一种情况，地方用固定收入能够满足正常支出需要的，不再划给别的收入，多余部分按照一定的比例上缴中央；第二种情况，地方用固定收入不能满足正常支出需要的，划给企业分成收入，多余部分按一定比例上缴中央；第三种情况，地方用固定收入、企业分成收入仍然不能满足正常支出需要的，划给一定的调剂收入；第四种情况，以上三种收入全部划给地方，还是不能满足正常支出需要的，中央给予拨款补助。确定地方正常支出和划分收入的数字，都以 1957 年的预算数为基数。收入项目和分成比例确定后，原则上 5 年不变，地方多收了可以多支。（2）在税收管理方面，主要是减少税收，简化征税办法。把商品流通税、货物税、营业税和印花税等 4 种税合并为"工商统一税"。并且把原来的多次征税改为工业品在工厂一般只征一道税。同时，扩大地方对税收的管理权限。各省、自治区、直辖市可以在一定的范围内，根据实际情况，对某些税收采取减税、免税或加税措施。为了调节生产者的收入，平衡负担，开辟财源，或者为了有计划地安排生产，限制盲目的生产经营，在必要的时候，各省、自治区、直辖市可以制定税收办法，开征地区性的税收。对于工商税的征收环节和起征点的规定，省、自治区、直辖市凡是认为确实不合理的，可以机动处理。

（二）调整国家与企业的关系，扩大企业的管理权限

主要进行了四方面的改进：

1. 减少指令性指标，扩大企业计划管理权限。国家向国营工业企业下达的指令性指标由原来的 12 项减少为主要产品产量、职工总数、工资总额和利润 4 项，其他 8 项作为非指令性指标。规定利润指标只下达到地方，不再下达到各企业。国家只下达年度计划，季度、月度计划有些可以由企业自行制定。计划由下而上制定，把以前的两次下达、两次上报，改为两次下达、一次上报。

2. 实行企业留成制度。工业企业的利润，由国家和企业实行全额分成。具体办法是：（1）企业留成比例，以主管部为单位计算确定；确定以后，基本上 5 年不变。主管部可以在本部企业留成所得总数范围内，根据各个企业的具体情况，分别确定它们的留成比例。（2）留成比例以第一个五年计划期间各部所使用的下列资金作为计算基数：预算拨付的技术组织措施费、新种类产品试制费、劳动安全保护费、零星固定资产购置费等 4 项费用；企业奖励基金和社会主义竞赛奖金；按规定提取的超计划利润留成部分。将上述基数与在同一时期内所实现的利润总数比较，算出企业留成的比例。（3）企业留成所得的使用原则是：大部分用于生产，同时适当照顾职工福利。用于社会主义竞赛奖金和其他不包括在工资总额以内的奖金支出，以及用于职工福利设施和职工生活困难补助支出 3 项合计，不得超过企业职工工资总额的 5%。[1] 当时，规定企业留成比例为 13.2%。1958 年~1960 年，利润留成额逐年增加，分别为 30 亿元、51 亿元、60 亿元。其中用作自筹基建投资的金额分别为 6 亿元、16 亿元、30 亿元，它所占的比重分别为 20%、31.4% 和 50%。

3. 试行流动资金的"全额信贷"制度。1958 年，国营企业定额流动资金，实行 70% 由财政拨款、30% 由银行贷款的办法。从 1959 年起，国营企业的流动资金，一律改由人民银行统一管理。过去国家财政拨款给国营企业的自有流动资金，全部转作人民银行贷款，统一计算利息。在此以后，国营企业需要增加的定额流动资金，由各级财政在年度预算中安排，交当地人民银行统一贷款。[2]

① 《中国工业经济法规汇编（1949~1981）》，第 118 页。
② 国务院：《关于人民公社信用部工作中几个问题和国营企业流动资金问题的规定》，《新华半月刊》1959 年第 1 期，第 65 页。

4. 改进企业的人事管理制度。除企业主要负责人（厂长、副厂长、经理、副经理等）、主要技术人员以外，其他一切职工均由企业负责管理。在不增加职工总数的条件下，企业有权调整机构和人员。

二、改进工业经济管理体制中出现的问题和初步调整

在 1958 年初提出社会主义建设"大跃进"方针以后，以实行地方分权为重点的管理体制改进，就成为加快发展地方工业、实现"大跃进"的一项主要措施。这样，就把这一次改进纳入了"左"倾思想的轨道，出现了下放管理权限过多、过急的现象。

首先是中央所属企业下放过了头，一些关系国民经济命脉的大型骨干企业也下放了。而且企业下放采取了政治运动的方式突击完成，时间过急，改变过快。企业下放到省、自治区、直辖市以后，多数地方又层层下放，有的下放到专区、县或城市的区，有的还下放到街道和公社。这样大量的复杂的企业在很短的时间里下放给地方，地方的管理工作一时难以跟上，其结果是管理混乱，协作关系被打乱。

其次是计划权、基建审批权、物资权、劳动管理权、财权下放过多，一些应由中央掌握的决策权也下放给了地方，而宏观经济控制不仅没有相应地加强，反而抛弃了一些原来行之有效的东西，以致出现了严重失控的现象。

上述问题在 1958 年下放管理权限后不久已经陆续出现，党中央有所察觉，采取了一些补救措施。

1958 年 12 月，中共中央武昌会议作出了关于工业建设中的几项规定，规定个别骨干企业，因建设任务过重或技术复杂等原因，地方管理确有困难的，可由省、自治区、直辖市提出，将各该企业的投资、原材料、设备以及主要技术人员，仍归中央主管部门负责管理和调度。1959 年 6 月，毛泽东进一步指出：现在有些半无政府主义。"四权"（人权、财权、商权和工权）过去下放多了一些，快了一些，造成混乱。应当强调一下统一领导，中央集权。下放权力，要适当收回。① 根据上述规定和毛泽东的讲话，陆续收回了某些部门的若干企业的管理权限。

在收回若干企业管理权限的前后，中共中央、国务院还在财政、基

---

① 《中华人民共和国国民经济和社会发展计划大事辑要（1949~1988）》，红旗出版社 1989 年版，第 132 页。

本建设、物资、劳动工资、资金使用等方面采取了一些补救措施，进行了初步调整。

1. 整顿财经纪律，加强财政计划管理，适当集中财权。1958 年 9 月，国务院通过了《关于进一步改进财政管理体制和相应改进银行信贷管理体制的几项规定》。[①] 决定从 1959 年起，在中央和地方的关系上，改变"以收定支，五年不变"的办法，实行"总额分成，一年一变"[②] 的财政体制，试图以此解决财力分散、财政计划同国民经济计划不相衔接的问题，但仍难奏效。

1960 年 1 月，国务院发布《关于加强综合财政计划工作的决定》，指出：为了更全面更有计划地反映国家财政资金的整个面貌，统筹安排资金支出，切实建立和健全综合财政计划制度，把国家预算内、预算外收支和信贷收支统一纳入计划，进行综合平衡，是十分必要的。编制综合财政计划，应当根据民主集中制和全国一盘棋的原则，把国家一切财政资金都纳入综合计划里来。

1960 年 12 月，财政部进一步提出了改进财政体制、加强财政管理的意见。主要内容是：(1) 国家财权基本上集中在中央、大区和省（自治区、直辖市）三级。(2) 国家财政预算，从中央到地方实行上下一本账，坚持收支平衡，一律不搞赤字预算。(3) 整顿预算外资金并加强管理，用预算外资金兴办的企业的收入一律纳入国家预算；把企业留成的比例减掉一半左右；不准化预算内收入为预算外收入，不准把预算外开支挤入预算内开支。(4) 企业要严格实行资金管理和成本管理制度，不准将利润留成资金用于计划外基本建设和挪作行政开支；不准将属于大修理基金、利润留成资金和基本建设投资以及行政、事业经费中的开支挤入企业的成本。(5) 工商统一税税目的增减和税率的调整，盐税税额的调整，必须报中央批准。凡属地方性税收的开征，地方税目税率的变动，必须报经中央局批准。

2. 加强对基本建设的计划管理。1959 年 5 月，国务院在有关决定中，在肯定投资包干制度的积极作用的同时，强调要进一步加强国家计划管

---

① 赵德馨主编：《中华人民共和国经济专题大事记（1949~1966）》，河南人民出版社 1988 年版，第 909 页。
② "总额分成"是地方负责组织的总收入和地方财政的总支出挂钩，以省、自治区、直辖市为单位，按地方财政总支出占地方财政总收入的比例，作为地方总额分成的比例。

理，建设部门和建设单位必须执行统一的国家建设计划，保证完成国家既定的建设任务；强调要保证工程质量，不能片面地求多、求快、求省而忽视工程质量；建设单位节约下来的资金，用于增加新的建设项目时，必须事先报告；强调要加强经济核算，健全财务管理制度；对生产资金和基本建设资金严格分开管理，保证执行全国一盘棋的方针；各级财政部门要根据计划拨款，并监督使用。1960年末，国务院又规定投资包干结余资金用于新增建设项目，必须经国家计划部门批准。

3. 上收招收新工人的审批权限和工资管理权限。1959年，中共中央先后规定，自各基层单位到各省、自治区、直辖市到中央各部，都应该在编制生产事业计划的同时，编制劳动工资计划。计划必须逐级批准。计划一经确定，必须严格按照计划办事。各类人员的工资标准非经国务院有关部门批准一律不得变动，并把废除了的奖励制度改为综合奖。1960年9月，中共中央又一次强调上述精神，并要求进一步加强工资基金管理、户口管理和粮食管理工作，对于任何单位不经批准私自增加的人员，银行不拨给工资基金，粮食部门不供应口粮。

4. 加强物资的集中管理。从1959年第二季度起，许多物资改变"地区平衡"、"差额调拨"的做法，逐步恢复"统筹统支"或改为"统筹统支和地区平衡相结合"的办法；分配供应仍以部门为主管理；1959年下半年，统配、部管物资由第一季度的132种调整为285种。[①]1960年5月，在国家经济委员会内设立了物资管理总局，负责组织和实施物资分配计划。

5. 清理资金的使用状况，加强资金管理。针对许多地区和部门擅自挪用银行贷款和流动资金的混乱情况，1959年2月，国务院要求各企业保证国家拨给的自有流动资金完整无缺，抽调企业流动资金运用于基本建设和其他用途的，应当设法补足，不得冲减企业法定基金，不得减少国家流动资金。同年7月，中共中央强调要划清基本建设投资和流动奖金的界限。凡是1958年以来，动用银行贷款和流动资金进行基本建设，或者用于其他财政性开支的，都应当用财政拨款归还银行和企业。

综上所述，1958年工业经济管理体制的改进，对调动地方积极性，发展地方工业起了一定的积极作用。但是，这次改进只强调扩大地方管

---

① 《我国经济体制改革的历史经验》，人民出版社1983年版，第71页。

理工业的权限，根本忽视企业经营自主权。同时，把下放管理权限作为促进地方工业发展、实现工业生产建设"大跃进"的一项重大措施，过多过急地下放权限，而整个管理体制由"条条"为主变为"块块"为主，在宏观上却缺乏一套有效的控制办法。因此，使经济生活出现混乱的局面，加重了"大跃进"造成的经济失衡。最后，被迫重新恢复集中统一的管理体制，这项改进归于失败。

第二节　改进工业企业管理制度

从 1956 年起，中共中央和毛泽东就在探索建立适合中国具体情况的经济管理体制的同时，探索建立符合我国国情的工业企业管理制度。但这种探索特别是这方面的实践，更多地还是在 1958 年开始的"大跃进"期间。就理论上来说，主要又是集中毛泽东概括的"鞍钢宪法"。1960 年 3 月 11 日，中共鞍山市委向中共中央写了一个题为《关于工业战线上的技术革新和技术革命运动开展情况的报告》，介绍了他们在这方面初步取得的经验："第一，必须不断地进行思想革命，坚持政治挂帅，彻底破除迷信，解放思想。""第二，放手发动群众，一切经过试验。""第三，全面规划，狠抓生产关键。""第四，自力更生和大协作相结合。""第五，开展技术革命和大搞技术表演赛相结合。"3 月 22 日，毛泽东在代中共中央草拟的批语中，高度评价了鞍钢的这些经验，把它称为"鞍钢宪法"，并要求全国大中型企业学习这些经验。他指出：过去鞍钢"认为这个企业是现代化的了，用不着再有所谓技术革命，更反对大搞群众运动，反对'两参一改三结合'的方针，反对政治挂帅，只信任少数人冷冷清清的去干，许多人主张一长制，反对党委领导下的厂长负责制。他们认为'马钢宪法'（苏联一个大钢厂的一套权威性的办法）是神圣不可侵犯的"。现在这个报告"不是'马钢宪法'那一套，而是创造了一个'鞍钢宪法'。'鞍钢宪法'在远东、在中国出现了。"①

依据毛泽东所概括的"鞍钢宪法"的主要内容，"大跃进"期间，我

---

① 《中国工业经济法规汇编（1949~1981）》，第 11~17 页。

国在建立社会主义企业管理制度方面，主要进行了以下探索和实践：加强党的领导，实行党委领导下的厂长负责制；坚持政治挂帅；大搞群众运动；实行"两参、一改、三结合"。

一、加强党的领导，实行党委领导下的厂长负责制

按照党的八大精神，"在一切企业中同样实行党委集体领导的制度，也就是党委集体领导下的厂长负责制或经理负责制等等"。[①] 如前所述，这就不适当地否定了适应现代化生产要求的并且同党的领导和民主管理可以相容的厂长负责制，使我国企业领导制度在健康发展道路上发生了一次严重的曲折。在"大跃进"期间，在"左"的思想指导下，还把这一本来就不合理的制度又推向一个极端，几乎把企业管理工作都置于党委的绝对领导之下，车间的行政工作也要在党支部的统一领导下进行。

由此造成的恶果，一是用书记一长制代替了厂长负责制，妨碍了党委本身应该承担的工作，削弱了党的领导。二是削弱甚至取消了厂长的生产经营指挥权，使企业的生产指挥系统失灵。三是使正在推行的、作为企业民主管理基本形式的职工代表大会制度流于形式。

二、强调政治挂帅

如果就政治工作是经济工作的先行和生命线这些意义上来说，政治挂帅这个口号无疑包含了合理的内容，并有积极作用。但在"大跃进"期间，这个口号也被纳入了"左"倾路线的轨道，不仅成为推行"左"倾路线的工具，并因此而把它的作用夸大到超越政治工作所能达到的范围。其重要表现有：

1. 通过加强思想政治工作，不断批判所谓"右倾思想"，为贯彻"大跃进"方针开辟道路，并把工业生产建设的成就与缺陷都归结为是否实现了政治挂帅。

2. 通过加强思想政治工作，大兴共产主义协作之风，服务于社会主义建设的"大跃进"。毫无疑问，即使在社会主义初级阶段，提倡社会主义协作，不仅是企业管理所必需的，同样也是整个工业管理，以至国民经济管理所必需的。但像"大跃进"时期开展的那样的共产主义大协作，却是从根本上脱离社会主义初级阶段这个基本实际的。其主要表现是只

①《中国共产党第八次全国代表大会文件》，人民出版社1980年版，第136页。

讲政治挂帅，不讲等价交换和无偿调拨。

3. 只强调通过思想政治工作来提高劳动者的积极性。在这方面，虽然也讲政治挂帅第一，物质鼓励第二，实际上是只讲"政治挂帅"，否定按劳分配和物质利益。1958 年 8 月后的一个时期内，流行的观点认为按劳分配、工资制度、脑力劳动与体力劳动的收入差别等，都是资产阶级法权的残余，把实行物质利益原则，实行等级工资制、计件工资制，统统斥为实行"金钱挂帅"，主张立即取消工资制，实行供给制。按照这些观点，不少地区和部门先后废除了工矿企业的计件工资制度和奖金制度，甚至实行供给制。这就使"一五"时期还不突出的端"铁饭碗"、吃"大锅饭"的计划经济体制的弊病大大严重起来。

三、大搞群众运动

在工业生产建设中大搞群众运动，自始就是推行"大跃进"方针的基本方法。在运动中表现出来的职工群众的积极性是十分可贵的，对我国工业生产建设也起过有益的作用。但由于群众运动适合于组织战争和进行政治斗争，并不适合（至少不完全适合）生产发展的客观规律的要求，特别是由于它始终是为实现"大跃进"方针服务的，因而从根本上说来，是失败的，并导致了许多严重后果。诸如忽视甚至否定生产经营管理人员、科学技术人员和工程技术人员的作用，削弱甚至破坏合理的企业规章制度，助长生产建设上的高指标，导致企业不讲经济核算和国民经济比例关系的失衡等。

四、"两参、一改、三结合"

两参，是指干部参加劳动，工人参加管理；一改，是指改革不合理的规章制度；三结合，是指领导干部、技术人员（专业管理人员）、工人结合起来，共同研究解决生产技术和企业管理中的问题。

关于这一方面的探索，最早取得经验的是黑龙江省庆华工具厂。他们的经验包括三方面内容：（1）科室车间管理干部每天参加半日劳动，厂级主要领导干部每周参加一天劳动。（2）工人在车间行政的领导下，直接参加生产小组的一部分日常管理工作。（3）改进企业管理业务，即改革不合理的规章制度。

1958 年 4 月 25 日，《人民日报》发表了中共黑龙江省国营庆华工具厂委员会《关于干部参加生产、工人参加管理和业务改革经验的初步总结》，编者按语中指出：华庆工具厂党委关于干部参加生产、工人参加管理和业务改革的经验，是一项具有重大意义的创举，是对企业管理的一项重大改革和提高，是完全符合社会主义企业管理原则的。这项经验在全国一切具有条件的工业企业中都应当推行。[1]

庆华工具厂的管理经验很快在全国得到了推广，并发生过积极作用。但由于企业管理上的这项创造也被纳入了"左"倾路线的轨道，成为推进"大跃进"方针的手段，并且是采取群众运动的方式进行的，因此在推广过程中也发生了诸多严重后果。（1）许多企业忽略了生产管理方面的厂长负责制，以至削弱、甚至取消了厂长的职权，使企业的生产指挥系统失灵，生产工作处于调度不灵或缺乏统一指挥的状态。（2）不少企业在实行精简机构的时候，不考虑现代化企业管理的需要，把计划、设计、技术经验、技术安全、设备动力、工艺等必要的职能科室取消了，或者合并成一个或两三个办公室。有些企业甚至推行"无人管理"和"工人自我管理"，致使无人负责的现象相当严重。（3）不少企业在改革规章制度工作中，也只求多快，忽略好省；注意了破，忽略了"立"；把破除迷信同尊重科学对立起来，甚至把合理规章制度看成束缚工人群众积极性的"教条主义"的东西；强调大搞群众运动，否定集中领导；等等，以至把一部分不应当破的规章制度也破了，或者虽然未宣布废除，但也无人执行，结果造成了许多工作无章可循、有章不循的混乱局面。这些管理混乱的状态，给工业生产带来了严重损害。如事故增多，设备超负荷运转、失修损坏严重，窝工浪费严重，产品质量下降，等等。

针对上述情况，1959年3月15日《人民日报》发表了题为"有破必有立"的社论。明确提出，当前主要的任务应当是"立"，应当把破了以后没有立起来的规章制度立起来，特别是要把那些对生产建设关系重大的规章制度，例如党委领导下的厂长负责制、各种责任制、各种工艺规程和操作规程、各种检验制度和安全制度等建立起来，而且立了要行，行要彻底。1959年6月，中共中央要求各工业部门和各省、自治区、直辖市认真抓一下企业管理工作，发动干部和工人充分揭露企业管理中的问题，采取实事求是的态度，对原有的和新建立的规章制度进行审查、

①《新华半月刊》1958年第10期，第90页。

修订和补充。对于某些必须由上级管理部门统一规定的规章制度和直接掌握的重大问题，要求有关部门尽快作出具体规定，发布实施。但是在党的八届八中全会开展"反右倾"斗争后，改进企业管理、整顿工业生产秩序工作实际上又被打断了。

综上所述，"大跃进"期间我国在建立社会主义企业管理制度方面所做的各项探索，其中有科学成分，并起过积极作用，这是一方面；另一方面，又是局限于计划经济体制的框框内，许多方面脱离实际，特别是由于被纳入了推行"大跃进"方针的轨道，从而产生了严重后果。

第四章 手工业合作组织的"转厂过渡"

　　1956年9月24日,陈云在党的八大上提出:"我国的社会主义经济的情况将是这样:在工商业经营方面,国家经营和集体经营将是工商业的主体,但是附有一定数量的个体经营。这种个体经营是国家经营和集体经营的补充。"① 由于这种思想影响,特别由于前段时期对个体手工业的社会主义改造的面过宽,不完全适应社会生产力发展的要求,于是一定数量的个体手工业者又产生了。个体手工业者人数由1956年的54.4万人增加到1957年的64万人,占全体手工业者人数的比重由8.8%上升到9.8%。但如前所述,1956年下半年经中共中央批转的中共中央手工业管理局和全国手工业合作总社筹委会党组的报告中,就提出了集体所有制的手工业生产合作社向国家所有制的工厂过渡的任务,并于1957年开始付诸实施。

　　到了1958年开始的"大跃进"时期,在所有制变革问题上盲目追求"一大二公"的"左"的思想大大膨胀起来,总想尽快全部消灭个体经济,并把集体经济变成国有经济,企图以单一的社会主义公有制甚至单一的社会主义国有制来代替客观必然存在的在公有制占主体地位条件下多种经济形式并存的经济结构。在上述"左"的思想支配下,1958年4月,中共中央决定:对于个体手工业户,除不适合组织集体生产的某些特殊手工业品允许继续进行个体生产外,都组织他们加入手工业合作社;并把集体工业并入或转为国营企业。

---

① 《陈云文选》第3卷,人民出版社1995年版,第13页。

在上述政策指导下，现存的为数不多的个体手工业者大部分又都被卷入了集体经济，以致在"大跃进"时限内经济统计资料中都找不到个体手工业产值的数字了。同时，对于手工业合作社也错误地进行了"转厂过渡"。1958年、1959年全国10万多个手工业合作社（组）的500多万社员中转厂过渡的占总人数的86.7%。其中过渡为地方国营工厂的占37.8%，转为合作工厂的占13.6%，转为人民公社工厂的（实际也是准地方国营工厂）占35.3%，继续保留合作社形式的只占13.3%。① 在匆忙"转厂过渡"的同时，又盲目地刮起了"转产风"。这些都严重地阻碍了生产力的发展，带来了许多问题。

1. 集中的规模过大，撤点过多，既影响生产，又使居民生活不便。不少地区把农村的农具修配站、修配组集中合并成较大的机械制造厂，影响了农具的及时修理。

2. 片面追求"高精大"产品，忽视"低粗小"大众化产品的生产。如北京市著名的王麻子刀剪厂，从1958年9月份起，300多人转为生产产值大的炼钢用具和翻砂工具，只留下20人生产刀剪。产值虽然提高，但是刀剪产量却从月产35000把降到3000把。原有各种剪子200多种，只剩下11种；原有各种刀子360种，只剩下7种。

3. 转行改业。在各地大搞钢铁和大办地方工业中，有些生产人民生活必需的小商品行业，劳动力和机具设备被抽走了，改行转业。

4. 不适当地实行统一核算，共负盈亏，大大影响了劳动者的积极性。

5. 削弱了对手工业工作的管理。有的地区手工业联社撤销了；有的地区联社与其他工业部门合并以后，无人管手工业工作；有些地区把一些生产名牌产品的合作社、厂也下放到区、街道或农村人民公社去管理，其结果是省、市不管了，区、社管不了，无法安排生产。

6. 不少地方对手工业生产灵活多样、能够适应社会多方面需要的特点认识不够，对手工业合作社在发展生产、安排供销、民主办社、勤俭办社等方面的丰富经验重视不够，把原来的一套制度搞乱了，供销渠道搞乱了，致使手工业的经营管理发生了一些混乱现象。

由于急于过渡和急于改组，加上手工业所需的原材料供应困难的问

---

① 薄一波：《若干重大决策与事件的回顾》上卷，中共中央党校出版社1991年版，第456~457页。

题没有及时得到解决，造成日用工业品减产，以致全国各地出现了手工业品供应十分紧张的局面。在各地大中城市和广大农村，木盆、菜篮、竹床、木桶、拖把、小锅、小勺、鞋钉、鞋眼、顶针等日用品严重供应不足。农村中的小农具，如镰刀、锄头等也十分缺乏。

为了改变上述状况，各地在1959年上半年采取了一些措施，恢复了一些减产或停产的小商品。中共中央在1959年8月还发出了《关于迅速恢复和进一步发展手工业生产的指示》，[①] 提出了18条措施。其中属于调整所有制和企业规模的措施如下。

1. 鉴于人民生活的需要是多样化的，手工业产品的花色品种也应当多样化，服务方式也应当多样化，所有制形式也应当多样化，要有全民所有制和集体所有制，也要有部分必要的个体经营。

2. 有些手工业合作社转为国家所有制后，对生产不利，对居民不便的，应该采取适当的步骤再退回来。有的可以退回到联社经营的大集体所有制的合作工厂，有的可以恢复到原来的合作社，个别的还可以退回到合作社领导下的自负盈亏。已经转为公社工业的，仍然应当按照手工业合作社的办法来办，实行集体所有制，单独经济核算。

3. 由小并大的企业，如果不能按照社会需要保持和恢复原有品种和数量的，对人民生活不便的，应该适当划小。划小以后，有些仍然可以保持国家所有制，有些也可以保持集体所有制。

4. 一些游街串巷的修理、服务行业，他们的收入，可以采取分成的办法，或者自负盈亏的办法。

5. 在社会主义条件下，家庭手工业是社会主义经济的补充和得力助手，应该在社会主义经济的领导下，在不妨碍农业生产的条件下，特别是在保证产品质量的要求下，经过商业部门或手工业联社采用加工订货的办法，充分发挥它的积极作用。

关于加强手工业的管理和经营的措施有：要按行业、按产品实行分工分级管理；凡是归哪里管理而且管理得适当的，就固定下来不再改变；归得不适当的，就应当进行调整。在手工业企业内部，应当实行经济核算制；要充分发扬原有手工业合作社勤俭办社的优良作风。此外，还必

---

① 《中国工业经济法规汇编（1949~1981）》，第10页。

须认真做好手工业的原材料、燃料的供应工作。

这些措施对手工业生产的恢复起了一些作用。但是，由于庐山会议后"反右倾"斗争的开展，各地并没有认真贯彻这些措施，其作用是有限的。按 1957 年不变价格计算，集体所有制工业产值由 1957 年的 137.6 亿元下降到 1958 年的 118 亿元，1959 年回升到 169.9 亿元，但 1960 年又下降到 155.1 亿元；这 4 年，集体所有制工业产值占工业总产值的比重由 19.5%下降到 10.8%，回升到 11.4%，再下降到 9.4%（详见附表 13）。

第五章　1958 年~1960 年，工业生产建设的成就和"大跃进"的严重后果及主要教训

第一节　1958 年~1960 年，工业生产建设的成就

1958 年~1960 年，由于全国上下自力更生，艰苦奋斗，团结协作，互相支援，动员了空前规模的人力、物力、财力，工业生产建设有了迅速的发展。

1. 建成了一批重要的工业项目，新增了大量的生产能力。在这 3 年中，施工的大中型工业项目达到 2200 个左右，其中完工和部分完工而投入生产的有 1100 个左右；施工的小型工业项目约有 9 万多个。不少重要的工业工程，如洛阳第一拖拉机制造厂、保定化学纤维联合厂、新安江水电站，以及我国第一座试验性的原子反应堆和回旋加速器等，就是在这一期间投产的。

由于进行了大规模的基本建设，主要工业部门，特别是重工业各部门的现代化生产设备和生产能力有了很大的增长。1960 年与 1957 年比，煤炭部直属煤矿的正规矿井由 294 对增加到 568 对；全国 55 立方米以上的高炉由 43 座增加到 334 座，有效容积由 1.4 万立方米增加到 5 万立方米；平炉由 42 座增加到 83 座，炉底面积由 1600 多平方米增加到 3600 多平方米。主要产品产量新增生产能力有很大增长。1958 年~1960 年，炼

钢新增生产能力达到 1254 万吨，炼铁 1339 万吨，煤炭开采 8511 万吨，发电机组容量 751.7 万千瓦，水泥 1141.2 万吨（详见附表 1）。

在这 3 年内，新建了石油化工设备、拖拉机制造、精密机械制造、有机合成等过去没有的重要工业部门。

在这期间，还增加了许多新的工业产品品种，工业产品的自给程度有了很大的提高。比如，钢材品种就由 1957 年的 4000 种增加到 1958 年的 6000 种。[①]

2. 工业总产值和主要工业产品产量，特别是钢铁等重工业产品产量迅速增长。1960 年与 1957 年比较，工业总产值由 704 亿元增加到 1650 亿元（按 1957 年不变价格计算），增加了 1.34 倍。其中重工业产值由 330 亿元增加到 1100 亿元，增加了 2.3 倍。主要工业产品除了糖、丝等少数产品产量下降以外，原煤、原油、电、钢铁等都有大幅增长（详见附表 3）。

3. 在我国工业发展史上，农村工业第一次有了迅猛的发展。到 1960 年，社办工业企业总数达到 11.7 万个，占工业企业总数的 46.1%，占集体工业企业总数的 74.1%。尽管当时这些工业技术水平和产品质量都比较低，经过 1961 年~1965 年的经济调整，这些工业保留下来的也不多，但为而后（特别是 1978 年以后）农村工业的大发展提供了经验，起了先导的作用。

4. 工业物质技术基础有了加强。国营工业企业的固定资产原值由 1957 年的 324.6 亿元增加到 1960 年的 721.8 亿元，增长 1.22 倍，工程技术人员由 17.5 万人增长到 40 多万人，增长 1 倍多。

5. 工业地区布局有了进一步的改善。在工业总产值中，沿海地区工业产值的比重由 1957 年的 67.9% 下降到 1960 年的 65.3%，内地由 32.1% 上升到 34.7%（详见附表 19）。

但是，在这期间，工业生产建设"大跃进"是在急于求成"左"的指导思想下进行的，大大超过了当时的国力；又是在"以钢为纲"的方针指引下进行的，突出一点，不及其余。因此，这一期间的发展是以投入超越实际可能的财力、物力、人力，破坏国民经济的合理比例关系，降低经济效益，降低人民生活水平为代价的。工业本身的某些成就，如主

---

① 《伟大的十年》，人民出版社 1959 年版，第 74 页。

要工业产品的高产量，也是建立在不稳固的基础上的，是不能持久的。

第二节　"大跃进"对工业生产建设造成的严重后果

工业生产建设"大跃进"是以急于求成、夸大主观意志作用为特征的"左"倾思想的产物。因此，它的后果是十分严重的，主要表现在以下几个方面。

一、工业与国民经济其他部门的比例关系严重失调

1. 工业生产建设的高指标，超过了国家财力的可能，破坏了财政应有的平衡。"大跃进"期间基本建设投资总额比"一五"时期5年合计增加418.94亿元，其中用于工业投资的占86.2%。工业投资3年共达611.42亿元，比第一个五年计划期间增长1.44倍。工业投资额占整个基本建设投资额的比重，第一个五年计划时期为42.5%，"大跃进"期间上升到60.7%。基本建设投资额的增长，大大超过了国家财政收入的增长。1960年与1957年比，基建投资增长1.7倍，而国家财政收入仅增长84.5%。基建拨款在国家财政支出中所占比重也提高得过大了。第一个五年计划期间，它的年平均比重为37.6%，当时，各方面的关系都比较协调。"大跃进"3年猛升到54%~56%。这不仅挤占了其他各方面发展所需的资金，而且使国家财政连续3年出现了赤字，1960年赤字达到81.8亿元。[①]

2. 工业生产建设的"大跃进"超过了农业可提供产品和劳动力的可能，破坏了工业与农业的合理的比例关系。自第一个五年计划开展大规模工业建设开始，农产品供应就比较紧张。1958年工业总产值增长54.8%，而农业总产值仅增长2.4%；1959年、1960年工业总产值又继续增长36.1%和11.2%，而农业总产值却在下降了13.6%以后又下降了12.6%。与发展工业有关的各种主要农产品供应不足的情况日益严重。工业的增长越来越超过了农业负担的可能。到1960年9月，不得不决定压低农村和城市的口粮标准。

在人力方面，由于1958年工业生产建设规模的扩大，工业和基建队

---

① 《中国统计年鉴》（1983），中国统计出版社，第323、445、448页。

伍迅速膨胀。全年全国工业和建筑企业共增加新职工 1900 多万人，相当于原有职工总数的 2 倍。在新增职工中，从农村招收的为 1000 万人左右。不仅如此，全民大办钢铁、大办工业，大搞以"小土群"为特征的群众运动，更大量地占用了农业生产第一线的青壮劳力。到 1958 年底，工业劳动者达到 4416 万人，比上年增加了近 3000 万人，增长 2 倍多；农业劳动者减少 3818 万人，减少近 20%；工业和农业劳动者的比例从 1957 年的 1∶13.8 下降到 1960 年的 1∶3.5。[①] 1959 年，党中央觉察到这一问题的严重性，采取了一系列措施，压缩工业劳动者，增加农业劳动者。但是 1959 年和 1960 年工业与农业劳动者的比例仍然只有 1∶5.6 和 1∶5.7。1960 年使用在农业第一线上的劳动力为 17019 万人，仍比 1957 年减少 2291 万人。工业生产建设的"大跃进"过多地占用了农村劳动力，这是 1958 年农业丰产不丰收的重要原因，也是 1959 年、1960 年粮食、经济作物减产的一个重要因素。

3. 工业生产建设"大跃进"超过了交通运输业可提供的运输能力，破坏了工业和交通运输业的比例关系。1958 年~1960 年，铁路、水路、公路的运输能力都有比较大的增长，但工业生产建设的"大跃进"对运输的需要远远超过当时的运输能力，交通运输一直处于十分紧张的状态。为了适应工业生产建设"大跃进"对运输的需要，通过各种办法，全国货运量虽然得到比较快的增长，1960 年比 1957 年增长了 1.1 倍，但仍然赶不上需要。

二、工业内部各种比例关系严重失调

工业生产建设的急躁冒进以及实行"以钢为纲"的方针，也引起了工业本身内部各种比例关系的严重失调。

1. 轻重工业的比例关系严重失调，"一五"时期已开始出现重工业过重的倾向。重工业在"大跃进"3 年投资达 545.7 亿元，为"一五"时期重工业投资额的 2.6 倍。而轻工业投资仅 65.7 亿元，只比"一五"时期增加了 75.3%，投资比重由第一个五年计划期间的 15% 降低到 10.7%。同时，轻工业生产所需的燃料、动力、钢材、木材等原材料，以及运输能力经常被挤占，使轻工业生产能力不能得到充分的利用和发挥。例如，

---

①《中国统计年鉴》(1984)，中国统计出版社，第 109 页。

供机械制造用的钢材占整个钢材生产消费量的比重，1957 年为 34.8%，"大跃进" 3 年上升到近 50%；而轻工产品消费的钢材占整个钢材生产消费量的比重，1957 年为 20.7%，1958 年下降到 13.8%，1959 年、1960 年又连续下降到 11% 和 10.2%。与此同时，由于受到 "以钢为纲" 发展工业的影响，1959 年、1960 年农业全面减产，轻工业所需的农产品原料也来源不足，很多轻工业企业开工不足。此外，原来生产日用消费品的部分轻工业企业和重工业企业，有的转产机电设备，有的改为为重工业服务。因此，轻工业总产值从 1960 年开始下降，当年下降了 10%。轻工业总产值与重工业总产值的比例发生了很大的变化，1957 年为 55：45，1960 年变为 33.4：66.6（详见附表 14）。

2. 重工业内部加工工业和采掘工业的比例关系严重失调。采掘工业是原材料工业的基础，它的发展需要的投资大、周期长。在 "一五" 期间，在重工业内部投资的分配上，采掘工业占 28.6%，原材料工业占 33.8%。但在 "大跃进" 3 年中，采掘工业的投资比重下降到 21.7%，原材料工业的投资比重增长到 42.3%，两者的比例显然是不合理的。这种不合理的状态突出表现在采掘工业能力与冶炼加工工业能力增长的关系上。"大跃进" 期间，采取抓中间带两头的方针，钢铁冶炼工业一马当先，但是，铁矿石、辅助原料矿石的采选、烧结并未相应地带动起来，赶不上冶炼的需要。有色金属内部的冶炼和开采的关系也不协调。煤矿的发展同样跟不上冶炼生产的需要。1957 年原煤产量 1.3 亿吨，"大跃进" 3 年新增机械化、半机械化采煤能力只有 1.1 亿吨，而 1960 年实际采煤达 3.97 亿吨，其余近 1.6 亿吨原煤是依靠老矿强化开采和小矿简易投产突击增产的，以致煤矿的开采与掘进比例也严重失调，设备损坏严重。即使如此，由于冶炼用煤大幅度增长，原煤供应还是十分紧张。1957 年炼焦用煤在煤炭消费量中的比重为 11%，1960 年提高到 28.1%，从而使生活用煤比重相应地由 43.4% 下降到 18.1%，铁路用煤的比重也由 7.5% 下降到 5.9%。人民的正常生活和铁路运输都受到严重影响。不少工业企业，特别是轻、纺工业企业，因缺煤而停工、半停工。总之，当时整个采掘工业，包括煤矿、铁矿、有色金属矿、辅助原料矿、化学矿、石灰石矿的生产能力都落后于冶炼加工能力。

3. 加工工业内部各环节之间的比例关系失调。这突出表现在主机与配套设备的关系上以及生产与维修的关系上。由于在生产安排上重主机，轻配套，许多配套厂转产主机，不少设备往往缺这少那，不能成套供应使用。1960 年，电力系统新增装机容量中，有 1/3 以上的机组缺乏配套设备不能充分发挥作用。冶金系统大中型项目中，轧机不配套的占 30%，高炉不配套的占 50% 以上，平炉和铁矿山不配套的占 80% 以上。其他部门也都存在同样的问题。设备配套已经成为当时我国新建企业能否迅速投入生产的一个决定性环节。与此同时，在生产安排上，还重制造、轻维修，把许多承担修理和生产配件的工厂、车间升级制造设备。3 年内机械制造能力增长很快，而维修和配件生产能力却有减无增。在原材料分配上又挤占了维修用料，从而使大量的因过度运转而损坏的设备无法修复。

三、工业生产建设的经济效益大幅度下降

在工业生产方面，一是产品质量下降。1960 年生铁合格率由 1957 年的 99.4% 下降到 74.9%，其中重点钢厂由 99.4% 下降到 85.9%。中央直属煤矿所产煤炭的灰分由"一五"时期的平均 21% 增加到 24%。二是劳动生产率降低。全国全民所有制工业企业全员劳动生产率，1957 年为 6362 元，1958 年后逐年下降，到 1960 年下降了 7.8%。[1] 三是物资消耗增加，成本提高。1960 年与 1957 年相比，全国工业企业每百元产值的生产费用从 51.1 元增加到 56.4 元，每亿元工业总产值平均耗用的电力由 2501 万千瓦时增加到 3443 万千瓦时，每亿元工业总产值平均耗用的煤炭由 10 万吨左右增加到 21 万吨。[2] 四是流动资金占用增加。每百元工业总产值占用的流动资金，由 1957 年的 19.4 元上升到 1960 年的 24.5 元（详见附表 42）。特别是在群众运动中仓促投产的小型企业，一般都消耗大、质量差、效率低、成本高。例如，小高炉生铁质量很差，成本每吨一般高达 250 元~300 元，比生铁调拨价格（每吨 150 元）高出 66%~100%；焦炭的消耗比大高炉一般超过 1 倍~2 倍。小高炉生铁在生铁总产量中所占的比重很大（如 1959 年占一半左右），严重影响整个工业生产的经济效果。此外，物资报废、损坏、霉烂变质等现象也十分严重。因此，工业企业亏损激增。

---

① 《中国统计年鉴》(1984)，中国统计出版社，第 270 页。
② 周太和主编：《当代中国的经济体制改革》，中国社会科学出版社 1984 年版，第 79 页。

在工业建设方面，同样存在着经济效益差的情况。建设项目建成投产少，建设周期长，占用资金多，固定资产交付使用率下降，报废损失严重。1960年末，平均建设周期拉长到9年，比"一五"时期延长了3年；[①] 固定资产交付使用率降到68.8%，比1957年降低24.6个百分点；[②] 大中型项目投产率降到9.8%，比1957年下降了16.6个百分点（详见附表43）。

社会主义国家所有制独立核算工业企业全要素生产率由1957年的4.4%下降到1960年的0.2%。[③]

四、市场上商品供应量和需求量严重失调

由于工业生产建设规模迅速膨胀，职工人数猛增，社会购买力迅速增长。1957年社会购买力为488.2亿元，1958年增加到578.8亿元，1959年、1960年又分别增加到675.1亿元和716.6亿元，平均每年增加76亿元。其中全民和集体所有制职工工资总额由1957年的217.6亿元增加到1960年的324.1亿元，平均每年增加35.5亿元。城镇集团购买力平均每年也增加10.8亿元。但是，市场上商品的供应，特别是吃穿方面商品的供应由于轻工业和农业减产，进口消费品又限于外汇短缺不能增加，缺口很大。为了缓和市场供求矛盾，不得不挖商品库存。如1960年底与1957年比，花纱布的库存减少了1/3左右。即使如此，1960年社会商品购买力仍大于零售商品货源74.8亿元，占当年社会购买力的10.4%，到年末，有176.4亿元的购买力未能实现。1960年每元货币所有的国内贸易消费品库存，由1957年的5.2元减为1.1元，下降了78.8%。人民的基本生活必需品供应量也日益减少。例如，1960年全国每人平均的棉布供应定量降到新中国成立以来前所未有的低水平。其他商品，如食盐、火柴、锅、盆、碗、筷之类的日用工业品也都严重供应不足。到1960年9月，各地凭票、凭证限量供应的商品多达30多种。

五、职工生活水平下降

3年"大跃进"期间，工业总产值和主要重工业产品成倍地增长，而工业企业职工的收入，不仅没有相应增加，反而有所减少。国营工业部

① 《我国经济体制改革的历史经验》，人民出版社1983年版，第76页。
② 《中国统计年鉴》（1983），中国统计出版社，第343页。
③ 汪海波：《工业经济效益问题探索》，经济管理出版社1990年版，第78~79页。

门职工平均工资 1957 年为 690 元，1958 年降为 526 元，1959 年降为 514 元，1960 年略有回升，也只有 538 元，仍比 1957 年下降 22%。平均工资下降的主要原因是新工人增加过多。新参加工作的工人技术等级比较低，平均工资也比较低，从而把整个平均工资拉低。但是，原有职工标准工资没有调整，计件工资制和某些奖金、津贴反而被取消或减少，也是平均工资下降的原因之一。这不能不影响职工的实际收入。在 3 年期间，城镇居民按货币表现的消费水平，只是由于职工家庭从事工作的人数增加，每个职工负担人数减少，才勉强有一些提高。但是这一期间全国物价指数提高了。如果按可比价格计算，实际工资下降了。国营工业企业职工实际工资，1958 年~1960 年这 3 年分别比上年下降 6%、8.3% 和 6.5%。集体工业企业职工的实际工资下降幅度更大（详见附表 45）。

　　以上所述，充分说明，不仅"大跃进"难以为继，即使要维持简单再生产也困难重重。工业生产建设已到了非调整不可的时候了。只有在调整中巩固、充实、提高，才能摆脱困境，走上正常的发展道路。

第三节　"大跃进"的主要教训

　　前面的叙述表明：1958 年开始的"大跃进"是新中国成立以后在社会主义建设方面发生的第一次全局性的严重的"左"的错误。认真总结这次错误的教训，不仅对正确认识历史是必要的，而且有重要的现实意义。

　　这次错误发生的原因及其相应的教训主要有以下几点。

　　1. 社会主义建设经验不足，对经济发展规律和中国经济基本情况认识不足。1960 年 6 月，毛泽东在他写的《十年总结》一文中指出："对于我国的社会主义革命和建设，我们已经有了十年的经验了。""但是我们对于社会主义时期的革命和建设，还有一个很大的盲目性，还有一个很大的未被认识的必然王国。""我们要以第二个十年时间去调查它，去研究它，从其中找出它的固有的规律，以便利用这些规律为社会主义的革命和建设服务。"[①] 毛泽东这里分析的"大跃进"错误的原因及其得出的教

---

　　① 《中国共产党历次重要会议集》下卷，上海人民出版社 1983 年版，第 43 页。

训，无疑是正确的。问题是在而后的年份里，他自己并没有认真地、全面地吸取这个教训。

2. 党中央和地方的许多领导人（尤其是毛泽东）在胜利面前滋长了骄傲自满情绪，急于求成，夸大了主观意志和主观努力的作用，忽视了客观经济规律的作用。当时，从中央到地方，各级领导普遍存在的浮夸风和瞎指挥风，就是这一点的突出表现。忽视客观经济规律的作用，重要的有以下五方面。

第一，由于片面强调重工业（特别是钢铁工业）的发展速度，否定国民经济按比例发展的规律以及与此相联系的综合平衡。"大跃进"主要是重工业的"大跃进"，特别是钢铁工业的"大跃进"。当时提出的"以钢为纲"的方针，就体现了这一点。而正是这个方针片面强调了钢铁工业的发展速度，违反了经济的按比例发展的规律和综合平衡。还要着重指出，"大跃进"由于片面强调工业的发展速度，从根本上违反了农业作为国民经济发展基础的规律。

第二，由于片面强调工业的发展，根本违反了经济增长速度对于经济效益的客观依存关系。"大跃进"中盲目地、片面地追求经济增长速度，忽视甚至根本否定经济效益。当时提出的"要算政治账，不要算经济账"的口号，就是这方面最集中最典型的表现。这就决定了经济的高速增长是不可能持久的。

第三，由于片面强调生产关系对生产力的促进作用，根本违反了生产关系适合生产力发展的客观要求。"大跃进"期间，完全无视我国社会生产力的发展状况，轻率地在全国农村发动了人民公社化运动，把农业生产合作社改造为农村人民公社；在全国城镇加速了手工业生产合作社向合作工厂甚至向国营工厂的过渡。与此同时，又对农业和手工业合作化过程中留下的和而后又有发展的个体的农业和手工业实行了社会主义改造。这一切，又都是在社会主义改造本来已经速度过快、改造的面过宽、农业和手工业的生产合作社还不巩固的情况下，采取群众运动方式在很短的时间内实现的。

第四，由于片面强调思想教育和劳动者的觉悟在发展生产方面的作用，根本违反了物质利益规律的要求。在传统的计划体制下，国营经济虽然实行按劳分配原则，但在实际上，无论在国有企业之间，或者在国营企业内部，平均主义的分配状况是很严重的。到了"大跃进"期间，由于过于夸大思想教育的作用，根本忽视按劳分配规律的作用，致使本来实行范围不大的计件工资制被大大缩小了，本来数额不多的奖金基本上被取消了。

第五，由于片面强调和不适当地在工业生产建设中采取了群众运动的方式，使得反映社会化生产客观要求的企业管理制度遭到了严重的破坏。本来在1956年生产资料私有制的社会主义改造基本完成以后，工业企业管理方面的一个重要任务，就是要健全和完善企业的规章制度，但"大跃进"的群众运动却背离了这个方向。

由于在上述五个重要方面严重违反了经济规律的客观要求，就决定了"大跃进"必然归于失败，导致了社会生产力的大破坏。

把上述五个方面总结起来，就是从根本上违反了党的实事求是的思想路线。诚然，我国是一个经济落后的农业大国。力争以比较高的速度发展工业，迅速改变贫穷落后的面貌，是全国人民长期以来梦寐以求的愿望。充分调动广大职工建设社会主义工业的积极性和创造性，不论是过去、现在或将来都是发展我国工业生产建设的根本因素。但是，把人的主观作用强调到不适当的地步就不对了。比如，经过毛泽东审阅和修改过的党的八大二次会议的报告中说："我们有六亿多人口，我们党同六亿人口结成了血肉的联系，依靠这个伟大的力量，凡是人类能够做的事，我们都能够做，或者很快就能够做，没有什么事我们不能够做到。"[1] 但在一定时期，一定条件下，主观能动作用并不是无限的，它要受客观条件的制约。人们只能在既定的客观物质条件基础上发挥作用，力争实现经过努力可以做到的事业。超越客观条件的可能，夸大主观意志和主观努力的作用，急于求成，必然欲速则不达，往往适得其反。

这里还应着重提到："大跃进"期间，从根本上违反了党的实事求是的思想路线，首先表现在毛泽东身上。这当然不是说"大跃进"失败的责任应由毛泽东一人负责，党的领导集体在不同程度上都有责任，但毛泽东作为党中央主席首先要负责任。

3."左"的阶级斗争理论进一步发展，以及与之相联系的阶级斗争扩

---

[1]《新华半月刊》1958年第11期，第11页。

大化向党内延伸。1957年夏天，我国在反右派斗争中发生了严重的阶级斗争扩大化，造成了严重的损失。与此同时，毛泽东又对这种阶级斗争扩大化的实践做了理论上的概括。比较集中的是1957年10月9日他在扩大的党的八届三中全会上的讲话。他说："无产阶级和资产阶级的矛盾，社会主义道路和资本主义道路的矛盾，毫无疑问，这是当前我国社会的主要矛盾。"① 1958年5月在毛泽东主持下召开的党的八大二次会议，对上述的阶级斗争扩大化的实践作了肯定，并对上述的"左"的阶级斗争理论作了进一步发展。会议首次对我国生产资料私有制的阶级构成作了分析。以后，作出结论："在整个过渡时期，也就是说，在社会主义社会建成以前，无产阶级同资产阶级的斗争，社会主义道路同资本主义道路的斗争，始终是我国内部的主要矛盾。这个矛盾，在某些范围内表现为激烈的、你死我活的敌我矛盾。"② 这样，会议对我国阶级斗争状况，作了错误的分析，轻率地否定了八大一次会议关于我国阶级斗争形势的正确估计，并轻率地把知识分子又划为资产阶级范畴，否定了1956年1月周恩来代表党中央关于知识分子是工人阶级一部分的正确分析。这些重大的改变，给后来的阶级斗争扩大化，首先是1959年夏天开始的党内阶级斗争扩大化，提供了理论依据。如前所述，庐山会议掀起的"反右倾"斗争打断了1958年底开始的纠正"左"的错误的进程，使1958年开始的"大跃进"又持续了一年半（1959年7月~1960年）的时间，给我国社会主义建设造成了极为严重的损失。

4. 党的民主集中制在党内普遍受到严重破坏。"大跃进"期间，党的各级组织（特别是基层组织）盛行的命令风就是这一点的突出表现。

5. 经济、政治、文化和社会等方面实行中央高度集权的管理体制。前面说过，在新中国成立初期，建立这种管理体制，有其历史必然性，并起过重要的积极作用。但这种体制开始就有其弊病。特别是在1956年生产资料私有制的社会主义改造完成以后，这种体制的弊病就更加严重了。就这种体制与"大跃进"及其持续时间之长的关系来说，其弊病的重要表现有以下三个方面。

---

①《毛泽东选集》第5卷，人民出版社1977年版，第475页。
②《新华半月刊》1958年第11期，第2~3页。

第一，计划经济体制本身内含着投资膨胀机制。1958 年开始的"大跃进"，主要是依靠扩大基本建设规模。而这种大规模的基本建设急剧扩张的机制正是内含于计划经济体制。

第二，1958 年计划经济体制的改进，成为助长"大跃进"的一个很重要的因素。这次改进是没有也不可能以建立社会主义市场经济为目标的，是一种行政性的分权，即主要是在中央政府和地方政府之间划分经济管理的权限，只是对企业下放了部分的权限。而且这次下放管理权限是在一个很短的时间内，采取群众运动的方式进行的。这些都不符合社会主义条件下经济体制改革规律的要求。这样，这次计划经济的改进不仅没有获得成功，而且成为助长地方政府盲目扩大投资，推进"大跃进"的一个重要因素。

第三，在经济、政治、文化和社会等方面实行的中央高度集权的管理体制，是民主集中制遭到破坏的根源，从而成为"大跃进"的发动和持续的制度性根源。毛泽东从遵守民主集中制到破坏民主集中制，从根本上说来，就是同实行这种中央高度集权的管理体制相关的。"从遵义会议到社会主义改造时期，党中央和毛泽东同志一直比较注意实行集体领导，实行民主集中制，党内民主生活比较正常。"但是，"从一九五八年批评反冒进，一九五九年'反右倾'以来，党和国家的民主生活逐渐不正常，一言堂、个人决定重大问题，个人崇拜、个人凌驾于组织之上一类家长制现象，不断滋长"。这个历史经验表明："即使像毛泽东同志这样伟大的人物，因受到一些不好的制度的严重影响，以至对党对国家对他个人都造成了很大的不幸。""不是说个人没有责任，而是说领导制度、组织制度问题更带有根本性、全局性、稳定性和长期性。"[①] 这样，邓小平就说明了毛泽东由遵守民主集中制到破坏民主集中制的根源，从而说明了包括"大跃进"错误在内的终极根源。

上面的叙述说明：如果我们在分析"大跃进"的原因及其教训时只讲第一点，而不讲第二、三、四、五点，那不仅是不全面的，而且没有抓到问题的根本。所以，我们对第二、三、四、五点所做的分析，绝不是超出了本书论述的范围，而是题中应有之义。

---

① 《邓小平文选》第 2 卷，人民出版社 1993 年版，第 330、333 页。

当然，20 世纪 50 年代末和 60 年代初我国经济遭遇的严重困难，也不完全是由上述原因造成的。在这方面还有两个重要原因值得提出。

1. 1959 年~1961 年连续 3 年严重自然灾害的影响。1958 年我国自然灾害受灾面积仅为 3096 万公顷，成灾面积为 782 万公顷，成灾面积占受灾面积的 25.3%。但在 1959 年~1961 年的 3 年，上述 3 个数字分别依次增长为 4463 万公顷，1373 万公顷，30.8%；6546 万公顷，2498 万公顷，38.2%；6175 万公顷，2883 万公顷，46.7%。[①] 在农业在国民经济中还占有很大比重的条件下，这样严重的自然灾害，大大增加了我国经济的困难。

2. 1960 年 7 月苏联政府单方面中断合同的影响。据有关部门统计，"一五"时期以来，苏联援助中国建设的项目共有 304 项。到 1960 年上半年，已经建成的有 103 项，还有 201 项正在建设之中。当时在我国帮助建设这些项目的专家共有 800 多人。而这些项目都是重大的建设项目。但这年 7 月 16 日苏联政府突然照会我国政府，单方面决定召回其在华的全部专家，并撕毁经济援助合同，停止供应重要设备，企图以此对我国施加经济压力。[②] 这就使得我国一些重大的设计、科研项目被迫中断，一些正在施工的建设项目被迫停工，一些正在试验生产的厂矿不能按期投产，严重地打乱了我国的经济建设，加重了我国的经济困难。

但上述两点并不是这个时期我国经济遭遇严重困难的主要原因。主要原因还是经济工作中的"左"的错误。1961 年 5 月 31 日，中共中央副主席刘少奇在中共中央工作会议上指出："这几年发生的问题，到底主要是由于天灾呢，还是由于我们工作中间的缺点错误呢？""总起来，是不是可以这样讲：从全国范围来讲，有些地方，天灾是主要原因，但这恐怕不是大多数；在大多数地方，我们工作中的缺点错误是主要原因。"[③] 在这里，刘少奇没有提出与当时工作成绩相比错误是主要的问题，也没有把错误的性质归结为"左"的路线错误。但在当时条件下，他能把发生问题的主要原因归结为工作中的缺点错误，是需要有很大勇气的，并对而后总结这次路线错误起了有益的启迪作用。

① 《中国统计年鉴》（1981），中国统计出版社，第 201 页。
② 《中华人民共和国经济大事记（1949~1980）》，中国社会科学出版社 1984 年版，第 274~275 页。
③ 《刘少奇选集》下卷，人民出版社 1982 年版，第 337 页。

第四编

实行计划经济体制时期的
工业经济（二）
——国民经济调整时期的工业经济
（1961 年~1965 年）

第一章 "调整、巩固、充实、提高" 方针的提出

如前所述，1958年~1960年的3年"大跃进"，使得我国经济遭到严重的破坏，经济处于严重的全局失衡状态。当时虽然还没有从根本上认识经济工作指导思想上的"左"的错误，也没有从根本上否定"大跃进"，但客观的经济现实迫使人们不得不提出国民经济的调整问题。

1960年7月5日~8月10日，党中央在北戴河召开工作会议。会议初步议论了对国民经济实行调整的问题。在这种气氛下，国务院副总理兼国家计划委员会主任李富春多次建议1961年对国民经济实行整顿、巩固、提高的方针。

同年8月底，国家计委向国务院提出《关于1961年国民经济计划控制数字的报告》。该报告指出：1961年国民经济计划的方针应以整顿、巩固、提高为主，以增加新的生产能力为辅；压缩重工业生产指标，缩短基本建设战线，加强农业和轻工业的生产建设，改善人民生活。8月30日~9月5日，国务院审议这个报告，大家赞成这些设想。周恩来对这个方针提出了完善的意见。他认为，与其讲整顿，不如提调整，并建议增加充实二字，从而形成了完整的调整、巩固、充实、提高"八字方针"。9月30日，中共中央在转发国家计委党组《关于1961年国民经济计划控制数字的报告》的批语中提出：1961年，我们要"使各项生产、建设事业在发展中得到调整、巩固、充实和提高"。这是党中央第一次正式提出调整国民经济的"八字方针"。

1961年1月14日~18日在北京举行了中共八届九中全会。全会听取和讨论了李富春关于1960年国民经济计划执行情况和1961年国民经济

计划主要指标的报告，正式批准了调整、巩固、充实、提高的"八字方针"，九中全会建议国务院根据全会确定的方针，编制 1961 年国民经济计划，交全国人民代表大会审议。

首先，九中全会认为，当时经济工作中的重要问题是在农、轻、重之间，生产资料和消费资料生产之间，积累和消费之间的比例关系严重失调，造成经济各部门之间的比例不平衡。因此，九中全会要求在编制国民经济计划工作中，要按照农、轻、重的次序安排经济，即先安排好农业，再安排工业；先安排好轻工业，再安排重工业；在安排重工业时，又必须先安排好与农业生产直接有关的农业机械、农具、化肥、农药等行业，再安排其他行业。

九中全会根据我国当时经济工作中出现的严重不平衡问题，决定从 1961 年起，在两三年内实行调整、巩固、充实、提高的方针。这个方针的基本内容是：调整国民经济各部门间失衡的比例关系，巩固生产建设取得的成果，充实新兴产业和短缺产品的项目，提高产品质量和经济效益。这个方针以调整为重点。其具体内容是：适当调整国民经济各部门的发展速度，即尽可能提高农业的发展速度，提高轻工业的发展速度，适当控制重工业的发展速度，特别是钢铁工业的发展速度，同时适当缩小基本建设的规模；在劳动力的安排方面，要求有计划地精简和下放国营企业、事业和行政机关的职工，以加强农业生产第一线。九中全会还根据"八字方针"总的精神，确定了一系列具体方针，如在工业生产建设方面提出了要先生产、后基建，先采掘、后加工，先维修、后制造，先配套、后主机，先质量品种、后数量，以便在已有数量的基础上，加强薄弱环节，填补缺门，完成配套，维护设备，增加品种，改善质量，降低成本，提高劳动生产率。九中全会肯定了"八字方针"是一个积极的方针，它的目的是通过加强综合平衡工作，使不平衡转化为平衡。[①]

本编在下面分章叙述工业贯彻以调整为重点的"八字方针"的历史过程。

---

① 薄一波：《若干重大决策与事件的回顾》下卷，中共中央党校出版社 1993 年版，第 891~892 页；《中国共产党历次重要会议集》下卷，上海人民出版社 1983 年版，第 144~147 页；《中华人民共和国经济大事记（1949~1980）》，中国社会科学出版社 1984 年版，第 274、279、281 页；《中国共产党第八届中央委员会第九次全体会议公报》，《新华月报》1961 年第 2 期，第 1~2 页。

第二章 工业生产建设实施调整方针

1961年1月党的八届九中全会正式批准实行调整、巩固、充实、提高"八字方针",标志着我国国民经济"大跃进"时期的结束,开始转入经济调整时期。

第一节 1961年,初步调整

一、1961年上半年在调整中徘徊

在3年"大跃进"和1959年"反右倾"那种经济过热和政治气氛紧张的形势下,人们对于国民经济的调整,并不是一下子就能充分认识的。有些人还对经济形势持盲目乐观态度,不甘心后退。有些人则因害怕犯右倾错误而受批判,不敢后退。这样,经1960年12月召开的中共中央工作会议讨论确定的1961年国民经济计划指标,尽管放慢了重工业的发展速度,但是钢、铁、煤、电等主要工业生产指标仍然过高,基本建设规模仍然过大。比如,同1960年11月中下旬国家计委在北京召开全国计划会议所定指标相比,钢由以前拟定的2010万吨调低到1900万吨,当年施工建设的大中型项目由1200个左右再减少到900个。[1]但这些生产建设指标仍然过大。所以,调整方针在具体实施时被延误了。这一徘徊的直接后果是,1961年第一季度的工业生产没有完成计划。4月2日,国家计委

---

① 薄一波:《若干重大决策与事件的回顾》下卷,中共中央党校出版社1993年版,第893~895页。

不得不再次调整基本建设计划，将预算内投资由 167 亿元减少到 129 亿元，当年施工的大中型项目控制在 771 个。[①] 但是，第二季度工业各主要产品的计划仍然完成得不好。

于是，5 月下旬，中共中央在北京召开工作会议。在主要研究农村工作、商业和手工业工作的同时，会议还根据国家计委和国家经委的测算，决定将当年的钢产量再调低到 1100 万吨。[②]

接着，7 月 17 日~8 月 12 日，国家计委在北戴河召开全国计划会议。这次会议以前几个月各部门、各地区贯彻实施调整方针的实际情况为基础，经过调查研究，重新讨论拟定了 1961 年、1962 年国民经济计划的控制数字。钢产量，1961 年预计达到 850 万吨，1962 年拟定为 750 万吨。国家预算内基本建设投资，1961 年预计完成 78 亿元，1962 年拟定为 42.3 亿元。[③] 这次会议为作出后退的决策作了准备。

8 月 9 日，邓小平在中共中央书记处听取这次计划会议汇报时批评了调整不力的状况，强调指出："去年北戴河会议提出八字方针，究竟怎样贯彻，一年多了还没有具体化，各部、各地区和计委都没有具体安排。去年钢完成了 1840 万吨，还是一马当先，影响了八字方针的贯彻。今年又是高指标，1800 多万吨钢，基本建设规模过大，还是影响八字方针的贯彻。""要确实贯彻八字方针，调整什么，巩固什么，充实什么，提高什么，各部、各地区、各行业都要搞清楚，具体安排，不要再拉长战线了。八字方针的贯彻，至少要五年时间。"[④] 邓小平的讲话对于解放思想、实事求是，从以前的"大跃进"的思路中解脱出来，切实贯彻"八字方针"，集中精力搞好调整，起到了促进的作用。

可见，1961 年 8 月以前的调整，就其进展情况来看，农业方面成效较大，而工业方面因诸多原因又徘徊了半年多时间。

二、1961 年 8 月以后，开始切实贯彻调整方针

为了改变工业调整的徘徊局面，中共中央于 1961 年 8 月 23 日~9 月 16 日在庐山召开了工作会议。李富春在会上总结了这方面的经验。他认

---

① 《中华人民共和国经济大事记（1949~1980）》，中国社会科学出版社 1984 年版，第 301 页。

② 薄一波：《若干重大决策与事件的回顾》下卷，中共中央党校出版社 1993 年版，第 897 页。

③ 《中华人民共和国经济管理大事记》，中国经济出版社 1987 年版，第 163 页。

④ 薄一波：《若干重大决策与事件的回顾》下卷，中共中央党校出版社 1993 年版，第 897~898 页。

为，"八字方针"提出后，想调整，但总想在重工业生产已经达到的水平上调整，结果延误了时间。现在认识到，整个工业不后退，不退够，不松动一个时期，就不能调整。毛泽东和中共中央其他领导人赞成李富春的意见，认为只有退够，调整好比例关系，才能使国民经济健康发展。这次会议通过的《关于当前工业问题的指示》提出："所有工业部门，在今后七年内，都必须毫不动摇地切实地贯彻执行调整、巩固、充实、提高的方针。在今后三年内，执行这个方针，必须以调整为中心。只有经过一系列的调整，才能建立新的平衡，才能逐步地巩固、充实和提高，为工业和整个国民经济的进一步发展做好准备。""为了有效地进行调整工作，必须下最大的决心，把工业生产和工业基本建设的指标降下来，降到确实可靠、留有余地的水平上。""一定要从实际出发，从全局出发，在必须后退的地方，坚决后退，而且必须退够；在必须前进和可能前进的地方，必须积极前进。只有这样，才有利于工业的调整，才能够在比较松动的情况下，掌握主动，加强必须加强的方面，把工业内部的比例关系调整好，把工业生产的秩序安排好，把工业企业的管理工作整顿好，扭转工业生产和工业基本建设的被动局面，逐步发挥在过去三年大发展中增加的工业生产能力。"①

这次庐山工作会议以后，中共中央批转了国家计委《关于第二个五年计划后两年补充计划（控制数字）的报告》。该报告对中共八届九中全会所定的当年计划作了大的调整。基本建设投资降到78亿元；钢的指标降为850万吨；煤降到2.74亿吨；粮食降到1350亿公斤。该报告还提出了1962年产钢750万吨、产煤2.5亿吨、粮1450亿公斤等计划指标。这次庐山工作会议作出的决定，是调整的真正开始。

从1961年计划执行结果来看，由于1958年~1960年"大跃进"造成的经济严重失衡，国民经济总量指标和大部分产量都下降了。其中，工业总产值比上年下降了38.2%；钢870万吨，下降53.4%；原煤2.78亿吨，下降30%。②需要指出：这些指标同时表明，1961年工业生产计划虽然几经减少性的调整，但其完成情况，不仅远远低于1960年12月中共中

①《中国工业经济法规汇编（1949~1981）》，第25~26页。
②《中国统计年鉴》（1984），中国统计出版社，第25、225页。

央工作会议确定的计划指标，而且大大低于 1961 年 5 月中共中央工作会议确定的计划指标。比如，1961 年钢产量比前一次会议确定的指标要低 1030 万吨，比后一次会议确定的数字要低 230 万吨。这表明这两次会议确定的钢产量仍然在不同程度上是高指标。

第二节 1962 年，全面调整的决定性阶段

1962 年是全国调整国民经济的决定性阶段。在这一年里，中共中央就进一步统一党内认识和采取决定性的调整措施两方面采取了一系列有力措施，使得以调整为中心的"八字方针"真正落到了实处，使得调整工作迈入决定性的阶段。

一、进一步统一认识

1961 年 8 月~9 月中共中央工作会议决定工业调整要实行后退以后，虽然提高了大家对调整工作的认识，但还有相当一部分党员领导干部，其中包括一部分高层领导干部在思想上还没有转过弯来。为了进一步统一认识，全面推行以调整为中心的"八字方针"，中共中央于 1962 年召开了一系列会议，主要有"七千人大会"、"西楼会议"和 5 月的北京会议。

（一）"七千人大会"

中共中央扩大的中央工作会议于 1962 年 1 月 11 日~2 月 7 日在北京举行。参加会议的有各中央局，中央各部门，省（市）、地、县及重要厂矿的负责干部，解放军的一些负责干部，共 7000 余人，因此又称"七千人大会"。毛泽东主持了会议并讲话，刘少奇代表中共中央作了书面的《在扩大的中央工作会议上的讲话》，[①] 周恩来、朱德、邓小平、陈云等分别作了讲话。会议充分发扬民主，开展批评和自我批评，对 1958 年以来经济建设工作的成就、错误及其产生的原因，以及 1962 年的调整任务进行了广泛的讨论。

这次扩大的中央工作会议，对于统一全党思想，纠正 1958 年以来工作中的错误，动员和组织全党全国人民进一步贯彻调整、巩固、充实、

---

① 《刘少奇选集》下卷，人民出版社 1982 年版，第 418~443 页。

提高"八字方针"，克服经济困难，恢复和发扬党的优良传统作风等方面，都起了重大作用。但是大会对经济困难的严重性的估计尚不一致，有些人甚至过早地认为"最困难的时期已经渡过"。

（二）"西楼会议"

"七千人大会"之后，财政部向国务院和中共中央反映：1962年财政支出安排有二三十亿元赤字。由于每月的货币回笼量不足以满足每月的必需支出，只有继续增加市场货币投放量。据统计，1961年12月底货币流通量达到125.3亿元，比同年2月的117亿元增加了8亿元。到1962年1月底，进一步增加到135.9亿元，2月8日达到137亿元。通货膨胀的势头愈来愈大。

2月21日~23日，中共中央在北京举行政治局常委扩大会议。会议由刘少奇主持，专题讨论1962年国家预算和调整任务及措施。因该会在中南海西楼举行，又称"西楼会议"。陈云在会上作了题为"目前财政经济的情况和克服困难的若干办法"的重要讲话，指出：目前的处境是困难的。对于存在着困难这一点，大家的认识是一致的。但是，对于困难的程度，克服困难的快慢，在高级干部中看法并不完全一致。他认为，困难主要表现为：农业在近几年有很大的减产；已经摆开的基本建设规模超过了国家财力、物力的可能性；钞票发得太多，通货膨胀；投机倒把在发展；城市人民的生活水平下降。陈云在分析了克服困难的有利条件以后，提出六条克服困难的办法：（1）把今后十年经济规划分为两个阶段。从1960年算起大约5年时间为恢复阶段，后一阶段是发展阶段。（2）减少城市人口，"精兵简政"。（3）采取一切办法制止通货膨胀。（4）尽力保证城市人民的最低生活。（5）把一切可能的力量用于农业增产。（6）计划机关的主要注意力应从工业、交通方面，转移到农业增产和制止通货膨胀方面来，并且要在国家计划里体现出来。[①]

"西楼会议"及陈云的这个讲话，对当时进一步统一认识，切实贯彻调整方针起了巨大作用。

（三）3月的北京会议

"西楼会议"后，刘少奇、周恩来和邓小平于2月24日赴武汉向毛泽

[①]《陈云文选》第3卷，人民出版社1995年版，第191~206页。

东汇报了会议情况和决定，得到毛泽东的同意。并且一致商定成立中央财经小组，由陈云任组长，李富春任副组长，统一管理经济工作。

同年3月上旬，中央财经小组议定了调整国民经济的三条方针：（1）把十年规划分为两个阶段，前5年恢复，后5年发展。（2）对重工业的生产指标和基本建设要"伤筋动骨"地砍掉一些，只有这样，才能把重点真正放在农业和市场上。（3）坚持搞综合平衡，只有按短线平衡才有真正的平衡，才能扭转比例严重失调的局面，才能使经济协调、健康地发展。

依据这些方针，同年4月初，中央财经小组起草了《关于讨论1962年调整计划的报告（草稿）》。这个报告全面地分析了当时国民经济的基本形势，如实地指出了经济生活中存在的严重困难，提出了克服困难的措施。同时，中央财经小组对1962年国民经济计划作了进一步的调整。调整计划把原定的工农业总产值由1400亿元降到1300亿元，农业总产值由450亿元降到420亿元，工业总产值由950亿元降到880亿元，原煤、钢、粮食分别由2.51亿吨、750万吨、1493亿公斤~1507亿公斤降到2.39亿吨、600万吨、1445亿公斤，基本建设也由60.7亿元减为46亿元。

为了进一步统一全党的思想，讨论中央财经小组的报告，实施调整国民经济计划的部署，同年5月7日~11日，刘少奇在北京主持召开了中共中央工作会议。会上，刘少奇、周恩来、朱德和邓小平一致要求大家以历史唯物主义的态度充分估计困难，扎扎实实地工作，把经济调整好。他们还特别强调：如果对困难估计不够，自己安慰自己，又不采取积极措施克服困难，那才是真正的右倾。

这次会议同意中央财经小组报告中提出的实行调整工作的具体方针，这就是：要退够，争取快，准备慢。

这次会议还对大幅度调整经济作了几项果断决策。（1）决定进一步大力精简职工和减少城市人口。在以前精简的基础上，于1962年和1963年两年内，再减少城镇人口2000万，精简职工1000万以上。（2）进一步缩小基本建设规模。（3）降低绝大多数重工业产品指标。（4）对现有工厂企业进行"关、停、并、转"。①

---

① 薄一波：《若干重大决策与事件的回顾》下卷，中共中央党校出版社1993年版，第898~899、1053~1058页；《中国共产党历次重要会议集》下卷，上海人民出版社1983年版，第159~160、187~188页。

　　从 1961 年 8 月~9 月庐山中央工作会议，到这次北京中央工作会议，前后历时 9 个月，终于统一了全党对经济调整工作的认识，下定了坚决后退的决心。正是这一点，使得 1962 年的经济调整工作进入了决定性阶段，并成为国民经济摆脱困境的重大转折点。

二、坚决贯彻调整措施

　　1962 年经济调整工作全面铺开，主要围绕以下七个方面进行。前四方面主要讲后退，后三方面主要讲加强。

　　（一）降低工业生产计划指标

　　把包括工业在内的生产高指标降下来，既是经济调整的首要一环，又是经济调整能否顺利进行的关键。

　　在 1960 年秋提出调整方针后，进入 1961 年时，由于急于求成的"左"倾思想没有得到必要的清算，加上对于整个经济困难的严重程度、恢复的快慢，尤其是工业生产规模是否过大、要不要大幅度压缩等问题上，党的高级干部中，认识并不完全一致。所以，虽然当时放慢了重工业的发展速度，但 1961 年工业生产主要指标仍然维持在 1960 年的高水平上，同实际的水准相差甚远。从 1961 年实际执行结果看，工业总产值只达到 1062 亿元，为原定计划的 46%，尚不足一半。[1] 后来，经过 1961 年 8 月庐山会议和 1962 年"七千人大会"、"西楼会议"及 5 月的北京会议，对 1962 年工业生产建设计划，特别是如原煤、钢、铁、木材等主要工业品生产指标，一再进行降低性调整，使它基本上落到了实处。

　　工业生产指标的大幅度降低，为工业本身乃至整个国民经济的各方面的调整创造了一个较为宽松的环境。

　　（二）压缩工业基本建设规模，缩短工业基本建设战线

　　调整国民经济，最重要的就是把同工农业生产不相适应的投资规模压缩下来，把基本建设战线缩短。

　　但这同样是一件十分困难的事情。在这方面人们也有一个认识转变的过程。而且，"大跃进"形成的高指标和浮夸风仍有强大的惯性，遍及各个经济领域的过热空气，不可能马上冷下来。这样，在 1960 年 9 月安排 1961 年国家预算内基本建设投资规模时仍为 275 亿元，只比预计的

----

①《中国统计年鉴》(1984)，中国统计出版社，第 20 页。

1960年基本建设投资额344.8亿元，减少20.3%。1960年11月全国计划会议虽有调整，仍为194亿元。1961年初，中共八届九中全会把基本建设投资计划再次调整到167亿元，比原来的计划指标减少108亿元，即减少了39.3%。其中工业投资94.58亿元，比1960年预计的139.5亿元减少近50亿元。即使作了这些调整，规模仍然过大，战线仍然过长。而且各地在国家计划之外又上了很多大中型项目。过大的投资规模，致使国家计委又在年度执行中连续作了两次压缩。同年4月间把年度投资计划指标由167亿元调减到129亿元，6月又由129亿元压缩到70亿元。7月，全国计划会议预计1961年基本建设投资额为78亿元而年终实际完成的投资额仍然达到127.42亿元（其中，预算内投资为93.87亿元）。虽然比1960年的实际完成投资额389亿元减少了261.6亿元，仍比7月份预计数超出近50亿元。这说明在实际执行中，各部门、各地区对大幅度调整基本建设的工作决心并不大，行动上迟缓，而且尚有不少单位采取各种办法继续施工。

经过1961年8月和1962年1月~5月一系列中共中央工作会议，才有效地把各部门、各地区盲目增加投资、上项目的做法控制住，把基本建设规模大幅度压缩下来。1962年初安排的基本建设投资为67亿元，退到只能维持简单再生产的程度。年末实际完成的基本建设投资额为71.26亿元（其中预算内投资为60.25亿元），比1961年减少56.16亿元。

在压缩国家预算内的基本建设投资的同时，还采取措施严格控制地方和企业用自筹资金进行基本建设，使自筹资金投资额逐步下降。1960年，全国自筹资金投资86.9亿元，占全部投资额的22.4%，1961年压缩到33.6亿元，1962年进一步压缩到11亿元，只占全部投资额的15.6%。[①]

通过对国家预算内外基本建设投资的压缩，1961年基本建设总投资额下降到127.42亿元，比1960年减少67.2%；其中工业投资76.79亿元，比上年减少66.6%。1962年基本建设投资总额为71.26亿元，比1961年又减少了44.1%；其中工业投资40.09亿元，比上年减少47.8%。[②]这是"一五"时期以来投资额最低的一年。

大规模地压缩基本建设投资规模，是同大量削减建设项目、缩短建

---

①②《中国统计年鉴》（1984），中国统计出版社，第301页。

设战线同时进行的。以工业建设为主的全国施工基本建设项目，1960 年达 82000 多个，1961 年减为 35000 多个，1962 年又进一步削减为 25000 多个。其中大中型项目也由 1815 个减为 1409 个，再减为 1003 个。对于继续施工的项目，也区别不同情况加以调整。有的缩小建设规模；有的放慢建设进度；有的合并相同项目；有的节约资金，简易投产。对于重点项目则集中财力、物力，坚决保证按计划建设，按计划投产。

经过上述调整，(1) 减少了对资金的需要。"大跃进"期间工业基本建设投资额为 611.42 亿元，调整时期减为 327.06 亿元。整个基本建设拨款占财政支出的比重也由"大跃进"期间的 55%左右大幅度下降。1961 年下降到 30%，1962 年下降到 18.2%，1963 年略有回升，为 23.6%。[①] (2) 减少了对材料设备的需要量。基本建设用的钢材消耗量占生产建设全部钢材消耗量的比重，1960 年为 30.2%，1962 年下降到 16.6%；木材消耗量的比重由 37.8%下降到 16.5%；水泥消耗量的比重由 91.1%下降到 68.6%。(3) 减少了对基本建设工人的需要。基本建设职工人数，1960 年末为 692.8 万人，1961 年末减少到了 397.2 万人，1962 年末又减为 244.5 万人，[②] 这样，就减轻了对物资供应的压力，缓和了对农业劳动力的冲击，不仅使国民经济得到休养生息的机会，而且把减少下来的财力、物力、人力用在急需的事业上，搞好生产维修，搞好市场供应，把国民经济严重失调的比例关系逐步调整过来。

（三）精简职工、压缩城镇人口

"大跃进"期间生产建设的高指标，劳动管理权限的下放，加上大批集体所有制企业过早地过渡为全民所有制企业，使国家职工人数急剧膨胀。1958 年末，国家职工总数达到 4532 万人，其中工业部门职工为 2316 万人，分别比 1957 年末增加了 2081 万人和 1568 万人。增加的国家职工人数中 3/4 是工业职工。[③] 在国家职工人数增加的同时，城镇人口也大幅度地增加。因此，重新调整劳动力的分配比例，把工业生产建设战线和其他部门的劳动力精简下来，充实农业生产第一线，增强农业生产能力并缓解市场供应压力，是调整国民经济的一项关键性的措施。

① 《中国统计年鉴》(1984)，中国统计出版社，第 35 页。
② 《中国统计年鉴》(1984)，中国统计出版社，第 114 页。
③ 《中国统计年鉴》(1984)，中国统计出版社，第 110、114 页。

1959 年 6 月，中共中央指示：在 1959 年内要把县以上企业职工人数减少 800 万人~1000 万人。根据这一指示，工业部门在 1959 年内净减了职工 323 万人。到年底，职工人数减少到 1993 万人。但是，在"反右倾"斗争的影响下，1960 年又回升到 2144 万人，国民经济各部门中国家职工总数突破了 5000 万人的大关，①职工人数和城镇人口过多，农村负担过重的问题并未得到解决，粮食供应紧张的状况日益严重。

针对上述情况，1961 年 5 月中央工作会议制定了《关于减少城镇人口和压缩城镇粮食销量的九条办法》，决定在 1960 年底城镇人口 1.3 亿人的基础上，3 年内减少城镇人口 2000 万人以上，并且要求 1961 年至少减少 1000 万人，同时，压缩粮食销量 15 亿公斤~20 亿公斤。由于措施对头，很快见效。1961 年国家职工减少了 873 万人，其中工业职工减少 547 万人。②城镇人口减少了 1000 万人左右，粮食销售量减少了 20 亿公斤，基本上完成了当年的精简任务。

但 1962 年财政经济的困难还很严重，职工人数仍大大超过农业的生产水平。5 月，中共中央政治局常委会议再次提出把城镇人口减少到同农业提供商品粮、副食品的可能性相适应的程度，要求全国职工人数再减少 1056 万~1072 万人，城镇人口再减少 2000 万人。这一精简任务要求在 1962 年、1963 年内基本完成，1964 年上半年扫尾。实际上，从 1961 年初到 1963 年 6 月，两年半内共精减职工约 2887 万人，城镇人口减少 2600 万人。③

大量职工和城镇人口下乡，不仅减少了粮食的销量（减少销量 140 亿公斤），减轻了农民的负担（国家向农民少购粮 110.5 亿公斤），而且加强了农业战线。到 1962 年底，农业有劳动力近 2 亿人，比 1957 年增加 1000 多万人，有力地促进了农业生产的恢复和发展。并且有利于工业企业经营管理的改善、劳动生产率的提高和工资的节约。据统计，1962 年工业全员劳动生产率比 1961 年提高 15.3%，1963 年又比 1962 年提高 26.7%。1963 年在对 40% 职工调整工资的情况下，全民所有制工业部门职工工资总额还比 1960 年减少 52 亿元。④

①②《中国统计年鉴》（1984），中国统计出版社，第 110、114 页。
③《中国统计年鉴》（1984），中国统计出版社，第 458 页。
④《中国统计年鉴》（1984），中国统计出版社，第 193 页。

（四）关停并转部分工业企业

"大跃进"期间，全党全民办工业，从中共各部门、省、自治区、直辖市，到专区、县、公社、街道或生产队，层层都办工业企业，工业企业数量骤然增长，1959 年末达到 31.8 万个，其中国营企业 11.9 万个。增加的企业，主要是地方小企业。这类企业，用人多，效率低，物资消耗高，产品质量差，不少企业还与大企业争原料、争材料，加剧了大企业原材料供应的紧张，因而也必须调整。

1960 年中共中央决定精简职工，工业企业数开始逐步减少。1960 年减少 6.4 万个，其中全民所有制企业 0.3 万个；1961 年又减少 3.7 万个，其中全民所有制企业 2.5 万个。[①]

但 1962 年工业生产指标大幅度降低后，大多数工业企业任务不足，能力过剩，人浮于事。5 月 27 日，中共中央、国务院正式作出《关于进一步精简职工和减少城镇人口的决定》，提出：精简职工的工作与工业的调整和企业裁并结合起来进行。于是，工业企业的关、停、并、转工作进入一个有计划有步骤进行的新阶段。

按照中共中央、国务院上述决定，首先分地区对各个行业的所有企业，根据原材料、燃料、动力的供应的可能，农业和市场的需要，以及企业的具体情况，通盘考虑，综合平衡，进行排队，然后制定出统一的关、停、并、转的调整计划，经国家计委批准下达，限制执行。调整的大原则是保留骨干企业，重点裁并中小企业。具体做法主要是：农村社办工业企业，劳动生产率低，原材料浪费大，一般地应当停办；城市人民公社工业企业也基本上应停办；县办工业企业至少应当关掉 2/3；省辖市和专区所属的工业企业也必须关一批；省、自治区、直辖市和中央直属的工业企业，该关闭、合并、缩小、改变任务的，坚决关闭、合并、缩小和改变任务。在具体排队时，主要把握两条原则：一是经济合理；二是社会需要。

实施上述措施后，1962 年内，国营工业企业数就由上年底的 7.1 万个减少到 5.3 万个，减少 1.8 万个。如果加上 1961 年已经减少的，共减少 4.3 万个，为 1960 年末工业企业总数 9.6 万个的 44.8%。1962 年末国营企

---

①《中国统计年鉴》(1984)，中国统计出版社，第 193 页。

业数已经低于 1957 年末数（5.8 万个）。在后来的两年中，企业数仍在继续减少，到 1964 年末为 4.5 万个。集体所有制工业企业数则从 1963 年起急剧下降，到 1965 年末降到 11.2 万个，比 1960 年末的 15.8 万个减少 4.6 万个，减少 29.1%，与 1959 年末 21.96 万个相比，则下降 49.0%，基本上退到 1957 年末的数量。[①]

工业企业的前期调整工作，重点在关、停，是"后退"。但通过并、转，也有加强和充实的"前进"的一面，实际上是一次工业大改组和工业内部结构的调整。在 1962 年的调整中，企业裁并幅度大的是冶金、建材、化工和机械工业，企业数目分别减少 70.5%、50.7%、42.2% 和 31.6%。生产能力调整幅度大的是钢铁冶炼、水泥加工和机械工业中的重型设备、电钻设备、汽车、机床、电动机等 17 种长线产品，它们的综合生产能力都减少 50% 左右。而煤炭、石油、纯碱、化肥、合成氨、聚氯乙烯、搪瓷制品、自行车、合成洗涤剂等 14 种短线产品和拖拉机、内燃机、交通运输车辆配件的生产能力，都保留下来。并且由于恢复了一批"大跃进"转产的企业，选择了一批企业改产这些产品，或者给生产这些产品的企业充实设备和扩大厂房，这些产品的生产能力得到了充实和加强。

通过关、停、并、转、缩，保留了国民经济必需的企业，它们生产所需的原材料、燃料、动力的供应基本上得到了保证。同时，加强了工业短线产品的生产，为农业服务、为满足市场需要服务的生产，提高了工业生产的经济效益。

（五）加强支农工业

加强农业是 20 世纪 60 年代初经济调整的根本方针。1961 年 1 月党的八届九中全会决定，国民经济各部门都应毫无例外地加强对农业的支援，重工业部门尤其应当加强对农业的支援。1962 年 10 月党的八届十中全会再次提出，工业部门的工作要坚决地转移到以农业为基础的轨道上来，要制定计划，采取措施，面向农村，把支援农业、支援集体经济放在第一位；要有计划地提高直接为农业服务的工业的投资比例；要适应农业技术改革的要求，帮助农业有步骤地进行技术改造，为加速实现我国农业现代化而奋斗。

---

① 《中国统计年鉴》（1984），中国统计出版社，第 193 页。

按照上述精神，工业部门在调整中，停止从农村招收工人，并通过大力精简职工、城镇人口，以支援、充实农业生产第一线；努力改进工业基本建设工程项目的设计，缩小土地占用面积，少占耕地特别是少占好地，以保证耕地面积。此外，还重点抓了以下三个方面的工作。

1. 大力抢修农业机械。"大跃进"期间，农业机械大量损坏。据1961年秋检查，全国4万多台（混合台）拖拉机（不包括农垦部直属农场拥有数）中，需要修理的约有24000台，占拖拉机拥有数的56%。为了抢修农业机械，所有拖拉机厂、动力机械厂都暂时停止生产农机主件，先集中力量生产修理拖拉机和排灌机械急需的配件。其他的机械厂也拿出一部分力量来生产这些零、部件。同时还派出技术工人下乡帮助修理机械。

2. 充实中小农具和农业机械的生产能力。在加快天津、沈阳拖拉机厂等农业机械企业建设的同时，在关、停、并、转中，把一部分企业转产农业机具、拖拉机和内燃机配件，加强农业机械系统的生产能力。此外，有关工业企业还对小农具和农业机械生产维修所需的材料、燃料给予优先保证。再则，国家还加大了农机制造工业的投资比重。据统计，1961年~1965年，农业机械工业投资占机械工业投资的比重由"大跃进"时期年平均11.7%，提高到23.2%，其中1963年达到28.5%。国家分配给农机制造工业的钢材占全国钢材产量的比重也由"大跃进"3年年均为3.0%，提高到1961年的4.4%和1962年的4.7%。经过努力，1962年农村小农具已经恢复到1957年的水平，每个劳动力有近5件农具。1961年~1965年共生产拖拉机4.21万台，手扶拖拉机5300台。农业机械总动力1960年为801万马力，到1965年达到1494万马力，增加86.5%。[①]

3. 加快化肥、农药工业的建设。1961年~1964年，化肥和农药投资占化学工业投资的比重由"大跃进"时期年平均38.8%上升为46.0%，保证了许多大中型化肥厂的建设，并陆续建设了一批小型化肥厂。因而化肥产量迅速增加。1965年全国化肥产量达到172.6万吨，是1960年40.5万吨的4.26倍。农药产量1961年、1962年下降较多，以后恢复也很慢，但到1965年年产量达19.3万吨，比1960年增加了19.1%。[②]

---

①《中国统计年鉴》(1984)，中国统计出版社，第169、229页。
②《中国统计年鉴》(1984)，中国统计出版社，第247、349页。

工业加强了对农业的支援，对农业生产的恢复和发展，调整农业与工业的比例关系起了积极的作用，也使工业内部产品结构逐渐趋向合理。

（六）尽可能地提高轻工业发展速度，积极恢复和发展日用工业品和手工业产品的生产

"大跃进"期间，在"以钢为纲"的口号下，轻工业被迫"停车让路"，手工业集体经济又多被平调，生产遭到严重挫折。这样，"大跃进"后轻重工业比例严重失调，轻工市场供应十分紧张。这一点已经成为关系整个国民经济能否稳定的大问题。因此，尽可能提高轻工业发展速度，是调整工业结构的一个十分重要的方面。

当时，轻工业和手工业生产的主要问题是原料、燃料、电力供应不足。为了加速恢复和发展轻工业和手工业的生产，除了在燃料、电力的分配上优先保证轻工业生产的需要外，着重解决了原料供应的问题。

1. 努力促进经济作物生产的恢复和发展，增加轻工业所需的农产品原料。当时，在轻工业总产值中以农副产品为原料的比重占75%左右，而1961年许多重要的经济作物，如棉花、油料、黄麻、甘蔗、桑蚕、茶叶、烤烟等的产量都低于甚至大大低于1952年的产量。因此，国家从多方面采取了措施来促进经济作物的增产。例如，为了鼓励农民种植经济作物的积极性，把经济作物的种植面积大体上稳定下来。在1961年~1963年粮食年度里，对收购重要经济作物，实行了奖励粮食政策。每收购一担棉花，奖励17.5公斤粮食。每收购一担花生仁、芝麻或烤烟，奖励10公斤粮食。同时还有计划地提高了部分经济作物的收购价格。1963年各地的棉花收购价格平均比1960年提高10%，油料的价格提高18.5%。经过努力，经济作物产量到1965年，已经接近或者超过新中国成立以来的最高水平，为轻工业的恢复和发展提供了物质基础。

2. 充分发展和利用各种非农产品原料，尽可能地增产以工业品为原料的日用品。首先，冶金、化工、燃料、建筑材料、机械等工业部门在加强燃料和轻工设备的生产的同时，还努力生产轻工业所需要的原料。例如，在解决穿的问题上，提出了发展天然纤维和发展化学纤维并重的方针，化学纤维有了很大发展。这一时期从国外引进相关的技术和成套设备，建成北京维尼纶厂和兰州化纤厂等。1960年生产化纤1.06万吨，到1965年达到5.01万吨，比1960年增长近4倍，比1957年增长250

倍。^①其次，在物资分配上，采取多种措施，解决轻工业生产所需的原材料：（1）给轻工业部门尽可能多地安排一些钢、铁、煤、木等物资。（2）把小商品生产所需的国家统配物资、部管物资、地方平衡物资，分别纳入国家和地区分配计划。（3）为了弥补计划的不足，各地物资部门和商业部门恢复了固有的零售点，销售小工具和零星材料。（4）商业部门收购的废旧物资，凡是适应小商品生产的废料、次料、下脚料，优先供应小商品生产。（5）某些原料和废料经过当地政府批准，允许自购自用，并以和大厂挂钩利用边角余料的形式确定下来。采取这些措施以后，以工业品为原料的轻工业产值占轻工业总产值的比重从1957年的18.4%上升到1965年的28.3%。

3. 合理分配原材料，特别是农产品原料，把有限的资源优先安排给那些原材料消耗低、产品质量高的轻工业企业，争取用有限的原材料多生产出好的产品。1962年以后，中共中央对轻工业和纺织工业的产供销采取了统一安排、统一调度的方针。哪些工厂应当优先开工，哪些工厂应当暂时停工，由中央全盘进行规划；原材料在全国范围实行统一分配。具体办法主要有两种：（1）对某些轻工行业实行集中管理。例如，全国肥皂工业和与肥皂有关的产品全部交由轻工业部归口管理，其生产和基本建设统一由轻工业部规划和安排。原有的肥皂工厂，除保留83家外，其余一律关闭，从而保证了油料的合理使用。（2）限制土法生产，集中供应现代化企业。如限制土纺土织，除按政策规定给社员留下的棉花以外，所有棉花全部由国家统购，进行分配。

4. 迅速恢复和发展手工业传统产区和传统产品的生产。大量生产市场奇缺的锄、镰、镐、锨、锅、碗、罐、缸、盆、桶、勺等小农具和日用品，是当时国民经济战线上一项重要任务。除了在物资分配上首先满足这些产品生产的需要外，在安排小农具和日用品的生产中，还以传统产区、传统产品为重点，同时适当发挥一般产区和新兴产区的作用。国家调给的原料、材料，有重点地供给传统的集中产区，用传统的合理的生产方法，制造历来为群众所欢迎的传统产品。

这个时期，尽管轻纺工业的投资在基本建设投资以及在工业投资中

---

① 《中国统计年鉴》（1984），中国统计出版社，第220页。

所占的比重都有所下降，但由于对有限的投资进行了合理的调度，优先保证国家计划规定的产品生产的需要，保证名牌优质产品生产的需要，保证重点地区和重点企业的需要，轻工业生产效率提高，因而得到了迅速的恢复和发展。1962 年，轻工业总产值为 395 亿元，下降到最低点，比 1957 年的 705 亿元还要低。但是从 1963 年就开始回升，1965 年达到 703 亿元，比 1962 年增长 78%。

（七）加强采掘、采伐工业的建设

采掘、采伐工业与加工工业的发展不相适应，是"大跃进"期间重工业内部比例关系严重失调的重要表现之一。因而加强采掘、采伐工业的建设也极为重要。

党的八届九中全会提出先采掘、后加工的方针后，对工业部门的基本建设投资作了相应的调整。据统计，在重工业投资中，采掘工业所占比重由"大跃进"时期的年平均 21.5% 提高到 1961 年的 38.7% 和 1962 年的 45.3%。森林工业投资在基本建设投资中的比重由"大跃进"时期年平均 1.3%，提高到调整时期年平均的 3.22%。增加的投资，优先满足采掘、采伐工业简单再生产的资金需要，主要用于采掘、采伐工业的开拓、延伸工程，补偿报废的生产能力，维修损坏的机器设备。此外，国家还采取一系列措施，加快采掘、采伐工业的恢复和发展。国家规定，从 1962 年起，森林采伐和矿山开采行业采取按生产产量从生产成本中提取费用的办法，用于矿山开拓和延伸、森林采伐、运材道路延伸、河道整治及有关的工程设施等维持再生产的投资。

另外，各行业还着重抓了以下几方面的工作。

1. 重点加强现有矿山的掘进与剥离工作。"大跃进"期间实行强化开采，采掘比例失调，掘进、开拓的投资欠账严重。1960 年，黑色金属矿山共欠剥离 3800 万吨；煤炭部直属煤矿开拓欠账到 1962 年底还有 1.4 亿吨。根据掘进欠账过多、采掘接替紧张的情况，从 1961 年下半年开始，利用加工工业在调整中大踏步后退的有利时机，采掘、采伐行业集中力量加强掘进、开拓和剥离工程。经过几年的努力，到 1965 年，矿山如煤矿、金属矿、化学矿山、建筑材料矿山等都先后达到采掘（采剥）的正常比例。开拓、准备和可采数量基本上达到了规定的要求。只有非金属矿山由于基础薄弱，对掘进工作又未抓紧，采掘关系没有调整好。

2. 加强采掘工业的勘探工作。针对矿山地质勘探严重落后的局面，增拨了经费，提高了地质队伍的技术装备，并且逐步充实了地质队伍，把地质勘探力量集中起来加以使用，加强了矿山地质勘探工作，为以后矿山建设打下了基础。

3. 整顿生产管理工作。（1）努力充实了生产第一线的回采和掘进力量，努力恢复合理的开采方法，制止了乱采乱挖和吃富丢贫的现象，努力提高采矿、选矿的回收率，保护和充分利用矿山资源。（2）加强了矿井、矿山设备和巷道的维修工作，抓紧解决矿井矿山生产所必需的雷管、炸药、轴承和坑木等。（3）针对煤矿生产第一线工人不稳定、出勤率下降、井下劳动力不足这个突出问题，对煤矿工人的粮食、副食品、劳动保护用品、日用工业品的供应作了妥善安排，并且实行了粮食专用的办法，保证矿山的粮食供应。同时，还改进了工资奖励制度。

4. 抓紧木材生产。1962年1月，中共中央依据国家经委的意见，成立木材七人小组，负责解决木材生产过程中的关键问题。这个小组的主要任务是：抓劳力，抓物资供应，抓生产，抓调度，抓分配，抓木材的节约、回收和综合利用，抓森林工业的基本建设工作。经过努力，1961年~1963年，全国修建了林区道路6874公里，扩大了现有企业的采伐面积，缓和了东北、内蒙古主要林区集中采伐过度问题。但是，采育失调问题仍没有得到解决。

这一时期，采掘、采伐工业虽然属于加强的部门，但不少部门本身尚处在调整过程中，更多的是力求保持产量水平，努力提高质量，并为以后年度的发展创造条件。但石油工业在20世纪60年代初则有了较大的发展。

到1962年底，我国国民经济的全面调整取得了决定性的进展，经济形势开始好转。主要表现在：农业生产扭转了前3年连续下降的状况，开始回升。国家财政扭转了前4年出现大量赤字的被动局面，实现了收支平衡，略有节余。市场供应紧张的情况有所缓和，城乡人民的生活水平略有回升。在工业方面，经过一年多的艰苦奋斗，工业内部的比例关系以及工业与其他经济部门之间的比例关系得到调整，工业生产大踏步后退和退够的目的基本实现。1962年工业总产值比上年下降16.6%；轻工业产值在工业总产值中的比重由上年的42.5%提高到47.2%，重工业的比重相应由 57.5% 下降到 52.8%；农业产值在工农业产值中所占比重由上年的 34.5% 提高到 38.8%，工业由 65.6% 下降到 61.2%。1962 年主要工业品产量，钢为 667 万吨，比上年减少 200 多万吨；原煤 2.20 亿吨，减少5800 万吨。①

第三节　　1963 年~1965 年，继续全面调整

国民经济经过 1962 年的大幅度调整，可以说最困难的时期已经渡过，国民经济开始摆脱困境，出现了从下降到回升的决定性转折，贯彻调整、巩固、充实、提高 "八字方针" 已经初见成效。但是，经济严重困难的局面并未根本改变，特别是国民经济中的各种比例关系远未理顺，经济调整和经济恢复的任务仍然很繁重。为此，中共中央于 1963 年 9 月召开工作会议，决定再用 3 年时间，即 1963 年~1965 年，对国民经济继续实行调整、巩固、充实、提高的方针，作为以后发展国民经济的过渡阶段。

在继续调整阶段，工业部门除了继续加强前一时期已经进行的支农工业以外，还加快发展了轻工业生产，使得轻工业从 1963 年起产值逐年增加。同时，加快了燃料、原材料工业建设。

此外，工业部门还主要抓了以下几个方面具有充实、提高意义的工作。

一、加强设备修理和生产能力配套

"大跃进" 期间，不少产品产量的迅速增长，是以拼设备和挤维修、挤配件生产为代价的。1960 年各种设备的完好率下降到惊人的地步，有的设备新增加数量还抵不上损坏的数量。在新增产品中，又只重视主机的生产，忽视配套件的生产，形成不了生产能力。为了充分发挥已有设备的能力，并使新建的、扩建的企业能得到成套设备，尽快地投入生产和正常生产，把设备的维修和配套列为调整的主要内容之一。为此，按照先维修、后制造，先配套、后主机的方针，着重抓了三方面的工作。

1. 加强设备维修工作。主要措施有：（1）在原材料上给予充分的保证，

---

① 《中国统计年鉴》(1984)，中国统计出版社，第 25、27、225 页。

先照顾维修，以维持简单再生产。（2）充实修理力量，把一部分转入制造、转为生产主机的工厂转回来承担维修任务或生产配件，把一部分机械工业企业转产配件和进行维修。动员冶金和机械部门的技术力量，试制某些进口的关键设备的配件和生产这种配件所需的钢材品种；对其中生产条件比较成熟的，立即安排一些项目组织生产。（3）把设备维修列为工业部门的重点工作，并且按照轻重缓急进行排队，先集中力量修复农业机械、汽车、矿山掘进和剥离所需的设备以及生产短线产品的设备，然后修理其他的设备。（4）进口一些机型比较特殊的备品、配件。在作为各行各业生产主力的一批大型、精密、专用设备中，不少是进口的。这些设备在前几年的使用中损坏相当严重，影响正常生产。它们所需的备品、配件，国内一时还不能解决。除积极安排有关部门进行试制，力求在短时期内自力更生解决外，还利用有限的外汇组织进口。（5）有计划地更换已失去生产效能和不能保证安全生产的设备。为保证更新设备所需的资金，1964年9月中共中央决定在三四年内，基本折旧基金全部由企业留用，扩大了企业利用折旧基金更新陈旧设备和改造关键性设备的自主权，有效地促进了老企业、老基地设备更新和技术改造工作，到1964年底，失修的设备大部分修复。黑色金属和有色金属矿山的设备完好率达到80%左右，一般企业的设备完好率达到85%~90%。

2. 有计划地进行填平补齐、成龙配套工作，努力形成综合生产能力。"大跃进"造成的工业内部比例失调也表现为生产能力不协调，设备不配套，有些部门过分突出，有些部门则极为薄弱。据统计，1960年电力系统新增装机容量1300万千瓦，但其中有215万千瓦由于工程不配套、设备制造质量差、设备失修等原因不能发电，综合能力只有1085万千瓦。1963年以后，国家在强调重工业内部要在现有数量的基础上，加强薄弱环节，填补缺门，完成配套工作。对于基础工业企业，主要解决配套工程与辅助设施问题，以及改善交通运输、原材料、燃料、动力供应等外部协作的条件。如对矿井的回采、推进、提升、排水、通风、供电、排矸、筛分、井上和井下运输等设备，按矿井的综合生产能力，逐步填平补齐。对于机械工业则着重于现有生产能力的扩大和现有工程的成龙配套，填平补齐。如集中发展化肥设备、精密机床、炼油设备、军工配套设备和原子能设备、仪器仪表等短线产品。电力工业集中力量，增加配套，提高工程质量，填平补齐了 200 多万千瓦的机组设备，使已有的 1300 万千瓦发电设备基本实现安全、满发、稳发。此外，国家还拨专款，用于上海、北京、天津、沈阳等一些老工业基地的老企业设备更新欠账和铁路机车、汽车、锅炉、柴油机等更新欠账，效果十分明显。到 1964 年底，工业企业内部的生产能力绝大部分已经填平补齐，成龙配套。

3. 整顿设备机型。我国工矿设备由于进口的国别多，国内生产的型号多，更新的少，机型很杂很乱。据 1963 年 6 月对 40 种工矿设备的调查，全国共拥有 125475 台，而机型就有 5856 种，平均每种机型只有 20 多台。其中进口的设备有 22000 多台，有 3590 种机型，平均每个机型只有 6 台。设备型号过于繁杂，给维修工作带来很大困难，特别是要把这些机型复杂的配件都统一组织生产供应，不但是不经济的，也是不可能的。因此必须大力整顿、简化。

1965 年 2 月中共中央和国务院指出：逐步简化机型，是改善工矿设备维护、修理，合理组织工矿配件生产的一项重大措施，同时也便于今后有计划地进行设备更新。并且同意实施第一机械工业部关于整顿、简化机型的方案。这个方案根据产品系列化、标准化的原则，把 40 类主要工矿设备的机型分为三种：（1）凡是符合我国产品系列型谱和打算将来列入系列型谱的品种、规格的设备，列入基本机型。（2）有些设备不符合系列型谱，但拥有量较多，某些大型关键设备近期内还不能以相近的产品代用的，列入保留机型。（3）凡是机型陈旧，技术性能较差，拥有量又少，国内已有相近产品可以代用的，作为淘汰机型。对列入基本目录和保留目录的机型，由有关部门做好配件的生产和供应工作，争取在第三个五年计划期间在品种上、数量上得到比较彻底的解决。对列入淘汰目录的机型，不再组织进口，原则上国家也不再统一安排配件的生产和供应，采取拼修、更换等办法逐步淘汰。

二、努力提高产品质量和增加产品品种

进入调整时期后，增加品种、提高质量，是工业部门一项十分重要的任务。为实现这一任务，首先采取了保重点企业的方针，发挥那些产品质量高、品种多、原材料消耗低的重点企业的能力，减少那些产品质量低、品种少、原材料消耗高的一般企业的生产。其次，加强生产技术指导，有重点地对"小洋群"企业进行技术指导和改造。再次，整顿工业企业管理，对企业的技术管理工作提出了严格要求，要求企业的技术工作必须由总工程师负全面责任。企业必须保证各种设备经常处在良好状态，保证产品质量符合标准，充分发挥工人、技术人员、职工革新技术的积极性。最后，国家颁布条例，鼓励技术发明和技术的推广应用。1963 年 11 月 3 日，国务院同时发布施行《发明奖励条例》和《技术改进奖励条例》。[①] 这两个条例的实施，对于发明新的产品，改进原来产品、工艺方法、工具、设备、仪器、装置，有效利用原料、材料、燃料、动力、设备和自然条件，以及其他技术的改进，发挥了很重要的作用。在提高质量、增加品种的工作中，还特别加强了国防工业所需的新型材料的研究、试制和生产，充实国防工业生产能力。经过上述努力，产品品种有了比较快的增加，产品质量有了显著的提高。

三、积极引进新技术

在 20 世纪 50 年代，苏联及东欧国家是我国技术设备的主要供应国。1960 年 7 月，苏联突然中止了同我国的大多数经济贸易合作项目，从而迫使我国开始转向寻找同西方发达国家发展包括技术引进在内的经济贸易关系。由于这是建立新的渠道，当时国内生产建设又处于调整时期，加之西方各国对我国的政治、经济状况缺少了解，使我国工业大型技术项目的引进工作基本中断达两年之久。直到 1962 年 9 月，我国才从日本引进了第一套维尼纶设备。1963 年~1966 年，我国先后与日本、美国、法国、意大利、联邦德国、奥地利、瑞典、荷兰等国签订了 80 多项工程的合同，用汇 2.8 亿美元。同期，我国还从东欧各国引进成套设备和单项设备，用汇 2200 万美元，两者合计 3 亿多美元。其中成套设备 50 多项，用汇 2.8 亿美元，占用汇总额的 92.7%。

20 世纪 50 年代我国从苏联引进的成套项目中，大型成套项目占绝大部分。60 年代以后，由于国际国内环境的变化，我国技术引进主要是配合经济调整目标的实现，因而有以下新的特点。

1. 成套设备项目中中小型的居多而大型的少，且主要用于现有企业的技术改造和填补缺门。这个时期，我国工业生产建设是在经济大调整的背景下，努力改善产业内部结构，对已经形成的生产能力填平补齐，

---

①《中国工业经济法规汇编（1949~1981）》，第 91~93 页。

使其充分发挥效益，以及提高产品质量和现有企业的生产技术水平。我国在这个时期的技术引进工作遵循这个原则，在引进成套设备时，明显提高了中小型项目的比例。规模稍大的只有北京维尼纶厂、兰州化学工业公司有机合成厂和太原钢铁公司三个新建、扩建工程，各支付外汇4000万美元左右，合计共占全部用汇的39.5%。其次是四川特殊合金钢材项目、泸州天然气化工厂和淮南电厂，各支付外汇1000多万美元，共占全部用汇的15%。其余的项目都是1000万美元以下的中小型项目，约占这一时期用汇总额的一半，主要用于现有企业的技术改造。

2. 重视引进支农项目和轻工业原料项目。1962年9月，我国从西方国家引进技术的工作开始后，第一个项目就是从日本引进的维尼纶设备。1963年，我国同英国签订的第一个引进成套设备合同是合成氨项目，以后又向英国订购了生产聚乙烯成套设备。我国首次从意大利引进的技术项目，是两套化肥生产设备和一套石油加工联合装置成套设备。我国还从联邦德国和法国引进了化工生产的成套设备。这些成套设备的引进，对于解决吃、穿、用等与人民生活相关的问题，起了一定的作用。同20世纪50年代相比，化学工业项目比重由6%上升到28%，纺织工业项目比重由1.5%上升到11%，能源工业和军工生产的比重显著下降。

3. 配合国内工业生产建设的巩固、充实和提高，引进国内空白的关键技术。如基础化学工业、合金钢冶炼、特种钢材轧制等我国工业生产技术中明显的薄弱环节。这个时期，我国集中引进了合成纤维、乙烯、塑料的生产技术，以油、气为原料制造合成氨等基础化工技术，氧气顶吹转炉制钢，密闭鼓风炼铝、锌，大型炼钢电炉，20辊及8轧机合金钢冶炼、轧制等金属冶炼和加工技术，新型建筑材料加气混凝土和半导体材料的制造技术，以及24吨柴油载重卡车和液压元件的制造技术等。这些项目有些填补了我国工业中的空白，有些明显提高了相应行业的生产技术水平。经过这个时期的技术引进，我国石油化工和其他化学工业的生产能力有了迅速的发展，冶金工业的某些关键生产技术有明显提高，半导体、原子能等工业也取得了较快的发展。

20世纪60年代的这次技术引进，是新中国成立后从西方国家引进技术的初始阶段。引进工作比较谨慎。引进项目整体上看符合当时我国的实际需要。不少项目基本上做到投产顺利，较快地达到或超过设计能力，取得了比较好的技术与经济效果。

在叙述 1963 年~1965 年我国工业生产建设的发展时，还要提到加强战备、建设"三线"工业问题。这个问题详见后述。这里只是指出：这一点，对调整时期工业乃至整个经济建设的成就都有不利的影响。

但是，全国人民经过整整 5 年的艰苦奋斗，终于于 1965 年基本上完成了调整任务。工业方面，在内部比例关系日趋协调的基础上，1963 年~1965 年生产有了较大幅度的增长。工业总产值，1965 年比 1962 年提高了 64%。这年钢、煤产量分别达到 1223 万吨和 2.32 亿吨，分别比 1962 年增加了 556 万吨和 1200 万吨。[①]

---

① 《中国统计年鉴》（1984），中国统计出版社，第 25、225 页。

第三章　再次集中工业经济管理权限和试办托拉斯

第一节　再次集中工业经济管理权限

为了贯彻调整、巩固、充实、提高的方针，恢复和发展国民经济，特别是工业经济，客观上要求改变工业管理体制。这种改变的指导思想是强调全国一盘棋，实行高度的集中统一，以克服工业生产中的分散、无序状态。1961年1月，中共中央正式作出《关于调整管理体制的若干暂行规定》，强调集中统一，以利克服经济困难。规定提出：经济管理的大权应当集中到中央、中央局和省（自治区、直辖市）委三级，最近两三年内，应当更多地集中到中央和中央局。1958年以来，各省、自治区、直辖市和中央各部下放给专区、县、公社和企业的权限，放得不适当的，一律收回；中央各部直属企业的行政管理、生产指挥、物资调动、干部安排的权力，统归中央主管部门；国防工业企业一律由国防工委直接领导，过去下放的国防工业企业一律收回；全国铁路由铁道部统一管理，铁路运输由铁道部集中指挥；凡需在全国范围内组织平衡的重要物资，均由中央统一管理，统一分配。国家按行业分配给各"口"的统配物资和部管物资，由中央主管各"口"负责进行安排。中央局和省（自治区、直辖市）在保证完成国家计划的条件下对中央直属企业的物资进行调整时，必须商得主管部门的同意；财权必须集中，各级都不许搞赤字预算，货币发行权归中央；国家规定的劳动计划，各部门、各地方都不许突破；所有生产、基建、收购、财务、文教、劳动等各项工作任务，都必须执行全国一盘棋、上下一本账的方针，不得层层加码。[①]

根据上述指导思想，实行工业管理权限的集中统一领导，主要有以下几个方面。

一、上收一批下放不当的企业

"大跃进"期间，把一些产供销面向全国的大型骨干企业下放给地方管理后，因地方很难保证这些企业的正常生产条件，企业之间以前形成的协作关系也被破坏，不少物资、资金被挪用，造成企业不能完成国家计划，中央的财政收入大幅度减少。

针对上述情况，从 1961 年起，工业部门把许多企事业单位的隶属关系作了调整。1961 年，第三机械工业部将 26 个国防工业企业收回，由部直接领导；全国铁路由铁道部统一管理，铁路运输由铁道部集中指挥；交通部也将一些重要的沿海港口及长江干线上的重点港口等收归交通部领导；等等。1962 年以后，又继续上收了一些企业。到 1963 年，全国 120 个机械工业骨干企业中有 110 个由第一机械工业部上收；冶金工业部直属的大型钢铁企业有鞍山钢铁公司、武汉钢铁公司、包头钢铁公司、本溪钢铁公司、石景山钢铁公司、太原钢铁公司等 24 个，钢产量占全国钢产量的 65.6%，生铁产量占 86.8%。在轻工业方面，1961 年~1965 年共上收企业 308 个。其中烟草行业收回全部的 61 个企业；盐业收回 39 个企业，其生产量占全国产量的 70% 以上。同时收回 24 个省、自治区、直辖市的供销企业，其销售量占全国销量的 90% 以上。1963 年纺织工业部把 1958 年下放给地方的 10 个纺织机械厂和分公司全部收回，由纺织机械制造局直接管理。从 1958 年管理权限下放后，中央直属企事业单位只剩下 1200 个。到 1965 年，包括中央各部在"大跃进"期间和以后新建的企业，增加到 10533 个。中央各部直属企业的工业总产值占全国工业总产值的 42.2%，其中属生产资料的部分占 55.1%。[②]

---

① 《中华人民共和国经济大事记（1949~1980）》，中国社会科学出版社 1984 年版，第 297~298 页。

② 周太和主编：《当代中国的经济体制改革》，中国社会科学出版社 1984 年版，第 99、100、295、341、380、417、418 页。

二、加强计划的集中统一管理

在这期间，工业方面的计划集中统一管理，主要抓了以下几项工作。

1. 强调全国一盘棋，加强综合平衡工作。按照全国一盘棋、上下一本账的方针，改变了"大跃进"期间"两本账"的做法，克服了各自为政，层层加码，指标愈加愈高，国家计划失控的现象。同时，为了纠正"以钢为纲"、一马当先，不顾其他的偏向，由国家计委负责全面的综合平衡，搞好国民经济的综合平衡工作。在工业方面，注意正确处理工业与国民经济其他各部门之间的关系，工业各部门之间的关系，以及各工业部门内部各环节之间的关系，合理分配人力、物力、财力，确保重点，照顾一般，瞻前顾后，留有余地，使工业按比例协调发展。

2. 改变"大跃进"期间自下而上编制计划的程序，实行"两下一上"的程序。即先由国务院自上而下地颁发控制数字，然后自下而上编制计划草案，最后由国务院批准，自上而下地下达计划。这种做法，有利于中央的方针政策的贯彻执行，有利于统一计划，能有效地防止计划的失控。

3. 增加计划指标。调整时期，国家计划不仅基本上恢复了"一五"时期的一套计划指标，有的比"一五"时期还要细。工业计划包括工业总产值、商品产值、主要产品产量、主要技术经济指标、工业设备大修理等。对国营工业企业的考核指标由主要产品产量、职工总数、工资总额和利润4项，增加到6项，即主要产品产量、品种、规格，商品产值和完成订货合同的情况，产品质量，主要技术经济定额（主要原材料消耗定额、设备利用率、工时定额），劳动生产率（按全员计算和按生产工人计算两种），成本降低率（按主要可比产品单位成本计算和按总成本计算两种）。

4. 扩大计划范围。这个时期中央直接管的指标占了各项经济活动的大部分。中央管理的工业产品从215种恢复、增加到400种左右，这些产品的产值占工业总产值的60%左右；农、林、牧、渔主要产品有30种左右，产值占农业总产值的70%左右；主要零售商品有90种左右，其零售额占社会商品零售总额的70%左右；进口商品有50种左右，进口额占进口贸易总额的90%左右；出口商品有80种左右，其出口额占出口贸易总额的85%左右。中央统一分配的主要生产资料有200种左右，主要生活资料有10种左右。

　　调整时期，计划分三级管理，中央直接管理国民经济中关键性指标，各部门管理本行业全国性的重要指标，省、自治区、直辖市管理本地区的重要指标。在加强计划集中管理的同时，对不同性质的经济成分，实行了不同的计划管理方法。对国营企业和事业单位，实行直接计划；对集体所有制农业、手工业企业实行间接计划管理。

三、加强基本建设的集中统一管理

　　"大跃进"期间，基本建设投资规模膨胀的一个非常重要的原因，就是基本建设管理权限在计划经济的前提下，下放得过多、过散。虽然在名义上，基本建设都有计划，但实际上各部门、各地区、各企业都有项目的审批权，又有相应的财权，又可以合法地层层加码，使得基本建设投资活动失去控制，处于无政府状态。所以，调整时期要降低高指标，压缩基本建设投资规模，就需要恢复基本建设的集中统一管理，收回被不适当地下放了的基本建设项目审批权和计划权。

　　在1961年1月中共中央做出《关于调整管理体制的若干暂行规定》以后，中共中央又陆续颁发了一系列的详细规定，以恢复集中统一的投资管理体制。1962年5月31日，中共中央同意国家计委的《关于加强基本建设管理问题的报告》，由国务院正式颁发了《关于加强基本建设计划管理的几项规定》、《关于编制和审批基本建设设计任务书的规定》和《关于基本建设设计文件编制和审批办法的几项规定》三个文件。其主要内容如下：

　　1. 收回基本建设项目审批权。1958年权力下放时规定，除特别重大的建设项目由国务院批准外，一般的大中型项目都由各主管部门和各省、自治区、直辖市批准。调整开始时，中央决定大中型项目的建设，都报中央批准；地方小型项目的建设由中央局批准；中央各部直属的小型项目的建设由国家计委批准；凡未经批准的项目，各级财政部门和银行一律不予付款。上述国务院颁发的三个规定对审批权限进一步定为：中央各部直属的大中型项目，一律由国家计委审核，报国务院批准，小型项目由各部批准。地方大中型项目中的重大项目由国务院批准，其余大中型项目由国家计委批准，小型项目由各省、自治区、直辖市批准。

　　2. 收回投资计划管理权。每年分部门和分地区的基本建设投资额即年度投资规模由国家确定，年度施工的大中型建设项目（包括重要的单项工程）由国家在年度基本建设计划中确定；计划批准后，需要增减变动的，由国务院或国务院授权国家计委批准。只允许小型建设项目分别由主管部门或省、自治区、直辖市自行安排。自筹资金除少数报经国务院批准者外，一般不能用于大中型项目。

3. 严格基本建设程序。所有基本建设投资和大中型项目，都要按照国家规定的审批权限报请批准，按照基本建设程序办事；所有建设项目的设计任务书也要经过批准，才能列入年度计划；所有建设项目要在设计文件经过批准和各种建设条件落实以后，才能动工。此外，一律不准再搞计划外的基本建设。

4. 加强对基本建设拨款的监督。基本建设资金不再由地方财政包干，改由中央财政专项拨款，严加控制，并减少部门、地方和企业的预算外资金。1963 年 12 月，针对当时一些建设单位不断安排计划外工程，擅自提高建筑标准等情况，进一步加强了拨款的监督工作；严格按照国家计划和基本建设程序监督拨款，认真审查基本建设预算，核实工程造价，并且依此监督拨款。同时加强基本建设储备资金的管理，进一步加强基本建设财务管理，严格执行财政制度和结算纪律，加强建设银行的机构，发挥建设银行的监督作用。

四、加强财政、信贷的集中统一管理

1. 集中财权，加强财政管理。1961 年 1 月 15 日，中共中央批转财政部《关于改进财政体制加强财政管理的报告》，同月 20 日又发布《关于调整管理体制的若干暂行规定》，都强调集中财权，改进财政管理体制。其主要内容有：（1）国家财权基本上集中到中央、大区和省、自治区、直辖市三级。大区是一级财政，大区的财权有：对各省、自治区、直辖市财政指标的分配调剂权；对所属省、自治区、直辖市财政工作的领导和监督权；国家从总预备费中分离一部分给大区直接掌握使用。对各省、自治区、直辖市财政，继续实行"收支下放、地区调剂、总额分成、一年一度"的办法。但在收入方面，收回了一部分重点企业、事业单位的收入，作为中央的固定投入；在支出方面，收回了基本建设拨款权。（2）国家财政预算，从中央到地方实行一本账，坚持"全国一盘棋"。各级财政预算的安排，必须根据既积极又落实的收入，合理安排支出，坚持收支平衡，略有节余，一律不准打赤字预算。（3）对各地区、各部门及各企事业单位的预算外资金，采取"纳、减、管"的办法进行统一管理。即有的纳入预算，有的减少数额，都要加强管理。

2. 改进企业财务管理体制，恢复和健全企业成本、资金管理制度，加强经济核算。（1）改进企业利润分配制度。1961 年 1 月 23 日，中共中央批转财政部《关于调低企业利润留成比例，加强企业利润留成资金管理的报告》，决定调低企业利润留成比例，要求全国企业平均利润留成比例从 13.2% 降低到 6.9%，而且明确规定企业利润留成资金必须绝大部分用于"四项费用"、[①] 进行技术革新、技术革命和实行综合利用所需的支出，同时按照国家的规定安排奖金和职工福利开支。企业主管部门集中的留成奖金，不得超过企业留成资金总额的 20%，并且只能用于企业之间的调剂，不得用于其他开支。1962 年 1 月，财政部和国家经委联合发布了《1962 年国营企业提取企业奖金的临时办法》，财政部同国家计委又发布了《国营企业四项费用管理办法》，决定自 1962 年起，除了商业部门仍实行利润留成办法外，其他部门的企业停止实行利润留成办法，改为提取企业奖金的办法。企业所需"四项费用"改由国家拨款解决。（2）健全企业成本管理制度，严格执行成本开支范围的规定。1961 年 2 月~11 月，国家计委和财政部先后发出了《关于加强国营企业成本管理工作的通知》、《关于加强成本计划管理的通知》、《关于 1962 年国营企业若干费用划分的规定》，要求企业加强成本管理的基础工作，明确规定大修理基金、基本建设投资以及行政、事业经费中的开支，严禁挤入企业成本等。（3）加强资金管理，严禁乱挪、乱用国家资金。要求必须严格划清流动资金和基本建设资金的界限，两种资金严禁互相挪用，要分别管理、使用。流动资金只能用于生产周转和商品流转的需要，决不能用于基本建设或其他财政性开支。严禁一切机关和个人，挪用国家的资金和物资，挪用国营企业的产品和原材料等。

这个时期，财政上实行集中统一的管理体制，使中央直接掌握的财政收入，由原来的 50% 提高到 60% 左右，有效地保证了国家有限资金用于发展和充实薄弱环节，促进了国民经济的调整。

关于银行信贷工作的集中统一，主要是执行银行工作"六条"。1962

---

① 所谓"四项费用"指企业所需的技术组织措施费、新产品试制费、劳动安全保护费和零星固定资产购置费。

年 3 月，中共中央、国务院发出了《关于切实加强银行工作的集中统一，严格控制货币发行的决定》（简称银行工作"六条"）。"大跃进"期间，乃至在调整的初期，许多地方违反财经纪律，随意要银行增加贷款，企业大量亏损靠银行贷款维持，以及擅自挪用银行贷款作财政性开支，造成财政赤字，货币透支，商品严重不足，物价猛涨，国家经济形势十分严峻。所以，加强财政、银行工作的集中统一，把国家资金管紧，严格控制货币发行，严肃财经纪律，无疑是非常得力的举措。

银行工作"六条"的主要内容有：（1）收回银行下放的一切权力，银行业务实行完全彻底的垂直领导。中国人民银行总行下达的重大计划和制度，地方在未经许可时不得自行变更。（2）严格信贷管理，非经中国人民银行总行批准，任何地方、部门和企业、事业单位，不得在计划以外增加贷款。计划指标层层负责，不准突破。（3）严格划清银行信贷资金和财政资金的界限，不许用银行贷款作财政性支出。中共中央和国务院重申：银行贷款绝对不准用于基本建设开支，不得用于弥补企业亏损，不准用于发放工资，不准用于缴纳利润，不准用于职工福利开支和"四项费用"开支。（4）加强现金管理，严格结算纪律。中国人民银行还要负责对企业、事业等单位的工资监督工作。（5）各级人民银行定期向当地党委、政府报告货币投放和回笼流通情况，报告企业亏损及财政弥补情况等。（6）在加强银行工作的同时，必须严格财政管理。对于企业亏损必须作出计划，经国家批准，由财政按计划弥补。计划外亏损，按其发生的原因，另做处理等。

银行工作"六条"下达后，有些企业出现乱挤财政的现象。为此，中共中央和国务院又发出了《关于严格控制财政管理的决定》（简称财政工作"六条"）。其主要内容有：（1）切实扭转企业大量赔钱的状况。一切国营企业，除了国家特别批准的以外，都必须盈利，不准赔钱。国家允许赔钱经营的企业，由国家按计划给予补贴。那些允许暂时赔钱经营的企业，应限期转亏为盈，由国家在一定时期内给予补贴。应当立即停产或者关闭的企业，要认真审查，逐个安排，具体确定。（2）坚决制止一切侵占资金的错误做法，不许挪用上缴利润和税款；不许挪用银行贷款；不许挪用应当归还其他单位的货款；不许乱挤生产成本；不许挪用企业的定额流动资金；不许挪用固定资产的变价收入；不许挪用折旧基金和大修理基金；不许自行提高企业各项专用基金的提取比例；不许挪用企业的"四项费用"；不许挪用基本建设单位储备材料和设备的资金。(3) 坚决制止各单位间相互拖欠货款，工业企业购进货物，必须持有中国人民银行签署的关于该企业有支付能力的证明。(4) 坚决维护应当上缴国家的财政收入，凡拖欠或者挪用上缴利润的单位，要查明情况，加以处理。(5) 严格控制财政支出，各单位只许减少，不许超过。(6) 切实加强财政监督。

此外，国营企业所需流动资金从 1961 年 7 月 1 日起，由银行全额信贷改为 80%由财政部门拨款，20%由银行贷款。从 1962 年 1 月 1 日起，银行不再参与国营企业流动资金的贷款。

五、实行物资（工业品生产资料）流通集中统一管理

为了改进"大跃进"期间物资工作中存在的各自为政、调度不灵、物资分散、管理混乱，而导致物资供需矛盾剧烈，正常的经济体系遭到破坏的状况，中共中央决定对物资流通实行集中统一、全面管理的方针。依据这个方针，物资管理体制进行了以下几方面的变动。

1. 建立全国统一的垂直领导的物资管理系统。1960 年 5 月，中共中央批转国家经委党组向中共中央提出《关于加强物资供应工作和建立物资管理机构的请示报告》。根据中央决定，在国家经委内设立了物资管理总局。其任务是按照国家计划，对全国生产资料的收购、供应和调度工作实行统一组织和管理，要求各生产部门的销售业务和经营销售业务的组织机构、人员，由国家经委物资管理总局统一领导和管理。在此基础上物资管理总局在各主要城市建立了 61 个一级站。同时，物资管理总局加强了对省、自治区、直辖市物资厅（局）的业务领导。

1962 年 5 月 18 日，中共中央再次批转国家经委党组《关于在物资工作上贯彻执行集中统一方针，实行全面管理的初步方案》。方案的核心是要尽快建立全国统一的物资管理系统和业务经营网，从中央一级到省、自治区、直辖市，建立起一套垂直领导的物资管理机构和业务经营网。随后于 1963 年 5 月，成立国家物资管理总局，对地方的专业物资供应公司实行垂直领导。1964 年，国家物资管理总局改为物资管理部，与各省、自治区、直辖市物资厅（局）建立领导关系，实行资金、物资、人员垂直管理，统一组织物资供销工作，从而建立起全国统一的物资管理机构。

2. 统一管理统配物资的销售工作。国家物资管理总局成立时，就建立了金属、机电、木材、建材、化工5个专业公司，统一管理产品的销售工作。

在加强销售管理的同时，按照中共中央和国务院于1962年1月6日下发的《关于在重点煤矿和林业局设立煤炭、木材调运专员的通知》精神，对冶金、机电、建材、煤炭、林业部门的重点企业建立了驻厂（矿）代表和调运专员制，监督检查销售合同的执行。

3. 统一设置和管理中转仓库。在统一管理供销工作的同时，把各部各自设立、分散管理中转仓库保管物资的做法，改由物资部门统一设库保管的办法。1963年各主要工业部门的中转供销仓库，有88.5%交由物资部门统一管理。地方工业厅（局）的中转仓库，多数也实行统一管理。在统管各部中转仓库的基础上，物资部门先后在天津、沈阳、上海、武汉、西安、成都、石家庄、郑州、重庆等大城市设立了直属物资管理总局的储运公司或仓库。各省、市在接管各工业厅（局）仓库的基础上，绝大部分也都成立了省市物资厅（局）的储运公司。由于实行了中转仓库的统一管理，仓容利用率一般平均提高20%~30%，提高了仓库的保管质量。

4. 扩大物资管理范围。如前所述，由于物资管理体制的变动，1959年第一季度，统配、部管物资分配目录缩减到132种，比1958年减少了70%。由于这种过急过多的下放，中断了过去正常的物资供应关系，造成了经济秩序的极大混乱。因此，1959年中共中央在武昌会议上决定停止分区订货，仍旧改由中央部门统一组织订货。于是从1959年第二季度起，统配、部管物资分配目录逐步增加。1964年增加到592种。其中统配370种（国家计委管190种，国家物资管理总局管180种），各工业部管222种。这样，就超过了1957年的品种数。[1]

此外，还加强了对三类物资[2]的统一管理。以前，由于三类物资没有专门机构管理，所以货源不稳，流通不畅，计划生产、分配等方面的管理制度、机构设置与三类物资的流通不相适应。1963年，国务院批转

①《中国社会主义物资管理体制史略》，中国物资出版社1983年版，第21~22页。
②所谓三类物资是指除了统配、部管物资和商业部门统一经营的一、二类产品以外的生产资料。

了国家物资管理总局《关于召开全国三类物资管理工作座谈会情况的报告》。在这次会议上，制定了《国营商业部门对国营工业、交通部门需用生产资料供应管理及货源组织试行办法》、《供销合作社系统对国营工业、交通部门需用农副生产资料供应管理试行办法》、《工矿产品中生产资料三类物资管理试行办法》。实行这些办法的主要目的在于划清各级、各部门之间的具体分工，规定产需之间计划衔接的责任制度。与此同时，各级物资部门都建立了三类物资管理机构，配置了人员。

六、加强劳动工资的集中统一管理

在"大跃进"刚刚开始的 1958 年，中央政府放松了对招收新工人的审批管理，造成职工人数急剧膨胀。为了控制职工队伍的急剧增长，1959 年 1 月 5 日，中共中央发出关于立即停止招收新职工和固定临时工的通知。1961 年，中共中央作出精简职工和城镇人口的决策，工业企业的劳动就业审批更加严格。1963 年 3 月，中共中央和国务院又进一步规定，国家计划规定的职工人数指标，必须严格遵守，任何地方、任何部门、任何单位都不得超过。各地方、各部门在国家计划外增加职工，必须单独作请示报告，经过中央主管部门审批后，转报中央批准。破坏计划，违反制度，私自招收和增加职工的单位和人员，应受一定的处分。

在调整时期，还试行了两种劳动制度和两种教育制度。这一制度是指我们国家应该有两种主要的学校教育制度和工厂农村的劳动制度。一种是全日制的学校教育制度和工厂、机关实行的八小时工作制；另一种是半工半读的学校教育制度和半工半读的劳动制度。关于两种劳动制度，还有另外一个含义：即除了已有的固定工以外，"还要使工业劳动制度与农业劳动制度相结合，就是实行亦工亦农制度。即要尽量用临时工、合同工。这种临时工、合同工，也是正式工"。[①]

为了实现中央对工业的集中统一管理，调整时期，除了上收了上述的各项权力，还在国务院下增设了若干新的管理工业生产建设的部、委，即第四机械工业部、第五机械工业部、第六机械工业部、第七机械工业部、第二轻工业部、物资部、基本建设委员会、全国物价委员会，并把建筑工程部分为建筑工程部和建筑材料工业部。

[①]《刘少奇选集》下卷，人民出版社 1982 年版，第 465~472 页。

在此期间，除了在体制上加强了对工业生产建设的集中统一管理外，还对工业交通部门政治工作实行了集中统一领导。根据毛泽东的指示精神，1964年初在全国工业交通工作会议上，决定在工业交通部门从上而下地建立相应的政治工作机构，以加强思想政治工作，保证党对工业交通等部门的绝对领导。根据以上决定，中共中央专门设立了中央工交政治部。而后不久，工业交通系统的15个部和2个局都相继建立了政治部。

在国民经济遭到"大跃进"严重破坏的条件下，上述集中经济管理权限的各项措施，对于贯彻以调整为重点的"八字方针"，起了有益的作用。但不仅没有改变计划经济体制，反而加强了它，因而不可能根本解决经济失衡问题。

第二节　试办托拉斯

经过调整，经济下滑的势头被遏制，混乱的经济秩序得到改变。但是，过度集中的体制必然带来地方和企业的主动性的丧失。再则，这种体制强调垂直领导，使经济活动又更多地受"条条"的限制。正是这种情况促使人们思考经济体制的改进问题。在工交领域试办托拉斯，是这方面的一次重要尝试。

一、试办托拉斯思想的提出

刘少奇依据列宁关于无产阶级专政条件下采用帝国主义时代产生的新的企业组织形式——托拉斯的思想，在1949年6月构想新中国经济建设的蓝图时，就提出：要"按各产业部门成立公司或托拉斯经营国家的工厂和矿山。"[1] 1960年春，中共中央领导人在讨论"二五"计划后3年的规划时，刘少奇等也议论过托拉斯问题。

组织托拉斯的问题虽然早已明确提出，但由于当时国民经济正在调整之中，没有作具体部署。1963年国民经济开始好转，中央决定对工业管理体制进行改革，逐步减少行政管理办法，增加经济管理办法，在工交企业组织托拉斯。

---

[1]《刘少奇选集》上卷，人民出版社1982年版，第429页。

1963 年夏，国家经委派工作组在沈阳进行调研。当时沈阳市 463 户国营工业企业中，中央直属企业 102 户，省属企业 54 户，其余为市属企业。它们又分别隶属于中央 17 个部委的 38 个局、省的 18 个厅和市的 20 个局或公司，再加上其他经济部门，管理企业的机构纵横交错，关系复杂。而且各级主管部门都有自身的利益。企业在这种情况下，只能走"大而全"、"小而全"的道路，造成资源和设备的严重浪费和闲置。许多企业的领导干部强烈要求改变这种管理体制，采取托拉斯式的专业公司。

同年 12 月，国家经委召开全国工业、交通工作会议，会上就试办托拉斯的问题进行了讨论。同月 26 日，刘少奇听取薄一波、余秋里关于这次会议情况的汇报，再次就如何组织托拉斯问题作了指示。他说，我们过去都是行政机关管理工厂，用行政办法管理企业，实践证明这种办法行不通，应该把这些行政机关改为公司。组织托拉斯，把中央各部的一些局改成公司，是用经济办法来管理企业，它将使经济管理体制发生变革，并由此推动上层建筑也发生变革。实行托拉斯之后，中央各部的工作内容将由直接管理工厂变为管理计划、平衡、检查、仲裁、监督和思想政治工作，不再直接管理生产，这使得部的职能由具体管理转向宏观调控，使之更趋合理。[①]

1964 年 1 月 7 日，薄一波等向毛泽东、刘少奇汇报全国工业、交通工作会议情况时，刘少奇再次系统地重申了他组建托拉斯，改善我国工业管理的意见。毛泽东也指出："目前这种按行政方法管理经济的办法，不好，要改。比如说，企业里用了那么多的人，干什么……用那么多的人，就是不按经济法则办事。"[②]

2 月 26 日，煤炭工业部党组向国家经委和中央书记处提交了关于华东煤炭工业公司组织领导关系的请示报告。报告提出："根据少奇同志关于组织托拉斯、用经济办法管理工业的指示，今年我们准备首先在徐州成立华东煤炭工业公司进行试点，国务院已经正式批准。"4 月 30 日，中共中央批准这个报告。这样，我国试办的第一个托拉斯企业正式成立。

根据中共中央和国务院的决策，国家经委当即会同工业、交通各部

① 《刘少奇论新中国经济建设》，中共文献出版社 1993 年版，第 529 页。
② 薄一波：《若干重大决策与事件的回顾》下卷，中共中央党校出版社 1993 年版，第 1175 页。

门开始研究试办托拉斯的具体方案。

二、试办托拉斯方案

1964 年 6 月，国家经委在反复调查研究的基础上，草拟了《关于试办工业、交通托拉斯的意见报告（草稿）》。7 月 17 日，正式向中共中央提交了这个报告。周恩来十分重视，亲自主持会议讨论这个文件，并提出原则性意见，强调托拉斯要按照经济的办法来办，按照经济规律的要求来管理。8 月 17 日，中共中央、国务院批转了国家经委党组的这个报告，要求各中央局，各省、自治区、直辖市党委，中央各部、委，国家各部委党委、党组参照执行。

这个报告的主要内容如下：

1. 我国工业管理体制存在的弊端，主要是不能很好地适应现代化工业生产发展的要求。

2. 试办托拉斯的意义，是改进工业、交通企业管理工作的一次带有革命性的重要措施。

3. 托拉斯的组织形式，应根据各工业、交通部门和各行业的不同情况来确定。有的可以是全国性的，有的可以是地区性的，有的也可以既有全国性的又有地区性的。组织全国性的托拉斯，可以采取两种做法：一是一开始就建立全国统一的托拉斯，一是先在一个或者几个地区建立地区性的托拉斯，然后再逐步建立全国统一的托拉斯。报告提出在 1964 年内先试办第一批共 12 个工业、交通托拉斯。其中全国性的 9 个，地区性的 3 个。

4. 在试办工业、交通托拉斯中，需要明确和解决的几个问题。

第一，托拉斯的性质和经营范围。托拉斯的性质是社会主义全民所有制的集中统一管理的经济组织，是在国家统一计划下的独立的经济核算单位和计划单位。大体有两种组织形式：一种是产品单一，对生产同类产品的厂（矿）实行集中统一管理的公司；另一种是以某一行业为主，也生产一部分其他行业的产品的公司。在试办期以前一种为先。托拉斯经营范围的大小和收归其直接管理的厂（矿）多少，应根据是否有利于发展生产、有利于专业化协作和有利于经营管理而定。全国性的托拉斯，对不属于它直接管的同行业其他企业，在主管部授权下，统筹兼顾，把这些企业的计划纳入全行业的统一规划。

第二，托拉斯的管理办法。在计划管理方面，托拉斯作为独立的经济核算单位和计划单位，国家通过主管部向它下达计划，它对完成国家计划全面负责，并对所属单位实行统一经营管理；在基本建设方面，托拉斯的基本建设，统一纳入国家计划；在科学技术工作方面，应大力抓技术革新和革命，采用新技术，发展新产品，迅速提高本行业的技术水平；在产、供、销方面，托拉斯内部实行产、供、销的统一管理；在财务方面，国家将固定资产和流动资金拨给托拉斯，它根据国家的规定，在所属厂（矿）之间进行调剂。托拉斯按照国家规定，按时上缴利润、基本折旧基金和税款。托拉斯对所属的不同地区、不同厂（矿）生产的同样规格质量的产品，实行统一价格；在劳动管理方面，国家批准的劳动计划和工资总额，由托拉斯统一掌握，有权在所属单位内调剂。

第三，全国性托拉斯同地方的关系。托拉斯要依靠地方党委的领导，接受地方经委的指导，在条件许可的情况下，承担一些地方的生产任务。各地方对于全国性的托拉斯在本地区内的厂（矿），应加强领导、监督，还应负责同对方的协作，帮助各个托拉斯解决某些物资和劳动的调配。

第四，托拉斯中的政治工作。托拉斯的总公司设立党委和政治部，专门做思想政治工作。

第五，托拉斯的组织机构。托拉斯的管理机构力求精干，减少层次，减少管理人员。要求各个试办的托拉斯在试办的一两年内，争取将全行业的管理人员和管理费用减少 10% 左右。

第六，总公司的设置地点。总公司应当接近生产，接近基层，以便加强对生产的具体领导。

三、托拉斯试办的状况

在托拉斯试办方案出台之前，实际上已经开始组织专业性工业公司的工作。1963 年 3 月 16 日，中共中央批转轻工业部党组《关于烟草工业集中管理方案的报告》。[①] 4 月 7 日，中共中央、国务院批转轻工业部《关于肥皂工业集中管理方案的报告》。[②] 9 月 18 日，国务院同意并转发国家经委《关于橡胶工业集中统一管理的报告》。这些按行业集中统一管理的

---

① 《中华人民共和国经济管理大事记》，中国经济出版社 1987 年版，第 189 页。
② 《中华人民共和国经济管理大事记》，中国经济出版社 1987 年版，第 190 页。

部门实际上就是托拉斯的雏形，而且为后一阶段组建较为正规的托拉斯打下了基础。

国家经委的方案出台以后，正式的托拉斯纷纷组建起来。由于情况不同，它们各具特色。第一批获准试办的 9 个全国性托拉斯中，烟草公司和医药公司具有全行业的性质，集中管理全国所有的烟厂和药厂；地质机械仪器公司仅限于管理原有的中央直属企业；另有 6 个全国性托拉斯，除管理原有中央直属企业外，还各自上收了数量不等的地方企业。先后共有 300 多个地方企业收归托拉斯管理。与此同时，部分省、市也试办了一些由地方管理的托拉斯。1965 年，国务院又试办了石油工业公司、仪器仪表工业公司和木材加工工业公司。同年 10 月，全国基本建设工作会议也决定把工业、交通各部的专业安装队伍和专业性很强的土建队伍，按行业或联合相近行业，组成若干个全国性的建设托拉斯。1966 年 7 月，国家经委又批准几个地方性的托拉斯。

从托拉斯试办的情况来看，它们在组建之后，即着手改组生产组织，改革管理制度，建立适合社会化大生产和专业化分工协作的经营管理方式，促进了设备的利用和生产技术水平的提高。试办的时间虽然不长，但却收到了较好的经济效果。比如，中国烟草工业公司，成立于 1963 年 7 月，1964 年 8 月正式列入托拉斯。它对全部卷烟工业企业实行集中统一管理，统一经营烟叶的收购、复烤、分配和调拨。对烟草工业实行集中统一管理之后，按照合理的布局和专业化协作的原则，对全行业的工厂进行了调整，有力地促进了生产的发展。1964 年卷烟厂由 104 个调整为 62 个，职工人数由 5.9 万多人减为 4.1 万多人，而卷烟生产能力却从 330 万箱提高到 480 万箱，卷烟牌号由杂乱的 900 多种减为 274 种。1964.年劳动生产率比 1963 年提高 42.4%，卷烟的加工费用降低了 21%。而且，中国烟草工业公司还协同农业部门抓烟叶的生产，开展科研工作，扩大高级烟原料基地，派技术员进行技术指导，提高农民种烟积极性，烟叶产量大幅度上升，质量也有所提高。1966 年收购烤烟 1200 万担，比 1963 年增长 1.7 倍，中上等烟叶由 23% 提高到 30% 以上。由于上等烟叶比重增加，卷烟产品质量有明显提高，甲级烟的产量增加了 1 倍以上。从 1963 年成立烟草公司，到 1965 年末，共上缴利润 56 亿元。

在试办托拉斯过程中，也遇到了一些问题，主要有以下三个方面。

1. 全国性和跨地区性的托拉斯与地方的矛盾。这个矛盾突出地反映在：（1）在第一批试办的 12 个托拉斯中，有些托拉斯是把所有的同类企业统统上收，有些则把主要的企业收了上来。一些地方有不同意见，以致有些原定要收的企业收不上来。（2）在改组生产、调整企业方面，因地方有不同的看法，调整方案有些未能实行。（3）有些托拉斯考虑行业内部的协作较多，而对地方的协作则注意不够。

2. 托拉斯内部统一经营与所属企业分级管理的矛盾。有些托拉斯为了统一经营管理，着手将过去由各厂矿企业分散管理的计划、财务、供销、劳动等项业务权集中到分公司或总公司，实行产、供、销和人、财、物的统一管理。这就同曾经是独立核算单位的厂矿产生了许多摩擦，也不利于及时了解和解决生产中的问题。

3. 托拉斯同原有经济管理体制的矛盾。主要表现在三方面：（1）财政管理体制方面。当时，地方的财政收入主要依靠工业利润和税收。托拉斯上收的企业，多半是效益较好的企业，必然减少了地方财政的收入，这是许多地方不赞同上收企业的重要原因之一。（2）物资管理体制方面。当时，物资是按企业隶属关系分配的。托拉斯对归口管理的地方企业，只管计划，不管物资供应。物资分配渠道没有打通，这些企业就很难完成计划任务。（3）物价管理方面。有些企业划归托拉斯领导以后，其产品价格仍由地方物价部门制定，对托拉斯的统一经营不利。

托拉斯经过一年来的试办，一方面由于采用经济的办法来管理工业、交通生产，取得了一定的成绩；另一方面由于是试办，遇到了一些问题。因此，需要对经验加以总结，对出现的问题找到相应的对策。1965 年 5 月 10 日~6 月 7 日，国家经委党组召开了托拉斯试点工作座谈会。各个托拉斯和中央有关工业、交通部门，综合经济部门的负责人以及 9 个省、市党委和经委的有关负责人参加了会议。刘少奇、邓小平听取了汇报，并作了指示。

这次会议，经过讨论，明确了工业必须组织起来，必须根据经济合理的原则解决各项矛盾。会议提出：托拉斯试办中暴露出的矛盾，其实质是中央同地方的矛盾。这可以有几种解决办法：（1）国民经济中的重要行业，如煤炭、石油、重要机械、基本化工、纺织等应当办全国性的托拉斯，由中央部门直接管理。有些行业，如玻璃、塑料制品、某些通用机械、铸锻件等，宜办地方性的托拉斯，由市和省直接管理。（2）在托拉斯内部，有些行业，需要而且能够高度集中统一管理的，应当把同一行业的全部工厂收上来。有些行业，可以只收重要的企业，其余的企业，隶属关系仍可不变。托拉斯可以负责统筹安排其生产和建设，统一下达计划，有些还可以逐步把重要原材料的申请分配、产品的调拨或销售统一管理起来。这样的托拉斯可以建立若干分公司，把一个地区同一行业的工厂组织起来。分公司有的由托拉斯领导，有的也可以由托拉斯和地方双重领导。（3）托拉斯按"全国一盘棋"的方针，对全行业工厂的分工进行统一调整，有利于工业的合理布局和协作，有利于平战结合，有利于提高技术、增加品种、提高质量、降低成本、提高劳动生产率，对国家、地方和整个社会都有利。（4）托拉斯在对全行业的厂矿实行集中统一管理时，要注意适当划分总公司、分公司和厂矿 3 级的管理权限。应根据各个不同行业的具体情况，分别作出具体规定。要给分公司一定的独立地位，在分公司间开展必要的竞赛。同时，随着托拉斯的建立，财政管理需要作相应的改革，计划、物资、统计等方面的问题也需要解决。

座谈会还决定，把 1965 年工作的重点继续放在办好现有的托拉斯上，暂不扩大全国性托拉斯的试点范围；少数条件比较成熟的行业和地方，可再试办若干区域的或地方的托拉斯。

但正当中央决定试办托拉斯，并以此为契机，逐步改变中央经济管理权力过分集中的经济体制时，"文化大革命"开始了，这个具有深远意义的探索就终止了。

第三节　调整后期重新扩大地方和企业的管理权限

为了改变"大跃进"造成的工业经济管理中既散又乱的局面，为了把过热的经济降下来，调整被严重破坏的产业结构，使整个工业生产走上正常发展的轨道，中共中央果断地采取了高度集中统一管理的应急措施，这在当时是非常必要的。随着整个工业生产、建设的恢复和发展，为了调动各方面的积极性，在调整的后期，重新开始扩大地方和企业一部分管理权限。

一、放权思想的重新提出

1964 年 8 月 27 日，毛泽东在有关文件上批示："计划工作方法，必须在今明两年内实行改变。"① 9 月 21 日~10 月 19 日，全国计划会议召开，按照毛泽东批示的精神，会议集中讨论了计划工作如何改进的问题。会议首次提出"大权独揽、小权分散"，"统一领导、分级管理"的原则。

1965 年 11 月 30 日，国务院将国家计委、国家建委、财政部、物资部 4 个部门拟定的《关于改进基建计划管理的几项规定（草案）》、《关于国家统一分配物资留给地方使用的几项规定（草案）》和《关于国营工业、交通企业财务管理的几项规定（草案）》颁发给各级政府和企业。这几个规定的出台，实际上是对 1964 年提出的"集中领导、分级管理"原则的具体贯彻。

依据上述原则和规定，调整后期又重新扩大了地方和企业的管理权限。

二、扩大地方的管理权限

1. 扩大地方的计划管理权。中央各部直属企业、事业单位的各项计划指标，仍由中央主管部门安排。地方管理的企业、事业单位的计划指标，改由省、自治区、直辖市根据中央精神和当地的实际情况统筹安排。地方对计划控制数字有一定的机动性，地方可以先提出安排意见，经过逐级平衡，再纳入国家计委。对于超计划生产的产品，各大区可以按照规定的比例提取一部分，用以解决本地区的需要。国家计委管理的产品和平衡表也大大减少，1964 年计划表格比 1963 年度减少一半以上，管理的工业产品在同期内也由 340 种减少到 63 种。

2. 扩大地方的基本建设管理权。地方农牧业、农业机械站和修理网、农垦、林业、水利、气象、水产、交通、商业、银行、高教、卫生、文化、广播、体育、科学、城市建设 18 个部门的投资，继续划归地方统筹安排，中央各部门不再下达建设项目和投资指标。农田水利事业费和地方水利基本建设投资可以合并使用，统筹安排。地方的工业基本建设，大中型项目由中央安排，小型项目由中央各有关部门同有关地方具体安排，此类项目节约的投资归地方调剂使用。地方用自筹资金进行的基本建设，由省、自治区、直辖市自行安排，其中大中型项目应报国家计委

---

① 《中华人民共和国经济大事记（1949~1980 年）》，中国社会科学出版社 1984 年版，第 382 页。

审批。

3. 扩大地方的物资分配权。现有地方小钢铁企业生产的产品，超过国家计划的部分，凡是主要原料、燃料由地方自己解决的，留给地方使用；主要原料、燃料由中央和地方共同解决的，由中央和地方对半分成；主要原料、燃料由中央分配的，留给地方20%。地方企业生产的铁矿石和生铁，在完成国家计划上调任务后，多缴的部分按照50%折算换给钢材。企业在生产中产生的废次材、边角料，由地方分配。地方回收的废次钢铁，除去国家计划规定地方企业炼钢和铸造任务需要的炉料以外，其余部分七成上缴中央，三成留给地方。地方统销煤矿生产的煤炭，超过国家计划的部分，由中央和地方对半分成。森林工业企业生产的小规模材、等外材归地方使用。用地方外汇进口和分成的原料、材料，在地方企业安排生产的产品，由省、自治区、直辖市自行分配。

此外，基本折旧费用由财政收入中划出来，全部留给地方和企业支配。临时工的使用人数，在工资总额不突破的前提下，各部门和各地方可以自行安排。

三、扩大企业的经营自主权

随着调整任务逐步完成，扩大企业经营自主权的需求日益迫切。于是对企业的经营自主权作了重新规定。

1. 把技术组织措施费、零星固定资产购置费、劳动安全保护措施费中一部分划给企业，由企业自己掌握使用。这三项费用和固定资产更新资金，可以合并使用。

2. 企业小型技术改进措施需要的费用，在完成国家的财政任务和成本计划以及不要求增拨材料的条件下，每项措施的费用大中型企业在1000元以下的，小型企业在500元以下的，可以摊入成本。

3. 除了购置主要生产设备作固定资产处理外，企业购置辅助性生产工具和其他低值易耗品，每种的购置费，小型企业在200元以内，中型企业在500元以内，大型企业在8000元以内，可以摊入成本。超过以上规定数额的，经有关部门批准，可以作为低值易耗品处理。

4. 企业修建生产上零星、小型、简易的建筑物，在不影响完成当年企业成本和财务计划的前提下，并且建筑面积不超过20平方米的，所需费用可以摊入成本。

5. 将企业的大修理基金和中小修理费用合并称修理费。这项费用，企业可以临时用作流动资金参加周转，可以用于结合大修工程进行必要的技术改造，但不能移作他用。

6. 取消企业从超过国家计划收入中提取奖金的办法，提高企业在完成国家计划后提取奖金的比例，按企业的工资总额计算，由原来的 3.5% 提高到 5%。

以上措施都在一定程度上扩大了地方和企业的管理权限，有利于发挥地方和企业的积极性。

第四章　整顿国营工业企业

第一节　整顿国营工业企业的历史背景：
制定《工业七十条》的起因

1958年~1960年的"大跃进"，不仅造成了国民经济比例关系的严重失衡，而且造成了企业管理的极度混乱。这样，不仅调整经济成为首要的紧迫任务，而且整顿企业也成为一项刻不容缓的重要任务。

《工业七十条》就是在这种背景下，在"治乱"的思想指导下，在深入调查研究、总结经验的基础上产生的。

60年代初，党中央、毛泽东号召大兴调查研究之风，要求工业和其他部门都要依照实际情况，更好地总结经验，逐步地把各方面的具体政策定出来，制定出具体的工作条例。

1961年6月12日，在北京召开的以修改《农村六十条》为主要议题的中共中央工作会议进入最后一天，毛泽东在全体会议上讲话时谈到要用《农村六十条》教育干部，并且指出城市也要参照农村的做法搞出几十条规章制度。6月17日中共中央总书记邓小平召开书记处会议，正式确定由薄一波主持起草工业条例。[①]

在这次会议之后，薄一波以北京第一机床厂调查组部分成员为基础

---

① 薄一波：《若干重大决策与事件的回顾》下卷，中共中央党校出版社1993年版，第952~954页。

组建了一个起草小组，到沈阳市继续搞调查研究，并在调查研究中形成条例的初稿。参加执笔写作的有马洪、梅行等。这个初稿总题为《国营工业企业管理条例》。在这个草稿的基础上，又经过征求企业的意见，形成了题为《国营工业管理工作条例（草案）》的初稿，于1961年7月16日呈报中共中央书记处。

7月29日，中共中央书记处在北戴河开会，讨论了薄一波关于《国营工业管理工作条例（草案）》的说明。题目定为《国营工业企业管理工作条例（草案）》。经过修改后的草案于8月10日又送报中共中央书记处。8月11日~14日，邓小平在北戴河主持中央书记处会议，对条例进行了细致的讨论和修改。

8月23日，中共中央庐山工作会议正式讨论了中央书记处提交的《国营工业企业管理工作条例（草案）》，会上就条例的内容展开了激烈争论。虽然存在许多意见分歧，但讨论的总的评价是，制定工作条例有利于兴利除弊，对于整顿工业企业、搞好企业管理是非常必要的。普遍认为条例草案条文很实际，针对性强，总的倾向还是积极的。

中共中央书记处认真研究了各种批评意见，并尽可能地加以吸收，对原稿进行了重大修改。在此基础上，中共中央又增补了一封指示信。信中全面论述了"大跃进"的成就，并对制定这一条例的目的、意义、重要内容进一步加以说明。例如，这封信将社会主义建设总路线和一整套两条腿走路的方针，以及"大跃进"时期的许多流行口号都吸收进去。并肯定了工业企业在"大跃进"中取得四个方面的成绩：生产有了飞速发展，技术力量有了迅速增加，管理工作有了许多创新和经验，以及职工的政治觉悟大大提高等。由于有了这封指示信作为补充说明，一些持不同意见的人改变了对条例（草案）的态度。

1961年9月16日，指示信和修改后的条例草案呈报中共中央政治局常委，9月17日，毛泽东和周恩来对条例作出肯定批复，并且将文稿最后定为《国营工业企业工作条例（草案）》。该条例（草案）共70条，故又简称为《工业七十条》。

第二节　整顿国营工业企业的指导文件：
《工业七十条》的主要内容

《工业七十条》的基本精神，正如邓小平所指出的，是"治乱"，是要把企业管理上的混乱局面扭转过来。它全面、系统地总结了新中国成立以来，特别是 1958 年"大跃进"以来在领导工业企业方面的经验教训，并根据当时的实际情况提出了国营工业企业管理工作的一些指导原则。它对克服"大跃进"期间许多企业出现的混乱现象，把企业的各项工作引上正常的轨道，起到了重大的作用。它的主要内容如下：

一、对国营工业企业的性质、根本任务和管理原则的规定

国营工业企业是社会主义全民所有制的经济组织，它的生产活动，服从国家的统一计划。它的产品，由国家统一调拨。它按照国家的规定，上缴利润和缴纳税款。国营工业企业的职工报酬实行各尽所能、按劳分配的社会主义分配原则。同时，国营工业企业又是独立的生产经营单位，都有按照国家规定独立进行经济核算的权利。它对国家交给的固定资产和流动资金负全部责任，没有国家管理机关批准，不能变卖或者转让。它有权使用国家交给的固定资产和流动资金，按照国家计划进行生产，有权同别的企业订立经济合同，有权使用国家发给企业的奖金来改善企业的劳动条件和职工生活。

国营工业企业的根本任务是全面完成和超额完成国家计划，增加社会产品，扩大社会主义积累。

统一领导、分级管理，是国家对国营工业企业的管理原则，也是国营工业企业内部的管理原则。

国家对国营工业企业的管理，一般地分为三级：（1）中央和中央局。（2）省、自治区、直辖市和大工业市。（3）专区、县、中等工业市、直辖市的区和大工业市的区。

重要的企业，分别由中央和省、自治区、直辖市或者大工业市管理，但工业管理体制调整的权力集中在中央。每个企业在行政上，只能由一个行政机关负责管理，不能多头领导。

国营工业企业内部的管理，一般地也分为三级：（1）厂部。（2）车间或者分厂。（3）工段或者小组。

企业的主要管理权力，集中在厂级。联合企业的主要管理权力，集中在公司。

二、对加强计划管理、正确处理国家和企业的关系的规定

为了加强整个工业生产的计划性，保证企业生产正常进行，为了在计划管理工作中正确处理国家和企业的关系，在计划方法上真正自下而上和自上而下的结合，国家对企业必须实行"五定"，企业对国家必须实行"五保"。"五定"是国家对企业规定的生产要求和提供的生产条件，"五保"则是企业对国家必须承担的责任和义务。

国家对企业实行"五定"的内容是：（1）定产品方案和生产规模。（2）定人员和机构。（3）定主要的原料、材料、燃料、动力、工具的消耗定额和供应来源。（4）定固定资产和流动资金。（5）定协作关系。

企业对国家实行"五保"的内容是：（1）保证产品的品种、质量、数量。（2）保证不超过工资总额。（3）保证完成成本计划，并且力求降低成本。（4）保证完成上缴利润。（5）保证主要设备的使用期限。

"五定"、"五保"一经确定，3年基本不变，但每年可以按照国家年度计划调整一次。企业对分厂、车间，车间、工段对小组、个人也可以参照"五定"、"五保"办法实行几定和几保。

三、对企业内部的计划管理的规定

每个企业要在"五定"、"五保"的基础上，根据国家的年度计划，采取领导和群众相结合的方法，编制本企业的生产、技术、财务计划，提出完成和超额完成国家计划的增产节约指标。非经上级行政主管机关的批准，任何企业都不得挪用国家计划内的物资去进行国家计划产品以外的生产和基本建设。

企业的生产、技术、财务计划一般应当包括：（1）产品的品种、规格、质量、数量计划。（2）技术组织措施计划。（3）设备维修计划。（4）辅助生产计划。（5）劳动、工资计划。（6）物资、技术供应计划。（7）运输计划。（8）成本计划。（9）财务计划。企业应当根据国家批准的企业年度计划和各种有关的经济合同，编制季度计划、月度计划和作业计划。不过，企业的季度计划要报告上级行政主管机关核准。企业应当通过季度计划、

月度计划和作业计划，从人员、设备、工具、原料、材料、燃料、动力、运输以及技术资料等方面，做好生产准备工作和生产调度工作，并且要检查和督促生产作业计划的执行，及时发现问题，保证工厂生产的连续进行。

四、对企业技术管理的规定

其主要内容是：每个企业都必须执行国家的技术政策，加强技术管理工作；总工程师在厂长或者生产副厂长领导下，对企业的技术工作负全部责任；每个企业都要加强设备管理，使设备经常处在良好状态，能够正常运转；设备要按照计划进行大修、中修和小修；要加强工艺管理工作，按照科学要求和工人实践经验，正确地制定工艺规程；要把保证产品质量和不断提高产品质量当成首要任务；必须完成国家规定的品种、规格计划；企业要密切结合生产，经常地充分地发动群众提合理化建议，进行技术革新工作等。

五、对企业劳动管理的规定

每个企业都必须做好定员工作，改善劳动组织，提高职工的思想觉悟、技术熟练程度和业务水平，加强劳动保护，不断地提高劳动生产率；企业必须根据自己的生产条件，按照国家确定的生产规模、生产任务和劳动定额，认真进行定员工作，坚决消除人浮于事、效率低下的浪费现象；企业要根据设备的生产、技术要求，合理地配备人员；应当根据生产的需要和技术的状况，采取有计划地举办业余文化、技术学校，开办短期技术训练班等办法，来提高职工的技术水平；企业还必须实行安全生产制度，认真做好劳动保护工作，改善劳动防护设施，教育工人严格执行安全操作规程，切实避免工伤事故。

六、对职工的工资、奖励和生活福利的规定

职工劳动报酬应贯彻社会主义的按劳分配原则，反对平均主义。应当按照每个人的技术水平，按照每个人的劳动数量和质量来确定报酬，而不应当按其他标准。工人的工资形式，应当根据各个企业、各种工种的实际情况，根据对提高劳动生产率是否有利，实行计时工资制或者计件工资制。企业的领导人员，必须经常关心职工的生活，切实做好生活福利工作。同时，每个企业都要加强劳动管理，严格执行考勤制度，对于经常旷工、破坏劳动纪律的职工，应当给以纪律处分。情节严重、屡教不改的，企业有权开除。

七、对企业的经济核算和财务管理的规定

每个企业都必须实行全面的经济核算。凡是产品方案和生产规模的确定，技术措施和生产方法的制定，综合利用和多种经营的安排，以及一切生产、技术、财务活动都要保证质量，讲究经济效果。企业必须编制成本计划，加强定额管理，不断降低产品成本；企业的成本计划要交给群众讨论，降低成本的指标要落实到车间、工段、小组甚至个人。

企业要根据已经达到的水平，制定平均先进的技术经济定额。定额的制定和修改要经过群众讨论，主要定额要经过上级行政主管机关批准。

企业必须加强对原料、材料、燃料、动力、运输力的管理，建立和健全领料、退料制度和物资保管制度，改进仓库工作，切实防止物资的损耗变质。

企业必须加强资金的管理，严格按照主管部门核定的流动资金定额，节约地使用资金，加速资金的周转。

每个企业都要努力增加社会主义积累。企业的厂部、车间、小组3级都要实行经济核算，建立和健全经济活动分析制度。

企业必须严格按照国家规定的工业产品出厂价格出售产品。必须建立财产的保管和使用制度，管好用好国家财产。

企业的财务机构必须单独设置，车间也要设置财务机构或专职人员，有条件的企业可以设置总会计师。

为了促进企业的经济核算，上级管理部门应当正确制定计划，做好物资供销工作。

对于企业在正常条件下，由于经营管理不善而发生亏损，应当给予有关人员批评教育。严重失职或屡教不改的，应当给以处分。

八、对企业间的协作关系的规定

每个企业都必须根据国家规定的任务和本企业的具体情况，提出自己需要的协作要求，提出自己能够承担的协作任务，分别同有关企业、有关单位建立协作关系。原有的协作关系已经中断而需要恢复的，要尽可能迅速恢复。不能恢复的协作关系，要另行安排。原来没有协作关系的，要迅速建立。企业在协作关系建立以后，必须按照合同的规定，切实保证完成自己承担的对别的企业的协作任务，不能采取不负责任的态

度。企业要通过各种形式有计划地组织协作，实行物资的定点供应。凡是需要和能够固定的协作关系，都必须固定下来。在地区经济分工的基础上，应当组织地区之间的生产协作。凡是全国需要的产品，各地区必须按照国家计划，首先完成和超额完成生产和外调的任务。协作双方必须签订经济合同，具体规定产品的品种、规格、质量、数量、价格和交货期限，具体规定双方承担的义务。

九、对企业各项责任制的规定

每个企业都要根据本企业的特点，总结已有的经验，经过群众充分讨论，建立和健全厂部、车间、工段、小组各级的行政领导责任制，建立和健全生产、技术、劳动、供销、运输、财务、生活、人事等专职机构和专职人员的责任制，建立和健全每个工人的岗位责任制。

责任制的核心是行政管理方面的厂长负责制。每个企业都应当在党委领导下建立以厂长为首的全厂统一的生产行政指挥系统，集中领导企业的生产、技术、财务等活动，保证全厂生产有秩序地进行。

企业行政工作的指挥中心是厂部。凡是计划的制定，生产的调度，财务的管理，产品的设计，质量的检验和厂以下各车间之间的人员、材料、设备的调动等，都由厂部负责。

在厂长的领导下，各个副厂长、总工程师、总会计师都要有明确的分工，分别负责企业的生产、技术、劳动、供销、运输、财务、生活、人事等工作。要建立和健全必要的科室等专职机构，分别在厂长、副厂长、总工程师、总会计师的领导下进行工作。企业要建立强有力的生产调度机构，由生产副厂长领导。要以厂部的生产调度机构为中心，组成全厂的生产调度网。厂长要定期召开由副厂长、总工程师、总会计师和其他有关人员参加的厂务会议，集体讨论和研究行政工作中的重大问题，具体安排和解决日常工作问题。

在厂部的统一领导下，车间、工段、小组和厂部的专职机构都应在各自的职责范围内负责管理工作。企业中的主要责任制应当通过规章制度明确地规定出来。这些制度包括：有关计划管理的制度；有关技术管理、质量检查、安全生产和事故分析报告的制度；有关劳动、工资的制度；有关物资供应、产品销售的制度；有关经济核算和财务管理的制度；有关奖惩的制度等。企业的领导干部和全体职工都必须明确了解自己的职责，严格遵守规章制度。

企业的规章制度应当有一定的稳定性和权威性。原有规章制度的修改、废除以及新规章制度的建立都应当由厂部统一负责。重要的必须报请上级行政主管机关批准。

十、对党委领导下厂长负责制的规定

在企业的生产行政上，实行党委领导下的厂长负责制，实行集体领导和个人负责相结合的制度。

企业党委对于生产行政工作的领导责任是：（1）贯彻执行党的路线、方针、政策，保证全面完成和超额完成国家计划，保证实现上级行政主管机关布置的任务。（2）讨论和决定企业工作中的各项重大问题。（3）检查和监督各级行政领导人员对国家计划、上级指示、企业党委决定的执行。在企业党委的领导下，企业生产行政工作的指挥，由厂长负责。

企业生产行政中的下列重大问题，必须由企业党委讨论和决定。（1）企业的年度计划、季度计划、月度计划和实现计划的主要措施。（2）企业的扩建、改建和综合利用、多种经营的方案。（3）生产技术、供销、运输、财务方面的重大问题。（4）劳动、工资、奖励、生活福利方面的重大问题。（5）重要的规章制度的建立、修改和废除。（6）企业主要机构的调整。（7）车间、科室以上行政干部和工程师以上技术干部的任免、奖惩，职工的开除。（8）企业奖励基金的使用。（9）企业工作中的其他重大问题。但是企业党委无权改变国家计划。企业党委的决定不能同中央决定、指示和企业上级行政主管机关布置的任务和下达的指示相抵触。

企业党委对生产、技术、财务、生活等重大问题作出决定以后，应当由厂长下达，并且由厂长负责组织执行。

企业党委应当积极支持以厂长为首的全厂统一的行政指挥，应当认真维护各级的和各方面的责任制。

车间、工段和专职机构的党总支委员会、支部委员会的主要任务，是做好思想政治工作和党的建设工作，团结全体工人、技术人员和管理人员，贯彻执行企业党委会的决议，贯彻执行厂部的指示、命令。如果对上级行政的决议、指示、命令有不同意见，应当请示企业党委会处理，不能自行决定。

车间、工段党总支委员会、支部委员会对本单位生产和行政工作的完成，起保证和监督作用。在车间、工段不应当实行党总支委员会、支部委员会领导下的车间主任、工段长负责制。

专职机构的党支部委员会的作用相当于机关党支部委员会的作用。在专职机构中，不应当实行党支部委员会领导下的科长、室主任负责制。

十一、对工会和职工代表大会的规定

每个企业都必须加强工会工作。企业中工会的主要任务是：发动和组织职工积极生产，提高职工的思想政治觉悟和文化技术水平，及时反映职工的意见和要求，维护职工的民主权利，改善职工的生活福利。应当使工会真正成为党在企业中联系群众的有力助手，真正成为吸引全体职工参加企业管理的群众组织，真正成为共产主义的学校。

企业的职工代表大会制，是吸收广大职工群众参加企业管理和监督行政的重要制度。企业各级职工代表大会和职工大会，要讨论和解决企业管理工作中的重要问题，要讨论和解决职工群众所关心的问题，有权对企业的任何领导人提出批评，有权向上级建议处分、撤换某些严重失职、作风恶劣的领导人员。

工人参加生产小组的日常管理是工人参加企业管理的一个重要内容。

十二、对技术人员和管理人员的地位和作用的规定

技术人员和管理人员是工人阶级的一部分，要给他们一定的条件，鼓励他们认真学习马列主义、毛泽东思想，学习经济业务，钻研科学技术，又红又专，成为通晓本职工作的内行。不能把他们钻研技术、钻研业务看作是"走白专道路"。

十三、对党的工作的规定

企业党委会是中国共产党在企业中的基层组织。在当地党委领导下，企业党委会是企业中一切工作的领导核心。企业中党的主要领导权力，应当集中在企业党委会。企业中各级党组织都应当遵守党章的规定，健全党的生活，加强党的思想建设和组织建设。应充分发挥党支部的堡垒作用和党员的模范作用。企业党委会应当把做好思想政治工作放在重要地位。企业党委会必须加强对工会、共青团的领导，使他们真正发挥党联系群众的纽带作用。要教育党员经常注意加强同非党群众的团结。要教育全体干部认真执行党政干部三大纪律、八项注意，贯彻群众路线，坚持民主作风。

第三节　整顿国营工业企业的措施：试行《工业七十条》

《工业七十条》颁布后，中共中央指示将其一直发放到企业党委，传达给全体职工。在各地区各部门，选择不同行业和大中小不同类型的企业试行，根据条例的规定整顿企业。国家经委于1961年9月、10月两个月分别邀请各中央局经委负责人和国务院工业、交通各部负责人开会研究实施办法。根据中共中央指示，整顿企业计划在两年内分三批进行。第一批主要是整顿试点企业，大中小各种类型的企业都有；面上的企业主要是向职工宣讲条例，进行学习讨论，并尽可能整改。第二批是集中整顿大中型企业。第三批主要是整顿县级企业。那时全国几十万个工业企业中，重要的企业大约在1万个左右，当时拟花两年时间逐个进行整顿。准备从"五定"入手，严格实行责任制和经济核算制，以提高产品质量和增加产品品种为中心，全面整顿国营工业企业。

但是由于当时整个国民经济还没有走上轨道，又没有长期规划作为指导，很难给每个企业固定产品方向，生产规模，原材料、燃料来源，以及外部的协作关系等。因此，条例草案的试行和企业的整顿主要通过几项全国性的经济整顿，如清仓核资，清理拖欠，扭亏增盈，增产节约运动等进行的。

一、清仓核资

"大跃进"期间，由于不讲经济效益，放松了资金管理，全民所有制工、商、交通等企业占有的流动资金迅速增加，到1960年时达800亿元左右。其中工业企业为270多亿元，主要原因是库存积压过多。1962年3月，国务院决定彻底清理仓库，重新核定流动资金，把它作为1962年的十项任务之一。

根据上述决定，从1962年开始，对全国县及县以上的全民所有制单位的物资，包括在库的和在途的，生产资料和生活资料，成品、半成品和在制品，合格品和残次废品等，都进行清查。其中工业企业和工业管理部门是清查重点。这项工作到1963年9月基本结束。

通过清查，针对工业企业管理中暴露出来的问题进行了以下几项整顿工作：（1）重新核定流动资金。各企业根据生产任务，考虑到当时生产不正常、物资供应不及时等情况，制定出物资消耗、周转、储备的定额，并且据此重新核定了流动资金。1962年工业企业占用的流动资金总额为208亿元，比1960年减少了160多亿元。（2）合理处理超定额的物资。对所有的物资重新进行了质量鉴定。对可用的物资根据需要及时进行了调剂，用于供应生产建设和人民生活方面的需要。对残次废品，及时进行了处理和核销。（3）建立和健全有关的管理制度和机构。针对清仓查库中暴露出来的问题，按照《工业七十条》的要求，加强了计划管理，严格按照生产计划与作业计划采购物资、投料生产，逐步建立健全各种卡片账目，配备物资供应、仓库管理和财务管理人员，健全各项物资管理制度和财务管理制度，整顿和加强了企业管理。通过整顿，企业占用的流动资金明显下降。1965年全民所有制工业企业每百元产值占用的流动资金降到25.5元，比1962年下降了34.1%。

二、清理拖欠

在"大跃进"期间，各企业间相互拖欠货款的现象十分严重，影响了企业的正常经营活动。1962年3月、4月，中共中央和国务院一再作出决定，坚决制止各单位之间相互拖欠货款。从5月份开始，在县以上的工业企业和基建单位展开了清理拖欠货款的工作。

这项工作进展相当顺利。截至12月31日止，在几万个企业之间几年内积累下来的数十万件债权、债务基本上清理完毕。国营工业企业清理偿还了欠人货款18.1亿元，占欠人货款总数19.5亿元的93%；被人拖欠的货款已经收回26.1亿元，占人欠货款总数29.8亿元的88%。

通过清理拖欠，清理了多年的老账，解决了许多长期没有解决的经济纠纷，扭转了企业之间普遍相互拖欠的严重局面，使很多企业流动资金的紧张状态得以缓和，恢复了支付能力，促进了正常经济秩序的恢复。

三、扭亏增盈

在"大跃进"期间，国营工业企业亏损激增。1961年国营工业企业亏损数达46.5亿元，相当于整个工业税利的1/3。

1962年4月，中共中央和国务院确定要扭转企业大量亏损的状况。当时规定了哪些企业允许亏损经营，哪些企业允许暂时亏损经营、限期扭转亏损，必须按隶属关系，由主管机关认真审查，提出方案，分别报国务院和省、自治区、直辖市批准。对于这两种企业，要核定年度和分季、分月的亏损数额，严格计划补贴。根据这一规定，各地区、各部门在扭亏增盈方面做了不少工作，亏损的企业和亏损的金额都有所减少。但是，亏损情况仍然严重。同年 10 月，中共中央、国务院又发出通知，进一步要求各部门、各地区坚持扭转工商企业的亏损，增加盈利，争取1963 年全国工商企业的亏损数比 1962 年减少 30 亿元~40 亿元。为了实现这个目标，中央要求，那些由于管理不善而造成亏损的企业，要力争在1962 年第四季度或 1963 年第一、二季度内，基本上做到不亏损。那些产品质量低劣，成本很高，短期内又不可能扭转亏损的企业，要坚决停止生产。并且要求国务院各部门立即派出工作组分赴重点城市、矿区、林区，会同地方有关部门，就地解决企业亏损的问题。

根据中央上述要求，全国工业企业在 1962 年~1964 年间，大力开展扭亏增盈工作。（1）制定明确的计划指标。限期消灭亏损企业与亏损产品，不仅要扭转亏损，还要增加盈利。（2）结合贯彻《工业七十条》，努力改进企业经营管理。（3）结合增产节约运动，发动群众揭露矛盾，比先进找差距，对症下药，进一步解决企业存在的问题。

通过上述各项工作，既整顿了工业企业管理，又扭转了企业的亏损，增加了企业的盈利。全国工业企业亏损额逐年大幅度下降。1962 年亏损额为 26.85 亿元，1963 年降为 12.8 亿元，1964 年降为 6.81 亿元，1965 年降为 6 亿元。①

四、开展增产节约运动

为了恢复和发展整个国民经济，特别是工业生产，1963 年 3 月中共中央部署开展增产节约运动。这次运动是从整顿工业企业、巩固和建立正常的生产秩序入手，以开展比学赶帮，赶上国内或国际先进水平为中心的。

这次增产节约运动的主要形式是广泛开展比学赶帮活动。1963 年末、1964 年初召开的全国工业、交通工作会议，号召所有企业都开展比学赶帮活动，继续克服骄傲自满、固步自封思想，掀起增产节约运动的新高潮。凡是产品技术经济指标落后于 1963 年底国内先进水平的企业，都要

---

① 周太和主编：《当代中国的经济体制改革》，中国社会科学出版社 1984 年版，第 115 页。

努力追赶这个先进水平；现在已经达到国内先进水平的，应当努力追赶国际先进水平。同时，比学赶帮运动是同五好竞赛结合起来进行的。所有工业、交通企业都开展了五好企业和五好职工的社会主义竞赛，积极争当五好企业和五好职工。所谓五好企业，即政治工作好、完成计划好、企业管理好、生活管理好、干部作风好。所谓五好职工，即政治思想好、完成任务好、遵守纪律好、经常学习好、团结互助好。

这次增产节约运动还同"五反"运动，同"工业学大庆，全国人民学习解放军"的运动密切相结合。它既是在整顿企业、改进管理中进行的，又是在加强政治思想工作和逐步开展阶级斗争中进行的。因此，它的积极作用也是多方面的。它对于推动企业改进经营管理，提高产品质量，降低原材料消耗，降低成本，提高效率，缩短落后与先进的差距，促进生产的发展起了重要的作用。对于改进干部多吃多占、瞎指挥、官僚主义等不良作风，对于打击贪污盗窃、违法乱纪行为，对于发扬艰苦奋斗、自力更生的精神都起了积极的作用。但在另一方面，也有它的消极作用。由于毛泽东提出无产阶级同资产阶级的矛盾仍然是我国社会的主要矛盾，在整个社会主义历史阶段资产阶级都将存在和企图复辟，并成为党内产生修正主义的根源，使这次运动也把阶级斗争扩大化。在运动中把大量属于人民内部的问题看成了阶级斗争，不仅打击了一批干部，挫伤了群众的积极性，而且把国营工业企业搞经济核算当作"利润挂帅"、"奖金挂帅"、"资本主义经营管理"来批判，使当时试行按照经济规律管理经济的改革探索趋于夭折。

但是，总的说来，通过以上各项经济整顿工作，《工业七十条》的不少规定逐步在工业企业中得到试行。这对于贯彻执行调整、巩固、充实、提高的方针，恢复和建立正常的生产秩序，提高企业的经营管理水平、技术水平、生产水平，起到了积极的作用。"大跃进"运动所造成的企业管理混乱的局面发生了很大的改变。全国有相当多的企业出现了产品质量、产量、劳动生产率三提高和原材料消耗、成本两降低的新气象，经济效益有了明显的提高。我国工业得到了迅速恢复和发展。

1965年，中共中央书记处指示国家经委组织对条例草案进行修订。从3月18日开始，国家经委主任薄一波组织有关人员比较系统地调查了条例草案试行情况和整顿结束后企业面临的新问题，对条例草案进行了几次修改，于 9 月 17 日上报中共中央书记处。

但是，中共中央书记处还未来得及组织讨论这一修改稿，"文化大革命"就开始了。在"文化大革命"中，《工业七十条》被诬蔑为一棵修正主义的大毒草。[①]但是，《工业七十条》是在党中央提出的实事求是原则的指导下，在总结我国"一五"时期和"大跃进"时期的经济建设的正反两方面经验与教训基础上提出的，其中许多方面，都是我国企业管理的宝贵精神财富。它对于纠正"大跃进"的"左"的错误，迅速恢复我国工业生产，起到了重要的积极作用，取得了巨大成就。当然，在当时的历史条件下，《工业七十条》既不可能从根本上摆脱计划经济体制的框框，也不可能从根本上摆脱日趋发展的毛泽东"左"的阶级斗争理论和日趋加剧的"左"的阶级斗争实践的影响，因而又在许多方面存在着时代的局限性。这一点，1965 年 9 月的条例草案修改稿表现得更为明显。

---

① 薄一波：《若干重大决策与事件的回顾》下卷，中共中央党校出版社 1993 年版，第 976~978 页。

第五章　整顿手工业集体企业

第一节　整顿手工业集体企业的历史背景：
制定《手工业三十五条》的起因

"大跃进"期间，在盲目追求"一大二公"的"左"的思想指导下，手工业生产合作社也急于实现转厂过渡，由此造成了手工业生产的急剧萎缩，手工业产品市场出现了严重的供不应求的局面。为了扭转这种局面，中共中央在1959年8月发出了《关于迅速恢复和进一步发展手工业生产的指示》，其中包括调整手工业所有制和企业规模在内的措施，共有18条。但由于同年庐山会议后在全党普遍开展的"反右倾"斗争，这个指示没有得到认真的贯彻。因而，手工业生产方面存在的严重问题，并没有得到解决。

进入调整时期后，根据毛泽东提出的要搞调查研究，要有章程的指示，有关部门和地区对手工业进行了调查研究。

1961年5月，朱德在调查研究后提出，1958年转厂并社时，由集体所有制改为全民所有制的手工业合作社面过大了，目前仍保留着集体所有制的工厂，也很少实行原来合作社时的经营管理制度。这表现在：理事会、监事会和社员大会等组织形式没有了；分红、公积金、公益金等制度也取消了；计件工资制绝大部分改为月薪制。因此，在手工业生产中，普遍存在着"磨洋工"的现象。要改变这种状况，必须恢复手工业合作社时的组织形式和经营管理制度。

同年 5 月 21 日~6 月 12 日，在北京召开的中共中央工作会议对手工业工作进行了研究，制定了《关于城乡手工业若干政策问题的规定（试行草案)》，即《手工业三十五条》。①

第二节　整顿手工业集体企业的指导文件：《手工业三十五条》的主要内容

《手工业三十五条》是当时为了克服手工业急于过渡、合并过多、限制过死的弊端而制定的重要文件。它的主要内容如下：

一、调整手工业的组织形式

在整个社会主义阶段，我国手工业应该有三种所有制形式：全民所有制、集体所有制和个体所有制。其中集体所有制是主要的，全民所有制只能是部分的，个体所有制是社会主义经济的必要补充和助手。

集体所有制手工业的组织形式有手工业生产合作社，手工业供销生产社，手工业合作小组，手工业合作工厂；有城市人民公社的社办工业和手工业生产小组；有农村人民公社的社办工业，社社联营工业和生产大队、生产队的手工业生产小组。从全国范围来说，手工业生产合作社是手工业的主要组织形式，有些城市也可以人民公社为主要组织形式。

不论采取哪种组织形式，原则上都要实行入社自愿，退社自由，经济民主，自负盈亏，反对不讲经济核算的"吃大锅饭"做法，反对依赖国家包下来的"铁饭碗"思想。

为了迅速恢复和发展手工业生产，必须对当时手工业所有制进行必要调整。调整所有制的原则是：有利于调动手工业工人的生产积极性，提高劳动生产率；有利于增加产品品种和数量，提高产品质量；有利于节约原料材料，降低成本；有利于适应农业生产和人民生活的需要；有利于更好地实行"各尽所能，按劳分配"，在发展生产的基础上逐步增加手工业工人的收入。

①《中国共产党历次主要会议集》下卷，上海人民出版社 1983 年版，第 154~155 页。

　　调整手工业所有制是一件复杂细致的工作，必须按照实际情况办事，必须实行群众路线，必须保证生产正常进行，必须对一切人员做好妥善安排，必须使手工业工人的收入不致减少，要根据不同地区、不同企业和不同生产情况区别对待。对于改变所有制、调整组织形式、确定经营方针、处理公共财产等重大问题都必须经过干部和群众的充分酝酿，反复讨论，民主决定。反对草率从事，防止发生新的命令主义和瞎指挥。调整手工业所有制必须有计划有步骤地进行，各地必须先做试点，取得经验后再逐步推广。

　　对于已转变为国营工业和公社工业的原手工业生产合作社，凡是不利于调动手工业工人的积极性，不利于恢复和增加产品品种和质量，不便利群众的，都必须坚决采取适当的步骤，改为手工业生产合作社或合作小组；而确实办得好的，能够适应社会需要的，就不再变动。农村人民公社兴办的工业，如农业机械修配、农副产品加工、矿产开采和建筑材料工业等，凡是适宜于集中生产又能办得好的，可以仍然保留公社的集体所有制，由公社继续经营，分别核算，各计盈亏。凡是不适宜于集中生产，不改变所有制就办不好的，应该经过人民公社社员代表大会和企业职工的同意，改为手工业生产合作社、合作小组，或者改为生产大队、生产队的手工业生产小组。凡是没有发展前途和没有经营条件的，应该停办。城市人民公社兴办的工业也应该结合实际进行合理调整，家庭妇女参加公社工业做工的，要特别注意完全自愿，不得勉强。

　　手工业生产合作社和合作小组属于参加这些合作组织的手工业工人集体所有。在农村，它是人民公社这个联合经济组织当中的一个独立经营单位，是人民公社经济的一个组成部分，受公社和县手工业联社双重领导。在城市和集镇，它可以是人民公社经济的一个组成部分，也可以是手工业联社直接领导下的一个独立经营单位，不作为人民公社经济的组成部分。

　　农村人民公社的手工业工人同农业的关系特别密切。除了某些手工业集中地区以外，一般不建立手工业生产合作社。这些手工业工人可以继续参加生产大队或者生产队的手工业生产小组。但是计算劳动报酬的方法应该和农业劳动不同，可以按件计工，可以按产值计工，可以按收入比例分成，也可以让他们自负盈亏，缴纳少量的公积金。

农村人民公社的社办工业、手工业合作组织，生产大队和生产队的手工业生产小组，除了某些必须常年生产以外，都应该实行亦工亦农的原则，农闲多办，农忙少办或者不办。

某些适宜于单独经营的个体手工业者，应该允许他们在手工业合作组织、公社或者生产大队的领导管理下进行独立劳动、自产自销，收入归己，同时向手工业合作组织、公社或者生产大队缴纳少量的公积金。城乡家庭手工业是整个手工业的一个组成部分，应该积极发展。家庭手工业可以自产自销，可以由商业部门加工订货，可以由人民公社或者手工业联社组织手工业供销生产社或者生产小组，统一领导，分散生产，发原料和收成品。家庭手工业的收入应该归个人所有和支配。

对于确定由国营工业和公社工业恢复为手工业生产合作社的，在国营和社营期间发生的盈亏和债权债务，由国营工业主管部门和人民公社负责处理；在这个期间新增加的设备和其他资产，凡是手工业生产合作社需要的，应该拨给他们继续使用，折价由手工业生产合作社分期偿还，或者作为国家和人民公社的投资；过去手工业生产合作社的资产和社员股金被无偿调用的，必须坚决退赔，谁调用谁退赔；原手工业生产合作社社员股金和合作社的公积金、公益金和其他资金、设备、厂房等全部归还原主，已经动用和损坏了的必须如数赔偿。继续作为国营工业和公社工业的，对于原来社员的股金和个人工具折价，也必须认真清理，如数退还给本人。过去各级手工业联社的积累和资产已经交给国家有关部门的，应该由有关部门负责退还。

二、调整组织规模和恢复充实手工业生产队伍

手工业企业的规模不宜过大，行业不宜混杂。规模过大的应该坚决分小，行业混杂的应该坚决划开。组织起来不等于集中生产，过分集中的应该坚决分散。但是，也要区别不同情况，不要强求一律。手工业行业复杂，小而灵活，经营方式应该多种多样，可以集中生产，可以分散生产，可以固定设点，可以流动服务，可以在当地串街串乡，可以到外地串街串乡。手工业工人到外地串街串乡，人民公社应该给予方便。

凡是原来生产手工业产品的企业和人员，特别是生产传统名牌手工业产品的企业和技术工人，已经改行转业的，除了少数特殊情况，都必须坚决归队。原来的手工业修理服务人员，也必须归队。组织企业归队

要按行业、按产品分类排队，认真做好生产安排，有计划有步骤地进行，以此恢复和充实手工业生产队伍。同时，必须大力培养手工业的新生力量，提倡师傅带徒弟和尊师爱徒。手工业部门、人民公社和生产大队要有计划地安排青年学艺。

三、贯彻执行"按劳分配，多劳多得"的原则，正确处理国家、集体、个人三者之间的关系

集体所有制手工业工人的工资水平，在城市应该大体相当于当地同工种、同等技术条件的国营工厂工人的工资水平。现在工资水平偏低的，应该随着生产的发展逐步提高。在农村，应该按照历史习惯，高于当地农民收入的水平。手工业企业职工的福利待遇，应该根据企业生产的发展水平和经营的好坏来决定。城市手工业工人的口粮原则上应该同当地同行业同工种的国营工厂工人享受同等待遇，具体标准由各地自行规定。农村手工业工人的口粮应该根据不同行业给予适当照顾，他们的家属的口粮和烧柴应该和当地农民享受同等待遇，并且同样享有一份自留地。

四、统筹安排、分级管理手工业的产供销

既要有中央和地方的统一计划，又要有企业安排生产的灵活性；既要使主要产品、名牌产品在中央和地方计划中列入，又不要管得过多过细。集体手工业企业的生产计划应该根据为农业生产服务、为人民生活服务、为出口服务、为工业建设服务的方针，在国家计划的指导下，结合单位的具体情况进行编制。计划需要调整时，国家计划部门可以提出意见，但不准强迫实行。

手工业产品的生产安排，要特别注意发挥传统产区的生产基地作用，保持和发扬传统名牌产品的特色，迅速恢复传统的合理的供销关系和经营方式，以适应市场的需要。手工业集中产区的名牌产品，必须兼顾当地和外地的需要，切实保证外调外销任务。生产这些产品所需要的原料、材料、劳动力和口粮补助，各省、自治区、直辖市应该进行全面安排。手工业的技术革命和技术革新，必须注意提高和保证产品的质量，不能减少品种、花样，并且注意继承和发扬一切传统的优良的生产方法，已经行之有效的、群众公认的好经验，应该肯定下来。制造新产品，必须经过试产试销。成功以后，再逐步扩大生产。

手工业生产所需要的原料、材料，应该根据国家分配和自力更生相结合的原则解决。属于国家统一分配的一、二类主要物资和进口物资，由手工业部门提出申请，分别纳入中央和地方计划，单列户头，由国家物资部门和有关部门拨交手工业部门安排使用。属于商业部门经营的一、二类物资，由商业部门负责供应。手工业生产所需要的三类物资，一部分由商业部门负责供应，一部分由手工业部门和企业自购自用。到外县、外省采购三类物资，应在县以上手工业部门的统一领导下，有组织进行。进入集市贸易的二类物资，手工业部门和企业也可以进行采购。手工业部门和企业采购原材料，必须服从当地市场管理，有关地区给以协助。

地区之间传统的供销协作关系必须迅速恢复，新的供销协作关系要积极建立。手工业部门和企业，可以向原料产地的供销合作社和人民公社直接采购原料、材料，可以用自销的产品换取所需要的原料、材料。应该鼓励手工业生产利用废品、废料。工矿企业、铁道交通、基本建设等单位的边角下料和废品、废料，原则上应该由手工业部门收购使用。有些工矿企业的边角下料有上缴任务，或者要自己利用，应该由计划部门根据经济合理的原则，适当确定上缴、本厂留用和拨给手工业使用的比例。手工业企业可以和厂矿单位直接挂钩，固定边角下料的供应任务。社会上的各种废品，由商业部门或者物资部门收购的，应该优先供应手工业使用。手工业企业可以按照传统习惯，接受来料加工和带料修理，也可以收购某些自用的废品。过去手工业部门建立的原料生产企业和原料改制加工企业，应该尽可能交回手工业部门自产自用。

过去手工业部门所属的机械厂，也应该拨回一部分，或者由国家另外拨给必要的机械厂。国营企业替换下来的旧设备，应该恢复过去作价拨给手工业部门使用的办法。手工业基本建设所需要的国家统一分配物资和设备，采取分级包干的办法，分别列入中央和地方计划。

手工业产品中，由国家供应原料、材料的计划产品，原则上由商业部门包销，也可以留出一部分由手工业部门和企业自己销售。由手工业部门和企业自购原料、材料的产品和由国家供应部分原料、材料的非计划产品，原则上由手工业部门和企业自己销售，也可以由商业部门选购和推销一部分。提倡手工业企业同基层商店直接挂钩。

手工业产品的价格必须合理，保证生产有合理的利润。由于原料、材料价格变动，成本提高或者降低的，应该适当地提高或者降低出厂价格和销售价格。由于企业经营管理不善而增加成本的，应该限期改进。手工业产品的价格，由各地物价管理委员会负责掌握。商业部门包销和选购的产品的价格，由工商双方合理议定。手工业部门自产自销的产品，有的可以按照国营商业牌价，有的可以同行议价，某些零星产品也可以由买卖双方自行议价。对手工业产品应该实行"优质优价，分等论价"的原则。

五、坚持民主办社、勤俭办社的方针

手工业生产合作社要恢复过去行之有效的民主管理制度，民主选举理事会、监事会，定期向社员公布账目，一切重大问题都要经过社员大会或者社员代表大会讨论决定。公社工业要总结自己的经验，吸收手工业生产合作社好的民主管理经验。国营的手工业企业，也要结合手工业的特点，扩大民主范围，可以试行民主选举厂长，经上级批准的办法。

一切手工业企业，都必须严格实行经济核算，加强财务管理，发扬手工业因陋就简、精打细算的优良传统。认真控制一切非生产性开支，力求减少脱离生产的管理人员。一切手工业企业，都必须建立和健全生产责任制度，定额管理制度，产品检验制度和原料、材料领发保管制度。切实注意提高产品质量，恢复和提倡包退、包换、包修的传统做法。手工业企业的工作时间和营业时间，应该根据不同行业、不同特点和不同季节来规定。

手工业干部必须发扬民主作风，处处为群众打算，遇事同群众商量，不许独断专行。必须从实际出发，实事求是，如实地反映情况，不许弄虚作假。必须和群众同甘共苦，不许特殊化，不许使自己和自己的亲属享受特殊待遇。认真执行干部参加劳动，工人参加管理，企业改善经营管理，干部、工人、技术人员三结合的制度。

六、建立和健全手工业企业的领导机构

中央、省（自治区、直辖市）、专区、县各级都必须建立和健全手工业和公社工业的管理机构，并且配备同它们任务相适应的干部，统一管理各种所有制的手工业企业。恢复各级手工业合作社联合社（简称手工业联社）。各级手工业联社和手工业、公社工业管理机构可以合署办公，只设一套人员。各级手工业联社的主要任务是：编制供产销计划，组织原料、材料供应和产品推销；指导企业经营管理，帮助技术改造，推广

先进经验；训练企业管理干部、财会人员和技术工人；协同基层企业举办集体福利事业；对个体手工业工人进行组织、教育和业务指导，并且在供销上给以必要的帮助。各级手工业联社都要设立供销机构。这个供销机构，是整个社会主义商业的一个组成部分。

七、加强党的领导和思想政治工作

在一切手工业企业中，中国共产党的组织是领导的核心。共产党员和共青团员应该在各项工作中起模范作用和带头作用。手工业企业中的党组织，必须根据党的政策方针，加强对这些企业的领导。但是，不应该包办代替理事会或者管理委员会的日常业务工作。手工业企业中的党组织，应该定期讨论和检查理事会或者管理委员会、社员代表大会或者职工代表大会的工作。对于生产、财务、群众生活、执行国家政策法令、执行国家计划和其他方面的重要问题，一般地应该在党内进行充分酝酿，并且同职工群众和非党干部共同研究，然后再把党组织的意见提交理事会或者管理委员会、社员代表大会或者职工代表大会讨论。通过以后，保证实行。

在手工业企业中还必须加强党的政治思想工作。要采取适合职工群众的生产生活情况和政治文化水平的方式，经常向他们宣传马克思列宁主义和毛泽东思想，进行社会主义教育、爱国主义教育和时事政策教育。要使职工群众充分理解手工业生产的重大意义，手工业劳动和大工业劳动同样光荣。要教育职工群众进一步树立当家做主、关心企业的思想。加强老工人和青年工人的团结，充分发挥老工人在企业中的作用，教育青年工人勤勤恳恳、老老实实地学习老工人的长处。

第三节　整顿手工业集体企业的措施：试行《手工业三十五条》

1961 年 6 月 19 日，中共中央将《手工业三十五条》发放到全国各基层单位，要求认真贯彻执行。尔后，又采取了一系列措施落实《手工业三十五条》。为了加强对手工业的管理，9 月 30 日中共中央决定将中央手工业管理总局与轻工业部分开，由邓洁主持中央手工业管理总局和全国手工业生产合作总社的工作。11 月，全国手工业生产合作总社又发出《巩固提高手工业生产合作社的指示》。指示规定了办好手工业生产合作社的"五条标准"。主要内容是：（1）认真按照社章办事，实行民主管理。（2）生产方向明确，管理制度健全。（3）实行经济核算，财务管理健全。（4）收益分配合理，符合按劳分配的原则。（5）干群团结好，社会主义思想占上风。指示还要求各级手工业生产合作联社定出切实可行的、办好手工业生产合作社的规划。11月28日，中央手工业管理总局和全国手工业生产合作总社召开全国手工业厅局长和联社主任会议，总结贯彻《手工业三十五条》的经验。这些都推动了《手工业三十五条》的贯彻。

贯彻《手工业三十五条》，对发展集体和个体手工业起了积极作用。在调整初期，由于加强日用工业品生产，压缩滞销积压的生产资料生产，集体所有制手工业产值虽然一度下降，但品种花色大大增加，适销产品的产量也急剧增加。在调整后期，产值迅速上升。按1957年不变价格计算，集体所有制手工业产值（含社办工业）由1960年的155.1亿元下降到1961年的117.1亿元，1962年又降到103.7亿元，1963年再下降为98.4亿元，1964年回升到115.4亿元，1965年再回升到138.4亿元。[①]这5年集体所有制手工业产值占工业总产值的比重由9.4%回升到11.5%、12.2%，再下降到10.8%、10.5%、9.9%（详见附表13）。后3年集体所有制手工业产值比重下降，是由于国营工业恢复速度超过集体工业。但1965年集体所有制手工业比重仍超过了1960年。

当然，《手工业三十五条》也像《工业七十条》一样，不可避免地存在某些时代局限性，它既不可能跳出计划经济体制的框框，也不能摆脱"左"的阶级斗争理论的束缚。

---

① 《中国统计年鉴》（1983），中国统计出版社，第214页。

第六章　调整时期工业生产建设的主要成就和经验

第一节　调整时期工业生产建设的主要成就

从 1961 年起，工业生产建设贯彻执行调整、巩固、充实、提高的方针，经过二年后退和三年恢复、发展的过程，到 1965 年取得了巨大的成就。主要表现在以下几方面：

一、工业生产能力有了新的增长

在调整时期，工业建设以成龙配套、填平补齐为重点，使前几年建设起来的许多工矿企业逐步发挥了作用。同时又新建设了若干必要的工业项目，工业生产能力有了新的增长。

1961 年~1965 年，工业虽然处在调整时期，但工业建设投资额仍达 327.1 亿元，超过"一五"时期投资额的 30.7%；占国民经济投资总额的比重为 45.4%，高于"一五"时期 2.9 个百分点。工业基本建设新增固定资产 269.0 亿元，比"一五"时期多 34.1%。经过"大跃进"时期突击性的大规模建设和调整时期以成龙配套、填平补齐为中心的建设，到 1965 年，全国工业固定资产原值已达到 1040 亿元，比 1957 年增长了 2 倍。

1963 年~1965 年间施工建设的大中型工业项目有 1097 个，其中建成投产的有 243 个。主要工业产品的新增生产能力如下：铁矿开采 379.8 万吨，炼钢 99.5 万吨，煤炭开采 3738 万吨，发电机组容量 328.8 万千瓦，石油开采 989.9 万吨，硫酸 70.6 万吨，合成氨 84.1 万吨，化肥 132.46 万吨，水泥 254.5 万吨，化学纤维 4.6 万吨，原盐 69.1 万吨，棉纺锭 65.9 万锭。除了钢铁冶炼、煤炭和原盐、棉纺锭以外，其他都大大超过"一五"期间新增生产能力，特别是石油、化肥和化纤等新兴工业更是如此（详见附表 1）。

在调整时期，石油工业、化学工业和包括电子工业、原子能工业、导弹工业的新兴工业的生产能力有了突出的发展。在石油工业方面，到 1965 年，我国原油开采能力比 1957 年增长了 6.5 倍，达到 1131 万吨。我国国内消费的原油以及石油产品实现了全部自给，我国已由一个依赖进口的缺油国转变为石油输出国。这是调整时期我国自力更生进行社会主义建设取得的一项重大成果。在化学工业方面，由于强调工业要加强支援农业，以及解决人民"吃、穿、用"的问题，化学工业的建设受到了应有的重视。1965 年与 1957 年比，硫酸生产能力增长了近 3 倍，烧碱生产能力增长了 2 倍，化肥生产能力增长近 11 倍，农药生产能力增长 2 倍。与此同时，随着石油产量的增长，开始建立起自己的以石油、石油产品或天然气为原料的石油化学工业。电子工业、原子能工业、导弹工业从无到有、从小到大逐步发展起来，成为国民经济中重要的工业部门。1964 年 10 月成功地爆炸了第一颗原子弹，集中地标志着我国科学技术和工业生产所达到的新水平。

这一期间轻工业的生产能力也有较快的发展。1965 年与 1957 年比，棉纺锭增长了 29%，机制纸及纸板生产能力增长 57.9%，机制糖生产能力增长 84%，缝纫机生产能力增长 3.2 倍，自行车生产能力增长 1 倍多。

这样，到 1965 年，我国已经初步建成了一个具有相当生产规模和一定技术水平的工业体系。

二、工业产量有了较快的恢复和发展

工业总产值迅速增长。工业生产在 1962 年退到最低谷以后，自 1963 年开始以年平均 17.9% 的速度迅速回升，1965 年工业总产值达到 1402 亿元，比 1957 年大约增长了 1 倍（详见附表 11、附表 12）。

主要工业产品产量有了比较快的恢复和发展。在主要产品产量中，除了丝、皮鞋、矿山设备、铁路机车、客车、货车外，都大大超过 1957 年的水平。产量超过"大跃进"时期水平的重工业产品有：原油、发电量、水泥、平板玻璃、硫酸、纯碱、烧碱、农用化肥、化学农药、电石、塑料、轮胎外胎、汽车、手扶拖拉机等。轻工业产品有：化学纤维、毛线、呢绒、麻袋、丝织品、缝纫机、自行车、表、日用精铝制品、合成洗涤剂、糖、化学药品等（详见附表3）。

工业产品质量普遍有了提高。虽然1965年钢铁冶炼、煤、主要机械设备和棉布等的产量未达到"大跃进"时期的水平，但它们的质量大大提高了。1965年生铁合格率达到99.85%，钢材合格率达到98.39%，原煤灰分和含矸率分别降到19.56%和0.64%，棉布一等品率达到97.4%。有些机械工业产品性能、质量已接近或达到世界先进水平。在1965年前后，生铁合格率，铜、铝、铅的品位、回收率，商品煤灰分和含矸率，原油损耗率，铸铁、铸钢、机械加工件的废品率，出厂水泥合格率，棉布、印染布、精纺毛织品和粗纺毛织品的一等品率以及出口合格率，都创造了历史上最好的水平。

工业产品新品种大量增加。主要工业产品品种增加了3万多种。在冶金工业中，据1964年不完全的统计，钢的品种达900多种，钢材的品种达9000多种，都分别比1957年增加了1倍多。已经能够炼制出高温合金钢、精密合金钢、高纯度合金钢、有色稀有金属等。钢材自给率达到95%。在机械工业方面，1964年机床品种达到540种，比1957年增加了1.8倍。"一五"时期，还只能制造一些中小型的普通的机械产品，如车、铣、刨、钻、磨、镗等通用性机床。到1965年，已能够制造大型的、复杂的、成套的和精密度要求很高的设备。我国主要机器设备的自给率由1957年的60%以上提高到90%以上。

三、工农业结构和工业结构有很大的改善

经过调整，工业与农业的比例关系有很大的改善。工业总产值与农业总产值的比例，1960年为78.2：21.8，到1965年调整为62.7：37.3。这样的比例关系比较接近我国当时工农业发展的客观需要。这一期间还大力发展了支农工业，化肥、农药和农业机械等产值在工业总产值中的比重由1957年的0.6%提高到1965年的2.9%。

工业内部结构也有很大的改善。首先是工业部门结构的改善。轻、重工业之间的比例1957年是55.0：45.0；1960年为33.4：66.6；1965年为51.6：48.4，基本上恢复到1957年的状况（详见附表14）。这是一个可

以兼顾国家建设和人民生活、基本适应客观需要的比例关系。采掘工业与加工工业的比例关系大体上恢复到 1957 年的水平，改变了"大跃进"时期加工工业过重的不协调的状况。各工业部门内部各环节之间的比例，如采掘工业中的回采与掘进（剥离）的关系，机械工业内部的主机与配套、制造与修理之间的关系，也趋于合理。

其次，工业地区结构有了改善。调整时期，沿海工业基地进一步得到充实和加强。东北地区由于大庆油田的开发，重工业基地更加强大。华东地区发展了冶金、煤炭工业，充实了机械、化学工业，加强了重工业的基础。内地建设在调整时期后期也有进一步加强。内地建设投资额占总投资额的比重在"一五"时期为 47.8%，在"二五"时期提高到 53.7%，1963 年~1965 年又上升到 58%。从 1964 年开始，钢铁工业的投资重点转向内地，在大力建设攀枝花钢铁公司的同时，新建和扩建了江汉长城钢厂、成都无缝钢管厂、西宁钢厂、陕西钢厂和贵阳钢铁厂等企业。新建的煤炭工业大多设在缺煤的西北、西南和华东地区，开始改变煤炭生产集中于华北、东北的状态。机械工业在进一步发展和利用原有基地的同时，又建设了武汉、湘潭、开封、洛阳、郑州、重庆、成都、昆明、贵阳、西安、兰州等 10 多个新的机械工业基地。森林采伐除进一步建设东北、内蒙古林区外，开发了华北、中南和西南、西北的森林资源。其他如化工、建材、轻纺工业，在充分利用当地资源的基础上，各地都已建设了一些骨干企业。我国广大腹地形成了不少工业中心，如以武汉、包头为中心的钢铁基地，山西、内蒙古、河南的煤炭基地，甘肃兰州的石油化工中心，四川成都、重庆的钢铁、机械基地等。内地工业的产值在全国工业产值中的比重，由 1957 年的 32.1%，提高到 1965 年的 35%（详见附表 19）。

四、工业生产建设的经济效益显著提高

与 1961 年相比，国营独立核算工业企业 1965 年的资金利税率，每百元工业总产值占用的流动资金和劳动生产率，分别由 15.9%提高到 29.8%，由 39.6 元下降到 25.5 元，由 4188 元/人·年提高到 8995 元/人·年；工业固定资产交付使用率和大中型项目建成投产率分别由 71.5%提高到 94.9%，由 3.3%提高到 22.9%（详见附表 42、附表 43）。1963 年~1965 年这 3 年，社会主义国家所有制独立核算工业企业全要素生产率和全要素生产率在产出增长率中的比重分别依次高达 27.1%、15.2%、18.9%；96.4%、71.4%、68.5%。[①]

五、职工生活有所改善

1961 年、1962 年调整初期，在工业、农业生产大幅度后退的情况下，只能力求保证职工和城市人民的最低生活。到 1962 年 10 月，中共中央、国务院认为，经过前一个时期的努力，在农村形势已经好转的基础上，城市的经济形势已经发生了带有根本性的变化。城市工作的重点，除了转到组织工业生产上来外，还要转到改善职工生活上来。中央要求努力保证职工生活稳定在当时的水平上，并且力争有所改善。1963 年，还给部分职工增加了工资：（1）提升 40% 的职工的工资级别。（2）调整部分工资区类别，把西南、中南和华东原属一、二类工资区的地方，提高为三类工资区；把成都、重庆、贵阳、长沙、南昌等原属三类工资区的少数城市提高为四类工资区。（3）调整过分偏低的工人的工资标准。（4）扩大计件工资范围，改进奖励制度；整顿和改进津贴制度。用于以上几项工资调整的金额总数为 8.9 亿元，其中用于职工升级的金额为 4.7 亿元。经过这次调整，1965 年国营工业职工的平均工资达到 729 元，平均实际工资比1960 年提高了 25.6%（详见附表 47）。

第二节　调整时期发展工业生产建设的主要经验

1961 年~1965 年，不仅在恢复和发展工业生产建设方面取得了重要成就，而且在这方面取得了重要经验。概括这些主要经验，不仅是研究历史的需要，而且有现实的意义。

一、较好地贯彻了党的实事求是的思想路线

1960 年 6 月，毛泽东在他写的《十年总结》中总结的主要经验，就是"实事求是"。1961 年 1 月 13 日，毛泽东在中共中央工作会议的讲话中，着重提出了调查研究的问题。他认为调查研究极为重要。他希望 1961 年成为一个调查年，实事求是年。[②] 1962 年 1 月 11 日召开的中共中央扩大

---

① 汪海波：《工业经济效益问题探索》，经济管理出版社 1990 年版，第 79 页。
②《中国共产党历次重要会议集》下卷，上海人民出版社 1983 年版，第 144 页。

的工作会议在总结经验时，也提出了要实事求是，要摆正主观能动性与客观可能性之间的关系。在这次会上，周恩来强调指出："说真话，鼓真劲，做实事，收实效。"这四句话归纳起来就是："实事求是"。①

在党的实事求是的思想路线指引下，在大兴调查研究的基础上，60年代初，毛泽东亲自主持制定了《农村人民公社工作条例（修正草案）》（即《农村六十条》），邓小平亲自主持制定了《国营工业企业工作条例（草案）》（即《工业七十条》）。在这期间还制定了《关于城乡手工业若干政策问题的规定（试行草案）》（即《手工业三十五条》）。这些条例以及其他的有关决议，对迅速地、顺利地完成经济调整工作起了重要的推进作用。

二、从经济的宏观、中观和微观三方面促进了调整时期工业经济效益的显著提高

较好地贯彻了以农业为基础和农轻重为序的方针，实现了国民经济各部门之间（主要是工业和农业之间以及重工业和轻工业之间）的协调发展；着力地发展了工业的薄弱环节和新兴工业，使得石油工业以及电子工业、原子能工业和导弹工业获得了突破性的进展，大大改善了工业的部门结构；整顿了工业企业，加强了工业企业管理，重建了企业规章制度，推行了企业经济核算。

三、较好地调整了经济体制（包括基本生产关系和作为这种关系表现形式的经济管理体制）

随着《工业七十条》和《手工业三十五条》的贯彻执行，在调整体制和促进工业恢复、发展方面起了重要作用。在调整时期初期，适应调整国民经济的需要，中央政府收回了在1958年下放的（主要是下放给地方政府的）经济管理权限。这一点从形式上看，似乎是一种倒退。但在实际上符合调整时期的具体情况，这种经济管理体制能在短期内迅速集中有限的生产资源用以解决当时经济严重失衡的需要。总之，这个时期调整体制的工作，是该时期包括工业在内的国民经济得以迅速恢复和发展的最重要的动因。

但在这方面，也存在很大的局限性。这突出表现在对待农村包产到户问题上。

①《周恩来选集》下卷，人民出版社1984年版，第350页。

1961年~1962年，全国一些农村的农民为了克服当时面临的严重生活困难，创造和实行了包产到户这种比较符合农业生产力水平的农业生产责任制，否定了"一大二公"的人民公社的经营方式。这种责任制符合农民的根本利益，它一问世就受到了广大农民的热忱欢迎和坚决拥护，并自发地在许多地区程度不同地实行起来。比如，当时搞各种形式包产到户的，安徽省高达80%，甘肃、宁夏达74%，全国约占20%。

当时任中共中央农村工作部部长的邓子恢，是坚决支持并主张推广包产到户这种农业生产责任制的。他在1962年5月~7月的有关报告中正确地指出，农村集体经济的经营管理，必须要有严格的责任制，即搞联产计酬的包产到户。他认为，不能把包产到户说成是单干，因为土地、生产资料是集体所有，不是个体经济。他强调：建立包产到户这种生产责任制，是今后搞好集体生产、巩固集体所有制的根本环节。

1962年6月~7月间，刘少奇、陈云和邓小平在有关的讲话中都支持包产到户。刘少奇主张要使包产到户合法起来。陈云精辟地指出，个体经营与合作经济在我国农村相当长的时期内还要并存。[①] 邓小平对这个问题作过深刻的理论分析。他说："生产关系究竟以什么形式为最好，恐怕要采取这样一种态度，就是哪种形式在哪个地方能够比较容易比较快地恢复和发展农业生产，就采取哪种形式；群众愿意采取哪种形式，就应该采取哪种形式，不合法的使它合法起来。"[②]

但在1961年~1962年上半年，毛泽东和柯庆施（当时任中共中央华东局第一书记）在包产到户这个问题上的态度是不明确的。到1962年7月，毛泽东决定批判所谓"单干风"（就是批判包产到户）。他对邓子恢的意见十分反感，对刘少奇、陈云、邓小平的意见也不满意。同月，柯庆施在有关的发言中说，现在看，单干不行，这个方向必须批判。在同年7月~9月召开的中共中央工作会议和党的八届十中全会上，毛泽东多次批评中共中央农村工作部搞资本主义，邓子恢是"资本主义农业专家"。这次全会在毛泽东主持下通过的《关于巩固人民公社集体经济、发展农业生产的决议》，完全否定了包产到户的正确主张。随后，又撤销了

---

① 薄一波：《若干重大决策与事件的回顾》下卷，中共中央党校出版社1993年版，第1078、1082、1084、1085页。

②《邓小平文选》第1卷，人民出版社1993年版，第323页。

中共中央农村工作部。①

直到 1981 年 3 月，中共中央为邓子恢平了反。1981 年 6 月 27 日党的十一届六中全会通过的《关于建国以来党的若干历史问题的决议》，肯定了邓子恢提出的"农业中要实行生产责任制的观点"。②

但这样一来，就把本来可以在 1962 年普遍推广的包产到户，推迟了约 20 年的时间（从 60 年代初到 80 年代初）。这不仅对调整时期农业和整个国民经济的发展，而且对尔后一个长时期内农业和整个国民经济的发展，都起了很大的限制作用。

四、较好地坚持了以发展生产为中心的方针

这样做，是鉴于 1959 年庐山会议的教训。1959 年在庐山召开的政治局扩大会议的前期（7 月 2 日~15 日）大体上是围绕纠正 1958 年开始的"大跃进"的"左"的错误这个主题进行的。但在这个会议的后期（7 月 16 日~8 月 1 日）和相继召开的党的八届八中全会（8 月 2 日~16 日）却急剧地由反"左"转到反右，并把这种反对所谓"右倾机会主义"的斗争迅速地扩大到全党。由此打断了纠"左"的过程，使得"大跃进"这种"左"的错误又延续了一年半（1959 年下半年到 1960 年），造成了极为严重的后果。

1962 年 9 月召开的党的八届十中全会及此前的相关会议，在毛泽东主持下，又重新强调阶级斗争，并开展了声势颇大的对所谓"黑暗风"、"单干风"和"翻案风"（即所谓"彭德怀翻案"）的批判。但鉴于庐山会议的教训，在上述会议上，刘少奇提出，这次会议精神的传达应该有个范围，不向下面传达，免得把什么都联系到阶级斗争上来分析，也免得把全党的力量都用去对付阶级斗争。毛泽东表示赞同这个意见。③这就从一个最重要方面保证了在这次全会以后以生产为中心的方针仍然能够得到比较顺利的贯彻。

但这绝不是说，党的八届十中全会重新强调阶级斗争，对贯彻以生产为中心的方针没有影响。比如，党的八届十中全会及此前的相关会议，

---

① 薄一波：《若干重大决策与事件的回顾》下卷，中共中央党校出版社 1993 年版，第 1079~1080、1086~1089 页。

②《中国共产党中央委员会关于建国以来党的若干历史问题的决议》，人民出版社 1981 年版，第 17 页。

③ 薄一波：《若干重大决策与事件的回顾》下卷，中共中央党校出版社 1993 年版，第 1103 页。

把包产到户这种能够有力地推动农业发展的生产责任制错误地当作"单干风"来批判，就对当时和尔后的农业和整个国民经济的发展产生了严重的不利影响。再如，在这次全会以后，在毛泽东进一步发展的"左"的阶级斗争理论指导下，为了"反修防修"，防止"和平演变"，毛泽东又决定在全国城乡发动一次普遍的社会主义教育运动，开展大规模的阶级斗争。即先是农村的"四清"运动（即以清理账目、清理仓库、清理财务、清理工分为主要内容）和城市的"五反"运动（即以反对贪污盗窃、反对投机倒把、反对铺张浪费、反对分散主义、反对官僚主义为主要内容），后又将上述城乡两种运动统称为"四清"运动（即清政治、清经济、清组织、清思想）。在这些运动过程中，不仅分散了广大干部群众从事生产的精力，而且发生阶级斗争扩大化的错误，挫伤他们的积极性。再进一步说，毛泽东在党的八届十中全会进一步发展的"左"的阶级斗争理论，成为发动"文化大革命"的指导思想。这次全会以后开展的社会主义教育运动，特别是"四清"运动，是以整"党内走资本主义道路的当权派为重点的"。这就直接成为"文化大革命"的先导。而十年动乱又给我国经济造成了极为严重的后果。

但是，如果仅就调整时期来看，并相对1959年庐山会议造成的由反"左"转向反右来说，仍然可以讲，党的八届十中全会以后，以生产为中心的方针得到了比较顺利的贯彻。这样，也就保证了以调整为中心的"八字方针"的贯彻。

五、较好地实现了社会稳定

这个期间的社会稳定是在很困难的条件下实现的。其突出表现是：（1）从1958年开始的三年"大跃进"给我国国民经济和人民生活造成了极为严重的困难。（2）为了实现经济调整，需要动员数以千万计的城市职工返回农村。

但这期间终于实现了社会稳定，并为贯彻以调整为中心的"八字方针"创造了重要的社会条件。其重要原因在于：（1）60年代初虽不是全国解放初期，但距此不远。而全国解放给广大劳动人民带来了巨大的根本的政治经济利益。（2）中国共产党及其领袖毛泽东在人民中享有极为崇高的威望。（3）党风正，廉政建设搞得好。在60年代初那些生活困难的日子里，各级党政领导人（包括毛泽东在内）都同人民共患难，过着艰苦的生活。（4）从新中国成立到 60 年代初思想教育工作做得好，社会风气正，广大人民能够自觉遵守法纪。

当然，说这个期间实现了社会稳定，也是从相对意义上讲的。如前所述，毛泽东在党的八届十中全会上所发展的"左"的阶级斗争的理论，以及尔后开展的阶级斗争的实践，已经酝酿着"文化大革命"的即将到来。

概括起来说，调整时期在恢复和发展包括工业在内的国民经济方面取得了丰富的经验。但这些经验又有很大的局限性，主要是局限在维护"三面红旗"和传统的计划经济体制的框框内，也没有摆脱由毛泽东提出并加以发展的"左"的阶级斗争理论和调整后期又重新加剧起来的阶级斗争实践的影响。所有这些又都限制了调整时期工业乃至整个国民经济可能进一步取得的成就。调整后期由于过高地估计了帝国主义发动侵略战争的危险而开展的"三线"建设，也起了消极作用。

第五编

实行计划经济体制时期的工业经济（三）
——"文化大革命"时期的工业经济
（1966 年~1976 年 9 月）

第一章 "文化大革命"时期工业生产建设的指导思想

按照周恩来在三届全国人大一次会议上的报告，1965年我国完成了经济调整任务以后，从"三五"计划时期（1966年~1970年）开始，进入了一个新的发展时期。这个时期发展国民经济的主要任务，就是要在不太长的历史时期内，把我国建设成为一个具有现代农业、现代工业、现代国防和现代科学技术的社会主义强国。[①]

但是，由毛泽东发动和领导的、持续10年之久的"文化大革命"，打断了这个前景十分美好的进程，使得包括工业在内的社会主义现代化建设，受到了空前未有的、极严重的损失。这种损失首先是同下述主要指导思想相联系的。

一、"无产阶级专政下继续革命"的思想

按照毛泽东提出的并被概括成的"无产阶级专政下继续革命"的思想，一大批资产阶级的代表人物、反革命的修正主义分子，已经混进党里、政府里、军队里和文化领域的各界里，相当大的一个多数的单位的领导权已经不在马克思主义者和人民群众手里。党内走资本主义道路的当权派在中央形成了一个资产阶级司令部，它有一条修正主义的政治路线和组织路线，在各省、自治区、直辖市和中央各部门都有代理人。过去的各种斗争都不能解决问题，只有实行"文化大革命"，公开地、全面地、自下而上地发动广大群众来揭发上述的黑暗面，才能把被走资派篡

---

① 周恩来：《在第三届全国人民代表大会第一次会议上政府工作报告》，人民日报出版社1965年版，第8页。

夺的权力重新夺回来。这实质上是一个阶级推翻另一个阶级的政治大革命,以后还要进行多次。[1]

这种思想根本违反马克思主义,并完全不符合我国国情。但由这种思想导致的"文化大革命"却成为这个时期压倒一切的基本任务,因而事实上成为这个时期工业生产建设的基本指导思想。这个时期工业生产建设的历史进程及其损失,也必须从这个根本点出发,才能得到说明。

二、积极备战、准备打仗的思想

1963 年,在即将着手制定"三五"计划的时候,党中央根据"二五"时期的经验和当时的国际环境,确定把"解决吃穿用,加强基础工业,兼顾国防和突破尖端"作为经济工作的指导方针。[2] 这是最初制定"三五"工业发展计划时遵循的原则。

不久,党中央和毛泽东基于对帝国主义可能发动侵略战争危险过于严重的估计,提出加快"三线"战略后方建设、积极备战、准备打仗的思想,根本改变了原定的指导方针。于是,我国"三五"和"四五"两个五年工业发展计划的制定,以及工业的生产和建设,都转向了以备战为中心、以"三线"建设为重点的轨道。[3]

1965 年 4 月,中共中央发出《关于加强备战工作的指示》,做出了火速集中力量,加快全国和各省区战略后方建设的决策。根据党中央和毛泽东指示的精神,第三个五年工业发展计划重新做了修改,确定要立足于战争,从准备大打、早打出发,积极备战,把国防建设放在第一位,加快"三线"建设,逐步改变工业布局。1966 年 8 月,党的八届十一中全会又肯定了毛泽东在同年 3 月提出的备战、备荒、为人民的思想,作为"文化大革命"时期工业生产建设的基本指针。

---

①《中国共产党中央委员会关于建国以来党的若干历史问题的决议》,人民出版社 1981 年版,第 22 页。

② "三五"计划基本解决"吃、穿、用"的标准是:到 1970 年全国按人口平均的粮食占有量达到 300 公斤左右,衣着消费(包括各种纺织品)每人平均达到 8 米左右。

③ 第三个和第四个五年计划时期,根据各地区战略位置的不同,将全国划分为一、二、三线三类地区。"一线"地区处战略前沿,包括东北和沿海的 12 个省、自治区、直辖市。"三线"地区为全国的战略后方,包括腹地的 11 个省、自治区的全部或一部。"二线"则是介于"一线"与"三线"之间的地区。在一、二线地区内,又依本地区情况,划出若干地方为区内的"三线"地区。习惯上,称前者为"大三线",后者为"小三线"。在举全国之力重点建设"大三线"战略后方的同时,发挥各个地方的积极性,搞好区内的"小三线"建设。

三、急于求成的思想

计划经济体制是急于求成的"左"的经济发展战略形成和赖以发生作用的土壤。因而在这种体制下，一遇适当气候，它就会冒出来。而相对 1966 年~1968 年来说，在 1969 年上半年召开党的九大以后，国内政治局势暂时处于相对稳定的状况。这样，在 1970 年初，在制定和实施"四五"计划纲要的过程中，毛泽东急于求成的"左"的思想在这种特殊的历史条件下，又一次抬头，成为工业部门的指导方针。他当时提出了经过四个五年计划可以年生产 3500 万吨~4000 万吨钢的设想。林彪及其同伙乘机提出庞大的国防建设计划，在这方面也起了极为恶劣的推波助澜作用。

依据上述指导思想，"四五"计划纲要提出：要坚持以阶级斗争为纲，狠抓备战，促进国民经济的新飞跃；要狠抓备战，集中力量建设战备后方，建立不同水平、各有特点、各自为战、大力协同的经济协作区，初步建成我国独立的、比较完整的工业体系；工业增长速度平均每年递增 12.8%。1975 年钢产量达到 3500 万吨~4000 万吨，比 1970 年增长 106%~135%；生产能力达到 4000 万吨以上。这个计划号称为"战备的计划，跃进的计划"。实际上，是一个脱离实际的急于求成的冒进计划。正是这个指导思想导致了"三个突破"（详见后述）。

我们在下面依次叙述与上述指导思想联系的、并作为这个时期工业经济重要特征的工业发展的曲折历史过程，"三线"地区的工业建设，国营地方和城乡集体小型工业的发展，工业管理体制的又一次改进和企业领导制度的变动，以及工业生产建设的进展和问题。

第二章 "文化大革命"时期工业发展的曲折进程

第一节 1966 年~1968 年，全面内乱与工业生产下降

1965 年，我国工业生产建设取得了显著成绩。1966 年上半年，工业生产、建设继续保持稳定增长的势头。与上年同期相比，工业总产值又增长 20.3%。但是，同年 5 月中共中央政治局扩大会议通过的《五·一六通知》和 8 月党的八届十一中全会通过的《关于无产阶级文化大革命的决定》，标志着"文化大革命"的开始。"文化大革命"对于我国蓬勃发展中的工业，不啻是一场腥风浊雨，大好局面顿时遭到摧残。

在这种情况下，围绕稳定工业局势保证生产顺利进行的问题，党和人民与林彪、江青反革命集团展开了首次较量。较量的焦点是：工矿企业的"文化大革命"运动要不要从工矿企业的特点出发，在党委的领导下分期分批地、有计划有步骤地进行，并保证生产任务的完成。

为此，7 月 2 日，中共中央和国务院针对当前工业生产建设出现的问题，发出了《关于工业交通企业和基本建设单位如何开展文化大革命运动的通知》，要求这些单位分期分批地、有领导有计划地开展运动，不要一哄而起，使生产建设遭到损害。

9 月 14 日，中共中央又发出《关于抓革命促生产的通知》，要求已经开展"文化大革命"的工矿企业等单位，应当在党委统一领导下，组成

"抓革命"和"抓生产、抓业务"的两个班子：职工的"文化大革命"放在业余时间去搞；还未开展"文化大革命"、生产任务又重的单位，运动可以推迟进行；学校的红卫兵和学生不要到工矿企业串联；对领导干部的撤换应通过上级党委，不采取群众直接罢官的做法。

11月17日召开的全国计划工业交通会议上，周恩来提议，组织国务院业务组，抓工交企业的生产，保证经济活动的正常进行。

这样，经过党和人民的艰苦努力，在很大程度上抵制了林彪、江青反革命集团的破坏。因而，总的说来，1966年的工业生产、建设，在激烈的较量中，还是保持了发展的势头。这年工业总产值比上年增长20.9%（详见附表12）。

但进入1967年，一场危害更烈的夺权风暴波及到整个工业部门和全国。

1月1日，《人民日报》、《红旗》杂志联合发表题为《把无产阶级文化大革命进行到底》的社论，提出1967年要展开全国全面的阶级斗争，把"文化大革命"从机关里、学校里和文化各界里，发展到工矿企业和农村。声称"一切抵制在工矿企业和农村中大搞无产阶级文化革命的论调，都是错误的。"

接着，王洪文纠集上海32个"造反派"组织夺取了上海市的党、政、财、文大权，掀起了所谓"一月风暴"。工业方面也层层夺权，工作、生产秩序大乱。

在王洪文带头掀起的夺权风暴中，从国家计划委员会、经济委员会到各个工业部，从中央到各级地方，大批从事经济工作和工业管理的有丰富经验的领导干部，被当作"走资派"揪斗；机构大撤、大并，工作人员下放劳动，使正常的经济管理职能陷于瘫痪和半瘫痪状态。国家计划委员会在1967年、1968年两年，实际上停止了工作，没有编制国民经济计划。1968年12月，才组成一个十几人的业务班子。国家经济委员会停止工作的时间更长。其他工业部也因动乱难以行使正常的职权，不得不由军管会或军代表暂时维持局面。

同时，工业企业管理组织和管理制度也受到了极大的破坏。许多企业领导人被打成所谓"走资本主义道路的当权派"，关进"牛棚"；生产指挥系统和规章制度遭到严重破坏。

在夺权风暴中，职工队伍分裂成对立的两派，酿成全面内战，造成许多工业企业停工、停产。

这一切就造成了工业生产连年下降。1967 年，工业总产值比上年下降了 13.8%；1968 年比上年又下降了 5%（详见附表 12）。

第二节　1969 年~1973 年，"三个突破"与工业调整

经历 1966 年~1968 年全面内乱以后，广大干部和群众对于"打倒一切"、"全面内战"表示了极大的厌恶。党的九大于 1969 年 4 月召开前后，也需要政治团结、经济发展的局面。在上述形势下，从 1968 年第四季度起，剧烈动荡的局势开始趋向和缓，大动乱的年代出现了一个相对稳定的间歇时期。

同时，为了恢复工业生产秩序，党中央和国务院采取了一系列步骤。

派出人民解放军对交通、铁路等重要部门和单位实行军事管制，对工矿企业派出军代表帮助恢复生产秩序；发布一系列政令，支持坚守工作和生产岗位的干部和职工群众，打击少数违法乱纪的坏人，维持铁路交通秩序和工业生产秩序；在职工群众中进行说服教育工作，停止武斗，消除分歧；着手重建各省、自治区、直辖市领导机构和工业管理部门、厂矿企业的领导机构。

接着，又恢复了中断两年的计划工作。1968 年 12 月 12 日，周恩来指示成立计划起草小组，编制 1969 年国民经济计划。1969 年 2 月 16 日召开的全国计划座谈会，讨论了起草小组编制的《1969 年国民经济计划纲要（草稿）》，决定边执行、边讨论、边补充。还恢复了各工业主管部和其他综合经济部门的工作。1970 年 6 月，国务院原有的部委和直属机构进行调整、合并，并确定了编制。在这前后，煤炭、冶金、电力、轻工等几个工业部和财政部、中国人民银行等单位相继召开了专业会议，部署了工作。

可见，毛泽东虽然在全局上一直坚持"文化大革命"的错误，但也制止和纠正过一些具体错误。周恩来做了大量艰苦细致的工作，推动各省、自治区、直辖市和中央各部门分裂成两派的群众联合起来，建立临

时领导机构，恢复秩序，恢复工作。

以上各点，就是"三个突破"出现的历史背景。但"三个突破"产生的根本原因，是计划经济体制下片面追求经济高速增长的发展战略。

实际上，工业生产高指标的问题，在执行第三个五年工业发展计划的末期，就开始出现了。1969 年我国工业总产值比 1968 年增长了34.3%。这是带有某种程度的恢复性增长。但 1970 年又比 1969 年增长了32.6%（详见附表 12）。如前所述，第四个五年工业发展计划制定的指标也是高指标，各个地区、部门和企业在落实计划的时候，又层层加码，比赛"跃进"，形成了一股产量翻番风。例如，1970 年 4 月，在江西萍乡召开的全国煤炭工业会议提出：大干 3 年，扭转北煤南运，实现江南 9省煤炭基本自给；力争 1975 年煤炭产量超过美苏，跃居世界第一位。1975 年，美国煤炭产量为 5.93 亿吨，苏联为 6.44 亿吨。我国 1969 年煤炭产量为 2.66 亿吨，要实现上述目标，5 年中需翻一番还要多。轻工业部也提出，主要轻工产品 5 年翻一番。

高指标使得基本建设规模急剧扩大。1969 年，包括工业在内的基本建设投资额由 1968 年的 113.06 亿元上升到 200.83 亿元，1970 年又猛增到 312.55 亿元，1971 年再增长到 340.84 亿元。[①]

这样，1971 年就出现了"三个突破"。即全国职工人数达到了 5318万人，突破 5000 万人；工资总额达到 302 亿元，突破 300 亿元；粮食销量达到 427.5 亿公斤，突破 400 亿公斤。"三个突破"超过了我国农业和轻工业的承受能力，超过了我国财力和物力所能允许的限度，必须进行调整。

1971 年 9 月，林彪反革命集团的政变阴谋被粉碎以后，在毛泽东的支持下，周恩来主持了党中央的日常工作。周恩来在批判林彪反革命集团的过程中，联系经济战线的实际，着手解决林彪一伙干扰破坏造成的恶果。他首先以很大的精力，解决"三个突破"的问题。他在 1971 年 12月 16 日~1972 年 2 月 12 日举行的全国计划会议上，就严肃地指出了"三个突破"的危害，要全党注意解决。但是，由于开展批林整风，又有江青一伙的干扰，以致这个指示在实际工作中没有得到具体的贯彻。

---

① 《中国统计年鉴》（1984），中国统计出版社，第 301 页。

1972 年，"三个突破"还在继续发展，年底职工人数达到了 5610 万人，又超计划招收职工 183 万人；职工工资总额达到 340 亿元，比 1971 年又增加 38 亿元；粮食销量达到 463.6 亿公斤，比 1971 年又增加 36.1 亿公斤。而当年的粮食统购量只有 396.35 亿公斤，差额很大。为了解决这个问题，除增加了进口以外，不得不挖粮食库存。这就又出现了粮食工作上的"一个窟窿"。在这种情况下，周恩来 1973 年 2 月再一次提出了这个问题。他要求一定要狠抓一下"三个突破"、"一个窟窿"的问题。

根据周恩来的指示，陆续采取了以下的调整措施。

1. 压缩工业基本建设规模。1972 年和 1973 年，工业基本建设投资为 327.98 亿元和 338.1 亿元，均少于 1971 年。[①]

2. 压缩工业生产高指标。经中共中央 1973 年 5 月召开的工作会议讨论，同意对"四五"计划原定的一些主要指标进行压缩和调整。决定适当放慢"大三线"建设的进度。"四五"计划原定的工业年平均增长速度为 12.8%，下调为 7.7%。1975 年钢的生产指标，由原定 3500 万吨~4000 万吨，下调到 3000 万吨。

3. 精简职工。把 1972 年超计划招收的职工精简下来，再动员一部分 1970 年从农村招收的临时工和基本建设占用的常年民工以及不符合国家规定进入城镇的人口返回农村，减少 500 万吃商品粮的人口。1973 年，不再从社会上招收新职工。

此外，还大力整顿粮食销售工作，着力加强农业。

上述措施，对于纠正"三个突破"，堵塞"一个窟窿"，产生了积极的作用。

周恩来为了克服企业和工业管理方面的混乱状态，推动经济的发展，在解决"三个突破"的同时，还领导工业部门展开了对于极"左"思潮和无政府主义的批判，整顿了工业企业的管理工作，加强了工业的集中统一管理。

整顿工业企业管理工作的内容包括：（1）按照党委领导下的厂长负责制的原则，建立生产指挥系统。（2）恢复和健全七项管理制度，即岗位责任制、考勤制度、技术操作规程、质量检验制度、设备管理和维修制度、

---

① 《中国统计年鉴》（1984），中国统计出版社，第 301 页。

安全生产制度以及经济核算制度。（3）抓七项指标，即产量、品种、质量、原材料燃料动力消耗、劳动生产率、成本和利润。（4）贯彻按劳分配原则，实行正常的考工晋级制度，进行计时工资加奖励和计件工资的试点工作。（5）落实对干部、工人和技术人员的政策。

加强集中统一管理的具体措施是：（1）坚持统一计划，搞好综合平衡，主要是中央和省、自治区、直辖市两级的平衡，反对各行其是。（2）不许乱上基本建设项目，不许随意扩大建设规模和增加建设内容。（3）职工总数、工资总额以及物价的控制权属于中央，任何地区、部门和个人无权擅自增加和改变，企业单位的劳动力要服从中央和省、自治区、直辖市的统一调度。（4）严格执行物资分配计划和订货合同，保证物资调得动，不准随意中断协作关系。（5）加强资金管理，严禁拖欠、挪用税款和利润，不准用银行贷款和企业流动资金搞基本建设。（6）中央下放的大中型企业，由省、自治区、直辖市或少数省属市管理，不能再层层下放。（7）加强纪律性，对于违反纪律的行为，要给予批评教育，违法乱纪的，要按照党纪国法给予处分和制裁。

经过调整和整顿工业的工作，1969年开始出现的经济过热状态逐步降温，工业的超高速增长也趋于下降。工业总产值的增长速度，1971年为14.7%，1972年为6.9%，1973年为9.5%（详见附表12）。

第三节　1974年~1976年，工业整顿的成效与夭折后工业增幅的急剧下滑

在周恩来主持中央日常工作期间，工业生产、建设和整个国民经济出现转机。这不但是纠正"三个突破"的结果，也是在经济领域批判极左思潮的初步成效。但是，江青反革命集团（即"四人帮"）对周恩来批判极左十分不满。毛泽东也认为林彪不是极左，而是极右，当前的主要任务仍然是反对极右。江青一伙在批判极右的幌子下，于1974年发动了所谓"批林批孔"运动，并在工业战线上提出了所谓"批回潮"的口号。江青一伙还别有用心地提出"不为错误路线生产"的口号，支持少数野心分子、打砸抢分子重演"文化大革命"初期对各级领导干部肆意辱骂、

揪斗的故伎。

"批林批孔"使工业重新陷于严重混乱的状态。许多企业停工停产，处于瘫痪、半瘫痪的局面，无法正常生产。以致1974年工业总产值仅比上年增长0.6%，处于停滞状态（详见附表12）。

"批林批孔"使有所转机的经济状态再度恶化的严峻事实，引起了党内外广大干部和群众的不满。1974年10月4日，毛泽东提议邓小平出任国务院第一副总理。接着，他陆续发表了"以安定团结为好"和"把国民经济搞上去"的指示。1975年1月13日~17日，四届全国人代会第一次会议在北京举行。周恩来在政府工作报告中，重申了三届人大关于20世纪实现"四化"的宏伟设想。但在大会以后，周恩来病重住院，邓小平在毛泽东支持下主持中央的日常工作。

邓小平在主持中央工作期间，以无产阶级革命家的伟大气魄，在极其困难的情况下，同"四人帮"的疯狂破坏和捣乱进行了针锋相对的斗争。邓小平提出，把国民经济搞上去，是摆在全党和全国人民面前的最紧迫的任务。他为此用了最大的努力，排除"四人帮"的干扰，召开一系列的重要会议，制定一系列重要文件，采取一系列果断措施，对各个方面的工作进行全面的整顿。邓小平对工业方面的整顿，给予了特别的重视，进行了卓有成效的工作。

一、整顿铁路交通秩序

"批林批孔"以来，徐州、郑州、南京、南昌等铁路局运输堵塞，津浦、京广、陇海、浙赣四条干线不能畅通，交通运输问题已经成为工业生产、建设顺利进行的重大障碍，并影响到职工的生活。邓小平决定首先从整顿铁路入手，打开局面。2月25日~3月8日，党中央在北京召开了解决铁路问题的全国工业书记会议。他在会上提出，解决铁路问题的办法就是要加强集中统一。邓小平郑重宣布：大派小派都要解散，对闹资产阶级派性的头头只等他一个月，再不转变，性质就变了。根据邓小平的讲话精神，中共中央于3月5日作出了《关于加强铁路工作的决定》。规定全国铁路由铁道部统一管理，在铁路系统大力恢复和健全各项必要的规章制度，整顿铁路秩序。会后，雷厉风行地贯彻决定的精神，形势迅速好转。到4月份，堵塞严重的几个铁路局都已疏通；全国20个铁路局，除南昌局以外，都超额完成装车计划。铁路运输的好转，推动了工业生产。1月~4月，全国工业总产值比上年同期增长了 19.4%。

二、整顿钢铁工业生产秩序

铁路整顿工作的成功，全国为之震动，广大职工欢欣鼓舞。党中央决定乘胜前进，整顿钢铁生产秩序，解决前 4 个月欠产 195 万吨钢的问题。5 月 8 日~10 日，党中央在北京召开钢铁工业座谈会。邓小平提出了四条整顿办法：（1）从冶金部到工厂都要建立起强有力的、敢字当头的、有能力的领导班子，不能软、懒、散。（2）发动群众同资产阶级派性做斗争，寸土必争，寸步不让。（3）落实好政策，把受运动伤害的老工人、老干部、老劳模和技术骨干的积极性调动起来。（4）把必要的规章制度建立起来，大钢厂要有单独的、强有力的生产指挥系统。座谈会确定，全年 2600 万吨钢的生产指标不能降，欠产要补上，几个大钢厂要限期扭转局面。冶金部根据中央的指示和座谈会的精神，对企业进行了初步整顿。6 月份，钢铁日产水平就超过年计划的平均日产水平，达到 72400 吨。

三、着手整顿整个工业

6 月 16 日~8 月 11 日，国务院召开计划工作务虚会，就经济工作的路线、方针和政策问题进行讨论。会议指出，当前经济生活中的主要问题是乱和散，必须狠抓整顿，强调集中。要整顿软、懒、散的班子；对职工要严格训练和严格要求；要建立岗位责任制等各项生产管理制度；等等。会议还对国家计委起草的《关于加快工业发展的若干问题》（即"十四条"）进行了讨论。在讨论过程中，邓小平又提出了一些重要补充、修改意见。国家计委根据这些意见加以修改，由"十四条"发展为"二十条"。

"二十条"的主要内容是：（1）不能把搞好生产当作"唯生产力论"和业务挂帅批判，学习理论必须促进安定团结、促进生产发展。（2）要调整"勇敢分子"当权的领导班子，把坏人篡夺的权力夺回来。（3）要划清造反派、反潮流分子同先进分子的界限，继续在职工中划分造反派和保守派是错误的。（4）要建立以岗位责任制为中心的生产管理制度，建立强有力的、独立工作的生产指挥系统。（5）必须虚心学习外国的一切先进的东西，有计划、有重点地引进国外的先进技术。（6）不劳动者不得食，各尽所能、按劳分配是社会主义的分配原则。在现阶段，它是适合生产力发展要求的，必须坚持实行。不分劳动轻重、能力强弱、贡献大小，在分配上都一样，不利于调动群众的社会主义积极性。（7）所有干部、工人、科技人员都要走又红又专的道路。（8）必须加强纪律性，对违反纪律的行为要批评教育，严重的要给予处分，直至开除厂籍。

《关于加快工业发展的若干问题》实际上是在工业方面首先提出的系统地进行拨乱反正的指导性文件。邓小平评价说：需要有这样一个文件。

然而，由于江青一伙从中作梗，"二十条"没有形成正式文件。但是，它的基本精神对工业部门具有很大影响。国务院的一些工业部纷纷学习这种做法，起草关于企业管理、基本建设管理、物资管理、财政管理、物价管理和劳动管理等方面的专门条例和规定。

经过 1975 年短短一年的整顿，我国工业形势出现了明显的好转。正气抬头了，林彪、江青两个反革命集团长期培植的一小撮野心家、打砸抢分子及其煽动的极左思潮和无政府主义受到了打击，生产秩序大为好转，各项工作都有起色。这一年，工业比上年增长了 15.5%（详见附表 12）。

邓小平所进行的一系列整顿工作，实际上触及到了对于"文化大革命"这一全局性错误的批判，不但为"四人帮"所反对，也为毛泽东所不容。所以，在 1976 年 1 月 8 日周恩来逝世后，就发动了所谓"批邓、反击右倾翻案风"运动。工业整顿从此夭折，工业好转的形势毁于一旦，工矿企业的生产秩序受到严重破坏，工业发展又一次经受曲折。1976 年，工业总产值增幅比 1975 年下降了 13.1 个百分点（详见附表 12）。

同周恩来主持工作期间所进行的工业调整工作一样，邓小平主持工作期间所进行的工业整顿，都不可能真正进行到底。这就充分证明：不从全局上否定"文化大革命"，不粉碎江青反革命集团，工业和整个国民经济的发展，都是不可能的。

第三章 "三线"地区的工业建设

第一节 "三线"地区工业建设的过程

根据党中央和毛泽东关于加快"三线"建设的战略决策，1965年拉开大会战的序幕，1966年在更大的规模上展开。

关于加快"三线"建设的决策的实施，大体可以划分为两个时期。

前5年即"三五"计划时期，主要是以西南为重点开展"三线"建设。铁路运输修筑连接西南的川黔、成昆、贵昆、襄渝、湘黔等几条重要干线；钢铁工业建设攀枝花、酒泉、武钢、包钢、太钢5大钢铁基地；煤炭工业重点建设贵州省的六枝、水城和盘县等12个矿区；电力工业重点建设四川省的映秀湾、龚咀、甘肃的刘家峡等水电站和四川省的夹江、湖北省的青山等火电站；石油工业重点开发四川省的天然气；机械工业重点建设四川德阳重机厂、东风电机厂、贵州轴承厂等；化学工业主要建设为国防服务的项目。5年累计，内地建设投资达到611.15亿元，占全国基本建设投资的66.8%。其中，"三线"地区的11个省、自治区的投资为482.43亿元，占基本建设投资总额的52.7%。

后5年即"四五"计划时期，"三线"建设的重点转向"三西"（豫西、鄂西、湘西）地区，同时继续进行大西南的建设。这期间，根据经济发展状况和战备的要求，将全国划分为西南、西北、中原、华南、华东、华北、东北、山东、闽赣和新疆10个经济协作区。要求在每个协作区内逐步建立不同水平、各有特点、各自为战、大力协同的工业体系或经济体系，特别是要有计划、有步骤地发展冶金、国防、机械、燃料和化学等工业部门。这5年，内地投资所占的比重稍有下降，5年累计为898.67亿元，占全国基本建设投资的53.5%。其中，"三线"11个省、自治区的投资额为690.98亿元，占全国基本建设投资总额的41.1%。

加快"三线"战略后方的建设，是循着两种方式进行的。一种方式是投资新建；一种方式是沿海地区老企业向"三线"地区搬迁。后一种方式也伴有部分的新投资，以搬迁的部分为基础，加以补充或扩建；前一种方式，也主要采取老工业区、老企业支援新建项目的办法，而且强调支援"三线""人要好人、马要好马"，对口包干，负责到底。这就加快了建设进度，使建设项目能在较短的时间内竣工投产。

因此，"三线"建设是我国沿海地区工业生产能力向腹地的一次大推移。在工业技术和管理经验上，是继"一五"时期之后，又一次全国性的传播与扩散。1965年，国家基本建设委员会在北京专门召开全国搬迁工作会议，研究布置1966年的搬迁工作，就"三五"计划期间的搬迁规划交换意见。会议确定，搬迁项目要实行大分散、小集中的原则，少数国防尖端项目要分散、靠山、隐蔽，有的还要进洞。1966年5月9日，国家计委和国家建委就老工业基地、老企业支援内地建设问题，要求担负支援任务的地区和单位，要从筹建、施工到建成投产一包到底。包括为新厂配备领导班子和技术骨干，提供设备和材料，承担试验研究工作和提供技术资料，为投产初期提供必需的备品备件等。据1971年统计，1964年以来，全国内迁项目共计380个，包括14.5万名职工和3.8万多台设备。

林彪反革命集团对"三线"建设进行了严重的干扰和破坏。他们片面地强调"三线"工厂布点要靠山、分散、隐蔽，要进洞，人为地割断生产的有机联系。同时，他们又在全国范围内搞独立、完整的大军工体系，盲目批项目、要投资。他们鼓吹要"用打仗的观点，观察一切、检查一切、落实一切"，"打仗就是比例"，为他们盲目扩大军工生产、冲击国家计划制造论据。1969年6月，黄永胜、吴法宪、叶群、李作鹏、邱会作等人把持的军委办事组召开会议，提出了一个庞大的国防建设计划，对国民经济的发展造成了很大的冲击。当年的国防战备费比1968年猛增了 34%。1970 年和 1971 年又分别递增 15%和 17%。1969 年~1971 年，国防工业和国防科研投资在国家总投资中的比重增长了很多。这不仅是造成"三个突破"的重要因素，严重地影响了国民经济的发展，而且也给"三线"建设带来了极大的危害，造成了惊人的浪费。

第二节 "三线"地区工业建设的管理

"三线"建设是采取中央、西南"三线"建设委员会和建设项目现场指挥部三级分权管理的体制。中央一级负责制定"三线"建设的方针和政策，规划建设的布局，决定具体项目和投资计划，审查批准西南"三线"建设委员会的实施方案。西南"三线"建设委员会是中央设在西南地区负责直接领导和指挥"三线"建设的权力机构，由中央有关部委、中共中央西南局和四川、贵州、云南 3 省领导干部组成，具体负责贯彻落实中央关于"三线"建设的方针、政策和建设计划，审定各个建设项目的设计方案、厂址选择和施工计划，并对实施情况进行督促、检查。建设项目现场指挥部由建设单位、设计单位、施工单位、所在地区的地方党委和物资、银行等有关部门的领导干部或代表组成，一般由建设单位的领导人"牵头"，实行党委领导下的指挥部首长负责制。指挥部的职责主要是负责具体实施项目建设计划，统一指挥和协调各有关方面的工作，保证建设项目建设任务的完成。

同上述管理体制相适应，一些部门突破传统的管理办法，采取了一些新措施。物资部门在物资管理方面，改变按行政区划设置供应机构、按行政渠道调拨物资的老框框，按建设布局和合理的物资流向设置物资供应机构，就近组织供应。当时，物资部在西南专设了指挥部，在成都、重庆、自贡、渡口等中心城市和重点建设地区设立物资局，划分供应范围，负责区内建设项目的物资供应。中央各部把一、二类物资指标交物资部，由物资部统一向生产企业订货，然后直供到建设单位所在地的物资局，再配套供应给建设单位。机器设备由国家设备成套总局按每个项目提出的设备清单，向有关生产企业订货，组织成套供应。三类物资由国务院财贸办公室派驻在西南的工作组（包括商业、粮食、供销社等部门的代表），会同当地财贸部门组织货源，由所在地区物资局统一供应给建设单位。这种物资管理办法，在很大程度上克服了以往建设物资的供应不配套、不及时、不对路以及环节多、流向不合理等缺点。在劳动管理方面，广泛推行了两种劳动制度。例如，建筑施工采取中央主管部门的专业建筑队伍、地方专业建筑队伍和农民建筑队伍"三结合"的办法，负责各项工程的施工任务，加快了施工进度；生产企业采取固定工、合同工和轮换工相结合的形式，节省不必要的支出，使生产第一线经常保持最佳年龄的劳动力。①

第三节　"三线"建设的主要成就和严重后果

"三线"建设的成就主要有：

1. 建成了一批重要项目。包括四川攀枝花钢铁厂，甘肃酒泉钢铁厂，成都无缝钢管厂，贵州铝厂，湖北十堰汽车厂，四川大足汽车厂，四川德阳第二重型机械厂，贵州六盘水、四川室顶山和芙蓉山等大型煤矿，甘肃刘家峡、湖北丹江口等大型水力、火力发电厂，等等。

2. 形成了若干新的工业中心。包括川、贵、云在内的基本上完整的西南机械工业基地；包括鄂西、湘西、豫西在内的华中地区新的机械工业中心；以机床、轴承制造为特色的汉中工业区；以机床、工具、农机配件制造为特色的关中工业区；以仪表、低压电器、农机、轴承制造为特色的天水工业区；以仪表、机床制造为特色的银川工业区；以机床、拖拉机、内燃机制造为特色的西宁工业区；攀枝花大型钢铁基地；黔西大型煤炭、电力基地；西安、成都等新兴技术中心和高、精、尖产品生产基地。

3. "三线"地区的某些省份一跃成为工业门类齐全、机械装备程度很高的地区。整个"三线"地区的工业生产能力，在全国占有很大的比重，四川省尤其占有重要的位置。"三线"建设期间，四川省基本建设投资规模达到393亿元，在"三线"建设总投资中占33.5%，在国家基本建设

① 周太和主编：《当代中国的经济体制改革》，中国社会科学出版社1984年版，第588~592页。

投资总额中占 16%。这期间，四川省新建、扩建、内迁来的以重工业为主的项目 250 多个。1975 年，全省固定资产原值已达到 182.3 亿元，超过上海、黑龙江，仅次于辽宁，位居全国第二位。在四川省的工业部门中，各类机床的拥有量为 12.4 万台，占当年全国机床拥有量的 6.5%；锻压设备拥有量占全国的 5.5%；炼钢能力占全国的 7.1%；原煤开采能力占全国的 6.8%；发电装机容量占全国的 6.4%。其他如湖北、河南、陕西等省，经过"三线"建设时期的工作，都建立起了相当规模的工业基础。

这些成就凝结了"三线"建设领导者、工程技术人员和工人的辛勤劳动。

但是，"三线"建设是基于毛泽东对战争危险的过于严重的估计，又时值由他发动的"文化大革命"时期。所以，"三线"建设的规模安排得过大，建设速度要求过快，而且没有经过充分准备，决策以后就立即上马，全面铺开。在具体实施过程中，缺乏前期的准备工作，往往是边勘探、边设计、边施工，抢进度、抢时间。有些项目的选点定址都很匆忙，搞所谓"跑马选址"。摊子铺开以后，又受到了"文化大革命"的干扰。因而，"三线"建设不仅在进行过程中出现了不少问题，而且留下来了许多长期不易甚至无法解决的问题，成为影响我国经济发展的重要因素。

1. 建设不配套。有些工业项目与城市或工矿区的建设不配套，生活服务和公用事业跟不上；有些工业项目内部也不配套，辅助部分上不去，形不成综合生产能力。

2. 选址失误，或者厂区布置不当。有的项目虽然建成了，因为缺水、缺电，或者交通运输有问题，根本不具备正常生产的条件。厂址靠山、分散、隐蔽甚至进洞的结果，使一些项目的厂区布置极不合理，增加了投资，加大以后的生产费用。有的工厂进洞过深，成为长期的隐患。

3. 生产成本高。许多项目地处山区，搞了大量防洪工程、厂外管线、道路和社会服务设施。这类固定资产的比重大，运输费用高，增加了生产成本。

4. 有的建设项目生产方向不明确，建成以后没有具体任务；有的建设项目原定的生产方向不适合需要，有待转产；有的连转产都困难；有的虽然能够转产，经济上也不合算。

5. 企业管理工作薄弱，职工队伍不稳定。

6. 区域工业组织工作跟不上，外部生产协作条件差。

这些问题使"三线"地区的工业生产能力不能充分发挥作用，设备的利用率很低。1975年，"三线"地区工业固定资产原值占全国工业固定资产原值的35%，而工业产值在全国工业总产值中仅占25%。西南地区的机械工业，每个职工平均拥有的固定资产在全国占据第一位，而按每万元固定资产计算的产值和劳动生产率，在全国却是倒数第一位。

除了"三线"建设本身存在问题以外，要求过快过急的"三线"建设，对我国整个工业乃至对国民经济的全局，都产生了重大消极作用。这主要表现在以下几个方面：(1)影响了沿海地区工业的发展。"三五"时期，沿海地区的投资降到了新中国成立以来各个时期的最低点，在全国基本建设投资总额中仅占30.9%，比"一五"时期下降了10.9个百分点。"四五"时期，沿海地区的投资虽然有所回升，比"一五"时期还是低2.2个百分点。这就直接影响了老企业和老工业基地的技术改造，不利于充分发挥沿海原有工业基础的作用。"三五"时期，用于老企业和老工业基地的改建和扩建项目的投资额比"一五"时期下降了12.4个百分点；"四五"时期又下降了2.6个百分点。(2)影响了轻工业的发展。"三五"时期，轻工业投资在全国基本建设投资总额中占4.4%；"四五"时期，占5.8%，都低于"一五"时期6.4%的水平。[1]造成轻工业投资下降的一个直接原因，就是大量投资用在"三线"地区的重工业建设。(3)国民经济许多部门的发展都受到了不同程度的影响。在国民经济基本建设投资总额构成中，低于"一五"时期投资比重的部门还有：建筑业、地质勘探、商业饮食服务业、物资供销、科研文教卫生、社会福利以及城市公用事业等。

---

[1]《中国统计年鉴》(1984)，中国统计出版社，第308页。

第四章　国营地方小型工业的发展

经过 60 年代前半期的国民经济调整，在"大跃进"年代发展起来的地方"小、土、群"工业纷纷下马。进入 60 年代后半期，随着"三五"计划的执行，发展地方"五小"工业的问题又重新提了出来。

这一次提出加快发展地方"五小"工业，是服从于急于求成的片面追求经济增长速度的发展战略，特别是直接服从于加速实现农业机械化任务的需要。即以支援农业为主要目标，举办为农业服务的小钢铁、小机械、小化肥、小煤窑、小水泥等"五小"工业。而且，60 年代末和 70 年代初进行的经济管理体制的改进，也为地方"五小"工业的发展创造了有利的体制条件。

"文化大革命"初期的剧烈动荡，地方"五小"工业的发展一度受到严重影响。1970 年 2 月，全国计划会议重新强调要大力发展地方"五小"工业，各省、自治区、直辖市都要建立自己的小煤矿、小钢铁厂、小有色金属厂矿、小化肥厂、小电站、小水泥厂和小机械厂，形成为农业服务的地方工业体系。1971 年 8 月，国务院在关于加速实现农业机械化问题的报告中，把发展以钢铁等原材料为主的地方"五小"工业，看作是加速实现农业机械化的重要物质基础。

为此，国家对于"五小"工业的发展，提供了重要的财政支持。从 1970 年起的 5 年内，中央财政安排了 80 亿元专项资金，由省、自治区、直辖市统一掌握，重点使用，扶植"五小"工业的发展；新建的县办"五小"企业，在两三年内所得的利润，60% 留给县级财政，继续用于发展"五小"工业；对于暂时亏损的"五小"工业，经省、自治区、直辖市批准，可以由财政给予补贴，或者在一定时期内减免税收，资金确有困难的，银行或信用社还可以给予贷款支持。

地方对于发展"五小"工业更有巨大的积极性。这是因为举办"五小"工业不仅可以满足当地的需要，支援农业的发展，同时能够解决日益突出的劳动就业问题，增加地方的财政收入，解救地方的财政困难。所以，除中央财政支持之外，地、县两级的投资也逐年增加。1970年地方财政预算外资金用于发展"五小"工业的投资只有100万元，1975年增加到2.79亿元。

"五小"工业在上述多种因素的推动下，很快又发展起来。1970年，全国有将近300个县、市办起了小钢铁厂，有20多个省、自治区、直辖市建起了手扶拖拉机厂、小型动力机械厂和各种小型农机具制造厂，有90%左右的县建立了农机修造厂。到1975年"五小"工业中的钢、原煤、水泥和化肥年产量分别占全国总产量的6.8%、37.1%、58.8%和69%。

农业机械、化学肥料、水泥是直接为农业生产、建设服务的行业。1966年~1976年，"五小"工业企业在这三个行业更是有长足的发展。因而"小农机"、"小氮肥"、"小水泥"构成了"五小"工业的骨干力量。

但这一时期，"五小"工业的发展由于受到急于求成指导思想的影响，上得过急、过猛，盲目性很大，出现了许多问题。

1. 片面强调加速发展地方"五小"工业，忽视国民经济的综合平衡。20世纪70年代初国民经济出现"三个突破"，其中一个重要的原因，就是"五小"工业的发展过快。1970年、1971年两年仅县办工业就新增职工400万人，占这两年全国新增职工的40.7%。

2. 在确定项目、选择厂址上，缺乏统一规划，不作技术经济论证，一哄而起，重复布点。许多工厂建成了，产品没有销路，农机修造厂的发展就是这样，出现了生产能力过剩的问题。有的是原料来源不落实，燃料动力没有保证，这特别表现在小氮肥的发展上。再就是不问技术上是否具备条件，盲目建厂，长期亏损。

3. 片面强调所谓土法上马，结果是设备陈旧，生产工艺落后，消耗大，成本高，产品质量差。

4. 在一味突出发展重工业、强调形成地方工业体系的思想支配下，忽视举办投资少、见效快而又不与大工业争原材料、争能源的轻工业项目，对发展传统手工业也重视不够。

1973 年 2 月，周恩来指出了当时"五小"工业发展中的问题，提出了发展"五小"的原则和解决问题的措施，指出要对现有"五小"企业进行整顿。但在当时条件下，这些指示并没有得到认真的贯彻，问题并没有得到真正的解决。

第五章　集体工业的发展

第一节　城镇集体工业的发展

经过经济调整，到 1965 年城镇集体工业得到恢复，并有了一定的发展。但是，在"文化大革命"中，又一次刮起平调风，对城镇集体所有制工业实行上收或者下放，转产或者合并，还搞所谓"升级"、"过渡"。北京市二轻局系统的 110 个合作工厂有 60 个"过渡"为国营工厂。

"文化大革命"时期对城镇集体工业的管理，在许多方面还采取了类似对待国营工业的管理办法。特别是对"大集体"企业的管理，处处套用国营企业的管理办法，在财务上实行地方政府主管局统一核算、统负盈亏和资金统一供给的办法，"吃大锅饭"。企业的供产销活动和人财物的管理也要由主管局决定。但城镇集体工业在原材料、机器设备、燃料的供应上，不能享受同国营工业一样的待遇。计划和物资部门是按照"先国营、后集体"的原则进行安排。缺口大的时候，只给国营企业，不给集体企业。有些集体工业企业的产品已经在国内外市场上享有盛誉，但他们的物资供应还不能纳入国家计划给予保证。街道集体工业一直被电力部门列为非生产单位，不仅不能根据生产需要供应电力，电价也要高于国营企业。在劳动政策上，对集体工业企业的招工限制很多，常常规定必须招收素质低的社会闲散人员和病残青年。城镇集体工业的工资待遇，一方面规定要参照国营企业的工资制度和升级办法，不能自行其是；另一方面又规定他们的工资水平和福利标准不能向国营企业职工看齐，只能低于国营企业。在集体工业内部，又规定“小集体”企业要低于“大集体”企业。就连粮食的补助也要按国营、“大集体”、“小集体”划分等级，依次递减。所有这些必然限制了城镇集体工业的发展。

然而，城镇集体工业毕竟不同于全民所有制工业的“大锅饭”和“铁饭碗”。因而在十年动乱期间，它并不像全民所有制企业那样，搞什么“停产闹革命”，大体上还能够进行正常生产。再加上“文化大革命”时期，有大量知识青年待业，城镇集体工业成为他们就业的重要出路。同时，安排就业又有它的有利条件。据上海市手工业局调查，局属集体工业企业安排一个劳动力所需要的技术装备只要2278元。全民所有制企业却要10049元。集体工业依靠这个有利条件使大批知识青年走上了工作岗位。

在城镇集体工业的发展中，街道工业是一支活跃的力量。街道工业被称为“小集体”。它的发展，完全靠自己筹集资金，自己寻找原材料，自己打开产品销路，实行完全意义上的独立核算，自负盈亏。在隶属关系和管理体制上，既不属于各级政府的主管部、局，也不属于二轻系统，一般都是街道办事处为解决待业青年的就业问题和困难户的生计问题办起来的。1970年以后，一些国营厂矿、机关和事业单位，为解决本单位子女和家属的就业问题，也纷纷仿照街道工厂的办法办起家属工厂。这些企业由于有本单位的支持，比一般街道工厂的条件要好一些。当时，整个工业生产不正常，一些国营工厂不得不较多地发展外加工，或将某些产品转移出去。“小集体”工业便利用这种机会谋求生存和发展。有的利用大工业的边角废料搞加工，有的直接承担大工业的加工任务，有的为大工业拾遗补缺。

这样，按不变价格计算，1965年~1976年，城镇集体工业产值由133.1亿元增加到489.4亿元，占工业总产值的比重由9.9%上升到15%。[①]

第二节　农村社队工业的发展

我国农村社队工业在50年代末和60年代初大发展以后，经历了一个

①《中国统计年鉴》（1983），中国统计出版社，第213~215页。

收缩和下马的时期。1958 年，社办工业产值达到 60 多亿元，1961 年下降到 19.8 亿元，1963 年下降为 4.2 亿元。此后，随着农业生产的逐步恢复和发展，社队工业也开始缓慢恢复。1965 年，社办工业产值恢复到了 5.3 亿元。[①]接着到来的十年动乱时期，虽然不间断地大批所谓资本主义，给社队工业的恢复和发展设置了许多障碍，但并没能挡住农村社队工业勃兴的势头。

60 年代后半期，特别是进入 70 年代，农村社队工业的勃兴不是偶然的。它是我国农村经济发展的产物，是广大农民要求开辟新的生产门路、改变穷困状况的产物。50 年代末期，社队工业的兴办和发展虽然也有这个因素，然而，更大的成分是"大跃进"年代全民"为钢铁翻番而战"的产物，而且一拥而上，丢了农业，缺乏扎实的基础。这次农村社队工业的勃兴则不然。农业生产特别是粮食生产已经得到恢复，并有了新的发展。1976 年粮食产量达到 28631 万吨，比 1965 年增产 9178 万吨，增长了 47.2%。粮食生产的发展，提供了社队工业发展的基础。我国农村本来人口多，耕地不足。60 年代后期，劳动力过剩已经成为广大农村的一个大问题。这就推动农民千方百计去开辟新的生产门路，走办工业的道路。

十年动乱，一方面，给社队工业造成了困难；另一方面，客观上又在某些方面造成了社队工业发展的条件。从城市党政机关、科学研究机构、大专院校下放的各类人员和"上山下乡"知识青年，给农村带来了科学文化、技术知识和经济信息，加上当时大工业开工不足，市场又有急迫的需求，这些就成为社队工业赖以发展的有利因素。

农村社队工业同城镇小集体工业一样，初创阶段困难很多，机器设备和劳动条件甚至更加简陋。社队工业的兴办和存在是"寄生"在农业身上的，国家计划中没有它的位置，各级经委和工业主管部、局也不管它。因而，在机器设备、原材料和燃料的供应上就没有可靠的来源；产品的销售上也没有稳定的渠道。在这些方面，比城镇集体工业的"待遇"更低。但是，这种特殊的情形，在某种意义上又成为它比城镇集体工业具有更强的生命力的因素。（1）由于它处在"两不管"的夹缝，即身在农口，工业不管它；在农口又不务农，农口也管不了多少，这就使它得以

①《中国统计年鉴》（1983），中国统计出版社，第 214 页。

享有比较完全的经营管理自主权，谋求生存和发展。（2）因为计划部门没有它的户头，所以它一开始就同市场建立起密切的联系，在竞争中安排供、产、销活动，并接受市场机制的考验与检验，使它具有较强的应变能力和竞争能力。（3）它同农业有着直接的联系，较早地吸收了农业劳动管理中的优点，实行了比较灵活的劳动制度和分配制度，没有城市工业中吃"大锅饭"的弊病。所以，在装备程度低的情况下，能够有较高的劳动生产率。农村社队工业这些长处，在很大程度上弥补了它的短处，较快地壮大自己。

1975年，邓小平主持中央日常工作，对于社队工业明确肯定，积极支持，确定它的发展方针主要是为农业生产服务，为人民生活服务，有条件的也要为大工业、为出口服务；要充分利用本地资源，发展种植业、养殖业、加工业和采矿业；要求各级党委采取有力措施，推动社队工业更好更快地发展。这样，社队工业的前进步伐比过去更快了。

在1965年~1976年期间，按不变价格计算，社队工业产值由5.3亿元增长到123.9亿元；在工业总产值中的比重由0.4%上升到3.8%。[①]

社队工业的发展，显示出其在繁荣农村经济中越来越重要的作用。据统计，1971年时，社队工业在农、林、牧、副、渔、工六业总产值中的比重还只有6.9%；1976年，已经提高到16.9%。社队工业在为发展农业机械化事业、开展农田水利建设和帮助贫困队改变面貌方面，从资金上给予有力的支持。

社队工业的发展，为农村剩余劳动力提供了一条重要出路，增加了农民的收入。1976年，在社队工业中务工的社员达到了1769.8万人，约占农村劳动力的6%。

这期间社队工业的发展开始突破当地资源和市场的局限，逐渐形成包括采矿、冶炼、机械制造、石油、化工、电子、仪表、建材、轻工、纺织等众多门类的工业，成为工业的一支重要力量。

---

①《中国统计年鉴》（1983），中国统计出版社，第214~215页。

第六章　工业经济管理体制的再次改进与企业领导制度的变动

第一节　工业经济管理体制的再次改进

一、工业经济管理体制再次改进的历史背景

从 1970 年开始，我国又进行了一次工业经济管理体制改进。这是继 1958 年以后的又一次改进。

50 年代后期的改进，不仅没有解决原有体制的弊病，而且由于受"大跃进"时期"左"倾思想的影响，导致经济工作的半无政府状态。尔后进行的经济调整，不得不重新强调集中统一，收回下放的权力。这样，不仅在事实上取消了大部分的改进措施，而且，原有体制中的高度集权在某种程度上较前更为严重。我国工业管理体制从"一放就乱"又走到了"一收就死"。其主要表现是：企业上收过头，地方的管理权限又缩小了。1957 年，企业下放地方以前，中央各部所属企事业单位共计 9300 多个，工业产值占整个工业总产值的 39.7%。1958 年，企业下放地方以后，中央各部所属企事业单位减少到 1200 个，工业产值所占比重降低为13.8%。下放企业上收以后，包括新建的企业在内，1965 年中央各部直属企事业单位达到 10533 个，工业产值在整个工业总产值中的比重上升到

42.2%，其中属于生产资料的部分占到 55.1%。① 中央各部管理这样多的企业，不得不把主要的精力用在日常供、产、销的调度上，去管那些不该管、也管不了的事情。与此同时，地方管理工业的权限大大缩小了，企业的自主权也缩小了。不仅在许多方面恢复到改革以前的状况，而且有些方面的集权程度比过去更厉害了。例如，在财权方面，原来从 1957 年起实行的利润留成制度又被停止执行，缩小了企业的财权。

工业管理体制的更加集权，有利于国民经济的调整，较快地渡过了经济困难时期，但又把经济活动管死了，不利于调动地方和企业的积极性。这样，地方和企业都迫切要求改变现状。

这次改进工业管理体制，又是实现"四五"计划高指标的需要。

调整时期，党和政府对于集权过多带来的问题实际上已有觉察。随着调整工作的完成，党中央和国务院也已经着手采取措施，适当扩大地方的权限，对工业管理体制的某些环节进行改革性的试验。

1966 年 2 月，毛泽东在给刘少奇的一封信中说："一切统一于中央，卡得死死的，不是好办法。"② 接着，他在杭州政治局扩大会议上又提出"虚君共和"的主张。他说：中央还是虚君共和好。中央只管虚，只管政策方针，不管实、或少管点实。他批评中央部门对下放的工厂收多了，凡是收的都叫他们调出中央，到地方去，"连人带马"都出去。

但是，由于"文化大革命"的发动，推迟了这一行动。然而"四五"计划提出的高指标，并大办"五小"工业，建设不同水平、各有特点、各自为战、大力协同的经济协作区和各省、自治区、直辖市的地方工业体系的目标，要求扩大地方的管理权限。这样，在经过 1967 年~1968 年最混乱的两年以后，1969 年动荡的局面稍有平息，有可能重新提出工业经济管理体制改进的问题。

这次工业经济管理体制改进提出的主要课题，还是解决中央集权与地方分权问题，扩大地方对于工业和整个经济的管理权。这样，下放中央直属企事业单位，并相应地下放财政管理权、物资管理权和计划管理权，就成为改革的主要内容。同时，适当调整国家与企业之间的关系，

① 周太和主编：《当代中国的经济体制改革》，中国社会科学出版社 1984 年版，第 70、100 页。
② 毛泽东：《关于农业机械化问题的一封信》，《人民日报》，1997 年 12 月 26 日。

扩大企业的权力。

二、工业经济管理体制再次改进的过程

（一）工业经济管理体制再次改进的措施

1. 下放企业。1969 年 2 月 26 日~3 月 24 日，在全国计划座谈会上，曾经就工业经济管理体制改进问题进行专门讨论。当时，首先考虑的是企业管理体制问题。会议提出，要以"块块"（即地方）管理为主。中央直属企业可以分为地方管理、中央管理和双重领导三种形式。

1970 年 3 月 5 日，国务院发布关于工业交通各部直属企业下放地方管理的通知，要求国务院工交各部把绝大部分直属企业、事业单位下放给地方管理；少数由中央主管部和地方双重领导，以地方为主；极少数的大型或骨干企业，由中央和地方双重领导，以中央为主。正在施工的基本建设项目也按这样的精神，分别下放给地方管理。通知规定，企业下放要在 1970 年内完成。根据国务院通知的要求，一场以下放企业为中心的改进工业管理体制的工作，便在全国范围内展开了。经过 1970 年这次大规模的企业下放，连同在这以前煤炭工业部先行下放的 22 个矿务局，中央部属企业（不含军工企业）共剩下 142 家，比 1965 年的 10533 家减少了 98.6%；这些企业的工业产值在全民所有制工业总产值中的比重下降为 8%左右。[①]其中，机械工业部系统，在第八机械工业部与第一机械工业部 1970 年 4 月合并后，共有部属企业 310 个，到年底，共下放 277 个，占 89%。第一汽车厂、第二汽车厂、第一重机厂、第二重机厂、洛阳拖拉机厂、西安电力机械制造公司等关系国民经济全局的重点骨干企业，也都下放给地方。冶金工业部原有 70 个直属大型联合企业、重点建设单位和主要特殊钢厂，除两个独立矿山、攀枝花钢铁公司和长城钢厂外，包括鞍山钢铁公司、武汉钢铁公司、包头钢铁公司、太原钢铁公司、首都钢铁公司等 24 个钢铁企业在内，都下放给省、自治区、直辖市管理，或双重领导（以地方为主）。煤炭工业部系统原有 72 个直属矿务局，全部下放给地方管理。纺织工业部系统的棉、毛、麻、丝等纺织加工行业的企业，自 1958 年下放以后，一直由地方管理；主要是纺织机械行业的企业自 1963 年上收以后，由纺织工业部归口管理。1970 年，又将这个

---

① 周太和主编：《当代中国的经济体制改革》，中国社会科学出版社 1984 年版，第 137、297 页。

行业的 24 个骨干厂全部下放给地方管理。

中央部属企业、事业单位的下放，有两种情况：多数下放到省、自治区、直辖市一级；一部分下放到省、自治区、直辖市后又继续下放，有的下放到省属市，有的一直下放到区、县、市，出现层层下放的情况。

随着中央部属企业的下放，有些省属企业也纷纷下放。冶金系统有的省属企业下放到了专区，有的一直下放到县或镇。

2. 下放财权、物权和计划管理权。下放财权、物权和计划管理权是扩大地方工业管理权限的必要组成部分，也是企业下放提出的要求。在这些方面主要采取了以下措施。

第一，实行财政大包干。以扩大地方财权为重要内容的财政体制改革，基本的办法是实行大包干。1971 年~1973 年，实行收支包干的体制，即"定收定支，收支包干"。凡地方收支核定后收入大于支出的，包干上缴中央财政；支出大于收入的，由中央财政按差额包干补助；结余留用，或者实行全额分成。关于收支的划分范围是，国家财政收入中，除中央部属企业收入和关税收入归中央外，其余全部归地方；国家财政支出中，除中央部门直接管理的基本建设、国防战备、对外援助、国家物资储备等支出归中央外，其余划归地方。地方的预算收支，经中央综合平衡，核定下达。

大包干以后，短收和超支，地方自求平衡；超收或者结余，也归地方使用。这就调动了地方努力增收节支的积极性；同时，随着大批中央部属企、事业单位的下放，也进一步扩大了地方财权。但在执行中遇到了一些新的矛盾。一是收入打不准。年初分配给地方的财政收入指标，很难做到完全符合实际。结果，有的地区超收很多，有的地区没有超收甚至短收，造成地方机动财力过于悬殊，苦乐不均。二是留给地方的机动财力不稳定。因为即使是同一个地区，也存在有的年份超收很多，有的年份又超收很少甚至短收的情况，机动财力极不稳定，不利于地方统筹安排各项收支。三是包不死。因为超收的全部归地方支配，短收的不能保证上缴，还要中央补贴，实际上只包了一头。四是有些地区把包干指标又层层下包，导致地方机动财力分散。

为了克服这些缺陷，新办法实行一年后，作了部分改变，即超收不满 1 亿元的，全部归地方；超过 1 亿元的，超收部分上缴中央财政 50%。

但是，1972 年预算执行的结果，上述问题仍然没有解决。当年 14 个地区超收，地方共留成 9.3 亿元；15 个地区短收，共计 21.8 亿元。这些地区不仅不能保证上缴，中央还补贴他们 8 亿元。这就增加了中央财政的困难。

1974 年~1975 年，在华北、东北地区和江苏省试行"收入按固定比例留成"的办法，即地方从负责组织的收入中，按一定的比例提取地方机动财力，超收另定分成比例，支出按指标包干。这个办法，在肯定包干的前提下，对原来的办法作了较大的变更，既使地方在固定留成中保持一个相对稳定的机动财力，又鼓励地方努力增收，以获得一部分超收分成。但这种办法也存在缺陷，即在执行过程中，收支脱钩，短收不影响支出，地方无压力，平衡的任务都落在了中央财政的身上。

1976 年改行"收支挂钩、总额分成"的体制，即在地方定收定支后，多收可以多支，少收就要少支，总额分成，一年一定，类似 1959 年实行的"总额分成"制度。

在实行财政大包干的同时，还对基本建设管理体制进行改革，实行基本建设投资大包干，扩大地方的基本建设投资权。具体的办法是：按照国家规定的基本建设任务，由地方负责包干建设，投资、设备、材料均由地方统筹安排，调剂使用，结余归地方。少数重点项目，地方单独承担有困难的，实行双重领导。从 1974 年起，基本建设投资改按"四、三、三"的比例分配，即基本建设投资额中的 40%由中央主管部掌握使用；30%由中央主管部商同地方共同安排；其余 30%由地方自行掌握使用，以扩大地方对于基本建设投资的管理权。

为了支持"五小"工业的发展，中央财政从 1970 年起的 5 年内，拨出 80 亿元作为发展"五小"工业专项基金，交各省、自治区、直辖市掌握使用。

第二，下放物资管理权，实行物资分配大包干。下放物资管理权，一是减少国家统配和部管物资的种类。从 1972 年起，国家统配和部管物资的种类，由 1966 年的 579 种减少到 217 种。其中，国家统配物资由 326 种减少到 49 种，部管物资从 253 种减少到 168 种，其余的物资管理权一律放下去。二是把下放企业的物资分配和供应工作同时下放给地方管理。1972 年，首先在华北地区和江苏省进行试点，有 400 多个下放企、事业单位的物资分配和供应工作移交给了地方。

对部分重要物资试行"地区平衡，差额调拨"，即在国家统一计划下，实行地区平衡，差额调拨，品种调剂，保证上缴的大包干办法。从1971年起，在全国范围内对水泥实行"地区平衡，差额调拨"；煤炭在20个省的范围内实行这一办法；钢材、纯碱、烧碱、汽车、轮胎等产品在辽宁、上海、天津等省、直辖市实行地区平衡。从1972年起，在华北协作区和江苏省对国家统配和部管物资全面试行地区平衡的包干试点，以地方为主组织物资的分配和供应工作。

第三，改进计划管理体制，计划管理体制改进的目标是实行在中央统一领导下，自下而上、上下结合，"块块"为主、"条""块"结合的管理体制，在地区和部门计划的基础上，制定全国统一的计划。但由于扩大地方经济管理权出现了一些新的问题，更由于"文化大革命"内乱不止，实际上，计划管理体制的改进大半并未付诸实施。

3. 简化税收、信贷和劳动工资制度。在税收、信贷、劳动工资等方面的措施，是循着缩小它们的职能、削弱它们的作用的方向进行变动的，是同改进的要求背道而驰的，并不能算是改进的措施。

第一，简化税制。1957年以前，适应我国当时多种经济成分并存的情况，采用的是多种税、多次征的复税制。1958年曾经进行过一次简化税制。1970年，再次提出改进国营企业的工商税制度，并在一些地区进行了同一行业大体采用同一税率计征纳税的试点。1972年3月30日，国务院颁发《中华人民共和国工商税条例（草案）》，对这次税制改进的具体办法，作了以下规定：（1）合并税种，把工商统一税及其附加、城市房地产税、车船使用牌照税、盐税、屠宰税等几个税种统一合并为工商税一个税种。对国营企业，只征收工商税；对集体所有制企业，在征收工商税以后，再征所得税，改变了对一个企业征多种税的做法。（2）简化税目、税率。税目由过去的108个，减为44个，税率由过去的141个，减为82个。多数企业可以简化到只用1个税率征税。（3）一部分税收管理权下放给地方，赋予地方对当地新兴工业、"五小"企业、社队企业以及综合利用、协作生产等确定征税或减免税的权力。

第二，简化信贷制度。具体做法是，合并机构，下放权力，改变信贷方式，简化利率种类，下调利率水平等。1970年5月12日，国务院根

据中国人民银行军代表的报告,决定撤销华侨投资公司。同年 6 月 11 日,
国务院批转财政部军代表和中国人民银行军代表《关于加强基建拨款工作
改革建设银行机构的报告》,决定撤销建设银行,并入中国人民银行。

1971 年 8 月 11 日,经国务院批准,全面调整银行利率。调整的原则
是:适当降低利率水平,简化利率种类,取消某种优待利率。根据调整
方案,对社队企业的贷款利率,由 7.2‰降低为 3.6‰;国营工商企业和城
镇集体企业实行统一利率,存款利率由 1.8‰降低为 1.5‰,贷款利率由
6‰降低为 4.2‰;城乡居民定期存款利率,原来存半年以上的为 2.7‰,
一年以上的为 3.3‰,这次统一调整为 2.7‰。各项利率的调整,一般的情
是贷款利率降低 30%左右,存款利率降低 20%左右。调整方案规定,调
整利率以后,国营企业少支付的利息部分,要作为利润上缴国家。

第三,简化劳动工资制度。1971 年 11 月 30 日,国务院发出通知,
决定改革全国全民所有制企业、事业单位的临时工、轮换工制度,规定
在常年性的生产和工作岗位上的临时工,凡是确实需要,本人政治历史
清楚,表现好,年龄和健康状况又适合于继续工作的,可以转为固定工。
只有临时性、季节性的生产、工作岗位,才允许使用临时工。他们在工
作期间的政治待遇、粮食定量和劳动保护用品等与同工种的固定工一样,
凡因工死亡致残的,按固定工的劳动保险待遇执行。对于矿山井下的生
产、工作岗位,从保护工人身体健康出发,可以继续试用轮换工。同时,
国家还把增加临时工的批准权,下放到省属市和地区。当时,全国共有
900 多万临时工和轮换工,其中从事常年性生产的大约有 650 万人。根据
国务院的规定,大批临时工和轮换工转为固定工。1971 年以前,临时工
在职工总数中占 12%~14%,改革以后下降为 6%。

在工资制度上,实际上已经停止执行正常的晋级制度,计件工资制
度也废止了。1969 年,又把企业综合奖改变为附加工资,固定发放,取
消了奖励基金制度。

4. 在一定程度上对国家与企业之间的关系进行调整。调整国家与企
业之间的关系,主要的措施是改革固定资产管理制度,适当扩大企业的
财权。

我国的固定资产管理制度,既繁琐,又僵化,把企业的手脚捆得紧
紧的,不利于企业进行技术改造。主要表现在:(1)资金渠道多,不利于

统筹安排。有的从基本折旧基金抵留，有的由财政拨款。在财政拨款中，又划分为三项费用（技术组织措施、零星固定资产购置和劳动保护）、固定资产更新和各项专款等。（2）基本建设投资中，有一部分是为老企业安排的属于简单再生产性质的投资，项目小，工程简单，放在一起用同样的办法管理，容易误事。（3）各项资金"条条"控制过死，企业的机动比较少，不利于调动企业的积极性。

针对这些问题，国家计委、财政部于1966年12月发出了《1967年固定资产更新和技术改造资金的管理办法和分配计划（草案）》，提出了以下的改革办法：（1）把三项费用、固定资产更新和基本建设中属于简单再生产性质的投资，合并为一个渠道。（2）固定资产更新和技术改造资金，实行基本折旧基金抵留的办法，不再由预算拨款和采取利润留成的办法。（3）煤炭、林业、冶金等采掘、采伐企业的开拓延伸费用、固定资产更新和技术改造资金，按产量提取，摊入成本，不再提取基本折旧基金。（4）取消短线产品措施费，锅炉、柴油机、汽车、机车四种设备更新费等专款，统一并入固定资产更新和技术改造资金开支。（5）扩大企业机动权。基本折旧基金必须留给企业一部分；留多少，由中央各主管部或省、自治区、直辖市确定。（6）实行基本折旧基金和大修理基金分提合用。在保证设备完好的前提下，大修理基金有多余，可以根据生产发展的需要，由企业统筹安排，但不得用于非生产性建设。（7）基本折旧率、大修理折旧率和煤炭、林业、冶金等采掘、采伐企业按产量提取费用的标准，由财政部统一管理。改变折旧率和提取标准，必须报财政部审批。

根据新办法，从1967年起，将四项费用、固定资产更新资金、从成本中提取的开拓延伸费等项资金合并，统称固定资产更新和技术改造资金，从企业提取的基本折旧基金中抵留，不再由预算拨款。地方企业，因为设备陈旧，需要更新改造资金比较多，基本折旧基金全部留作更新改造资金使用。中央各部，根据设备新旧情况，以1966年财政拨给的四项费用和固定资产更新资金占基本折旧基金的比例为基础，协商确定。最高全部留用，最低留用30%，平均留用56.8%。煤炭企业更新改造资金的提取标准，每吨原煤规定为1.5元。森林采伐企业更新改造资金的提取标准，每立方米原木规定为6.5元。煤炭和森林采伐企业按产量提取更新改造资金以后，不再提取开拓延伸费和基本折旧基金。1971年，随着中央企业的下放，下放企业原来上缴财政的基本折旧基金部分，也同时下放给地方留作更新改造资金使用；中央各部，除第二机械工业部和水利电力部继续上缴 60% 以外，都留给企业作为更新改造资金使用。

（二）工业经济管理体制改进中的问题和采取的措施

1. 以"块块"为主管理企业有利于地方统一规划、发展地方需要的工业。但是，用行政手段斩断地区之间的经济联系，助长了地区封锁的倾向。这次下放的企业，一般具有超越所在地区的、更为广泛的经济联系，物资供应一般依赖众多的地区甚至全国，销售市场也往往面对众多的地区或全国。"条条"管理时期，流弊虽然很多，但大体适合它们经济联系范围宽广的需要。企业放到地方以后，各个地区先从地区利益出发，相互切断一时看来不利于本区经济发展的经济联系，这就造成了原有协作关系的破坏，使企业面临严重的困难。

2. 以"块块"为主管理工业，有利于繁荣地区经济。但是，同整个国民经济综合平衡、协调发展的要求也产生了较大的矛盾。这特别表现在地方竞相扩大基本建设投资规模和盲目发展从局部看来有利、从全局看来未必有利的项目。1970 年、1971 年两年，基本建设失控，出现"三个突破"，同上述情况有密切的联系。

3. 由于简化税制和信贷，进一步削弱经济调节机制，加重了经济体制中的僵化弊病。

为了解决上述问题，先后采取了以下措施。

1. 对一部分下放企业实行变通管理办法，不改变下放后的财务隶属关系，由原主管部代管。即生产计划仍由部安排，所需物资也由部"戴帽"直接供应，基本建设由部商同地方安排；劳动工资则归地方管理。这些企业称之为"代管企业"或"直供企业"。这类企业在全国有 2000 家。

2. 采取若干加强集中统一的措施。1973 年 2 月，国家计委在《关于坚持统一计划，加强经济管理的规定》的文件中强调：（1）坚持统一计划，搞好综合平衡，主要是中央和省、自治区、直辖市两级的平衡，反对各行其是。（2）不准乱上基本建设项目，不许随意扩大建设规模和增加建设内容。（3）职工总数、工资总额以及物价的控制权属于中央，任何地区、部门和个人无权擅自增加和改变，企、事业单位的劳动力要服从中央和省、自治区、直辖市的统一调度。（4）严格执行物资分配计划和订货合同，不准随意中断协作关系，申请物资不许弄虚作假、虚报冒领。(5)加强资金管理，严禁拖欠、挪用税款和利润，不准用银行贷款和企业流动资金搞基本建设。(6)中央下放的大中型企业由省、自治区、直辖市和少数省属市管理，不能再层层下放。(7)整顿企业，加强劳动纪律。

3. 恢复建设银行，加强监督措施。1972年4月，根据国务院的决定，恢复建设银行，加强对基本建设财务的管理和监督。省、自治区、直辖市设分行，省以下建设任务比较集中的地点、大中型建设工程所在地、跨省（自治区）施工的大型建设工地等，设分行、支行或办事处，实行银行和地方双重领导、以地方为主的体制。

三、工业经济管理体制再次改进失败的原因

主要从1970年开始进行的、以下放企业为中心的我国工业管理体制改进，同主要从1958年开始进行的第一次改进，极为相似。从它的基本指导思想到重大措施，都没有超出前次的范围。

这次改进的积极意义，主要是扩大了地方的管理权限，特别是扩大了地方的财权，壮大了地方的财力，有利于发展地方工业，繁荣地区经济。但这次改进的结果，工业管理体制中原有的弊病不但没有任何实质性的改善，而且增加了经济生活中的混乱。

这次改进失败的原因，首先是由于改革的指导思想像1958年那次一样，局限于行政性分权的框框，没有走上市场取向的轨道。正是这一点从根本上决定了这次改进的失败。

其次，工业经济管理体制的再次改进，正值"文化大革命"期间。在经济方面，70年代初又发生了"三个突破"。处在这样险恶的政治、经济环境下，改革不能不遇到严重困难，以致妨碍改革措施的推行，有的改革措施不得不中途改变或废止。

再者，也像1958年那次改进一样，改进的方法带有强烈的政治运动的色彩。但这种突击的、群众运动的方法，根本不适合经济管理体制的改进。

尽管这次改进没有成功，但它提供的这些教训，对1978年以后的经济改革来说，却是有益的启示。

第二节 企业领导制度的变动

我们在本编第一章已经指出：在 1966 年~1976 年期间，包括工业在内的国民经济的运行，都是受到"无产阶级专政下继续革命理论"的支配，以及在这个理论指导下的"文化大革命"实践的左右。在这期间，工业企业领导制度的变动也是这方面的突出表现。随着"文化大革命"的进展，企业领导制度经历了三次变动。

一、第一次变动

按照"无产阶级专政下继续革命理论"，"文化大革命"实质上是一个阶级推翻另一个阶级的政治大革命。相当大的一个多数的单位（包括中央和地方政府以及企业、事业单位）的领导权是掌握在党内走资本主义道路当权派手里。只有造反的群众组织才是无产阶级革命派。由此推得的结论：要实现"文化大革命"，必然要由无产阶级革命派夺取党内走资本主义道路当权派的领导权。林彪、江青等人正是利用了这个极"左"的、荒诞不经的理论，指使张春桥、王洪文等人在 1967 年初首先在上海掀起了"一月风暴"，夺取了中共上海市委和上海市人民政府的领导权。接着，这场夺权风暴席卷全国，许多中央和地方政府以及几乎全部企业和事业单位的领导权都遭到了篡夺。于是，1956 年 9 月党的八大以后在全国普遍推行的企业党委领导下的厂长负责制都遭到了破坏，代之而起的是造反派群众组织掌握领导权。

二、第二次变动

造反派群众组织掌权，事实上不可能消除各种群众组织之间的派性斗争，进一步加剧了无政府状态，严重破坏了生产，各种社会矛盾趋于激化。在这种背景下，1968 年 8 月，毛泽东提出：建立三结合的革命委员会，大批判，清理阶级队伍，整党，精简机构、改革不合理的规章制度、下放科室人员，工厂里的斗、批、改，大体经历这么几个阶段。在这个号召下，包括企业在内的各个单位先后相继建立了革命委员会，取代了造反的群众组织，掌握了领导权。

三、第三次变动

军队介入"文化大革命"的宗旨，本来就是在各派群众的派性斗争异常激烈的情况下，为了维持秩序，继续推进"文化大革命"。但在各单位已经建立革命委员会和党委的情况下，军队介入"文化大革命"的必要性就不存在了。于是，1972 年 8 月，中共中央、中央军委决定：凡建立党委的地方和单位，军管会、军宣队、支左领导机构一律撤销，"三支两军"人员撤回军队，少数人员转业留在地方工作。在"三支两军"人员撤回以后，各级地方党委成员作了适当调整，主要由地方干部担任领导职务。企业通过整党，也陆续恢复了党的生活，建立了党委。这时虽然还保留了革命委员会，但是，革命委员会的领导权已经转到党委，进入党委一元化领导的时期。

可见，"文化大革命"企业领导制度的变动，是在极端错误的"无产阶级专政下继续革命理论"指导下进行的，是极端有害的"文化大革命"实践的组成部分。它毫无革命可言，也毫无改良可言。在这方面，它与"文化大革命"期间进行的工业经济管理体制的改进也有原则的区别。诚然，工业经济管理体制的改进是在计划经济体制框架内进行的，是不成功的，还产生了负面效应。但就它扩大地方管理权限这个主要点来说，毕竟有改进意义。还要提到：1956 年以后普遍的党委领导下厂长负责制，在促进生产方面，远不如新中国成立初期在东北等地实行的厂长负责制。但"文化大革命"期间企业领导制度变动的最后结果，却是党委一元化领导，进一步强化了在此之前企业领导制度的弊病。

第七章 1966年~1976年，工业生产建设的进展和"文化大革命"的严重破坏及主要教训

第一节 1966年~1976年，工业生产建设的进展

一、工业生产、建设取得的进展

1966年~1976年间，由于"文化大革命"的严重破坏，我国工业生产、建设遭到巨大损失。但是，在全党和全国人民的努力下，仍然取得了一定的进展。主要表现在以下几方面。

1. 工业生产能力扩大。这期间，正是执行第三、第四个五年计划的时期。在这两个五年计划期内，累计用于工业方面的基本建设投资为1519.48亿元，包括工业在内的更新改造和其他措施投资745.48亿元。建成投产的大中型建设项目共计1083个，新增固定资产907.68亿元。这一时期，主要工业产品新增生产能力为：炼铁1971.5万吨，炼钢1250.6万吨，煤炭开采14926万吨，发电机组容量2603.6万千瓦，石油开采6881.2万吨，天然气开采132亿立方米，合成氨673.6万吨，化学肥料576.54万吨，化学纤维13.63万吨，棉纺锭416.3万锭。截至1975年底，全国全民所有制工业固定资产原值达到2290.3亿元，为1965年的2.38倍。1976年比1975年又有进一步的增长（详见附表1）。

2. 在工业生产能力扩大的基础上，工业产值和产量有很大增长。

1976 年工业总产值达到 3277.9 亿元；1966 年～1976 年平均每年增长 9.9%。主要工业产品产量也有不同程度的增长。其中，石油、天然气、乙烯、手表、收音机、电视机和照相机的增幅还是很高的（详见附表3）。

3. 结构和技术的某些方面有了改善和提高。能源工业是这期间发展比较快的部门，尤其是石油工业的发展更为迅速。到 1975 年底，累计建成的原油生产能力达 7812 万吨，为 1965 年的 5 倍；原油加工能力达 6764 万吨，为 1965 年的 4.8 倍。石油工业的迅速发展，又为作为新兴工业的现代石油化工的发展奠定了基础。

这一时期机械工业发展了一批重大新设备。除完成调整时期开始研制的 3 万吨模锻水压机等 9 套大型成套设备外，还提供了高精度精密机床，冷加工成套设备，年产 700 万吨的大型金属露天矿设备，年产 150 万吨钢铁联合企业的成套设备，年产 300 万吨的井下煤矿设备，年产 250 万吨的炼油厂成套设备，年产合成氨 6 万吨、尿素 11 万吨的化肥设备，年产 1 万吨维尼纶、丙烯腈的合成纤维设备，20 万千瓦～30 万千瓦水力和火力发电成套设备，33 万伏高压输变电设备，以及 4000 马力的电力传动内燃机车、5000 马力的液力传动内燃机车和 2.5 万吨级的轮船等。其中，有的产品具有较高的技术水平。

这期间，我国电子工业在若干领域也有所前进。10 年间，国家对电子工业预算内投资 27.15 亿元，占全国基本建设投资的 1.17%，为以往 10 年国家投资额的 1.9 倍。其中，地方电子工业 9.56 亿元，比以往 10 年增加 11.9 倍。1976 年，电子工业产值比 1966 年增长了 5.6 倍，其中地方电子工业增长 12.5 倍，收音机、电唱机、录音机、电视机等增长 11 倍～53 倍，电子元件、半导体分立器件、电子应用产品、无线电通讯导航设备、电子管等增长 6 倍～85 倍。1966 年我国研制出第一块集成电路并实现了批量生产，1976 年达到 2000 万块以上。

4. 工业地区分布的进一步改善。加快"三线"建设，是这个时期工业发展的显著特点。"三五"、"四五"时期，国家分别以 52.7% 和 41.1% 的基本建设投资投入"三线"建设，使我国工业的地区分布发生了进一步的变化。西南、西北、豫西、鄂西、湘西和晋南等一系列新兴工业基地逐步形成。截至 1975 年底，划为"三线"地区的 11 个省、自治区，全民所有制工业固定资产（按原值计算，下同）在全国全民所有制工业固定资产总额中的比重，由 1965 年的 32.9%提高到 35.3%。同一时期，工业总产值由 22.3%提高到 25%。全国将近 1506 家大型企业，分布在 11 个省、自治区的占 40%以上。

二、工业生产建设获得进展的原因

1. 60 年代初期经济调整为"文化大革命"时期工业的发展创造了良好的条件。在调整时期，较好地解决了"大跃进"年代积累下来的工业和国民经济比例关系失调的问题，实现了财政收支的平衡和物价的基本稳定，人民生活有所改善。在"大跃进"中建立起来的大批工业企业，经过整顿明确了生产方向，固定了协作关系，形成了新的生产能力。

2. 这期间粮食生产的较快发展是对工业的有力支持。1975 年比 1965 年增加了 899.9 亿公斤，平均每年将近增产 90 亿公斤，大大超过 1953 年~1975 年间平均每年增产 52.5 亿公斤的幅度。

3. 这期间国营地方工业和城乡集体工业的发展，是促进工业的一个重要因素。这期间地方工业和城乡集体工业的发展，虽然面临许多困难，但又有不少有利条件。因而仍然赢得了较快的发展速度。比如，这期间地方政府就拥有较多的发展地方工业的财力。以基本建设投资总额为 100%，"一五"时期国家预算外投资占 9.7%，"三五"时期上升为 10.7%，"四五"时期又上升为 17.5%。1966 年~1976 年，用于基本建设的预算外投资合计为 413.98 亿元；同期，更新改造和其他措施投资中，地方、部门和企业自筹部分达到 593.07 亿元，两项合计高达 1007.05 亿元，占同期固定资产投资总额的 28.9%。

4. 能源工业特别是石油工业的高速增长，是带动整个工业发展的重要因素。（1）保证了工业发展所需要的能源。按一次能源折合标准煤计算，1966 年为 20833 万吨，1976 年增长到 50340 万吨，平均每年增长 9.2%，高于同期工业总产值平均每年增长 8.5%的速度。[①]（2）直接带动了石油化工的发展，进而又推动了轻纺工业的发展。我国的现代石油化工，正是这个时期开始建立并逐步得到发展的。石油化工的发展，又为轻纺工业开辟了更为广阔的原料来源。1965 年，轻工业产值 702.8 亿元，其中以工业品为原料的产值为 198.8 亿元，占 28.3%。1975 年，轻工业产值增加

[①]《中国统计年鉴》(1984)，中国统计出版社，第 230 页。

到 1392.6 亿元，增长了 98.2%，其中以工业品为原料的产值占 416.7 亿元，增长了 109.6%，在轻工业产值中的比重提高到 29.9%（详见附表16）。（3）增加了财政收入，从而增加了发展工业资金的来源。1966 年~1975 年，能源工业部门提供的税利总额高达 577.15 亿元，扣除同期国家用于发展石油工业的投资后，净为国家贡献 449.26 亿元，为这个时期整个工业基本建设投资额的 29.6%。

5. 引进的一批重大项目，促进了工业的发展。70 年代初，先后从日本、美国、荷兰、法国等国家，购买了 13 套以天然气和轻油为原料、年产 30 万吨合成氨和 48 万吨尿素的大型化肥成套设备装置。1974 年以后，陆续建成投产。到 1976 年，我国合成氨新增生产能力 558.4 万吨，当年的化肥产量达到 524.4 万吨，比 1970 年增长 1.2 倍。从日本引进的一套年产 30 万吨乙烯的设备及其配套装置，在石油化工的初期发展中起了骨干和示范的作用。从联邦德国和意大利等国引进的，包括杭州汽轮机厂的工业汽轮机、南京汽轮发电机厂的燃汽轮机、沈阳鼓风机厂的透平压缩机以及 3 条轴承生产线、精炼炉、摩擦材料、汽车玻璃的 7 个成套项目，对提高机械工业的制造能力起了积极的作用。武汉 1.7 米轧机的引进有助于改善我国钢铁工业品种稀缺的状况，缩短我国冶金工业同世界先进水平的差距。这是新中国成立以来引进的最大项目之一，具有大型化、自动化、高速化、连续化的优点，具有 70 年代的先进水平。

第二节   "文化大革命"对工业生产建设的严重破坏

在 1966 年~1976 年期间，主要由于"文化大革命"的严重破坏，也由于急于求成的"左"倾错误，以及基于对战争形势过于严重的估计而导致的"三线"建设规模过大和速度过快，给我国工业生产建设造成了一系列严重后果。

1. 工业生产、建设没有取得应有的进展。1966 年~1976 年间，我国工业在艰难曲折中，虽然保持了年平均 9.9% 的增长速度，但是，仍然低于应当达到的水平。这可以从历史的对比中得到说明。1953 年~1965 年的 13 年中，工业的发展尽管有过大起大落的情况，增长率还是比"文化大革命"时期高，平均每年达到12.3%。按这个水平计算，十年动乱中的工业增长速度低了2.4个百分点。[①]

2. 工业内部的比例关系严重失调。主要有三个方面：（1）轻、重工业的比例关系再度失调。经过调整，到1965年，轻工业和重工业的比例为51.6：48.4。按当时的情况看，这大体上是协调的。到1975年，轻工业和重工业的比例又变为44.1：55.9（详见附表14）。（2）原材料工业和加工工业比例进一步失调。在工业内部，盲目发展加工工业，尤其是机械工业，忽视采掘工业和原材料工业，造成加工工业与采掘工业、原材料工业的比例更趋失调。在重工业产值中，1965年，采掘工业、原材料工业和加工工业的比例为11.1：39.7：49.2；1975年，三者的比例为12.1：35.1：52.8（详见附表15）。采掘工业和原材料工业的发展，落后于加工工业，虽然是老问题，但是，"文化大革命"10年中发展得更为严重了。（3）能源工业中采掘、采储比例失调。"文化大革命"的10年中，能源工业的发展，在很大的程度上是依靠"吃老本"和"欠新账"的办法勉强维持下来的。"三五"时期，主要依靠吃过去积累的"老本"，维持较高速度的增长。"四五"时期，已经开始暴露出采取这种"急功近利"的能源政策不能持久的问题。所以，在投资的安排上，略有增加，以加强接续能力的建设。但是，能源需求量增加得更快，现投资已是"远水不解近渴"。1963年~1965年，能源基本建设投资占工业投资的比重为30.3%，"三五"时期不仅没有增加，反而下降到28.5%，"四五"时期才上升到31.6%。煤炭是我国的主要能源，1966年~1975年，包括新建和老矿改造增加的煤炭开采能力，平均每年增加1493万吨，比1953年~1962年间平均每年增加2130万吨的水平减少637万吨，降低了29.9%。这样，"四五"时期，缺煤、缺电的现象日益严重。为缓和矛盾，煤炭和石油部门大量采取强化开采措施，电力部门超发水电和火电。例如，煤炭产量1966年~1975年间平均每年增加2500万吨左右，大大超过了新增生产能力。1976年，原煤产量比1966年增长了91.7%；同一时期，开拓进尺反而减少了4万米，下降了6%。石油工业强化开采的结果，到"四五"后期也已难以为继。1976年，原油产量比1965年增长了6.7倍；同一时期，

---

①《中国统计年鉴》（1984），中国统计出版社，第24页。

可采储量仅增长 0.94 倍。储采比大幅度下降，1966 年为 73.4%，1970 年下降为 37.8%，1976 年再下降到 15.6%。电力工业，"四五"时期在建电站装机容量，大体只能适应新建企业投产后的用电需要，老企业大约有 20% 的生产能力因为缺电不能发挥作用。

3. 作为基础产业和基础设施的农业、交通运输业的发展严重落后于工业发展的需要。在经济调整时期结束时，1965 年，农业和工业的比例关系为 37.3∶62.7，基本协调。到 1975 年二者比例关系又趋恶化，为 30.1∶69.9。

交通运输紧张状况，自 1958 年以来就已经存在。在调整时期也没有来得及解决好。在 1966 年~1976 年间，由于过分地突出发展重工业，这种紧张状况发展得更加严重了。这一点，在作为主要运输工具的铁路方面表现得尤为明显。1965 年，铁路基本建设投资占整个国民经济投资的比重为 12.5%，"三五"时期下降到 12.3%，"四五"时期再下降到 10.3%。而在铁路建设投资中，主要是用于"三线"地区的新线建设。对运力已经很紧张的老线改造，投资很少。据统计，老线改造投资在整个铁路投资中的比重，1966 年~1975 年，从"一五"时期的 24.8% 降低到 10%。所以，铁路线路运输能力利用率在 80% 以上的线路的比重，逐年提高，"卡脖子"区段逐年增多。1965 年，运输能力利用率在 80% 以上的线路的比重占 10%；1978 年，达到 30%。同一时期，"卡脖子"区段也由 4 个增加到 10 个。运输能力紧张，更加重了能源供应的紧张。"四五"时期，山西省每年都有大量的煤炭因为交通堵塞，不能及时地运出去。

4. 企业管理受到严重破坏，工业管理体制弊病更趋严重。"文化大革命"时期，企业管理规章制度遭到严重破坏。基础工作完全搞乱，基础资料散失，班组生产不记录，消耗不计量，不进行核算。专业管理人员大批遣散、改行，加上自然减员，所剩不多，专业管理工作难以开展。工业管理体制过于集中和僵死的弊病不但没有克服，反而更加厉害。管理多头，政出多门；物质利益原则破坏无遗，平均主义极度泛滥；价格、信贷、税收等经济部门的监督职能也大大削弱。

5. 工业技术与世界先进水平的差距进一步扩大。"文化大革命"以前，我国工业的技术水平，同世界先进水平的距离开始缩短。但是，十年内乱使正在缩小中的差距又拉大了。在"文化大革命"的 10 年里，工业部门的大批科研机构被拆散，大量科学技术人员和工程技术人员下放劳动或被迫改行从事其他工作，企业技术进步异常缓慢，同这个时期世界科学技术进步速度显著加快的情况形成了强烈地对照。

6. 职工队伍的文化技术素质大大下降。（1）在职工队伍中，工程技术人员、专业管理人员和高中级技术工人的比重下降了。1975 年，工程技术人员和管理人员占全民所有制工业部门职工总数的比重分别从 1965 年的 4.1% 和 8.5% 下降到 2.7% 和 8%。（2）职工个人的文化技术素质也普遍下降。在 1966 年~1976 年期间，工业部门的职工人数增加到 2866 万人，比 1965 年的 1238 万人增加了 1.3 倍。但新补充的职工，只有一部分是大专和中专的毕业生，数量不多，质量也不如过去。从 1971 年~1975 年，高等学校工科毕业生总计不过 67408 人，比 1965 年一年的数量还少了 16%。同一时期，财经专业的毕业生只有 1650 人，比 1965 年的毕业生少了 26%。中等专业学校的工科毕业生，1970 年~1975 年合计为 96218 人，平均每年毕业 16036 人，仅为 1965 年的 39.4%。除大专和中专毕业生分配的部分以外，其他新补充的职工，基本上没有经过进厂前的培训。同时，他们中绝大多数人的实际文化程度，也同名义上的文化程度有程度不等的差距。"文化大革命" 10 年中，从小学、初中到高中，文化基础知识的学习严重地削弱了。所以，不少高、初中毕业生实际上是初中、小学文化程度，甚至处于半文盲的状态。

7. 工业经济效益低下。我国工业在 1966 年~1976 年积累的各种严重问题，集中地反映在经济效益的下降上。在 1965 年~1976 年间，全民所有制独立核算工业企业每百元资金实现的利润和税金由 29.8 元下降到 19.3 元；每百元固定资产原值实现的产值由 98 元下降到 96 元；每百元产值占用的流动资金由 25.5 元增加到 36.9 元。基本建设的经济效益也大幅下降。1976 年工业固定资产交付使用率和大中型项目建成投产率，分别由 1965 年的 94.9% 下降到 55.8%，由 22.9% 下降到 5.7%（详见附表 42、附表 43）。

8. 职工生活水平下降。1966 年~1976 年，主要是依靠增加投资，来保持工业一定程度的增长。实际上，这是建立在抑制消费、牺牲职工生活的基础上的，因而导致职工生活下降。

"文化大革命" 10 年中，只在 1971 年调整过一次低收入职工的工资，调级面为 28%左右，一年约增加工资基金 11 亿元。除此以外，再没有调整过工资。"文化大革命"以前的奖励制度，也宣布取消，再加上新就业职工工资水平较低，因而全民所有制工业企业职工的年平均货币工资，由 1965 年的 729 元下降到 1976 年的 634 元；年平均实际工资下降了13.5%。集体工业职工的平均实际工资也大幅下降（详见附表45）。

1966 年~1976 年间，片面强调"先生产、后生活"的原则，降低非生产性积累的比重，压缩住宅建设的投资，使"骨头"和"肉"的比例关系严重失调。1965 年，在积累总额中，非生产性积累占 29.3%。除了1966 年提高到 31.1%以外，其他年份均低于 1965 年，到 1976 年又降到20.7%。[①] 这样，职工居住条件恶化。1952 年，城镇居民每人平均的居住面积为 4.5 平方米，1977 年降为 3.6 平方米。城市和工矿区的自来水、民用电、公共交通、医疗保健、文化教育、生活服务等公用设施的供给，都十分紧张，给职工的生活带来许多困难。

第三节 "文化大革命"的主要教训

1966 年~1976 年，工业生产建设的发展受到严重影响，主要是由于遭到"文化大革命"的严重破坏，同急于求成的"左"的错误，以及基于对战争形势过于严重估计而导致的"三线"建设规模过大和速度过快，也有重要的联系。就形成这三个因素的根源来说，从一般意义上讲，我们在第三编第五章对形成"大跃进"根源所作的分析，在这里也是适用的。但就形成"文化大革命"的根源来说，需要着重强调其中的三点。

1. "左"的阶级斗争理论发展到了顶点。其集中表现就是"无产阶级专政下继续革命理论"。"文化大革命"就是在这个理论指导下展开的。

2. 作为党和国家的基本组织原则的民主集中制被破坏得荡然无存，毛泽东的个人权力真正是至高无上，全面凌驾在党的全国代表大会、中央全会和全国人民代表大会之上，党章和宪法彻底变成了一纸空文。

3. 从根本上说来，就是中央高度集权的经济、政治、文化和社会的

[①]《中国统计年鉴》（1984），中国统计出版社，第 34 页。

管理体制。这样说，不是说毛泽东个人没有责任，而是说领导制度、组织制度问题更带有根本性、全局性、稳定性和长期性。更不是否定林彪和江青两个反革命集团在"文化大革命"期间所进行的极为严重的破坏，而是说由这种中央高度集权的管理体制造成的"文化大革命"，为这两个反革命集团的形成和施展阴谋造成了有利的社会环境。邓小平曾经尖锐地揭露了权力过分集中的严重危害。他指出："对这个问题（指权力过分集中的危害——引者）长期没有足够的认识，成为发生'文化大革命'的一个重要原因，使我们付出了沉重的代价。现在再也不能不解决了。"①这就明白揭示了中央高度集权的管理体制与"文化大革命"的内在联系，据此提出了根本改革这种管理体制的任务。这就是总结"文化大革命"得出的最主要教训。

---

① 《邓小平文选》第 2 卷，人民出版社 1993 年版，第 329 页。

第六编

市场取向改革起步阶段的工业经济
——以实现经济总量翻两番、人民生活
达到小康水平为战略目标的社会主义
建设新时期的工业经济（一）
（1976 年 10 月~1984 年）

第一章 粉碎"四人帮"后"左"的政策的继续与党的十一届三中全会后调整、改革、整顿、提高方针的提出

第一节 1977年~1978年，工业生产的恢复

"文化大革命"使我国的国民经济遭受了极大损失。"四人帮"的疯狂破坏在这方面起了最恶劣的作用，从而激起了全国人民的普遍愤恨。1976年10月上旬，中共中央政治局顺应党和人民的意志，毅然粉碎了以江青为首的"四人帮"反革命集团，结束了"文化大革命"这场灾难。

"四人帮"被粉碎，为国民经济的发展清除了最大的政治障碍。但是，由于林彪、"四人帮"的破坏所造成的恶果并不可能立即消除，粉碎"四人帮"以后，我国工业经济仍然面临着一系列亟待解决的严重问题。主要是：一些部门和企业的领导权被"四人帮"的帮派分子所篡夺或者是在领导班子中混进了"四人帮"的帮派分子；企业管理规章制度和正常的生产秩序受到了严重破坏；传统的工业管理体制的弊病更趋严重；工业与国民经济其他部门之间以及工业内部的比例关系严重失调。上述情况表明，在粉碎"四人帮"以后，我国工业战线面临着十分艰巨的恢复任务。

粉碎"四人帮"，从政治上为工业生产的发展清除了障碍，全国开始

出现了安定团结的局面，广大群众的心情舒畅，建设社会主义的积极性高涨。这是迅速恢复工业有利的基本条件。

为了医治十年动乱所造成的创伤，恢复正常的生产秩序，从1976年底开始，对工业企业进行了恢复性的整顿。

1. 围绕揭批林彪、"四人帮"，着重解决了领导班子中当时存在的组织不纯、思想不纯、作风不纯的问题。组织上清查了林彪、"四人帮"的帮派势力，夺回了被他们篡夺的那一部分领导权，使一大批受到林彪、"四人帮"打击、迫害的各级领导干部回到领导岗位，思想上、作风上肃清林彪、"四人帮"的流毒，特别是消除资产阶级派性，解决"软、散、懒"的问题，从而使大多数企业有了一个比较好的领导班子。

2. 通过揭批"四人帮"，初步澄清了被"四人帮"颠倒的思想是非，使广大职工明确地认识到，企业必须以生产为中心，全面完成和超额完成国家计划；企业的党、政、工、团的工作也必须为这个中心任务服务；生产任务完成得好不好，是衡量企业中一切工作搞得好坏的主要标准。

3. 在工业学大庆的活动中，恢复和建立了必要的规章制度，使企业的生产秩序逐步走向正常。1977年4月，在北京召开了工业学大庆会议，提出要建设大庆式企业、普及大庆式企业，推动了当时的企业整顿工作。当时由于还没有从根本上摆脱"左"的思想影响，在许多方面仍然把大庆的经验同阶级斗争、路线斗争联系起来，继续提出了一些"左"的口号。但是，大庆的许多好经验，对当时我国工业企业的整顿，仍然起了积极的作用。

4. 通过揭批林彪、"四人帮"，恢复"文化大革命"以前的工业企业领导制度。为此，1978年4月中共中央颁发的《关于加快工业发展若干问题的决定（草案）》，①就企业的领导制度问题，作了如下的规定：（1）实行党委领导下的厂长分工负责制。企业的一切重大问题，都必须经党委集体讨论决定。企业的生产、技术、财务、生活等重大问题，党委作出决定后，由厂长负责组织执行。企业党委要积极支持以厂长为首的全厂统一的生产行政指挥系统行使职权，并监督和检查他们的工作。（2）实行总工程师、总会计师的责任制，工程技术人员要有职有权，让他们在技术

①《中国经济年鉴》（1986），经济管理出版社，第Ⅱ-109页。

上真正负起责任来。（3）实行党委领导下的职工代表大会或职工大会制。企业定期举行职工代表大会或职工大会，听取企业领导报告工作，讨论企业有关重大问题。（4）实行工人参加管理、干部参加劳动和领导干部、工人、技术人员三结合制度。

上述的规定，实际上是恢复"文化大革命"前工业企业领导制度的基本做法。根据这些规定，1978年以后工业企业彻底否定了革命委员会的领导形式，重新任命了厂长或经理，同时取消了"文化大革命"期间产生的工代会，恢复了职工代表大会和工会的组织与活动。

上述决定还提出了整顿好企业的六条标准。其主要内容是：（1）揭批"四人帮"的斗争搞得好不好。（2）好的领导班子是不是建立起来了。（3）工人、技术人员和干部的社会主义积极性是否调动起来了。（4）资产阶级歪风邪气刹住了没有。（5）以责任制为核心的各项规章是不是建立和严格执行了，企业机构是否精简了。（6）产量、品种、质量、消耗、劳动生产率、成本、利润、流动资金占用八项经济技术指标和各种设备的完好情况，是否有显著进步。这六条标准是针对当时企业管理的实际情况提出来的。该决定指出，这六条标准是对社会主义企业的起码要求。按照这六条标准，结合工业学大庆的活动，进一步整顿了企业领导班子，抓了职工队伍的建设，继续恢复和完善企业管理规章制度，并分期分批地对初步整顿的企业进行了验收。经过整顿，企业的面貌发生了较大的变化。

粉碎"四人帮"以后，为了克服工业管理中的混乱现象，消除无政府主义状态，贯彻各尽所能、按劳分配的原则，从1977年开始，对工业管理体制进行了一些恢复性的调整。

1. 按照统一领导、分级管理的原则，调整了一部分工业企业的隶属关系。把在"文化大革命"中下放的一批大型骨干企业陆续上收，由中央有关工业部门直接管理；未上收的一部分大中型企业，由地方管理，或实行中央和地方双重领导、以地方管理为主，即这些企业的生产建设计划、供产销平衡、劳动分配主要由地方负责，但要服从国家统一计划，保证产品配套和调出任务的完成。

2. 工业生产建设所需要的物资，原则上按企业的隶属关系进行分配，同时扩大了国家统一分配的产品范围，各个工业部门的产品销售机构实行由部和国家物资总局双重领导，以国家物资总局领导为主。企业和各级主管生产的部门，都不得动用产品和国家分配的物资去搞协作。

3. 改变基本折旧基金全部留给企业和主管部门的做法，由国家财政集中一部分企业折旧基金，纳入预算管理，即 50% 上缴国家财政，50% 留给企业。

4. 恢复企业基金制度。从 1978 年起，国营工业企业凡是全面完成国家下达的产量、品种、质量、原材料、燃料、动力消耗、劳动生产率、成本、利润、流动资金占用 8 项年度计划指标以及供货合同的，可按职工全年工资总额的 5% 提取企业基金。企业基金主要用于举办职工福利设施以及职工奖励。

5. 恢复奖励和计件工资制度。国务院于 1978 年 5 月决定，经过整顿，领导班子强，供产销正常，各种管理制度健全，定额和统计工作搞得比较好的企业，可以试行奖励制度和有限制的计件工资制。奖金总额的提取比例，一般不超过该企业职工标准工资总额的 10%。

上述五项措施的前三项目的，在于加强中央的集中统一领导，克服"文化大革命"所造成的工业管理中的混乱、分散现象；后两项措施基本上是恢复"文化大革命"前的一些做法。这些措施，对粉碎"四人帮"以后我国工业的恢复和发展起了积极的作用。

1977 年，我国的工业生产开始出现转机，即从"四人帮"严重破坏所造成的生产长期停滞不前甚至倒退下降的局面，转变为上升的局面，工业经济效益也由下降转向上升。1977 年共完成工业总产值 3725 亿元，比 1976 年增长 14.6%；1978 年为 4237 亿元，比上年增长 13.5%。1976 年~1978 年，国营独立核算工业企业资金利税率分别为 19.3%、21.2%、24.2%[1]（详见附表 11、附表 12、附表 42）。

第二节　粉碎"四人帮"后工业生产建设中"左"的政策的继续

从粉碎"四人帮"到党的十一届三中全会召开的两年中，我国工业生产虽然获得较快的增长，但主要是恢复性的。经济工作中长期存在的

---

[1]《中国统计年鉴》（1985），中国统计出版社，第 375 页。

"左"的指导思想并没有得到认真的清理，工业建设中一些"左"的政策还在继续推行。这主要由于当时担任党中央主席和国务院总理的华国锋在指导思想上继续犯了"左"的错误。他在思想路线方面，推行和迟迟不改正"两个凡是"（即"凡是毛主席作出的决策，我们都坚决拥护；凡是毛主席的指示，我们都始终不渝地遵循"）的错误方针。与此相联系，在经济工作中，他仍然急于求成。华国锋提出，1977年是我国经济发生重大转折的一年，是从几起几落、徘徊不前的状况转到稳定上升、持续跃进的新起点。在这种"左"的思想指导下，1977年~1978年，在工业生产建设中，追求不切实际的高指标，盲目扩大基本建设规模，盲目引进国外设备。1977年11月召开的全国计划会议提出，到本世纪末，工业主要产品产量分别接近、赶上和超过最发达的资本主义国家，工业生产的主要部分实现自动化，交通运输大量高速化，主要产品生产工艺现代化，各项经济技术指标分别接近、赶上和超过世界先进水平。华国锋在1978年2月召开的五届人大一次会议所作的政府工作报告中提出，1978年~1985年，在燃料、动力、钢铁、有色金属、化工和铁路、港口等方面，新建和续建120个左右大型项目，其中包括30个大电站，8大煤炭基地，10大油气田，10大钢铁基地和9大有色金属基地。[①] 1978年7月，国务院务虚会进一步提出要组织国民经济新的大跃进，要以比原来设想更快的速度实现四个现代化，要在本世纪末实现更高程度的现代化，要放手利用外资，大量引进先进技术设备。企图在较短的时间内，通过大规模地技术引进来实现工业现代化。仅1978年，就和国外签订了22个大型的引进项目，共需外汇130亿美元，折合人民币390亿元，加上国内配套工程投资200多亿元，共需600多亿元。在22个成套引进项目中，其中约占成交额的一半是在1978年12月20日到年底的10天内抢签的。不少项目是属于计划外工程，既没有经过认真的调查研究，进行必要的技术经济论证，作各种方案的比较，也没有经过计划部门综合平衡，甚至连最简单的计划任务书也没有。因此带有很大盲目性。

由于"文化大革命"的破坏和"左"倾错误所造成的失误，到1976年，我国国民经济比例失调的问题已经十分严重。此后继续推行的"左"

---

① 《第五届全国人民代表大会第一次会议文件》，人民出版社1978年版，第23页。

的政策，特别是大规模的设备引进，更加剧了国民经济比例失调。其中，工业经济比例失调的问题则更为突出。

1. 农业落后，工业发展的基础不稳。我国是一个农业大国，但是长期农业发展缓慢，农业所提供的粮食及其他农副产品远远满足不了工业迅速发展的需要。1978 年，粮食净进口达 69.55 亿公斤，棉花 950.6 万担，动植物油 2.91 亿公斤。农业的落后状况表明，我国工业发展的基础是很不稳固的，工业现代化的建设受到极大制约。

2. 基本建设规模过大，超过了国家财力、物力的可能。1978 年，全国国营单位固定资产投资为 668.72 亿元，比上年增长 21.9%。其中，基本建设投资总额为 500.99 亿元，比上年增长 31.1%。这一年用于工业的基本建设投资达 273.16 亿元，比上年增长 55.8%。[①] 1978 年底，以工业为主的全民所有制在建项目为 65000 个，总投资需 3700 亿元。1978 年国家从国外进口钢材 830.5 万吨，比 1977 年钢材进口增长 65%，进口钢材已相当于当年国内产量的 37.6%，但是仍然供不应求。

3. 重工业增长过快，工业内部比例严重失调。

（1）由于长期片面推行优先发展重工业和"以钢为纲"方针，重工业的发展不仅挤了农业，而且挤了轻工业。1978 年基本建设规模的急剧扩大，更加剧了轻、重工业的比例失调。1978 年重工业增长了 15.6%，轻工业只增长了 10.9%，轻、重工业之间的产值比例为 43.1：56.9（详见附表 14）。由于轻、重工业比例失调，必然出现消费品供应紧张的局面。市场商品可供量与购买力的差额，1978 年竟高达 100 多亿元。

（2）由于重工业的发展速度和规模超出了国民经济可能提供的物力和财力，不仅挤了农业和轻工业，也造成了重工业内部比例失调，特别是原材料工业与加工工业的发展不协调。1978 年我国机床拥有量达 267 万台，机床的加工能力大于钢材供应能力 3 倍~4 倍。全国金属切削机床的利用率，1977 年为 54.6%，1978 年为 55.6%。

（3）能源供应紧张，能源工业内部的比例失调。从总的看，我国的能源工业发展是很迅速的。1978 年，我国一次能源总产量，折合标准煤达

---

① 《中国固定资产投资统计资料（1950~1985）》，中国统计出版社，第 943 页；《中国工业经济统计资料（1949~1984）》，中国统计出版社，第 75 页。

到 6.2 亿吨。但是，由于耗能多的重工业的突击发展，以及能源使用过程中的浪费，我国的能源供应仍然严重不足。1977 年和 1978 年，全国约有 1/4 的企业因缺能源而开工不足，一年约损失 750 亿元的工业产值。

在能源工业内部，采掘、采储比例失调。东北、华北、华东等地区老的煤炭基地生产任务过重，开采强度过大，造成不少欠账和采掘比例失调。石油产量虽然在 1978 年突破 1 亿吨，但由于产量的增长超过了储量的增长，后备的探明资源不足，1978 年采储比降到了 16：1，储量和开采量的比例严重失调。

同时，由于"左"的思想束缚，从粉碎"四人帮"到党的十一届三中全会召开的两年里，对我国经济管理体制上的种种弊病还不可能触动。在国家同企业的关系上，统得太多，管得太死，企业缺乏应有的自主权；企业经营好坏一个样，同职工的物质利益不结合，使企业和职工的积极性受到很大的束缚。同时，企业的整顿工作还远远没有完成，在企业内部，"吃大锅饭"盛行，许多企业经营管理不善，物资消耗大，浪费严重，品种不对路，质量差，成本高，甚至长期亏损。

总之，由于重大比例失调的状况没有改变过来，再加上企业整顿工作还没有搞好，经济管理体制上存在许多问题，所以整个社会再生产的过程难以顺利进行，工业生产建设的经济效益差。到 1978 年底，全国还有 1/3 的企业管理比较混乱，生产秩序不正常。全国重点企业主要工业产品中的 30 项主要质量指标还有 13 项低于历史最高水平，38 项主要消耗指标还有 21 项没有恢复到历史最好水平。上述情况表明，如果再不下决心对国民经济进行调整、改革和整顿，我国的经济建设将会陷入更大的困难，造成更加严重的损失。

第三节 党的十一届三中全会后提出调整、改革、整顿、提高的方针

1978 年 12 月 18 日~20 日在北京召开了党的十一届三中全会。这次全会以前的 12 月 11 日~13 日在北京召开了中央工作会议，为这次全会做了充分准备。邓小平在这次中央工作会议闭幕会上的讲话《解放思想，实事

求是，团结一致向前看》，实际上是党的十一届三中全会的主题报告。

全会结束了 1976 年 10 月~1978 年底党的工作在徘徊中前进的局面，开始全面地、认真地纠正"文化大革命"中及其以前的"左"倾错误。全会坚决地批判了"两个凡是"的错误方针，充分肯定了必须完整地、准确地掌握毛泽东思想的科学体系；高度评价了关于真理标准问题的讨论，确定了解放思想、开动脑筋、实事求是、团结一致向前看的指导方针。

全会果断地停止使用"以阶级斗争为纲"这个不适用于社会主义社会的口号，作出了把工作重点转移到社会主义现代化建设上来的战略决策。全会高度评价了社会主义建设新时期总任务的重大意义。实现这个总任务不仅是生产力方面的革命，而且必然要求改变不适合生产力发展的生产关系和上层建筑。因而是一场广泛、深刻的革命。

全会围绕实现社会主义建设新时期总任务这个中心，依据新中国成立以来经验教训的总结，作出了一系列的重大决策。主要是：正确处理社会主义社会的阶级斗争，从而维护社会主义现代化建设所需要的安定团结的政治局面；对经济管理体制进行改革，并在自力更生的基础上积极发展同世界各国平等互利的经济合作，努力采用世界的先进技术；要解决国民经济重大比例关系的严重失调，集中主要精力尽快把农业搞上去，要大力加强科学和教育工作；要在发展生产的基础上逐步改善人民生活；要着重健全社会主义民主和法制建设等。①

党的十一届三中全会所确定的路线、方针和政策，开辟了社会主义建设新时期，预示国民经济调整工作的实施，宣告改革开放时代的到来，标志着党的路线重新回到了马克思主义的正确轨道上来。因此，这次全会是新中国成立以来党的历史上具有伟大、深远意义的转折。即从 50 年代下半期开始形成的、在"文化大革命"期间发展到顶点的、尔后又延续两年的"左"倾路线，到马克思主义路线的转变。

为了贯彻落实党的十一届三中全会的决议，1979 年 4 月，党中央召开了工作会议，主要讨论了经济问题。会议全面分析了我国经济建设的现状，决定集中几年的时间，搞好国民经济的调整工作，第一次明确而

---

① 《中国共产党第十一届中央委员会第三次全体会议公报》，《中国经济年鉴》(1981)，经济管理杂志社，第 Ⅱ–20~22 页。

又完整地提出了对整个国民经济实行调整、改革、整顿、提高的方针，坚决纠正前两年经济工作中的失误，认真清理过去在这方面长期存在的"左"倾错误影响。

4月5日，中共中央副主席、国务院副总理李先念代表中共中央在会上作了报告，全面阐述了调整、改革、整顿、提高方针。

1979年6月召开的五届全国人大二次会议，依据党的十一届三中全会和上述中央工作会议的精神，就调整、改革、整顿、提高"八字方针"的基本要求作了阐述。调整，就是要针对林彪、"四人帮"长期干扰破坏所造成的国民经济严重失调的状况，自觉调整比例关系，使农、轻、重和工业各部门能够比较协调地发展，使积累和消费之间保持合理的比例。改革，就是要对现行的经济管理体制坚决地有步骤地实行全面改革。整顿，就是要把现有企业特别是一部分管理混乱的企业坚决整顿好。提高，就是要大力提高生产水平、技术水平和经营管理水平。调整、改革、整顿、提高四方面的任务是互相联系、互相促进的，但是调整是目前国民经济全局的关键。调整、改革、整顿、提高的方针，是一个保证我国现代化事业真正能够脚踏实地地向前发展所必须采取的完全积极的方针。在贯彻这个方针的过程中，还要执行引进先进技术和利用国外资金的既定政策。[①]

在以后召开的党的十二大和五届全国人大四次、五次会议都决定：在整个"六五"期间（1981年~1985年）都要继续坚定不移地贯彻执行调整、改革、整顿、提高的方针。

这里还要着重提到，党中央总书记胡耀邦代表党中央在党的十二大报告中提出的经济发展的战略目标和经济改革的指导方针。这个战略目标就是：在本世纪最后20年，在不断提高经济效益的前提下，力争经济总量翻两番，人民生活达到小康水平。经济改革的指导方针是：在坚持国营经济占主导地位的前提下发展多种经济形式（除了主要包括国营经济和集体经济以外，还包括作为公有制经济必要的、有益的补充的个体经济）；计划经济为主、市场调节为辅；立足自力更生，扩大对外经济技

---

① 《中华人民共和国第五届全国人民代表大会第二次会议文件》，人民出版社1979年版，第15~18页。

术交流。实行对外开放，是我国坚定不移的战略方针。[①] 但就"六五"期间来说，这些发展和改革的战略思想都是通过调整、改革、整顿、提高的过程实现的。

因此，1976年~1985年，我国包括工业在内的国民经济发展的主旋律，就是贯彻执行调整、改革、整顿、提高的方针。所以，我们在下面对1979年~1984年工业经济发展历史进程的分析，就是围绕这个主题展开的。

---

① 《中国共产党第十二次全国代表大会文件汇编》，人民出版社1982年版，第14~28页。

第二章 工业生产建设的调整

第一节 1979 年~1980 年，初步调整

一、工业调整的措施及其成效

1979 年 4 月中央工作会议之后，即开始了对国民经济的全面调整。根据调整进展情况，1979 年~1980 年还只是初步调整。这两年中，在工业经济调整方面，主要是降低了工业发展速度，削减了一部分基本建设项目，调整了轻、重工业之间的比例关系以及重工业内部的比例关系。

1. 降低了工业生产的发展速度。根据中央工作会议精神，在国务院主持下，国家计委对原定的 1979 年计划作了重大修改。工业总产值的增长速度从原计划增长 10%~12%调整为 8%。实际上，1979 年工业总产值达到 4681 亿元，比上年增长 8.8%；1980 年为 5154 亿元，比上年增长 9.3%（详见附表 11、附表 12）。

2. 遏制了投资的增长势头，并压缩了一批在建项目。1979 年国营单位的固定资产投资、基本建设投资和工业基本建设投资分别为 699.36 亿元、523.48 亿元和 256.85 亿元；1980 年这三项数字分别为 745.9 亿元、558.89 亿元和 275.61 亿元。其中，只有 1979 年工业基本建设投资略低于 1978 年，其余各项数字均高于 1978 年；但增长幅度均大大低于 1978 年。①

①《中国固定资产投资统计资料（1950~1985）》，中国统计出版社，第 243 页；《中国工业经济统计资料（1949~1984）》，中国统计出版社，第 75 页。

此外，1979 年，停建、缓建大中型项目 295 个；1980 年，又减少大中型项目 283 个。

3. 加快发展了轻工业，调整了轻工业和重工业的比例关系。从 1979 年开始，国家有计划地放慢了重工业的发展速度，采取一系列积极发展轻工业的政策措施。首先在投资分配上，提高了对轻工业的投资比重。用于轻工业的投资占工业总投资的比例 1978 年为 9.3%，1979 年为 10.8%，1980 年上升到 14.9%。1980 年国务院决定对轻纺工业实行六个优先的原则，即原材料、燃料、电力供应优先；挖潜、革新、改造的措施优先；基本建设优先；银行贷款优先；外汇和引进技术优先；交通运输优先。这样，1979 年轻工业总产值比 1978 年增长 10.0%，超过了重工业增长 8.0%的速度；1980 年轻工业又比 1979 年增长 18.9%，大大超过重工业增长 1.90%的速度。通过两年的调整，在工业总产值中，轻工业和重工业之间的比例发生了变化。轻工业产值在工业总产值中的比重 1978 年为 43.1%，1980 年上升到 47.1%（详见附表 14）。

4. 调整了重工业的服务方向及其内部结构。1979 年和 1980 年，重工业的增长速度虽然比过去有所放慢，但重工业的服务方向和结构开始发生变化。在这两年中，对长线产品的生产进行了控制，增产了一批适销对路的产品，关停并转了一批消耗高、质量差、货不对路、长期亏损的企业。

冶金工业过去主要是为重工业自身服务，因而人民生活急需的产品，在品种、数量和质量上都满足不了要求。如生产自行车用的带钢、做罐头用的镀锡薄板、民用建筑用的线材等，都成了短线产品，部分或大部分要靠进口。另一方面，由于基建规模缩小，重轨、车轮及轮箱、大型材、中厚板等出现滞销，成了长线产品。在调整过程中，冶金工业部门着重调整了产品结构，把为轻纺工业服务作为重要任务。

化学工业在调整中停、缓建了一些大中型的建设项目，关停并转了一批消耗高、产品质量低、销路差的小厂。对布点分散、重复生产的厂或产品，进行了适当集中和分工。对长线产品进行了压缩或转产。化学工业的发展方向，开始转向主要为解决衣、食、住、用、行服务，重点放在为轻工、纺织、电子、建材等工业提供配套的原料、材料，为农业提供化肥、农药等各种支农产品，同时根据人民群众生活的需要，提供一些直接投放市场的化工最终产品。

机械工业着重调整了服务方向，扩大了服务领域，改善了机械产品结构。在为重工业、基本建设服务的同时，积极为轻纺工业、人民生活、城市建设、老企业技术改造和扩大机电产品出口提供设备。

建材工业一直是国民经济中的一个薄弱环节。调整工作开始以后，党中央、国务院明确指出，建材工业和煤、电、油、交通运输一样，是国民经济的先行，要在国民经济调整中加快发展。1979 年、1980 年，建材工业生产稳步增长，其中水泥产量 1979 年和 1980 年分别比上年增长 13.3%和 8.1%，平板玻璃产量分别比上年增长 16.2%和 18.9%。

5. 调整了原油和原煤的生产，加强了石油的地质勘探和煤矿的掘进，并大力开展了能源的节约活动。

为了改变原油和原煤采储、采掘比例失调的状况，1979 年、1980 年有计划地稳定和减少了原油和原煤的产量。

石油开采企业在努力稳定产量的同时，积极采取措施，降低了油田的综合能耗。炼油企业调整了生产方案，重点抓了提高回收率、提高质量、降低能耗，以适应国民经济发展的需要。

在煤炭的开发方面，采取了以下措施：（1）加强了现有矿井的掘进和剥离，使采掘失调的矿井尽快补上掘进和剥离的欠账。（2）采取措施减轻煤矿职工的劳动强度，加强劳动保护和安全措施。（3）提高了煤矿简单再生产的费用，加强了对现有煤矿的挖潜改造。（4）通过国家基本建设投资、银行贷款和利用外资，使煤矿建井保持一定的规模。（5）调整勘探布局，压缩了江南地区和一些资源条件较差的省、自治区的勘探规模，加强了山西、河南、黑龙江、安徽、山东等重点产煤地区的勘探力量，加快了勘探速度。

国家在能源政策上采取了开发与节约并重，近期内把节约放在优先地位的方针，以此来保持工业生产有一定的增长速度。具体措施是：（1）逐步改变产业结构和产品结构。（2）加强能源管理，搞好热力平衡，降低单位产品能耗。（3）改造耗能大老设备和落后工艺，发展集中供热、热电结合。（4）逐步更新耗能高的动力机具。（5）严格控制烧油，积极推行以煤炭代替石油作燃料。通过采取以上各种措施，虽然 1979 年能源产量只增长 2.8%，1980 年比上年还下降了 1.3%，但依然保证了这两年工业总产高得多的增长速度。[①]

总之，1979 年和 1980 年两年的调整工作，取得了很大成效。

二、工业调整中的主要问题

1979 年~1980 年调整是有成效的，但并没有解决这次调整所要解决的重要问题。即基本建设投资规模还没有切实地压下来。1979 年国家预算内直接安排的基本建设投资，调整后的计划为 360 亿元，比上年减少了 36 亿元；执行结果，达到 395 亿元，实际上比 1978 年只减少 1 亿元。这说明 1979 年基本建设实际上并没有减下来。1980 年国家预算内的投资计划安排 241 亿元，实际完成 281 亿元，比上年压缩了 28.9%。但是，预算外地方、部门、企业各类自筹投资比上年增长 56.2%。这样，全年预算内外实际完成的投资总额达 539 亿元，比 1979 年又增加了 7.8%，成为新中国成立以后到 1980 年的 30 年中投资规模最大的一年。其中用于工业基本建设的投资（包括预算外的）仍然高达 292.04 亿元，相当于 1978 年的工业投资水平，比 1979 年还增长了 10.28 亿元。

过大的基本建设投资规模没有压缩下来的原因主要有三点：（1）对一些应该停建、缓建的重大项目没有及早下决心停缓下来；1980 年在建的大中型项目个数虽然减少了 283 个，但由于新开工的大中型项目有的规模较大。因此，总的建设规模没有压缩下来。（2）由于一些地区片面理解发挥优势的方针，缺乏国家计划指导和综合平衡，重复建设现象严重。如全国 1979 年底已有棉纺锭 1663 万锭，开足生产尚缺棉 2000 万担，而 1980 年建成和在建的有 260 多万锭。各地的小烟厂、小酒厂、小丝厂等盲目建设问题则更为突出。据统计，1980 年全国关停并转了几千个企业，但又新建投产了 2 万多个企业，年底比年初净增加 2.2 万个工业企业。（3）预算外各类资金用来搞基本建设的渠道越来越多，又没有相应地加强管理和综合平衡，致使这方面的基本建设规模失去控制。1980 年，仅企业的挖潜、革新、改造资金和人民银行的中短期设备贷款中，有 40%以上搞了基本建设性质的新建项目。

---

①《中国统计年鉴》(1984)，中国统计出版社，第 230 页。

第二节　1981 年，决定性调整

一、在经济上实行进一步调整重大决策的提出

由于基本建设规模过大，超过了国家财力、物力的可能，不得不靠庞大的财政赤字来维持基本建设，加剧了国家财政、信贷、物资和外汇的不平衡。1979 年国家出现 170 亿元的财政赤字，1980 年仍有 121 亿元的赤字。这种情况表明：如果不迅速采取坚决措施，对经济实行进一步的调整，1981 年的财政仍然会出现较大的赤字，物价将会继续上涨，整个经济将难以稳定，党的十一届三中全会以后，人民群众在经济上得到的好处就有丧失的危险，影响到政治稳定。

但是，总的看，当时全国的经济形势是好的。主要表现是：工农业生产有了很大增长，人民生活有了显著改善。这同 60 年代初的那一次调整时工农业生产和人民生活大幅度下降的情况大不相同。正因为如此，许多干部对这次调整中所遇到的困难的严重性以及潜伏的危险认识不足，在许多问题上调整的步子迈得不大，态度不坚决。因此，虽然经过近两年的调整，国民经济重大比例失调的状况尚未从根本上得到扭转，经济工作的被动局面还没有彻底改变过来。

鉴于上述情况，在 1980 年 12 月召开的中央工作会议上，党中央决定从 1981 年起在前两年调整的基础上，对国民经济实行进一步的调整。党中央认为，只有这样做，才能克服困难，消除潜在危险，保证经济全局的稳定，逐步地使我们的经济工作由被动转为主动。在经济上实行进一步的调整的总的要求和主要任务，概括起来就是稳定经济，调整结构，挖掘潜力，提高效益。稳定经济，就是做到财政收支平衡，消灭赤字，在这个基础上实现信贷收支平衡，不再搞财政性的货币发行，把市场物价基本稳定下来，使人民生活不受到损失。调整结构，着重解决消费品供不应求和燃料动力供应不足的问题。挖掘潜力，主要是充分发挥现有企业的作用，特别是把几千个大中型骨干工业企业办好，使它们发挥更大的作用。提高效益，就是要从根本上改变过去那种高积累、高速度、高浪费、低效益、低消费的状况，走出一条投入少、产出多、效益高的

新路子，从而保证社会生产的稳定增长，保证财政收入的稳定增加，保证人民生活水平逐步提高，使整个经济走上良性循环的轨道。

为了搞好经济上的进一步调整，克服困难，避免发生混乱，中央工作会议强调，在扭转国民经济被动状况的重大调整措施上必须高度集中统一，服从中央统一指挥。为此，（1）对于中央决定的调整方针、政策和重大措施不能三心二意，不能阳奉阴违，不能顶着不办。（2）各种渠道用于基本建设的资金，要由国家计划委员会统管起来，综合平衡。（3）财政税收制度和重大财政措施要集中统一。（4）任何地方、部门和企业都必须严格遵守信贷管理制度和现金管理制度。（5）国家规定的重要物资的调拨计划，包括重要的农副产品和原材料，各地方、各部门、各企业必须坚决完成，不能打折扣。（6）严格控制物价，整顿议价，任何地方、部门和企业都不得违反。（7）统一规定发放奖金的条件，严格检查监督制度，坚决制止滥发奖金。（8）加强外贸和外汇管理，加强内部协调，统一对外，联合对外，防止互相拆台。

中央工作会议认为，搞好调整、稳定经济、安定人民生活是大局，是全党、全国各族人民的根本利益所在。对地方的利益、部门的利益、企业的利益，应当兼顾，不能忽视，但必须服从整体的利益，服从大局。

这次中央工作会议，标志党在经济工作中坚决纠正"左"的错误，在国民经济调整问题上进一步统一认识，对于保证调整工作沿着正确的轨道健康发展，起了重大作用。

二、工业进一步调整的措施

从 1981 年开始，在经济上实行了进一步调整的方针。就工业来说，决定性调整措施有以下六项。

1. 进一步调低了工业增长速度。1979 年、1980 年两年工业增长速度比 1978 年已经有了大幅度下降。但就当时情况来看，下降还没有到位。1981 年继续在这方面采取了措施，使这年工业增长仅达到 4.3%（详见附表 12）。

2. 切实压缩了基本建设投资规模。为了严格地控制投资规模，1981 年 3 月，国家计委、国家建委、财政部联合发出《关于制止盲目建设、重复建设的几项规定》，① 不准搞资源不清的项目；不准搞工程地质、水文地质不清的项目；不准搞工艺不过关的项目；不准搞工艺技术十分落后、消耗原材料、燃料、动力过高的项目；不准搞协作配套条件不落实的项目；不准搞污染环境而无治理方案的项目；不准搞"长线"产品项目；不准搞重复建设的项目；不准搞"大而全"、"小而全"的项目；不准搞同现有企业争原料的项目；不准盲目引进项目；不准搞楼堂馆所。由于采取了加强集中统一管理等一系列措施，使压缩和控制基本建设规模的决策真见成效。1981 年，国营单位的固定资产投资、基本建设投资、工业基本建设投资分别为 667.51 亿元、442.91 亿元、216.01 亿元；以上三项数字分别比上年减少 78.39 亿元、115.98 亿元、59.6 亿元；以上三项数字分别比上年减少 10.5%、20.8%、21.6%。② 1981 年全部停建、缓建的大中型项目 151 个、小型项目 1100 多个，压缩停、缓建项目未完工程投资436 亿元，占 1979 年~1981 年 3 年调整压缩投资 650 亿元的 2/3。这一年基本建设规模的压缩，对调整积累和消费的比例关系，特别是对当年财政收支达到基本平衡，稳定经济形势，消除潜在危险，争取全局主动，起了极为重要的作用。

3. 把发展消费品生产放在重要地位，促使轻工业高速增长。1981 年初，国务院依据中央工作会议精神，提出要大力发展消费品生产，各行各业都要围绕发展消费品生产来进行安排，并继续对轻工业实行六个优先的政策。1981 年进一步调整了轻、重工业的投资比例，使用于轻工业的基本建设投资占总投资的比重由上年的 8.1%上升到 11.4%，迅速扩大了生产能力。其次，各行各业大力支援轻工业生产。重工业部门采取重转轻、军转民、长转短等形式，调整了产品结构，扩大了服务领域。农业、冶金、化工部门积极扩大轻工业所需原材料的生产。所有这些措施，都有力地促进了轻工业的发展。1981 年，轻工业总产值为 2781 亿元，比上年增长 14.3%；占全部工业总产值的比重，从 1980 年的 47.1%上升到51.5%，超过了重工业（详见附表 14）。

4. 调整重工业的增长速度和服务方向，适应经济进一步调整的需要。

---

① 《中国经济年鉴》（1982），经济管理杂志社，第Ⅲ–19 页。
② 《中国固定资产投资统计资料（1950~1985）》，中国统计出版社，第 9、43 页；《中国工业经济统计资料（1949~1984）》，中国统计出版社，第 75 页。

1981 年，重工业的产值比上年下降了 4.7%。下降的原因：（1）在调整过程中，一批重工业企业停止了能源消耗很高、积压严重的长线产品的生产，腾出能源用来保证轻工业生产的需要，这种下降是合理的。（2）有相当一批重工业企业，过去长期主要为基本建设服务，由于 1981 年大幅度压缩基本建设投资规模，设备和其他生产资料的订货相应减少，以致生产下降，促使重工业内部调整服务方向和产品结构。（3）由于一些同志对于调整重工业服务方向和产品结构的必然性认识不足，行动迟缓，应该早转产的转晚了，造成一些重工业的生产不该下降的也下降了。可见，就这年重工业下降的主要原因（即（1）、（2））来说，或者是服从于经济调整的需要，或者是经济调整的结果。同时，这年重工业开始改变了过去过多地为本身服务的状况，转到为农业、轻工业和人民生活提供更多产品的方向上来。

5. 实行能源开发与节约并重的方针，在能源开发和节约两方面取得显著成效。在能源开发方面，1981 年，在工业基本建设投资总额比上年减少 21.6% 的情况下，用于能源工业投资的比例仍然保持了上年的水平。

在煤炭工业建设中，（1）抓了老矿的挖潜改造、填平补齐和成龙配套工作，使煤炭生产中严重失调的比例关系逐步趋于协调，统配煤矿中采掘接替失调的矿井逐步恢复了正常。（2）新的矿井和煤炭基地的建设得到了加强。（3）在煤炭开发中，地方煤矿贯彻了"国家、集体、个人一起上，大中小煤矿一起搞"的方针，因此地方煤矿产量大幅度增长，大大缓解了煤炭供应紧张的局面。

石油工业在加强地质勘探、努力增加新的地质储量的同时，抓紧了对老油田的综合调整。在地质储量增加不多、油井自然递减率较高的情况下，采取一系列技术措施，基本上保持了注采平衡，使综合递减率控制在 9% 以下，保证了 1 亿吨原油年产量的持续稳产，并略有增长。石油工业确定了以提高经济效益和油田采收率为中心，合理调整了老油田的开发速度，加强增产措施，提高单井产量，使占全国原油产量 2/3 的主要油田都保持了稳产。

在能源的节约方面，（1）调整了能源消费结构。根据我国煤炭资源十分丰富的特点，国家确定在今后相当长的一段时间内，以煤炭作为主要能源，采取措施支持各地把烧油改为烧煤炭。（2）通过调整工业结构和产品结构，采取促进节能的政策措施，整顿企业，加强能源管理，推广节能新技术，进行以节能为中心的技术改造，使节能工作比较广泛地开展起来。1981 年能源生产比上年下降 0.8%，能源消费下降 1.4%，[1] 但却保证了工业总产值比上年增长 4.1% 的速度。这说明 1981 年工业生产增长所需要的能源主要是依靠节能来解决的。这一年共节能 2700 万吨标准煤，其中因改变工业结构少用标准煤 1916 万吨，占 71%；改变产品结构少用标准煤 413 万吨，占 15%；加强能源管理，进行技术改造节约的标准煤 371 万吨，占 14%。每亿元工业总产值的能耗比上年下降 6%。

6. 对工业企业进行了改造、调整和改组。1981 年国营单位的更新改造和其他措施投资由 1980 年的 187.01 亿元增加到 224.6 亿元，占固定资产投资的比重由 25.1% 上升到 33.6%。[2] 调整和改组的主要措施有：（1）对于经营管理不好、物质消耗高、产品质量差又不适销对路、长期亏损的企业，根据不同情况，分别进行了整顿提高和关停并转。1981 年，重工业企业减少了 4400 个，其中冶金工业减少 367 个，化肥和农药工业减少 458 个，机械工业减少 3172 个；农村社队工业企业减少 1034 个。减少的主要是那些消耗高、质量差、技术落后、亏损严重的小机械厂、小氮肥厂、小钢铁厂、小炼油厂、小油漆厂、小酒厂、小针织厂、小造纸厂等。经过关停并转，整顿提高，保留下来的小厂的经济技术指标普遍有了提高。例如小氮肥厂，1981 年共关停并转了 109 个，同调整前的 1978 年相比，吨氨煤耗由 3.2 吨降到 2.2 吨，电耗由 1800 千瓦时降到 1467 千瓦时，企业亏损额由 6 亿元降到 4000 万元，有 11 个省、直辖市的小氮肥厂已扭亏为盈。中小钢铁企业，1979 年亏损 2.9 亿元，1981 年盈利约 4 亿元。没有关停的小型企业，通过整顿改造，各项技术经济指标也有了明显的提高。（2）针对产品重复、工艺重复和"大而全"、"小而全"的状况，在工业比较集中的省和中心城市，对现有企业按照产品和零部件专业化的原则进行了改组。对于适合按行业统一管理的企业，先后组建了一批全国性的工业公司，主要有石油化工、有色金属工业、船舶工业、汽车工业、丝绸工业、盐业、烟草、包装等全国性的公司。许多地区也组建了

①《中国统计年鉴》（1993），中国统计出版社，第 492 页。
②《中国固定资产投资统计资料（1950~1985）》，中国统计出版社，第 216 页。

一批地区或城市范围的工业公司。这些公司对于统一规划、协调本行业所属企业的生产和建设，避免盲目发展、重复生产、合理利用资源、提高经济效益起了一定的作用。（3）一些工业城市积极发展热处理、电镀、铸造、锻压、机修等工艺专业化，组建了一批协作中心和专业厂，提高了设备利用率，节约了能源，降低了成本，改进了产品质量，减轻了对环境的污染。（4）围绕综合利用资源和能源，提高经济效益，组织不同部门的重点企业搞联合。例如，继上海高桥地区的炼油、化工、轻工、电力等7个企业联合组成石油化学工业公司之后，又组建了上海造船工业公司、南京金陵石油化学总公司和辽宁抚顺石油化工公司，打破了部门、地区的界限，发展了横向的经济联系。（5）在加工企业和原材料产地之间，生产企业和科研单位、大专院校之间，生产技术比较先进和比较后进的企业之间，沿海和内地之间，国营企业和集体企业之间，各种形式的经济联合，包括联营、合营，或者在资金、物资、技术等方面的联合，都不断发展。这些广泛的、自愿互利的、又是有领导有计划的经济联合，有利于互相支援、扬长避短、合理利用资金和物资，避免盲目发展，使经济进一步活跃，也有利于内地和后进企业生产、技术和管理水平的提高。

　　通过以上六项重要措施，1981年我国包括工业在内的国民经济调整取得了决定性的成就。因此，这一年也成为调整的决定性阶段。就工业调整来说，其主要表现为：工业的增长速度、投资规模和轻重工业的比例关系大体上都调整到了合理区间。当然，长期积累下来的经济比例关系严重失调问题，不可能在这一年解决，还需要通过相当长的时期继续调整进一步解决。

第三节　1982年~1984年，继续调整

一、经济继续调整的决策

　　1981年召开的五届全国人大四次会议的政府工作报告提出："一年来的经济调整，虽然取得很大成绩，但是也要看到，国民经济中的潜在危险还没有完全清除。今年财政收支基本平衡主要是在紧缩支出的条件下实现的，是不巩固的。要继续保持财政和信贷的基本平衡，做到消费品

生产的增长同社会购买力的增长相适应，保持市场物价的基本稳定，并在此基础上使国民经济协调发展，实现财政经济状况的根本好转，还需要经过相当长的时间和作出艰苦的努力。认真贯彻执行调整、改革、整顿、提高的方针，是一个全局性的、关系到国家长远利益的问题。""随着实践的发展，我们对于这一方针的认识也进一步深化。就调整来说，既要调整工业和农业、轻工业和重工业、积累和消费的比例关系，又要对产品结构、技术结构、企业结构、组织结构等进行调整，实行结构合理化，因而经济调整的内容比原来设想的要广泛得多。至于经济管理体制的全面改革，更需要较长的时间。因此，国务院认为，有必要从今年起再用五年或者更多一点的时间，继续贯彻执行调整、改革、整顿、提高的方针，这样才能真正站稳脚跟，打好基础，更好地前进。"①

中共中央总书记胡耀邦受中央委托在 1982 年 9 月召开的党的十二大上的报告中再次提出："在 1981 年~1985 年的第六个五年计划期间，要继续坚定不移地贯彻执行调整、改革、整顿、提高的方针。"② 这一点又经国务院提议，并经同年 12 月召开的五届全国人大五次会议讨论通过后，写入我国《国民经济和社会发展第六个五年计划（1981~1985）》。③

二、工业继续调整的措施及其进展和问题

1982 年~1984 年，工业继续调整的措施，主要就是 1981 年实行过的措施。但与 1981 年不同的是：只是一部分调整措施得到贯彻，取得进展；另一部分调整措施并未真正得到落实，以致包括工业的国民经济回升过猛，并在 1984 年再次走向经济过热。

1. 调低工业增长速度的目标没有实现。在 1981 年工业增长速度由 1980 年 8.8%下降到 4.3%的情况下，1982 年 12 月通过的"六五"计划规定：从 1981 年至 1985 年，工业总产值平均每年递增 4%，在执行中争取达到 5%。④ 工业增长速度规定为"保四争五"，当时主要是考虑到工业调整的任务还很艰巨复杂，在近期内能源产量不可能有较大增加，交通运输的紧张状况也不可能有根本的改变，主要农作物产量也不可能迅速大

---

①《中国经济年鉴》（1982），经济管理杂志社，第Ⅱ-8 页。
②《中国共产党第十二次全国代表大会文件汇编》，人民出版社 1982 年版，第 18 页。
③《中华人民共和国第五届全国人民代表大会第五次会议文件》，人民出版社 1983 年版，第 113 页。
④《中华人民共和国第五届全国人民代表大会第五次会议文件》，人民出版社 1983 年版，第 67 页。

幅度增长，以及计划指标留有余地原则等因素，因此把工业发展的速度规定得低一些。

但实际执行结果，工业总产值的增长速度，1982年、1983年、1984年3年分别达到了7.8%、11.2%和16.3%，逐年以更大幅度超过了计划指标（详见附表12）。当然，1982年~1984年工业生产迅速增长有一系列的客观原因。（1）在经济工作中切实贯彻了中央提出的进一步调整的方针，各种经济比例关系日趋协调，能在更大程度上保证工业再生产过程的顺利进行。（2）由于农村经济体制改革的成功，极大地调动了广大农民的积极性，农业连年丰收，为工业提供了更多的农副产品和更广阔的市场。（3）由于固定资产投资规模的扩大，对工业生产资料的需求大大增加，刺激了重工业的发展，同时，新增固定资产又进一步新增了工业的生产能力。（4）由于从1982年以来能源产量稳步增长，为工业的高速增长提供了条件。（5）城市经济体制改革的深入发展，进一步调动了企业职工的积极性，使工业劳动生产率大幅度提高。（6）由于企业技术改造和技术引进的步伐加快，使企业的技术素质有了提高。（7）进出口贸易的扩大，一方面推动了出口工业产品的生产，另一方面进口的原材料增加，弥补了国内工业原材料的不足。所以，从这些客观原因来看，"六五"计划规定的工业和整个经济的增长速度都是偏低的。

但是，从这几年工业高速增长加剧能源、原材料供应和交通运输的紧张、生产资料的市场价格大幅度上升等方面的情况来看，工业增长速度确实回升过快，并于1984年开始走向过热。

2. 重点建设得到加强，但基本建设规模没有得到有效控制。为了加强能源、交通等重点建设，1982年初，有关部门从在建的几百个大中型项目中，选出对国民经济发展有重要意义、具备了较好建设条件的50个项目，按合理工期组织建设，在财力、物力上给以优先保证。这批项目中，能源、建材、交通、轻纺等部门的项目占绝大部分，所需投资约占当年在建大中型项目投资的1/3以上，1982年，这些重点项目取得了较好的进展。

但是，从总体看，1982年又出现了基本建设增长过快的问题。这一年，各社会固定资产投资、国营单位固定资产投资、基本建设投资、工业基本建设投资分别达到了1230.4亿元、845.3亿元、555.53亿元、260.6

亿元；分别比 1981 年增长 269.4 亿元、177.79 亿元、112.62 亿元、44.59
亿元。[①] 于是上年较缓和的一些建设物资又出现供应紧张的局面，挤了生
产维修、更新改造和市场消费。这种状况 1983 年上半年仍有发展。

为了刹住基本建设投资增长过猛的势头，1983 年 6 月，党中央、国
务院召集各省、自治区、直辖市和中央国家机关各部委的负责同志开了
一次工作会议，决定要集中财力、物力保证以能源、交通为中心的重点
建设。国务院于 1983 年 7 月 9 日发出了《关于严格控制基本建设规模、清
理在建项目的紧急通知》，[②] 要求各地区、各部门迅速把超过国家下达的基
本建设计划的部分压缩下来，特别是用自筹资金和银行贷款安排的建设
规模，必须压缩到计划指标以内。超过的部分，银行停止拨款。凡是计
划外项目一律停下来。计划内的项目，凡是矿产资源和工程地质不清、
工艺不过关、能耗过高、产品无销路的项目，也要停下来。由于采取了
上述紧急措施，到 1983 年 9 月底，全国共停建缓建、基本建设项目5360
个，其中计划外工程 3086 个，计划内项目 2274 个。这些措施使得 1983
年基本建设规模在较短的时间里得到了一定的控制，加快了以能源、交
通为中心的重点建设。

1983 年，投资增长势头虽然得到遏制，仍然增长过快。这年全社会
固定资产投资、国营单位固定资产投资、基本建设投资和工业基本建设
投资又分别上升到 1430.1 亿元、951.96 亿元、594.13 亿元、282.28 亿元；
分别比 1982 年增长了 199.7 亿元、97.65 亿元、38.6 亿元、21.68 亿元。[③]

1984 年，国家重点建设进一步加强。一批重点煤矿、电站、油井、
建材企业和铁路新线的建成投产，有利于克服国民经济中的薄弱环节，
有利于为生产的持续增长准备后劲。但是，1984 年投资增长速度更猛。
这一年，全社会固定资产投资、国营单位固定资产投资、基本建设投资、
工业基本建设投资分别达到 1832.9 亿元、1185.18 亿元、743.15 亿元、
341.59 亿元；绝对额分别比上年增长 402.8 亿元、233.22 亿元、149.02 亿

---

　①《中国固定资产投资统计资料（1950~1985）》，中国统计出版社，第 9、43 页；《中国工业经济统计资料
（1949~1984）》，中国统计出版社，第 75 页；《中国统计年鉴》(1997)，中国统计出版社，第 150 页。
　②《中国经济年鉴》(1984)，经济管理杂志社，第Ⅸ—42 页。
　③《中国固定资产投资统计资料（1950~1985）》，中国统计出版社，第 9、43 页；《中国工业经济统计资料
（1949~1984）》，中国统计出版社，第 75 页；《中国统计年鉴》(1997)，中国统计出版社，第 150 页。

元、59.31 亿元；增幅分别比上年上升 28.2%、24.5%、25.1%、21%。[①] 这就大大超过这年钢材、木材、水泥生产分别增长 9.7%、5.1% 和 11.8% 的速度。因而主要基建物资供应十分紧张，市场价格上涨幅度较大。

3. 继续把发展消费品放在重要地位，促进轻工业持续增长。1982 年~1984 年，在组织工业生产中，继续坚持把发展消费品工业放在重要地位的方针，从能源和原材料供应、挖潜革新改造措施、安排基本建设力量、银行贷款、使用外汇和引进技术、交通运输等方面，给以优先照顾和大力扶持，使轻工业持续增长。1982 年、1983 年和 1984 年 3 年，轻工业总产值分别比上年增长 5.8%、9.3%、16.1%。[②]

在轻工业产值大幅度增长的过程中，轻工业内部的比例关系也有了进一步改善。在轻纺产品的原料结构方面，以工业品为原料的产品在轻工业总产值中的比重继续上升，特别是合成纤维产量的增长远远超过了棉布的产量；轻工业的产品结构发生了变化，在吃、穿、用三类消费品中，用的比重上升；在耐用消费品中，高档消费品的比重上升，特别是电视机、录音机、电冰箱、照相机等产品的产量大幅度增长。

随着经济的发展和人民生活水平的提高，城乡居民的消费需求和消费构成呈现新的变化。即在吃的商品方面，对经过加工的副食品的需求比重迅速上升；对穿着的需求向中高档发展，农民的穿着需求开始向城市看齐；对耐用消费品购买量稳步增长，彩色电视机、电冰箱等高档耐用消费品生产虽然增长很快，但仍然供不应求。这种消费需求的变化和扩大，进一步推动了我国轻工业的发展。

轻工业的持续发展，促进了全国城乡市场的繁荣。过去消费品匮乏的状况有了很大改变，市场货源比较充裕，大多数日用工业品已敞开供应，部分商品已开始由“卖方市场”转变为“买方市场”，轻工市场已从过去量的矛盾很突出、长期供不应求的局面，开始转变为质的矛盾比较突出，消费者对商品的选择更严格了，出现了“持币待购”和“储币选购”的现象。

4. 继续调整重工业的产品结构和服务方向，但重工业生产回升过快。

---

① 《中国固定资产投资统计资料（1950~1985）》，中国统计出版社，第 9、43、83 页；《中国统计年鉴》(1997)，中国统计出版社，第 150 页。

② 《中国统计年鉴》(1993)，中国统计出版社，第 59 页。

重工业生产在迅速增长的过程中，不断调整服务方向和内部结构，大力生产社会需求量大的产品，开始改变了长期存在的重工业主要是自我服务的现象，直接为农业、轻工业和人民生活需要提供的产品越来越多。钢铁工业以提高经济效益为中心，工作重点放在提高质量、增加品种、节能降耗、治理环境上，大力推进五个转变，即把产品质量逐步转到国际先进水平上来，品种转到适应国民经济技术进步的需要上来，高能耗结构转到低能耗结构上来，生产转到新技术上来，企业各项工作转到提高经济效益的轨道上来。机械工业以上质量、上品种、上水平、提高经济效益为中心，进一步调整了产品结构。能源开发和交通运输设备普遍增长较快，并且做到保质、保量、按时和成套供应，保证了国家重点建设工程的需要。小型农具、饲养和经济作物机械、新兴行业装备和关键基础件，以及城乡物质文化生活所需要的机电产品，都得到了较快的增长。

从 1982 年开始，重工业由回升走向高速增长。1982 年、1983 年、1984 年 3 年，重工业分别比上年增长 9.9%、13.1%、16.5%。[①] 这也有许多原因。（1）由于这几年能源生产较快，为冶金工业、建材工业、化学工业和机械工业的发展提供了较多的能源。（2）由于固定资产投资规模的扩大和农村对农业生产资料的需求量增加，促进了重工业特别是机械制造工业、建筑材料工业的增长。（3）由于轻工业的迅速发展，对工业原材料和轻工设备的需求不断增加，进一步扩大了重工业的市场。

但是，这 3 年重工业毕竟回升过快，是导致 1984 年开始经济过热的一个因素。

5. 继续推行能源开发与节约并重的方针，并在能源增产与节约两方面取得显著成效。1982 年、1983 年、1984 年 3 年，能源分别比上年增产 5.6%、6.7%、9.2%，而能源生产弹性系数和消费弹性系数分别为 0.66、0.63、0.77、0.63、0.51、0.63。[②] 这说明作为能源生产部门和主要消费部门的工业，在这 3 年中，无论在能源生产或节约方面都有了重要进展。但由于这 3 年工业回升过快，特别 1984 年工业增速过高，能源供求紧张状况又加剧了。

① 《中国统计年鉴》（1993），中国统计出版社，第 59 页。

② 《中国统计年鉴》（1993），中国统计出版社，第 492 页。

6. 进一步加强了对工业企业的改造、调整和改组。1982 年 1 月，国务院颁发了《关于对现有企业有重点、有步骤地进行技术改造的决定》。①决定指出，必须改变过去以新建企业作为扩大再生产主要手段的做法，实行以技术改造作为扩大再生产主要手段的方针。决定规定了对现有企业进行技术改造应当遵循的原则：（1）技术改造必须从我国的实际情况出发，应该采用适合我国资源条件、科技水平和管理水平，又能带来良好经济效益的先进技术，不能统统要求最新技术，片面求新、求洋。（2）技术改造需以提高社会经济效益为目标，不仅需考虑本企业、本行业、本部门的效益，而且主要应当考虑国民经济全局的效益，坚决改变那种追求形式，不讲实效的做法。（3）必须充分发挥科学技术的重要作用，加强研究计划工作，组织好科学技术从实验室向生产的转移，单纯军用向军民兼用转移，沿海向内地转移，国外向国内转移。（4）要从我国技术改造的迫切需要出发，积极利用外资，引进适合我国情况的先进技术和自己还不能制造的某些关键设备、仪器仪表，包括少量局部生产过程的系列设备。尽量少引进甚至不引进成套设备，切记不要重复引进。引进技术后，自己能制造的设备，就不要再引进，以保护我国工业的发展。（5）技术改造是一项长期任务，必须全面规划，有重点有步骤地进行，防止不作调查研究，不讲经济效果，一哄而起，盲目上马的偏向。

国务院的决定，推动了技术改造的开展。1982 年、1983 年、1984 年3 年完成的技术改造和其他措施投资分别增长到 289.78 亿元、357.83 亿元、442.03 亿元；占固定资产投资的比重分别上升到 34.3%、37.6%、37.3%。②技术改造的开展，对提高产品质量、增加短线产品产量、节约能源和原材料发挥了重要作用。棉纺、石油、炼钢、化肥、水泥、机制糖等行业，新增的生产能力有 1/3~2/3 是靠更新改造获得的。总之，这期间我国工业技术改造工作已从作为发展生产的具体措施，转为振兴企业，繁荣经济，增强后劲的重大战略措施；从注重国内封闭式的技术攻关，逐步转为开放式的既抓国内的协同攻关，又抓国外先进技术的引进、消化和吸收；从着重抓单项的一个一个企业的改造，转到在统筹规划下的

①《中国经济年鉴》(1983)，经济管理杂志社，第Ⅷ–19 页。
②《中国固定资产投资统计资料（1950~1985）》，中国统计出版社，第 216 页。

整体的、全行业的综合改造。

但这期间，工业企业技术改造也存在不少问题。主要是：企业技术改造资金不足；企业在使用技术改造资金时，存在着片面追求扩大老产品生产能力、忽视提高质量和增加品种的倾向；技术引进的宏观管理方面还缺乏有效、完善的措施，出现了多头对外、重复引进过多的问题。

在这期间，继续对企业进行了调整和改组，并在组织专业化协作和企业联合等方面也都取得了进展。但在工业企业的调整和改组方面也存在不少问题。（1）由于受部门所有、地区所有等体制上的限制，企业调整与改组的进展还比较慢，"大而全"、"小而全"的问题并未得到根本性的改变。（2）许多部门和地区在企业改组过程中，组建了一大批行政性的公司，截留了应当放给企业的权限，公司束缚了企业的手脚。（3）在1984年以来一些地方工艺技术落后、"小而全"的企业又重新出现，产生了与大工业争原料、争能源的矛盾，也影响整个宏观经济效益的提高。

总起来说，1982年~1984年的继续调整在许多重要方面都继续取得了进展，但就速度和投资等这些最重要指标来看，回升太快，以致1984年第四季度又出现经济过热。这主要是由于过去长期存在的、片面追求增长速度的传统经济发展战略在实际工作中的深厚影响，内含投资膨胀机制的传统计划经济体制没有得到根本改革，以及市场取向改革起步以后经济开始搞活，但配套的宏观调控一时难以跟上，以致出现某些失控。

第三章 以扩大国营企业自主权为特征的工业经济体制改革

依据党的十一届三中全会以来党和政府的有关政策，以及在这些政策指导下的实践，1979年以后的一段时间内，经济体制改革的中心环节是扩大企业自主权；这个扩大企业自主权的过程大体分为以下三个阶段。（1）1979年~1980年扩大企业自主权试点。（2）1981年~1982年实行工业经济责任制。（3）1983年以后实行利改税。我们在下面分三节叙述这三个历史过程。然后在第四节叙述与之相联系的经济改革和市场发育。

第一节 1979年~1980年，扩大企业自主权的试点

为了贯彻党的十一届三中全会精神，在1979年4月召开的中央工作会议上，提出了调整、改革、整顿、提高的方针。会议认为，当时的主要矛盾是经济比例关系严重失调，因此最紧迫的任务是首先要搞好调整。改革要服从调整。但是，在调整比例关系和整顿企业的过程中，一些必须改而又容易改的，如果不抓紧改，也会影响调整任务的完成。这次中央工作会议就经济体制改革问题提出以下原则性的意见：（1）以计划经济为主，同时充分重视市场调节的辅助作用。（2）扩大企业自主权，并且把企业经营好坏同职工的物质利益挂起钩来。（3）按照统一领导、分级管理的原则，明确中央和地方的管理权限。（4）精简行政机构，更好地运用经济手段来管理经济。扩大企业自主权的试点工作，正是在党的十一届三

中全会和中央工作会议所确定的方针指引下开始进行的。

扩大工业企业自主权的试点工作，最初是从四川省开始的。1978 年第四季度，四川省首先在 6 个地方国营工业企业进行试点。当时着重是从发动群众讨论增产节约计划入手，确定在增产增收的基础上，企业可以提取一些利润留成，职工个人可以得到一定的奖金。这个做法调动了企业和职工的积极性，收到了较好效果。1979 年 1 月，中共四川省委、省政府总结了 6 个企业进行扩权试点的经验，制定了《四川省地方工业扩大企业自主权，加快生产建设步伐的试点意见》，并决定从 1979 年起，把扩权试点扩大为 100 个工业企业。四川省进行扩权试点的主要做法是：在计划方面，企业在国家计划之外，可以根据市场需要自行制定补充计划，对于国家计划中不适合市场需要的品种规格也可以修改；在物资方面，除少数关系国计民生的产品、短线产品和炸药等危险产品仍由国家统购统配外，大部分生产资料可以进入市场，企业与企业之间可以不经过物资部门直接订立供货合同，也可以通过市场采购满足自己的需要，企业也可自销一部分产品；在国家和企业的利益分配方面，在保证国家利益的前提下，企业可以根据自己经营的好坏分享一定的利润，并可用于进行企业的挖潜、革新改造、集体福利和职工的奖金；在劳动人事方面，企业有权选拔中层干部，招工择优录取和辞退职工。这些改革措施，给四川省的工业企业带来了前所未有的活力，取得了显著的经济效果。试点第一年，四川省 84 个地方工业企业的 1979 年工业总产值比上年增长 14.9%，利润增长 33%，上缴利润增长 24.2%，均高于非试点企业。

为了在全国范围内搞好工业管理体制改革的试点工作，并为全面的体制改革摸索经验，1979 年 7 月 13 日，国务院下达了《关于扩大国营工业企业经营管理自主权的若干规定》、《关于国营企业实行利润留成的规定》、《关于开征国营工业企业固定资产税的暂行规定》、《关于提高国营工业企业固定资产折旧率和改进折旧费使用办法的暂行规定》、《关于国营工业企业实行流动资金全额信贷的暂行规定》5 个文件。这 5 个文件的基本精神就是逐步扩大工业企业的自主权，其主要内容是：（1）在完成国家计划的前提下，允许企业根据燃料、动力、原材料的条件，按照生产建设和市场需要，制定补充计划。按照补充计划生产的产品，商业、外贸、物资部门不收购的，企业可以按照国家规定的价格自销。（2）实行利润留成，改变按工资总额提取企业基金的办法，把企业经营的好坏同职工的物质利益挂起钩来。利润留成是根据不同企业的具体情况，确定不同的比例。企业用利润留成建立的生产发展基金、集体福利基金和职工奖励基金，有权自行安排使用。（3）逐步提高固定资产折旧率及企业的留成比例。从 1980 年起，企业提取的固定资产折旧费，70% 由企业安排使用，30% 按隶属关系上缴主管部门，由主管部门在企业之间有偿调剂使用。固定资产原值在 100 万元以下的小型企业折旧费，全部留给企业安排使用。

除了扩大企业自主权以外，在对企业占用资金的经济责任方面也作出了新的规定：（1）决定开征国营工业企业固定资产税，实行固定资产有偿占用，使企业对占用的固定资产承担必要的经济责任，促进企业积极提高固定资产利用效率。（2）对国营工业企业的流动资金实行全额信贷，发挥信贷的经济杠杆作用，促进企业改善经营管理，减少物资和产品积压，加速资金周转。

扩大企业自主权 5 个文件下达以后，全国有 26 个省、自治区、直辖市在 1590 个工业企业里进行了试点。加上有些省、直辖市按自定办法试点的企业，共有 2100 多个。这批试点企业的利润约占当时全国工业企业利润的 35%，产值约占 26%。从试点情况看，利润留成办法，兼顾了国家、企业和职工个人三者的利益，把企业所得、职工福利奖金与企业经营好坏、利润多少直接挂钩，对发挥企业和职工的主动性，促进企业关心生产成果，改善经营管理，努力增加盈利，起了积极作用。

但在试点中也反映出扩权和实行利润留成的办法还不完善。为了进一步搞好试点工作，国家经委和财政部根据试点的经验，修订了《国营工业企业利润留成试行办法》，国务院于 1980 年 1 月 22 日批转。[①] 修订后的试行办法，扩大了试点范围，即经过整顿，生产秩序和管理工作正常，实行独立核算，并有盈利的国营工业企业，经过批准，可以试行利润留成。试行企业利润留成，要做到国家得大头，企业得中头，个人得小头。根据这个精神，企业留成比例，全国平均大体是四、六开。即企业得到的好处（包括基数利润留成和增长利润留成两部分），约占当年利润增长部分的 40%，国家约得 60%。

---

①《中国经济年鉴》（1981），经济管理杂志社，第Ⅱ-122 页。

1979 年~1980 年，扩大企业自主权的试点工作不断发展，并已具有相当规模。到 1980 年底，除西藏外，各省、自治区、直辖市参加试点的国营工业企业已到 6000 多个，占全国预算内工业企业 42000 个的14%，产值占 60%，利润占 70%。

试点企业在利润留成、生产计划、产品销售、新产品试制、资金使用、奖励办法、机构设置以及人事等方面，都不同程度地有了一些自主权。

一些省、自治区、直辖市还选择了少数企业进行了"以税代利、独立核算、自负盈亏"的试点。到 1980 年底，全国进行这种试点的共有 400 多个企业。试行这种办法，是把税制改革同企业财务体制改革结合起来，国家对企业征收四税两费，即增值税、资源税、收入调节税、国营企业所得税以及固定资产和流动资金的占用费。试点结果表明，这种改革使企业的经济权利、经济责任和经济利益更加紧密地结合起来，企业的主动性、积极性得到进一步发挥。

扩大企业自主权，给企业带来了一定的活力，并取得了显著的经济效果。1980 年，由于对国民经济进行调整，缩小基本建设规模，因此有相当一部分扩权企业生产任务不足，再加上原材料涨价、能源紧张等不利因素，给企业完成生产计划和上缴财政任务带来了一定的困难。但是，由于扩权在一定程度上把企业的权、责、利结合起来了，使企业获得了内在的动力；伴随着竞争的展开，又给企业造成一定的外在压力，因此调动了企业的积极性，促使绝大部分扩权企业实现了增产增收。据对 5777 个试点企业（不包括自负盈亏的试点企业）的统计，1980 年完成的工业总产值比上年增长 6.89%，实现利润增长 11.8%，上缴利润增长 7.4%。上缴国家的利润占全部实现利润的 87%，企业留利占实现利润的 10%，其余的 3%用于归还贷款和政策性补贴等，增长利润的大部分也归国家。这表明，扩大企业自主权，实现了增产增收，国家和企业都增加了收入。

1979 年~1980 年扩大企业自主权的改革试点工作，方向是对头的，效果也是显著的，为后来的改革提供了初步经验。但在改革中也出现了一些新的问题，主要是在搞活微观经济的同时，宏观的调控没有及时跟上，出现了一些不按国家计划生产、重复建设、滥发奖金的现象；一些改革措施相互之间不够配套，也影响了改革的顺利进行。

第二节　1981 年~1982 年，全面推行工业经济责任制

工业经济责任制，是在扩大企业自主权的试点基础上发展起来的，又是扩权的继续和深入。1979 年，扩大工业企业自主权的试点取得突破性进展，1980 年试点工作全面展开，为实行工业经济责任制提供了经验，创造了条件。党的十一届三中全会以后，我国农村普遍推行各种形式的联产承包责任制，取得了显著的成效。农村改革的成功经验，对工业经济责任制的推行起了极大的启示和推动作用。1980 年，我国出现了严重的财政赤字。为了增加财政收入，1981 年初，各个地区从落实财政任务着手，对所属企业实行了"包干加奖励"的办法。1981 年 4 月，在国务院召开的工业交通工作会议上，明确提出建立和实行工业经济责任制的要求。此后，首都钢铁公司创造了一整套实行经济责任制的经验，推动了工业经济责任制进一步发展和完善。

1981 年 9 月，国家经委和国务院体制改革办公室根据半年多推行工业经济责任制的实践情况，下达了《关于实行工业经济责任制若干问题的意见》，[①]进一步明确了工业经济责任制的内容和应遵循的原则。

经济责任制是在国家计划指导下，以提高社会经济效益为目的，实行责、权、利紧密结合的生产经营管理制度。它要求企业的主管部门、企业、车间、班组和职工，都必须层层明确在经济上对国家应负的责任，建立健全企业的生产、技术、经营管理各项专责制和岗位责任制，为国家提供优质适销的产品和更多积累；它要求正确处理国家、企业和职工个人三者利益，把企业、职工的经济责任、经济效果同经济利益联系起来，认真贯彻各尽所能、按劳分配的原则，多劳多得，有奖有罚，克服平均主义；它要求必须进一步扩大企业自主权，使企业逐步成为相对独立的经济实体。

推行工业经济责任制要求各级工业管理机构和工业企业必须遵循的原则，主要有以下几个方面：（1）必须全面完成国家计划，按社会需要组

①《中国经济年鉴》（1982），经济管理杂志社，第Ⅲ-31 页。

织生产，不能利大大干，利小不干，造成产需脱节，特别要保证市场紧缺的微利产品和小商品的生产。（2）必须保证产品质量，不能粗制滥造，向消费者转嫁负担。（3）成本只能降低，不能提高。（4）要保证国家财政收入逐年有所增长。（5）职工收入的水平只能在生产发展的基础上稳定增长，个人收入不能一下提得过高，要瞻前顾后，照顾左邻右舍。（6）必须奖惩分明，有奖有罚。（7）必须加强领导，加强国家监督，要有强有力的思想政治工作保证。

实行工业经济责任制，必须抓好两个环节：一个环节是国家对企业实行的经济责任制，处理好国家和企业之间的关系，解决企业经营好坏一个样的问题；另一个环节是建立企业内部的经济责任制，处理好企业内部的关系，解决好职工干好干坏一个样的问题。

国家对企业实行经济责任制，在分配方面主要有三种类型：一是利润留成，二是盈亏包干，三是以税代利，自负盈亏。具体形式有以下几种：

1. 基数利润留成加增长利润留成。这种办法适用于增产增收潜力比较大的企业，但确定每年利润的基数，可将原来的"环比"办法改为按前三年平均利润数来计算。

2. 全额利润留成。这种办法适用于生产正常、任务饱满、利润比较稳定的企业。留成比例按照前三年企业实际所得（包括基数利润留成和增长利润留成）占利润总额的比重来确定。

3. 超计划利润留成。这种办法适用于调整期间任务严重不足、利润大幅度下降的企业。

4. 利润包干。其中有"基数包干，增长分成"，"基数包干，增长分档分成"，"基数递增包干，增长留用或分成"等。这些办法一般适用于增收潜力比较大的微利企业。增收潜力不大的微利企业实行"基数包干、超收留用、短收自负"的办法。

5. 亏损包干。对亏损企业实行"定额补贴、超亏不补、减亏留用或分成"和"亏损递减包干、减亏留用或分成"的办法。

6. 以税代利、自负盈亏。这种办法适用于领导班子比较强、管理水平比较高、生产比较稳定、有盈利的大中型企业，经过财政部批准在少数企业中试行。

国营小型企业，包括县办工业企业和城市小型企业，参照集体所有制企业纳税的办法，改上缴利润为上缴所得税和固定资产、流动资金占用费，实行自负盈亏。

企业内部实行经济责任制，是把每个岗位的责任、考核标准、经济效果同职工的收入挂起钩来，实行全面经济核算。在分配上大体有这样几种形式：（1）指标分解，即将工作量分解为若干个指标，每一种指标与一定的工资和奖金额相联系。（2）计件工资，包括超额计件工资和小集体超额计件工资。（3）超产奖。（4）定包奖。（5）浮动工资。

从1981年初到1982年底，工业企业在相当广的范围内推行了经济责任制。从国营工业企业到集体所有制工业企业，从大中型企业到小型企业，从盈利企业到亏损企业，从单个企业到整个行业，普遍推行了工业经济责任制。在县属以上国营企业中，实行工业经济责任制的企业占80%。由于国家经委和各个有关部门、各级地方政府对推行工业经济责任制的重视和支持，不断总结新经验，研究新情况，采取了一系列措施，保证了工业经济责任制不断发展和完善，并且取得比较好的效果。

1. 调动了企业和广大职工的积极性，促进了增产增收。实行经济责任制，地方和企业增加了压力和动力，使经济责任层层落实，对于落实财政上缴任务，起了重要作用。1981年财政收入状况比1980年有明显好转，赤字从上年的127.5亿元减到25.5亿元。[①] 实行经济责任制，促进增产增收是一个重要原因。

2. 促进了企业整顿，企业的经营管理得到了改善和加强。实行经济责任制，增强了广大职工的主人翁责任感，整顿企业、改善经营管理、严格规章制度、加强基础工作的自觉性有了很大提高。企业都不同程度地建立健全了定额管理、质量管理和经济核算，开展了职工培训，制订了岗位标准，整顿了劳动纪律，实行了严格的考核和奖惩制度。

3. 比较有效地解决了长期存在的平均主义的问题，使按劳分配的原则得到了进一步的贯彻。实行经济责任制，由于把企业、职工的经济责任同他们的经济利益紧密结合起来，在包干指标、劳动定额先进合理，基础工作健全的条件下，能比较好地解决"吃大锅饭"的问题。

4. 进一步改变了对企业统收统支、捆得过死的状况，使企业有了一

---

①《中国统计年鉴》(1985)，中国统计出版社，第523页。

定的机动财力，可以用于技术改造、设备更新和兴办集体福利设施。

5. 实行经济责任制，不仅对一线的生产工人落实了经济责任，而且对领导干部、技术人员、管理人员和辅助工人也在明确经济责任的基础上，逐步建立了考核标准和考核办法。在对企业实行经济责任制的同时，企业的主管部门，也相应地建立了责任制，积极搞好综合平衡，帮助企业解决好人、财、物、供、产、销等方面的衔接和生产中的关键问题，为企业完成国家计划改善了外部条件。

6. 实行经济责任制，促进了工业的调整。1980 年，由于国民经济的调整，重工业任务不足，面临很大困难。由于实行经济责任制，发挥了企业的主观能动性，许多企业积极主动地根据市场的需要，千方百计扩大生产门路，改变服务方向，调整产品结构，截长线，补短线，为轻工市场服务，为技术改造服务，开拓国际市场，促使重工业逐步走向回升。

工业企业推行经济责任制，对促进工业管理体制改革起了积极作用。但是，由于工业是社会化的大生产，企业与企业、部门与部门相互依存，问题比较复杂，实行经济责任制工作的难度比农业实行家庭联产承包责任制要大，因此在改革中也出现了一些问题。主要是实行经济责任制与计划管理结合得不够好，在处理国家与企业之间的关系时，企业往往过多地强调企业自身的利益，一些企业内部的经济责任制还不够落实，在分配上的平均主义问题还没完全得到解决。

第三节 1983 年以后，实行利改税

从 1980 年开始，曾经在 400 多个工业企业中进行了以税代利的试点。其中有的是全市、县的试点，有的是一个城市范围内的全行业试点。总的来看，试点的效果比较好。参加试点的全部企业，销售收入的增长明显地高于总产值的增长，特别是实现利润和上缴税费的增长大大高于总产值和销售收入的增长。而且在企业实现利润的增长部分中，保证了大部分以税金和资金占用费的形式上缴国家，企业所得也增加了。试点效果说明把上缴利润改为上缴税金，是有益的。1983 年 4 月 24 日，国务院批转了财政部关于全国利改税工作会议报告和《关于国营企业利改税试行

办法》，①决定 1983 年开始进行利改税的第一步，即实行税利并存的制度。在企业实现利润中，先征收一定比例的所得税和地方税，然后对税后利润采取多种形式在国家和企业之间进行合理分配，并从 1983 年 6 月 1 日起开征国营企业的所得税。

财政部《关于国营企业利改税试行办法》规定，凡是有盈利的国营大中型企业，实现利润均按 55% 的税率缴纳所得税。企业缴纳所得税后的利润，一部分上缴国家，一部分按照国家核定的留利水平留给企业。上缴国家的部分，可根据企业不同的情况，分别采取递增包干、固定比例上缴、缴纳调节税（即按企业应上缴国家的利润部分占实现利润的比例确定调节税税率；基数利润部分，按调节税率缴纳；比上年增长利润部分，减征 60%）和定额包干四种办法。凡是有盈利的国营小型企业（按照 1982 年底的数据，固定资产原值不超过 150 万元，年利润额不超过 20 万元的为小型工业企业），实现的利润按八级超额累进税率缴纳所得税。缴税以后，由企业自负盈亏，国家不再拨款。但对税后利润较多的企业，国家可收取一定的承包费，或者按固定数额上缴一部分利润。对于亏损的企业，凡属国家政策允许的亏损，继续实行定额补贴，超亏不补，减亏分成。凡属经营管理不善造成的亏损，由企业主管部门责成企业限期进行整顿。在规定期限内，经财政部门审批后，适当给予亏损补贴，超过期限的一律不再贴补。国营企业所得税的管理工作，由税务机关办理。

据中央 17 个工业部门和 27 个省、自治区、直辖市统计，到 1983 年底，实行利改税第一步的国营工业企业共有 26500 户，为盈利企业总户数的 94.2%。1983 年，全国实行利改税的国营企业新增加的收入，以税金和利润形式上缴国家的部分约占 70% 左右，企业所得约占 30% 左右，其中用于职工奖励基金的部分约为 8%。到 1984 年，国营企业留利占实现利润的比重，由改革前的 5% 上升到 25%。②实行利改税的结果表明：在解决国家同企业的分配关系上找到了一条比较好的途径。利改税以后，税率固定，企业同国家之间的分配关系固定下来，从法律上保证了国家财政收入稳定和均衡入库，保证了国家得大头、企业得中头、个人得小

---

①《中国经济年鉴》（1984），经济管理杂志社，第Ⅸ-83 页。

②《中国经济年鉴》（1985），经济管理出版社，第Ⅳ-2 页；《中国经济年鉴》（1989），经济管理出版社，第Ⅱ-39 页。

头，既能使国家财政收入稳定增长，又能够使企业心中有数，企业留利也可在增产增收中稳定增长。企业经营管理得好，可以多得；经营管理得差就少得。

实行利改税后，（1）增加了企业积极挖掘潜力、提高经济效益的动力和压力，加强了税收的监督作用，促进了企业的经济核算。（2）依照税法征税，可以初步避免实行利润留成、盈亏包干办法存在的争基数、争比例的扯皮现象。（3）有利于配合其他经济改革，逐步打破部门和地区界限，按照客观经济规律的要求，调整企业结构，合理组织生产。（4）国家可以利用税收这一经济杠杆，根据宏观经济的需要，对不同的行业、企业和产品采取调整税率、减免税等措施，调节生产和分配，促进国民经济协调发展。

但是，利改税的第一步还是有缺陷的。其主要问题有三点：（1）还没从根本上解决好国家同企业的分配关系。税利并存的办法，企业纳税后还保留一块税后利润，国家同企业还得用包干或分成等办法进行再分配，因此还不能真正体现企业的盈亏责任制。（2）由于价格体系不合理，行业与行业、企业与企业之间利润水平悬殊，苦乐不均，利改税第一步是在这种不平衡、不合理的基础上进行的，因此还没有完全起到鼓励先进、鞭策落后的作用。（3）企业所得税和税后利润的分配，仍然是按照企业的行政隶属关系划分的，也就难以削弱"条条、块块"因自身经济利益而对企业进行的不必要的行政干预，行政领导仍然是企业的真正主宰者。

为了克服第一步利改税的各种弊端，进一步完善税制，更充分地运用税收的调节作用，力求通过合理设置税种和税率，更好地调节国家和企业、企业和企业之间的分配关系，确保国家财政收入的稳定和增长，同时也让企业获得更大的自主权，具有更大的活力，又有更大的压力和责任，国务院决定从 1984 年 10 月 1 日起，试行第二步利改税。[①]

第二步利改税的基本内容是：将国营企业应当上缴国家财政的利润按 11 个税种向国家缴税，也就是由税利并存逐步过渡到完全的以税代利，税后利润归企业自己安排使用。实行第二步利改税的主要办法是：国营大中型企业按 55% 的比例税率缴纳所得税，然后再按照企业的不同情况，征收调节税；对国营小型企业按新的八级超额累进税缴纳所得税。

---

①《中国经济年鉴》（1985），经济管理出版社，第 X-67 页。

适当放宽国营小型企业的划分标准，使之逐步过渡到国家所有、自主经营、依法纳税、自负盈亏；对某些采掘企业开征资源税，以调节因资源条件的不同而形成的级差收入；开征房产税、土地使用税、城市维护建设税以及车船使用税，以促使企业合理利用土地、房产，适当解决城市维护建设的资金来源。

第二步利改税仍然是在价格不合理、短时期又难以解决的情况下进行的。通过增加税种，合理确定税目、税率，实行多次调节，对于促进价格体系、劳动工资制度和分配关系的调整和改革，充分发挥税收的经济杠杆作用，起了很大作用。它缓解了由于价格不合理所带来的矛盾，使企业在利润悬殊状况有所改善的情况下开展竞争，有利于鼓励先进，鞭策落后。第二步利改税后，企业不再按行政隶属关系上缴利润，有利于合理解决"条条"与"块块"、中央与地方的经济关系。

但第二步利改税，也有明显的缺陷和局限。从本质上来说，无论第一步利改税，还是第二步利改税，都不可能从根本上解决政企分开以及使企业成为自主经营、自负盈亏的市场主体问题。因为第一、二步利改税都有混淆税利不同功能的不妥之处。更重要的问题还在于：第二步利改税没有也不可能解决合理确定调节税的问题，因而不能解决企业之间的苦乐不均和鞭打快牛问题。而且，就实践结果看，由于所得税率过高，企业创利大部分都上缴国家，严重影响了企业的积极性和发展后劲。随着时间的推移，这种弊病日趋严重。以致后来由实行第二步利改税，改行以承包为重点的多种形式的经营责任制，就成为改革深入发展的必然趋势。

第四节　与企业改革相联系的经济改革和市场发育

尽管我国明确提出经济体制改革的中心环节是企业改革乃 1984 年以后的事，但在事实上，1979 年~1984 年的改革也是以企业改革作为中心环节的，并且适应企业改革的需要开始进行了经济改革。这样，我们在叙述了这期间企业改革以后，有必要叙述与之相联系的经济改革。

但是，由于篇幅限制，我们叙述经济改革时，不能像叙述企业改革那样，叙述它的决策过程、实施过程和实施结果，而只能是叙述它的实施结果；经济改革涉及的方面很多，只能从同企业改革相配套的角度，叙述有关的和重要的经济改革；在叙述这些经济改革时，并不具体说明它们同企业改革的关系，而只是从总体上阐明这一点。还要说明，我们在第七编第二章和第八编第二章叙述这个问题时，也是采用这种方法。

1. 这期间开始改革以指令计划为特征的计划体制。主要是下放计划管理权限，缩小指令性计划范围。在建设方面，过去国家对用预算内资金、自筹资金以及利用外资进行的建设，都实行指令性计划。这期间改为只对预算内拨款改贷款的基本建设投资、纳入国家信贷计划内的基本建设贷款以及利用国际金融组织和外国政府贷款安排的基本建设，实行指令性计划；对地方、部门、企业自筹资金和用自借自还的外资安排的基本建设，实行指导性计划。还放宽了基本建设、技术改造和利用外资项目的审批权限。生产性建设项目，由国家计委审批的资金限额，由原来的 1000 万元以上，提高到 3000 万元以上；限额以下的项目，由地方、部门自行审批。利用外资建设的项目审批限额，各省、自治区、直辖市和沿海开放城市根据不同情况分别放宽到 500 万美元~3000 万美元以下。在生产方面，由国家指令计划管理的工业产品，改革前为 120 多种，1984年下降到 60 多种；其产值占工业总产值比重也由 80% 左右下降到 40% 左右。对大量的工业品生产实行指导性计划。对许多日用小商品完全实行市场调节。在流通方面，由国家收购调拨的重要商品，由改革前的 65 种减少到 1984 年的 20 种；由国家统一安排供应出口的商品由 70 多种减少到 36 种；国家统一分配的物资由 256 种减少到 65 种。[①]

2. 这期间价格改革，采取调（调整不合理比价）放（放开指令价格）结合的方针。（1）陆续提高了农副产品以及煤炭、矿石、冶金、建材和铁路、水运的价格，降低了一部分电子、机械等产品价格，使得农产品同工业品以及能源、交通、原材料同加工工业产品之间比价不合理的状况有了一些改善。（2）按照减少国家定价、扩大企业定价的方向，缩小了国家指令价的比重，扩大了国家指导价和市场调节价的比重。在 1978 年~1984 年间，国家定价的农产品价格比重由 92.7% 下降到 40% 以上，国家定价的社会零售商品价格比重由 97% 下降到 50% 以上，国家定价的生产

---

①《中国经济年鉴》（1985），经济管理出版社，第 II-3~6 页。

资料价格比重由 100% 下降到 60% 以上。与此相对应的数字就是政府指导价和市场调节价的比重（详见附表 41）。这是从这期间价格体制改革总的方面来说。具体说来，这期间价格体制改革在以下两个方面取得重要突破。（1）对几百种日用小商品和大部分修理服务行业的价格，国家不再统一规定价格，由企业自行定价。（2）对煤炭等重要生产资料，开始实行价格"双轨制"。即在坚持计划以内产品执行国家定价的前提下，允许企业将超计划生产的产品，以高于或低于国家规定的价格自行销售。

3. 这期间为了改变统收统支局面，开始在财政、金融体制方面进行了改革。（1）从 1978 年开始，政府把折旧基金的企业留用比例由 40% 提高到 50%。（2）1979 年以后，原来由财政拨款的企业定额流动资金也改由银行贷款。1983 年以后，企业需从留用的生产发展基金中提取 10%~30% 补充流动资金。地方、部门和企业用自筹资金新建、扩建的企业投产，必须筹足 30% 的流动资金。（3）从 1980 年起，企业的技术改造资金，也开始由财政拨款改为银行贷款。（4）1979 年开始进行基本建设投资改财政拨款为银行贷款的试点。从 1981 年起，凡是实行独立核算、有还款能力的企业，其基本建设投资都实行由财政拨款改银行贷款。[①]

4. 这期间，开始改革原来统包统配的劳动制度。主要有三方面：（1）在国家规划指导下，实行劳动部门介绍就业、自愿组织起来就业和自谋职业。（2）建立劳动服务公司，使其成为组织、管理、培训、输送和调节劳动力的社会劳动组织。到 1984 年底，全国各级各类劳动服务公司已达 2.7 万多个。（3）改革用工制度。开始在新招收的工人中实行劳动合同制。1982 年，国营经济单位使用的劳动合同制职工为 16 万人，1983 年为 57.6 万人，1984 年增加到 174 万人，占全部职工比重的 2%。[②] 还在有些地方试行下放招收劳动合同制职工的权力。企业在职工总数增长不超过生产增长的一定比例范围内，可依生产需要，自行招收劳动合同制职工，或在不超过工资总额的前提下，按有关政策，自行增减职工。

5. 这期间工资制度的改革，主要是政府对企业下放一定的工资管理权限。开始是实行企业可依经济效益提取奖励基金，企业自主使用奖励

①《中国经济体制改革十年》，经济管理出版社 1988 年版，第 500、506 页。

②《中国经济年鉴》（1987），经济管理出版社，第 V–41 页；《中国统计年鉴》（1997），中国统计出版社，第 113 页。

基金（包括用于增加奖金和浮动工资）的制度。在这个基础上，又有许多企业试行工资总额与经济效益挂钩浮动的制度。其具体形式有：工资总额与最终产品产量（产值）挂钩浮动，工资总额增减幅度与上缴利润（利税）增减幅度挂钩浮动，工资总额增减幅度与实现利润（净产值或销售额）增减幅度挂钩浮动等。同时，企业可以在内部试行许多新的工资形式，如浮动工资制、结构工资制和职务岗位工资制等。

　　与企业改革和经济改革的初步开展相联系，在发育社会主义市场体系方面也有了初步发展。（1）消费品市场进一步扩大。消费品分配已由原来的部分商品交易、部分产品分配基本上转到市场交换。这期间，各种消费品贸易中心已经达到2000多个。（2）生产资料市场已经开始发展。生产资料分配已开始由原来国家调拨部分地转入市场交易。这期间，全国生产资料交易市场已经达到400多个。此外，资金、劳动力和技术等要素市场也已开始发展。

　　总之，1979年~1984年，与国营企业改革相联系的经济改革和市场发育，已经有了良好开端，从多方面促进了企业自主权的扩大。

　　但是，这期间改革的基本指导原则，主要就是1979年4月党的中央工作会议提出的"八字方针"和1982年党的十二大提出的"计划经济为主，市场调节为辅"。相对于"大跃进"时期和"文化大革命"时期完全否定市场调节来说，这无疑是一个很大进步。但它并没有根本摆脱1956年党的八大的有关提法。与此相联系，改革的办法也很不成熟。扩大企业自主权、实行经济责任制和利改税，就它们是市场取向改革整个过程的一个必经阶段，或者必须进行的一种探索来看，可以说是改革的起步。但这种办法本身并没有从根本上跳出计划经济的框框，依靠它并不能使企业摆脱国家行政附属物的地位，成为自主经营、自负盈亏的经济实体。至于在改革初期难以避免的某些失误，就更是这样了。而且，改革的时间也不长。因而，仅靠这个期间的改革，并不能（也不可能）实现改革的根本任务。所以，从市场取向改革的全过程来看，可以把这个期间的改革看作是改革的起步阶段。

第四章 国营工业企业的整顿与企业领导制度的改革和完善

第一节 企业整顿

一、工业企业的初步整顿

从 1976 年 10 月到 1978 年底，对工业企业进行了恢复性整顿。但这种恢复性整顿，没有也不可能从根本上解决当时企业管理中的问题。于是，在 1979 年 4 月中央工作会议上提出了调整、改革、整顿、提高的方针以后，又对工业企业进行了整顿。但这个整顿的第一阶段也还是初步整顿。这一阶段主要是以生产为中心，以提高经济效益为重点，并结合调整与改革，提高企业的生产经营管理水平。各地区、各部门加强了对企业整顿工作的领导，推动了企业整顿工作的不断深入。从 1979 年到 1981 年底，工业企业的初步整顿工作主要在以下几个方面取得进展。

1. 进一步调整和加强了企业的领导班子。根据中央提出的干部队伍革命化、年轻化、知识化、专业化的要求，各地区、各部门有计划、有步骤地对企业的领导班子进行了调整，初步改善了领导班子的结构状况。到1981年底，工业企业领导班子中，懂技术、会经营管理的成员约占 50%，其中技术干部约占 20%；平均年龄为 50 岁左右，比 1979 年下降 2 岁~3 岁。

2. 普遍实行了党委领导下的厂长负责制和职工代表大会制。据不完全统计，到 1981 年底，约有 80% 的企业实行了党委领导下的厂长负责制，党委不再包揽生产行政事务，开始转向抓好对企业的思想政治领导；建立了以厂长为首的生产指挥系统，企业的生产行政工作由厂长全面负责，技术工作由总工程师负责，财务工作由总会计师负责。过去那种讲集体领导、不讲个人负责，名义上谁都负责、实际上谁都不负责的状况，开始有所改变；约有70%的企业建立了党委领导下的职工代表大会制；有的企业还试行了民主考核、评议、选举中层干部和厂级干部。

3. 初步整顿和加强了企业的基础工作，逐步推行全面的经济核算。在全国国营工业企业中，到1981年底，建立二级或三级经济核算制度的约占一半以上，其中部分企业结合实行经济责任制，通过全面经济核算，使企业内部各个环节、各个岗位的责、权、利结合起来。这些企业的主要做法是：（1）建立和健全了厂部、车间、班组的三级核算制。（2）加强成本管理和财务管理。（3）实行指标分解，把企业的主要技术经济指标落实到有关科室、车间、班组直到机台和个人。（4）核定企业及其所属车间、有关科室的流动资金定额和固定资产的需要量，并考核资金的占用情况。（5）建立厂部、车间、班组的定期经济活动分析制度。（6）逐步建立了企业内部结算制度，有的企业还实行了内部自计盈亏和内部经济合同等办法。

4. 多数企业特别是扩权试点企业开始重视和加强经营工作。过去那种只管生产，不问销售、不顾经营的状况开始有所改变，并积累了一些有益的经验。主要有：（1）强化销售机构，把销售作为经营工作的重要环节来抓，编制生产计划同销售计划相结合。（2）重视开展市场调查和预测，及时了解国内外市场的行情变化及其趋势，努力增产适销对路产品，做到产销两旺。（3）加强了产品的科研、设计和试制力量，充分利用市场信息的反馈，改进产品设计，提高质量，增加花色品种。（4）努力做好产品的宣传工作，积极开展为用户服务的各项业务，主要是搞好技术服务。（5）按质、按量、按时履行经济合同，讲究企业信誉。（6）厂长直接抓经营，根据国家计划和市场需要来组织生产和确定经营方针，广泛开展多种形式的产销直接结合的经营活动。

5. 初步整顿了财经纪律，健全了财务会计制度。1981年，各地对执行财经纪律的情况进行了大规模的检查。通过检查，初步刹住了损公肥私、弄虚作假、滥发奖金、截留上缴利润等歪风邪气，发现了不少经济违法案件，并进一步揭露了企业财务管理混乱、损失浪费严重的问题，为全面整顿企业、完善财务管理和财政监督的制度、办法，作了准备。

6. 加强了劳动纪律，整顿了劳动组织。许多企业加强了对职工的主人翁思想教育，建立和严格执行奖惩制度，对那些劳动态度好、遵纪守法、成绩大的职工，给予表扬和奖励；对少数严重违反劳动纪律的，给予行政的或经济的处分；个别情节严重、屡教不改的，经职工代表大会讨论，予以辞退、除名或开除。大多数企业制定了《职工守则》，提高了职工遵守劳动纪律的自觉性。

经过初步整顿，工业企业的经营管理水平有了一定的提高。搞得好的一类企业有所增加。据统计，一类企业，即领导班子健全、懂行、团结，职工队伍的思想状况、生产技能比较好，各项管理工作比较扎实，经济效益比较好的企业，由 1980 年的 25% 增加到 1981 年的 30%；领导班子软弱无力、职工劳动纪律松弛、企业管理混乱、经济效益差的三类企业，由 20% 减少到 15%；居中间状态的二类企业约占 55%。

二、工业企业的全面整顿

（一）全面整顿的提出及其基本要求

党的十一届三中全会以后，各部门、各地区贯彻执行调整、改革、整顿、提高的方针，在整顿企业领导班子、扩大企业自主权、实行职工民主管理、建立经济责任制、改善经营管理、培训职工队伍方面做了大量工作。但是，这一阶段的整顿还只是初步的，而且整顿工作的进展很不平衡。整顿得好的企业是少数，处于中间状态的是多数，没有认真进行整顿、管理混乱、存在严重问题的也是少数。还有相当多的企业，程度不同地存在着领导班子软弱涣散，精神不振，思想政治工作薄弱，机构臃肿，人浮于事，劳动纪律松弛，产品质量低，浪费严重，经济效益差等问题。还有少数企业领导班子不纯，受资本主义思想侵蚀，搞不正之风，违反财经纪律，弄虚作假，偷税漏税，截留上缴利润，营私舞弊，贪污受贿等。如果不认真解决这些问题，就不可能争取国民经济状况的根本好转，更不可能把企业建设成为社会主义现代化企业。因此，中共中央、国务院于 1982 年 1 月作出了《关于国营工业企业进行全面整顿的决定》：[①] 从 1982 年起，用两三年的时间，有计划地、有步骤地、点面结

---

① 《中国经济年鉴》（1983），经济管理杂志社，第Ⅷ—21 页。

合地、分期分批地对所有国营工业企业进行全面的整顿工作。

决定指出，企业的全面整顿，是对企业进行综合治理，包括整顿领导班子、职工队伍、管理制度、劳动纪律、财经纪律、党的作风和加强思想政治工作等一系列的工作。通过整顿，使企业的各项工作全部转到以提高经济效益为中心的轨道上来。

决定指出，对企业进行全面整顿，要围绕提高经济效益，着重做好五项工作：（1）整顿和完善经济责任制，改进企业经营管理，搞好全面计划管理、质量管理和经济核算工作。（2）整顿和加强劳动纪律，严格执行奖惩制度。（3）整顿财经纪律，健全财务会计制度。（4）整顿劳动组织，按定员组织生产，有计划地进行全员培训，坚决克服人浮于事、工作散漫的现象。（5）整顿和建设领导班子，加强对职工的思想政治教育。

决定还指出，企业全面整顿是建设性的整顿，除了上述五项工作外，还要有一个系统的、全面的建设规划，把企业的整顿和建设密切结合起来进行。企业在整顿中进行建设的基本要求，概括为：搞好三项建设，达到六好要求。三项建设，即通过全面整顿，逐步地建设起一种又有民主、又有集中的领导体制，逐步地建设起一支又红又专的职工队伍，逐步地建设起一套科学文明的管理制度；六好要求，即通过三项建设，使企业能够正确地处理国家、企业、职工个人三者的经济关系，出色地完成国家计划，达到三者兼顾好、产品质量好、经济效益好、劳动纪律好、文明生产好、政治工作好，成为六好企业。

（二）全面整顿的进展

中共中央、国务院《关于国营工业企业进行全面整顿的决定》下达后，以提高经济效益为目标的企业全面整顿工作立即在全国范围内展开。按预算内工业企业统计，1982年全国列入第一批整顿的工业企业共9155个，总产值占预算内工业企业总产值的55.9%，上缴利润占65.3%，税金占58.4%。在整顿过程中，各地区、各部门根据决定的要求，结合本地区、本部门的实际情况，制定了所属企业进行全面整顿规划，对大中型骨干企业采取了分期分批、有步骤、有重点地进行整顿工作的部署，把提高经济效益作为企业整顿的出发点和落脚点。围绕提高经济效益这个目标，实行几个转变，即从重点抓产值、产量，转向注意抓品种、质量、消耗、成本；从主要抓外延扩大再生产，转向注意抓内涵扩大再生产；

从不大重视科学技术的作用，转向注意抓科学技术工作；从只抓生产管理，转向生产、经营一起抓。总的看来，整顿工作的进展是健康的，并取得了一定的成效。

1. 企业的领导班子朝着革命化、年轻化、知识化、专业化的要求迈进了一大步。整顿好企业的领导班子，是搞好企业全面整顿的关键。由于历史的原因，我国工业企业的领导班子，普遍存在年龄偏大、人员偏多、文化偏低、专业技术干部偏少的状况。在企业的全面整顿中，多数企业针对这种状况，进行了初步的调整，选拔了一批德才兼备的中青年干部到领导岗位上来，妥善地安排了一批老干部退居二、三线，使企业领导班子的素质、结构发生了变化。据 1982 年底对 804 个大中型骨干企业的统计，领导班子的平均人数已由整顿前的 8.7 人减为 6.5 人，减少了25.3%，其中新进领导班子的人数平均为 1.6 人，占新领导班子人数的24.6%；平均年龄由整顿前的 51.2 岁降为 47.9 岁，下降了 3.3 岁；具有大学和高中文化程度的，由整顿前的 36.9%增加到 55%；有技术业务职称的由 24.6%提高到 41.1%。在选择企业领导人的做法上，多数地区、部门进行了改革，实行了上级考核、选拔与民意测验、职工群众选举相结合的办法。因而调整后的领导班子比较符合职工群众的心愿，上级也比较满意。

但是，从全国国营工业企业的状况看，经过 1982 年一年的整顿，多数企业领导班子的整顿还不够理想。一是进度不快，二是有些经过整顿的企业领导班子，仍然存在年龄偏大、文化程度偏低、缺乏经营管理知识、结构不合理等问题。在经营指导思想上还存在着片面追求产值速度、忽视经济效益的倾向。针对这些问题，1983 年全国工交座谈会提出，工业企业领导班子的整顿必须解决好以下五个问题：（1）进一步克服"左"的影响。选拔、配备企业领导班子一定要坚持革命化、年轻化、知识化、专业化的标准，注意把好政治关、年龄关、文化关，特别要强调尊重知识，大胆起用人才，坚决把优秀的经营管理人员和专业技术人员提拔到领导岗位上来。（2）合理使用人才，注意发挥专长，选拔专业科技干部担任党政领导职务时，要注意看他们的组织领导才能，或者在组织领导才能方面是否有发展前途，避免使用不当。（3）做好新老干部交替工作。企业生产经营活动比较复杂，新老干部交替时，要注意工作的连续性。

（4）对年龄和文化程度的要求要从实际出发，在掌握企业领导班子的年龄和文化程度的标准上，既要态度坚决，又要从干部队伍的现状出发。在年龄上不要搞层层递减。党委工作干部和专业性强的科室干部，年龄可以稍宽一些。选拔企业主要负责人，不仅要看年龄、文化、专业知识，还要看决策能力、业务能力、组织能力、协调能力。（5）加强新领导班子的思想建设和业务建设，分期分批地对省、自治区、直辖市和重点工业城市的经委领导干部，以及全国轻工业公司、部分大型企业的领导干部进行轮训。

根据上述精神，1983年下半年和1984年，继续进行了企业领导班子的调整工作，着重解决了以下几个问题。（1）初步完成了中小企业领导班子的调整工作。（2）对已经调整的企业领导班子，组织力量进行了复查，班子专业不配套的进行了必要的补充。（3）结合国家对厂长进行统考的要求，分批组织了轮训学习，着重学习了党的经济建设方针政策、经济科学和经营管理知识。（4）进行了第三梯队的建设，加强了后备力量的选拔和培养，逐步形成了梯形年龄结构。经过几年的整顿，企业领导班子向革命化、年轻化、知识化、专业化迈进了一大步。按中共中央组织部要求应该调整的3070个大中型骨干企业领导班子，到1984年已调整2088个，占68%，其中合格的企业有1681个，占已调整的80.5%。调整后企业党政领导班子成员的平均年龄44.5岁，比调整前降低4.7岁；有大专文化程度的占69.9%。一大批有开拓精神、有专业知识的中青年干部已经走上企业各级领导岗位。

2. 进一步健全了企业内部的经济责任制。在企业整顿中，各个企业都把健全内部的经济责任制作为整顿工作的重点。首都钢铁公司实行经济责任制的经验在全国得到了普遍的推广。按照这个经验，在大多数企业中，从厂长到工人，普遍按照责、权、利相结合的原则，逐级建立了经济责任制。为了保证全面完成国家计划，采取指标分解、逐级落实，层层包、层层保，严格考核、奖罚分明等办法，在企业中初步形成了一套纵横连锁的经济责任制体系，从而使企业内部的各个系统、各个环节围绕实现统一的经营目标，互相协调，互相促进。

3. 企业管理的基础工作得到了比较全面的加强，企业管理现代化取得了一定的进展。在整顿过程中，对企业管理的各项基础工作，如标准化工作、定额工作、原始记录、计量工作、信息工作、基础教育等，进行了整顿，充实了必要的专业人员和计量测试手段，提高了基础工作的完备程度，加强了原始记录和统计分析，建立了情报机构和档案制度，按照行业平均先进水平修订了定额，制订了先进的技术标准和管理标准，同时对职工进行了安全生产、应知应会等教育。

在推进企业管理现代化方面，各地都有不少企业试行了市场预测和经营决策、目标管理、系统工程、价值工程、网络技术等现代化的管理方法，取得了一定的效果。有不少企业逐步运用了电子计算机等现代化手段。这些措施对提高企业经营管理水平和经济效益，都起了积极的作用。

4. 企业劳动组织得到改善。在整顿企业劳动组织方面，长期以来存在的企业人员过多，一、二线人员结构不合理，人浮于事的状况有所改变。截至 1982 年底，全国第一批整顿的 1 万多个工业企业，约有 1/2 已经完成劳动组织的整顿。经过整顿，劳动定额水平一般提高 10%，富余人员约为 15%~20%，生产第一线的力量得到了充实和加强。对富余的人员采取了多种办法进行了安置，有的充实到新建车间，或通过行业内部调剂调到了需要增加人员的企业。大多数富余人员由企业或企业的主管部门组织起来，举办劳动服务公司或生活服务公司，发展第三产业。

5. 企业思想政治工作有所加强。党的"十二大"以后，工业企业在抓好生产经营管理的同时，重视了精神文明的建设，思想政治工作普遍有所加强。在抓职工队伍建设中，注意把加强思想政治工作同正确贯彻物质利益原则结合起来，把发扬党的优良传统同探索新时期思想政治工作的特点结合起来，采取了多种形式，对职工进行爱国主义、集体主义、社会主义教育；还围绕提高经济效益这个中心，进行了经济形势和方针政策教育，进行了正确处理国家、集体、个人三者利益的教育，从而增强了职工的主人翁责任感，出勤率、劳动生产率普遍有所提高。

经过整顿、调整、改革和技术改造，企业的经济效益不断提高。1981年~1984 年，国营独立核算工业企业资金利税率分别为 23.8%、23.5%、23.2%、24.2%；亏损企业亏损总额分别为 45.96 亿元、49.57 亿元、32.11

亿元、26.61 亿元。① 在这方面，企业整顿显然起了积极作用。

但是，企业全面整顿的工作发展很不平衡。到 1984 年底，还有不少地区和部门的企业整顿没有完全达到预定的计划要求，有些影响企业素质和企业经济效益的关键问题还没有得到很好解决，有一定数量的企业整顿工作存在着降低标准走过场的倾向。

第二节　企业领导制度改革与完善

一、从党委领导下的厂长负责制逐步改为厂长负责制

党的十一届三中全会在阐述我国经济体制改革问题时，指出要认真解决党政企不分、以党代政、以政代企的现象。② 1980 年 1 月，邓小平在谈到改善党的领导的问题时又指出："工厂要实行党委领导下的厂长负责制，……这样是不是有利于工厂……的工作？能不能体现党的领导作用？如果这个问题解决得不好，可能损害党的领导，削弱党的领导，而不是加强党的领导。"③ 这些重要论述，提出了我国工业企业领导制度中一个长期没有得到很好解决的问题，并打开了关于这个问题的思想禁区，推动了工业管理部门、党的组织部门以及经济理论界对这个问题的重新思考和进一步的研究。

1980 年，根据党中央的精神，国家经委、全国总工会以及中国社会科学院等有关部门在北京选择了若干企业进行企业领导制度改革的试点。通过调查研究和改革的试点，开始认识到党委领导下的厂长负责制的一些弊端。

1. 不利于真正加强党对企业的思想政治领导，党委陷于日常行政事务，党组织变成了一个普通的行政机构，形成了党不管党、以党代政的现象。

2. 不利于发挥厂长集中统一指挥的作用，不适应社会化大生产的客

---

①《中国统计年鉴》(1985)，中国统计出版社，第 375 页；《中国统计年鉴》(1997)，中国统计出版社，第 439 页。

②《中国经济年鉴》(1981)，经济管理杂志社，第Ⅱ–20~22 页。

③《邓小平文选》第 2 卷，人民出版社 1993 年版，第 270 页。

观要求。党委领导下的厂长负责制，在实际上已普遍成为党委书记一长制，决策权和指挥权集中于党委书记，削弱了厂长对生产经营的统一指挥职能。而且名义上是党委集体负责，实际上是谁也不负责任。因此，这种制度本身容易造成企业管理效能低。

3. 不利于发挥专家的作用。多数企业的决策权、指挥权集中于一些不大懂技术、不大懂经济、也不大懂管理的一些干部手中，因此往往造成瞎指挥。而企业里的工程技术人员、经营管理人员的积极性往往受到抑制。

4. 不利于加强法制，健全经济责任制。党委领导下的厂长负责制的一个明显缺陷是权力和责任分离，党委行使决策权，但不具有法人资格，因此不负经济责任。厂长作为企业法人的代表，应当负经济责任，但没有决策权和实际上的指挥权。责任和权力的分离，使厂长在生产经营管理中往往当断不断、当决不决，降低了管理工作的效率。

5. 不利于按客观经济规律的要求，实行跨部门、跨地区的经济联合。经济联合体大多数需要有经济联合委员会或董事会作为该联合体的最高决策机构，行使最高决策权。而隶属于某一地方党委的企业的党组织，不可能作为经济联合体的最高决策机构。

但是，对于上述问题的认识，人们的意见并不是一致的。一种意见认为，产生上述问题，是党委领导下的厂长负责制这种领导体制的必然产物，不是哪一个人的工作作风和工作方法问题。因此，必须改革这种领导体制本身。另一种意见认为，这种领导体制的本身是没有问题的，只是在实行过程中，出现了偏差，需要对这种领导体制进行完善。如果要取消党委领导下的厂长负责制，就会削弱党对企业的领导。由于认识截然不同，如果立即取消党委领导下的厂长负责制，势必容易造成思想上和管理工作上的混乱。党中央对这个问题采取了十分慎重的做法，一方面，继续在少数企业进行改革的试点；另一方面，在大多数企业继续实行党委领导下的厂长负责制，并根据新的情况，不断改进企业的党政工作。

1982 年 1 月，中共中央、国务院颁发了《国营工厂厂长工作暂行条例》。[①] 条例明确地规定了厂长责任、职权、指挥系统和责任制，以及对厂

_____

①《中国经济年鉴》（1982），经济管理杂志社，第Ⅲ-46 页。

长的奖惩。条例规定，工厂实行党委领导下的厂长负责制。厂长是工厂的行政负责人，受国家委托，负责工厂的经营管理和生产，这方面的问题由厂长全权决定。厂长可按照干部管理权限，由上级委派，或经职工代表大会选举，由上级任命，厂长的任期一般为4年。

这个条例虽然延续了党委领导下的厂长负责制的企业领导体制，但在实行党政分工，克服以党代政，加强厂长责任，赋予厂长以更大的生产经营指挥权方面，大大前进了一步，在一定的程度上体现了厂长责、权、利的统一，从而为逐步推行厂长负责制做了准备。

为了加强和改善企业中党的领导，提高基层党组织的战斗力，中共中央于1982年5月颁发了《中国共产党工业企业基层组织工作暂行条例》。条例明确了工业企业中党委的地位与任务。条例规定，在社会主义企业中，实行党委领导下的厂长负责制和党委领导下的职工代表大会制。按照党委集体领导，职工民主管理，厂长行政指挥的根本原则，不断改善和加强党对企业的领导。企业中党委是企业的领导核心。

但是，由于企业领导体制还没有从根本上加以改革，因此前述的党委领导下的厂长负责制所带来的弊端也就不可能得到根本解决。尤其是责、权、利的不统一，使厂长难以有效地行使对生产行政工作的统一指挥。随着企业自主权的扩大和改革的深入发展，这些矛盾也越来越突出，同时也使越来越多的人认识到，必须改革长期以来所实行的企业领导体制。

于是，在企业的全面整顿过程中，1982年即开始在北京、天津、上海、沈阳、大连、常州6个城市的191个企业中进行厂长负责制的试点工作。后来逐步扩大到各地区、各部门的2913个企业试行厂长负责制。厂长负责制的建立，带动了企业内部组织机构、劳动人事、工资奖励和生产经营等方面的配套改革。试点搞得好的企业，厂长指挥灵了，决策快了，效率高了。同时，党委开始集中精力加强党的建设和思想政治工作，民主管理也有了加强。根据党中央精神，人们认识的发展和对实践经验的总结，1984年5月，六届全国人大二次会议的政府工作报告中，正式宣布国营企业将逐步实行厂长负责制。在这种精神的指引下，我国工业企业领导体制的改革又进入了新的发展阶段，厂长负责制开始在所有工业企业中推行。

二、企业职工代表大会制度的逐步完善

粉碎"四人帮"以后，在企业整顿中，一些企业逐步恢复了党委领导下职工代表大会或职工大会制。1978年4月颁发的《中共中央有关加快工业发展若干问题的决定》，要求企业定期举行职工代表大会或职工大会，听取企业领导的工作报告，讨论企业有关重大问题，对企业的工作提出批评、建议，对企业的领导干部进行监督。职工代表大会或职工大会，有权向上级建议处分、撤换某些严重失职、作风恶劣的领导人员。

1981年7月，中共中央、国务院转发了由中华全国总工会、国家经委、中央组织部共同制定的《国营工业企业职工代表大会暂行条例》，要求各地区、各部门在所属的企业贯彻实施。条例规定，职工代表大会（或职工大会）是企业实行民主管理的基本形式，是职工群众参加决策和管理、监督干部的权力机构。职工代表大会在党委领导下行使职权。主要职权包括：讨论审议企业生产经营管理方面的重大问题；讨论决定企业职工福利、奖励等有关职工切身利益的问题；讨论通过企业体制改革、职工调资、职工培训计划及全厂性重要规章制度问题；监督企业各级领导干部和工作人员，建议上级机关对卓有成绩的干部予以表扬、奖励、提职晋级，对失职人员予以批评、处分或罢免；根据企业主管机关的部署，选举企业行政领导人员，民主选举的干部要依照干部管理范围报主管机关审批任命；厂长要定期向职工代表大会报告工作，负责执行和处理职工代表大会有关企业生产、行政方面的决议和提议，并接受职工代表大会的检查和监督。职工代表大会要支持厂长行使职权，维护生产指挥系统的高度权威，教育职工不断提高主人翁的责任感。

条例的颁发和贯彻执行，使我国工业企业职工代表大会制度进一步完善，同时为后来的企业领导制度的改革积累了经验，准备了条件，使企业的民主管理逐步得到加强。在实行厂长负责制以后，如何把厂长负责制同职工的民主管理结合起来，成为企业领导体制改革中的一个新的课题。从一些企业的经验来看，工业企业职工代表大会工作的重点要转向：（1）审议企业的重大决策。（2）监督企业行政领导的工作。（3）维护职工的合法权益。（4）发动职工为改善企业的经营管理献计献策。（5）加强对职工的教育，提高他们的主人翁责任感。通过这些工作，既支持了厂长的集中统一指挥，又保障了职工群众在企业中的主人翁地位。

第五章 城乡集体工业的调整、改革、整顿与发展

第一节 城镇集体工业的调整、改革、整顿与发展

1966 年~1976 年，城镇集体工业有了一定的发展。但由于"左"的路线的束缚，特别是"文化大革命"的破坏，这种发展受到了极大的限制。粉碎"四人帮"以后，结束了"文化大革命"的破坏，但还需要清除"左"的路线的影响。经过揭批林彪、"四人帮"，特别是在党的十一届三中全会之后，逐步清除了"左"的路线的影响，其中包括在对待集体工业问题上"左"的错误。这种"左"的错误最根本的表现，就是否定集体所有制在我国社会主义经济中的地位和作用。

与清除"左"的任务相联系，并且为了适应国民经济发展的需要，主要生产轻工业产品的城镇集体工业，这期间也面临着贯彻调整、改革、整顿、提高方针的任务。为了实现这个任务，在党的十一届三中全会重新确定的实事求是的思想路线指引下，在不断总结经验的基础上，党中央、国务院发布了一系列政策。在这方面，重要的有：1981 年 10 月党中央、国务院《关于广开就业门路，搞活经济，解决城镇就业问题的若干决定》，① 以及 1984 年 4 月国务院《关于城镇集体所有制经济若干政策问题

---

① 《中国经济年鉴》(1983)，经济管理杂志社，第 Ⅲ–84~85 页。

的暂行规定》。①

集体经济在社会主义初级阶段的地位和作用。"城镇集体所有制经济是社会主义公有制经济的一个重要组成部分，是我国基本的经济形式之一。它适合我国生产力发展的水平，有旺盛的生命力。发展城镇集体所有制经济，是党和国家的一项长期的、重要的政策，不是权宜之计。发挥集体所有制经济点多面广、经营灵活、方便群众、投资少、见效快、容纳劳动力较多等优点，对于发展生产、扩大就业、搞活经济、满足需要、增加出口、积累资金，都有重大作用。国家保护城镇集体所有制经济组织合法的权利和利益，并根据政策、计划进行统筹安排，积极鼓励、扶持、帮助其发展。"② 党中央、国务院这个规定，从理论到政策根本否定了长期以来企图根本否定集体所有制的"左"的路线。

一、调整

适应整个国民经济调整重工业和轻工业比例关系的需要，以及"文化大革命"结束以后（特别是党的十一届三中全会以后）人民生活改善的需要，这期间作为主要生产消费品的城镇集体工业也不断地进行了调整。调整的主要方面有：（1）大力增加城市市场供不应求的短线产品的生产，压缩供过于求的长线产品的生产，以提高为城市人民生活服务的产品的比重。（2）面向广大农村，大力发展适合农村需要的日用工业品，满足 8 亿农民的生活需要。（3）进一步发展社会各类群体（包括各种职业群体，如矿业工人、林业工人、盐工和渔民等，老人、小孩和妇女，以及残疾人等）需要的产品。（4）积极开发新产品，加速产品的更新换代。

二、改革

改革以前，集体所有制工业管理体制存在的主要问题如下。

1. 改变集体所有制。各级地方政府往往把那些生产比较稳定、经营效果比较好的集体企业，一级一级地上收归自己管理。地方政府的主管部门运用行政手段直接干预所辖集体企业的经济活动，随意调拨和无偿动用集体所有制企业的生产资料及其产品。因此，生产资料所有权名义上属于集体，实际上支配权已掌握在各级地方政府的主管部门手里。

---

① 《中国经济年鉴》（1984），经济管理杂志社，第Ⅸ-56~58 页。
② 《中国经济年鉴》（1984），经济管理杂志社，第Ⅸ-56 页。

2. 实行统负盈亏。集体所有制工业收归地方政府主管部门管理后，虽然仍独立核算，但已不再自负盈亏，而是由有关主管部门统收统支，统负盈亏，造成集体企业之间"吃大锅饭"、搞平均主义的现象。

3. 管理"国营化"。生产和销售计划由主管的上级统一下达，劳动力由地方劳动部门统一安排，积累由主管的上级部门统一支配，工资和奖金福利由地方劳动部门统一规定，厂领导由上级任命。

4. 盲目升级过渡。在十年动乱时期，由于极"左"思想盛行，大搞"穷过渡"，许多集体所有制工业升级为地方国营企业。在粉碎"四人帮"以后的两年里，这种"升级"之风仍未完全刹住。不少地方还以"组织专业化协作"、"行业归口"等名义上收集体企业。

党的十一届三中全会以后，针对上述问题，对集体所有制工业的管理体制进行了改革。改革的主要做法如下：

1. 还权于集体所有制工业企业。各地在改革中，逐步将属于集体所有制工业企业的权力交还给企业，按照"企业自己管，盈亏自己负，厂长自己选，工人自己招，工资自己定，生意自己做"的原则，由企业自主经营。集体所有制工业企业在国家政策法令和计划指导下，有独立进行经营活动的自主权，并受国家法律保护。任何部门和个人不得以任何形式平调、侵吞集体企业的财产，无偿调用劳动力。对于侵犯集体企业合法权益的行为，企业有权抵制，索赔经济损失。

2. 改统一核算、统负盈亏为独立核算、自负盈亏。这有以下四种情况：(1) 各级联社统一核算、统负盈亏的大集体企业，改为企业独立核算，自负盈亏。(2) 有些规模较大、机械化水平较高的企业，划小核算单位，实行车间或班组层层核算，自负盈亏。(3) 多品种综合性企业改为按产品单独核算，自负盈亏。(4) 修理行业改统一经营、统一核算为统一管理，分散经营，由小组或个人承包，自负盈亏。

3. 改固定工资为浮动工资，采取计件、分成以及计分制、大包干等多种工资形式。根据各尽所能、按劳分配、多劳多得的原则，使职工的劳动报酬同企业盈亏和个人劳动贡献直接挂钩，随企业经营效果和个人劳动成果的大小而浮动，工资金额不受工资级别的限制，以克服干与不干、干多干少、干好干坏一个样的平均主义倾向。经营得好的集体企业，职工待遇和集体福利可以高于同类型的国营企业。

三、整顿

针对"文化大革命"给集体工业企业管理制度造成的破坏，领导班子领导不力，企业管理混乱等情况，这期间采取了一系列整顿措施。

1. 民主选举干部，实行民主管理。有的企业恢复或建立职工大会或职工代表大会、理事会、监事会。职工大会或职工代表大会成为企业的权力机构。企业的发展规划、生产经营方向、人员增减、收益分配、职工奖惩等重大问题，都要经过职工大会或职工代表大会讨论决定。企业的民主选举，一般采取有领导、有组织地进行。凡是符合进领导班子条件的，不论是干部还是工人，都可以当选。民主选举的干部，报主管部门审批。

2. 调整企业结构，精简管理机构。根据集体所有制工业企业点多面广、小型分散的特点，按照有利于生产、便于经营的要求，许多地方对企业规模和企业内部生产组织进行了调整，使企业的规模和核算形式与生产经营相适应。例如，把一些规模过大、产品混杂，不利于经营管理的企业适当划小；有的改集中生产为分散生产。在调整企业规模和生产结构过程中，一般都把厂部的管理机构进行了精简，充实了第一线的生产人员。

3. 实行入股和按股分红。职工股金和企业盈利挂钩，企业盈利可以分红，企业亏损，职工也承担一定的损失。

4. 恢复灵活经营的传统，改生产型企业为生产经营型企业。整顿前，大多数集体企业套用国营企业的模式，计划靠下达，材料靠分配，产品靠包销，关门搞生产，不问经营和销售，不抓产品开拓。在整顿中，许多企业按照集体企业自主经营的原则，从经营思想、管理方法、产品结构、销售方法等方面向经营型转变，按市场需要组织生产。有的恢复前店后厂，厂店挂钩，或采取同商业部门联销、代销、工业自销等多种经营方式。

5. 抓好各项基础管理。在整顿中逐步恢复和建立起企业的原始记录、定额管理、质量管理、财务成本、市场预测、信息反馈和各项规章制度。

调整、改革和整顿，以及政府的政策支持，给集体所有制工业增添了活力，使集体所有制工业长期受"左"的影响所造成的各种弊端逐步得到克服，调动了企业和职工的积极性，集体所有制工业生产不断发展。

1978 年~1984 年，城镇集体工业产值由 562.56 亿元增长到 1017.74 亿元；在全国工业总产值中的比重由 13.3% 上升到 13.4%。1979 年~1984 年，城镇集体工业总产值平均每年增长 9.7%。[①]

这期间城镇工业的发展，也还存在一些问题。由于过去"左"的影响还没有完全清除，许多集体工业企业还没有完全成为集体所有制企业，还没有完全搞活。在搞活集体所有制工业的过程中，宏观控制手段还不健全，一些企业的经营管理人员的经营思想不正确，因而也出现了一些新的问题。主要是在如何处理国家、集体、个人三者的利益关系方面，还没完全解决好。

第二节　乡镇集体工业的调整、改革、整顿与发展[②]

与城镇集体工业相同，粉碎"四人帮"以后，农村集体工业面临着揭批"四人帮"、清除"左"的路线错误的任务，还面临着贯彻执行调整、改革、整顿、提高方针的任务。为此，中共中央、国务院也发布了一系列政策决定。重要的有：1979 年 7 月 3 日国务院《关于发展社队企业若干问题的规定》（试行草案），[③] 1981 年 5 月 4 日国务院《关于社队企业贯彻国民经济调整方针的决定》，[④] 以及 1984 年 3 月 1 日中共中央、国务院《转发农牧渔业部和部党组〈关于开创社队企业新局面的报告〉的通知》。[⑤]

农村集体工业在农村和整个国民经济中的地位和作用。针对长期存

[①]《中国统计年鉴》（1993），中国统计出版社，第 396、412、413、443 页。

[②] 这里说明两点：第一，随着 1983 年农村政企分设，公社、大队要逐步转化为乡、村合作经济组织。改革以来，农村又出现了许多联产合办、跨区联办等形式的合作性质企业以及个体和私营企业。这些企业要逐步向小集镇集中。因此，原来使用的"社队企业"这个名称，已经不能反映上述新的情况。所以，中共中央、国务院在 1984 年 3 月 1 日转发农牧渔业部和部党组《关于开创社队企业新局面的报告》的通知中提出："将社队企业名称改为乡镇企业。"（《中国经济年鉴》（1985），第 X-12 页）。所以，本书在叙述农村集体工业发展时，1984 年以前，用的是"社队企业"这个名称；此后用的是"乡镇企业"这个名称。第二，改革以前，社队工业企业就单纯是集体所有制性质的企业。改革以后，社队（乡镇）企业包括以下四种类型：一是社队（乡镇）企业，二是社员联营合作企业，三是其他形式的合作企业，四是个体和私营企业。本书在叙述改革以来农村集体工业发展过程时只包括前三种类型。至于第四种类型的工业，则放在非公有制工业的章中去叙述。

[③]《中国经济年鉴》（1981），经济管理杂志社，第 II-96~98 页。

[④]《中国经济年鉴》（1982），经济管理杂志社，第 III-13~15 页。

[⑤]《中国经济年鉴》（1985），经济管理出版社，第 X-13~15 页。

在的"左"的路线错误，依据农村集体工业的重要性及其发展滞后的状况，党的十一届三中全会明确提出：包括社队工业在内的社队企业要有一个大发展。[①]农村集体工业在促进农业生产发展和农业现代化、农业和农村经济结构优化以及农民生活改善，在发展小城镇建设，服务城市工业，增加商品市场供应，扩大就业，增加财政税收和扩大出口等方面都有重要的作用。因此，包括社队工业在内的社队企业，不仅是农村经济的重要组成部分，而且是国民经济的重要组成部分。

一、调整

适应农村经济和国民经济调整和发展的需要，从 1979 年开始，包括工业在内的社队企业也开始了调整。调整的主要方向，是以种植业和养殖业为基础，发展为农业生产、为人民生活、为小集镇建设、为大工业、为外贸出口服务的生产性行业和生活服务性事业。具体到当时社队工业的各个行业来说，对生产能力已经过剩或经济效益不好的棉纺厂、卷烟厂、小酒厂、小盐场和小制药厂等要停产、限产或转产；对机械工业要重点生产中、小农具和维修农机具，或为大工业生产零部件，或为科研单位试制新产品，产品无销路的也要转产；对采矿业要进行技术改造，或者停产。

在 1979 年~1983 年社队企业调整取得成效的基础上，从 1984 年开始继续进行了调整。就农村范围来说，适应当时已经达到很大规模、并且正在发展的农村多种经营的需要，社队工业要调整到着重为农村多种经营的产前、产后服务。就全国范围来说，适应国民经济发展和人民生活提高的需要，社队工业要大力发展农副产品加工业，特别是食品工业、饲料工业、建材工业和建筑业，更重要的是能源工业。

二、改革

相对城镇集体工业来说，改革以后发展起来的农村集体工业企业，多数一开始就是自负盈亏的，大部分产品的生产和销售都是由市场调节的，因而后者改革任务不像前者那样突出。但是，多数社队企业都是由作为政社合一的社队（或作为基层政权的乡村）举办的，这里也有实现政企分离的问题。至于社队企业内部的管理制度更会受传统体制的影响。

[①]《中国经济年鉴》(1981)，经济管理杂志社，第Ⅱ-96 页。

如在人事、劳动和工资制度等方面也在一定程度上存在着"铁交椅"、"铁饭碗"、"铁工资"的现象。这期间在这两方面都进行了一定的改革。比如，许多乡村对企业实行放权，通过集体承包、厂长（经理）承包等形式，把企业承包给集体或个人，并实行厂长（经理）负责制，给企业以充分的自主权。这些自主权包括经营决策权、干部任免权、技术人员招聘权、新职工择优录用权、奖惩权、与外单位协作权、新产品试制权、企业留用资金支配权等。同时，在企业内部改干部委任制为选举制或招聘制，改推荐职工制为择优录用制，改固定工制为合同工制，改固定工资制为计件工资制或浮动工资制。

三、整顿

从 1979 年开始，一直延续到 20 世纪 80 年代上半期，不断地对社队（乡镇）企业进行了整顿。整顿的重要内容有：（1）加强民主管理。要建立企业领导干部由本企业人员选举的制度；要建立职工代表大会制度，讨论和决定企业的生产、经营和分配中的重大问题。（2）建立生产责任制，切实把企业的经营成果、职工的劳动贡献与职工的物质利益结合起来。（3）整顿财务管理，推行经济核算，降低生产成本。

调整、改革、整顿和政府的大力支持，推动了社队（乡镇）工业的高速增长。1978 年~1984 年，社队（乡镇）工业总产值由 385.26 亿元增长到 1245.35 亿元；在全国工业总产值中的比重由 9.1% 上升到 16.3%。1979 年~1984 年，社队（乡镇）工业平均每年增长 20.8%，远远超过了全国工业和城镇集体工业的增长速度，开始展现了乡镇企业异军突起的面貌。[1]但总的说来，这期间乡镇工业还处于改革以来的初步发展阶段。

在乡镇工业急速发展的形势下，企业管理水平低、职工素质差、技术设备落后以及环境污染等问题也显得很突出，亟待解决。

---

[1]《中国统计年鉴》（1993），中国统计出版社，第 396、412、413、443 页。1984 年乡镇工业 1245.35 亿元产值中，有少量的个体工业产值未剔除。

第六章　非公有制工业的恢复和初步发展

在党的十一届三中全会精神指导下，党和政府发布了旨在保障和推动个体经济和外资经济的一系列文件。除了前面已经提到的党的十二大文件以外，这里还值得提到 1982 年 12 月 4 日五届全国人大五次会议通过的《宪法》的有关规定："城乡劳动者个体经济，是社会主义公有制经济的补充。"国家允许外国的企业和其他经济组织或者个人"在中国投资，同中国的企业和其他经济组织进行各种形式的经济合作"。[①] 这期间，非公有制工业的恢复和发展，就是在这些政策和法律的规范、指导下进行的。

第一节　个体工业的恢复

新中国成立初期，由于我国生产资料私有制社会主义改造的面过宽，致使改造基本完成以后的 1957 年，剩下的城镇个体工业劳动者只有 64 万人，比 1953 年的 375 万人减少了 311 万人。1958 年开始的"大跃进"大刮"共产风"，以致作为社会主义初级阶段国民经济必要组成部分的个体工业受到进一步摧残，到 1960 年，城镇个体工业劳动者又减少到 35 万人。经过 1961 年~1965 年经济调整，1965 年城镇个体工业劳动者也只达到 39 万人。1966 年~1976 年"文化大革命"，个体工业几乎被扫荡无遗，

---

① 《中国经济年鉴》（1983），经济管理杂志社，第 Ⅱ−27~28 页。

1976 年城镇个体工业劳动者只剩下 4 万人。1977 年~1978 年由于继续推行"左"的政策，这两年城镇个体工业劳动者又下降到 3 万人。①至于农村个体工业在"大跃进"和"文化大革命"期间受到的摧残，比城市个体工业还要严重，以致在统计资料中找不出这方面的数字。

只是在 1978 年底召开的党的十一届三中全会以后，个体工业才逐步得到了恢复和发展。为此，党和政府作了一系列的政策规定。重要的有：1981 年 7 月 7 日国务院发布《关于城镇非农业个体经济若干政策性规定》。②1984 年 2 月 27 日国务院又发布了《关于农村个体工商业的若干规定》；同年 4 月 13 日又作了《关于城镇非农业个体经济若干政策性规定的补充规定》。③

经验证明：在坚持公有经济占主体地位的前提下，恢复和发展城乡个体经济（包括个体工业，下同），对于发展生产、活跃市场、扩大就业、满足人民生活需要都有重要意义。

因此，政府有关部门在资金、货源、场地、价格、税收和市场管理等方面要给予个体经营户以支持。

国营企业和集体企业要依据需要和可能将一部分适合于分散经营的手工业等租给或包给个体经营者经营。

个体经营户，一般是一人经营或家庭经营；必要时可以请 1 个~2 个帮手；技术性较强或者特殊技艺的，可以带 2 个~3 个最多不超过 5 个学徒。请帮手、带学徒，都要订立合同，规定双方的权利和义务、期限和报酬。

为了发挥个体经营户经营灵活、方便群众的特点，允许他们采取多种多样的方式。如来料加工、自产自销、经销代销、摆设摊点、走街串巷、流动售货等。

个体经营户可以向保险机构投保，以解决老年、医疗等保险问题。

个体经营者同全民所有制、集体所有制单位的劳动者一样，享有同等的政治权利和社会地位。

---

① 《中国劳动工资统计资料（1949~1985）》，中国统计出版社，第 78 页。
② 《中国经济年鉴》（1982），经济管理杂志社，第 Ⅲ–91~93 页。
③ 《中国经济年鉴》（1984），经济管理杂志社，第 Ⅸ–55、72 页。

国家要保护个体经营户的正当经营、合法收益和资产。但个体经营户也必须遵守国家的政策法令。

上述保护个体经济一系列政策的贯彻执行，纠正了从 50 年代下半期以来就存在的、并且愈演愈烈的束缚、摧残以至消灭个体经济的"左"的政策，促进了个体工业的迅速恢复。1980 年~1984 年，城乡个体工业产值由 0.81 亿元增长到 14.81 亿元；占工业总产值的比重由 0.02%上升到 0.19%。1981 年~1984 年，城乡个体工业产值的增长速度分别达到了 134.57%、78.95%、120.59%、97.47%，平均每年增长 107.9%。这样，1984 年，城乡个体工业的产值就大大超过了 1957 年的 5.84 亿元。但比重还远远低于 1957 年 0.88%（详见附表 11~附表 13）。1957 年的比重相对社会主义初级阶段社会生产力的发展要求来说，也是比较低的。因此，截至 1984 年，也只能认为是城乡个体工业的恢复阶段。但这期间城乡个体工业的恢复速度确实是很快的。

在城乡个体工业迅速恢复的形势下，由于对他们的管理工作一时难以跟上，特别是由于个体经济本身的局限性以及个体工业户中的一些人素质较差，这方面的违法经营问题（如坑害消费者和偷税漏税等）比较突出。这是一方面。另一方面，由于阻碍个体工业发展的"左"的思想还有待继续清除，发展城乡个体工业的各种条件（如原材料供应和融资等）也有待继续创造，城乡个体工业的发展也还有不少困难。

这里还要提到：按照经济规律，随着个体经济的发展，必然产生、而且已经产生了资本主义性质的私营工业。不过在当时条件下，这些私营工业为了取得合法地位，都是在个体工业甚至在集体工业的名义下进行经营的。但直到 1984 年，党中央对私营经济采取了"看一看"的方针，既不禁止也不宣传，观察其发展趋势。在当时采取这个方针，实际只是一种谨慎的允许其存在和发展的方针。但当时私营经济毕竟不像个体经济那样已取得合法地位，数量也不多，而且不以私营名义出现。因此，统计资料中找不到私营经济的资料。这也就是本章没有设置专节叙述私营工业的发展的原因。

第二节　"三资"工业企业的初步发展①

新中国成立初期的一段时间内，曾在沿海一些大城市保留过解放前留下的少量外商投资的企业。50 年代初，我国政府与苏联政府、波兰政府共同投资创办了 5 个合资经营的企业。此后，直到改革开放前，我国没有外商直接投资的企业。

只是到了 1978 年底召开的党的十一届三中全会，才作出了对外开放的重大决策。② 1981 年 11 月五届全国人大四次会议进一步明确提出："实行对外开放政策，加强国际经济技术交流，是我们坚定不移的方针。"③ 后来，对外开放政策又被写入 1982 年 12 月召开的五届全国人大五次会议通过的《宪法》。④ 至此，对外开放作为我国的基本国策就最终确定了。

直接利用外资是实现对外开放政策的一项最重要内容。这对于引进资金、设备、技术和管理科学，实现结构优化和技术升级，增加就业、进出口贸易和财政收入，以及促进市场取向的经济改革，都有很重要的意义。

这期间，国家为了推动作为直接利用外资主要形式的"三资"企业的发展，采取了一系列政策措施。

1. 除了清除在直接利用外资问题上"左"的路线的影响，以及加强基础设施建设以外，就是开展涉外立法工作，以便为外商投资创造必要的舆论氛围、物质条件和法律保障。1979 年~1984 年，在这方面先后颁布的重要立法有：《中华人民共和国中外合资经营企业法》（1979 年）、《中华人民共和国外国企业所得税法》（1981 年）和《关于中外合作经营企业进出口货物的监督和征免税的规定》（1984 年）等。这些立法明确规定了中外双方的权利、责任和义务，规范了中外双方的行为，增强了外商投资的信心，激发了他们投资的积极性。

---

① "三资"企业是中外合资经营企业、中外合作经营企业和外商独资经营企业的简称。这三种企业是外商直接投资的主要形式。

②《中国经济年鉴》（1981），经济管理杂志社，第Ⅱ–22 页。

③《中国经济年鉴》（1982），经济管理杂志社，第Ⅱ–17 页。

④《中国经济年鉴》（1983），经济管理杂志社，第Ⅱ–27 页。

2. 为了充分利用沿海地区的有利条件，促进包括直接利用外资在内的对外开放工作，建立了经济特区和开放城市。1979 年 7 月，党中央、国务院决定在广东和福建两省实行对外经济活动的特殊政策和灵活措施；并决定在深圳、珠海、汕头和厦门试办经济特区。按照当时有关规定，经济特区是社会主义中国在统一政策指导下对外实行特殊政策的地区。在特区以吸引外商投资为主，发展外向型经济为主，以市场调节为主，对前来投资的外商给以特殊优惠政策，特区本身也拥有较大的自主权。1984 年 4 月，党中央、国务院在总结对外开放实践经验的基础上，决定进一步开放天津、上海、大连、秦皇岛、烟台、青岛、连云港、南通、宁波、温州、福州、广州、湛江和北海 14 个沿海城市和海南行政区。开放这些城市和地区的基本内容有两方面：（1）扩大这些地方对外开展经济活动的权力。（2）给外商投资以优惠政策的待遇。还决定在沿海开放城市兴办经济技术开发区。开发区以引进高科技的工业项目、知识密集型项目和科研项目为主，同时发展合作生产、合作研究和合作设计，成为开发新技术和新产品的基地。

3. 为了加强直接利用外资的工作，并发挥地方和部门在这方面的积极性，国务院建立了专门的管理机构，并下放了管理权限。1979 年 8 月，国务院建立了外国投资管理委员会，作为全国利用外资工作的归口管理机构。1982 年 3 月，该委员会的职能由新成立的对外经济贸易部行使。该部所属的外国投资管理司，负责管理外商直接投资的具体业务。1983 年以来，国务院还多次下放外商投资项目的审批权限。按有关规定：限额以上的项目，或供产销等需要全国综合平衡的项目，由国家计委、经贸部会同有关部门审批项目建议书、可行性研究报告、合同和章程；限额以下的项目分别由各省、自治区、直辖市、计划单列市、经济特区、沿海开放城市人民政府或国务院有关部门审批。地方和部门的审批权限是：生产性项目，天津、北京、上海、辽宁、河北、山东、江苏、浙江、福建、广东、广西、海南等沿海省市以及深圳、珠海、厦门、汕头经济特区投资总额在 3000 万美元以内；其他省、自治区以及国务院各部委投资总额在 1000 万美元以内。非生产性项目，除需要全国综合平衡的项目和国家限制发展的项目以外，不受投资总额的限制，由地方政府和国务院各部委自行审批。①

这些政策措施促进了"三资"企业的发展。1979 年~1984 年总计，合资经营企业达到 931 个，合同金额 13.95 亿美元，实际使用金额 4.28 亿美元；合作经营企业达到 2158 个，合同金额 60.7 亿美元，实际使用金额 12.23 亿美元；外资企业达到 74 个，合同金额 104.06 亿美元，实际使用金额 0.98 亿美元；合作开发项目达到 31 个，合同金额 24.21 亿美元，实际使用金额 13.12 亿美元；总计企业（项目）达到 3120 个，合同金额 178.71 亿美元，实际使用金额 29.63 亿美元。②

但是，1979 年~1984 年毕竟是新中国成立以后利用外商直接投资的初级阶段。与此相联系，基础设施很不完备，涉外经济立法很不健全，涉外经济管理人员也很缺乏，这方面过去长期存在的"左"的政策的影响还有待于继续清除。因此，这期间直接利用外资的速度虽然很快（1984 年实际利用外资金额相当于 1979 年~1983 年 5 年的 70%），但规模不大（1979 年~1984 年 6 年平均每年实际利用外资金额只有 5.1 亿美元），③只是直接利用外资及其主要形式——"三资"企业的起步阶段。与此相联系，同发展"三资"企业相关的重复引进、国有资产流失和环境污染等方面的问题还暴露得不充分，以致没有引起人们的足够注意。

---

① 刘向来：《中国对外经济贸易政策指南》，经济管理出版社 1993 年版，第 926~927、932 页。
②③《中国对外经济贸易年鉴》（有关年份），中国社会出版社。

第七章 1979年~1984年，工业生产建设的主要成就和经验

第一节 工业生产建设的主要成就

党的十一届三中全会以来，由于贯彻执行了调整、改革、整顿、提高的方针，我国工业生产建设在 1979 年~1984 年间获得了巨大发展。

1. 以社会主义公有制为主体、多种所有制共同发展的格局初步形成。在工业总产值中，1978 年，国营工业和集体工业产值各占 77.63% 和 22.37%，个体工业和以"三资"工业为主体的其他经济类型工业的产值比重均为零；到 1984 年，国营工业比重下降到 69.1%，集体工业比重上升到 29.71%，个体工业和其他经济类型工业比重分别上升到 0.19% 和 1.01%（详见附表 13~附表 15）。这里要着重提到：这期间集体工业特别是农村乡镇工业有了迅速的发展，开始显露出异军突起的风貌。1984 年工业总产值比 1978 年增加了 3380.5 亿元。国营工业占了其中的 58.4%，非国营工业占 41.6%，其中，乡镇工业（包括乡镇集体工业和非集体工业）占 25.3%（详见附表 11、附表 26）。这种格局虽然只是起步，但却是我国工业经济发展方面具有历史意义的重大发展。

2. 工业基本建设取得重大进展，工业生产能力有了巨大增长。1979 年~1984 年，国家用于工业的基本建设投资累计达 1632.94 亿元，占同期基本建设投资总额的 47.78%。全民所有制工业固定资产原值，1984 年已

达 4465.7 亿元，比 1978 年增加了 1463.5 亿元，增长了 48.7%。[①] 通过工业基本建设和更新改造，提高了工业生产能力。1984 年与 1978 年相比，炼铁生产能力增长了 10.6%，炼钢增长 29.4%，轧钢增长 71%，煤炭开采增长 37.5%，石油开采增长 10.2%，原油加工增长 12.8%，发电装机容量增长 40%，汽车增长 49.6%，硫酸增长 15.8%，水泥增长 73.75%，化学纤维增长 115%（详见附表 1、附表 2）。由于一大批重点煤矿、油井、电站、建材企业的建成投产，为生产的持续增长准备了后劲。

3. 工业企业技术改造取得明显效果，工业技术水平有了显著提高。1979 年~1984 年，国家用于技术改造的投资达 1677.14 亿元，这主要用于工业的技术改造。[②] 这期间，在新增加的工业总产值中，靠现有企业的技术进步以及企业整顿实现的大约占 2/3。通过技术改造和基本建设，在各个工业部门中已拥有一批具有现代化水平的新技术装备，采用了某些新材料和新工艺，生产出了一些达到当代国际水平的新产品。例如，冶金工业已拥有 2580 立方米和 4000 多立方米的大高炉，并采用了顶燃式热风炉等新技术；我国自行设计制造的 1.7 米轧机也已投入生产。机械工业已能制造 30 万千瓦火电机组，150 万吨钢铁联合企业的成套设备，3 万吨模锻水压机，30 万吨合成氨和 24 万吨尿素的成套设备。石油工业已打成 6000 米超深井，初步掌握了海上打深井和斜井的技术等。建筑材料工业已掌握了水泥窑外分解新技术。电子工业的大中型电子计算机、微型机已经初具生产规模。运载火箭的制造、人造地球卫星的发射和准确回收，标志着我国航天工业跨入了当代世界先进国家的行列。

4. 工业总产值和主要产品产量迅速增长。1978 年~1984 年，工业总产值由 4236.8 亿元增加到 7617.3 亿元；平均每年增长 9.6%（详见附表 11、附表 12）。在这期间主要工业产品中，除了少数产品产量下降以外，大多数工业产品产量都有很大的增长。其中尤以家电产品（如电冰箱、洗衣机、录放机、电视机和照相机等）的高速增长最为突出（详见附表 3）。

随着产量的高速增长，一些主要产品产量居世界的位次以及工业制成品在出口商品总额中的比重也显著上升。1978 年~1984 年，钢产量居

---

① 《中国工业经济统计资料（1949~1984）》，中国统计出版社，第 75 页。
② 《中国固定资产投资统计资料（1950~1985）》，中国统计出版社，第 216 页。

世界位次由第五位升至第四位，煤由第三位升至第二位，原油由第八位升至第六位，发电量由第七位升至第六位，水泥由第四位升至第二位，化学纤维由第七位升至第五位，糖由第八位升至第六位，电视机由第八位升至第三位（详见附表20）。1980 年~1984 年，工业制成品占出口总额的比重由 49.7%上升到 54.34%（详见附表21）。

5. 轻工业和重工业趋于协调发展。1984 年轻工业总产值为 3608 亿元，比 1978 年增长 100.76%，平均每年递增 12.3%；重工业产值为 4009 亿元，比 1978 年增长了 52%，平均每年递增 7.2%。[①] 在工业总产值中，轻工业与重工业的比例已由 1978 年的 43.1：56.9 变为 1984 年的 47.4：52.6（详见附表14）。这说明在实现轻工业和重工业协调发展方面已取得了明显的成效，根本改变了过去长期存在的轻工业落后于重工业的局面。这是改革以来实行的第一次产业结构调整。还要提到，这期间家电耐用消费品有了飞速发展，并开始普遍进入职工家庭，开始在耐用消费品生产方面实现了升级换代。这是这期间产业技术升级和结构变化的一个重要方面。这些都是我国工业具有重大意义的发展。

6. 能源生产稳步上升，能源节约取得显著成效。1978 年~1984 年，能源工业产值由 521.4 亿元稳步增长到 764.4 亿元。这期间能源工业产值占工业总产值比重虽然由 12.3%下降到 10.9%（详见附表17），但节能工作取得很大成效。亿元工业产值能耗由 1980 年的 8.05 万吨，逐年下降到 1984 年的 6.5 万吨。由于能耗下降，1981 年~1984 年工业部门共节约能源 9300 万吨，节能量占全国节能总量的 68%。

7. 工业物质技术基础加强。1978 年~1984 年，国营工业企业平均每个职工使用的固定资产原值由 9689.3 元增加到 12295.4 元，平均每万职工中的专业技术人员从 214.5 人增加到 366.1 人（详见附表24、附表25）。

8. 职工生活有了较大改善。1978 年~1984 年，工业职工平均工资由 630 元增长到 989 元，增幅为 30.6%，平均每年增长 4.6%。其中，国营工业职工平均工资由 683 元增长到 1071 元，增幅为 30.6%，平均每年增长 4.6%；集体工业职工平均工资由 495 元增长到 804 元，增幅为 60%，平均每年增长 8.2%。而 1957 年~1978 年，工业职工、国营工业职工和集体

①《中国统计年鉴》（1993），中国统计出版社，第 58~60 页。

工业职工的平均工资分别由 650 元下降到 630 元，由 690 元下降到 683 元，由 553 元下降到 495 元（详见附表 45）。

1978 年~1984 年，全国保险福利费用总额由 78.1 亿元增长到 257.7 亿元，相当于工资总额的比重由 13.7% 上升到 22.7%（详见附表 47）。

这样，职工的物质生活水平已开始由温饱型向小康型过渡。这在我国历史上是破天荒第一次。

总之，党的十一届三中全会以来的这 6 年（1979 年~1984 年），我国无论在实现工业高速发展方面，或者在改善职工的生活方面，都取得了显著的成就，在实现本世纪最后 20 年经济发展战略目标方面（即实现经济总量翻两番、人民生活达到小康水平）迈出了重要一步。这期间开创了"一五"时期结束以来未曾有过的新局面，并成为我国国民经济已经开始出现高速发展新局面的最重要的组成部分和强有力的推进因素。

第二节　工业生产建设的主要经验

在党的十一届三中全会重新确立的实事求是思想路线指引下，1979 年~1984 年在发展工业生产建设方面积累了许多有益的经验。

1. 把党和国家的工作重点转移到社会主义经济建设上来。在我国生产资料私有制的社会主义改造基本完成以后，仍然坚持实行了"以阶级斗争为纲"的路线。这是过去长期存在的"左"倾错误的一个基本点。正是这条路线，多次导致阶级斗争扩大化，特别是"十年动乱"。这是过去我国工业没有得到应有发展的一个基本原因。粉碎"四人帮"以后的头两年，华国锋在"两个凡是"的口号下继续坚持"以阶级斗争为纲"的错误路线。党的十一届三中全会坚决批判了"两个凡是"的错误方针，果断地停止使用"以阶级斗争为纲"这个不适用于社会主义社会的口号，并依据当时全国规模的揭批林彪、"四人帮"的群众运动已经基本完成的情况，作出了把党和国家的工作重点转移到社会主义现代化建设上来的战略决策。可以说，没有党和国家工作重点的转移，就不会有这以后的工业的巨大发展。

2. 全部经济工作以提高经济效益为中心。过去在经济建设的指导思想上长期存在着"左"的错误，盲目追求工业（主要是重工业特别是钢铁工业）的高速度，严重忽视甚至根本不讲经济效益的提高。在粉碎"四人帮"之后，过去那种"左"的指导思想还没有立即改变，这也是过去工业没有得到应有发展的另一个基本原因。为了使我国工业和国民经济得到健康的发展，必须把经济工作转到以提高经济效益为中心的轨道上来。1981年五届全国人大四次会议提出："要切实改变长期以来'左'的思想指导下的一套老的做法，真正从我国的实际情况出发，走出一条速度比较实在、经济效益比较好、人民得到更多实惠的新路子。"① 正是这条新路子，使得1979年以来我国工业得到较快的发展，使得职工生活得到较多的改善。

3. 贯彻实事求是、量力而行的原则。不量力而行，急于求成，也是过去长期存在的经济工作指导思想"左"的错误的一个基本方面。这个"左"的错误曾经几次造成了国民经济比例关系的严重失调，严重阻碍了工业和整个国民经济的发展。粉碎"四人帮"之后的头两年，在经济工作中仍然存在着急于求成的思想，经济建设规模的安排，超出了国家财力、物力的可能，加剧了国民经济比例失调的状况。党的十一届三中全会之后，通过总结过去工业建设上急于求成的教训，认识到搞现代化建设必须坚持实事求是、量力而行的原则。确定工业发展速度和工业建设规模，必须从我国国情出发，做到与国力相适应。正是依靠这项基本原则的指导，使得这期间的经济调整工作得以进行，促进了工业和国民经济高速发展。

4. 注重农业、轻工业和重工业的协调发展。在党的十一届三中全会以前相当长的一个时期内，由于"左"的错误的影响，片面强调生产资料的优先增长，突出发展重工业，忽视农业和轻工业，结果造成农轻重比例严重失调。十一届三中全会以后，摆脱了这种"左"的思想影响，做出了对国民经济进行调整的重要决策。首先从加快农业的发展入手，调整了政策，主要是实行联产承包生产责任制和提高农产品价格，大大解放了农业生产力，农业生产走向全面、持续高涨。在调整工作中，把消费品工业的发展放在重要地位，对轻纺工业实行了六个优先的政策。

---

① 《中国经济年鉴》（1982），经济管理杂志社，第Ⅱ-8~9页。

对于重工业的发展，首先抛弃了 1958 年以后长期实行的"以钢为纲"的方针，放慢重工业的发展速度，调整重工业的服务方向和产品结构，加强了对老企业的技术改造。从而使重工业与农业和轻工业的比例关系以及重工业内部的比例关系逐步趋于协调，实现了农业、轻工业和重工业相互适应、相互促进地发展。

5. 加强能源、交通运输和通讯等基础设施的建设。能源、交通运输和通讯过去一直是我国经济发展中的薄弱环节，对工业和国民经济都产生了极为不利的影响。1982 年党的十二大把能源、交通和通讯作为经济发展的战略重点之一。在国民经济调整过程中，通过资金、物资分配和引进技术、外资等项措施，大大加强了能源、交通和通讯等基础设施的建设，这是我国工业和国民经济高速增长的极重要因素。

6. 加强对现有工业企业的技术改造。过去，我们进行工业扩大再生产主要是靠建新厂，这在奠定工业基础的时期是必要的。经过 30 多年的建设，我国已经建立了独立的、比较完整的工业体系，工业的发展有可能也完全有必要从以新建为主的外延扩大再生产转向以加强对现有企业技术改造为主的内涵扩大再生产。另一方面，世界新技术革命的兴起和发展，工业结构和生产技术的面貌正在发生迅速变化。所有这些，都要求我们不失时机地搞好对现有企业的技术改造。在工业调整过程中，党中央、国务院就确定了加强对现有企业的技术改造的方针，在政策上采取了一系列的措施（包括投资、贷款和物资分配、提高折旧率和引进技术等），推动现有企业的技术改造，从而加快了工业的发展。

7. 合理调整工业布局。我国工业布局由于在 60 年代中期以后片面强调"以战备为中心"，70 年代初期主张各个地区建立独立完整的工业体系，因此造成工业布局不合理。主要是：沿海工业没有得到应有的改造，因而工业基础比较雄厚的优势得不到发挥；"三线"地区在 60 年代~70 年代新建的工业，布点分散，基础设施落后，生产能力不配套，因此生产能力得不到发挥。在调整期间，首先调整了工业布局指导思想，确立了以提高经济效益为中心，发挥优势、扬长避短的原则，放弃了"以战备为中心"和片面追求地区独立完整的工业体系的指导思想。在调整工业布局的做法上，根据各地的自然条件、资源状况、现有生产力水平和地区内在的经济联系，确定工业发展的战略和步骤。对我国工业基础雄厚、科学技术和文化教育水平较高的沿海工业基地，着重加强技术改造，采用先进技术，改造传统工业，开拓新兴产业，使沿海工业向消耗能源和原材料少的技术密集型工业发展。对于中部地区：（1）根据这一地区能源资源丰富的条件，大力加强能源基地的建设，以便为本地区和东部地区提供更多的能源。（2）通过工业改组、联合和布点的调整，提高地区的工业综合生产能力，充分发挥军工科研力量集中的优势。对于经济不发达的西部地区：（1）查清资源，打好基础，为今后大规模地开发西部地区做好准备。（2）立足本地资源，加快发展具有本地特色的、经济效益好的地方工业和传统手工业。（3）与东部沿海地区发展联合，开发本地资源，发展初级加工。总之，整个工业布局的调整已经起步，初见成效，并促进了工业的发展。

8. 积极地改革工业管理体制。我国工业管理体制的主要弊端是政企职责不分，条块分割，国家对企业统得过多过死，忽视市场调节的作用，分配中平均主义严重。这就造成了企业缺乏应有的自主权，企业吃国家"大锅饭"，职工吃企业"大锅饭"的局面，严重压抑了企业和广大职工群众的积极性，使社会主义工业经济在很大程度上失去了活力。党的十一届三中全会以后，从扩大工业企业自主权入手，对工业管理体制进行了一系列重大改革，并成为推动工业发展的强有力因素。

9. 在社会主义国有经济为主导、公有经济为主体的条件下，积极发展多种经济形式和多种经营方式。在过去的长时期内，由于"左"的错误的影响，认为公有化程度越高越先进，盲目地、单纯地追求社会主义全民所有制，对作为社会主义初级阶段的经济的必要组成部分的个体经济，甚至对社会主义集体所有制经济也采取了限制和排挤的政策；对社会主义全民所有制企业又是盲目地、单纯地追求国家直接经营这一种经营方式。这种"左"的政策并不符合我国国情，不适应我国社会生产力的发展状况。它不仅阻碍了集体经济和非社会主义经济形式的发展，而且不利于社会主义全民所有制本身的发展。党的十一届三中全会以后，采取了在社会主义公有经济为主体的条件下，发展多种经济形式和多种经营方式的方针。实践证明：在坚持社会主义公有制占主体地位的条件下，发展多种经济形式和多种经营方式的方针，是一个加速包括工业在内的社会主义经济建设的方针。

10. 实行对外开放，积极发展对外经济技术交流。在过去的长时期内，由于国际形势和"左"的错误的影响，实行了闭关锁国的政策，阻碍了我国社会主义建设的发展。党的十一届三中全会以后，把对外开放作为我国长期的基本国策，并在实践中已经取得显著成效。1978年~1984年，我国进出口贸易总额由355亿元猛增到1201亿元。1979年~1984年这6年，实际利用外资总额达到171.43亿美元，对外承包工程和劳务合作实际完成营业额总计为15.93亿美元。① 实践证明：在独立自主、平等互利的基础上，积极发展对外经济合作和技术交流，也是一个加快包括工业在内的社会主义经济建设的战略方针。

11. 贯彻"一要吃饭，二要建设"的原则。在过去的长时期内，由于"左"的错误的影响，片面强调基本建设，忽视人民生活。在基本建设中，又片面强调扩大重工业的建设规模，忽视轻工业的建设，忽视住宅和城市其他公用设施的建设。其结果，不仅经济效益很差，人民生活也得不到应有的改善。党的十一届三中全会以后，总结了这方面的经验，把"一要吃饭，二要建设"作为指导我国经济工作的一项基本原则。随着这项原则的贯彻执行，在工业和其他社会生产发展的基础上，包括职工在内的人民的生活有了显著的改善，并有力地促进了社会主义生产的发展。

12. 在建设高度物质文明的同时，建设高度的社会主义的精神文明。党的十一届三中全会以来，党中央曾经多次郑重提出：我们在建设高度物质文明的同时，一定要努力建设高度的社会主义精神文明。这是建设社会主义的一个战略方针。历史经验证明：是否坚持这样的方针，不仅关系到我国工业和整个国民经济高速发展，而且关系到物质文明建设的社会主义方向，关系到社会主义事业的兴衰和成败。1979年以来我国工业高速发展，是同贯彻这个方针紧密相联的。

我们在前面叙说了党的十一届三中全会以来发展工业的重要经验。这里需要说明：（1）这些方针本身的某些方面还不完善，甚至还有很大的局限性。比如，就经济改革的核心问题——计划与市场的关系来说，按照1979年4月中共中央工作会议以及1982年9月党的十二大的提法，还

①《中国统计年鉴》（1993），中国统计出版社，第633、647、652页。

是"计划经济为主、市场调节为辅"。① 当然，就作为改革开放总设计师邓小平来说，他在 1979 年 11 月就提出"社会主义也可以搞市场经济"。② 就改革的实践来说，实际上也已越出 1958 年和 1970 年两次改革的行政性分权的框框，走上市场取向改革的轨道。但就这期间改革的指导思想来说，上述中央工作会议和党的十二大的提法，还没有从根本上摆脱1956 年 9 月党的八大的有关提法。③（2）这些方针的许多方面，由于主客观多种条件的限制，并没有得到充分的贯彻，而只是在不同程度上得到了执行。比如，80 年代初，党中央、国务院提出的全部经济工作要以提高经济效益为中心的方针，是完全正确的，但在这期间并没有得到很好的执行。实际上，在这期间，过去长期存在的急于求成的指导思想，片面追求经济增长速度的战略，在实际工作中还是发生了很大影响，以致 1984 年又开始出现了经济过热。至于许多具体的发展和改革措施，其缺陷就更多了。比如，1981 年开始实行的基本建设投资拨款改贷款的办法，就操之过急，办法简单，以致造成后来许多国营企业技术改造资金匮乏和资产负债率过高。

上述各种缺陷和局限，既制约了这期间工业和国民经济的改革，也制约了工业和国民经济的发展。

上述问题的发生，固然有过去长期存在的"左"的思想以及传统的经济体制和发展战略的影响，但更重要的是理论上、认识上的局限。

因此，上述问题无论就其发生的原因来说，或者就其造成的后果来说，都与党的十一届三中全会以前发生过的"左"的路线错误存在着原则差别。

---

①《中国共产党第十二次全国代表大会文件汇编》，人民出版社 1982 年版，第 24 页。
②③《中国共产党第八次全国代表大会文件汇编》，人民出版社 1980 年版，第 84 页。

第七编

市场取向改革全面展开阶段的工业经济
——以实现经济总量翻两番、人民生活
达到小康水平为战略目标的社会主义
建设新时期的工业经济（二）
（1985 年~1992 年）

第一章　党的十二届三中全会的召开与市场取向改革的全面展开

1984年10月召开的党的十二届三中全会是在下述历史背景下召开的。

1. 我国经济体制的改革，是从党的十一届三中全会以后开始的，首先在农村取得巨大成就。农村改革的成功经验，农村经济发展对城市的要求，为以城市为重点的整个经济体制的改革提供了极为有利的条件。

2. 以城市为重点的整个经济体制改革也已经进行了许多试验和探索，取得了显著成效和重要经验。但城市改革还是初步的，城市经济体制中严重妨碍生产力发展的种种弊端还没有从根本上消除。加快改革的步伐已成为城市经济进一步发展的内在要求。

3. 世界上正在兴起的新技术革命，也使得改革成为更为迫切的需要。

4. 经济调整工作已经基本完成。"六五"计划主要指标已经提前完成，安定团结的政治局面日益巩固。这些又为以城市为重点的、全面的经济体制改革创造了重要前提。

党的十二届三中全会分析了我国的经济和政治形势，总结了我国社会主义建设正反两方面的经验，特别是十一届三中全会以后城乡经济体制改革的经验，作出了《关于经济体制改革的决定》，[①]决定加快以城市为重点的整个经济体制改革的步伐，以利于更好地开创社会主义现代化建设的新局面。

该决定全面地阐述了经济体制改革的方向、原则和步骤，为全面改

---

① 《中共中央关于经济体制改革的决定》，人民出版社1984年版，第1~35页。

革制订了蓝图。决定指出，建立起具有中国特色的、充满生机和活力的社会主义经济体制，促进社会生产力的发展，是我们这次改革的基本任务。这种改革，是在党和政府领导下有计划、有步骤、有秩序进行的，是社会主义制度的自我完善和发展。

决定指出：增强企业活力，特别是增强全民所有制大、中型企业的活力，是经济体制改革的中心环节。围绕这个中心环节，主要应解决好两个方面的关系问题，即确立国家和全民所有制企业之间的正确关系，扩大企业自主权；确立职工和企业之间的正确关系，保证劳动者在企业中的主人翁地位。要使企业真正成为相对独立的经济实体，成为自主经营、自负盈亏的社会主义商品生产者和经营者，具有自我改造和自我发展的能力，成为具有一定权利和义务的法人。

决定突破了把计划经济同商品经济对立起来的传统观念，指出社会主义计划经济必须自觉依据和运用价值规律，是在公有制基础上的有计划的商品经济。

决定指出，必须建立起合理的价格体系，充分重视经济杠杆的作用。价格体系的改革是整个经济体制改革成败的关键。要按照等价交换的要求和供求关系的变化，调整不合理的比价。在改革价格体系的同时，还要进一步完善税收制度，改革财政、金融体制。

决定指出，按照政企职责分开、简政放权的原则，改革政府管理机构。就政府和企业的关系来说，各级政府原则上不再直接经营管理企业。

决定指出，要建立多种形式的经济责任制，认真贯彻按劳分配原则。采取必要措施，使企业职工的工资和奖金同企业经济效益的提高更好地挂起钩来。在企业内部，扩大工资差距，拉开档次，以充分体现奖勤罚懒、奖优罚劣，充分体现多劳多得、少劳少得，充分体现脑力劳动和体力劳动、复杂劳动和简单劳动、熟练劳动和非熟练劳动、繁重劳动和非繁重劳动之间的差别。

决定指出，坚持多种经济形式和经营方式的共同发展是我们的长期方针。我们一定要充分利用国内和国外两种资源，开拓国内和国外两种市场，学会组织国内建设和发展对外经济关系两套本领。对外要开放，国内各地区之间更要互相开放。地区之间、城乡之间、行业及企业之间，都要打破封锁，打开门户，按照扬长避短、形式多样、互惠互利、共同发展的原则，大力促进横向经济联系。

该决定在改革的理论上、政策上所达到的高度，虽然不能同后来党的十四届三中全会所作的《关于建立社会主义市场经济体制若干问题的决定》相比，但在我国改革历史上却是一个全面阐述改革问题的决定，并在当时的历史条件下在理论上、政策上实现了一系列突破。比如，在作为改革核心问题——计划与市场的关系上，该决定突破了把计划经济和商品经济对立起来的传统观念。在这方面，相对于党的十二大关于"计划经济为主，市场调节为辅"的提法，是一个重大的进展。

该决定标志着我国经济体制改革进入了以城市为重点的全面展开阶段，是本编叙述的改革的纲领性指导文件。

但是，本编所叙述的 1985 年~1992 年工业经济发展进程，包括改革和发展两方面。其指导思想并不限于上述决定。重要的还有：1986 年 3 月六届全国人大通过的"七五"计划、1987 年 10 月党的十三大报告、1989 年 11 月党的十三届五中全会的决定，以及 1991 年 4 月七届全国人大四次会议通过的十年规划和"八五"计划。在改革和发展总体根本指导思想方面，值得着重提出：党的十三大报告第一次勾画了建设有中国特色的社会主义理论的轮廓。

在改革的理论和政策方面，党的十三大报告在总结经验的基础上又作了重大发展。报告提出：社会主义有计划商品经济的体制，应该是计划与市场内在统一的体制。新的经济运行机制，总体上来说应当是"国家调节市场，市场引导企业"的机制。这里虽然没有像后来党的十四大那样明确提出"社会主义市场经济"的概念，但却包含了这一概念的核心内容。报告还提出：当前深化改革的任务主要是：围绕转换企业经营机制这个中心环节，分阶段地进行计划、投资、物资、财政、金融、外贸等方面体制的配套改革，逐步建立有计划商品经济新体制的基本框架。

至于这期间经济发展的战略目标，仍然是党的十二大提出的在本世纪末实现经济总量翻两番、人民生活达到小康水平的目标。

这里还要着重提到：邓小平 1992 年初南方谈话中提出的有关发展和改革的一系列观点。比如，在发展方面，他提出："抓住时机，发展自己，关键是发展经济。……我国的经济发展，总要力争隔几年上一个台阶。当然，不是鼓励不切实际的高速度，还是要扎扎实实，讲求效益，稳定协调地发展。""计划多一点还是市场多一点，不是社会主义与资本主义的本质区别。计划经济不等于社会主义，资本主义也有计划；市场经济不等于资本主义，社会主义也有市场。计划和市场都是经济手段。"① 这个精辟论断，从根本上解除了把计划经济和市场经济看作属于社会基本制度范畴的思想束缚，使我们在计划与市场关系问题上的认识有了新的重大突破。这些重要思想不仅是马克思主义的重大发展，而且为尔后召开的党的十四大在发展和改革方面的战略决策，特别是为确立社会主义市场经济体制的改革目标，奠定了理论基础，从而对我国尔后的发展和改革的实践起了极为重要的指导作用。

我们在下面依据上述指导思想叙述这期间（1985 年~1992 年）工业改革和发展的历史进程。

---

①《邓小平文选》第 3 卷，人民出版社 1993 年版，第 372、375 页。

第二章 以实行国营企业承包经营责任制为特征的工业经济体制改革

依据党的十二届三中全会以后的有关文件，以及在这些文件指导下的实践，在本编所考察的时间内，工业经济体制改革的中心环节仍然是国营企业改革；这期间国营工业企业改革包括以下四个方面。（1）对国营大中型工业企业实行承包经营责任制。（2）对国营小型工业企业实行租赁经营责任制。（3）对少数有条件的大中型工业企业实行股份制试点。（4）组建企业集团。我们在下面分四节叙述这四方面历史过程。然后在第五节叙述与国营企业改革相联系的经济改革和市场发育。

第一节 对国营大中型工业企业实行承包制

经过 1979 年~1984 年的改革（包括扩大企业自主权、实行经济责任制和第一步利改税），总的说来，国营企业活力有了一定的增强。但由于这些改革本身的局限性，国营企业特别是国营大中型企业还没有真正活起来。据统计，1984 年全国独立核算的大中型工业企业 5837 个，占工业企业总数不到 2%，占固定资产总数的 66%，占工业总产值的 47%，占上缴利税的 66%。其中，搞得比较活的只占 15% 左右，处在变活过程之中的占 65% 左右，基本没有活起来的占 20% 左右。[1] 1984 年 10 月以后实行

---

[1] 盖军主编：《改革开放十四年纪事》，中共中央党校出版社 1993 年版，第 504 页。

的第二步利改税，虽有积极作用，但也由于其本身的局限性，特别是由于所得税率过高，影响了企业的积极性和发展后劲，以致造成了工业企业利润从 1985 年 8 月到 1987 年 3 月连续 20 个月滑坡的严重后果。[①]

国营企业没有真正活起来的原因，涉及许多方面，但其主要原因，(1) 国家规定下放给企业的一系列自主权，为一些部门和地区截留，没有落实到企业。(2) 对企业的扩权，没有有效实现权、责、利的结合。因此，要深化旨在增强企业（特别是大中型企业）活力的改革，除了要把国家规定的下放给企业的自主权坚决落实到企业以外，就是要把改革的重点放到转变企业的经营机制上。即依据所有权和经营权分离的原则，实行多种形式的承包经营责任制，使企业真正成为自主经营、自负盈亏的经济实体。因此，在 1986 年进行承包经营责任制试点的基础上，1987 年 5 月国务院决定在全国普遍推广承包经营责任制。当时，促成这一点的还有一个重要因素，1987 年第一季度，预算内工业企业成本比上年同期上升 5%，亏损面增加 40%，财政收入下降 2.3%，[②] 这似乎是经济滑坡的预兆。为了防止这一点，推广承包经营责任制，就成为势在必行的事了。经过推广，到 1987 年底，在 11402 户国营大中型工业企业中，实行承包经营责任制的达 8843 户，占企业总数的 77.6%。其中，实行两保一挂的（即保上缴利税和技术改造，上缴利税与工资总额挂钩）为 1364 户，占承包企业总数的 15.4%；实行上缴利润递增包干的为 2029 户，占 22.9%；实行上缴基数包干、超收分档分成的为 3337 户，占 37.7%；实行企业资产经营责任制的（即对企业增长利润只收 3.5% 的所得税，并将税前还贷改为税后还贷）为 580 户，占 6.6%；实行亏损包干的为 683 户，占 7.7%。承包期在三四年以上的，占承包企业总数的 64%。

推行承包经营责任制，增强了企业活力，使承包企业的经济效益一般均好于未实行承包的企业。同 1986 年相比较，1987 年实行承包的国营大中型工业企业完成产值 2452.1 亿元，增长 11%，比未实行承包的企业增幅高出 0.5 个百分点；销售收入 2797.2 亿元，增长 18.2%，比未实行承包的企业增幅高出 2.3 个百分点；实现利润 291.1 亿元，增长 14.8%，比

---

① 杨启光主编：《国营企业改革的基本出路》，中国大百科全书出版社 1993 年版，第 2 页。

②《中国经济年鉴》(1988)，经济管理出版社，第Ⅲ-2 页。

未实行承包的企业增幅高出 10.2 个百分点；上缴国家财政收入增长 4.7%，而未实行承包的企业还下降了 21.8%。[①] 这样，推行承包经营责任制，就大大缓解了由实行利改税带来的问题。一方面增强了企业的活力；另一方面保证了国家财政收入。

当然，这年推广的承包经营责任制也有许多不完善之处。诸如企业上缴国家的指标偏低，甚至负盈不负亏；企业之间也还存在苦乐不均，以致鞭打快牛；企业内部责任制也不健全；企业通过涨价获取利润；企业留利中用于发展生产的部分偏少，用于职工消费的部分偏多；等等。

为了完善和发展国营工业企业的承包经营责任制，1988 年 2 月国务院发布了《全民所有制工业企业承包经营责任制暂行条例》，对这方面存在的一系列基本问题作了明确规定。[②]

1. 承包经营责任制的概念和原则。承包经营责任制，是在坚持企业的社会主义全民所有制的基础上，按照所有权与经营权分离的原则，以承包经营合同形式，确定国家与企业的责权利关系，使企业做到自主经营、自负盈亏的经营管理制度。实行承包经营责任制，应当按照责权利相结合的原则，切实落实企业的经营自主权，保护企业的合法权益；还要按照包死基数、确保上缴、超收多留、欠收自补的原则，确定国家与企业的分配关系。

2. 承包经营责任制的内容和形式。主要内容是：包上缴国家利润，包完成技术改造任务，实行工资总额与经济效益挂钩。承包上缴国家利润的形式有：上缴利润递增包干；上缴利润基数包干，超收分成；微利企业上缴利润定额包干；亏损企业减亏（或补贴）包干等。上缴利润基数一般以上年上缴的利润（实行第二步利改税的企业，是指缴纳的所得税、调节税部分）为准。

3. 承包经营合同。这部分规定了合同的原则、内容、期限（一般不得少于 3 年）和双方的权利和义务。

4. 企业经营者。实行承包经营责任制，一般应当采取公开招标办法，通过竞争确定企业经营者。企业经营者的年收入，视完成承包经营合同

①《中国经济年鉴》(1988)，经济管理出版社，第Ⅳ-10、37 页。
②《中国经济年鉴》(1989)，经济管理出版社，第Ⅷ-18~20 页。

状况，可高于本企业职工年平均收入的 1 倍~3 倍，贡献突出的，还可适当高一些。完不成合同时，应扣减企业经营者的收入，直至只保留其基本工资的一半。

5. 承包经营企业的管理。实行承包经营责任制企业，要试行资金分账制度，划分国家资金和企业资金，分别列账；要合理核定留利中的生产发展基金、福利基金和奖励基金的分配比例；要严格遵守国家的物价政策；要实行厂长负责制，建立、健全内部经济责任制和分配制度。

这样，这个条例就在企业承包经营责任制的范围内，较好地把企业的盈亏机制、风险机制以及企业经营者的竞争机制和奖惩机制引入了实行这种责任制的企业。这就有利于发挥这种责任制的优越性，克服其局限性，从而推动这种责任制的健康发展。

这里还要提到：1988 年 4 月七届全国人大一次会议通过的《中华人民共和国全民所有制工业企业法》，在保证和促进承包经营责任制方面，也起了重要的作用。该法明确规定："企业的财产属于全民所有，国家依照所有权和经营权分离的原则授予企业经营管理权。"如果不说该法所规范的企业内部关系，仅就其规范的国家和企业的关系来说，所有权与经营权分离的原则，是该法的核心内容。而这一点又是承包经营责任制的基本原则。而且，该法还明确规定："企业根据政府主管部门的决定，可以采取承包、租赁等经营责任制形式。"[1]

在上述的工业企业法和暂行条例的规范和指导下，1988 年以后承包经营责任制又得到进一步推广，并获得了较好的经济效益。依据对 9937个国营大中型工业企业的调查，1988 年已有 9024 个实行了各种形式的承包经营责任制，占被调查企业总数的 90.8%。其工业产值比上年增长12.5%，比全部大中型工业企业增幅高出 0.5 个百分点；实现利税比上年增长 20.8%，增幅也高出 2 个百分点。[2]

到 1990 年，大多数实行承包经营责任制企业的第一轮承包年已经到期。但"八五"计划规定，"八五"期间（1991 年~1995 年）还要"继续坚持和完善企业承包经营责任制"。[3] 据此，1990 年开展了第二轮承包合

①《中国经济年鉴》(1989)，经济管理出版社，第Ⅷ–15 页。
②《中国经济年鉴》(1989)，经济管理出版社，第Ⅳ–7 页。
③《中国经济年鉴》(1991)，经济管理出版社，第Ⅰ–67 页。

同的签订工作。到 1991 年初，已有 95% 的企业签订了新一轮承包合同。[①]

在签订第二轮承包合同时，针对当时这方面存在的问题，进一步完善了承包经营责任制。主要是：形成了包括企业的经济效益指标、发展后劲指标和管理指标在内的综合配套的承包指标体系；调整了承包基数和上缴比例；加强了企业的盈亏机制和企业经营者的竞争机制。

总起来说，从 1987 年开始普遍推广企业承包经营责任制以来，国营大中型企业的活力是有增强的。依据对 710 家国营大中型工业企业的调查和统计，1987 年活力强的企业有 113 家，占总数的 15.91%；活力中等的有 376 家，占 52.95%；活力弱的有 221 家，占 31.1%。但到 1991 年，活力强的增加到 157 家，比重上升到 22.11%；活力中等的减少 358 家，比重下降到 50.42%；活力弱的减少到 195 家，比重下降到 27.47%。企业活力的增强，主要得益于实行承包经营责任制。在被调查的 710 家企业中，实行国家统负盈亏的企业有 18 家，其活力度由 1987 年的 61.3 下降到 1991 年的 61.0；而实行承包经营的有 600 家，其活力度由 62.7 上升到 64.1。[②] 这些数字表明，在改革的进程中，承包经营责任制是起过积极作用的。

但承包经营责任制仍然有重大缺陷和局限。最明显的是，税利合一，混淆了税利的不同功能；税前还贷，也显得不妥，并弱化了对企业的约束功能。为了克服这些缺陷，在实行承包经营责任制的进程中，也进行了"税利分流、税后还贷、税后承包"的试点。到 1992 年，进行这种试点的企业达到 2500 多户。[③] 但这些试点并不能从根本上克服承包经营责任制的缺陷。

问题在于：在实行承包经营责任制的条件下，承包基数和分成比例等指标确定，取决于政府发包部门与承包企业之间的一对一的谈判，既缺乏科学、统一和平等的标准，又不能适应千变万化的市场。这样，很难避免工资侵蚀利润倾向，企业苦乐不均和鞭打快牛倾向，自发涨价倾向以及奖励、福利基金侵蚀发展基金的倾向。

当然，从根本上说来，承包经营责任制的局限性还在于：它不能真

①《中国经济年鉴》（1992），经济管理出版社，第 47 页。
②刘树人等：《中国企业活力定量评价》，中国国际广播出版社 1995 年版，第 233、237 页。
③《中国经济年鉴》（1993），经济管理出版社，第 99~100 页。

正做到政企分开，并使企业成为自主经营、自负盈亏的市场主体，不可能使企业经营机制发生根本转变。因而不能从根本上解决企业活力问题。我们在前面列举的 710 家国营大中型工业企业的材料，固然证明了承包经营责任制可以在一定程度上增强企业的活力，但这个材料同时也说明经过 1987 年~1991 年 5 年的实践，活力中等和活力弱的企业的比重还占到 77.89%。另据 90 年代初对 31 个省、自治区、直辖市和计划单列市的统计分析，在国营大中型工业企业中，有活力的仅占 20%，有潜力搞活的占 50%，无活力的占 30%。① 形成这种活力不强的状况，有多方面的原因，但也证明靠承包经营责任制不能从根本上解决企业活力问题。

还要提到：为了增强国营大中型工业企业的活力，1985 年 9 月国务院批转了国家经委、国家体改委《关于增强大中型国营工业活力若干问题的暂行规定》；② 1986 年 12 月国务院又作出了《关于深化企业改革、增强企业活力的若干规定》；③ 1991 年初国务院又提出了增强国营大中型企业活力的 11 条政策措施；同年 9 月中共中央工作会议又提出搞好国营企业的 20 条措施。④ 这里需要着重提到：1992 年 7 月国务院发布的《全民所有制工业企业转换经营机制条例》。⑤ 这个条例全面地规定了作为市场主体的企业应该享有的经营自主权和承担的自负盈亏的责任，是 1979 年以来关于国营企业改革的最好文件。但所有这些，虽然在增强活力方面起过一定的作用，但都没有根本改变承包制在增强企业活力方面的乏力状态。这些经验表明：要根本转变企业经营机制，增强企业活力，靠实行承包制是做不到的。

第二节　对国营小型工业企业实行租赁制

租赁经营责任制与承包经营责任制都实现了所有权与经营权的某种分离。但前者分离的程度更大，因而实行租赁经营责任制企业的自主权

---

① 《中国大中型企业改革与发展之路》上册，中共中央党校出版社 1993 年版，第 527 页。
② 《中国经济年鉴》(1986)，经济管理出版社，第 X–13 页。
③ 《中国经济年鉴》(1987)，经济管理出版社，第 X–31 页。
④ 《中国经济年鉴》(1992)，经济管理出版社，第 60 页。
⑤ 《中国经济年鉴》(1993)，经济管理出版社，第 595~601 页。

更大，在它适用的国营小型企业范围内增强企业活力作用也更大。所以，在 1987 年普遍推行承包经营责任制以前，就在一些小企业中进行了租赁经营责任制的试点。在这以后，对国营小型工业企业，除了对其中的一部分实行承包经营责任制和有偿转让给集体与个人以外，重点是推行租赁经营责任制，并取得了进展。到 1987 年底，在 88000 个国营小型工业企业中，实行租赁经营、承包经营和转让的达到 40000 个，占总数的46%。①

为了规范和促进租赁经营责任制的发展，在总结以往经验的基础上，1988 年 6 月国务院发布了《全民所有制小型工业企业租赁经营暂行条例》。②该条例对实行租赁经营责任制一系列重要问题作了明确规定。

该条例所称租赁经营，是指在不改变社会主义全民所有制的条件下，实行所有权与经营权的分离，国家授权单位为出租方将企业有期限地交给承租方经营，承租方向出租方交付租金并依照合同规定对企业实行自主经营的方式。

实行承租经营必须兼顾国家、企业、职工和承租方的利益。

承租方可以采取一人承租、合伙承租、全员承租、一个企业承租另一个企业等形式。

承租期限每届为 3 年~5 年。

承租经营者是企业租赁期间的法定代表人，行使厂长职权，对企业全面负责，并需提供财产或资金担保。

出租方在评估资产的基础上，依据行业和本企业的资金利润率确定标底，并实行租赁招标。还需订立租赁经营合同，规定出租方和承租方的权利、义务。

租赁经营企业实现的利润依法纳税后，分为承租方的收入（含租金）、企业生产发展基金、职工集体福利基金、职工奖励基金四部分，按规定的比例进行分配。还可在规定的工资总额（包括奖金）范围内，自主确定企业内部的分配。

该条例的贯彻执行，促进了国营小型工业企业租赁经营的进一步发展。

①《中国经济体制改革十年》，经济管理出版社 1988 年版，第 797 页。
②《中国经济年鉴》（1989），经济管理出版社，第Ⅷ-20~22 页。

第三节　实行股份制企业试点

对国营企业推行承包制和租赁制，在某种程度上实现所有权与经营权的分离，也要冲破计划经济体制下形成的传统观念。但国营企业实行股份制，遇到的传统观念阻力要大得多。比如，按照传统观念，股份制是资本主义私有制企业的组织形式。因此，在普遍推行承包制和租赁制的时候，还只能在少数有条件的国营大中型企业进行股份制试点。当然，之所以这样做，并不只是由于这一点。主要是因为，推行股份制比推行承包制和租赁制需要严格得多的条件。诸如股份公司和股票市场的组织、运作，以及政府对股份公司和股票市场的管理都需要规范化。否则，就不能发挥股份制的优越性，抑制其负面影响，不能使股份制得到健康发展。但推行股份制，毕竟是实行所有权与经营权分离，使企业成为自主经营、自负盈亏的市场主体的更好的企业组织形式，是实现国营资产保值和增值、筹集资金以及调整经济结构的更有效途径。而所有这些，又都是我国经济改革和经济发展亟须解决的重大问题。因此，股份制企业的试点及其发展，又会呈现出一种不可阻挡的趋势。

1979 年经济体制改革以来，伴随着乡镇企业的发展，出现了一些股份合作制企业。后来，随着横向经济联合的发展，又有了企业之间的资金合作，开始出现了股份制企业。1984 年以后，在党的十二届三中全会关于要实现所有权与经营权适当分开，使企业成为相对独立的经济实体的精神指导下，股份制的试点才正式展开。比如，1984 年 11 月，上海电声总厂发起的上海飞乐音响公司，就是这期间建立的第一家比较规范的、向社会公开发行股票的股份有限公司，共筹集资金 40 多万元。

1987 年 10 月，党的十三大报告明确提出："改革中所采取的一些措施，例如……发行债券、股票，都是伴随社会化大生产和商品经济的发展必然出现的，并不是资本主义所特有的。社会主义可以而且应当利用它们为自己服务，并在实践中限制其消极作用。""公有制经济本身也有多种形式。除了全民所有制、集体所有制以外，还应发展全民所有制和集体所有制联合建立的公有制企业，以及各地区、部门、企业相互参股等形式的公有制企业。""改革中出现的股份制形式，包括国家控股和部门、地区、企业间参股以及个人入股，是社会主义企业财产的一种组织形式，可以继续试行。"① 在这个精神指导下，从 1987 年到 1989 年上半年，股份制试点又进一步展开，各地股份制试点企业迅速增多。

但在股份制试点初期，在股份制企业的组织和运作方面不按股份制原则办事、行为不规范的情况相当普遍。针对这些问题，国家体改委先后采取了一些措施进行引导，并有一定程度的改进。

但在 1989 年夏季以后，传统的计划经济观念又出现了某种回潮。这时虽然对已经进行试点的股份制企业进行了完善，但总的说来，处于改革前沿的股份制试点实际上出现了停滞状态。

1990 年 12 月中共十三届七中全会提出，并经 1991 年 4 月七届全国人大四次会议通过的《国民经济和社会发展十年规划和第八个五年计划纲要》提出："继续进行股份制试点，并抓紧制定有关法规。""在有条件的大城市稳妥地进行证券交易所试点，并逐步形成规范化的交易制度。"② 于是，继 1990 年 11 月批准建立上海证券交易所之后，1991 年 4 月又批准建立了深圳证券交易所。此后，股份制试点企业又获得了较快的发展。

据对 34 个省、自治区、直辖市和计划单列市的不完全统计，到 1991 年底，全国共有各种类型的股份制试点企业 3220 家（不包括乡镇企业中的股份合作制和中外合资、国内联营企业）。其中，法人持股的试点企业 380 家，占总数的 12%；内部职工持股的 2751 家，占 85%；向社会公开发行股票的 89 家，占 3%。在这 3220 家股份制试点企业中，按所有制分，原来为集体所有制企业的占 63%，原来为国营企业的占 22%；按行业分，工业企业 1781 家，占 55%，商业企业 942 家，占 30%，另有金融企业 171 家，建筑企业 58 家，交通运输企业 28 家，其他行业 240 家，合计占 15%。可见，在股份制试点企业中，主要是公有制企业和工商企业。

在地区的分布方面，股份制试点企业主要集中在东部地区。其中，内部职工持股的股份制试点企业主要集中在辽宁、山东、黑龙江等省。据统计，这 3 省内部职工持股的股份制试点企业约占全国同类企业的

---

① 《中国共产党第十三次全国代表大会文件汇编》，人民出版社 1987 年版，第 25~31 页。
② 《中华人民共和国第七届全国人民代表大会第四次会议文件汇编》，人民出版社 1991 年版，第 112、115 页。

80%；向社会公开发行股票的股份制试点企业则主要集中在上海、深圳、浙江、四川等地，共 65 家，约占全国同类企业的 73%。

内部职工持股的股份制试点企业，虽然占试点企业总数的绝大多数，但规模都不大。其中，职工持股金额约 3 亿元，占企业股金总额的比重平均不到 20%。而 89 家公开向社会发行股票的股份制试点企业的规模则较大，共有股金总额 58.1 亿元。其中，国家股 27.4 亿元，占总数的 47%；企业法人股 16.8 亿元，占 29%；个人股 8.3 亿元，占 14%；外资股 5.6 亿元，占 10%。

在 89 家向社会公开发行股票的试点企业中，上海、深圳有 34 家在这两市的证券交易所上市，浙江一家企业在上海证券交易所上市。[①]

据统计，1992 年，全国股份制试点企业又发展到 3700 家，在上海、深圳证券交易所公开上市的有 92 家。[②]

股份制试点企业的经验表明：实行这种企业组织形式，有利于根本转变企业经营机制，使企业成为自主经营、自负盈亏、自我发展、自我约束的市场主体，有利于增强企业活力，有利于国营资产的保值和增值，有利于筹集资金，有利于促进经济结构的调整。比如，在我们前面引证过的 710 家企业中，1987 年~1991 年，实行国家统负盈亏的 18 家企业，其活力度由 61.3 下降到 61.0，下降了 0.3；实行承包制的 600 家企业，其活力度由 62.7 上升到 64.1，上升了 1.4；而实行股份制的 6 家企业，其活力度由 64.6 上升到 70.4，上升了 5.8，原来的活力度最强，上升的速度也最快。[③] 又如，1988 年~1990 年，深圳 5 家上市公司利润平均每年增长 97%，净资产增长 1.3 倍，增幅远远超出了非股份制企业。再如，上述的向社会公开发行股票的 89 家试点企业，共筹集资金 58.1 亿元，其中有 8.3 亿元是由消费基金转化而来的。[④] 这就不仅迅速地满足了这些企业发展急需的生产资金，而且大大增强了企业活力，有效地实现了这些企业公有资产的增值。

但在这期间，股份制试点方面仍然存在许多亟待解决的重大问题。

---

① 《股份制企业组建和试点政策汇编》，企业管理出版社 1992 年版，第 25~27 页。
② 《中国经济年鉴》（1993），经济管理出版社，第 53 页。
③ 刘树人等：《中国企业活力定量评价》，中国国际广播出版社 1995 年版，第 237 页。
④ 《股份制企业组建和试点政策汇编》，企业管理出版社 1992 年版，第 28、30 页。

（1）有些试点企业不进行资产评估，或评估过低。在企业内部职工持股的股份制试点企业中，多是以企业账面净产值折股，既未计算土地使用费、厂房和设备的重置价值，也未考虑企业的无形资产；有的甚至根本不进行资产评估。这就引起了公有资产的流失。（2）有些试点企业不按股份制原则办事。有的试点企业违背股权平等、同股同利原则，对国家股、法人股和个人股实行不同的分红率，一般是个人股高于国家股、法人股。有的试点企业混淆股权与债权、股票收益与利息收入的原则区别，对股票既保息又分红，而且实行股息进成本。有的企业不开股东会，董事会由上级主管部门任命，董事会也不健全，甚至形同虚设。（3）有关部门对股份制试点企业的管理仍然采取原来的老办法，使得股份制试点企业无法正常运转。（4）在股票的发行和交易方面，由于供求关系严重失衡，引起股价波动幅度过大，出现过度投机。

解决这些问题的关键，在于使股份制企业和股票市场的组织、运作，以及政府对它们的监管实行规范化和法制化。为此，国家体改委会同政府有关部门于 1993 年 5 月发布了《股份制企业试点办法》。[①] 该办法依据国际经验并结合我国实际情况就股份制企业试点的一系列基本问题初步作了规定。

1. 股份制企业试点的目的。（1）转换企业经营机制，促进政企职责分开，实现企业的自主经营、自负盈亏、自我发展和自我约束。（2）开辟新的融资渠道，提高资金使用效益。（3）促进生产要素的合理流动，实现社会资源优化配置。（4）提高国营资产的运营效率，实现国营资产的保值、增值。

2. 股份制企业试点的原则。主要是：坚持以公有制为主体；贯彻国家产业政策；坚持股权平等；不准把公有资产以股份形式分给个人；坚持加强领导，大胆试验，稳步推进，严格规范的原则。

3. 股份制企业的组织形式。主要有股份有限公司和责任有限公司两种组织形式。

4. 股份制企业的股权设置。依据投资主体的不同，股权设置有国家股、法人股、个人股和外资股四种形式。

---

① 《股份制企业组建和试点政策汇编》，企业管理出版社 1992 年版，第 37~44 页。

5. 股份制企业试点的范围。涉及国家安全、国防尖端技术和必须由国家专卖的企业等，不进行股份制试点；国家产业政策重点发展的能源、交通、通讯等垄断性较强的行业，可以进行公有资产控股的试点；符合国家产业政策的竞争性较强的行业，尤其是资金密集型和规模经济要求高的行业，鼓励进行股份制试点。

该办法还对股份制试点企业的审批程序以及政府对股份制企业的管理，作了严格规定。

为了实施该办法，上述政府有关部门还于 1992 年 5 月颁发了《股份有限公司规范意见》和《有限责任公司规范意见》，以及与之相配套的股份制试点企业的宏观管理，会计制度、劳动工资管理，税收、审计、财务管理，物资供销管理，土地资产管理的暂行规定。

这一整套指导股份制试点企业的政策法规，初步为试点企业提供了行为规范，有利于尔后股份制试点企业的健康发展。

第四节　组建企业集团的试点

实行承包制、租赁制和股份制，可以在不同程度上实现所有权和经营权的分离，并增强企业活力。组建企业集团在这方面也有重要作用。而且，企业集团是国营经济乃至整个国民经济的骨干，是实现结构优化和技术升级的决定性力量，是参与国际市场竞争的主力。事实上，国务院在《关于深化企业改革、增强企业活力的若干规定》中，就把鼓励发展企业集团作为增强企业活力的一条重要措施提了出来。[①]

1979 年以来，随着经济体制改革的开展，企业自主权的扩大，市场调节和竞争作用的发挥，中心城市综合改革的起步，各地相继组建了一些横向经济联合体。这些经济联合体，既包括地区之间的联合，也包括企业之间的联合。这些经济联合体一出现，就在打破由传统计划经济体制造成的地区封锁和部门分割，企业组织"大而全"、"小而全"和规模不经济，避免重复生产和重复建设，发展专业化协作和规模经济，促进

---

① 《中国经济年鉴》(1987)，经济管理出版社，第 X-31~32 页。

当时正在进行的经济调整等方面，显示出重要作用。

为了促进这种经济联合的健康发展，国务院于 1980 年 7 月和 10 月先后发布了《关于推动经济联合的暂行规定》和《关于开展和保护社会主义竞争的暂行规定》。这两个暂行规定肯定了经济联合和竞争在促进经济的发展与改革方面的积极作用，并就进一步发展经济联合和竞争作了初步规定。[①] 在这两个暂行规定的推动下，企业联合体进一步发展起来。在这个基础上，就产生了一些企业集团。这可以看作是企业集团的起步阶段。

1984 年 10 月党的十二届三中全会《关于经济体制改革的决定》提出："要在自愿互利的基础上广泛发展全民、集体、个体经济相互之间灵活多样的合作经营和经济联合。"[②] 以此决定为标志，我国经济联合以及与之相联系的企业集团开始进入了发展阶段。推动这个发展的有以下三个重要因素。

1. 企业承包制特别是股份制的发展，为企业集团的发展提供了良好的微观基础。

2. 企业兼并的发展是企业集团发展强有力的催化剂。随着市场调节作用的发挥和竞争的展开，企业之间的兼并也就开始发展起来。1986 年颁布的《企业破产法》（试行），进一步推动了企业的兼并。[③] 以致兼并范围愈来愈大，由最初少数几个城市本地区、本行业内的企业兼并，向全国许多城市跨地区、跨行业的兼并发展；兼并数量愈来愈多。仅依据 24 个省、自治区、直辖市的不完全统计，1986 年~1988 年就有 2739 家企业兼并了 3265 家企业。[④]

3. 企业之间和地区之间的横向经济联合更大规模的发展，为企业集团的发展提供了更坚实的基础。比如，1981 年全国各地主要协作项目有 8555 个，1984 年发展到 17000 个，1985 年超过 40000 个，当年落实的经济联合项目总金额达到 60 亿元，比 1984 年增加了 20 亿元。[⑤]

1986 年 3 月国务院依据对发展横向经济联合的经验的总结，并针对

① 《中国经济年鉴》（1981），经济管理杂志社，第 II-128~129 页。
② 《中共中央关于经济体制改革的决定》，人民出版社 1984 年版，第 33 页。
③ 《中国经济年鉴》（1987），经济管理出版社，第 X-29~31 页。
④ 《中国经济年鉴》（1989），经济管理出版社，第 III-14~15 页。
⑤ 《中国经济体制改革十年》，经济管理出版社 1988 年版，第 294~295 页。

这方面存在的问题，作出了《关于进一步推动横向经济联合若干问题的规定》，就发展横向经济联合（特别是企业之间的横向联合）一系列重要问题作了规定。① 这个规定指出：企业之间的联合，是横向经济联合的基本形式，是发展的重点。企业之间的横向经济联合，要在自愿的基础上，坚持"扬长避短、形式多样、互惠互利、共同发展"的原则，不受地区、部门、行业和所有制的限制。要通过企业之间的横向经济联合，发展一批企业集团。

企业之间的经济联合，提倡以大中型企业为骨干，以优质品牌产品为龙头进行组织。联合可以是紧密型的、半紧密型的或松散型的。

发展经济横向联合，要有利于提高经济效益，有利于促进企业组织结构、产业结构和地区布局合理化，有利于形成商品市场、资金市场和技术市场，有利于打破条块分割，实现政企职责分开，以及所有权与经营权分开。

要维护企业横向经济联合的自主权，允许企业自愿参加，自愿退出。政府要积极推动和引导企业横向经济联合，特别是跨地区、跨部门、跨行业之间的经济联合，但要防止继续采取行政办法拼凑所谓经济联合组织。企业之间的横向经济联合组织是企业性的，不能变成行政性的公司。

这个规定还要求政府在改进计划管理，促进物资和资金的横向流通，加强生产与科技结合以及保障经济联合组织的合法权益方面，给以支持。

这个规定进一步推动了企业横向经济联合的发展。

在上述各个因素的推动下，企业集团有了较大的发展。据对 28 个省市的统计，到 1988 年底，全国各类企业集团已经达到了 1326 个。其中，大型集团有 100 多个。②

总的说来，企业集团的发展，对我国经济的发展和改革起了积极作用，但真正符合规范要求的不多。于是，1987 年 12 月，国家体改委和国家经委依据国务院的有关规定，联合提出了《关于组建和发展企业集团的几点意见》，以期规范企业集团的发展。③

但企业集团规范化，要经过很长的时间。这样，1991 年 8 月，国家

①《中国经济年鉴》（1987），经济管理出版社，第 X–10~12 页。
②《中国经济年鉴》（1989），经济管理出版社，第 III–5 页。
③《中国经济年鉴》（1988），经济管理出版社，第 IX–17 页。

计委、国家体改委、国务院生产办公室根据国务院关于选择一批大型企业集团进行试点的精神，就实现这项任务向国务院提出了请示意见。①

企业集团进行试点的目的是：促进企业组织结构的调整；推动生产要素合理流动；形成群体优势和综合功能；提高国际竞争能力；提高宏观调控的有效性。

试点企业集团必须具备的条件是：有一个实力强大、具有投资中心功能的集团核心和多层次的组织结构；企业集团的核心企业与其他成员之间，要通过资产和生产经营的环节组成一个有机的整体，但各自都具有法人资格。

选择试点企业集团要遵循的原则是：符合国家经济发展战略和产业政策，在生产建设和出口创汇中占有重要地位；提倡采取公有制企业间相互参股的形式，协调中央和地方、核心企业与成员企业之间的利益关系；提倡发展跨地区、跨部门的竞争性企业集团，不搞行业垄断与地区封锁；坚持政企职责分开，企业集团的核心企业不能承担政府的行政管理职能，也不能把行政性公司翻牌为企业集团；既要积极引导，又要谨慎稳妥，切忌一哄而起。

这个请示意见还就企业集团的内部管理以及政府对企业集团的管理提出了要求。

1991年12月14日，国务院在批转国家计委、国家体改委、国务院生产办公室《关于选择一批大型企业集团进行试点请示的通知》中提出：决定选择一批大型企业集团进行试点。

这个决定的贯彻执行，推动了企业集团试点的规范化。

第五节 与企业改革相联系的经济改革和市场发育

1985年~1992年，继续进行了与企业改革相联系的经济改革，并且取得了重大进展。

①《中国大中型企业改革与发展之路》下册，中共中央党校出版社1993年版，第247~249页。

一、计划体制的改革仍然按照缩小指令计划比重的方向继续向前发展

1984 年~1992 年，国家指令计划管理的工业产品产值比重由 40%左右下降到 11.7%，国家统一分配的物资由 60 多种减少到 19 种。[1]

二、价格改革采取了调放结合、以放为主的方针，并且在放开物价方面取得了重大进展

1984 年~1992 年，国家定价的农副产品价格比重由 40%以上下降到 12.5%，国家定价的社会零售商品价格比重由 50%以上下降到 5.9%，国家定价的生产资料价格比重由 60%以上下降到 18.7%。与此相对应的，就是政府指导价和市场调节价的比重（详见附表 41）。与此相联系，一些重要工业生产资料价格双轨制的范围以及计划价与市场价的差价均趋于缩小。

三、继续循着改革统收统支体制方向推进了财政、金融方面的改革

在这方面重要的有两点。

1. 除了先后实行的利改税和承包制以外，从 1985 年起，国家预算内基本建设投资全部由拨款改为贷款。当年国家预算内基本建设投资中拨改贷的部分占到 95.3%。[2]

2. 建立和发展金融市场。首先是建立和发展短期金融市场。在试点的基础上，1985 年以后，除了建立银行同业拆借市场以外，还建立了企业票据贴现市场和企业短期债券市场。同时建立和发展长期金融市场。从 1981 年开始，特别是 1985 年以来，我国先后发行了国库券、国家重点建设债券、金融债券以及企业债券和股票。80 年代中期以后，有价证券二级市场开始建立。1986 年以来，沈阳、上海、重庆、武汉、广州等许多城市开办了有价证券转让业务。1990 年~1991 年先后建立了上海证券交易所和深圳证券交易所。1992 年证券发行额达 1280 亿元。其中，国库券 410 亿元，国家重点建设债券 127 亿元，金融债券 255 亿元，企业债券和股票分别为 379 亿元和 109 亿元。证券流通总量 1044 亿元，债券和股票分别占 34%和 66%。[3] 1992 年，建立国务院证券委员会和证券监督委员会，发布了一系列规定，初步规范了证券市场，并初步形成了集中交易

[1]《中国经济年鉴》（1992），经济管理出版社，第 46 页；《中国经济年鉴》（1993），经济管理出版社，第 53 页。
[2]《中国经济体制改革十年》，经济管理出版社 1988 年版，第 500 页。
[3]《中国经济年鉴》（1993），经济管理出版社，第 833 页。

和分散交易相结合的格局。即上海证券交易所、深圳证券交易所交易上市公司的个人股，北京的全国证券交易自动报价系统进行国库券交易和法人股流通试点，天津、武汉、沈阳交易中心则主要是进行国库券和投资基金债券的交易；分散在全国各地的 3000 多个证券营业网点进行债券的柜台交易。

四、这期间还推进了劳动、工资和社会保障制度的改革

1992 年，国营经济单位使用的劳动合同制职工由 1984 年 174 万人增加到 2058.5 万人，占职工总数的比重也由 2% 上升到 18.9%；实行工资总额与经济效益挂钩浮动的企业已经达到 95544 户，职工人数达到 3223.2 万人；参加养老保险费用统筹的企业 33.6 万户，占应参加企业总数的 95.5%，在职职工 5874.3 万人，退休、离休职工 1204.4 万人。这年已经基本实现了养老保险费用的县（市）统筹，还有 11 个省（自治区、直辖市）已过渡到省（自治区、直辖市）统筹，铁路、水利、电力、邮电、建筑等系统实行了按行业统筹；参加待业保险的企业 47.6 万户，职工 7443 万人。[①]

五、国营资产管理和改革开始起步

新中国成立以来，经过几十年建设，我国国营资产已经达到了很大的规模。据国营资产管理局汇总，1989 年全国预算内国营企业和事业单位国营资产总额达到 17343 亿元。[②] 这样，有效地实现国营资产的保值和增值，对于推进改革、发展生产就具有十分重要的意义。而且，随着改革的发展，国营资产流失状况也日趋严重。因而，加强国营资产管理工作就被提到重要日程。为此，1990 年 7 月，国务院发布了《关于加强国营资产管理工作的通知》。[③] 加强国营资产管理，也作为一项重要的改革任务，列入了"八五"计划纲要（1991 年~1995 年）。[④] 据此，90 年代初，在加强国营资产管理方面做了以下几项重要工作。

1. 逐步建立和健全国营资产管理机构。国务院确定，由财政部和国家国营资产管理局行使国营资产所有者的职能，国营资产管理局专职进

---

①《中国劳动统计年鉴》(1993)，中国统计出版社，第 430 页；《中国劳动统计年鉴》(1994)，中国统计出版社，第 425、429 页；《中国统计年鉴》(1997)，中国统计出版社，第 113 页。

②《中国经济年鉴》(1991)，经济管理出版社，第Ⅲ-229 页。

③《中国大中型企业改革与发展之路》下册，中共中央党校出版社 1993 年版，第 234~235 页。

④《中国经济年鉴》(1991)，经济管理出版社，第Ⅰ-68 页。

行这项工作，并由财政部归口管理。

2. 开展清产核资、资产评估、界定产权和产权登记。在当时资产不清、资产未评或低评、产权不清的情况下，这些都是加强国营资产管理的必要的基础工作。

3. 加强了企业改革中的国营产权的管理。针对承包制实施中发生的承包指标过低，折旧基金和生产发展基金提得不足的情况，设置了国营资产增长率、折旧基金提足率和生产发展基金的提取比例等综合配套的指标，并加强了这方面的考核。还针对租赁制实施中租金流失，以及股份制试点中国家股、法人股和个人股同股不同权的情况，采取了相应措施。

4. 财政部和国家国营资产管理局积极进行各种试点，探索建立国营资产管理新体制。比如，依据邮电行业自然垄断的特点，国营资产管理局委托邮电部门对其所属的国营资产进行经营管理。又如，国营资产管理局委托中国科学院控股公司对其下属公司的国营资产进行经营管理。

当然，所有这些都只能看作是加强国营资产管理工作和国营资产管理体制改革的起步。

与企业改革和经济改革取得重大进展相联系，在发育市场体系方面也取得了明显成效，商品市场和要素市场都有很大发展。1992 年，全国已建立生产资料和工业消费品的批发市场各 1000 多个，农副产品批发市场 1600 多个，工业小商品市场 3000 多个，城乡集贸市场近 80000 个。1990 年以后，相继建立了郑州粮食批发市场、上海金属交易所和深圳有色金属交易所，并开始推出标准合约的期货交易。1993 年仅政府部门创办的职业介绍所就达 1.5 万家；全国技术贸易机构达到 2.8 万个，从业人员 68.6 万人；初步形成了一支 50 万人的技术经纪人队伍，技术合同总成交额 151 亿元；全国国营土地使用权共出让 2.2 万公顷，商品房销售 4288.9 万平方米。①

这期间的经济改革和市场发育虽有许多不足乃至失误，但却从多方面推动了多种形式的承包经营责任制的发展。

综上所述，无论企业改革还是经济改革、市场发育，各项改革均呈现出全面改革阶段的特征，与 1979 年~1984 年起步阶段的改革具有明显

①《中国经济年鉴》(1993)，经济管理出版社，第 833~834 页。

的差别。需要着重提到：就产品的计划体制和价格体制的改革来说，基本打破了改革前的计划调节为主的格局，初步形成了市场调节为主的格局。

但是，就这期间改革的指导思想来说，1984年党的十二届三中全会关于"有计划的商品经济"的提法，特别是1987年党的十三大关于"国家调节市场，市场引导企业"的提法，比1982年党的十二大关于"计划经济为主、市场调节为辅"的提法，是大大前进了，但毕竟没有像后来那样把经济体制改革的目标确定为建立社会主义市场经济。就改革的措施来说，有的是不成熟的（比如，依靠实行承包制，并不能使企业成为自主经营和自负盈亏的市场主体）；有的有正面作用，但负面作用比较大（如1985年不区分新老企业的情况，一刀切地实行拨改贷，成为许多国营企业技术改造乏力、资产负债率过高的一个重要原因）；有的虽然当时有些作用，但只是改革进程中的一种探索（如这期间继续推行的利改税）。就改革进程说，这期间总的方向是前进的，但在1989年夏季以后的一段时间内，改革的某些方面虽在前进（其中，价格改革方面还有重大的进展），也有一些重要方面事实上处于停顿状态。当然，其原因部分是受调整经济的制约，部分是由于计划经济观念的回潮。但更重要的问题还在于：改革是极其艰巨的任务，它的实施需要一系列的条件，它的完成需要很长的时间。因此，尽管这期间改革取得了重大进展，但并不能从根本上实现改革的任务。

第三章 国营工业企业内部的制度改革与经营管理

第一节 普遍推行厂长负责制

1985 年~1992 年间，国营工业内部的制度改革主要包括两方面：（1）普遍推行厂长负责制。（2）人事、劳动、工资制度的改革。我们分两节叙述这些改革。

1984 年 5 月六届全国人大二次会议正式宣布：逐步将国营企业党委领导下的厂长负责制改为厂长负责制。1984 年 10 月党的十二届三中全会又强调了要实行厂长负责制。据此，先在北京、天津、上海、沈阳、大连、常州 6 个城市进行了厂长负责制试点。依据这些试点经验的总结，并且为了规范厂长负责制，以及厂长与企业党组织和职代会之间的关系，1986 年 9 月，中共中央、国务院颁发了《全民所有制工业企业厂长工作条例》、《中国共产党全民所有制工业企业基层组织工作条例》和《全民所有制工业企业职工代表大会条例》。① 在这些条例的规范和推动下，厂长负责制在工业企业中迅速推开。

为了使厂长负责制取得更有力的法律保障，依据推行厂长负责制经验的进一步总结，1988 年 4 月七届全国人大一次会议通过的《中华人民共

---

① 《中国大中型企业改革与发展之路》下册，中共中央党校出版社 1993 年版，第 192~197 页。

和国全民所有制工业企业法》，又对厂长负责制作了专门的规定。[①] 如果仅就国营企业内部制度的改革来说，实行厂长负责制，是这部工业企业法的灵魂。

这些条例和法律对厂长负责制以及企业基层党委和职工代表大会的职权作了明确规定。

一、关于厂长负责制

厂长的产生和任期。其产生方式，一是主管部门委任或者招聘；二是企业职工代表大会选举。政府主管部门委任或者招聘的厂长人选，须征求职工代表的意见；企业职工代表大会选举的厂长，须报主管部门批准。厂长实行任期制，每届任期 3 年~5 年，可以连任。

厂长的地位和职权。厂长是企业法定代表人。企业建立以厂长为首的生产经营管理系统。厂长在企业中处于中心地位，对企业的物质文明和精神文明建设负有全面责任。厂长依法领导企业的生产经营管理工作，行使下列职权：决定或者报请审查批准企业计划；决定企业行政机构设置；提请政府主管部门任免或者聘任、解聘副厂级行政领导干部；任免或者聘任、解聘企业中层行政领导干部；提出工资调整、奖金分配和福利基金使用的方案，以及重要的规章制度，提请职工代表大会审查同意或审议决定；奖惩职工，提请政府主管部门奖惩副厂级行政领导干部。

企业设立管理委员会。该委员会协助厂长决定企业的重大问题。其成员由企业各方面负责人和职工代表组成，厂长任主任。

厂长的奖惩。厂长在领导企业完成计划、提高产品质量和服务质量、提高经济效益和加强精神文明建设等方面成绩显著的，由政府主管部门给予奖励。厂长在工作中发生过错，也由主管部门依据情节轻重给予处分。[②]

二、关于党的企业基层组织

企业中党的基层委员会的主要任务：保证和监督党和国家各项方针、

---

① 《中国经济年鉴》（1989），经济管理出版社，第Ⅷ–15 页。
② 这里需要补充指出：1986 年 12 月国务院《关于深化企业改革增强企业活力的若干规定》对厂长的奖惩问题还作了具体规定："凡全面完成任期内年度责任目标的，经营者的个人收入可以高于职工平均收入的一至三倍。做出突出贡献的还可以再高一些。完不成年度责任目标的，应扣减厂长的个人收入。"载《中国经济年鉴》（1987），经济管理出版社，第Ⅹ–31 页。

政策的贯彻实施；搞好企业党的思想建设、组织建设，改进工作作风；支持厂长实现任期目标和生产经营的统一指挥，做好职工思想政治工作；加强对群众组织的思想政治领导，做好群众工作。

保证和监督的主要内容：企业生产经营的社会主义方向；企业职工能够充分享有民主权利；企业正确处理好国家、企业和职工三者利益关系；企业遵纪守法，维护国家利益和企业的合法权益；企业和厂长正确执行党的方针、政策。

保证监督的主要方法：组织党员、干部学习党和国家的方针、政策、法律、法规，发挥党员的先锋模范作用；定期听取厂长的工作报告，提出意见和建议；加强纪律检查工作；健全党的组织生活制度，开展批评与自我批评；通过各种形式监督干部。

三、关于职工和职工代表大会

职工有参加企业民主管理的权利；有享受劳动保护、劳动保险、休息、休假的权利；有对领导干部提出批评和控告的权利。

职工代表大会是企业实行民主管理的基本形式，是职工行使民主管理权力的机构。职工代表大会行使下列职权：听取和审议厂长关于企业的经营方针、长远规划、年度计划、基本建设方案、重大技术改造方案、职工培训计划、留用资金分配方案、承包和租赁经营责任制方案的报告；审查同意或者否决企业的工资调整方案、奖金分配方案、劳动保护措施、奖惩办法以及其他重要的规章制度；审议决定职工福利基金使用方案、职工住宅分配方案和其他有关职工生活福利的重大事项；评议、监督企业各级行政领导干部，提出奖惩和任免的建议；根据政府主管部门的决定选举厂长，报政府主管部门批准。

在这些条例和法律的推动下，厂长负责制在国营工业企业中，以燎原之势迅速铺开。到 1987 年 12 月底，国营工业企业实行厂长负责制的已达 4.4 万个，占同类企业总数的 77%。1988 年底，全国有 95% 的国营工业企业实行了厂长负责制。根据 29 个省、自治区、直辖市和国务院 34 个部委对 2.76 万个已经实行厂长负责制的工业企业的统计分析，厂长能够较好地行使指挥权、决策权、用人权，党政工三者关系协调，企业工作有很大起色的占 40%；工作有起色，效果一般的占 50%；问题较多，领导班子内部不团结的占 10%。①可见，厂长负责制对我国经济发展起了积极的推动作用。

　　显然，上述各项条例和法律仍然是以政企不分为前提的。因此，按照这些规定实行的厂长负责制，同现代企业制度所要求的法人治理结构还有重大差别。但这些条例和法律，相对于 1983 年国务院颁发的《国营工业企业暂行条例》规定的党委领导下的厂长负责制来说，仍不失为我国工业企业领导制度的重大变革。

第二节　改革企业内部的人事、劳动和工资制度

　　在计划经济体制下，在人事、劳动和工资制度方面，事实上逐步形成了干部任职终身制、职工就业终身制和分配方面的平均主义。这三方面的形象说法是"铁交椅"、"铁饭碗"和"大锅饭"。市场取向的改革，在人事、劳动和工资方面，就是要根本改变"铁交椅"、"铁饭碗"、"大锅饭"。

一、人事制度的改革

　　这期间人事制度的改革，主要就是前面说过的由党委领导下的厂长负责制改为厂长负责制。除此以外，还开始进行了以下两项重要改革。

　　1. 实行公开招标选聘承包经营者。1987 年普遍推行承包经营责任制以后，就开始试行通过公开招标的方式，择优选聘承包经营者。到 1988 年，全国实行承包制的国营工业企业中，通过公开招标选聘承包经营者的约占 30%。②有些地方还开始建立承包经营者市场。经验证明：通过公开招标选聘承包经营者，不仅有利于优化承包经营方案，而且有利于克服"铁交椅"的弊端，有利于经营者市场的形成，有利于企业家的成长。

　　2. 干部聘任制。这期间开始推行这项制度的范围，不仅包括企业主管部门对厂长的聘任，而且扩及到厂长对副厂长、中层干部和技术人员的聘任。实行这种制度，要求有明确的聘任期内的目标责任制。聘任期满以后，依据完成目标责任状况，决定是否续聘和奖惩。随着承包经营

　　①《中国经济体制改革十年》，经济管理出版社 1988 年版，第 236 页；《中国经济年鉴》(1989)，经济管理出版社，第Ⅲ-4 页。
　　②《中国大中型企业改革与发展之路》下册，中共中央党校出版社 1993 年版，第 64 页。

责任制和厂长负责制的实行，干部聘任制也在许多企业逐步开展起来。并且，对"铁交椅"形成了强大冲击。

二、劳动制度的改革

1980 年以后，我国就开始了劳动制度的改革。到 80 年代中期，这项改革已经取得了很大进展。依据这项改革经验的总结，1986 年 7 月，国务院发布了关于劳动制度改革的 4 个规定。即《国营企业实行劳动合同制暂行规定》、《国营企业招收工人暂行规定》、《国营企业辞退违纪职工暂行规定》和《国营企业职工待业保险暂行规定》。[①] 1988 年 4 月七届全国人大一次会议通过的《中华人民共和国全民所有制工业企业法》，[②] 以及 1992 年 7 月国务院发布的《全民所有制工业企业转换经营机制条例》，[③] 对劳动制度改革问题作了进一步规定。

1. 企业享有劳动招工权。企业按照面向社会、公开招收、全面考核、择优录用的原则，自主决定招工。

2. 企业有权决定用工形式。企业可以实行合同化管理或者全员劳动合同制。企业可以与职工签订有固定期限、无固定期限或者以完成特定生产工作任务为期限的劳动合同。企业和职工按照劳动合同规定，享有权利和承担义务。

3. 企业有权在做好定员、定额的基础上，通过公开考评，择优上岗，实行合理劳动组合。对富余人员，企业可以采取发展第三产业、厂内转岗培训、提前退出岗位休养以及其他方式安置；政府有关部门可以通过厂际交流、职业介绍机构调剂等方式，帮助其转换工作单位。富余人员也可以自谋职业。

4. 企业有权依照法律、法规和企业规章，解除劳动合同、辞退、开除职工。对被解除劳动合同、辞退和开除的职工，待业保险机构依法提供待业保险金，劳动部门应当提供再就业机会。

5. 待业保险基金的筹集和使用。职工待业保险基金的来源是：企业按照其全部职工标准工资总额的 1% 缴纳的待业保险基金；职工待业保险基金存入银行后，由银行按国家规定支付的利息；地方财政补贴。

①《中国大中型企业改革与发展之路》下册，中共中央党校出版社 1993 年版，第 188~192 页。
②《中国经济年鉴》(1989)，经济管理出版社，第Ⅷ–15 页。
③《中国经济年鉴》(1993)，经济管理出版社，第 595~601 页。

职工待业保险基金的开支是：宣告破产的企业职工和濒临破产的企业法定整顿期间被精简的职工，在待业期间的待业救济金、医疗费和救济费；上述两类企业的已经离休、退休职工或符合离休、退休条件的职工的离休、退休金；企业辞退的职工和终止、解除合同的工人，在待业期间的待业救济金和医疗补助费；待业职工的转岗训练费和生产自救费等。

上述各项规定推动了我国劳动制度的改革。有关劳动合同制和待业保险事业的发展成就，我们在本编第二章已经列举了这方面的数字。这里需要补充提到：实行合理劳动组合的成就，合理劳动组合是对包括劳动合同制职工和固定工实行合同化管理的一种重要方式。到 1990 年底，全国国营企业实行合理劳动组合的已经达到 5 万多户，职工 1500 多万人；大多数省、自治区、直辖市都进行了这项改革的试点，部分城市在各行业普遍进行了这项工作。[1] 合理劳动组合初步显示了减人增效的效果。据对试行合理劳动组合企业的调查，减员率达 9.59%，劳动生产率提高一成。[2]

三、工资制度的改革

1979 年以后，我国就开始了工资制度的改革。但在 1985 年以前，主要还是伴随扩大企业自主权，扩大了企业对奖金的分配权。此外，还有一些企业进行了两方面试点：一是工资总额与经济效益挂钩浮动；二是试行新的工资形式。但在 1985 年以后，随着以扩大企业自主权为特征的工业经济体制改革的进一步发展，特别是随着以实行承包制为重点的工业经济体制的扩展，工资制度改革也向前发展了。

为了贯彻党的十二届三中全会《关于经济体制改革的决定》的精神，国务院于 1985 年 1 月发布了《关于国营企业工资改革问题的通知》，就国营企业工资改革一系列问题作了明确规定。[3] 1992 年 7 月国务院发布的《全民所有制工业企业转换经营机制条例》，又对工资改革问题作了进一步规定。[4]

从 1985 年起，在国营大中型工业企业中，实行职工工资总额同经济效益挂钩的制度。

---

[1]《中国经济年鉴》（1991），经济管理出版社，第Ⅱ-64 页。
[2]《中国经济年鉴》（1990），经济管理出版社，第Ⅱ-55 页。
[3]《中国大中型企业改革与发展之路》下册，中共中央党校出版社 1993 年版，第 171~172 页。
[4]《中国经济年鉴》（1993），经济管理出版社，第 595~601 页。

1. 企业的工资总额依照政府规定的工资总额与经济效益挂钩的办法确定，企业在提取的工资总额内，有权自主使用、自主分配。

2. 要从实际出发，选择能够反映企业经济效益的指标，作为挂钩指标。工业企业一般可以实行工资总额与上缴利税挂钩，产品单一的企业可以同最终产品的销量挂钩。政策性亏损企业，可以按减亏幅度作为主要经济指标与工资总额挂钩。经营性亏损企业，在扭亏为盈以后，工资总额才可以随经济效益按比例浮动。

3. 企业工资总额与经济效益挂钩浮动的比例，一般上缴利税总额增长 1%，工资总额增长 0.3%~0.7%，某些特殊行业和地区，可以超过 0.7%，但最多不超过 1%。上缴利税下降时，工资总额要相应下浮。为了保证职工的基本生活，下浮工资总额可作适当限制。

4. 企业内部的工资改革，要贯彻按劳分配原则，体现奖勤罚懒、奖优罚劣，体现多劳多得、少劳少得，体现脑力劳动和体力劳动、简单劳动和复杂劳动、熟练劳动和非熟练劳动、繁重劳动和非繁重劳动之间的合理差别。至于具体工资分配形式，是实行计件工资还是计时工资，工资制度是实行等级制，还是实行岗位（职务）工资制、结构工资制，是否建立津贴、补贴制度，以及浮动工资、浮动升级等，均由企业根据实际情况，自行研究决定。但不论实行什么工资形式和工资制度，都必须同建立、健全以承包为主的多种形式的经济责任制结合起来，层层落实，明确每个岗位、每个职工的工作要求，使职工的劳动报酬与其劳动贡献挂起钩来。

至于国营小型工业企业，按照国家有关规定，继续实行全民所有、集体经营、照章纳税、自负盈亏的办法，在缴足国家税收、留足企业发展基金之后，由企业自主分配。

关于工资总额与经济效益挂钩的进展情况，我们在本编第二章已经列举了这方面的数字。这里需要补充指出：1988 年，在 40 多万个国营企业中，已有 80% 的企业在不同程度上推进了企业内部分配制度的改革。这些工资改革对提高经济效益起了有益的作用。据有关部门 1989 年调查，实行工资总额与经济效益挂钩的企业的利税率，比没有实行挂钩的企业要高出 5 个多百分点，而工资增长率要低 1~2 个百分点。①

但是，上述企业内部的人事、劳动和工资改革，像承包经营责任制和厂长负责制一样，都是以政企不分为前提的，因而本身就存在很大局限性。而且在执行中也存在诸多问题。但它们毕竟是市场取向改革中的一个过渡环节，是起了有益作用的。

第三节　加强企业经营管理

1976 年粉碎"四人帮"以后对企业进行的整顿，特别是 1979 年以后对企业进行的整顿，使国营工业企业面貌发生了很大变化。但是，由于计划经济体制还未根本改革，企业经营管理人员素质不高，以及以包（各种形式的承包经营责任制）代管（企业管理）倾向等多种因素的影响，企业经营管理落后的面貌并没根本改变。其突出表现是许多企业产品质量差，物质消耗高，经济效益差。这种情况不适应市场取向改革的要求，也不适应社会主义现代化建设的要求。为此，1986 年 7 月国务院发布了《关于加强工业企业管理若干问题的决定》。②

1. 要把提高产品质量、降低物质消耗和提高经济效益，作为考核企业经营管理水平的主要指标。为此，提出国家特级企业、国家一级企业、国家二级企业和省（自治区、直辖市）级先进企业的主要标准。

国家特级企业的主要标准是：主要产品质量和物质消耗指标，达到国际先进水平，进入世界先进行列。国家一级企业的主要标准是：主要产品质量达到国际 70 年代末 80 年代初的先进水平，主要物质消耗指标达到 1985 年国内同行业先进水平。国家二级企业的主要标准是：有在国内同行业领先、适合市场需要的优质名牌产品，主要物质消耗指标达到 1985 年国内同行先进水平。省（自治区、直辖市）级先进企业的主要标准是：有在省内同行业领先、适合市场需要的优质名牌产品，主要物质消耗指标达到 1985 年省（自治区、直辖市）内同行业先进水平。

①《中国经济年鉴》（1989），经济管理出版社，第Ⅳ-48 页。
②《中国大中型企业改革与发展之路》下册，中共中央党校出版社 1993 年版，第 186~187 页。

2. 为了实现上述目标，要积极推行和完善全面质量管理，建立质量保证体系；要认真搞好节约能源、降低物质消耗工作；要加强企业管理基础工作，加快企业管理现代化步伐；大力推进企业的技术进步，加快产品更新换代和技术改造；要加强财务管理，搞好经济核算；要改进和加强经营工作，从生产型转变为生产经营型；要认真抓好生产安全工作。

3. 为了加强企业的经营管理，要普遍推行厂长负责制，同时健全职工民主管理制度；要完善和发展企业内部的经济责任制，做到责权利相结合；要切实搞好职工培训，不断提高职工队伍素质；要加强劳动纪律，从严治厂；要加强和改进思想政治工作。同时，政府各级经济管理部门要贯彻政企分开原则，保证企业的正当权益，并从多方面为企业提高经营管理水平创造良好的外部环境。

上述各项加强企业经营管理规定的贯彻执行，使企业管理基础工作有所加强。许多企业抓了标准化、计量、定额、信息、规章制度、基础教育、班组建设等 7 项管理建设并取得一定成效。据教育和劳动部门统计，1989 年培训的工人达 1830 万人，占工人总数的 24.5%；其中岗位和技术业务培训的职工分别为 490 万人和 1340 万人。在大中型企业中，各种定额已建立起来。据机电、冶金、化工、纺织等 11 个部门不完全统计，已制定劳动、物资、资金、费用等各项劳动定额 20 多万项。其中当年制定的有 800 多项，定额覆盖面已占全部生产工人的 50%以上。在产品技术标准方面，据国家技术监督局统计，全国工业企业制定和修订的国家标准 2652 个，国家标准的累计数已达 1.6 万个，其中 70%达到国际 70 年代末、80 年代初的水平，部分已达当代世界先进水平；制定各行各业的专业标准更多，当年有 1257 个，累计数已达 5500 多个。计量工作也有发展，全国制定一级计量合格标准的企业有 150 个，累计数已达 734 个；制定二级计量合格标准的企业有 1800 个，累计数已达 12000 多个。这些企业的计量器具配备率、计量检测率，都在 90%以上。同时，一批管理基础好的大中型企业，结合技术进步，用现代化管理技术来改进传统的管理方式，创造了一些具有特色的管理方法。归纳起来大体有：企业整体优化法、专业系统控制法和生产现场规范管理法三大类。与此同时，各地区、各部门还抓了以"抓管理、上等级，全面提高素质"为主要内容的企业升级工作。1987 年~1990 年通过企业自愿申请、地区和部门推荐，主管部门严格考核，审定了一级企业 133 个；二级企业 4211 个，其中工业企业 3629 个，占二级企业 86.2%，占预算内工业企业总数的 9.3%；省、自治区、直辖市审定的先进企业 18000 个。据 45 个国家一级企业与升级前的 1985 年相比，60% 的产品质量上了一个等级，利润、消耗和效益指标，大大优于同行业的平均水平。其中百元资金利税率高出 3.28 倍，人均实现利税高出 5.8 倍，全员劳动生产率高出 3.96 倍。

以搞革新、攻难关、赛劳动、比贡献的合理化建议活动，在各地普遍展开。据全国总工会发布的公报，全国有 139 万职工提出各类合理化建议 1389 万件，其中被采纳的 653 万件。在已实施的合理化建议中，能计算价值的 176 万件，创造和节约的价值达 156 亿元。同时，全国有 371 万个基层单位开展了社会主义劳动竞赛，为国家多创经济效益 100 亿元。[1]

但是，企业经营管理改善状况很不理想。比如，1984 年~1992 年，国营独立核算工业企业资金利税率由 24.2% 下降到 9.71%；亏损企业亏损总额由 26.61 亿元增加到 369.27 亿元。[2] 当然，造成这种经济效益大幅度下降的原因是多方面的。举其要者有：由农产品和基础工业产品价格上扬、工资上升和贷款利息增长而导致的企业成本大幅上升，由乱收费、乱摊派、乱罚款而导致的企业收入的大量流失，等等。但上述经济效益下降状况也表明这期间企业经营管理水平并无显著提高。

①《中国经济年鉴》（1990），经济管理出版社，第Ⅱ-18 页；《中国企业管理年鉴》（1991），企业管理出版社，第 595 页。
②《中国统计年鉴》（1985），中国统计出版社，第 375 页；《中国统计年鉴》（1993），中国统计出版社，第 430、438 页。

第四章 城乡集体工业的改革与发展

第一节 城镇集体工业的改革与发展

一、城镇集体工业的改革

党的十一届三中全会以后，就开始纠正过去长期存在的根本否定集体所有制，用管理国营企业办法管理集体企业的"左"的错误，并在把经营自主权归还于集体企业、改统负盈亏为自负盈亏等方面取得了重要进展。但由于各种因素的制约，这方面的正确政策并没得到有效的贯彻；而且，已经取得的改革成果并不巩固，甚至有反复。有的地方城镇集体企业的主管部门将已归还企业的自主权又收回来。这是其一。其二，50年代建立起来的集体所有制实现形式的本身，也需要适应生产力发展的要求，并依据改革经验的总结来进行改革。其三，伴随国营经济改革的深入发展，集体经济的改革，也显得更迫切了。凡此种种情况表明，城镇集体工业的经济改革，仍然是这期间的一项重要任务。而且，这方面的改革仍然是这期间城镇集体工业发展的一个最重要动力。

为此，1984 年 10 月，轻工业部、全国手工业合作总社依据党的十二届三中全会《关于经济体制改革的决议》做出了《关于轻工业集体企业若干问题的暂行规定》。同年 11 月，国务院批转了这个规定。[①] 依据这些决

---

① 《中国经济年鉴》（1985），经济管理出版社，第 X-27 页。

议和规定，这期间在城镇集体工业方面进行了以下七项重要改革。

1. 进一步维护集体所有制，把集体企业应该享有的权利全部归还给企业。为此，1986 年 6 月，国务院就批转轻工业部、全国手工业合作总社《关于纠正平调二轻集体企事业资产问题的报告》发出通知，要求保护集体经济的合法权益，禁止任何组织或个人用任何手段侵占或破坏集体财产。要求各地区各部门对本地区所发生的平调二轻集体企事业资产的问题，进行一次认真检查，并采取坚决措施加以纠正。①

2. 广泛推行以承包制为重点的多种形式的经营责任制。20 世纪 80 年代初，各地城镇集体企业就开始实行多种形式的承包经营责任制。到 1984 年底，实行这种责任制的城市集体企业已经达到了总数的 70%；到 1985 年底，又上升到 85%。1987 年国营企业普遍实行承包经营责任制以后，城市集体企业的承包经营责任制又得到了进一步发展，并借鉴国营企业实行公开竞争招标和抵押承包的经验，将竞争机制和风险机制引入承包制，进一步完善了这种责任制。

在城市集体企业普遍实行承包经营责任制的同时，有些小型集体企业也开始试行租赁经营责任制。1988 年 6 月，国务院发布的《全民所有制小型工业企业租赁经营暂行条例》明确提出："集体所有制工业企业实行租赁经营的，可参照本条例执行。"② 在这个精神的指导下，租赁制在城市集体企业中得到了进一步发展和完善。

3. 开始推行股份合作制和股份制。如果说，推行以承包制为重点的多种形式经营责任制，还只是实行所有权和经营权分离的改革，那么，实行股份合作制，则是一种更根本的产权制度改革。因为在这里既有劳动的联合，又有资本的联合；收入分配也是根据劳动和资本这两种要素进行的。但这种制度在 50 年代中期我国手工业合作化过程中就已经产生了。后来，由于急于求成的"左"的错误，否定了这种适合我国社会生产力要求的、很有生命力的制度，代之以完全劳动联合、并完全按劳分配的手工业生产合作社。然而，改革以后在有些城镇集体企业中试行的股份合作制，又不是完全重复过去的做法。比如，仅就资本入股来说，

①《改革开放十四年纪事》，中共中央党校出版社 1993 年版，第 593 页。这里需要说明：我国轻工系统包括一轻系统和二轻系统，属于前者的是国营工业，属于后者的是集体工业。

②《中国经济年鉴》(1989)，经济管理出版社，第Ⅷ-22 页。

就不只是集体企业成员的个人资本，还有集体企业的资本（由集体企业自身积累而来），以及国家和联社的投资。

相对股份合作制来说，股份制则更是一种根本性产业制度改革。因为这里只有资本的联合，而且股份制是公司制中的一种最发展的形态。当然，这两种制度各有适用的条件和范围以及各自具有的优越性和局限性。这期间，在城镇集体企业中也开始实行股份制。依据对 34 个省、自治区、直辖市和计划单列市的不完全统计，到 1991 年底，全国共有各种类型的股份制企业达到 3220 家，其中原来为城镇集体企业的就占到总数的 63%。①

4.在发展横向联合的基础上，组建企业集团。像国营企业一样，随着竞争的开展，城镇集体企业之间以及它与其他各种所有制企业之间的横向联合也发展起来。在这个基础上，许多企业集团也组建起来。这期间组建起来的企业集团主要有以下四种形式：（1）由联合或兼并形成的专业化企业集团。如由 32 家企业联合建成的广东半球实业集团。（2）由多家企业参股形成的股份制企业集团。如由 150 多个入股成员组成的金狮集团股份有限公司。（3）由工贸结合形成的企业集团。如广州万宝电器集团公司。（4）以资产为纽带，集生产、经营和服务于一体的综合性企业集团。如浙江二轻企业集团。

5. 在对外开放方面也取得了重要进展。对外开放是经济改革的延伸和重要内容。改革以来，城镇集体企业（特别是东南沿海地区的城镇集体企业）在引进外国资金和技术、发展对外贸易以及举办"三来一补"、中外合资企业和中外合作企业等方面，发挥了愈来愈重要的作用。到 80 年代中期以后，随着全国对外开放事业的发展，这种作用就更为明显。到 1988 年，全国轻工系统累计利用外资总额已达 15.1 亿美元，占当年全国利用外资总额 102.26 亿美元的 14.7%。② 其中，1115 个中外合资和合作经营企业直接吸收外资 5 亿美元；引进技术、设备 2 亿美元；"三来一补"费用 3 亿美元；外国贷款 4.2 亿美元。

6. 推行厂长负责制。以上五方面的改革，主要是涉及到城镇集体企

---

① 《股份制企业组建和试点政策汇编》，企业管理出版社 1992 年版，第 25~27 页。
② 《中国统计年鉴》（1993），中国统计出版社，第 647 页。

业的外部改革。第六点是城镇集体企业的内部改革。80 年代初，在城镇集体企业中就开始进行厂长负责制改革试点。1984 年党中央、国务院决定在国营企业逐步推行厂长负责制以后，厂长负责制也在城镇集体企业中推行开来。到 1986 年底，辽宁省二轻系统已有 81%的城镇集体企业实行了厂长负责制，其中部分企业还实行了厂长任期目标责任制。全国其他各省在这方面的情况也大体类似。

7. 实行职工退休费统筹。改革以前，城镇集体企业职工的退休费，都由各个企业自己支付，但由于有些企业经营状况不佳和退休职工人数增加等方面的原因，支付不了。为此，轻工业部依据国务院的精神在 1984 年和 1985 年两次发出关于轻工业集体企业实行退休费用统筹的规定，要求二轻系统集体企业退休费由企业自支逐步转向社会统筹。到 90 年代初，大体实现了这个转变过程，从而初步解决了城镇集体企业职工老有所养的问题。

以上各项改革都是初步的、不规范的、不巩固的。为了巩固和规范已有的改革，把改革进一步推向前进，同时也为了规范和加强城镇集体企业内部的管理，依据改革经验的总结，1991 年 9 月国务院发布了《城镇集体所有制企业条例》。

二、《城镇集体所有制企业条例》的主要内容[①]

城镇集体企业的性质。城镇集体所有制企业是财产属于劳动群众集体所有，实行共同劳动，在分配方式上以按劳分配为主体的社会主义经济组织。

集体企业应当遵循的原则是：自愿组合、自筹资金，独立核算、自负盈亏，自主经营、民主管理，集体积累、自主支配，按劳分配、入股分红。

集体企业、职工代表大会和厂长（经理）在国家法律、法规的规定范围内享有的权利（职权）如下：

集体企业的权利是：对其全部财产享有占有、使用、收益和处分的权利，有权拒绝任何形式的平调；自主安排生产经营、服务活动；享有法定的定价、外贸、信贷和投资方面的权利；确定经济责任制形式、工

①《中国经济年鉴》（1992），经济管理出版社，第 708~712 页。

资形式和奖金、分红办法的权利；决定机构设置、人员编制、劳动组织形式、用工办法以及录用、辞退和奖惩职工的权利等。

职工代表大会的职权是：制定、修改集体企业章程；选举、罢免、聘用、解聘厂长（经理）、副厂长（副经理）；审议厂长（经理）提交的议案，决定企业重大的经营管理问题；审议并决定企业职工工资形式、工资调整方案、奖金和分红方案、职工住宅分配方案以及职工奖惩办法等。

厂长（经理）的职权是：领导企业日常生产经营和行政工作；主持编制并向职工代表大会提出企业的中长期发展规划、年度生产经营计划和固定资产投资方案，以及机构设置方案和劳动组织的调整方案；任免或者聘任、解聘企业中层行政领导干部；提出企业年度财务预算、决算方案和利润分配方案，以及经济责任制方案、工资调整方案、劳动保护措施方案和奖惩办法等。

集体企业和厂长（经理）也要按照国家的法律、法规的规定承担相应的义务（职责）。

集体企业的财产管理。集体企业的公共积累，归本企业劳动群众集体所有；集体企业中的联合经济组织的投资，归该组织范围的劳动群众集体所有；职工股金，为职工个人所有；集体企业外的单位和个人投资，归投资者所有。

集体企业的收益分配。集体企业的税后利润，由企业依法自主支配，按规定确定公积金、公益金、劳动分红和股金分红的比例；企业职工劳动报酬必须坚持按劳分配原则；股金分红要同企业盈亏相结合。企业盈利，按股分红，企业亏损，不得分红；企业必须提取职工养老、待业等保险基金。

显然，这个条例还很不成熟，甚至还有许多计划经济体制的色彩。但在当时起了巩固和促进城镇集体企业改革的作用，加强了企业管理，并因此推进了城镇集体企业生产的发展。

三、城镇集体工业的发展

这期间的改革和发展措施促进了城镇集体工业生产的发展。1984 年~1992 年，城镇集体工业产值由 1017.74 亿元增加到 2777.21 亿元；平均每

年增长 8%；占全国工业总产值比重由 13.5%下降到 7.5%。^①

这些数字表明，这期间城镇集体工业仍然得到了较快的发展。但是，相对城镇集体工业 1979 年~1984 年的增长速度来说，速度是下降了。这主要是由于城镇集体企业受计划经济体制的影响比乡镇集体企业要深得多；而这期间对城镇集体企业推行的以承包制为重点的经营责任制，像国营企业一样，在增强企业活力方面也呈现出乏力状态。

第二节　乡镇集体工业的改革与发展

一、乡镇集体工业的改革

党的十一届三中全会以后，乡镇集体工业在改革方面取得了显著成就。但在这方面，乡镇集体工业也存在我们在本章第一节叙述过的城镇集体工业的情况，还有深化改革的任务。

这期间，乡镇集体工业改革的主要要求是："进一步完善适应社会主义有计划商品经济发展的乡镇企业运行机制，如市场导向的经营机制、自负盈亏的风险机制、优胜劣汰的竞争机制、多劳多得的分配机制、合同聘用的劳动机制、外引内育的人才机制、自我积累的发展机制、自我监督的约束机制等，使乡镇企业进一步适应外部环境和市场变化，不断增强企业活力。"^②

其主要内容是：在巩固和发展集体所有制的前提下，建立和完善以承包制为重点的多种形式的经营责任制，以及建立和完善以厂长负责制为重点的企业内部制度改革；同时，试行了股份合作制、股份制，以及在发展横向经济联合的基础上组建了企业集团。到 1988 年，乡镇集体工业企业就普遍推行了承包经营责任制。在第一轮承包到期以后，到 1990年底，又有 95%的乡镇集体工业企业开始了第二轮承包。在这个过程中，逐步实行了公开招标确定承包人，实行风险抵押承包，合理确定承包指标体系和承包期；在普遍实行厂长负责制的基础上，把承包制与厂长目

---

① 《中国统计年鉴》(1993)，中国统计出版社，第 396、412、413、443 页。
② 《国务院批转农业部关于促进乡镇企业持续健康发展报告的通知》(1992 年 3 月 18 日)，《中国经济年鉴》(1993)，经济管理出版社，第 625 页。

标责任制结合起来；又通过承包指标层层分解，把承包制与企业内部的各种经济责任制结合起来。这样，就初步把竞争机制、风险机制、约束机制和激励机制纳入了承包制和厂长负责制，使它们逐步趋于完善。

二、乡镇集体工业的发展

这期间乡镇集体工业的发展，除了主要依靠深化改革以外，还有以下三个重要因素。[①]

1. 调整产业结构和地区布局。这期间在这些方面的主要要求是：在产业结构方面，乡镇工业企业要因地制宜，积极开发利用当地资源，大力发展农副产品加工业、原材料工业、建材工业和农用工业；在合理开发资源的前提下发展采矿业；根据条件和市场需求，积极发展为大工业配套服务、出口创汇、劳动密集型产品和城乡人民生活必需品，特别是要大力发展出口创汇产业。在地区布局方面，沿海地区和有条件的地区要立足于现有企业的技术改造，在提高中发展；中部地区要发挥当地资源优势，搞好综合开发，实行发展与提高并重；西部和起步较晚的地区，要依据自己的特点，坚持以经济开发为主的方针，加快发展，并在发展中提高。

这期间在上述各方面都取得显著进展。在调整产业结构方面，尤其在 1988 年下半年开始经济调整后的一段时间内表现尤为明显。1989 年，乡镇工业企业关闭 2.51 万个，减少职工 51.96 万人，减少产值 39.55 亿元。其中，国家产业政策限制的工业行业，分别占 70.7%、71.7%、77.1%；停产 4.55 万个，减少职工 63.37 万人，减少产值 55.51 亿元，其中，国家产业政策限制的行业分别占这三项数字的 36.5%、76.5% 和 76%。在这些关停的企业中，由于产业调整的占 12.1%，原料短缺的占 10.9%，耗能高的占 2.6%，环境污染的占 1.2%，资金短缺的占 25%，管理不善的占 16.6%。[②] 数字表明，这些关停的企业，大部分都是与经济调整直接或间接相联系的。

这期间乡镇工业企业在发展创汇产业方面也取得了突出的进展。改

---

①《国务院批转农业部关于促进乡镇企业持续健康发展报告的通知》（1992 年 3 月 18 日），《中国经济年鉴》（1993），经济管理出版社，第 623~626 页。

②《中国经济年鉴》（1990），经济管理出版社，第Ⅲ–13 页。

革以前，农产品的加工品虽然在出口商品中占有很大的份额，但多与当时社队工业企业无缘。但到 1992 年，乡镇企业出口交货总额（主要是工业品）达到 1192.7 亿元，约占全国外贸出口商品收购总额的 1/4 以上，约占乡镇工业总产值的 9%。①

这期间在地区布局方面，尽管东部和中部、西部三个地区在乡镇工业发展水平上还存在较大的差距，但这三个地区的乡镇工业都有很大的发展。到 1991 年，全国乡镇企业总产值为 11613.5 亿元，占社会总产值的 26.51%，占农村社会总产值的 61.11%，平均每个职工全年劳动生产率为 9613.6 元。其中，东部地区这 4 个数字分别为 7631.2 亿元、30.56%、69.62%、16192 元；中部地区分别为 3500.7 亿元、24.17%、55.10%、8624元；西部地区分别为 481.6 亿元、11.16%、28.50%、5722 元。② 当然，这些数字同时表明：调整乡镇企业布局还是一个长期的任务。

2. 提高企业素质。改革以来，乡镇工业虽然有了很大的发展，但从总体上说，技术水平、管理水平和职工文化水平低仍然是制约乡镇工业发展的重要因素。因此，从技术、管理和职工等方面提高企业素质，仍然是发展乡镇工业的迫切要求。这期间在这些方面也有很大的提高。到1990 年，在乡镇集体企业中，共有 117 家获国家二级企业称号，1893 家获省级先进企业称号，3057 家获地市级先进企业称号，5696 家获县级先进企业称号；600 多家被批准为国家出口基地企业。企业升级工作带动了企业的管理、职工培训和技术进步。到 1992 年，乡镇集体企业职工具有初中以上文化水平的约占职工总数 70%；工程技术人员 187.1 万人，占职工总数的 3.7%；平均每个乡镇集体企业职工占有固定资产原值从 1984 年的 1200 多元提高到 6603 元。③

3. 政府的支持。政府依据我国经济改革与发展的需要和乡镇企业的情况，确定了对乡镇集体企业实行积极扶持、合理规划、正确引导、加

---

①《中国经济年鉴》（1993），经济管理出版社，第 123 页；《中国统计年鉴》（1993），中国统计出版社，第397、633 页。

②《中国乡镇企业》，1993 年第 5 期。说明：东部地区包括北京、天津、河北、辽宁、上海、江苏、浙江、福建、山东和广东；中部地区包括山西、吉林、黑龙江、安徽、江西、河南、湖北、湖南、四川和陕西；西部地区包括内蒙古、广西、海南、贵州、云南、西藏、甘肃、青海、宁夏和新疆。

③《中国经济年鉴》（1991），经济管理出版社，第Ⅱ-12、Ⅲ-12 页；《中国经济年鉴》（1993），经济管理出版社，第 123~124 页。

强管理的方针。根据国家的产业政策和行业发展规划，对企业的发展方向进行指导和监督；对企业开展技术指导、人才培训和经济、技术服务；指导、帮助和监督企业开展劳动保护、环境保护等工作。为符合国家产业政策、经济和社会效益好的企业，在能源、原材料、资金、运输以及培训、招用专业技术人才和引进先进技术等方面创造条件。这些都是促进这期间乡镇集体工业发展的重要因素。

为了巩固和规范乡镇集体工业的改革和发展，并依据经验的总结，1990 年 7 月，国务院发布了《乡村集体所有制企业条例》；1992 年 3 月，国务院又批转了农业部《关于促进乡镇企业持续健康发展的报告》。[①] 这两个重要文件，对包括工业在内的乡镇集体企业的改革和发展的基本问题做了明确规定。

三、《乡村集体所有制企业条例》的主要内容

乡镇集体企业的性质和国家的政策。乡村集体所有制企业是我国社会主义公有制经济的组成部分。乡村集体所有制企业实行自主经营，独立核算，自负盈亏。

国家保护乡村集体所有制企业的合法权益，禁止任何组织和个人侵犯其财产。国家对集体所有制企业实行积极扶持、合理规划、正确引导、加强管理的方针。

乡村集体企业的所有者和经营者。企业财产属于举办该企业的乡或村范围内的全体农民集体所有，由乡或村的农民大会（农民代表会议）或者代表全体农民的集体经济组织行使企业财产的所有权。企业实行承包、租赁制或者与其他所有制企业联营的，企业财产的所有权不变。企业所有者依法决定企业的经营方向、经营形式和厂长（经理）人选。实行承包或租赁制的企业，企业所有者应当采取公开招标、招聘和推荐等方式确定经营者。

企业经营者是企业的厂长（经理）。企业实行厂长负责制。厂长（经理）对企业全面负责，代表企业行使职权。

乡村集体企业的管理。企业职工（职工代表大会）有参加企业民主

①《中国经济年鉴》（1991），经济管理出版社，第 Ⅵ–18~20 页；《中国经济年鉴》（1993），经济管理出版社，第 623~626 页。说明：后一个文件的主要内容，我们在本节第一、二部分已经涉及，在第三部分是叙述前一个文件的主要内容。

管理，对厂长（经理）和其他管理人员提出批评和控告的权利。

企业招用职工应当依法签订劳动合同，实行灵活的用工形式。企业对职工实行按劳分配的原则。有条件的企业，应当参照国家有关规定实行职工社会保险。

企业税后利润，留给企业的部分不应低于60%，由企业自主安排，主要用作增加生产发展基金，进行技术改造和扩大再生产，适当增加福利基金和奖励基金。企业税后利润交给企业所有者的部分，主要用于扶持农业基本建设、农业技术服务、农村公益事业、企业更新改造或者发展新企业。

这一条例虽然还有许多不完善之处，但在当时对促进包括工业在内的乡镇集体企业的生产和发展起了积极作用。

同这期间整个国民经济发展进程（详见本编第六章）相联系，乡镇集体工业的发展也经历了三个阶段。一是1985年~1988年的高速发展，二是1989年~1991年的治理整顿，三是1992年的高速增长。但总体来说，这期间乡镇集体企业处于高速增长阶段。1984年~1992年，乡镇集体工业产值由1245.35亿元增加到11323.98亿元，占全国工业产值比重由16.3%上升到30.6%。1985年~1992年，乡镇集体工业产值平均每年增长25.5%，不仅显著超过它本身1979年~1984年的增长速度，而且大大超过了1985年~1992年全国工业的增长速度（16.1%），更是远远超过了这期间城镇集体工业的增长速度，充分显示了乡镇企业异军突起的风貌。[①]

然而，乡镇企业素质差（包括管理、职工和技术等方面）、结构不合理和污染环境重等问题仍有待解决。

---

① 《中国统计年鉴》（1993），中国统计出版社，第396、412、413、443页。

第五章　非公有制工业的进一步发展

第一节　个体工业的发展

1984 年 10 月召开的党的十二届三中全会提出："坚持多种经济形式和经营方式的共同发展，是我们长期的方针。""当前要注意为城市和乡镇集体经济和个体经济的发展扫除障碍，创造条件，并给予法律保护。特别是在以劳务为主和适宜分散经营的经济活动中，个体经济应该大力发展。"① 在这个精神鼓舞下，再加上 1985 年全国经济高速增长的形势，这年个体工业获得了飞速的发展。1985 年个体工业产值由 1984 年的14.81 亿元增长到 179.75 亿元，增长了 12.1 倍（详见附表 11、附表 12）。

在这种情况下，个体工业发展中的各种问题也突出起来。除了继续存在的阻碍城乡个体工业顺利发展的"左"的思想和乱收费以外，这些问题主要是：

1. 部分个体工业户生产经营中的违章违法活动。包括偷工减料，以次充好，短尺少秤，掺杂使假；生产经营有害人身健康的食品、假冒伪劣产品、毒品以及反动、荒诞、诲淫诲盗的文化产品等。

2. 由于一部分个体工业户偷税漏税或税收征管不严以及各种因素的作用，使得一部分个体工业户收入过高。据 1986 年上半年对北京、上

①《中共中央关于经济体制改革的决定》，人民出版社 1984 年版，第 33 页。

海、浙江、福建、沈阳、武汉、重庆等 12 个省市 5 万多城乡个体工商户的抽样调查，1985 年人均年收入为 3063 元，约高于工薪人员收入（包括工资、劳动保险和福利等）的 1 倍。其中，年收入在 1500 元以下的占48.9%，1500 元~3000 元的占 20%，3000 元~5000 元的占 18.3%，5000元~10000 元的占 7.1%，10000 元以上的占 5.7%。[①] 个体工业户缺乏医疗、住房和劳保福利，有自己的投资，承担一定风险，部分人的劳动强度大、劳动时间长，因而收入应该高一些。但其中确有一部分人收入高，是由于采取了偷税漏税等非法手段。

3. 对个体工业户管理的法规不健全，工商行政管理部门人员少，部分人素质差。工商行政管理部门和税务、银行、城建、物价、劳动、卫生、公安、交通、商业等部门，都对个体工业户实行管理，很不协调，甚至抵销了管理力量。这些都造成了对个体工业户的管理力度很不够。

为了解决这些问题，这期间政府采取了以下重要措施。

1. 为了加强对个体工商户的监督、管理，保护其合法权益，1987 年8 月国务院发布了《城乡个体工商户管理条例》，[②] 对个体工商户一系列生产经营问题进一步作了明确规定。

个体工商户的合法权益受国家法律保护，任何单位和个人不得侵害。除有法律和政策规定的以外，任何单位和个人不得向个体工商户收取费用。

个体工商户可以在国家法律和政策允许的范围内，经营工业、手工业、建筑业、交通运输业、商业、饮食业、服务业和修理业等。

个体工商户，可以个人经营，也可以家庭经营。个人经营的，以个人全部财产承担民事责任；家庭经营的，以家庭全部财产承担民事责任。

个体工商户可以根据经营情况请一两个帮手；有技术的个体工商户可以带三五个学徒。请帮手、带学徒应当签订书面合同，约定双方的权利和义务，规定劳动报酬、劳动保护、福利待遇、合同期限等。

个体工商户生产经营所需场地以及原材料、燃料和货源等，经政府批准的要统筹安排，由国营批发单位供货的要合理安排，不得歧视。个体工商户可以凭营业执照在银行或其他金融机构开立账户，申请贷款。

①《中国经济年鉴》（1987），经济管理出版社，第 V–50 页。
②《中国经济年鉴》（1988），经济管理出版社，第 IX–72~74 页。

个体工商户应当遵守国家法律和政策的规定，自觉维护市场秩序，遵守职业道德，从事正当经营，不得从事违法活动。

个体工商户应当按照税务机关的规定纳税，不得漏税、偷税、抗税。为了加强对个体工商户税收的征管工作，1986 年 1 月国务院发布了《城乡个体工商户所得税暂行条例》。该条例规定：城乡个体工商户按照十级超额累进所得税税率缴纳所得税。累进税率从 7%~60%。[①]

2. 为了强化国家对个体工商户的管理，这期间对个体工商户进行了整顿。特别是 1989 年下半年至 1990 年上半年的治理整顿，取得了比较明显的成效。依据 14 个省市的不完全统计，这次整顿共查处违法违章行为46.6 万多起，查处非法经营重要生产资料和耐用消费品的有 1.7 万多户，强买强卖、欺行霸市、哄抬物价的有 13000 多户，责令停业整顿的有8000 多户，吊销营业执照的有 4500 多户，触犯刑律移交司法机关惩处的有 495 人。在治理整顿中，还在个体工商户中进行了法制教育和职业道德教育，促进了守法经营。1990 年，个体工商户违法违章率比上年下降了 20%。[②]

3. 为了加强个体工商户的自律，1986 年 12 月经国家经委批准，成立了中国个体劳动者协会。在这次成立会上，通过了《中国个体劳动者协会章程》，选举了第一届理事会以及会长和副会长，还表彰了 500 多名先进的个体工商户。[③] 这对加强个体工商户的自律，产生了深远的影响。

经过上述各项工作，这期间个体工业进入了快速发展阶段。1984 年~1992 年，个体工业产值由 14.81 亿元增长到 2006.00 亿元，占全国工业总产值的比重由 0.19% 上升到 5.8%。1985 年~1992 年，个体工业平均每年增长 45.7%。当然，这期间个体工业适应整个国民经济调整的需要，各个年份的经济增长速度也有波动。比如，在 1988 年开始经济调整以后，这年城乡个体工业产值增长速度就由 1987 年的 56.59% 下降到 47.34%，1989 年、1990 年两年分别进一步下降到 23.7% 和 21.11%。但即使 21.11%仍是很高的增长速度（详见附表 11、附表 12、附表 13）。

---

① 《中国经济年鉴》（1987），经济管理出版社，第 X-49 页。
② 《中国经济年鉴》（1991），经济管理出版社，第 III-270 页。
③ 《中国经济年鉴》（1987），经济管理出版社，第 V-50 页。

第二节　私营工业的初步发展

实践证明，在我国社会主义初级阶段，具有资本主义性质的私营工业在一定范围内的存在和发展，是适应社会生产力发展要求的。但1955年下半年掀起的对生产资料私有制进行社会主义改造的高潮，在取得伟大成就的同时，也存在改造速度过快、改造范围过宽的严重缺陷，使得包括私营工业在内的生产资料私有制在1956年上半年就基本上改造成为社会主义公有制。1958年开始的"大跃进"和1966年开始的"文化大革命"，又进一步把残存的资本主义私有制扫荡无遗。

1978年底召开的党的十一届三中全会，实现了以"阶级斗争为纲"到以社会主义经济建设为中心的根本转变，并开始实行旨在解放和发展生产力的改革开放政策。在这种政治、经济形势下，适应社会生产力发展要求的私营工业就应运再生。而且，改革以来个体经济的发展，也必然会在一定范围内导致私营工业的再生。事实也正是这样。但这时私营企业还未取得合法地位，都是存在于个体经济和集体企业的名义下。据有关单位估算，经过80年代初（特别是1984年）以来的发展，到1987年底，存在于个体经济和集体企业名义下的私营企业总数全国已经达到22.5万户，从业人员总数为360万人。[①]事实证明，在坚持以社会主义公有制为主体的前提下，发展包括私营工业在内的非公有制经济，对于充分利用社会生产资源、增加生产、市场供应、财政税收和出口创汇、扩大就业、丰富人民生活，乃至促进社会主义市场经济的形成，都有积极作用。当然，也有负面影响。但这不是主要的，而且是可以限制的。总之，经济改革和经济发展提出迫切要求：进一步解放思想，从根本上清除长期以来存在的根本否定私营经济在我国社会主义初级阶段的地位和作用的"左"的思想，给私营经济以应有的合法地位。

适应这一客观要求，1987年10月召开的党的十三大报告中首次明确提出：私营经济是存在雇佣劳动关系的经济成分。但在社会主义条件下，

---

①《中国经济年鉴》（1988），经济管理出版社，第XI-157~158页。

私营经济一定程度的发展，是公有制经济必要的和有益的补充。必须尽快制定有关私营经济的政策和法律，保护它们的合法利益，加强对它们的引导、监督和管理。[①]

这个建议为 1988 年 4 月召开的七届全国人大一次会议所接受，并在通过的宪法修正案中作了相应的规定。宪法规定："国家允许私营经济在法律规定的范围内存在和发展。国家保护私营经济的合法的权利和利益，对私营经济实行引导、监督和管理。"[②] 从此，私营经济在我国社会主义初级阶段中的法律地位，就在作为根本大法的宪法中被确定下来。

但当时私营经济发展中还有许多重要问题有待解决。诸如对私营企业权益的保护，对私营企业违章、违法经营的管理，对私营企业税赋的处理等等，都需要法规给予解决。为此，国务院于 1988 年 6 月发布了《私营企业暂行条例》、《私营企业所得税暂行条例》和《关于征收私营企业投资者个人收入调节税的规定》。[③]

按照《私营企业暂行条例》，私营企业是指企业资产属于私人所有、雇工 8 人以上的营利性的经济组织。私营经济是社会主义公有制经济的补充。国家保护私营企业的合法权益。私营企业必须在国家法律、法规和政策规定的范围内从事经营活动。该条例对私营企业的种类、开办和关闭、权利和义务、劳动管理、财务和税收、监督和处罚等方面的重要问题作了明确规定。

按照上述的税收条例规定，私营企业所得税依照 35% 的比例税率计算征收；其税后利润用于生产发展基金的部分，免征个人收入调节税。相对当时个体经济的税收来说，这些税收政策是比较优惠的。

这些法律、法规对私营企业在社会主义初级阶段地位和作用的估计，虽然没有达到 1997 年召开的党的十五大那样的高度（详见本书第八编的叙述），但在当时条件下，这些法律、法规的制定和贯彻执行，就在形成必要的法律环境、消除对私营企业的歧视和私营企业主本身的顾虑，确认私营企业应有的生产经营权利（包括与外资企业合资经营、合作经营和承揽来料加工、来样加工、来件装配，从事补偿贸易的权利），以及提

①《中国共产党第十三次全国代表大会文件汇编》，人民出版社 1987 年版，第 32 页。
②《中华人民共和国第七届全国人民代表大会第一次会议文件汇编》，人民出版社 1988 年版，第 119 页。
③《中国经济年鉴》(1989)，经济管理出版社，第Ⅷ-6~8、25~26 页。

供比较优惠的税收政策等方面，为私营经济的发展创造了有利条件，从而促进了私营经济的发展。

但在 1989 年夏季以后的一段时间内，私营经济的发展又有所减缓。但在后来，特别是在 1992 年初邓小平发表南方谈话以后，又为私营经济的发展创造了良好的舆论氛围。所以，总起来说，1984 年以来，私营经济得到了比较快的发展。当然，还只是初步发展。这种发展的重要特征如下。

1. 发展很快，在全国工业总产值中已占一定的比重。改革以后私营工业的发展是从零起步的。但到 1992 年，私营工业产值已达到 189 亿元，占全国工业总产值的 0.6%。[①] 此外，还有大量的私营工业是以个体工业和集体工业的名义存在的。

2. 私营工业企业以独资企业和合伙企业为主，但有限责任公司的发展很快，比重上升。1991 年，在私营工业中，独资企业、合伙企业和有限责任公司分别占总户数的 56.8%、40.5%、2.7%。但 1992 年，有限责任公司户数上升到 17673 户，比上年增加了 165%，其速度远远超过了独资企业和合伙企业，比重也显著上升。

3. 私营工业企业以小型为主，但规模在扩大。户均注册资金，1991 年仅为 9.7 万元，1992 年增加到 15.8 万元，上升了 62.9%。

4. 科技型和出口创汇型私营企业迅速增长。1992 年，私营科技型企业增长到 2348 户，比上年增加了 151%；出口创汇型企业达到 2230 户，比上年增加了 78%；创汇金额折合人民币 9.6 亿元，比上年增长 77%。另据不完全统计，全国约有 600 多家私营企业与外商举办合资企业和合作经营企业。还有一部分私营企业到境外投资办企业。[②]

5. 私营工业企业在改革后开始发展时主要分布在农村和东部地区，但后来城市和中西部地区的私营工业企业的发展速度在加快，比重在上升。1991 年，在私营企业的户数、从业人员和注册资金的总数中，农村分别占 58%、63% 和 49%，城市分别占 42%、37%、51%。但 1992 年农村这三个指标只是分别增长了 18%、16% 和 41%，而城市分别增长了

①《中国工业经济统计年鉴》（1993），中国统计出版社，第 35 页；《中国工业发展报告》（1997），经济管理出版社，第 302 页。

②《中国经济年鉴》（1993），经济管理出版社，第 841 页。

46%、44%和117%。因此，1992年，在私营企业的户数、从业人员和注册资金的总数中，农村占的比重分别下降到53%、58%和38%，城市占的比重分别上升到47%、42%和62%。[①]改革开始以后，私营工业主要分布在东部地区，中部、西部地区不多。后来，虽然中部、西部地区在发展私营工业方面的速度加快，但直到90年代初都变化不大。1992年，在全国私营工业企业户数和注册资金的总数中，东部地区分别占到68.5%和76.9%，中部地区仅占20.2%和14.6%，西部地区更少，只占11.3%和8.5%。[②]

尽管这期间私营工业获得了迅速发展，但在这方面也还存在一些问题。诸如"左"的影响还存在，对私营企业仍有歧视，私营企业主也有顾虑；私营企业在融资等方面还有困难，私营企业本身有消极因素，再加上部分私营企业主素质差，违章违法经营时有发生，劳资关系问题也不少；管理法规不配套，多部门管理带来的不协调，工商行政管理部门人员少，其中部分人员素质不高，从而造成管理不力，乱收费、乱摊派、乱罚款对私营企业也有影响等。

第三节　"三资"工业的进一步发展

"三资"工业企业在1979年~1984年初步发展的基础上，1985年~1992年得到了进一步的发展。为了促进这期间"三资"企业的发展，政府进一步采取了一系列政策措施。

1. 进一步建立和健全涉外立法。这期间先后颁布的重要法律和法规有：《中华人民共和国外资企业法》（1986年）、《中华人民共和国中外合作经营企业法》（1988年）、《中华人民共和国中外合作经营企业法》（1988年）、《中华人民共和国中外合资经营企业法》（根据1990年4月4日第七届全国人民代表大会第三次会议关于修改《中华人民共和国中外合资经营企业法的决定》修正），以及《国务院关于鼓励外商投资的规定》（1986

[①]《中国经济年鉴》（1993），经济管理出版社，第841页。这里说的私营企业不只包括私营工业企业，还包括其他的私营企业。

[②]《中国工业发展报告》（1996），经济管理出版社，第297页。

年）、《国务院关于鼓励台湾同胞投资的规定》（1988 年）和《国务院关于鼓励华侨和港澳同胞投资的规定》（1990 年）。这些法律和法规不仅涵盖了全部"三资"企业，而且囊括了外国商人和港、澳、台商人的投资，同时放宽了政策。比如，1990 年新修订的《中华人民共和国中外合资经营企业法》明确规定：对合资企业不实行国有化；外方也可以担任合资企业董事长；合资企业可以规定合营期限，也可以不规定合营期限等。①

2. 进一步扩大开放地区。1985 年 2 月，国务院决定：将长江三角洲、珠江三角洲和闽南厦门、漳州、泉州三角地区开辟为沿海经济开放区。1988 年上半年，又先后设立了山东半岛和辽东半岛经济开放区，以及全国最大的经济特区——海南省经济特区。1990 年 6 月，又决定开发和开放上海浦东。这对全国改革开放是一件具有重要意义的事件。1992 年以来，在这方面又采取了大步骤。（1）实行沿边开放，将黑河、绥芬河、满洲里、珲春、凭祥、东兴镇、河口县、畹町、瑞丽、伊宁、塔城、博乐、二连浩特开辟为边境开放城市。（2）进一步对内陆省市扩大开放，将重庆、岳阳、武汉、九江和芜湖 5 个沿长江城市，哈尔滨、长春、呼和浩特和石家庄 4 个边境、沿海地区省会（首府）城市，太原、合肥、南昌、郑州、长沙、成都、贵阳、西安、兰州、西宁和银川 11 个内陆地区省会（首府），实行沿海开放城市政策。这样，我国对外开放就形成了经济特区——沿海开放城市——沿海经济开放区——内地开放城市这样一个包括不同开放层次、具有不同开放功能的梯度推进格局。

3. 进一步拓宽外商投资领域。改革以来，外商在华投资遍及一、二、三产业，但以第二产业中的轻工业居多。这同政府对外商投资领域实行的鼓励、限制和禁止政策是相关的。当然，这项政策还需要坚持下去。但有些项目长期放在禁止之列，不利于经济发展，为此，1992 年政府放宽了对投资领域的限制。过去列为禁止的商业、外贸、金融、保险、航空、律师、会计等，允许开展试点投资；过去限制投资的土地开发、房地产、宾馆、饭店、信息咨询等逐步放开。

4. 进一步开放国内市场。改革以来，对外商投资企业的内销控制很严，致使外国大的跨国公司投资大型生产项目受阻。1992 年以后，强调

---

① 《中国经济年鉴》（1991），经济管理出版社，第 Ⅵ–3e2~33 页。

以市场换技术，允许有些符合条件的项目以内销为主，甚至全部内销。这些项目主要是：高技术项目；能替代进口的项目，大多是原材料工业；大型生产性项目。至于那些国内已具备生产能力，技术又不先进的一般产品，不在开放市场之列。

5. 进一步扩大税收减免。改革以来，就对外商投资企业实行税收减免政策。但优惠有限。其表现是：（1）合营企业所得税率一般是33%，其优惠是1年免征所得税，2年减半。（2）工商统一税没有减免。（3）外商作为投资进口的机器设备还要交关税。1991年以后，进一步扩大税收减免。（1）外商投资企业的所得税率一律为33%。但设在经济特区的外商投资企业和设在经济技术开放区的外商生产性投资企业减按15%的税率征收企业所得税。对于外商生产性投资企业，经营期在10年以上的，从开始获利的年度起，第一、第二年免征企业所得税，第三、第四、第五年减半征收企业所得税。（2）外商作为投资进口的机器设备和物料免征关税。（3）对外商投资企业的工商统一税也实行了一些减税优惠。

6. 实现外汇平衡的措施。政府为解决外商投资企业的外汇平衡问题，1988年成立了全国和省市外汇调剂中心，外商投资企业可以在该中心按外汇调剂价调剂外汇余缺。

7. 发展股份制外商投资企业。为适应国际惯例和扩大开放的需要，1992年，政府开始扩大试行股份制外商投资企业，上海、深圳批准举办约20家中外双方投资的股份有限公司，并批准一些企业通过发行B股股票来筹集资金。

8. 成立外商投资企业协会。为沟通政府和外商投资企业之间的信息，1987年全国成立了外商投资企业协会，并在44个省、自治区、直辖市和计划单列市成立了分会。

此外，这期间还在下放吸引外资审批权限和简化审批手续以及加强基础设施等方面进一步改善了外商投资环境。

上述各项政策措施大大促进了这期间"三资"企业的发展。1985年~1992年总计，合资经营企业达到57979个，合同金额为443.79亿美元，实际使用金额173.81亿美元；合作经营企业达到14673个，合同金额255.11亿美元，实际使用金额70.49亿美元；外资企业达到14895个，合同金额136.03亿美元，实际使用金额79.75亿美元；合计"三资"企业达到 87547 个，合同金额 834.93 亿美元，实际使用金额 324.05 亿美元。[①] 可见，1985 年~1992 年这 8 年"三资"企业的发展规模大大超过了 1979 年~1984 年这 6 年的发展。另外，1990 年~1992 年这 3 年"三资"企业工业产值分别为 498 亿元、1370 亿元和 2070 亿元，分别占全国工业总产值的 2.1%、4.8% 和 5.6%。[②] 数据表明，这 3 年"三资"企业工业产值的增长速度大大超过了全国工业的平均增长速度。

但这期间"三资"企业的发展也是有曲折的。比如，1989 年由于国内外经济、政治因素的影响，外商投资企业协议项目数比上年减少了 2.79%，协议投资和实际使用投资也仅分别比上年增长 5.71% 和 6.23%。而 1992 年在邓小平南方谈话的推动下，外商投资企业协议项目数比上年增长了 250.6%，协议投资和实际使用投资也分别比上年增长了 160.1% 和 107.4%。[③] 所以，总起来说，1985 年~1992 年（特别是 1992 年）"三资"企业获得了迅速的发展，由 1979 年~1984 年的起步阶段进入了这期间的发展阶段。

这期间"三资"企业发展的重要特点是：（1）在"三资"企业中，合资企业和外资企业比重大幅度上升，合作经营企业比重大幅度下降。1985 年~1992 年，合资企业在项目总数、协议资金和实际使用资金中的比重分别由 13.4% 上升到 64.9%，由 34.2% 上升到 47.7%，由 35% 上升到 57.2%；合作经营企业分别由 52.4% 下降到 18.6%，由 58.9% 下降到 29.7%，由 35.2% 下降到 26.6%；外资企业由 1.5% 上升到 16.5%，由 0.8% 上升到 22.6%，由 0.8% 上升到 16.2%。[④]（2）"三资"企业高度集中在沿海地区，特别是集中在广东、福建两省及其所属的深圳、珠海、汕头、厦门四个经济特区。在 1979 年~1991 年外商投资项目和协议金额总数中，沿海地区分别占 89.7% 和 81.5%，内地分别占 9.5% 和 7.1%。（3）"三资"企业开始集中在第三产业（主要是宾馆和饭店等），后来比重下降，但仍不小；第一产业占的比重一直较小；第二产业开始占的比重也不大，后来稳步上升。但多数集中在劳动密集型的轻工业，资金、技术密集型产业的比重不大。（4）"三资"企业的外方资金来源主要是集中在少数国家

①③《中国对外经济贸易年鉴》（相关年份），中国社会出版社。
②《经济工作者学习资料》，1995 年第 57、58 期。
④《中国对外经济贸易年鉴》（相关年份），中国社会出版社。

和地区，特别是港澳台地区。到 1991 年为止，按照协议金额总数计算，港、澳地区占了 62.2%，中国台湾地区占 5.7%，合计占 67.9%。（5）"三资"企业在我国经济生活中的地位上升。这表现在增加投资、产值、出口和税收，提高技术和管理水平，以及扩大就业等方面。

但在这期间，随着"三资"企业的加速发展，也带来诸多问题。主要是：（1）由于在下放引进外资权力的同时，缺乏有效的宏观调控，导致重复引进现象严重。（2）由于对外商作为投资的设备高估价，对国有资产低估价，导致国有资产流失。（3）由于对外商投入设备和物料高计价，对出口产品低计价，导致利润不合理的外流和实盈虚亏。（4）由于对"三资"企业实行优惠政策，事实上使国营企业处于不平等的竞争地位，对国营企业形成一定的冲击。（5）部分"三资"企业中职工的工作时间长，劳动强度大，劳动条件差，劳动保险没建立，导致劳资关系紧张。（6）部分"三资"企业造成环境污染。

但是，这些问题只是这期间发展"三资"企业的次要方面，主要方面是取得的成就。而且，有些问题在发展"三资"企业过程中是难以完全避免的，随着各方面条件的成熟和工作的改进，可以逐步得到解决。当然，也需要认真注意解决这些问题。

第六章　工业生产建设的调控与运行

第一节　1985 年~1988 年，工业在乏力的调控中从过热走向过热

一、1985 年上半年超高速增长，下半年急速回落

由于传统的经济体制和发展战略的影响，以及体制和战略转轨时期各种特有矛盾的作用，导致 1984 年第四季度工业的超高速增长。其具体过程是：1984 年下半年在酝酿全面开展经济体制改革时，国务院决定要给银行以信贷自主权。有关部门确定的办法，是以 1984 年的贷款总额作为 1985 年的贷款限额。但由于没有考虑到银行吃惯了"大锅饭"，还没有自主管理信贷的经验。于是，银行为扩大 1985 年的信贷限额，10 月份起放手发放固定资产贷款，由此造成投资失控。同时，国务院还决定要使国营企业职工工资总额同本企业经济效益挂钩浮动。有关部门在研究具体办法时，设想以 1984 年的工资总额作为 1985 年的工资总额基数，企业职工工资可以按此基数同经济效益挂钩浮动。但也由于没有考虑到国营企业吃惯了"大锅饭"，还没有做到自负盈亏，这个办法刚刚风传下去，企业就突击提工资，竞发奖金，以扩大本企业的工资总额基数。由此造成消费基金增长失控。这两个失控又造成货币发行失控。这年第四季度货币发行量比上年同期增加了 164%；全年合计，年末货币流通总量比上年末增加 49.5%。投资和消费过度膨胀又导致工业超高速增长。1984 年第一至第三季度工业增长速度达到 12.5%，已属不低；第四季度又遽然

增长到 17.9%。^① 由此造成消费品特别是投资品（主要又是能源、交通和原材料）供应紧张，物价大幅度上扬，进口物资剧增和外汇储备大幅下泻。显然，工业的这种超高速增长不仅不可能持久，而且会对经济改革和发展造成严重后果。

为此，国务院于 1984 年 11 月中旬发出严格控制银行信贷和发放职工奖金的紧急通知。但由于失控来势很猛，失控现象仍在继续发展，工业过热势头也在发展。以致 1985 年第一季度工业生产比上年同期增长 22.97%，第二季度增长 23.4%。

这种形势迫使人们不得不加大经济调整的力度。1985 年 2 月~10 月，国务院先后召开 4 次省长会议，以期在制止工业和整个经济过热方面统一思想。这年还在这方面采取了一系列经济的、法律的和行政的措施。

在控制信贷失控方面，采取了紧缩银根的方针。重要措施有：实行"统一计划、划分资金、实贷实存、相互融通"的信贷资金管理办法；先后两次提高城乡居民定期存款利率和贷款利率；中国人民银行总行对所属分行和各专业银行总行的信贷计划、信贷差额、现金投放和回笼计划，按季进行控制和检查，乡镇企业和专业户向农业银行和信用社贷款一般要有 50% 的自有资金；加强对低息贷款的管理。

在控制投资过度膨胀方面，采取了以下重要措施：重申严格按计划办事，实行行政首长负责制；各级银行不准发放计划外固定资产贷款；各地区、各部门不准用银行贷款以自筹资金名义擅自扩大基本建设规模；除建设银行外，其他银行不得办理自筹基本建设的存款和贷款。

控制消费基金过快的主要措施有：严格征收奖金税；下达 1985 年国营单位工资总额计划指标，从总量上控制工资总额的增长；对实行工资与经济效益挂钩浮动的国营企业开征工资调节税，对国营事业单位也开征奖金税；要求各级政府和事业单位削减行政经费，控制社会集团购买力。

控制外汇收支的主要措施有：坚持实行额度管理，严禁非法倒卖外汇，加强贸易外汇的管理；实行计划控制。对地方、部门使用自有外汇进口，实行严格的计划控制；由国家下达的进口计划用汇指标，各地区、各部门不得突破；对出口商品收汇，实行全额比例留成。一般出口商品

---

① 《中国经济年鉴》（1989），经济管理出版社，第 Ⅱ-25 页。

收汇留成，按 25%留给地方、部门和企业；利用税收调节外汇收支。对
进出口产品征、退产品税或增值税，对若干进口商品开征进口调节税；
为控制盲目引进和多头对外，对进出口商品实行许可证制度。

　　在控制物价上涨方面，实行的主要措施有：重大的价格改革措施和
重要商品调价，必须按国务院统一部署进行；凡属国家定价的生活资料
和工业生产资料，都必须严格执行国家规定的价格；重要生产资料的供
应业务和紧缺耐用消费品的批发业务，都应掌握在国营商业、供销社、
物资供销部门和生产这种产品的生产单位手中；对实行市场调节的农副
产品，国营商业和供销社要积极参与市场调节，平抑市价；服务、饮食
行业不得乱涨价、乱收费。

　　上述各项措施是在经济体制转轨时期采用的，因而相对过去来说，
已经包含了较多的经济、立法等间接手段，但行政手段还很突出。而且，
为了适应调整经济的需要，还不得不恢复部分的行政管理手段。这样，
与行政手段相联系的弊病（如一刀切的调整）就不可避免。

　　但这些措施有效地制止了工业和整个国民经济的过热。由于各项调
控措施到位并发生作用，从 1985 年第三季度起，基本建设投资和工业生
产的增长都趋于下降。与上年同期相比，基本建设投资的增长速度，7 月
略减，为 50.2%，8 月降到 28.6%，9 月降到 23.7%，10 月~12 月略有回
升；工业生产的增长速度，7 月开始下降到 20.4%，8 月下降到 17.5%，9
月下降到 14.5%，10 月下降到 11.7%，11 月下降到 8.8%，12 月略有回
升，为 10.2%。社会商品零售物价指数第一至第三季度分别为 5.6%、
8.8%、10.1%，但 10 月份达到高峰后，物价上升势头也开始放缓。[1]

　　正因为上述各项措施到下半年才到位和发生作用，因而从 1985 年全
年看，工业和整个国民经济仍然过热。这年工业总产值和国内生产总值
分别比上年增长了 21.4%和 13.5%；全社会固定资产投资、国营单位的固
定资产投资、基本建设投资、工业基本建设投资分别增长了 38.8%、
41.8%、44.6%和 30.7%；社会总需求大于总供给的差率为 25.2%；现金流
通量增长了 24.7%；社会商品零售价格增长了 8.8%。[2] 这里需要说明：这

　　[1]《中国经济年鉴》(1986)，经济管理出版社，第Ⅱ-2~3 页。
　　[2]《中国统计年鉴》(1997)，中国统计出版社，第 42、150、155、160、267、413 页；《中国经济年鉴》
(1989)，经济管理出版社，第Ⅱ-7 页。

年物价上升不完全是由于社会总需求大于总供给引起的，同放开副食品价格的价格改革也有很大关系。

上述各项措施虽然没有改变 1985 年工业和国民经济的过热状态，但却有利于 1986 年和 1987 年进一步缓解这种过热状态。

二、1986 年~1987 年"软着陆"未实现

1985 年 9 月，中国共产党全国代表会议《关于制定"七五"计划建议的说明》指出："'七五'期间，大体可分为两个阶段。前两年要控制社会总需求，解决经济增长速度过快、固定资产投资规模过大和消费基金增长过猛的问题，在保持一九八五年固定资产投资总规模的条件下，作一些小的调整，改善投资结构，加强重点建设。这样用两年多的时间逐步解决当前存在的问题，比在今年下半年集中解决效果好些，可以避免由于刹车过急而造成的损失和震动。但分散两年解决，不易引起大家的重视，搞不好也可能控制不住。这一点需要各级领导特别加以注意。'七五'后三年，再根据情况，适当增加投资。但对建设总规模仍需进行必要的控制，这是多年来的重要历史经验。"① 这里虽然未用"软着陆"这个词，但就其内容来说，针对 1984 年第四季度以来发生的工业和整个国民经济过热问题实际上提出了"软着陆"的方针，分析了"软着陆"政策的好处及其可能发生的危险（即"软着陆"不成功）。

依据这个政策精神，由国务院提出的、并经 1986 年 3 月六届全国人大四次会议通过的国民经济和社会发展计划规定：这年工业总产值比上年增长 8.8%，大大低于上年的增长速度；国营单位固定资产投资为 1570 亿元，大体上维持在上年实际水平。② 这些主要指标集中体现了紧缩的财政、货币政策。

但是，1986 年第一季度工业产值与上年同期相比仅增长了 4.4%。于是，经济"滑坡"的呼声四起。但实际上这是工业从高速增长回落到正常增长的必经过程，其结果也不会造成经济"滑坡"。这年第一季度工业增长 4.4%，是以上年第一季度超高速增长（其增幅为 22.97%）为基数的。而且 1985 年下半年工业增幅是逐季回落的。所以，只要 1986 年能够

---

① 《中国经济年鉴》(1986)，经济管理出版社，第 I-20~21 页。
② 《中国经济年鉴》(1986)，经济管理出版社，第 I-76 页。

保持正常的发展势头，这年工业增长速度仍然可以达到计划规定的 8.8%。但经济"滑坡"的呼声，不仅是由于对 1986 年第一季度工业增长 4.4% 的误解，更深层的原因是片面追求经济增长战略在实际经济工作中的影响。由于顶不住这种呼声的压力和这种战略的影响，从 1986 年第二季度起，又开始放松了财政、货币的双紧政策。于是，又导致这年第二至第四季度工业增幅逐季上升，第二季度为 5.3%，第三季度为 9%，第四季度又高达 15.8%。[①]

但总的说来，1986 年还是执行了财政、金融的双紧政策，因而 1985 年出现的工业和整个国民经济的过热状态有所缓解。这年工业总产值和国内生产总值分别比上年增长了 11.67% 和 8.5%；全社会固定资产投资、国营单位的固定资产投资、基本建设投资和工业基本建设投资分别增长了 22.7、23.7、9.5 和 19.1%；社会总需求大于社会总供给的差率为 13.45%；现金流通量增长了 23.3%；社会商品零售价格增长了 6%。[②] 这年工业和国内生产总值的增长速度比上年有了大幅度下降。全社会的和国营单位的固定资产投资的增幅比上年略有下降，但即使扣除了价格上涨因素，仍然大大超过工业、国民经济的增长率和 1985 年的投资规模。社会总需求大于总供给的差率比 1985 年还有扩大。现金流通量增幅比上年稍有下降，但显著超过了经济增长率和物价上涨率之和。物价上涨率虽然低于上年，但这年不仅没有大的价格措施出台，而且加强了物价的行政指令管制。所以，这些数据表明，1984 年第四季度和 1985 年上半年出现的经济过热，只是在 1986 年得到了进一步缓解，但远未消除。

鉴于 1986 年只是初步抑制了 1984 年末和 1985 年的工业和国民经济的过热状态，1987 年 3 月由国务院提出的、并经六届全国人大五次会议通过的国民经济和社会发展计划，仍然按照"七五"计划头两年的部署，把 1987 年工业总产值的增长速度定为 7%；把国营单位的固定资产投资定为 1950 亿元，大体上维持在 1986 年的水平。并且针对 1986 年计划外投资、非生产性建设投资和非重点建设投资增长过快的情况，提出了

---

①《中国经济年鉴》（1987），经济管理出版社，第 II-1 页；《中国经济年鉴》（1988）《序》，经济管理出版社。

②《中国统计年鉴》（1997），中国统计出版社，第 42、150、155、160、267、413 页；《中国经济年鉴》（1989），经济管理出版社，第 II-7 页。

"三保三压"的方针，即保计划内建设，压计划外建设；保生产性建设，压非生产性建设；保国家重点建设，压非国家重点建设。[①] 显然，这些规定也体现了紧缩的财政、货币政策。

由于这些政策的贯彻执行，经济过热状态得到了进一步遏制。这年工业总产值和国内生产总值分别比上年增长了 17.69% 和 11.6%；全社会固定资产投资、国营单位的固定资产投资、基本建设投资和工业基本建设投资分别比上年增长了 21.5%、17.8%、14.2%、28.4%；社会总需求大于总供给的差率为 13.6%；现金流通量增长了 19.4%；社会商品零售价格上升了 7.3%。[②] 上述各项指标，同 1985 年相比，除了社会总需求大于总供给的差率有所扩大以外，工业和国内生产总值增长率、投资增长率、现金流通量增长率和社会商品零售价格上涨率均显著降低。但同 1986 年相比，除了投资增长率和现金流通量增长率下降以外，工业和国内生产总值增长率、社会总需求大于总供给的差率以及社会商品零售价格上涨率均有上升。所以，同 1985 年相比，可以说工业和国民经济过热状态在 1987 年得到了进一步缓解；同 1986 年相比，工业和国民经济的过热状态又有回升。但不论如何说，1985 年 9 月确定的"七五"计划头两年实现经济"软着陆"的方针，以及与之相联系的财政、货币双紧政策，并未在 1987 年得到真正、完全的落实。

三、1988 年再次过热

鉴于上述情况，1988 年 3 月由国务院提出的、并经七届全国人大一次会议通过的国民经济和社会发展计划规定：1988 年经济工作的基本方针，是进一步解放思想，进一步稳定经济，进一步深化改革，以改革总揽全局。依此方针，确定 1988 年工业和国民生产总值的增长率分别为 8% 和 7.5%；全社会固定资产投资总规模为 3300 亿元，其中国营单位固定资产投资 2060 亿元，略低于上年的实际水平。[③] 可以认为，这些主要经济指标是体现了进一步稳定经济方针的要求的。

但不久，又对 1987 年的经济调整工作作了过于乐观的估计，认为这

---

① 《中国经济年鉴》(1987)，经济管理出版社，第Ⅰ-24~26 页。

② 《中国统计年鉴》(1997)，中国统计出版社，第 42、150、155、160、267、413 页；《中国经济年鉴》(1989)，经济管理出版社，第Ⅱ-7 页。

③ 《中国经济年鉴》(1988)，经济管理出版社，第Ⅰ-46 页。

年经济增长速度比较高，也比较正常健康，我国经济生活中开始出现了增长和稳定相统一的新情况。还提出了加快沿海地区经济发展的全国性战略。从根本上说来，这种估计和战略都是同急于求成的传统的经济发展战略相联系的。这样，就导致在实际上完全放弃了稳定经济的方针和紧缩的财政、货币政策，而代之以高经济增长方针和扩张的财政、货币政策。

于是，从1988年第一季度起，工业和国民经济急剧升温。1988年第一季度工业比上年同期增长16.9%，第二季度17.5%，第三季度18.1%，第四季度18.8%。这年1月份社会商品零售价格比上年同期上升9.5%；在1月~9月间，每月以1~4个百分点的增幅上升，到9月份上升为25.4%；10月份以后物价上升势头趋缓，12月份仍上升为26.7%。①于是，这年8月中下旬，全国许多城市爆发了居民争提存款、抢购商品的风潮。

在工业和国民经济过热的形势下，1988年9月中共中央召开的十三届三中全会，提出了治理经济环境、整顿经济秩序、全面深化改革的方针。由于这个方针的贯彻执行，从1988年第四季度起，工业和国民经济的过热状态就开始降温。

但从1988年全年来看，这年工业和国民经济仍然是过热的。这年工业总产值和国内生产总值分别比上年增长了20.79%和11.3%；全社会固定资产投资、国营单位的固定资产投资、基本建设投资和工业基本建设投资分别增长了25.4%、23.3%、17.2%和19%；社会总需求大于社会总供给的差率为16.2%；现金流通量增长了46.7%；社会商品零售物价上升了18.5%。②上述各项指标均大大超过了处于经济降温阶段的1986年和1987年；而且除了工业、国内生产总值和全社会固定资产投资的增幅低于经济过热的1985年以外，社会总需求大于总供给的差率、现金流通量增长率和社会商品零售价格的增幅均大大超过了1985年。可以认为，1988年工业和国民经济过热状态超过了1985年。这种过热状态的形成原因，除了上述的经济体制、经济战略和转轨时期各种特有矛盾以外，还由于它是1984年底以来工业、国民经济过热的持续发展及其作用的叠加。就物

①《中国经济年鉴》（1988），经济管理出版社，第Ⅱ-3、Ⅳ-43页。
②《中国经济年鉴》（1989），经济管理出版社，第Ⅱ-7页；《中国统计年鉴》（1997），中国统计出版社，第42、150、155、160、267、413页。

价涨幅过高的原因来说，除了主要由于多年积累的、过大的社会总需求大于总供给的差率以外，还同经济秩序混乱相联系的乱涨价有关，也同推进价格改革时机的选择不当有关。1988 年上半年，物价涨幅已经很高，更大的物价涨势已经成为群众的消费预期。在这种情况下，党和政府在 6 月份还提出价格改革要"闯关"，接着又提出要在 5 年内理顺价格。这无疑对价格涨势起了火上浇油的作用。

与工业和国民经济再次过热相联系，工业、整个产业结构失衡和地区结构趋同状态更加严重，技术升级缓慢，市场秩序更加混乱。1985 年~1988 年，工业与农业产值增长速度之比由 1∶0.22 扩大为 1∶0.15；电力、成品钢材和运输量的弹性系数（以工业产值增长率为 1）分别由 0.58 缩小为 0.52，由 0.56 缩小为 0.40，由 0.22 缩小为 0.10。[①]这样，工业和国民经济的再次调整就成为势在必行的事。

但需着重指出：尽管就工业和国民经济的运行来说，1985 年~1988 年从过热走向过热，但这期间我国工业获得了高速增长，我国经济上了一个大台阶（详见附表 3~附表 5、附表 11~附表 13）。这是必须充分肯定的。

第二节　1989 年~1991 年，工业在治理整顿中发展

一、治理整顿方针的提出

前述的 1988 年工业和国民经济的过热与结构失衡，以及经济秩序的混乱，就是提出治理整顿方针最重要的历史背景。

1988 年 9 月召开的党的十三届三中全会提出了治理经济环境、整顿经济秩序、全面深化改革的方针。李鹏总理依据党中央决定在 1989 年 3 月召开的七届全国人大二次会议上作了题为"坚决贯彻治理整顿和深化改革的方针"的报告。1989 年 11 月召开的党的十三届五中全会又作出了《关于进一步治理整顿和深化改革的决定》。该决定就治理整顿的任务、主要目标、必须抓住的重要环节以及必须实行的基本政策措施等一系列

---

①《中国经济年鉴》（1989），经济管理出版社，第Ⅱ-4 页。

问题，作了明确规定。①

从 1989 年起，用 3 年或者更长一些时间完成治理整顿的基本任务，即努力缓解社会总需求超过总供给的矛盾，逐步减小通货膨胀，使国民经济基本走上持续稳定协调发展的轨道，为本世纪末实现国民生产总值翻两番的战略目标打下良好的基础。

具体说来，(1)坚决控制社会总需求，是治理整顿的首要任务。为此，要压缩投资总规模，坚决调整投资结构，切实控制消费需求的过快增长，坚持实行从紧的财政信贷政策。(2)加强农业等基础产业，调整经济结构。要集中力量办好农业；努力保持能源和重要原材料生产的稳定增长，大力提高运输效率；大力调整加工工业，克服盲目发展现象。(3)认真整顿经济秩序特别是流通秩序。要进一步治理整顿公司特别是流通领域的公司，逐步消除流通领域秩序混乱的状态；坚决整顿市场秩序；逐步解决生产资料价格"双轨制"问题；下大力量加强市场管理和物价管理；坚决制止和纠正乱收费、乱摊派、乱罚款现象。(4)千方百计提高经济效益。要坚定不移地把经济工作转到以提高经济效益为中心的轨道上来；提高经济效益必须依靠科技进步；强化企业管理，提高管理水平；认真抓紧抓好扭亏增盈工作；扎扎实实地全面深入开展"双增双节"运动。(5)继续深化改革和扩大对外开放。

可见，这次治理整顿的主要目标，不但有压缩需求、解决总量失衡的要求，而且有调整结构、解决结构失衡的要求，还有深化经济体制改革、解决总量和结构失衡机制的要求，以期为经济持续、稳定、协调发展打下良好基础。

因此，如果不说这次治理整顿所包括的深化经济改革的要求，那么，它在实际上就是一次经济调整。

有关这期间深化工业经济改革和提高工业企业管理的历史过程，我们在本编第二、第三章已经做过叙述。下面着重叙述这期间同工业有关的总量控制和结构调整的历史过程。

二、1989 年治理整顿的起步

在党中央、国务院治理整顿方针的指引下，1989 年治理整顿迈出了

---

① 《中共中央关于进一步治理整顿和深化改革的决定》，人民出版社 1989 年版。

重要一步。

1. 工业和国民经济的超高速增长有了急剧的改变。1989 年计划规定，工业产值比上年增长 8%，国民生产总值增长 7.5%。执行结果，工业实际增长 8.5%，国民生产总值增长 4.2%。[1]前者略超计划，后者显著低于计划；前者比 1989 年增幅回落了 12.3 个百分点，后者回落了 7.1 个百分点。这年下半年工业生产还出现了逐季、逐月下滑过多的局面。与上年相比，1989 年第一季度工业增长 10.4%，第二季度增长 11.1%，第三季度增长 5.4%，第四季度增长 0.7%。按月计划，7 月份增长 9.6%，8 月份增长 6.1%，9 月份增长 0.9%，10 月份下降 2.1%，11 月份增长 0.9%，12 月份增长 3.4%。[2]为了制止工业下滑的势头，这年政府在增拨流动资金和保证能源生产等方面，先后采取了一系列措施。

2. 社会总需求得到有效控制。首先是大幅度压缩了投资需求。这是压缩社会总需求和调整经济的决定性措施。1989 年计划安排，全社会固定资产投资 3300 亿元，比上年预计完成的 4220 亿元压缩 920 亿元，下降 21.8%。其中，国营单位的固定资产投资 2100 亿元，压缩 510 亿元，下降 19%。[3]为此，不仅砍掉了一批包括楼堂馆所在内的非生产性项目，而且停建、缓建了一批一般的生产性项目，特别是加工工业项目。据统计，这年国营单位的基本建设和更新改造项目，比上年减少 4.3 万个，压缩了 26%；当年新开工项目比上年减少 4.1 万个，压缩了 53%。[4]这样，执行结果，这年全社会固定资产投资实际为 4410.4 亿元，比上年实际完成数减少了 7.2%；国营单位的固定资产投资为 2808.2 亿元，减少了 7%；国营单位的基本建设投资为 1551.74 亿元，减少了 1.6%；国营单位工业基本建设投资为 822.22 亿元，增加了 1.2%。虽然没有完成原定的投资计划，但全社会和国营单位的固定资产投资下降幅度还是很大的。再考虑到价格上升因素，下降幅度就更大了。扣除价格上升因素，国营单位的全部基本建设投资和工业基本投资也都是大幅下降的。在压缩投资规模的同

①《中国经济年鉴》(1989)，经济管理出版社，第 I -18 页；《中国统计年鉴》(1997)，中国统计出版社，第 42、413 页。

②《中国经济年鉴》(1990)，经济管理出版社，第 II -16 页。

③《中国经济年鉴》(1989)，经济管理出版社，第 I -18 页。

④《中国经济年鉴》(1990)，经济管理出版社，第 II -1 页。

时，还调整了投资结构。1989 年国营单位基本建设投资中，生产性建设投资比重由上年的 65.9%上升到 68.6%；能源工业和运输邮电业的投资比重分别由 24.7%上升到 28.8%，由 14.4%上升到 15.1%。其次是压缩了消费需求。1989 年全国居民消费水平比上年实际下降了 0.5%；其中，农业居民下降了 0.8%，非农业居民下降了 1.6%。这年社会集团购买力为 693 亿元，比上年下降了 12%。①

3. 工业和整个产业的结构有了初步调整。依据治理整顿的要求，在压缩投资规模的同时又调整了投资结构，再加上其他的调整结构的措施，就使得农业、能源、原材料和交通运输的增长速度都加快了，加工工业的发展速度受到了抑制，使工业和整个产业的结构有了一定程度的调整。工业与农业产值、能源总量、主要原材料、铁路货运量的增长速度的对比关系，分别由 1988 年 1∶0.15 上升为 1∶0.25，由 1∶0.29 上升为 1∶0.54，由 1∶0.35 上升为 1∶0.53，由 1∶0.15 上升为 1∶0.53。②

4. 物价涨势回落。由于大幅度压缩了社会总需求，并通过经济增长（特别是农业丰收）和结构调整增加了有效供给，使社会总需求大于总供给的差率由上年的 16.9%下降为 1989 年的 8%。还由于实行紧缩的财政政策特别是紧缩的信贷政策，再加上两次提高居民储蓄存款利息率，并实行保值储蓄，使现金流通量的增长率由上年的 46.7%下降到 9.8%。这样，物价涨势逐月回落。与 1988 年同期相比，1 月、2 月份的物价指数为 27%和 27.9%，以后逐月下降，到 10 月、11 月、12 月份为 8.7%、7.1%、6.4%；全年物价上涨 17.8%，比上年的 18.5%下降了 0.7 个百分点。但其中的新涨价因素只有 6.4 个百分点，明显低于上年的 15.9 个百分点。③

可见，1989 年虽然是治理整顿的开端，但取得了明显进展。

但是，经济的总量和结构失衡、经济效益低下以及通货膨胀等原来存在的老问题并没有根本解决，而且工业速度滑坡和市场销售疲软等新问题又发生了。在治理整顿期间，工业增幅在一定范围内下降，是治理

---

① 《中国统计年鉴》(1997)，中国统计出版社，第 150、155、160、292 页；《中国经济年鉴》(1990)，经济管理出版社，第Ⅱ–2~9 页。

② 《中国经济年鉴》(1990)，经济管理出版社，第Ⅱ–16~17 页。

③ 《中国统计年鉴》(1997)，中国统计出版社，第 267 页；《中国经济年鉴》(1990)，经济管理出版社，第Ⅱ–2 页。

整顿的一个主要要求。但下降过多，特别是 1989 年 9 月~11 月出现的接近零增长甚至负增长，就很不正常。这年工业速度滑坡是同市场疲软相联系的。1989 年 8 月以后社会商品零售总额也出现负增长，全年累计增长 8.9%，扣除物价上升因素，实际下降 7.6%。这年物资系统的生产资料销售额名义下降 0.8%，实际下降 18.2%。^① 在经济体制和经济战略的转轨时期，是一种"速度效益型"经济。这样，随着工业速度的滑坡，工业经济效益又进一步下滑了。1989 年国营独立核算工业企业资金利税率由上年的 20.6%下降到 17.2%；亏损企业亏损总额由 81.92 亿元猛增到 180.19 亿元。^② 与工业速度滑坡、市场疲软相联系，工业企业的产成品资金、企业之间的相互拖欠、货款的"三角债"、工厂的停工和半停工、潜在的失业和待业工人都大大增长了。凡此种种都是治理整顿需要进一步解决的问题。

三、1990 年治理整顿的进展

1990 年，党中央和国务院决定继续推进治理整顿，并采取了坚持总量控制、适时调整紧缩力度和积极调整结构等一系列措施，在治理整顿方面继续取得了进展。

1. 保持了工业和国民经济的适度增长。1990 年计划规定，工业和国民生产总值分别比上年增长 6%和 5%。执行结果，二者实际分别增长了 7.8%和 4.4%。^③ 前者超过计划，后者低于计划；前者比上年低 0.7 个百分点，后者与上年持平。这年年初工业生产继续呈现从上年第四季度开始的下滑局面，但从第二季度开始回升。这年头两个月工业负增长，3 月份开始正增长，第一季度比上年同期仅增长 0.3%；第二季度增长 4.1%；第三季度增长 5%；第四季度增长 14.2%，其中最后两个月达到 15%左右。^④ 为了扭转与市场销售疲软相联系的年初工业生产滑坡的局面，这年采取了一系列刺激需求和改善工业生产条件的措施。主要是在坚持财政、货币双紧政策的前提下，适度增加了固定资产投资和流动资金贷款；放松了对社会集团购买力的限制；3 月和 8 月两次调低存款利率 2.34 个百分

---

① 《中国经济年鉴》(1990)，经济管理出版社，第Ⅱ–2 页。
② 《中国统计年鉴》(1993)，中国统计出版社，第 430、437 页。
③ 《中国统计年鉴》(1997)，中国统计出版社，第 42、413 页。
④ 《中国经济年鉴》(1991)，经济管理出版社，第Ⅱ–2 页。

点；继 1989 年 12 月下调人民币对美元汇率 21.1% 之后，1990 年再次下调 9.6%；恢复托收承付的结算方式和大力清理企业之间"三角债"；加快价格的结构性调整；对煤炭实行"四统一"（即统一分配、统一订货、统一运输和统一调度）；对部分重点骨干企业实行"双保"（国家保企业的基本生产条件，企业保完成国家的计划任务和上缴税利）；建立国务院生产委员会，以加强对工业、交通生产的领导。

2. 继续控制了社会总需求的增长。首先是控制固定资产投资规模，并调整投资结构。1990 年计划规定，全社会固定资产投资 4100 亿元，其中，国营单位固定资产投资为 2510 亿元，二者均低于 1989 年实际完成数。执行结果，全社会固定资产投资为 4517 亿元，比上年增长 2.4%；国营单位固定资产投资、基本建设投资和工业基本建设投资分别为 2986.3 亿元、1703.81 亿元和 852.6 亿元，分别比上年增长 6.3%、9.8% 和 4%。[1] 虽然都超过了计划指标，但扣除价格上升因素，实际低于上年或比上年略有增加。同时，调整了投资结构。1990 年，在国营单位基本建设投资中，农林水利投资比重由上年的 3.3% 上升到 4.1%，能源工业投资由 28.8% 上升到 32%，运输邮电业投资由 15.1% 上升到 15.9%；生产性投资比重由 68.6% 上升到 72.2%，非生产性投资由 31.4% 下降到 27.8%。[2] 这样，基础工业和基础设施的建设得到了加强，一般加工工业和非生产性的建设受到了控制。

其次是控制消费需求的增长。1990 年全国居民消费水平、农业居民和非农业居民的消费水平分别比上年增长了 3.4%、0.3% 和 7.5%。[3] 前两个指标增幅都不高，第三个指标增幅高一些，但也显著低于 1988 年；而且三者都是在 1989 年负增长的基础上提高的。但社会集团消费增幅稍大一些。这年社会集团消费零售总额比上年增长 4.3%。[4]

3. 进一步调整了工业和整个产业的结构。这年基础工业有了加强，加工工业受到控制。1990 年，基础工业比上年增长 6.5%，加工工业增长 4.1%；前者占工业总产值的比重由上年的 21.2% 上升到 21.5%，后者由

①《中国统计年鉴》（1997），中国统计出版社，第 150、155、160 页。
②《中国经济年鉴》（1990），经济管理出版社，第Ⅱ-8 页。
③《中国统计年鉴》（1997），中国统计出版社，第 292 页。
④《中国经济年鉴》（1991），经济管理出版社，第Ⅱ-3 页。

46.9%下降到 46.4%。[①]

4. 进一步控制了物价涨势。由于继续控制了社会总需求，并在保持工业和国民经济适度增长的条件下调整了工业和国民经济结构，特别是由于农业连续两年丰收，有效供给有了进一步增长，于是社会总需求大于总供给的差率由上年的 8% 下降为 1990 年的 4%，回到了正常区间。诚然，这年财政货币双紧政策有所松动，现金流通量增幅为 12.8%，高于上年的 9.8%。[②]但由于上年 3 月开始的物价增幅下降势头的惯性作用，1990年前三季度各项物价指数仍呈逐季下降趋势，第四季度稍有回升，还低于前两个季度。全年社会商品零售物价比上年上升 2.1%，比上年回落了15.1 个百分点；生产资料价格涨幅为 3.1%，比上年回落了 18.4% 个百分点。[③]而且，这年物价涨幅回落是在改革以来价格调整迈出最大步伐的条件下取得的。这年先后调高了 10 多项工农业基础产品和民用燃料、生活消费品以及 20 多项服务项目的价格，其出台项目之多，调价幅度之大，调价金额之巨，超过以往各年。

可见，1990 年治理整顿取得了重大进展。

但是，由于这年货币流通量增长幅度超过经济增长和物价的增幅，潜在的通货膨胀压力增大。至于工业和整个产业结构失衡、市场销售疲软、工业产成品积压、企业互欠货款以及经济效益低下的问题，都还没有解决或没有根本解决。比如，社会商品零售总额直到这年 6 月份才开始正增长，并逐月回升，1 月~5 月平均下降 2.6%，6 月~8 月平均增长1.5%，9 月~10 月平均增长 5.5%，11 月~12 月平均增长 10.3%，全年仅比上年增长 1.9%，扣除物价因素，实际有所下降。[④]再如，国营独立核算工业企业资金利税率由 1989 年的 17.2% 下降到 1990 年的 12.4%，亏损企业的亏损总额由 180.19 亿元增加到 348.76 亿元。[⑤]

四、1991 年治理整顿的基本完成

1991 年是 "八五"（1991 年~1995 年）计划的第一年，也是治理整顿

---

① 《中国经济年鉴》(1991)，经济管理出版社，第Ⅱ-15 页。
② 《中国经济年鉴》(1991)，经济管理出版社，第Ⅱ-4 页。
③ 《中国经济年鉴》(1991)，经济管理出版社，第Ⅱ-1~2 页。
④ 《中国经济年鉴》(1991)，经济管理出版社，第Ⅱ-3 页。
⑤ 《中国统计年鉴》(1993)，中国统计出版社，第 430、437 页。

的第三年。这年继续推进了治理整顿，并基本完成了治理整顿的主要任务。

1. 继续推进工业和国民经济的适度增长。1991年计划规定，工业和国民生产总值分别比上年增长6%和4.5%。执行结果，二者实际分别增长了14.77%和9.1%，[1] 都大大超过了原定计划和上年的增长速度，速度都偏高，特别是工业的增长速度偏高。为了促进工业的增长，这年除了继续深化改革和扩大开放，增加投资总量和调整投资结构、继续增补流动资金和新产品开发基金、治理"三乱"，继续整顿经济秩序特别是流通秩序，以及开展"质量、品种、效益年"活动，提高企业管理水平以外，还着重抓了以下两项工作：（1）促进市场销售，改变前两年市场销售疲软的局面。1991年，全国社会商品零售总额达到9397.7亿元，比上年增长了13.2%，扣除物价上升因素，实际增长10%。这年生产资料销售额达到3129.1亿元，比上年增长24.5%。（2）清理"三角债"和限产压库取得明显成效。这年全国"三角债"估计约2500亿元。其形成原因主要是：固定资产投资有缺口；企业亏损；产成品积压；商品交易秩序混乱，结算纪律松弛。从1991年9月起，在国务院统一领导下，在全国范围内开展了从固定资产项目拖欠源头入手清理"三角债"，截至12月末，国家注入银行贷款306亿元，地方政府和企业自筹24亿元，共清理"三角债"1360亿元，超额完成全年清理1000亿元的计划目标，取得了投入1元资金清理4元的效果。据中国工商银行对40000户国营工业企业统计，1991年末产成品资金占用额为1096亿元，比6月末减少229亿元，超额完成全年压缩产成品资金占用200亿元的计划目标。[2]

2. 继续控制固定资产投资规模，进一步改善投资结构。1991年计划规定，全社会固定资产投资总规模为5000亿元；其中，国营单位的固定资产投资为324.5亿元。按现价计算，二者均高于1990年完成数。执行结果，全社会固定资产投资达到5594.5亿元，比上年增长21.6%；国营单位的固定资产投资、基本建设投资和工业基本建设投资分别达3713.8亿元、2115.8亿元和1147.21亿元，分别比上年增长24.4%、24.2%和34.6%。[3] 这4项指标均超过了计划，即使扣除物价因素，也都有大幅度增

---

① 《中国统计年鉴》（1997），中国统计出版社，第42、413页。

② 《中国经济年鉴》（1992），经济管理出版社，第59页。

③ 《中国统计年鉴》（1997），中国统计出版社，第150、155、156页。

长。同时，调整了投资结构，进一步加强了基础工业和基础设施建设。1991 年国营单位基本建设投资中，农林水利投资增长了 31.2%，原材料工业投资增长了 24%，运输邮电业投资增长了 40.1%。[①]

3. 1991 年原计划继续调整工业和产业结构，但在执行过程中，尽管基础工业和基础产业都有发展，但由于工业的增长速度偏高，远没有达到预期的目的。这年农业、能源总量和货运总量分别比上年增长了 3.7%、0.9% 和 1.6%，与工业增长速度的比例关系分别为 1：0.25、1：0.06 和 1：0.11。[②]

4. 继续实现了物价的基本稳定。这年社会总供给和总需求都有较大幅度的增长，因而前者大于后者的差率仅比上年略有提高，约为 5% 以上，还是居于正常区间。与此相联系，1991 年社会商品零售价格比上年提高 2.9%，生产资料销售价格总水平与上年持平。[③] 还要提到，这年物价基本稳定也是在价格调整和改革迈出较大步伐条件下实现的。1991 年先后提高了原油、钢铁、铁路货运和粮油的销售价格，放开了部分工业消费品价格，并对部分工业原材料双轨价格进行了并轨。

因此，到 1991 年为止，治理调整的主要任务已经基本完成。但是，供需总量基本平衡的基础仍很脆弱，通货膨胀的压力在加大，工业和整个产业结构失衡以及经济效益低下状态并未根本改变。国营独立核算工业企业资金利税率由 1990 年的 12.4% 下降到 1991 年的 11.8%，亏损企业的亏损总额由 348.76 亿元增加到 367 亿元。[④] 但就治理整顿的主要目标来说，基本上是实现了的。

第三节　1992 年，工业在邓小平南方谈话精神 鼓舞下迅速步入高增长

1992 年是基本完成治理整顿主要任务后的第一年，也是"八五"计

---

①《中国经济年鉴》(1992)，经济管理出版社，第 51 页。
②《中国统计年鉴》(1997)，中国统计出版社，第 215、369、413、514 页。
③《中国经济年鉴》(1992)，经济管理出版社，第 52 页。
④《中国统计年鉴》(1993)，中国统计出版社，第 430、437 页。

划的第二年。依据邓小平 1992 年初南方谈话和 3 月中共中央政治局会议的精神，国务院提出了抓住有利时机、加快经济发展的方针。

为了促进工业在提高经济效益的前提下加快发展，除了深化改革和扩大开放，加强农业、水利、交通运输、邮电等基础产业和基础设施建设，调整一、二、三产业结构和地区经济布局以外，主要采取了以下两项措施。

1. 加快调整工业结构，提高工业经济效益。其主要要求是：（1）继续保持能源和重要原材料等基础工业的稳定增长。（2）按照市场需求组织生产，限制供大于求、不适销不对路产品的生产，不再造成新的积压。（3）调整产品结构和企业组织结构，关停并转一部分生产能力过大、产品无销路和扭亏无望的企业。（4）大力抓好资源、能源的节约和综合利用。（5）努力提高产品质量，加速资金周转，降低消耗，减少亏损，增加实现利税。为此，主要采取了以下办法：（1）从 1992 年起，把工业总产值只作为一般统计指标，建立工业增加值指标，以完善工业经济效益评价考核指标。[①]（2）从贷款、税收、物资供应和运力等方面支持适销对路产品、名优产品、高新技术产品和其他要鼓励发展的产品的生产。（3）公布对主要产品停产、限产和鼓励生产的目录，及时发布市场信息。（4）实行压缩不合理库存与技术改造、流动资金贷款双挂钩，推进限产压库工作。（5）为了促进工业资金循环，继续 1991 年开始的清理"三角债"的做法，从解决"三角债"源头入手。重点对固定资产投资项目拖欠这个源头进行了清理，1991 年~1992 年全国共注入资金 540 亿元（其中包括银行贷款 505 亿元，地方和企业自筹 34.3 亿元），清理拖欠项目14121 个（其中，基本建设项目 5420 个，技术改造项目 8701 个），连环清理 1838 亿元。同时还组织重点行业、重点企业清理流动资金 325 亿元。这样，除少数项目外，全国基本建设和技术改造项目在 1991 年以前形成的拖欠已经基本清理完毕。这两年共清理拖欠款 2163 亿元（其中，1991 年清理 1360 亿元，1992 年清理 803 亿元），实现了注入 1 元资金清理拖欠 4 元的效果。[②]（6）继续开展"质量、品种、效益年"活动，同时严厉打击制造和贩卖假

---

① 《中国经济年鉴》（1993），经济管理出版社，第 628 页。
② 《中国经济年鉴》（1993），经济管理出版社，第 65 页。

冒伪劣产品的违法行为。（7）大力开拓国内外市场，促进工业品的销售。

2. 合理安排工业固定资产投资的规模和结构。工业基本建设投资的使用，主要是继续加强能源、原材料建设，支持高新技术发展。加工工业主要搞技术改造，原则上不再铺新摊子。技术改造投资的使用，重点是大力降低能源、原材料消耗；提高产品质量和档次，开发新产品，增加短线产品的生产能力；搞好引进技术的消化吸收，增加出口创汇产品的生产。采取措施防止不必要的重复建设、重复引进。1992 年固定资产投资达到 8080.1 亿元，比上年增长 44.4%。其中，国营单位的固定资产投资、基本建设投资、工业基本建设投资和工业技术改造投资分别为5498.7 亿元、3012.65 亿元、1458.31 亿元、1076.68 亿元，分别比上年增长 48.1%、42.4%、27.1%、36.3%。在国营单位工业基本建设投资中，能源和原材料工业的投资增长了 28.4%，加工工业增长了 25.4%。[①]

上述各项重要措施促进了 1992 年工业生产的发展。这年工业总产值比上年增长了 24.7%，比上年增长速度提高了近 10 个百分点。[②] 1992 年工业的高速增长有多方面原因：（1）1989 年~1991 年的治理整顿期间，相对来说，工业的增长速度是比较低的。因而，1992 年工业高速增长带有一定的恢复性增长。（2）这 3 年的治理整顿，为工业的高速增长形成了相对宽松的总供需环境，并积累了一定的物质条件。如 1989 年~1991 年钢材供给大于使用 1223 万吨，到 1991 年末，钢材库存达到 1581 万吨，为当年消费量的 45%。[③]（3）在邓小平 1992 年初南方谈话精神的鼓舞下，经济改革有了很大的发展，为包括工业在内的发展创造了许多条件。如直接融资在资金筹集中的作用明显上升。（4）就经济周期看，1992 年是周期的上升阶段。

但是，这年工业毕竟发展过快了，由此带来了一系列问题。（1）基础产业和基础设施的"瓶颈"制约作用再次突出，交通运力不足，能源供应紧张。（2）货币流通量增长过大。1992 年现金流通量比 1991 年增长了36.4%，[④] 大大超过了经济增幅和货币化程度提高的需要。（3）全年物价涨

①《中国统计年鉴》（1997），中国统计出版社，第 150、155、160、174 页。
②《中国统计年鉴》（1997），中国统计出版社，第 413 页。
③《中国经济年鉴》（1993），经济管理出版社，第 72 页。
④《中国统计年鉴》（1993），中国统计出版社，第 664 页。

幅明显加大，逐季呈上升趋势。1992年商品零售价格比上年上升了5.4%，大大超过了1991年2.9%的增幅;[①] 其中，上半年增幅为4.9%，到12月份为6.8%。生产资料价格也呈上升势头，第一季度上升4.5%，上半年上升6.4%，全年上升9.3%。当然，这年物价上涨，同价格改革有很大关系。在商品零售价格上升的5.4%中，属于国家计划调整和放开价格的部分约占4个百分点，属于市场调节自发上涨的部分约占1.4个百分点。[②] (4)金融秩序混乱和股票热、房地产热、开发区热等泡沫经济已经开始出现。如有的金融机构以高利率向系统外拆出资金，这些资金大量用于炒股票、炒房地产和投资开发区。(5)工业经济效益低下状况并无改变。国营独立核算工业企业资金利税率由1991年的11.8%下降到1992年的9.7%，亏损企业亏损总额由367亿元增加到369.27亿元。[③]

形成工业发展速度过快的原因，从认识上说，是片面理解了邓小平在1992年初南方谈话中提到的"抓住时机，发展自己，关键是发展经济"的精神，忽视了他同时提到的"不是鼓励不切实际的高速度，还是要扎扎实实，讲求效益，稳步协调地发展"的精神。[④] 当然，从根本上说，还是传统的经济体制和经济战略的影响，以及体制和战略转轨时期特殊矛盾的作用。比如，在1992年基本建设投资总额中，国家预算内的投资只占12.4%，而国内贷款和自筹资金则分别占了27.4%和40.3%；在更新改造投资总额中，这三方面投资比重分别为1.4%、40.7%和49.6%。[⑤] 显然，这种状况是同投资主体多元化带来的盲目性，以及缺乏有力的企业自我约束机制和宏观调控机制相联系的。

---

①《中国统计年鉴》(1997)，中国统计出版社，第267页。
②《中国经济年鉴》(1993)，经济管理出版社，第104~105页。
③《中国统计年鉴》(1993)，中国统计出版社，第430、437页。
④《邓小平文选》第3卷，人民出版社1993年版，第375页。
⑤《中国经济年鉴》(1993)，经济管理出版社，第75~76页。

第七章 1985年~1992年，工业生产建设的主要成就和经验

第一节 工业生产建设的主要成就

1. 以社会主义公有制为主体的、多种所有制共同发展的格局进一步发展。1984年~1992年，国营工业占工业总产值比重由69.1%下降到51.52%，集体工业由29.71%上升到35.07%，个体工业由0.19%上升到5.8%，主要由"三资"企业组成的其他经济类型工业由1.01%上升到7.61%（详见附表12~附表14）。这里还要着重提到，乡镇工业在1984年以后进一步充分显示了异军突起的面貌。

2. 工业基本建设和技术改造取得重大进展，工业生产能力有了巨大提高。1984年全社会工业固定资产投资为783.42亿元，1992年增长到3715.95亿元。其中，国营工业固定资产投资由653.53亿元增长到2759.47亿元。在国营工业固定资产投资中，基本建设投资和更新改造投资分别由341.59亿元增加到1458.31亿元，由225.43亿元增加到1076.65亿元（详见附表36、附表38）。

随着基本建设和更新改造投资的增长，工业新增的固定资产和生产能力有了巨大增长。1984年工业新增固定资产为258.8亿元，1992年达到979.3亿元（详见附表43）。仅1992年，由基本建设投资新增煤炭开采能力2792万吨，发电机组容量1379万千瓦，石油开采1542.5吨，新建

铁路交付营运里程 1055 公里，新建公路 4458 公里，沿海港口吞吐能力 3117 万吨（详见附表 1）。在这期间，有一大批技术先进的大中型项目建成投产。如 1991 年投产的年炼铁和炼钢各 300 万吨的宝钢二期工程、上海南浦大桥、秦山核电站和安阳彩色显像管厂等。

3. 工业总产值和主要产品产量高速增长。1992 年工业总产值由 1984 年的 7617.3 亿元增长到 34599 亿元；1985 年~1992 年平均每年增长 16.1%（详见附表 11、附表 12）。在这期间，除了少数产品产量下降以外，多数产品产量都有很大的增长。其中，发电量、钢材、水泥、纯碱、乙烯、塑料、发电设备和汽车的增长幅度都很高，家电耐用消费品继续保持了高速增长的态势（详见附表 3）。以致到 1991 年，家电耐用消费品开始出现供大于求的局面，销售价稳中趋降。这一点，也是我国工业发展史上一个具有重要意义的变化。

随着工业产量的大幅增长，一些主要工业产品产量在世界的位次和工业制成品在出口商品总额中的比重继续显著上升。1984 年~1992 年，钢产量居世界的位次由第四位升至第三位，煤由第二位升至第一位，原油由第六位升至第五位，发电量由第六位升至第四位，水泥由第二位升至第一位，化学纤维由第五位升至第二位，糖由第六位升至第三位，电视机由第三位升至第一位（详见附表 20）；工业制成品在出口商品总额中的比重由 54.34% 上升至 79.98%（详见附表 21）。

4. 轻工业和重工业继续协调发展。1984 年~1992 年，轻工业和重工业占工业总产值的比重分别由 47.4% 下降到 46.6%，由 52.6% 上升到 53.4%（详见附表 14），大体上还是协调的。

但是，在重工业产值中，制造工业产值比重在这期间由 50.9% 上升到 53.7%，采掘工业和原材料工业由 49.1% 下降到 46.3%（详见附表 15）。这样，从整个工业（包括轻工业和重工业）的基础工业和加工工业的关系来看，又出现了基础工业发展滞后的问题，以致基础工业"瓶颈"作用进一步加剧。

5. 工业物质技术基础进一步加强。1984 年~1992 年，国营工业企业平均每个职工使用的固定资产原值由 13100 元增加到 30862.1 元，平均每万名职工中的专业技术人员从 366.1 人增加到 478 人（详见附表 24、附表 25）。

6. 大型工业企业产值在工业总产值中的比重上升。在 1980 年~1984 年和 1984 年~1992 年这两个时段里，大型工业企业产值在工业总产值中的比重由 34.1% 下降到 31.8%，再上升到 36.4%；中型企业由 21.7% 下降到 19.8%，再上升到 21.1%；小型企业由 44.1% 上升到 48.4%，再下降到 42.6%（详见附表 18）。

7. 工业地区布局有所改善。1984 年~1992 年，东部地区工业产值比重由 59.78% 上升到 65.73%，中部和西部地区由 40.22% 下降到 34.27%（详见附表 19）。这就改变了 60 年代中期以后工业过于向中部和西部地区集中的状况，并且是适应了社会生产发展要求的。

8. 职工生活水平有了显著提高。1984 年~1992 年，采掘业、制造业以及电力、煤气和水的生产、供应业 3 个部门职工的平均工资分别由 1066 元增加到 3209 元，由 955 元增加到 2635 元，由 1321 元增加到 3392 元，分别增长了 42.2%、30.5%、21.3%（详见附表 46）；全国保险福利费用总额由 257.7 亿元增加到 1309.5 亿元，相当于工资总额的百分比由 22.7% 上升到 33.2%（详见附表 48）。

总之，这期间无论是在发展工业的生产建设方面，或者是在实现职工生活向小康水平挺进方面，都向前推进了一大步。

第二节　工业生产建设的主要经验

伴随着工业生产建设的发展以及对实践的总结，我们在第六编第七章叙述的发展工业的经验也有了进一步发展。1986 年提出的"七五"计划，1991 年提出的十年规划和"八五"计划，对这些经验作了全面、系统的总结。特别是党的十三大报告对这些经验作了精辟的概括。除了经济体制改革的经验以外（这一点我们在本编第一章已经作过叙述），主要是"必须坚定不移地贯彻执行注重效益、提高质量、协调发展、稳定增长的战略"。这个战略的基本要求，归根到底，就是要从粗放经营为主逐步转上集约经营为主的轨道。为此，必须着重解决好以下三个重要问题：（1）把发展科学技术和教育事业放在首要位置，使经济建设转到依靠科学技术进步和提高劳动者素质的轨道上来。（2）保持社会总需求和总供给的基本平衡，合理调整和改造产业结构。（3）进一步扩大对外开放的广度和深度，不断发展对外经济技术交流与合作。[①]

　　1985 年~1992 年发展工业生产建设的巨大成就，是同贯彻作为这些经验总结的政策相联系的。这突出表现为以下两个重要方面（不是所有方面）：（1）贯彻社会主义公有制为主体、发展多种经济成分的方针，对这期间工业的高速增长起了最重要的作用。1992 年工业总产值比 1984 年增加了 26981.7 亿元。在这个增加额中，国营工业只占 46.6%，集体工业占 36.6%，个体工业占 7.3%，以"三资"工业为主的其他经济类型工业占 9.4%。非国营工业合计占了 53.4%，单是乡镇工业（包括乡镇工业中的集体工业和非集体工业）就占了 44.3%（详见附表 11、附表 26）。（2）如前所述，1986 年~1987 年的经济调整的一定进展，特别是 1989 年~1991年治理整顿的成就，都是同贯彻经济总量基本平衡和调整产业结构相联系的。

　　但是，像我们在本书第六编第七章提到的那样，这些政策本身也有不完善的地方，在许多方面又都没有得到充分的贯彻。

　　1.工业和国民经济增长很不稳定，基础产业"瓶颈"制约和地区产业结构趋同加剧。如 1985 年发生了工业和国民经济过热，1988 年又发生了一次。在 1978 年~1984 年和 1984 年~1992 年这两个时段里，基础产业产值在社会总产值中占的比重由 49.61% 下降到 44.97%，再下降到 36.1%；而非基础产业由 50.39% 上升到 55.03%，再上升到 63.9%；非基础工业由 35.31% 上升到 37.52%，再上升到 38.38%（详见附表 9）。如前所述，这期间产业结构趋同情况也进一步加剧。

　　2.原来在计划经济体制下长期存在的以外延扩大再生产方式为主的状况并无根本改变。在 1980 年~1984 年和 1984 年~1992 年这两个时段里，国营工业更新改造投资在固定资产投资中的比重，分别为 29.2%、34.5%、39%（详见附表 38）。

　　3.国营企业改革滞后。这期间改革的许多方面都取得了重大进展，特别是产品价格体制改革在 1992 年取得了决定性进展。但相对说来，国营企业改革是滞后的。其原因除了国营企业改革缺乏经验，本身难度较大

[①]《中国共产党第十三次全国代表大会文件汇编》，人民出版社 1987 年版，第 14~25 页。

（包括形成配套条件的工作量大，传统观念的阻力大，触及各类社会群体的利害既广泛又深刻等）以外，主要是由于没有把国营企业改革真正摆在经济体制改革的中心位置上。与此相联系，没有抓紧国营企业改革的配套条件的建设，主要是失业、医疗和养老保险制度的建设。再有，就是同 1989 年以后广泛流行的计划经济与市场调节相结合的提法，也有重要的联系。

4. 上述各点必然造成经济效益下滑。但如前所述，这期间经济效益下降还有其他多方面的原因。

上述各种问题的发生，主要还是计划经济体制、传统经济战略和"左"的思想的影响，以及理论上、认识上的局限。而且，整个说来，1985 年~1992 年，我国经济体制改革呈现出全面展开阶段的特征，在发展方面又上了一个新的台阶。所以，这些问题同 1978 年以前长期犯的"左"的路线错误，也是有原则区别的。

第八编

市场取向改革制度创新阶段的工业经济
——以实现经济总量（或人均国民
生产总值）翻两番、人民生活达到
小康水平为战略目标的社会主义建设
新时期的工业经济（三）
（1993 年~1998 年）

第一章　党的十四大的召开与社会主义市场经济体制改革目标的确立

　　党的十一届三中全会以来，在邓小平理论指导下，我国经济建设、人民生活和综合国力都上了一个大台阶。在世界风云急剧变化的情况下，中国社会主义制度经受住了严峻考验，显示了强大生命力。邓小平1992年的南方谈话又进一步鼓舞了全国人民在改革和发展方面的积极性。党的十四大就是在这样有利的形势下召开的，并作出了具有重大和深远意义的决策。（1）确立邓小平建设有中国特色社会主义理论在全党的指导地位。（2）抓住机遇，加快发展。大会指出：90年代我国经济的发展速度，原定为国民生产总值平均每年增长6%，现在从国际国内形势的发展情况来看，可以更快一些。根据初步测算，增长8%~9%是可能的，我们应该向这个目标迈进。在提高质量、优化结构、增进效益的基础上努力实现这样的发展速度，到本世纪末我国国民经济整体素质和综合国力将迈上一个新的台阶。（3）明确我国经济体制改革的目标是建立社会主义市场经济体制。大会着重指出：我国经济体制改革确定什么样的目标模式，是关系整个社会主义现代化建设全局的一个重大问题。依据经济改革实践的发展和认识的深化，特别是依据邓小平1992年初南方谈话的精神，提出：我国经济体制改革的目标是建立社会主义市场经济体制，以利于进一步解放和发展生产力。[①]

　　邓小平1992年初南方谈话和党的十四大标志着我国改革开放和现代

---

① 《中国共产党第十四次全国代表大会文件汇编》，人民出版社1992年版，第2~24页。

化建设进入了一个新的发展阶段。这次代表大会提出的 90 年代我国发展和改革的任务，是这以后一个长时期内包括工业在内国民经济发展的基本指导思想。

为了贯彻党的十四大关于建立社会主义市场经济体制的决定，1993年 11 月召开了党的十四届三中全会。全会作出了《关于建立社会主义市场经济体制若干问题的决定》。决定指出，社会主义市场经济体制是同社会主义基本制度结合在一起的。建立社会主义市场经济体制，就是要使市场在国家宏观调控下对资源配置起基础性作用。为实现这个目标，必须坚持以公有制为主体、多种经济成分共同发展的方针，进一步转换国有企业经营机制，建立适应市场经济要求，产权清晰、权责明确、政企分开、管理科学的现代企业制度；建立全国统一开放的市场体系，实现城乡市场紧密结合，国内市场与国际市场相互衔接，促进资源的优化配置；转变政府管理经济的职能，建立以间接手段为主的完善的宏观调控体系，保证国民经济的健康运行；建立以按劳分配为主体，效率优先、兼顾公平的收入分配制度，鼓励一部分地区一部分人先富起来，走共同富裕的道路；建立多层次的社会保障制度，为城乡居民提供同我国国情相适应的社会保障，促进经济发展和社会稳定。这些主要环节相互联系又相互制约，构成社会主义市场经济体制的基本框架。①

这次全会的决定，把党的十四大关于经济体制改革的目标和基本原则加以系统化、具体化，是我国建立社会主义市场经济体制的总体规划，是 90 年代进行经济体制改革的行动纲领。

上述指导思想在 1996 年 3 月八届全国人大四次会议的报告中，特别是在 1997 年 9 月党的十五大报告中得到了进一步的发展。

八届全国人大四次会议依据党的十四届五中全会通过的《关于制定国民经济和社会发展"九五"计划和 2010 年远景目标的建议》，提出了未来15 年的主要奋斗目标是："九五"时期，全面完成现代化建设的第二步战略部署，2000 年在人口将比 1980 年增长 3 亿左右的情况下，实现人均国民生产总值比 1980 年翻两番；基本消除贫困现象，人民生活达到小康水平；加快现代企业制度建设，初步建立社会主义市场经济体制。2010 年，

---

① 《中共中央关于建立社会主义市场经济体制若干问题的决定》，人民出版社 1993 年版，第 36~40 页。

实现国民生产总值比 2000 年翻一番，使人民的小康生活更加宽裕，形成比较完善的社会主义市场经济体制。在推进改革和发展的同时，社会主义精神文明和民主法制建设要取得显著进展，实现社会全面进步。实现了这个目标，我国社会生产力、综合国力和人民生活水平都将再上一个大台阶，社会经济面貌将发生历史性的巨大变化，为下世纪中叶基本实现现代化，奠定坚实的基础。

实现上述目标，必须始终坚持邓小平理论和党的基本路线，解放思想，实事求是，遵循"抓住机遇、深化改革、扩大开放、促进发展、保持稳定"的基本方针，认真贯彻中共中央《关于制定国民经济和社会发展"九五"计划和 2010 年远景目标的建议》提出的指导国民经济和社会发展的 9 条重要方针。这 9 条重要方针是：保持国民经济持续、快速、健康发展；积极推进经济增长方式转变，把提高经济效益作为经济工作的中心；实施科教兴国战略，促进科技、教育与经济紧密结合；把加强农业放在发展国民经济的首位；把国有企业改革作为经济体制改革的中心环节；坚定不移地实行对外开放；实现市场机制和宏观调控的有机结合，把各方面的积极性引导好、保护好、发挥好；坚持区域经济协调发展，逐步缩小地区发展差距；坚持物质文明和精神文明共同进步，经济和社会协调发展。[①]

党的十五大最重要贡献，就是确立邓小平理论为党的指导思想，同时大大发展了经济改革和经济发展的战略。这次会议提出：从现在起到 21 世纪的前 10 年，是我国实现第二步战略目标、向第三步战略目标迈进的关键时期。我们要积极推进经济体制和经济增长方式的根本转变，努力实现"九五"计划和 2010 年远景目标，为下世纪中叶基本实现现代化打下坚实基础。在这个时期，建立比较完善的社会主义市场经济体制，保持国民经济持续、快速、健康发展，是必须解决好的两大课题。

1. 调整和完善所有制结构。公有制为主体、多种所有制经济共同发展，是我国社会主义初级阶段的一项基本经济制度。继续调整和完善所有制结构，进一步解放和发展生产力，是经济体制改革的重大任务。

---

① 李鹏：《关于国民经济和社会发展"九五"计划和 2010 年远景目标纲要的报告》，人民出版社 1996 年版，第 14~15 页。

2. 加快推进国有企业改革。建立现代企业制度是国有企业改革的方向。要按照"产权清晰、权责明确、政企分开、管理科学"的要求，对国有大中型企业实行规范的公司制改革，使企业成为适应市场的法人实体和竞争主体。

把国有企业改革同改组、改造、加强管理结合起来。要着眼于搞好整个国有经济，抓好大的，放活小的，对国有企业实施战略性改组。以资本为纽带，通过市场形成具有较强竞争力的跨地区、跨行业、跨所有制和跨国经营的大企业集团。采取改组、联合、兼并、租赁、承包经营和股份合作制、出售等形式，加快放开搞活国有小型企业的步伐。要推进企业技术进步，鼓励、引导企业和社会的资金投向技术改造，形成面向市场的新产品开发和技术创新机制。要加强科学管理，探索符合市场经济规律和我国国情的企业领导体制和组织管理制度，建立决策、执行和监督体系，形成有效的激励和制约机制。要建设好企业领导班子，发挥企业党组织的政治核心作用，坚持全心全意依靠工人阶级的方针。

实行鼓励兼并、规范破产、下岗分流、减员增效和再就业工程，形成企业优胜劣汰的竞争机制。

积极推进各项配套改革。建立有效的国有资产管理、监督和营运机制，保证国有资产的保值增值，防止国有资产流失。建立社会保障体系，实行社会统筹和个人账户相结合的养老、医疗保险制度，完善失业保险和社会救济制度，提供最基本的社会保障。建立城镇住房公积金，加快住房制度改革。

要坚定信心，勇于探索，大胆实践，力争到本世纪末大多数国有大中型骨干企业初步建立现代企业制度，经营状况明显改善，开创国有企业改革和发展的新局面。

3. 完善分配结构和分配方式。坚持按劳分配为主体、多种分配方式并存的制度。把按劳分配和按生产要素分配结合起来，坚持效率优先、兼顾公平，有利于优化资源配置，促进经济发展，保持社会稳定。

4. 充分发挥市场机制作用，健全宏观调控体系。继续发展各类市场，着重发展资本、劳动力、技术等生产要素市场，完善生产要素价格形成机制。改革流通体制，健全市场规则，加强市场管理，清除市场障碍，打破地区封锁、部门垄断，尽快建成统一开放、竞争有序的市场体系。

5. 加强农业基础地位，调整和优化经济结构。总的原则是：以市场为导向，使社会生产适应国内外市场需求的变化；依靠科技进步，促进产业结构优化；发挥各地优势，推动区域经济协调发展；转变经济增长方式，改变高投入、低产出，高消耗、低效益的状况。

还要实施科教兴国战略和可持续发展战略，努力提高对外开放水平，以及不断改善人民生活。[①]

我们在下面依据上述指导思想来叙述这期间（1993 年~1998 年）工业改革和发展的历史过程。

---

① 《中国共产党第十五次全国代表大会文件汇编》，人民出版社 1997 年版，第 20~30 页。

第二章 以国有企业建立现代企业制度为特征的工业经济体制改革

第一节 以国有企业改革为重点和加快国有企业改革方针的提出

就总的发展趋势看，1978 年党的十一届三中全会以来，我国的经济体制改革走的是一条以国有企业改革为中心的路子。1984 年党的十二届三中全会还明确提出了这一点。但是，由于缺乏经验，由于国有企业改革本身的难度很大，它所要求的配套条件很高，也由于传统计划经济观念的束缚，还由于实际上对这项工作抓得不得力，特别是由于建立社会保障制度的工作抓得不得力，国有企业改革实际上迟迟没有成为经济体制改革的重点。

但在 90 年代以来，特别是 1994 年以来，由于非国有经济（特别是非公有经济）继续以很高的速度发展，传统计划经济体制下形成的卖方市场向买方市场的过渡，适应市场经济要求的宏观调控基本框架的初步形成，全方位的、多元化的、宽领域的对外开放格局的发展，市场竞争变得异常激烈起来。在这种情况下，国有企业改革、发展滞后，就成为十分突出的经济、政治问题。江泽民总书记尖锐地指出："国有企业的改革和发展，是关系到整个国民经济发展的重大经济问题，也是关系到社会主义制度命运的重大政治问题。"但这时国有企业改革成为经济体制改革重点，不仅是异常迫切的经济、政治需要，而且有了更成熟的条件。这主要是：1978 年以来在这方面已经积累了较丰富的经验，全党、全国人民已在这方面形成了较多的共识，特别是江泽民总书记以党的十四大、十四届三中全会、十四届五中全会的决议为基础所概括的、完整的国有企业改革的 8 条基本方针。江泽民总书记在 1995 年 5 月宣布："党中央、国务院确定，国有企业改革是今年体制改革的重点。"1996 年 7 月江泽民总书记又代表党中央提出"加快国有企业改革和发展步伐"的方针。①

第二节　国有大中型工业企业的改革

一、抓大放小方针提出的依据

依据我国社会主义初级阶段社会生产力发展水平、国有企业发展的历史和现状以及经济体制改革的经验，为了巩固和加强国有经济的主导地位，推进现代化建设，包括工业在内的国有企业改革，必须从搞活整体国有经济着眼，对现有国有经济进行战略性改组，贯彻抓大放小的方针。

抓大放小方针的提出，还依据了对大企业和小企业在国民经济的地位的分析。据第三次全国工业普查，1995 年国有大中型工业企业为 15668 个，仅占工业企业单位数的 0.2%；资产总计 39346.4 亿元，占 44.5%；工业增加值 7122.1 亿元，占 29.2%；产品销售收入 21518.8 亿元，占 27.9%；上缴税金 2265.5 亿元，占 48.8%；实现利润 705 亿元，占乡及乡以上工业的 43.1%。与此相应的数字，就是国有小型工业企业的数字。②1995 年，国务院确定要抓的 1000 户国有大型企业中，有 878 户是工业企业。这 878 户工业企业仅占全部预算内工业企业总数的 2.82%，而资产总额占 63%，产值占 69.6%，销售收入占 70%，利税占 74%。③

1995 年，江泽民总书记提出："要集中力量抓好一批大型企业，……对一般小型国有企业，要进一步放开、放活。"④1996 年，他又进一步提

---

① 江泽民：《坚定信心，明确任务，积极推进国有企业改革》，《人民日报》1995 年 7 月 13 日第 1~2 版；江泽民：《坚定信心，加强领导，狠抓落实，加快国有企业改革和发展步伐》，《人民日报》1996 年 7 月 4 日第 1~2 版。

② 《人民日报》1997 年 2 月 19 日第 2 版。

③ 《中国工业发展报告》（1996），经济管理出版社，第 213 页。

④ 《人民日报》1995 年 7 月 13 日第 2 版。

出："要着眼于搞好整个国有经济，通过存量资产的流动和重组，对国有企业实施战略性改组，以市场和产业政策为导向，集中力量抓好一批国有大型企业和企业集团，放开搞活一般国有小型企业，以利于更好地发挥国有经济在国民经济中的主导作用。"并将这一点列入了由他概括的国有企业改革的 8 条基本方针中。[①]

基于上述分析，本章在叙述 1993 年~1998 年期间国有工业企业改革时，是将大中型企业与小型企业的改革进程分开叙述的。在叙述大中型企业改革进程时，着重分析了建立现代企业制度的试点和股份制企业的发展，组建企业集团的试点和企业集团的发展。

二、《中华人民共和国公司法》的颁布

国有企业特别是国有大中型企业的改革方向，是建立以公司制作为企业组织形式的现代企业制度。为了适应建立现代企业制度的需要，规范公司的组织和行为，我国政府于 1993 年 12 月 29 日公布了《中华人民共和国公司法》，[②] 并于 1994 年 7 月 1 日起施行。

《公司法》在第一章总则中提出：本法所称公司是指依照本法在中国境内设立的有限责任公司和股份有限公司。有限责任公司和股份有限公司是企业法人。有限责任公司，股东以其出资额为限对公司承担责任，公司以其全部资产对公司的债务承担责任。股份有限公司，其全部资本分为等额股份，股东以其所持股份为限对公司承担责任，公司以其全部资产对公司的债务承担责任。

公司股东作为出资者按投入公司的资本额享有所有者的资产受益、重大决策和选择管理者等权利。公司享有由股东投资形成的全部法人财产权，依法享有民事权利，承担民事责任。公司中的国有资产所有权属于国家。

公司以其全部法人财产，依法自主经营，自负盈亏。公司在国家宏观调控下，按照市场需求自主组织生产经营，以提高经济效益、劳动生产率和实现资产保值增值为目的。公司实行权责分明、管理科学、激励和约束相结合的内部管理体制。

[①]《人民日报》1996 年 7 月 4 日第 1 版。
[②] 陈清泰主编：《建立现代企业制度试点工作手册》，中国经济出版社 1996 年版，第 435~459 页。

　　国有企业改建为公司，必须依照法律、行政法规规定的条件和要求，转换经营机制，有步骤地清产核资，界定产权，清理债权债务，评估资产，建立规范的内部管理机构。

　　设立公司必须依照本法制定公司章程。公司章程对公司、股东、董事、监事、经理具有约束力。公司的经营范围由公司章程规定，并依法登记。

　　公司可以设立分公司，分公司不具有企业法人资格，其民事责任由公司承担。

　　公司可以设立子公司，子公司具有企业法人资格，依法独立承担民事责任。

　　公司从事经营活动，必须遵守法律，遵守职业道德，加强社会主义精神文明建设，接受政府和社会公众的监督。公司的合法权益受法律保护，不受侵犯。

　　公司职工依法组织工会，开展工会活动，维护职工的合法权益。公司应当为公司工会提供必要的活动条件。国有独资公司和两个以上的国有企业或者其他两个以上的国有投资主体投资设立的有限责任公司，依照宪法和有关法律的规定，通过职工代表大会和其他形式，实行民主管理。

　　公司中中国共产党基层组织的活动，依照中国共产党章程办理。

　　《公司法》第二至第十章中，分别就有限责任公司的设立和组织机构、股份有限公司的设立和组织机构、股份有限公司的股份发行和转让、公司债券、公司财务和会计、公司合并和分立、公司破产解散和清算、外国公司的分支机构以及法律责任作了规定。

　　《公司法》的颁布和实施，为建立现代企业制度的试点，为规范已经建立的公司组织和行为，为规范政府对公司的管理，提供了法律依据。

三、建立现代企业制度的试点和股份制企业的发展

　　90年代初，我国公司制企业已经发展到了很大的规模，但很不规范。为了积极稳妥地推进国有企业建立现代企业制度的工作，还需进行这方面的试点。1993年12月，国务院建立了现代企业制度试点工作协调会议制度，由国家经贸委和国家体改委等14个部委、局参加，并由有关部委起草试点方案。到1994年11月初，形成了以党的十四届三中全会决议和《公司法》为依据的、并经国务院原则同意的《关于选择一批国有大中型企业进行现代企业制度试点的方案（草案）》。该方案就试点的一系列基本问题作了规定。[①]

1. 试点的目的和原则。通过试点，要达到以下目的：寻求公有制与市场经济相结合的有效途径，转换企业经营机制；转变政府职能，探索政企职责分开的路子；理顺产权关系，逐步建立国有资产管理体系，确立企业法人财产权；完善企业内部领导体制和组织管理制度。

试点工作应遵循以下原则：发挥国有经济的主导作用，确保国有资产（资本）保值增值；出资者所有权（股权）与企业法人财产权相分离，保障出资者、债权人和企业的合法权益；贯彻执行《公司法》，重在企业组织制度创新和转换企业经营机制；从我国国情和企业实际出发，吸收借鉴国外有益经验，继承、借鉴与创新相结合；推进相关的配套改革，为建立现代企业制度创造必要的外部条件；分类指导，稳步推进，发挥地方、部门、企业和职工的积极性，搞好试点。

2. 试点的内容。包括：完善企业法人制度；确定试点企业国有资产投资主体；确立企业改建为公司的组织形式；建立科学、规范的公司内部组织管理机构；改革企业劳动、人事、工资制度；健全企业财务会计制度；发挥党组织的政治核心作用。

3. 试点的配套措施。包括：转变政府职能，改革政府机构；调整企业资产负债结构；加快建立社会保险制度；减轻企业及社会的负担；解决试点企业的富余人员问题；发展和规范各类市场中介组织。

4. 试点的步骤。包括以下三个阶段：（1）准备阶段，完成制定试点方案，确定试点企业名单，报国务院批准后公布实施。（2）实施阶段，完成试点企业清产核资，界定产权，清理债权债务，评估资产，核实企业法人财产占用量；明确投资主体；设置合理的股权结构，制定公司章程，建立公司治理结构，依法注册登记；改建后的公司按《公司法》规范运作。（3）总结完善阶段，要认真总结试点经验，写出试点工作报告，提出在全国范围内推进建立现代企业制度的意见。以上三个阶段的工作大体上分别在 1994 年、1995 年~1996 年和 1997 年基本完成，并取得了试点的成效。

国家抓的百户建立现代企业制度试点在制度创新和提高经济效益等

[①]《全国建立现代企业制度试点工作会议文件汇编》，改革出版社 1995 年版，第 120~131 页。

方面都取得了重要进展。截至 1996 年底，百户试点企业的改革方案都已经批复并开始实施。100 户试点企业中的 98 户，分别按以下四种形式进行改制：（1）17 户由工厂制直接改制为多元股东持股的公司制，其中，股份有限公司 11 户，有限责任公司 6 户。（2）有 69 户由工厂制企业改为国有独资公司。其中，先改制为国有独资公司，再由国有独资公司作为投资主体，将生产主体部分改制为股份有限公司或有限责任公司的有 29 户。这样，多元投资主体的已有 46 户。（3）由原行业主管厅局"转体"改制为纯粹控股型国有独资公司的有 10 户。（4）按照先改组后改制的原则进行结构调整实行资产重组改组的有 2 户，即上海无线电三厂解体、淄博化纤总厂被齐鲁石化公司兼并。[1] 在 100 户试点企业中有 84 家成立了董事会，有 72 家成立了监事会。

地方政府抓的 2343 户现代企业试点也取得了重大进展。其中，到 1997 年上半年，已经有 540 户改造成股份有限公司，占 23%；改造成有限责任公司的企业 540 户，也占 23%；改造成国有独资公司的企业 909 户，占 38.8%；尚未完成改造的有 307 户，占 13.2%。在已改制为公司的 1989 家企业中，有 71.9% 的企业已组成了董事会，63% 的企业成立了监事会，总经理由董事会聘任的已占 61%，多数试点企业的总经理已能够行使《公司法》赋予的职权。

1996 年中央和地方试点企业资产负债率为 65.8%，比上年下降 2.4 个百分点；资产增值率 26.5%；分流社会性服务机构 2265 个，分离人员 11.7 万人；分流的企业富余人员 61.1 万人，约占试点企业职工总数的 6%。其中安排到其他单位的 13.1 万人，下岗培训的 11.5 万人，提前退休的 15.4 万人，待业的 21.1 万人。

但是，由于各种条件的限制，在中央政府和地方政府抓的建立现代企业制度的试点中，在政企分离、理顺产权关系和建立法人治理结构等方面，也还存在需要进一步解决的问题。

这里要提到：上海市围绕建立现代企业制度的工作，大力推进配套改革，在全国率先实现了在国有大中型骨干企业中初步建立现代企业制度的目标。主要包括：大力进行配套改革，建立企业的优胜劣汰机制、

----

[1]《中国经济年鉴》(1997)，中国经济年鉴社，第 679 页。

国有资产保值增值机制、企业经营者选拔任用机制、劳动力流动和再就业机制以及社会保障机制等"五大机制"。

这期间我国国有大中型企业改革的进展，并不限于百户建立现代企业制度的试点和上海市在这方面的改革，大量的还表现为股份制企业（包括责任有限公司和股份有限公司）的发展。据不完全统计，截至1996年底，全国股份制企业已达到3.6万家。其中，有限责任公司2.68万家，以国有企业为主改建或新设的股份有限公司9200多家，股本总额约6000亿元，从业人员约750万人。9200多家股份有限公司固定资产平均余额约为5300亿元，分别占全国工业企业固定资产净值平均余额的13.6%，占全国国有工业企业的20.6%，占全国国有大中型企业的24.9%。

这期间以《公司法》为依据而进行的规范工作也取得了重要进展。据估算，上述的9200多家股份有限公司经规范后，能纳入《公司法》轨道，进行依法登记大致有6000多家。

股份制企业的发展，对我国改革和发展起了重要作用。

1. 与百户建立现代企业制度试点相类似（当然是在更大的范围内），在理顺产权关系、建立法人治理结构、实现科学管理等方面，为建立现代企业制度探索和积累了经验。

2. 开辟了国有企业直接融资的渠道，建立了企业资本金补充机制，降低了企业资产负债率。据对9200多家股份有限公司统计，共向社会筹资约1500亿元，向内部职工筹资约350亿元，筹集外资约800亿元。许多上市公司建立起资本的补充机制。这样，降低了企业的资产负债率，提高了企业的资信度。据统计，已上市的27家境外上市公司，在境外发行股票前，资产负债率平均在70%以上。发行股票后，负债比例通常降至50%左右。另外，据对全国2000多家股份公司测算，1995年其资产负债率平均为57.8%，比同期全国国有企业平均67.8%的资产负债率，低10个百分点。

3. 增强了国有资产的保值增值能力。这主要来自四个方面：（1）国有资产经过评估，在公司设立参股时就有了较大的增值。据国家国资局对2700多家股份公司统计，其改制为股份公司时，国有企业净资产评估增值率为27%。（2）股份有限公司股票溢价发行使国有资产增值。据1996年上市的200多家股份有限公司统计，其股票溢价水平平均增幅为300%~

400%。(3)堵住了国有资产流失的暗渠，股份公司大多数都按规定建立健全了财务制度，实行资产负债管理。年度财务报告经过注册会计师查证，所有者权益得到相应的保护。(4)国有资产控制和支配社会资本的能力不断增强。在 9200 多家股份有限公司的 6000 多亿股本总额中，国家股占 43%，法人股占 25.1%。在这些企业中，国家以 43%的份额控制和支配 57%的社会资本。

4. 扩大了企业规模，提高了经济效益。据 1995 年末的测算，深沪上市公司的平均净资产总额为 5.76 亿元/户，而国有大中型企业年末固定资产净值平均为 9293 万元/户。1995 年，国有工业企业平均销售利润为 562 万元/户，而 2000 多家股份有限公司平均销售利润为 1816 万元/户；国有大中型企业平均销售利润为 2299 万元/户，而同期在深沪上市的股份公司平均税后利润为 6338 万元/户。[①]

但是，相对 100 户建立现代企业制度的试点来说，这里叙述的大范围股份制企业的发展，在政企关系、产权关系和法人治理结构等方面还存在更多的不规范问题。

1998 年 6 月，国家经贸委依据国务院的决定提出：为实现到本世纪末使大多数国有大中型骨干企业初步建立起现代企业制度的目标，1998 年要在认真总结国务院确定的 100 户企业建立现代企业制度试点工作经验的基础上，按照"产权清晰、权责明确、政企分开、管理科学"的要求，依据《中华人民共和国公司法》，对具备条件的国有大中型骨干企业有步骤地进行规范改制。[②] 这表明，在本世纪最后 3 年，我国要对国有大中型骨干企业全面推行建立现代企业制度的工作。

四、组建企业集团的试点和企业集团的发展

90 年代初，我国企业集团已经有了很大的发展，但多数都不规范。为此，1991 年 12 月国务院决定选择一批大型企业集团进行试点。第一批为 57 户。经过试点在这方面取得了重要进展。

1. 基本上完成了第一批 57 户试点企业集团的组建工作。到 1997 年上半年，在 57 户企业集团中，有 15 户参加了建立现代企业制度的试点，

---

① 《中国经济年鉴》(1997)，中国经济年鉴社，第 690~692 页。
② 《经济日报》1998 年 6 月 22 日第 2 版。

有 32 户成为股票上市公司。其中，发行 A 股的有 30 家，发行 B 股的有 3 家，境外上市的有 10 家。同时，试点企业集团已初步形成了比较规范的母子公司体制，并在深化母公司内部改革方面取得了进展。

2. 制定了一系列配套改革政策，为企业集团的发展创造了较好的外部条件。(1) 落实了自营进出口权、外经权和外事权。到 1997 年上半年，57 家企业集团基本上都取得了自营进出口权，有 27 家拥有外经权，51 家取得了外事权。(2) 落实了融资政策。到 1997 年上半年，57 家试点企业集团中有 38 家成立了财务公司，43 家股票在境内外上市，属于国家重点企业 512 户都实行了主办银行制度。(3) 落实了税收政策。到 1997 年上半年，有 25 家企业集团实行了母子公司合并报表、统一纳税。(4) 国家对试点企业集团的技术创新给予了支持。到 1997 年上半年，已有 26 家试点企业集团建立了技术中心。(5) 落实了增资减债政策。到 1997 年上半年，基本上实现了试点企业集团（包括核心企业及其全资或控股的子公司）的"拨改贷"资金本息余额转为国家资本金，金额达到 140 亿元。

3. 为企业集团的进一步发展创了许多好经验。主要包括：理顺产权关系，规范母子公司体制和法人治理结构；完善集团融资功能，强化集团公司主体地位；立足市场，强化集团战略管理；统一营销策略，提高市场辐射功能；依托资本市场，强化资本经营；实行投资控制，优化资本结构；实施名牌战略，拓展国内外市场；推进技术创新，增强发展后劲。

4. 扩展了企业集团功能，壮大了集团实力，初步形成了一批在市场上具有一定竞争力的企业集团，从而对促进结构调整和提高规模效益起到了一定的积极作用。

但企业集团试点也还存在许多问题。(1) 外部环境还没完全理顺。主要是：企业集团组建过程中，"拉郎配"等形式的行政干预依然存在；政企不分，妨碍了集团母公司的现代企业制度建立；投融资体制改革还没到位，限额以上项目还要经过层层行政审批；条块分割问题还存在，跨地区、跨行业企业集团的建立和发展都会遇到很多困难。(2) 集团母公司内部改革也没到位，科技、产品和市场的开发能力不足。

显然，这些问题主要还是要靠深化企业集团试点的工作来解决。为此，国务院于 1997 年 5 月批转了国家计委、国家经贸委、国家体改委《关于深化大型企业集团试点工作意见的通知》，对深化大型企业集团试点工作提出了新的要求，试点企业集团由 57 家扩大到 120 家。这 120 家试点企业集团在全国独立核算国有工业企业中，资产、销售收入、实现利税的比重均在 1/4 左右，而实现利润则超过一半。这些试点企业集团在关系到国民经济命脉的重要部门和关键领域占有支配地位。

深化大型企业集团试点工作的主要目的是：（1）在国民经济的关键领域和关键行业中形成一批大型企业集团，积极发挥大型企业集团在国民经济中的骨干作用。（2）本世纪末，大型企业集团初步建立以资本为主要联结纽带的母子公司模式的现代企业制度，成为自主经营、自负盈亏、自我发展、自我约束的法人实体和市场竞争主体。（3）推动生产要素的合理流动和资源的优化配置，联结和带动一批企业的改组和发展，形成规模经济，增强在国内外市场上的竞争力。（4）提高国有资产的营运效率和效益，确保国有资产的保值增值。（5）转变政府职能，逐步实现政企分开，促进跨地区、跨行业的经济联合，增强国家宏观调控的能力。

深化大型企业集团试点，需要重点解决三个问题。（1）试点企业集团母公司及其成员企业在清产核资、界定产权的基础上，按照《公司法》的有关规定进行规范或改建，逐步理顺集团内部产权关系，形成以资本为主要联结纽带的母子公司体制。（2）明确试点企业集团母公司的出资人地位，建立出资人制度，其中，试点集团母公司是国有独资公司的，其出资人应是国家授权投资的机构或国家授权的部门；少数具备条件的试点集团母公司，经国务院批准，可以作为国家授权投资的机构。（3）建立科学、民主的领导体制和决策体制。试点企业集团母公司与子公司都要按照《公司法》建立法人治理结构，形成权力机构、经营机构和监督机构相互分离和制衡的机制。

深化大型企业集团试点工作，需要采取的重要措施是：加快现代企业制度建设，强化内部管理和提高经营者素质，建立真正的市场优势，在结构调整中实现发展。还要推进各项配套改革，主要包括改革投资体制，拓宽融资渠道；改革财税体制以适应跨地区企业集团的发展；兼并、破产、减人增效、增资减债等方面也要适应企业集团发展的需要。

在组建企业集团试点的同时，试点以外的企业集团也得到了很大的发展。据工商行政管理部门统计，到 1995 年 6 月，已登记的企业集团就达到了 20000 多个，比 1988 年增加了 14 倍多。当然，其中许多企业集团在众多方面并不规范。

还要提到：为了积极稳妥地推进国有大型企业的改革，除了100户建立现代企业制度的试点和组建大型企业集团的试点以外，还进行了其他一系列的试点。这里需要提出的有以下两方面。

1. 1996年，国家已经将1000户重点企业中的300家明确了主办银行，落实生产经营资金。对这300户的主要政策有三条：（1）明确商业银行总行或总行明确的省分行为主办银行，银行要保证企业信贷资金来源。（2）核定合理的流动资金，将短贷改为1年期贷款，贷款实行基准利率，不得向上浮动。（3）企业保证不挪用，不欠息，并制定补充流动资金中自有资金的计划。

2. 国家控股公司试点工作迈出关键一步。经过反复研究论证和有关各方的努力，中国石油化工、中国航空工业和中国有色金属总公司的国家控股公司试点方案，先后于1996年11月、12月经国务院批复，试点由准备阶段进入实施阶段。试点的基本目标是：通过试点，在公司内部建立起以资产为主要联结纽带的母子公司经营管理体制；总公司作为国家授权投资的机构，完善国有资产的经营、管理和监督体系，强化国有资产保值增值职责；由控股公司对企业组织结构、产品和产业结构进行调整，同时，加强企业管理和加速技术进步，从而提高公司在国内国际市场上的竞争力。[①]

但国家控股公司试点并不限于这3家。到1997年，中央主管部门和地方政府组建的国有控股公司或独资公司分别达到了100多个。

第三节　国有小型工业企业的改革

小型企业是国民经济的重要组成部分，是地方财政收入的重要来源，在促进经济繁荣、提供就业机会、改善人民生活、保障社会稳定等方面发挥着重要作用。国有小型企业改革是企业改革的重要组成部分。为了充分发挥小企业在国民经济和社会发展中的积极作用，必须加大改革力

①《中国经济年鉴》（1997），中国经济年鉴社，第680~681页。

度，加快放开搞活小企业的步伐。为此，国家经贸委于 1996 年 7 月颁发了《关于放开搞活国有小型企业的意见》，以推动各地放开搞活国有小企业工作健康发展。

放开、放活小企业的原则。认真贯彻党的十四届三中全会决定精神，以邓小平同志提出的"三个有利于"作为决定小企业改革措施取舍和检验其得失的根本标准，大胆探索，勇于实践；着眼于从整体上搞好国有经济，"搞好大的"与"放活小的"并举；在确保国家所有者权益的条件下，从实际出发，采取多种形式和方法放开搞活小企业；紧密依靠职工群众，将小企业的改革和发展与职工切身利益结合起来，加强职工的参与和监督；把放开搞活小企业的权力和责任主要放在地方政府，加强领导，统筹规划，稳步推进。

小企业改革的方向是实行政企分开，使企业自主走向市场；转换经营机制，使企业成为自主经营、自负盈亏、自我发展、自我约束的法人实体。

小企业改革要因地制宜、因行业制宜、因企业制宜，允许企业依据自身特点，选择适合企业生产力水平的改制形式，区别对待，分类指导，形式多样，不搞一个模式，不一刀切。（1）在保留原所有者权益的基础上，吸收其他投资，依照《公司法》组建有限责任公司。（2）改建为股份合作制，吸收职工参股，实行劳动合作与资本合作相结合，按劳分红与按股分红相结合，实施民主管理。（3）鼓励跨地区、跨行业、跨所有制的联合、兼并。（4）不变更企业所有者，将企业全部或部分资产出租，或依照承包协议将经营权赋予承包人。（5）通过公开竞价或协议定价，有偿转让企业的部分或全部净资产。（6）鼓励小企业引资嫁接改造，嫁接的方式可以是整体嫁接，也可以是部分嫁接，合资比例不限。（7）长期亏损、扭亏无望、不能清偿到期债务的企业，依法实行破产。（8）可将管理混乱、经营不善的困难小企业委托给实力较强的优势企业经营管理。（9）生产、经营情况好的，可继续保持原企业组织形式，加强管理，提高经济效益。（10）其他可以采取的形式。

在小企业改制中要注意做到：（1）要落实企业债务责任，严防逃、废债；要进行资产评估，防止国有资产流失，不得将国有资产无偿量化分给职工。（2）小企业要紧密围绕市场开展生产和经营活动，以市场为出发点和落脚点。（3）小企业要把改革、改组、改造和加强企业管理结合起来。

(4) 要增强改制工作的透明度，调动职工群众参与改革的积极性；改制后的企业根据不同情况，都要采取相应形式加强职工的民主管理和监督。(5) 妥善处理好改制后职工的分流安置和离退休职工的生活保障问题。(6) 加强小企业改革的宏观政策指导。(7) 要建立和完善为小企业服务的各种中介机构。(8) 金融机构要创造条件，积极探索，发展面向小企业的各项服务。(9) 要建立小企业管理人员和职工的培训制度。(10) 要加快有关小企业的市场法规建设。

相对国有大中型企业改制来说，小型企业改制难度较小，因而获得了迅速的进展。到 1997 年上半年，全国小企业的改制面已经达到了 50%以上，进度快的省份已经达到 70%以上。

但在这方面也存在不少问题。诸如对放活小企业采取放任自流和一卖了之的态度；在推行股份合作制企业中又存在"刮风"的情况；在已改制的公司制和股份合作制企业中还存在不规范的状况。因此，要完全实现小型企业的改制，还是一个艰巨的任务。为此，不仅要坚持贯彻和发展这方面已有的有效政策和措施，还特别需要把小企业的改制与对小企业的必要扶持结合起来，发展为小企业的服务体系（包括融资、购销、技术和管理培训以及信息提供等）。切忌在放小方面采取放任自流和一卖了之的态度。

第四节　与国有企业改革相配套的经济改革和市场发育

1993 年~1998 年，以国有企业改革为重点，配套推进了经济改革和市场发育，并且取得了显著的进展。

1. 计划、价格体制的改革，继续朝着逐步缩小国家行政指令的方向前进。国家指令计划管理的工业产品的产值比重由 1992 年的 11.7%下降到 1996 年的 6%。1996 年，国家计划调拨的重工业生产资料和农产品占销售总额的比重也分别下降到 5%和 2%。[1] 1992 年~1993 年，国家定价的社会商品零售总额、农副产品收购总额和生产资料销售总额的比重分别

---

① 《光明日报》1997 年 9 月 15 日第 5 版。

由 5.9%下降到 4.8%，由 12.5%下降到 10.4%，由 18.7%下降到 13.8%。诚然，1993 年 6 月开始实行紧缩政策以后，国家定价的范围有所扩大。但随着"软着陆"的逐步实现，国家定价的范围又趋于缩小。1994 年~1996年，上述 3 种商品国家定价的比重分别依次为 7.2%、8.8%、6.3%，16.6%、17%、16.9%，14.7%、15.6%、14%（详见附表 41）。所以，总起来说，1993 年~1996 年巩固和发展了 90 年代初开始形成的产品计划调节为主的格局基本打破，市场调节为主的格局初步形成的局面。在计划体制改革方面，还要提到投资体制的改革。改革以来，逐步改革了原来以政府（主要是中央政府）为投资主体，并包揽投资活动全过程的体制，初步形成了多元化投资主体（除了中央政府、地方政府以外，还包括各种经济类型的企业）和分层决策的项目管理模式，并在投资活动过程中开始引入市场机制。

2. 财政、金融体制的改革，取得了突破性的进展。在财政税收方面，1994 年改变了过去 10 多年实行的地方财政包干制度，实行在合理划分中央和地方事权的基础上的分税制，按税种划分中央和地方财政收入，建立中央税收和地方税收体系；改革税制，建立以增值税为主体的流转税制度，统一内资企业所得税和个人所得税，对国有企业实行税利分开，以理顺国家和企业的分配关系。

在金融方面，1994 年在以下三个方面取得了重大进展。（1）把中国人民银行办成真正的中央银行，使它能够独立执行货币政策，有效调控货币流通量，保持币值稳定。（2）实行政策性银行和商业性银行职能的分离。（3）实行专业银行向商业银行的转变。1994 年以来，非国有银行和其他非银行机构也有很大的发展。这样，就初步建立了在中央银行监管下，政策性金融和商业性金融相分离，以国有银行为主体，与其他各种金融机构分工协作的金融组织体系。到 1995 年末，除了作为中央银行的中国人民银行和 4 家国有独资商业银行（中国工商银行、中国农业银行、中国建设银行和中国银行）以外，还有政策性银行 3 家（中国开发银行、中国农业发展银行和中国进出口银行），其他商业银行 12 家，城市合作银行 3 家，证券公司 97 家，信托投资公司 394 家，财务公司 65 家，租赁公司 16 家，城市信用合作社 5200 多家，农村信用合作社 50800 家，保险公司 9 家。

还要提到：1994年成功地实现了官方汇率和市场调节汇率的并轨，取消了外汇留成和上缴，实行了银行结证、售汇制，初步形成了以指定银行为交易主体的银行间的外汇交易市场。1996年又实行了人民币经常项目下可兑换。这些都为建立以市场供求为基础的、有管理的浮动汇率制，为人民币最终成为可兑换货币打下了基础。

这期间金融市场，特别是资本市场有了迅速的发展。股票市场的发展尤为突出。1990年~1997年，我国境内股票上市公司逐年累计总数分别依次为10家、13家、52家、181家、291家、323家、530家、745家。1997年，上海、深圳两市股票市值达17529.24亿元，占国内生产总值的23.4%。到1998年9月，境内上市公司已达827家，股票市值达20453亿元。[①] 因此，这期间又形成了以间接融资为主、直接融资迅速发展的融资体系。

总之，1978年以来宏观经济体制的改革，特别是90年代初价格体制改革和1994年财政、金融体制改革，初步奠定了适应社会主义市场经济要求的宏观经济体制的基本框架。

3. 劳动、工资和社会保障制度的改革。1995年公布和实施了《中华人民共和国劳动法》，劳动制度改革取得了突破性的进展。1996年，国有经济单位使用的劳动合同制职工由1992年的2058.5万人猛增到5549万人，占全部职工的比重由18.9%上升到50.7%。[②]

到1996年，全国已有23个省、自治区、直辖市对未实行公司化改造的企业，改进了企业工资总额同经济效益挂钩的办法，把国有资产保值增值作为挂钩企业提取新增效益工资的否定指标；对已实行公司化改造的企业不实行挂钩办法，按工资总额增长低于经济效益增长、实际平均工资增长低于劳动生产率增长的原则调控工资水平。这年全国已有29个省、自治区、直辖市颁布或进一步调整了最低工资标准，还有地方政府组织的、数以千计的企业进行了国有企业经营者实行年薪制试点工作。[③]

到1996年底，参加养老保险费用统筹职工达到8800万人，离退休人员达到2300万人；参加失业保险职工近1亿人；参加大病医疗费用社会

① 《经济日报》1998年1月10日第5版，10月16日第1版。
② 《中国经济年鉴》（1997），中国经济年鉴社，第113页。
③ 《中国经济年鉴》（1997），中国经济年鉴社，第75页。

统筹的职工近 800 万人。①

随着新增就业人口的大量增加，结构调整，技术进步，特别是公有企业（主要是国有企业）改革深化，下岗工人大量增加，就业问题趋于尖锐。为此，我国 1995 年就开始推行再就业工程。1997 年党的十五大就此提出了"实行鼓励兼并、规范破产、下岗分流、减员增效和再就业工程"的完整方针。② 当然，这个方针不仅包括再就业内容，还包括国有企业改革其他多方面的内容。据统计，1997 年底，全国国有企业分流及下岗职工人数为 1274.2 万人，占同期国有企业职工总数的 17.2%。其中分流职工 639.8 万人，占 50.2%；下岗职工为 634.4 万人，占 49.8%。在全部国有企业下岗职工中，工业企业有 409.1 万人，占 64.5%。国有大中型工业企业下岗职工为 224.7 万人，占国有工业企业下岗职工人数的 54.9%。在全部国有企业下岗职工 634.4 万人中，进入再就业服务中心的为 71.6 万人，占 11.3%；未进入再就业服务中心的为 562.8 万人，占 88.7%，其中没有领到基本生活费的为 309.5 万人，占未进入再就业服务中心人数的 55.0%。1997 年全年，通过进入再就业服务中心或虽未进入中心但发放基本生活费两项措施共安置下岗职工 324.8 万人，占下岗职工总数的 51.2%。

这里要着重提到：1998 年 6 月，中共中央、国务院还专门发出了《关于切实做好国有企业下岗职工基本生活保障和再就业工作的通知》。③

通知指出：妥善解决国有企业下岗职工基本生活保障和再就业问题，关系着国有企业改革的成败，关系着社会稳定和社会主义政权的巩固。根据国有企业改革的总体部署并考虑到社会各方面的承受能力，当前和今后一个时期，主要解决国有企业下岗职工基本生活保障和再就业问题，把保障他们的基本生活作为首要任务，并力争每年实现再就业的人数大于当年新增下岗职工人数，1998 年使已下岗职工和当年新增下岗职工的 50% 以上实现再就业。建立再就业服务中心是保障国有企业下岗职工基本

---

① 《中国经济年鉴》（1997），中国经济年鉴社，第 74 页。

② 《中国共产党第十五次全国代表大会文件汇编》，人民出版社 1997 年版，第 24 页。

③ 《人民日报》1998 年 6 月 23 日第 1~2 版。说明：这里讲的下岗职工基本生活和再就业工作是就全国说的。本编第三章第二节讲的这个问题，是就优化资本结构试点的城市和行业说的。二者虽有共同点，但在口径上、政策上是有区别的。

生活和促进再就业的有效措施，是当前一项具有中国特色的社会保障制度。各地要自下而上地建立再就业服务中心组织体系。凡是有下岗职工的国有企业，都要建立再就业服务中心或类似机构，下岗职工不多的企业也可由有关科室代管。再就业服务中心（包括类似机构或代管科室）负责为本企业下岗职工发放基本生活费和代下岗职工缴纳养老、医疗、失业等社会保险费用，组织下岗职工参加职业指导和再就业培训，引导和帮助他们实现再就业。再就业服务中心用于保障下岗职工基本生活和缴纳社会保险费用的资金来源，原则上采取"三三制"的办法解决，即财政预算安排 1/3、企业负担 1/3、社会筹集（包括从失业保险基金中调剂）1/3。

通知还提出：要与建立社会主义市场经济体制和现代企业制度的要求相适应，在所有企业（包括个体、私营等非国有企业）以及外商投资企业的中方职工中推行和深化养老、医疗、失业等社会保险制度及住房制度的改革，建立健全社会保障体系，为劳动力资源的合理配置和正常流动创造条件。要使社会保险制度、下岗职工基本生活保障制度和城市居民最低生活保障制度成为相互衔接、相互补充、不断完善的社会保障体系。为了完善失业保险机制，提高失业保险基金的支付能力，从 1998 年开始将失业保险基金的缴费比例由企业工资总额的 1% 提高到 3%，由企业单方负担改为企业和职工个人共同负担，其中个人缴纳 1%，企业缴纳 2%。1998 年，要在全国实现基本养老保险省级统筹，建立养老保险基金调剂机制，省、自治区、直辖市社会保险经办机构实行系统管理；中央有关部门（单位）实行养老保险行业统筹的企业改为参加地方统筹。要尽快完善养老保险基金收支两条线的管理办法，形成财政、银行、社会保险机构相互监督的机制。要将养老保险基金差额缴拨改为全额缴拨，推进社会化管理进程。

这个通知必将大大促进我国社会保障制度的建立。

4. 实现政企分开，建立国有资产的管理、监督经营体系，推进政府机构改革。

在计划经济体制下，国有企业的人、财、物和供、产、销均由政府有关部门管理，企业是行政机关的附属物。在实行国有企业改革的过程中，无论是抓大，还是放小，最终都要使企业成为市场竞争主体。因而，必须以政企分开作为根本前提。

政企分开包括两方面的重要内容：一是把政府的社会经济管理职能与企业的经营管理职能分开。前者由政府有关部门（主要是综合经济部门）承担，并须根本改革原来的以行政指令为主的管理企业的状况，相应地建立以经济、立法等间接手段为主的、并包括必要的直接行政手段的宏观调控体系。后者由企业承担，并需相应地对原有的国有企业体制进行改革，使企业成为市场竞争主体。二是把政府对国有资产的管理监督职能与经营职能分开。为此，需要建立国有资产的管理、监督和经营体系。就已有改革经验来看，这个体系可以包括以下三个层次：（1）建立国有资产管理局，承担国有资产的管理和监督职能，但不承担国有资本的经营职能。（2）建立承担国有资本经营职能的单位，保证国有资本的保值增值。从现有的实践看，可采取以下三种形式：①组建新的国家资本经营公司，专司国有资本的营运。②对有条件的大型企业或企业集团授权，使其成为国有资本的投资主体。③由企业主管部门转变职能，改组为授权的国有资本投资主体。（3）依据现代企业制度所要求的出资者所有权与公司法人财产权分离的原则，在国有资本投资主体的下面，把原有的国有企业改造成为市场竞争主体的现代企业。

在改革深化的条件下，为了加强对国有企业（包括国有独资公司）财产的监督，1994年国务院发布了《国有企业财产监督管理条例》。[①] 条例总则指出：企业财产属于全民所有，即国家所有。国务院代表国家统一行使对企业财产的所有权。

在国务院统一领导下，国有资产实行分级行政管理。国务院授权有关部门或者有关机构，对指定的或者其所属的企业财产的经营管理实施监督。根据国务院的授权，省、自治区、直辖市人民政府可以确定有关部门或者有关机构，对指定的或者其所属的企业财产的经营管理实施监督。

企业财产的监督管理应当遵循以下原则：（1）政企职责分开。（2）政府的社会经济管理职能和国有资产所有者职能分开。（3）企业财产的所有权与经营权分离。（4）投资收益和产权转让收入用于资本的再投入。（5）资本保全和维护所有者权益。（6）企业独立支配其法人财产和独立承担民事

---

① 陈清泰主编：《建立现代企业制度试点工作手册》，中国经济出版社1996年版，第465~469页。

责任。

条例还对分级管理和分工监督、监事会、企业法人财产权和法律责任分别作了明确规定。

条例的颁布，为建立国有资产监督管理体系，明确政府有关部门和企业对国有资产保值增值的责任，防止国有企业资产流失提供了法律保障。有关地区、部门和企业贯彻条例工作取得了以下成效：（1）初步形成了国有企业财产监管制度。（2）强化了企业经营管理国有资产的意识，促进了企业加强资产经营管理。（3）从资产经营的角度客观评价经营者的经营业绩，加强了对经营者的监督。

依据改革经验的总结，1998年初，党中央、国务院决定建立稽察特派员制度，在实行政企分开，放手让国有企业自主经营的同时，强化政府对企业的监督。稽察特派员由国务院派出，代表国家行使监督权力。稽察特派员不参与、不干预企业生产经营活动，其主要职责是对企业的经营状况实施财务监督，通过财务监督和检查经营成果，对企业主要领导人执行党的方针政策、国家法律法规的情况和经营业绩做出评价。稽察特派员要将稽察结论向国家经贸委、国防科工委、外经贸部及有关国家局等行业主管部门汇报，经各有关部门审核认可后向国务院报告。国务院根据稽察结论，通过人事部对企业主要领导人员进行奖惩任免。建立稽察特派员制度是实现政企分开的重大举措，是国家对国有企业管理方式的重大转变，也是对企业领导人员管理制度的重大改革。这个制度符合国际惯例，实际上也是1994年国务院颁布的《国有企业财产监督管理条例》的发展。它对于全面推进国有企业改革和政府机构改革，都具有十分重要的意义。①

要实现政企分开，还必须推进政府机构改革。政府机构改革是深化经济体制改革、促进经济和社会发展的迫切需要。现有政府机构设置的基本框架，是在计划经济体制的条件下逐步形成的。改革以来，虽然进行过多次调整和改革，取得一些进展，但未能得到根本解决，机构设置同社会主义市场经济发展的矛盾日益突出。

1998年春开始的机构改革，要按照发展社会主义市场经济的要求，

①《经济日报》1998年5月11日第1版。

根据精简、统一、效能的原则，转变政府职能，实现政企分开，建立办事高效、运转协调、行为规范的行政管理体系，完善国家公务员制度，建设高素质的专业化行政管理干部队伍。国务院机构改革的重点，是调整和撤销那些直接管理经济的专业部门，加强宏观调控和执法监管部门，按照权责一致的要求，调整部门的职责权限，明确划分部门之间职责分工，完善行政运行机制。除国务院办公厅外，国务院组成部门从40个减少到29个。国务院直属机构与办事机构也将进行相应的调整与改革。

从3月底到6月中旬的短短两个多月时间内，按照国务院的部署，各部门抓紧研究制定"三定"（定职能、定机构、定编制）方案，全部经批准并下达。这标志着国务院机构改革迈出了成功的重要一步。按照转变政府职能、实行政企分开的要求，国务院各部门转交给企业、社会中介组织和地方的职能有200多项；在部门之间调整转移的职能有100多项；部门内设的司局级机构减少200多个，精简了1/4；人员编制总数减少47.5%。如果减去新设的国防科工委、纺织、轻工有色金属工业局和知识产权局这5个单位新增的编制数则人员编制总数基本达到了精简一半的预期目标。

下一步工作是人员定岗和分流工作，1998年底以前完成。完成全部人员分流安排工作准备用3年时间。[①] 各级地方政府也要自上而下有步骤有秩序地进行机构改革，精简机构和人员。

与企业改革和经济改革深化相联系，在发育市场方面也取得了重大进展。据国家工商行政管理局的资料，到1996年，全国商品交易市场达到90121个，其中，消费品市场85391个，生产资料市场4730个。工业消费品批发市场2417个，农副产品批发市场3844个。这年全国要素市场达到1004个。其中，房地产市场285个，金融市场（包括资金拆借和证券交易）73个，劳动力市场261个，技术市场107个，信息市场45个，产权市场24个，其他要素市场209个。[②]

总体来说，党的十四大以来，经济改革目标明确，各项方针政策进一步完善，贯彻执行较好，因而作为改革重点的国有企业改革，以及与

---

① 《人民日报》1998年6月22日第1~4版。
② 《中国工商行政管理年鉴》（1997），工商出版社，第449~453页。

之相配套的经济改革和市场发育，都取得了重大进展。当然，改革也有诸多不足，改革任务并没有完成。党的十五大以来，党中央、国务院多次指出：力争到本世纪末使大多数国有大中型骨干企业初步建立现代企业制度，大体建立与社会主义市场经济发展相适应的金融机构体系、金融市场体系和金融调控监管体系，实现政府机构改革。^① 实现了这三项改革，再加上其他方面的改革，就可以实现在本世纪末初步建立社会主义市场经济体制的任务。

---

① 《经济日报》1998 年 3 月 20 日第 2 版。

第三章　国有企业的改组、改造和管理

第一节　"三改一加强"方针的提出

1996 年 5 月，江泽民总书记代表党中央提出："把国有企业的改革同改组、改造和加强管理结合起来，以构造产业结构优化和经济高效运行的微观基础。"① 这是党中央在 1992 年党的十四大以后提出的搞好国有企业改革和发展的一条十分重要的方针，是对国有企业改革和发展新经验的全面总结，是符合我国国有企业实际状况的。

改革以来的一段时期内，人们自觉不自觉地把国有企业搞不活的原因归结为国有企业改革的滞后。这一点确实是国有企业活力不强的最重要、最基本的原因。但实践表明，国有企业搞不活的原因，还有其他的诸多方面。其中重要的还有，企业组织和产业组织不合理，企业技术改造进展缓慢，企业管理落后。我国已经搞活的许多国有企业的经验从正面证明了这一点，大量没有搞活的国有企业的教训从反面证明了这一点。

第二节　对国有企业实行战略性改组

企业组织形态的"大而全"、"小而全"，以及企业承担办社会职能，

---

① 《人民日报》1996 年 7 月 4 日第 1 版。

是传统计划经济体制的伴生物。1958年，中共中央就提出和实施建立比较完整的工业体系的区域经济的任务。60年代中期以后更加强化了这一点。这样，改革以前，企业组织"大而全"、"小而全"，企业办社会以及地区之间过多重复建设就已经发展到了很严重的地步。改革以后，政企分开一直没有得到根本解决。80年代初开始实行的财政分灶吃饭制度，延续了十来年。1994年开始实行了以划分中央政府和地方政府事权为基础的分税制，但改革并没有到位。改革以来，中央政府逐步下放了投资和引进外资的权限，但有效的宏观调控并没跟上。这期间，市场虽有很大发展，但发育并不健全，行政性垄断和无序的、不平等的、过度的竞争还相当普遍。这样，企业组织、产业组织和产业结构不合理状态不仅没有得到扭转，甚至有所加剧。在实行对外开放的条件下，还出现了盲目重复引进。在社会生产力大大发展的条件下，又出现了生产能力的相对过剩，主要是结构性的过剩。

　　分别说来，（1）大中小型企业的总量规模和平均规模都小，大企业比重低，企业规模不经济和规模结构不合理。1996年，全国乡和乡以上独立核算工业企业总产值为64886亿元。其中，大中小型企业总产值分别为24756亿元、9539亿元、30591亿元；三者比重分别为38.2%、14.7%、47.1%。全国平均每个企业产值为1238.8万元。其中大中小型企业分别为35038.6万元、5659.2万元、590万元（详见附表18）。（2）企业组织"大而全"、"小而全"，地区产业结构趋同，企业之间和地区之间的专业化协作程度低。机械工业是最有条件实行专业化生产的行业。但目前中国机械工业专业化程度大约只达到经济发达国家五六十年代的水平。比如，中国铸造行业专业化比重只有30%，锻造为15%，热处理为20%，电镀为40%；而经济发达国家这4项数据分别为80%、75%、70%、90%。中国机电行业约有80%的企业为"大而全"、"小而全"的厂子。[①]据计算，我国各省工业结构相似系数大于0.9的，1981年为18个，1984年为17个，1989年为17个，1994年为13个；大于0.8的，1981年为25个，1984年为25个，1989年为22个，1994年为21个。"九五"期间30个省、自治区、直辖市中，将机械工业定为本省（市、区）支柱的有25个，

---

①《中国工业发展报告》（1996），经济管理出版社，第218页。

电子业 24 个，化工业 23 个，建筑业 19 个，冶金业 15 个，轻纺业 11 个。
（3）产业集中度低。据有关学者按 1993 年~1995 年 3 年平均数计算，在
全国 37 个主要工业部门中，产量较多的 8 个厂集中度超过 50%以上的只
有 1 个（即具有自然垄断性质的石油天然气开采业），集中度在 40%~50%
之间的有 3 个，30%~40%的有 2 个，20%~30%的有 7 个，10%~20%的有
6 个，10%以下的有 18 个。（4）许多工业部门的生产能力相对过剩。按一
般标准，生产能力利用率达到 80%的算正常。但 1995 年全国第三次工业
普查资料表明：在 94 种主要工业产品中，生产能力利用率在 60%以上的
就有 59 种，占总数的 62.8%；在 50%以下的有 18 种，占 19.1%。另据有
关单位统计，1997 年 900 多种工业产品中，有半数以上生产能力利用率
在 60%以下。（5）国有资产在产业之间的分布，也有同国有经济主导地位
不相适应的情况。目前国有资产存量约有 60%分布在工业和建筑业等竞
争性比较强的领域，分布在交通、邮电等基础产业和基础设施垄断性较
强的领域的不足 20%。（6）许多国有企业资产质量差，经济效益低，亏损
严重。这些情况表明，对国有企业的改革和发展来说，实行战略性改组
已是一项十分重要、紧迫的任务。

诚然，改革以来，随着地区之间横向经济联合的展开，股份制企业、
非国有企业的发展，市场体系（包括股票市场）的发育，以及《破产法》
的实行，国有资产存量调整工作和企业的兼并、破产已经有了一定的进
展。据粗略统计，在 80 年代，全国 25 个省、自治区、直辖市和 14 个计
划单列市共有 6226 户企业兼并 6966 户企业，共转移存量资产 82.25 亿
元，减少亏损企业 4095 户，减少亏损金额 5.22 亿元。[①]《破产法》从 1988
年实施到 1993 年 6 年中全国共破产企业 940 户。[②] 这些企业大多数是集体
企业，但也有一部分是国有企业。

为了促进国有企业的改革和发展，还必须大力推进国有企业的战略
性改组。为此，1994 年 2 月，在全国企业管理座谈会上，朱镕基副总理
首先提出，解决国有企业困难问题要走兼并破产和减人增效的路子，希
望加大这方面的工作力度。这一思路提出了实现国有企业改组的两个基

---

① 《改革》1994 年第 12 期。
② 《中国工业发展报告》（1998），经济管理出版社，第 108 页。

本途径。同年 6 月 24 日，国务院原则上同意了国家经贸委等 9 部委《关于在若干城市进行企业"优化资本结构"试点的请示》，并对试点工作提出了明确要求："试点应在整体推进转换国有企业经营机制的前提下，在补充企业资本金、减轻企业债务负担、分离社会服务职能、建立优胜劣汰机制等方面实现重点突破。"① 为此，1994 年 10 月国务院下达了《国务院关于在若干城市试行国有企业破产有关问题的通知》。1997 年 3 月，国务院又下达了《关于在若干城市试行国有企业兼并破产和职工再就业有关问题的补充通知》。该通知对于企业兼并破产和职工再就业工作的组织领导，企业兼并破产和职工再就业工作计划的制定与审批，企业破产预案的制定，资产评估机构资格及破产财产处置，妥善安置破产企业职工，简化呆坏账核销手续，破产责任的追究，严格按照有关文件规定规范企业破产，加大鼓励企业兼并的政策力度，以产定人，下岗分流，适当减免贷款利息，缓解企业困难等一系列问题作了规定。通知要求优化资本结构试点城市都要建立再就业服务中心。

为此，1997 年 8 月劳动部、国家经贸委、财政部联合发出《关于在企业"优化资本结构"试点城市建立再就业服务中心的通知》。要求试点城市把建立再就业服务中心、保证资金到位、落实再就业计划等作为实施企业兼并破产、减员增效计划和核销银行呆坏账准备金的前提条件。再就业服务中心的基本任务是为下岗职工在规定的时间内提供职业培训、职业介绍、就业指导、组织劳务输出、办理社会保险等促进再就业方面的帮助和服务，同时发放基本生活和门诊医疗费用。再就业服务中心的管理，要采用托管合同的方式，即区分破产企业、兼并企业、减员增效企业三种情况签订不同类型的合同。托管最长时间不超过两年，受托管的下岗职工如果两次无正当理由不接受再就业服务中心介绍就业岗位的，再就业服务中心可以提前解除托管合同。下岗职工实现了再就业，就与再就业服务中心解除托管关系，并与原企业解除劳动关系。托管期满，仍未就业的下岗职工，应与再就业服务中心解除托管合同，并与原企业解除劳动关系，到当地就业服务机构登记，符合规定的享受失业保险的有关待遇。通知规定，采用政府、社会、企业各出一部分资金的办法，

---

① 《全国建立现代企业制度试点工作会议文件汇编》，改革出版社 1995 年版，第 91 页。

破产企业依法取得的土地使用权和资产变现中所得的职工安置费，兼并企业和减员增效的企业或主管部门为下岗职工缴纳的职工安置费应一律拨付给再就业服务中心统筹使用。试点城市根据企业兼并破产和职工再就业的数量，确定政府、企业和社会三部分用于再就业服务的资金比例，并尽快将资金拨入再就业服务中心。各再就业服务中心根据筹集到的资金的承受能力，确定接收下岗职工的数量。

1994年，国务院确定的优化资本结构试点城市为18个，1996年扩大到58个，1997年又扩大到111个，并在这方面取得了重要进展。1996年，58个试点城市兼并企业1192户，资产总额292亿元，负债总额278亿元，其中银行贷款本息余额197亿元，已停息或免息13.3亿元，涉及职工113万人；破产企业1099户，资产总额249.8亿元，负债总额429.9亿元，涉及职工68万人。这年试点城市的企业分离非生产机构5908个，涉及103万人。①

1997年在这方面继续取得了进展。这年破产终结的企业675户，被兼并企业1022户，减人增效企业789户，核销银行呆坏账准备金320.5亿元。其中用于破产企业170.35亿元，用于被兼并企业90.15亿元，用于减员增效企业60亿元。1997年，在企业增资减债方面，着重抓了两项工作：（1）"拨改贷"本息余额转为国家资本金的工作。（2）股票上市。截至1997年，已累计将约600亿元"拨改贷"本息余额转为国家资本金。1997年股票发行重点支持100户现代企业制度试点企业、512户重点国有企业和120家企业集团，全年共选定A股企业209家，其中，属于100户现代企业制度试点和120家企业集团范围的企业79家。100户现代企业制度试点企业已有40家改制上市，占总数的40%；512家重点企业中已有186家改制上市，占总数的36%；120家试点企业集团中也已有59家有了上市公司，占总数的49%。1997年3月，试点城市建立职工再就业服务中心1777个，进入中心的人数达89.6万人。据统计，截至1997年底，通过实施再就业工程，使得包括试点城市在内的全国433.5万名国

---

① 这里还要补充说明：企业办社会负担中最突出的问题是企业自办中小学校、医院、后勤服务单位以及富余人员的安置。据统计，目前，全国企业自办中小学校达1.8万所，在校生610万人，教职工60万人，每年需教育经费30亿元（不包括基本建设投资）。全国企业及非卫生部门自办的卫生机构11万个，职工140万人，约占全国卫生机构的1/3。据试点城市国有大中型企业调查，富余职工约占职工总数的17.12%。

有企业下岗人员实现了再就业。①

1998 年将继续大力推进这方面的工作。如前所述，这年 6 月 9 日党中央、国务院专门下发了《关于切实做好国有企业下岗职工基本生活保障和再就业工作的通知》。② 这虽然是对全国说的，但对优化资本结构试点城市的再就业工作会有推动作用。国务院还决定，1998 年将核销银行呆账坏账准备金的总额增加到 400 亿元，把"拨改贷"和基本建设经营性基金转为国家资本金增加到 500 亿元。③

还要提到：1997 年，国务院就把纺织、兵器、航天 3 个行业列入了优化资本结构试点的计划。1998 年初，国务院又发出《关于纺织工业深化改革调整结构解困扭亏工作有关问题的通知》，全面贯彻落实鼓励兼并、规范破产、下岗分流、减员增效和再就业工程的方针，以压缩淘汰落后棉纺锭为手段，以国有纺织工业企业集中的城市的结构调整为重点，妥善分流安置下岗职工，坚定不移地走"压锭、减员、调整、增效"的路子，切实抓好纺织工业深化改革、调整结构、解困扭亏工作，④ 并将这项工作逐步推广到煤炭、机械等行业。这些也都是实现国有企业战略性改组的重要措施。

但这期间国有企业战略性改组，并不限于上述的优化资本结构试点的城市和行业，更多地还是试点的范围以外。这里需要特别提到：这期间开始出现了对实现这种战略改组具有重大意义的强强联合和兼并，1997 年 10 月，金陵石化、扬子石化、仪征化纤、南化公司以及江苏石油集团联合组建了中国东联石化集团有限责任公司；同年 11 月，中国石化总公司齐鲁石化公司实现了对淄博化纤总厂和淄博石油化工厂的兼并，这起兼并涉及债务总额 30 多亿元。二者分别是改革以来最大的国有企业之间的强强联合和兼并。⑤

但这期间国有企业的战略改组也还存在许多需要进一步解决的问题。诸如政企未分开，部门分割和地区分割，行政干预过多，社会保障制度

① 《光明日报》1998 年 6 月 24 日。
② 《人民日报》1998 年 6 月 23 日第 1~2 版。
③ 《中华人民共和国第九届全国人民代表大会第一次会议文件汇编》，人民出版社 1998 年版，第 20 页。
④ 《经济日报》1998 年 6 月 22 日第 2 版。
⑤ 《人民日报》1993 年 11 月 10 日第 1 版。

还未基本建立，使这种改组还存在很多困难。要完成国有企业战略性改组，还有赖于经济改革的深化，还要做出艰苦的努力。

第三节　加强国有企业的技术改造

改革以来，国有企业技术改造取得了重大进展。"六五"期间，依据重工业比重过大、轻工业比重过小的情况，技术改造重点支持了轻工业，促进了轻工业的迅速发展和升级换代，以及轻重工业的协调发展。"七五"期间依据经济增长中的"瓶颈"制约，技术改造重点转向了能源、交通、通讯、原材料等基础产业，缓解了"瓶颈"制约。"八五"期间企业技术改造总量达到 1.07 万亿元，超过了前 10 年的总和。这期间依据长期存在的技术改造投资使用分散，以致长线产品得不到有效控制，短线产品得不到充分发展，形不成合理的经济规模等问题，提高了技术改造投资的集中度，资金逐步转向国家重点建设项目。这期间，全国开发重点新产品约 3 万项，投产率 80%，新产品实现利税 220 多亿元，增长 2.54 倍。[1] 1994 年开始实施的对重点行业的重点企业加大技术改造力度、加快改革步伐的"双加"工程，涉及 56 个技术改造重点项目，投资总额达 1000 亿元以上，更是加快了企业技术改造。

"九五"以来，在这方面继续取得进展。比如，1997 年工业企业新产品产值比上年增长 13.3%，比工业产值增幅高 2.1 个百分点；新产品产值率为 5.9%，比上年提高 0.2 个百分点。但是，由于传统的重外延、轻内涵的经济发展战略和经济体制没有得到根本改变，企业技术进步缓慢状态也没有发生根本变化。据统计，1995 年底，国有大中型企业经过比较全面技术改造的只有 20% 左右；设备老化率已达 25%；技术装备水平达到 80 年代国际水平的只有 26.1%，属于国内先进水平的仅占 27.7%，属于国内一般水平的占 33.4%，属于国内落后水平的占 12.8%。[2] 其新度系数平均为 69%，其中机械工业还只有 60%。机电一体化比重更低，数控机

① 《人民日报》1995 年 10 月 21 日第 1 版。
② 《人民日报》1997 年 7 月 19 日第 2 版。

床产量比重仅为 1.4%，拥有量比重为 5%，远远低于发达国家的 30% 和
80% 的比重。据估计，目前我国多数国有企业的技术装备水平比国际先进
水平大约落后 15 年~20 年。据计算，目前技术进步对我国经济增长率不
到 30%，远远低于发达国家 50%~70% 的水平。这些数字表明，加强国有
企业的技术改造，对国有企业的改革和发展来说，也是一个极为重要的
紧迫任务。

近几年来，已经和正在从以下几方面采取措施，来加强企业的技术
改造。

1. 政府和企业都要在经济增长方式方面实现观念的转变。在传统的
经济体制和经济战略的影响下，形成了根深蒂固的重外延、轻内涵的观
念。目前这种观念还没发生根本转变。"八五"期间，国有单位技术改造
投资占固定资产投资和银行贷款的比重分别为 29.4% 和 31.3%，比"七
五"期间分别下降了 2.4 和 4.8 个百分点。就本编所叙述的时间看，国有
工业技术改造投资占固定资产投资的比重，由 1992 年的 39% 下降到 1997
年的 32.4%，下降了 6.6 个百分点（详见附表 38）。这个数字表明，如果
不在经济增长方式方面实现观念的根本转变，国有企业的技术改造就很
难得到加强。当然，这种观念固定化的根源还是传统经济体制。

2. 深化国有企业改革，使它成为市场主体和投资主体，形成具有激
励和约束相结合的技术改造机制，以根本改变当前许多国有企业在这方
面既缺乏动力又不承担风险的状况。

3. 进一步发育产品市场和要素市场，形成全国统一的、有序的、平
等竞争的、价格机制合理的市场体系，从市场方面增强企业技术改造的
压力，并规范其行为，根本改变当前在地方保护下形成的低水平的重复
建设、重复引进和过度竞争，乃至依靠制造假冒伪劣产品来维持企业生
存的状况。

4. 深化科技体制改革，推进"产、学、研"联合，以根本改变在计
划经济体制下形成的，目前还普遍存在的"产、学、研"分离的状况，
加速科技成果的转化。

5. 逐步建立完善的、有效的全社会技术改造的宏观调控体系，着重
综合运用财政、金融、产业政策和法律手段，建立新的投资统计体系和
投资导向信息发布制度，以切实提高技术改造投资在固定资产投资中的

比重和效益，减少无效投资和低效投资，特别是要避免低水平的重复建设，并促进乃至强制淘汰落后设备。

当前在宏观调控方面还要把加强国有企业技术改造与企业改制和改组结合起来。要使改造成为促进改制和改组的重要手段，特别是要运用各种调控手段把改造投资流向引导到适合产业政策需要的国有大企业方面来，在低息贷款和股票上市的选择上更要向这方面倾斜。要继续实施对重点行业的加快技术改造力度、加快改革步伐的"双加"工程。当然，同时需要给国有小企业和非国有企业以适当支持。

当前还要从提高外资利用水平来推进国有企业的技术改造。这不仅是既要重视引进，又要重视消化、吸收和创新；既要重视设备的引进，又要重视新产品开发技术的引进，特别是要避免低水平重复引进，切实把引进作为推进企业技术改造的有效手段。

6. 把企业技术改造纳入技术创新工程。技术创新工程是新技术的研究开发到首次商业化应用，要求以企业作为技术创新的主体，创新的各个环节保持系统性，并以市场作为检验技术创新成功与否的最终标准。为此，一要建立健全企业技术创新运行机制，加强企业技术中心建设，推动"产、学、研"的联合，使企业具有开发自主知识产权的产品和技术；[1] 二要严格遵守项目决策程序，切实做好市场的预算与市场容量的分析，以及经济效益的评估，以提高项目决策的科学性；三要切实做好技术改造项目全过程的管理工作。

第四节　加强国有企业的经营管理

改革以来，特别是 90 年代以来，许多国有工业企业的经营管理取得了重大进展。

1.经营方式的转变。主要是：由过去在计划经济体制下只面向计划逐步转变为面向市场；由过去只重视基础管理、专业管理和日常管理逐步转变为在重视这些管理的同时，高度重视战略管理；由过去单纯的产品

---

[1] 国家经贸委：《关于 1998 年国有企业改革和发展工作的意见》，《经济日报》1998 年 6 月 22 日第 2 版。

经营逐步转变为在搞好产品经营的同时，全方位开展资本经营，并推行多角经营、国际经营和名牌战略。

2. 企业管理制度的完善和创新。1984 年普遍推广的厂长负责制得到了巩固和发展。在推行公司化改造的企业中，开始建立董事会、总经理和监事会相互制衡的新的企业领导制度。新的劳动、人事和工资制度也得到了进一步发展。1993 年 7 月实施了与国际接轨的新的财务会计制度。

3. 企业组织机构的调整和创新。调整企业组织机构，逐步采用事业部和矩阵式管理。适应计划经济要求的橄榄型的企业组织（企业技术开发机构小，生产机构大，营销机构小）开始向适应市场经济要求的哑铃型的企业组织（企业技术开发机构大，生产机构小，营销机构大）转变。

4. 企业职业道德建设和文化建设的发展。在加强职业道德建设的同时，开始运用 90 年代初从经济发达国家传入的企业形象设计（CLS），以加强企业的文化建设，塑造企业形象，端正企业经营思想，激发职工积极性，增强企业凝聚力。

5. 企业管理现代化的发展。主要是电子计算机在企业管理的全过程和全系统开始得到广泛运用，加强了企业的各项管理。

6. 企业专业管理和基础管理的加强。（1）采用国际标准（包括国际先进标准）、现代的管理方法和手段，制定科学的质量控制规范，推行严格的质量监测和控制。1994 年又相继成立"质量体系认证机构国家认可委员会"、"实验室国家认可委员会"和"认证人员国家注册委员会"，并开展了工作。这就使产品质量认证、质量体系认证和实验室认可工作取得了重大进展，许多产品质量有了显著提高。（2）企业技术管理和技术开发能力有了提高。与 1990 年相比，1995 年我国大中型工业企业建立的技术开发机构、从事技术开发的科技人员和技术开发经费分别增长了 61.5%、60.1% 和 193%。（3）在企业生产组织中开始运用数控加工（CNC）、柔性制造（FMS）和计算机集成系统（CIMS）等现代柔性生产形式，以增强企业的灵活应变能力、生产效率和竞争能力。

但是，上述各点并不是全部国有企业的情况，而只是其中部分企业在这些方面取得的不同程度的进展。实际上，到目前为止，多数国有企业还没有从根本上摆脱管理落后的状况。据 1994 年有关研究单位对 2012 户亏损企业的调查，由于管理混乱而造成亏损的企业达到 697 户，占调查总数的 34.64%。① 另外，据 1995 年有关研究单位的一次调查资料，国有企业的基础管理水平提高的占 25%，保持原有水平的占 30%，水平下降的占 45%；专业管理、现场管理和经营战略管理这三项数据分别依次为 23%、40%、37%，20%、27%、53%，63%、23%、10%。与此相联系，企业经济效益下滑。国有独立核算工业企业的资金利税由 1992 年的 9.71% 下降到 1997 年的 6.54%（详见附表 42）。国有企业经济效益不佳有多方面原因。摘其要者有：由于传统的经济体制和经济战略的影响，以及转轨时期改革和发展某些方面的失误所造成的企业技术改造缓慢、富余人员多、资产负债率高和企业办社会的负担重；由改革的进展导致的企业利润的转移（如价格和工资改革引起的企业成本的上升）；由乱收费、乱摊派、乱罚款造成的企业收入的流失等。但上述数字在某种程度上也反映了企业管理的落后状况。

为了改变这种落后状况，总的说来，需要继续以贯彻《"九五"企业管理纲要》为契机，推动企业面向市场，进行管理创新。这包括经营方式、管理制度、组织形式、职业道德建设和文化建设以及管理手段的创新。在这方面，特别要继续深入开展学习邯郸钢铁总厂的活动。该厂在 1991 年~1995 年于企业内部创造了"模拟市场，成本否决"的管理办法，大大提高了企业管理水平和企业经济效益。这种办法的实质是：企业面向市场，自觉运用作为市场经济基本规律的价值规律，通过加强企业管理，提高生产要素的运营效益。1996 年初，国务院和国家经贸委在该厂召开了"全国学习邯钢经验暨企业管理工作会议"，号召全国学习邯钢经验。

还要按照 1997 年 1 月中共中央《关于进一步加强和改进国有企业党的建设工作的通知》，② 突出抓好国有企业领导班子建设，大大提高领导人员素质。这是加强企业管理、搞好国有企业的关键。为此，（1）选好配强党委书记、厂长（经理）和董事长，优化领导班子的整体结构。实行公司制的企业，党委书记、董事长可由 1 人担任。由 1 人担任的，应具备两个职务所要求的条件和能力，同时配备 1 名党委副书记以主要精力抓党的工作。党委书记和董事长分开配备的，党员董事长可任党委副书记，党委书记可任副董事长。根据工作需要和人员条件，党委成员可依法分别进入董事会、监事会和经理班子；董事会、监事会、经理班子中的党员，具备条件的，可按照有关规定进入党委会。董事长与总经理原则上分设。实行工厂制的国有中小企业党政领导的任职形式，要根据本单位的实际和本人条件，宜分则分，宜兼则兼，不搞"一刀切"。（2）改进对国有企业领导人员管理的办法。要适应建立社会主义市场经济体制的要求，合理确定对企业领导人员的管理范围，制定适合企业特点的具体办法，切实严格管理。要积极探索通过市场配置企业经营者的有效途径，推进企业经营者职业化的改革试点工作。（3）切实加强对国有企业领导班子成员的政治、业务培训。按照《中共中央组织部、国家经贸委关于印发〈"九五"期间全国企业管理人员培训纲要〉的通知》的要求，分级负责，用3年左右时间，对国有大中型企业的领导人员普遍进行一次工商管理培训，培训中要突出邓小平理论和社会主义市场经济的内容。通过培训，使企业领导人增强党的观念、群众观念、法制观念，树立正确的世界观、人生观、价值观，增强参与市场竞争的能力。（4）切实加强对国有企业领导人员的监督。要充分运用党内监督、法律监督、职工民主监督、财务审计监督和舆论监督等手段，加强对他们在重大问题特别是资金运作、用人决策上的监督。严格实行资产经营责任制、企业年度审计和厂长（经理）离任审计制度、企业领导人员收入申报制度、直系亲属工作安排回避制度和职工代表大会民主评议企业领导人员制度。（5）建立对国有企业领导人员的激励机制。逐步形成比较规范的对优秀领导人员的奖励制度，把物质奖励和精神奖励结合起来。

　　加强国有企业领导班子的工作已经开始取得成效。按照党中央、国务院的部署，在全国范围内对国有企业领导班子进行了考核。截止到1997年底，全国已基本完成考核任务的国有企业为13万户，占应考核总数的94%；调整企业领导班子4.2万个，占已考核总数的31.5%；调整企业领导班子成员7.9万人，占已考核人员总数的14%。通过考核和调整，国有企业领导班子的整体素质有所提高。

　　此外，要进一步实行和完善新的企业经济效益评价指标。① 按照建立

---

① 《人民日报》1995年1月10日第2版。

现代企业制度的要求，为了综合、全面评价和反映企业经济效益状况，财政部决定从 1995 年起采用新的企业经济效益评价指标体系。这套体系包括：销售利润率、总资产报酬率、资本收益率、资本保值增值率、资产负债率、流动比率（或速动比率）、应收账款周转率、存货周转率、社会贡献率、社会积累率。上述企业经济效益评价指标主要是从企业投资者、债权人以及企业对社会的贡献等三个方面来考虑的。从投资者的角度来看，侧重于关心企业盈利能力和资本保值增值情况。其指标包括销售利润率、总资产报酬率、资本收益率、资本保值增值率。从债权人的角度来看，侧重于关心企业财务状况，即企业资产负债水平和偿债能力。其指标包括资产负债率、流动比率（或速动比率）、应收账款周转率、存货周转率。从国家或社会的角度来看，主要是衡量企业对国家或社会的贡献水平。其指标包括社会贡献率和社会积累率。

90 年代以来，上述各项措施已经在不同程度上得到了贯彻，并已取得了一定的成效。它的继续贯彻，将会进一步提高国有企业的经营管理水平。

第四章 城乡集体工业的改革深化与发展

第一节 城镇集体工业的改革深化与发展

1993年，《中共中央关于建立社会主义市场经济体制若干问题的决定》指出："现有城镇集体企业，也要理顺产权关系，区别不同情况可改组为股份合作制企业或合伙企业，有条件的也可以组建为有限责任公司，少数规模大、效益好的，也可以组建为股份有限公司或企业集团。"①在这些思想的指导下，这期间城镇集体工业的改革得到了进一步深化。

1. 清产核资是深化集体企业改革的一项基础性工作。为了统筹协调这项工作，1995年国家成立了由国家经贸委、财政部、国家税务总局三部委组成的城镇集体企业清产核资办公室。在全国城镇集体企业清产核资办公室的统一组织下，全国各地开展了城镇集体企业清产核资工作，这是新中国成立以来的第一次。全国城镇集体企业清产办通过对试点的13313户城镇集体企业进行清产核资，基本摸清了这些企业的家底。据清产办的统计，1996年6月底，全国城镇集体所有制企业、单位共有51.4万个。13313户试点企业占全国城镇集体企业总数的2.6%，其中大中型企业588户，工业企业2538户，涉及全国226个市（地）。1.3万多户企业资产总额为1417.1亿元，其中，固定资产占23.9%，流动资产占

---

① 《中国经济年鉴》（1994），中国经济年鉴社，第5页。

66.1%，长期投资占 6.7%，无形资产占 0.9%，递延及其他资产占 2.4%。全部负债总额为 1173 亿元，资产负债率为 80.3%。企业所有者权益总额为 279.8 亿元，其中，实收资本 255.6 亿元，占 91.4%；资本公积金 37.2 亿元，占 13.3%；盈余公积金 54.8 亿元，占 19.6%；未分配利润赤字 67.8 亿元，占 24.2%。在实收资本中，集体资本、国家资本、法人资本、外商资本和个人资本分别占 77.2%、1.9%、13%、2%、5.9%。全部试点企业资产损失资金挂账总额为 155.1 亿元，其中，资产损失净额为 81.7 亿元，占 52.7%；资金挂账为 73.4 亿元，占 47.3%。1.3 万户试点企业 1995 年实现销售收入 1237 亿元，利润 1.1 亿元，上缴税金总额 23.92 亿元。总资产报酬率为 0.08%，净资产利润率为 0.4%，人均创利 76.8 元。[1]

1997 年，城镇集体企业清产核资试点工作有了进一步扩大，1998 年要在全国展开。

2. 界定产权是深化集体企业改革另一项基础工作。1996 年城镇集体企业产权界定工作取得重大进展。通过有关部门的共同努力，产权界定政策文件于 1996 年初正式发布。主要文件有：财政部、国家经贸委和国家税务总局联合发布的《城镇集体所有制企业、单位清产核资财务处理暂行办法》、《城镇集体所有制企业、单位清产核资产权界定暂行办法》，劳动部、国家国有资产管理局、国家税务总局联合发布的《劳动就业服务企业产权界定规定》，中国轻工总会、中华全国手工业合作总社、国家税务总局联合发布的《轻工业企业集体资产管理暂行规定》。这些办法和规定基本上解决了长期困扰城镇集体企业的产权关系界定上的矛盾，为集体企业的改革与发展创造了有利条件。有关规定在以下两个方面取得了政策性突破：（1）明确区分了国家政策行为与投资行为的界限。这项规定从根本上否定了有关部门过去将国家对集体企业的政策优惠行为视为投资行为，进而要追索国有产权的错误做法。（2）明确区分了国有单位一般扶持行为与投资行为的界限。这些规定从根本上否定了有关部门和企业过去长期将国有单位对集体企业的扶持行为（包括贷款担保行为）当作投资行为，进而要索取集体企业产权的错误做法。[2]这些文件促进了界定产

① 《中国经济年鉴》（1997），中国经济年鉴社，第 683 页。
② 《中国经济年鉴》（1997），中国经济年鉴社，第 684 页。

权的工作。

3. 在城镇集体企业中居于重要地位的小企业的改革有了重大进展。90 年代中期以来，许多地区对这类企业的改革采取了"兼并、租赁、转产、调整、扶持、拍卖、破产"等办法，区别企业不同情况，"一厂一策"，分类实施。

4. 在深化城镇集体企业改革中具有重要作用的股份合作制企业有了迅速的发展。

5. 有些规模大、经济效益好的企业继续向股份有限公司或企业集团发展。

据 1996 年上半年对全国综合改革试点县（市）小企业（主要是城镇集体小企业）改革的调查，组建集团占 1.69%，企业兼并占 5.47%，组建公司占 7.80%，股份合作制占 35.13%，承包租赁占 15.70%，委托经营占 15.24%，出售转让占 11.02%，合资经营占 3.42%，破产处理占 1.03%，其他占 3.81%。[①]

1993 年~1998 年，我国经济已开始步入稳定高速增长时期。这个宏观经济环境，以及这期间的改革和发展措施促进了城镇集体工业生产的迅速发展。1997 年，城镇集体工业的产值由 1992 年的 2777.21 亿元增加到 9359.14 亿元；平均每年增长 22.1%；占全国工业总产值的比重由 7.5% 上升到 8.3%。[②]

但是，城镇集体工业企业在改革和发展方面存在许多困难。重要的有：由于来自行政机关方面的阻力，难以实现政企分离；侵犯集体企业的财产和权益的事屡有发生，导致集体资产流失；许多集体企业设备老化，缺乏资金、技术和管理人才，经济效益差；有些部门和地区还没有把城镇集体企业改革和发展放在应有的位置；国家在保障、扶持和促进城镇集体工业的改革和发展方面的法规、政策、管理机构和调控手段还很不完善。

---

　　①《中国工业经济》1997 年第 3 期第 10 页。
　　②《中国统计年鉴》(1993)，中国统计出版社，第 396、412、413、443 页；《中国统计摘要》(1998)，中国统计出版社，第 99 页。

第二节　乡镇集体工业的改革深化与发展

一、乡镇集体工业改革和发展的法律保证

1996 年 10 月，我国颁布了《中华人民共和国乡镇企业法》。①《乡镇企业法》的公布施行，确立了乡镇企业在国民经济中的法律地位，用法律的形式将党中央、国务院发展乡镇企业的一系列方针政策稳定下来，明确了发展乡镇企业的基本方针、重要原则和主要任务，明晰了乡镇企业的产权关系，理顺了乡镇企业的管理体制。《乡镇企业法》还提出了国家促进和扶持乡镇企业发展的很多具体措施，对乡镇企业多年来一些政策措施和成功经验也用法律的形式予以肯定。《乡镇企业法》提出，侵犯乡镇企业合法权益以及乡镇企业不履行义务、违反有关法律和行政法规规定的行为，应承担法律责任。

《乡镇企业法》的公布施行，标志着乡镇企业的改革发展有了强有力的法律保证。

二、促进乡镇集体工业改革和发展的主要措施

1992 年 3 月国务院批转了《农业部关于促进乡镇企业持续健康发展的报告》。为了适应乡镇企业深化改革和健康发展的需要，在总结新的经验基础上，1997 年 3 月，中共中央、国务院又转发了《农业部关于我国乡镇企业状况和今后改革与发展意见的报告》。② 这个报告系统地提出了今后15 年乡镇企业改革和发展的主要措施。但这些措施是在 1992 年 3 月报告的基础上提出来的，并且是以总结 90 年代以来的经验为依据的，因而实际上早已得到了实施，并取得了巨大成就。

1. 不断深化企业改革。深化乡镇企业改革，必须坚持以"三个有利于"为标准，认真贯彻党中央、国务院关于"积极支持，正确引导，总结经验，逐步规范"的原则，尊重农民的实践，积极探索创新，注重实际效果。改革的形式可以多种多样。有条件的企业可以组建有限责任公

---

①《经济日报》1996 年 10 月 31 日第 2 版。

②《经济日报》1997 年 4 月 24 日第 2 版。

司、股份有限公司或企业集团；一般的集体企业，可以完善承包制，也可以实行股份合作制；小型、微利、亏损企业，可以通过租赁、拍卖、联合、兼并、破产等办法进行要素重组。不论哪种形式，都要坚持以下几点：(1) 政企职责分开，政府从直接管理生产经营转向宏观规划、指导、管理、监督、协调、服务，使企业真正成为自主经营、自负盈亏、自我约束、自我发展的市场主体。(2) 优化企业内部的经营机制和激励机制，使所有者、经营者、劳动者能够充分发挥积极性，主动为企业的发展多做贡献。(3) 确保企业集体资产保值增值，不得流失。

股份合作制改造，在 90 年代乡镇企业改革中引人注目。到 1996 年底，农村各种形式的股份合作制企业约达 14.4 万家。乡镇企业改制为股份合作制的，东部沿海地区比重较大。1996 年，山东省占 41.6%，江苏省占 25.9%，广东省占 20%左右；温州市、泉州市各类乡镇企业中，股份合作制企业的数量和产值占 80%以上。据农业部对全国 14.4 万家改制的股份合作制乡镇企业的调查，这些企业总资本金 1245 亿元当中，国家股金 37.4 亿元，占 3%；乡村集体资本金 541 亿元，占 43.5%；法人资本金 240 亿元，占 19.3%；个人资本金 317 亿元，占 25.5%；外商资本金 108 亿元，占 8.7%。[1] 1997 年，全国乡镇企业中的股份合作制企业增加到 16.9 万个，股份制企业达到 24621 个，股票上市公司 35 家；全国性的企业集团达到 1039 家。[2]

2. 大力推进科技进步。乡镇企业要不断提高科技进步对经济增长的贡献率，积极采用新技术、新工艺、新设备和新材料，加快技术改造，不断开发新产品，提高产品的技术含量。依托现有科研开发机构，不断进行技术开发和创新。提倡有条件的企业自办科研所，不断提高消化、吸收、创新技术的能力。有条件的企业要大力发展高新技术产业。要同国有企业、科研院所、大专院校进行各种形式的经济、技术合作。要十分重视人才培养和引进，造就一支庞大的乡镇企业人才队伍。

科技进步在乡镇集体企业经济增长贡献率，"七五"末为 35%，"八五"末上升到 45%。1992 年~1996 年，乡村两级企业中有大专以上学历

---

[1]《人民日报》1998 年 2 月 6 日第 2 版。
[2]《人民日报》1998 年 2 月 28 日第 6 版；《经济日报》1998 年 5 月 31 日第 7 版。

的人员由 29.34 万人增加到 76 万人；有中高级技术职称的人员由 30.69 万人增加到 100.3 万人；工程技术人员由 187 万人增加到 370 万人，占职工总数的比重由 3.6% 提高到 6.2%；企业培训人员达到 2000 多万人次。[①]

3. 切实加强经营管理。抓好企业基础管理、专业管理和现场管理，积极推行现代化管理，提高科学管理水平。建立健全各项管理制度，建立和完善企业民主管理和监督制度。

1996 年，全国有 1000 多家乡镇企业执行了 ISO9000 标准，60 多家企业通过了国际质量认证，2000 多家企业通过了全面质量管理验收，验收合格企业累计达到 22000 家。[②]

4. 努力优化产业、产品结构。要根据市场需求、国家产业政策和本地资源优势，合理调整结构。继续实行多业并举，发展优势产业和产品，积极带动第一产业，调整优化第二产业，加快发展第三产业，促进农村一、二、三产业协调发展。大力兴办集约型的农业企业。特别注意利用农副产品资源优势，大力发展农副产品加工业和储藏、保鲜、运销业，实行种养加、产供销一条龙，农工商、贸工农一体化，使农民和企业建立稳定的经济联系，形成利益共同体，为农户与市场之间架起桥梁，形成以市场牵"龙头"，"龙头"建基地，基地连农户的格局，带动农业的企业化、集约化和产业化。

1996 年底，在全国乡镇企业中，累计批准的贸工农联合商品基地 1100 家，获外贸进出口权的企业 546 家。[③] 1997 年，全国乡镇企业中外合资、合作企业 29779 个；出口创汇企业 15 万家；出口交货值达到 6947 亿元，超过了全国的 40%。[④]

5. 坚持实行大中小企业并举。要不断优化乡镇企业组织结构，积极培植大中型乡镇企业，发展规模经济，引导一批企业向大规模、高科技和外向型方向发展。继续推进横向经济技术联合，鼓励以骨干企业为龙头，以名牌产品为依托，以资产为纽带，组建和创办跨地区、跨行业、跨所有制，集生产经营、科技开发、内外贸于一体的各种类型的企业集

① 《光明日报》1997 年 8 月 20 日第 2 版。
②③ 《中国经济年鉴》（1997），中国经济年鉴社，第 685 页。
④ 《经济日报》1998 年 5 月 17 日第 7 版，5 月 31 日第 7 版。

团，提高规模效益。数量众多的中小型乡镇企业要走小而专、小而精、专业化生产、社会化协作的路子。

"八五"期间，一大批大中型乡镇企业迅速崛起。按照国家大中型企业划型标准，到1995年底，已有4531家乡镇企业被确认为大中型乡镇企业。这些大中型乡镇企业从企业个数上说，只占全国乡镇企业总数的0.02%，但拥有的资产总额却占全国乡镇企业资产总额的10.8%，其销售收入、利税总额和出口交货值分别占全国乡镇企业的6.5%、8.1%和13.2%。1995年，全国大中型乡镇企业固定资产（原值）平均为3564万元，是全国乡镇企业固定资产平均水平5.8万元的615倍；实现工业增加值平均为2891万元，是全国乡镇企业平均水平15万元的193倍；实现利润平均为671万元，上缴税金平均为355万元，分别比全国乡镇企业的平均水平高出398倍和380倍；投入450亿元，占同期全国乡镇企业总投入的15%；所开发出的新产品占全国乡镇企业新产品总数的四成以上；大中型乡镇企业国家统检产品合格率为95%，高出全国乡镇企业平均水平26个百分点；大中型乡镇企业的产销率和优质产品率均在90%以上；1995年，1768个大中型出口创汇乡镇企业完成出口产品交货值710亿元，占全国乡镇企业出口总额的13.2%，其中出口交货值在2000万元以上的企业900多家。这些乡镇企业大都兴办了中外合资、合作企业，并在境外办企业近900家。[①]

6. 积极引导集中连片发展。发展乡镇企业要十分注意从原来的分散布局向相对集中、连片开发转变，与工业小区和小城镇建设互为依托、互相促进，共同发展；节约土地，减少公共设施投入，保护和建设环境，提高聚集效应，带动第三产业的发展，增加就业容量。

7. 继续推进东西合作。东部地区乡镇企业基础较好，要发挥资金、人才、管理和区位优势，大力发展技术密集型、资金密集型产业和外向型经济，努力推动企业上规模，技术上水平，产品上档次，在有利于优化产业、产品结构的前提下，逐步把一些劳动密集型、资源加工型产业向中西部地区转移。中西部地区要充分发挥自然资源和劳动力优势，大力发展资源加工型和劳动密集型产业，提高深加工、精加工水平，增加

---

① 《人民日报》1996年9月26日第1版。

产品附加值，加快发展步伐。东中西部要坚持优势互补、互利互惠的原则，加强联合与协作，全面实施东西合作示范工程，各展所长，共同发展，走出一条以东带西、以西促东、携手共进的发展道路。

"九五"时期以来，中西部乡镇企业发展速度明显加快。1996年，中部和西部乡镇工业增加值比上年分别增长37.22%和39.24%，分别比东部地区高20.91和22.93个百分点。从各地区所占比重看，1996年，东部地区乡镇工业增加值占全国的62.67%，比上年下降3.6个百分点；中部地区占35.06%，比上年上升3.39个百分点；西部地区占2.27%，比上年上升0.29个百分点。[1]

8. 重视资源和环境保护。乡镇企业要坚决贯彻可持续发展战略，十分注意合理地开发利用资源，保护耕地，保护环境，决不能滥占耕地，破坏资源，不能走先污染、后治理的路子。

各地通过加强环境管理，进行产业结构、行业结构和产品结构的调整，开展污染治理，使乡镇企业环境污染加重的趋势有所控制。1996年乡镇企业万元工业增加值的废水、废气和废渣排放量分别比1990年降低52.3%、49.9%和50.6%，关停了43000家污染企业。[2]

还要对乡镇企业实行"积极扶持，合理规划，分类指导，依法管理"的方针，努力创造乡镇企业改造和发展的政策环境。主要内容包括：坚持以集体经济为主导，多种经济成分共同发展；鼓励和重点扶持经济欠发达地区、革命老区和少数民族地区发展乡镇企业；鼓励支持乡镇企业按规定多形式、多渠道筹集发展资金；运用信贷、财政手段鼓励和扶持乡镇企业发展；积极鼓励和支持人才的培养；大力支持发展外向型经济；加快技术改造和科技开发；鼓励扶持治理环境污染；切实减轻乡镇企业负担。

上述政策措施，再加上这期间我国整个国民经济高速增长的宏观环境，就使乡镇集体工业获得了高速增长。1992年~1997年，乡镇集体工业产值由11323.98亿元增长到36710.06亿元，平均每年增长20.5%，占

[1]《中国经济年鉴》（1997），中国经济年鉴社，第685页。
[2]《中国经济年鉴》（1997），中国经济年鉴社，第686页。

全国工业总产值的比重由 30.6%上升到 32.7%。[①] 这是从总的方面说的，并不是说乡镇集体工业的增长速度在各个年份之间没有差别。实际上，同整个国民经济发展态势相适应，这期间各个年份之间乡镇集体工业的增长速度也有差别。与 1993 年经济过热相联系，乡镇集体工业也获得了超高速增长；1994 年~1996 年伴随着经济"软着陆"，乡镇集体工业增速缓缓下降；1997 年~1998 年，整个经济增速进一步下降，但总的说来，还是在平稳高速增长轨道上发展，乡镇集体工业也呈现出类似的发展态势。

[①]《中国统计年鉴》(1993)，中国统计出版社，第 396、412、413、443 页；《中国统计摘要》(1998)，中国统计出版社，第 99 页。

第五章　非公有制工业持续发展

第一节　个体工业的持续发展

1993 年~1998 年，个体工业的发展获得了前所未有的有利的社会条件。

1. 在邓小平 1992 年初南方谈话和党的十四大以后，人们进一步从"左"的思想禁锢中解放出来，以"三个有利于"的标准正确认识个体工业的发展，以更积极的态度贯彻执行以公有制为主体、多种经济成分共同发展的方针。此后，全国各省、自治区、直辖市和计划单列市都发布了促进个体经济发展的政策措施。国家工商局于 1993 年也制定了《关于促进个体经济、私营经济发展的若干规定》，在从业人员、经营范围、经营方式和审批程序上都有不同程度的放宽。[1] 这里还要特别提到：党的十五大指出，"公有制为主体、多种所有制共同发展，是我国社会主义初级阶段的一项基本经济制度"；"非公有制经济是我国社会主义市场经济的重要组成部分"。[2] 这就为包括个体经济在内的非公有制经济作了正确的定性和定位，为其发展拓展了广阔的空间。

2. 1993 年以来，我国经济开始步入了稳定、持续、高速增长的阶段。这就为这期间个体工业的迅速发展提供了有利的宏观经济环境。经验表明，个体工业增长速度高低是同整个国民经济发展快慢相联系的。1993

---

[1] 《中国经济年鉴》（1994），中国经济年鉴社，第 667 页。
[2] 《中国共产党第十五次代表大会文件汇编》，人民出版社 1993 年版，第 21~23 页。

年~1997 年，国内生产总值每年增长速度分别为 13.5%、12.6%、10.5%、9.6%、8.8%。与此相对应，这 5 年个体工业产值每年增长速度分别为 66.2%、56.3%、51.5%、20%、18.4%（详见附表 5、附表 12）。

3. 1993 年夏季以后，由于加强了宏观经济管理，混乱的市场秩序和"三乱"状况有了很大的改变。这就为个体经济的发展提供了一个有利的市场条件和社会条件。

4. 90 年代以来，特别是 90 年代中期以来，城市个体工业比农村个体工业有了更快的发展，中西部个体工业比东部个体工业有了更快的发展，个体工业中的科技型工业有了更快的发展。这种城乡结构、地区结构和产业结构的变化，是这期间个体工业迅速发展的一个重要因素。据有关资料计算，1991 年~1996 年，由于城市个体工业产值的增长速度大于乡村工业，前者占个体工业的比重由 19.3% 上升到 27.4%，后者由 80.3% 下降到 72.6%（详见附表 27）。另据计算，1993 年~1996 年，东部、中部和西部地区个体工商户的注册资金分别由 486 亿元增加到 1092.7 亿元，由 258 亿元增加到 813 亿元，由 111 亿元增加到 253.8 亿元，占注册资金总额的比重由 56.8% 下降到 50.6%，由 30.2% 上升到 37.6%，由 13% 下降到 11.8%；中西部注册资金总额比重由 43.3% 上升到 49.4%。[①]

5. 改革初期，个体工业的从业人员主要是农民、城市待业人员和社会其他闲散人员。而 90 年代以来，除了上述人员以外，有愈来愈多的大中专毕业生和研究生，原为国家机关企业、事业单位的管理人员、科技人员和工人（包括离休、退休和停薪留职、辞职人员）投身个体工业。个体工业从业人员数量增加、结构变化和素质提高，也是这期间个体工业迅速发展的一个重要因素。

6. 90 年代以来，随着个体经济的发展，个体工业的规模迅速扩大。这也促进了个体工业的发展。据有关资料，1991 年~1996 年，全国城乡个体工业户均从业人员由 2.2 人增加到 2.5 人，户均自有资金由 0.49 万元增加到 1.02 元，户均总产值由 2.2 万元增加到 9.4 万元（详见附表 27）。

7. 1998 年 6 月中共中央、国务院《关于切实做好国有企业下岗职工

---

① 《中国经济年鉴》（1995），中国经济年鉴社，第 609 页；《中国经济年鉴》（1996），中国经济年鉴社，第 716 页；《中国经济年鉴》（1997），中国经济年鉴社，第 688 页。

基本生活保障和再就业工作的通知》指出：要大力发展集体和个体、私营经济，鼓励下岗职工自谋职业或组织起来就业。对下岗职工申请从事个体工商经营、家庭手工业或开办私营企业的，工商、城建等部门要及时办理有关手续，开业 1 年内减免工商管理等行政性收费；对符合产业政策、产品适销对路的，金融机构应给予贷款。①这表明，发展个体经济已经成为国有企业下岗职工实现再就业的一条重要渠道。因而，必将进一步促进个体工业的发展。

1992 年~1997 年，个体工业产值由 2006 亿元增加到 17851.9 亿元，平均每年增长 41.1%；占全国工业总产值的比重由 5.8%上升到 15.92%（详见附表 11~附表 13）。当然，适应整个国民经济形势的变化，这期间各个年份的速度也有变化。

但是，个体工业的发展也存在很多问题。主要是：不利于个体经济发展的"左"的思想尚未完全消除，对个体经济的多头行政管理，也有不利影响；"三乱"加重了个体经济的负担；个体经济的市场场地建设和融资等方面还有困难；个体经济本身的消极因素。

第二节　私营工业的进一步发展

像本章第一节叙述个体工业一样，这期间私营工业的发展也获得了改革以来前所未有的有利条件。

1. 1992 年党的十四大以来，特别是党的十五大以来，私营经济和其他非公有制经济一起，不是被确定为社会主义经济必要的、有益的补充，而是被确定为社会主义市场经济的重要组成部分。这就为私营工业的发展营造了良好的政策环境。这种良好的政策环境，不仅是私营工业高速增长的最重要的条件，而且使早已存在的、大量的、以集体工业名义存在的私营工业纷纷丢掉"红帽子"，还其真面目。

2. 1992 年初邓小平南方谈话发表以后，我国改革步伐大大加快。1995 年党中央对国有企业改革提出了"抓大放小"的方针。这个方针对

---

①《经济日报》1998 年 6 月 23 日第 3 版。

集体企业的改革也有指导意义。这样，无论是国有企业的"放小"，还是集体企业的改制，都要在坚持公有制为主体的前提下，采取多种方式。其中一种方式就是将一部分公有企业出卖给私人企业主。这就为私营工业的资本扩张提供了兼并的对象。但改革深化在促进私营工业方面还不仅限于这一点。比如，随着劳动制度改革的深化，就为私营工业发展释放出了大量的职工，特别是其中的经营管理人员和工程技术人员。而在1998年6月中共中央、国务院发出《关于切实做好国有企业下岗职工基本生活保障和再就业工作的通知》以后，发展私营经济又成为与国有企业深化改革相联系的下岗职工实现再就业的一条重要渠道。总之，深化改革的环境，是推动这期间私营工业发展的一个重要因素。

3. 1993年以来，我国经济开始步入了稳定、高速增长的阶段。这种宏观经济环境不仅在需求和供给等方面为私营工业的发展提供了条件，而且要求进一步利用和发挥包括私营经济在内的非公有制经济的生产资源，以推动整个社会生产力的发展。

4. 1993年夏季以后，随着宏观经济管理的加强，整顿市场秩序取得了进展，为私营工业的发展营造了较好的市场环境。

这期间私营工业的发展呈现以下特点：

1. 高速增长，在全国工业总产值的比重显著上升。1992年~1996年，私营工业产值由189亿元猛增至2947.3亿元，占全国工业总产值的比重由0.6%急剧上升到3%（详见附表28）。

2. 这期间私营工业虽然仍以独资企业为主，但有限责任公司的比重上升很快，占有重要地位。1991年，在72585户私营工业企业中，独资企业、合伙企业和有限责任公司分别占56.8%、40.5%和2.3%。但到1996年，在372822户私营工业企业中，三者的比重分别变为57.6%、22.1%、20.3%。如果按工业总产值计算，责任有限公司占的比重还要大些。1996年，私营工业总产值为29473309万元。其中，独资企业占45.5%，合伙企业占19.4%，责任有限公司占35.1%（详见附表28）。

3. 这期间私营工业虽然仍以小型企业为主，但规模迅速扩大，大型企业增速很快。1991年~1996年，全部私营工业企业户均注册资金由9.7万元增加到33.7万元。其中独资企业由8.1万元增加到18.2万元；合伙企业由9.5万元增加到22.7万元；责任有限公司由46.2万元增加到89.7

万元。在这期间，雇工 100 人~499 人的企业由 582 户增加到 4949 户，雇工 500 人以上的企业由 20 户增加到 33 户；注册资金 100 万元~500 万元的企业由 662 户增加到 56319 户，500 万元以上的企业也达到 6288 户，企业集团增加到 752 户（详见附表 28）。

4. 在私营工业企业中，总体说来，管理、技术水平都低，但资金和技术密集型企业、科技型企业和出口创汇型企业迅速增长。1991 年~1996 年，出口创汇型的私营企业由 1251 户增加到 4402 户。[①] 1997 年，在已经成为市场主体的科技型企业中，国有的占 21%，集体的占 47%，股份制和股份合作制的占 9%，个体的和私营的也占到 13%。[②]

5. 相对农村来说，城市私营工业发展速度快些；相对东部来说，中部和西部发展快些。但也没有根本改变原来存在的农村和东部占主要地位的格局。1991 年~1996 年，在私营工业注册资金总额中，城市占的比重由 34.2% 上升到 47.1%，农村由 65.8% 下降到 52.9%（详见附表 28）。1996 年，东、中、西部私营企业户数分别比上年增长了 22.15%、30.05% 和 34.37%。[③]

这些情况表明，私营工业在经历了改革以来的初步发展以后，从 1992 年起进入了持续高速发展阶段。

这期间私营工业虽然发展很快，但我们在第七编第五章第二节已经提到的那些问题并没有完全解决。

第三节　"三资"工业的持续发展

"三资"工业在 1993 年~1998 年期间获得了持续高速增长。

1. 像个体工业和私营工业的发展一样，在 1992 年初邓小平南方谈话以后，"三资"工业的发展也获得了前所未有的、宽松的政策环境。而在党的十五大以后，"三资"工业也不再只是被看作社会主义经济必要的和

---

①《中国工商行政管理年鉴》（1992），工商出版社，第 78~79 页；《中国工商行政管理年鉴》（1997），工商出版社，第 441 页。

②《经济日报》1997 年 10 月 5 日第 3 版。

③《中国经济年鉴》（1997），中国经济年鉴社，第 687 页。

有益的补充，而是被看作社会主义经济的重要组成部分。这就为"三资"工业的发展开辟了广阔的空间。

2. 90 年代以来，我国经济开始步入稳定、高速增长阶段。这种宏观经济环境是"三资"工业高速增长的重要条件。这里值得着重提出：在 1997 年 7 月以后，亚洲一些国家先后发生了金融危机。这种危机对我国经济发展也产生了重大影响。但我国在承担人民币不贬值，并给予一些国家资金援助的条件下，仍然赢得了经济的稳定、高速增长。这也为"三资"工业的持续高速发展创造了一个重要条件。

3. 90 年代中期，中共中央、国务院提出了对国有企业实行"三改一加强"。这一方针的贯彻执行，在许多方面和不同程度上都有赖于"三资"工业，同时也有利于"三资"工业的发展。

4. 1996 年以来，我国利用外资政策不断调整，也促进了"三资"工业的发展和提高。在改革开放初期，为了吸引外资，我国制定了许多对外商投资的优惠政策。但是，经过 10 多年的改革开放，我国已经吸收了大量的外资。形势的变化使我国必须对外资政策进行适当的调整。为了使外商投资符合我国的产业政策，国家计划委员会、国家经济贸易委员会和对外贸易经济合作部于 1995 年 6 月 20 日联合颁布了《指导外商投资方向暂行规定》，并同时发布了《外商投资产业指导目录》。其重要内容有：(1) 鼓励外商投资领域有所扩大。按照《九十年代国家产业纲要》，结合外商投资的特点，《暂行规定》明确规定，属于农业新技术、农业综合开发和能源、交通、重要原材料工业建设的项目及其他五个方面的项目，列为鼓励类外商投资项目。《指导目录》按 18 大类分列了 172 项鼓励外商投资的产业和项目。这就扩大了鼓励外商投资的范围。(2) 对外商开放领域有所放宽。过去不对外商开放即禁止外商投资的一些领域，如航空运输、通用航空、商业、物资供销、对外贸易、金融、保险、证券、会计、审计、法律咨询服务，贵金属矿开采、冶炼、加工，金刚石及其他天然宝石等贵重非金属矿的勘探、开采及加工等，允许在一定范围内有步骤地进行吸收外商投资的试点。(3) 吸引外商投资到中西部有优惠的规定。为了吸引外商到中西部地区投资，加快中西部地区的经济发展，《暂行规定》规定，属于能够发挥中西部地区的人力和资源优势，并符合国家产业政策的项目，列入鼓励类外商投资项目；属于国内已开发或者引进技术，生产能力已能满足国内市场需要的项目，如确能发挥中西部地区资源优势且符合国家产业政策的，可以适当放宽对外商投资的限制。[①]

1996 年又对外商投资企业的减免税政策进行了调整。为了使内资企业与外商投资企业平等竞争，我国决定从 1996 年 4 月 1 日起，逐步取消对外商投资企业的资本性货物进口的税收优惠政策。但在 1997 年 7 月以后，亚洲一些国家发生了金融危机。面对这种新的形势，我国在利用外资方面又作了有利于吸引外资的调整。[②]

上述因素推动了这期间"三资"工业的持续高速增长。1979 年~1997年合计，外商投资项目为 304354 个，协议外资额为 5201.39 亿美元，实际利用外资额为 2201.41 亿美元。[③] 1993 年~1997 年，实际利用外资额合计数大约分别相当于 1979 年~1984 年的 48 倍，1985 年~1992 年的 9.4 倍。1993 年~1997 年，我国在引进外资方面连续 5 年居世界第二位（仅次于美国），居发展中国家第一位。在这方面，工业占有非常突出的地位。1979 年~1997 年合计，"三资"工业在协议外资额中约占 60%以上；1997年，"三资"工业产值约达 15700 亿元，占全国工业总产值的比重已由1992 年的 5.6%上升到 14%。[④]

这期间，"三资"工业企业的发展具有以下重要特点。[⑤]

1. 从外商投资来源来看，外国投资工业和港澳台投资工业几乎并驾齐驱，在主要经济指标上存在一定的差别，但差别都不大。从表 8-5-1可以看出，在总产值、年末累计实际利用外商投资额和销售收入三项经济指标上，外国投资工业企业和港澳台投资工业企业几乎是相同的。在企业数量和年末总资产上，港澳台投资企业多于外国投资企业。而在利润、税收和出口创汇等经济效益指标上，外国投资企业则优于港澳台投资企业。这同 1992 年以前相比较已经有很大的变化，表明在实现投资来源多元化方面有了重大进展。

---

①《人民日报》1995 年 6 月 28 日第 2 版；《经济日报》1995 年 6 月 28 日第 5 版,《经济日报》1995 年 7 月 5 日第 3 版。

②《人民日报》1998 年 6 月 17 日第 1 版。

③《中国统计摘要》（1998），中国统计出版社，第 138 页。

④《经济日报》1998 年 5 月 10 日第 1 版。

⑤ 王洛林主编：《中国外商投资报告》，经济管理出版社 1997 年版，第 33~40 页。

表 8-5-1　1995 年外商投资工业的主要经济指标 [①]　　　　单位：亿元

	企业数量（个）	总产值	年末累计实际利用外商投资额	年末总资产	销售收入	利润	税收	出口创汇
总计	49559	10713.97	3147.68	13348.47	10116.31	400.36	391.78	572.31
其中：外国投资企业港	20190	5325.99	1572.02	6486.00	5050.66	242.84	227.26	330.28
澳台投资企业	29369	5387.98	1575.66	6862.47	5065.65	157.52	164.52	242.03
合资企业	44447	7978.86	2008.16	10425.48	7562.18	347.33	336.93	292.58
合作企业	5345	963.24	297.79	1140.54	876.09	17.12	29.16	48.39
独资企业	10209	1771.88	841.73	1782.45	1678.04	35.42	26.17	231.33
大型企业	712	2925.87	699.12	3964.37	2889.20	260.76	163.52	150.17
中型企业	1296	1036.50	265.24	1338.78	986.41	34.20	35.58	36.39
小型企业	47551	6751.61	2183.32	8045.31	6240.70	105.41	192.66	385.72
轻工业	33863	6283.03	1797.02	6934.86	5902.19	162.73	210.82	
重工业	15696	4430.94	1350.65	6413.60	4214.12	237.64	180.95	
采掘业	339	74.63	9.44	101.44	39.70	7.86	2.38	0.40
制造业	48957	10299.75	2960.42	12051.97	9741.89	361.03	346.89	567.27
电力、煤气及水生产供应业	263	339.59	177.81	1195.06	334.72	31.48	42.50	4.61

2. 从外商投资企业的形式来看，中外合资企业是我国工业利用外商投资的主要形式。表 8-5-1 的资料说明：在企业数量、总产值、累计实际利用外商投资额、总资产、销售收入、利润、税收和出口创汇等所有经济指标上，中外合资企业都处于绝对优势的地位，外商独资企业居第二位，中外合作企业居第三位。这同本书第七编第五章第三节所叙述的1985 年~1992 年外商投资情况相比已经发生了很大变化。即中外合资企业比重居第一位的情况进一步巩固了，外商独资企业由第三位上升到第二位，中外合作企业由第二位降到第三位。

3. 从外商投资企业的规模来看，我国工业利用外商投资仍主要以小型企业为主。如表 8-5-1 所示，小型企业在企业数量、总产值、累计实际利用外商投资额、总资产、税收和出口创汇等主要经济指标上都居于优势甚至是绝对优势地位。但大型企业在外商投资工业中的地位也很重要，尽管企业数量很少，但在主要经济指标上都仅次于小型企业，并且

---

① 资料来源：《中华人民共和国 1995 年第三次工业普查资料》。

在利润指标上大大高于小型企业和中型企业，在税收指标上和小型企业也相差无几。

4. 就外商投资的工业布局来看，表 8-5-1 的资料表明，在轻工业和重工业方面，总的来说，外商投资企业主要分布在轻工业。在企业数量、累计实际利用外商投资额、总产值和销售收入等主要经济指标上，轻重工业的比例在 6∶4 左右。在利润指标上，轻工业大于重工业，但幅度不大。轻工业为 54%，重工业为 46%。在税收指标上，重工业则优于轻工业。轻重工业的比例则为 41∶59。在采掘业、制造业和电力、煤气及水生产供应业的分布方面，外商投资企业占全部外商投资企业主要集中在制造业。在总产值、累计实际利用外商投资额、销售收入、利润、税收和出口创汇等主要经济指标上，从事制造业的外商投资企业占全部外商投资企业的比例最低为 90%（利润），最高则达到 98%（出口创汇）。电力、煤气及水生产供应业外商投资企业的比例只有 1%~9%。采掘业外商投资企业的比例最低，一般都在 1% 以内（在利润指标上占 2%）。

5. 就外商投资的地区布局来看，1979 年~1995 年，东部 12 省市占"三资"企业数的 81.3%，占投资总额的 86.9%，占注册资本额的 84.9%，占外方认购额的 85.1%；中部这 4 个数字分别为 13%、9%、10.5%、10.1%；西部这 4 个数字分别为 5.3%、4.1%、4.6%、4.8%。可见，90 年代以来，外商投资集中在东部地区的情况并无显著变化。

6. 就外商投资的工业企业的生产经营状况看，总的情况是好的。据财政部对 46000 家外商投资工业企业 1995 年的财务报表统计，外商投资工业企业平均资本利润率和销售利润率分别为 6% 和 3.5%，均高于国有工业。如果考虑到一些外商投资企业通过转移价格方式降低利润的因素，其实际盈利状况还要好得多。

以上各点表明，这期间我国"三资"工业已经进入了一个持续高速发展阶段。

随着"三资"企业的发展，它在我国社会经济生活中已经居于重要的地位。据统计，1997 年全国已开业的 14.5 万家外商投资企业，就业人员已达 1750 万人，占非农业劳动力的 11%；进出口 1526.2 亿美元，占进出口总额 46.9%。其中，出口额为 749 亿美元，占出口总额 41%；进口额 777.2 亿美元，占进口额 54.6%；提供税收 870 亿元，占全国工商税收的

14.26%。[1] 这里需要说明：不能把"三资"企业的这些贡献均归于外资，其中也包含了中方资本（主要是国有资本）的贡献。据有关研究单位对1995 年 4 万个"三资"工业企业的计算，中方股权大于 50%的占 47%，中方和外方股权各占 50%的占 7%，外方股权大于 50%的占 46%。[2] 另据统计，到 1996 年末，已注册的"三资"企业 240447 户，投资总额7153.22 亿美元，注册资金 4414.85 亿美元，其中外方认缴 2897.96 亿美元，占注册资金的 65.6%。[3]

但是，随着"三资"企业的发展，不仅使原有的某些问题加重，而且带来了新的问题。诸如一些行业中的股权控制、市场支配和品牌收购损害了民族工业；以技术换市场在许多场合不能实现，市场转让了，但先进技术引进不到；由于对"三资"企业仍有优惠政策，使国内企业处于不平等的竞争地位；由于中方企业竞相合资，导致中方利益受损；外方采用价格手段，导致利润外流，虚亏实盈；有些中方股权代表的素质不高，也缺乏有效制约和监督机制，导致国有资产流失；在有些"三资"企业中，中方职工的物质福利得不到保证等。

---

① 《经济日报》1998 年 5 月 10 日第 1 版。

② 《中国工业发展报告》（1998），经济管理出版社，第 95 页。

③ 《中国工商行政管理年鉴》（1997），工商出版社，第 425 页。

第六章　工业生产建设的调控与运行

第一节　1993年上半年，再次过热与加强宏观调控方针的提出和实施

综合分析国内和国际的各种条件，1993年国民经济和社会发展计划确定宏观调控最主要的目标是：国民生产总值增长8%，工业总产值增长14%。据此确定的主要任务是：继续把加强农业放在首位；突出抓好交通、通信、能源、水利、重要原材料等基础设施和基础工业建设；加快第三产业的发展，促进一、二、三产业协调发展；充分发挥各地优势，促进地区经济协调发展；大力发展科技、教育事业，促进科技、教育与经济建设密切结合；进一步扩大对外开放，有效利用国外资金、资源技术和市场。[1]

1993年上半年，在邓小平南方谈话和党的十四大精神鼓舞下，广大干部和群众加快发展的热情高涨，改革开放不断取得新进展，生产、建设、流通和对外经济技术交流全面发展。

但是，我国经济在继续大踏步前进中，也出现了一些新的问题，某些方面的情况还比较严峻，主要是从1992年开始的工业和整个国民经济过热状态有了进一步的加剧。(1)货币过量投放，金融秩序混乱。截至

---

[1]《中国经济年鉴》(1993)，经济管理出版社，第35~38页。

1993年6月23日，全国货币净投放585亿元，比上年同期多投放532亿元。由于乱集资、乱拆借的影响，居民储蓄增长缓慢，大量资金体外循环，银行正常贷款不能完全保证，有些基层银行出现支付困难。1993年1月~5月城乡居民储蓄存款增加912亿元，比上年同期少增加226亿元。（2）投资需求和消费需求都出现膨胀的趋势。1993年上半年国有单位固定资产投资比上年同期增长70.6%，银行工资性现金支出和对个人其他现金支出增长36.7%，行政企事业管理费现金支出增长90%，都大大超过经济增长的幅度。（3）财政困难状况加剧。1月~5月，国内财政收入比上年同期下降2.2%，而财政支出比上年同期增长15.9%，收支相抵仅结余11亿元，比上年同期少结余206亿元。（4）工业增长速度越来越快，基础设施和基础工业的"瓶颈"制约进一步强化。1993年6月份工业增幅达到30.2%。交通运输特别是铁路运输十分紧张，一些干线限制口的通过能力仅能满足需求的30%~40%。电力、油品供需缺口越来越大，有的地方又出现"停三开四"现象。钢材、水泥、木材等建筑材料由于供需矛盾突出，价格上涨较猛。（5）出口增长乏力，进口增长过快，国家外汇结存下降较多。据海关统计，1月~5月出口总额比上年同期增长8.2%，进口总额增长26.9%。截至6月10日，国家外汇结存193亿美元，比上年同期减少56亿美元。（6）物价上涨越来越快，通货膨胀呈现加速之势。从1992年10月开始，物价上涨幅度逐月加快，到1993年1月上涨幅度达到8.4%，3月份开始突破两位数，为10.2%，6月份达到13.9%。加上服务项目涨价较快，6月份全国居民生活费用价格指数上涨幅度已达16.6%。1993年上半年生产资料价格指数比上年同期上升44.7%。上述情况表明，如果不抓住时机，进一步深化改革，抓紧实施宏观调控措施，势必导致社会供需总量严重失衡，通货膨胀进一步加剧，甚至会引起经济大的波动，影响社会安定。

党中央、国务院高度重视这些问题。1993年初以来多次指出，要认真对待，抓紧解决，并相继采取了稳定和加强农业，制止乱集资、违章拆借和规范股票市场，以及加强房地产投资和交易管理、清理整顿开发区等一系列措施。6月24日，中共中央、国务院发出了《关于当前经济情况和加强宏观调控的意见》，做出了加强宏观调控的重大决策。①

　　党中央、国务院强调指出：为了保持经济发展的良好势头，现在必须下决心，解决经济中的突出问题。在解决问题时，需要注意把握以下三点：(1)统一思想认识。由于对工业速度是否过快、投资规模是否过大、货币供应量是否过多、通货膨胀是否在加剧等问题的看法不完全一致，影响了宏观调控措施的贯彻落实。为了解决当前经济中的突出问题，首先必须进一步统一思想认识，特别是各级领导干部对当前经济形势要有正确的、清醒的认识。要按照中央的要求，积极、正确、全面地领会邓小平同志南方谈话和党的十四大精神，把解放思想和实事求是统一起来，切实贯彻"在经济工作中要抓住机遇，加快发展。同时要注意稳妥，避免损失，特别要避免大的损失"的重要指导思想，把加快发展的注意力集中到深化改革、转换机制、优化结构、提高效益上来。(2)着眼于加快改革步伐。当前经济中出现的问题，从根本上讲在于原有体制的弊端没有消除，社会主义市场经济体制尚未形成，那种盲目扩张投资、竞相攀比速度、缺乏有效约束机制等问题没有得到根本解决。在这种情况下，解决当前的问题必须采用新思路、新办法，从加快新旧体制转换中找出路，把改进和加强宏观调控、解决经济中的突出问题，变成加快改革、建立社会主义市场经济体制的动力。(3)主要运用经济办法，也要采取必要的行政手段和组织措施。要强化间接调控，更多地采取经济手段、经济政策和经济立法。通过加强宏观调控，既能有效解决当前经济问题，又有利于继续增强微观经济活力和市场机制作用的充分发挥。对那些主要是由于行政行为导致经济秩序混乱的问题，也要采取必要的行政手段加以解决。特别是在当前经济运行机制不健全的情况下，行政手段更不可缺少。

　　针对1993年经济生活中存在的问题，党中央、国务院决定采取以下加强和改善宏观调控的措施：(1)严格控制货币发行，稳定金融形势。全年货币发行量要控制在1500亿元，这要作为1993年宏观调控的首要目标。首先要把住基础货币投放这个闸门，严格控制社会需求的过快增长，认真整顿金融秩序，切实加强现金管理。(2)坚决纠正违章拆借资金。

───────────

①《中国经济年鉴》(1994)，中国经济年鉴社，第45~46页。

（3）灵活运用利率杠杆，大力增加储蓄存款。5月15日提高储蓄存款利率以来，已经收到一些积极效果，但力度还不够；7月上旬再次提高银行存、贷款利率。同时，对3年、5年和8年期定期储蓄存款实行保值。（4）坚决制止各种乱集资。（5）严格控制信贷总规模。强化中央银行对全社会信贷总规模的宏观控制，各家银行和非银行金融机构要严格按照中国人民银行总行下达的年度信贷计划执行，未经批准不得突破，并按季监控，按月考核。银行贷款首先要支持农业生产和农副产品收购；支持产品在国内外市场有销路、效益好的国有工业企业的流动资金需要，对于产品无销路、效益不好或挪用资金参与乱集资、炒房地产、炒股票的企业要减少以至停止贷款；积极支持外贸出口的贷款需要，对囤积外汇或不按规定及时结汇的外贸公司，要从严控制贷款发放；固定资产投资贷款要集中用于国家计划内的农业、交通、通讯、能源、重要原材料、水利等国家重点建设项目，特别是铁路建设和1993年内可以竣工投产的建设项目。（6）专业银行要保证对储蓄存款的支付。各专业银行和商业银行要建立存款支付责任制，大力组织存款，压缩一般贷款，清理收回不合理贷款和拆借资金，以增强银行的支付能力。（7）加快金融改革步伐，强化中央银行的金融宏观调控能力。中国人民银行要通过深化改革，真正成为对全国信贷、货币进行宏观调控和统一管理各类金融机构的中央银行。贷款规模的调剂权集中到中国人民银行总行，取消中国人民银行省级分行7%的贷款规模调剂权。（8）投资体制改革要与金融体制改革相结合。从改革投资体制入手，尽快建立政策性银行，逐步实现政策性金融与商业性金融相分离。组建国家长期开发信用银行、出口信贷银行等政策性银行，专门承担政策性投融资和贷款任务。当前，各专业银行也可先采取过渡办法，在内部分设账户、分别管理，实行政策性和商业性业务分开。过渡期间的财务核算办法，实行单独记账，统负盈亏。（9）限期完成国库券发行任务。1993年发行国库券的利率，随着银行再次提高利率而相应提高。各地区、各部门必须在1993年7月15日以前完成国库券发行任务。（10）进一步完善有价证券发行和规范市场管理。（11）改进外汇管理办法，稳定外汇市场价格。（12）加强房地产市场的宏观管理，促进房地产业的健康发展。（13）强化税收征管，堵住减免税漏洞。（14）对在建项目进行审核排队，严格控制新开工项目。对不符合国家产业政策、资金来源不落实、建设条件不具备、市场前景不明的项目，特别是高档宾馆、写字楼、度假村等，要下决心停、缓建，腾出资金保国家重点建设项目，保1993年计划内项目。各级政府和财政、银行部门，要加强建设资金的调度，保证国家预算内建设资金和银行投资贷款按资金的正常需要比例到位。所有新开工项目，必须是有正当资金来源、产品有市场销路和经济效益好的项目。新开工基本建设大中型项目，必须经国务院批准后方能开工。对于基本建设小型项目，除农业、水利、交通、能源、学校、医院、粮棉仓储设施、城市公用设施、职工住宅以及合同已经生效的利用外资项目外，其他项目1993年内也要严格控制新开工。借用国外商业贷款，要严格按国家计划执行，不得任意突破，特别是不准用商业贷款倒换人民币来扩大建设规模。(15)积极稳妥地推进物价改革，抑制物价总水平过快上涨。1993年内，除按原计划再出台提高铁路货运价和整顿电价外，各地方都不要再出台新的调价项目（包括服务收费项目）。受国家调价影响较大的后续产品，价格调整也要从严掌握。对1992年下半年以来一些地区和部门，未经国家批准越权决定出台的提价项目和行政性收费要进行清理，并严格按价格管理条例进行查处。对已经放开的重要商品价格要加强监测，通过立法规范企业价格行为。已经放开粮价的地区，要进一步发挥国有粮食部门稳定市场、稳定粮价的作用。严格执行农业生产资料最高限价。(16)严格控制社会集团购买力的过快增长。

在实施上述措施过程中，必须继续高度重视农业问题；要大力开展增产节约、增收节支活动，反对铺张浪费；继续抓好《全民所有制工业企业转换经营机制条例》的落实，进一步强化企业内部经营管理，推进企业的技术进步和扭亏增盈工作；要坚持"两手抓"，抓住一些大案要案，坚决果断处理，推动纠正各种不正之风，反对贪污腐败，改变社会不良风气，使中央的宏观调控措施得到人民群众的拥护和支持。

党中央、国务院关于加强宏观调控措施的实施取得了积极成效。主要表现在：制止并收回了大部分违章拆借的资金，初步控制住了乱集资，金融秩序得到整顿，居民储蓄存款回升，货币投放得到有效控制，1993年全年货币发行量基本实现了预期的控制目标，金融形势趋于好转；外汇调剂市场上人民币对美元的汇价下半年迅速回落并稳定在基本正常的水平；过高的经济和工业速度开始得到控制，开发区热、房地产热开始降温；财政收入进度加快，全年财政赤字控制在年初预算目标之内；投资品价格猛涨的势头有所控制；重点建设和技术改造得到加强等。

但是，由于加强宏观调控措施的政策效应充分显现出来需要一个过程，深层次的体制性、结构性矛盾还有待于通过深化改革和结构调整逐步地加以解决，1993 年工业和国民经济的发展还存在诸多重大问题。

1. 工业和全社会固定资产投资规模过大，投资结构不合理。1993 年全社会固定资产投资达到 9889.3 亿元，比上年增长了 49.1%（只包括国有和集体投资，不包括私人投资）。其中，基础产业为 4244.4 亿元，非基础产业为 5644.9 亿元；分别增长了 43.43% 和 53.66%；二者比重分别为 42.92% 和 57.08%，前者比上年下降了 1.7 个百分点，后者比上年上升了 1.7 个百分点。这年国有单位基本建设投资达到 4615.5 亿元，其中，基础产业和非基础产业分别达到 2642.32 亿元和 1973.18 亿元；分别比上年增长 49.83% 和 57.96%；二者比重分别为 57.25% 和 42.75%，前者比上年下降了 1.29 个百分点，后者比上年上升了 1.29 个百分点。这年国有工业固定资产投资达到 3571.57 亿元，比上年增长 29.4%。其中，基本建设投资和更新改造分别达到 2004.45 亿元和 1539.33 亿元；二者比重分别为 56.1% 和 43.1%，前者比上年上升了 3.3 个百分点，后者比上年下降了 3.3 个百分点。这年东部、中部和西部的国有单位基本建设投资分别为 2383.69 亿元、1083.47 亿元、707.48 亿元，三者比重分别为 51.6%、23.6%、15.3%；东部地区比上年上升了 1.4 个百分点，中部和西部地区分别比上年下降了 1.1 个百分点和 0.3 个百分点（详见附表 32、附表 35、附表 38、附表 39）。这些数字表明，工业和国民经济的投资增长速度过快，规模过大；在投资总额中，基础产业占的比重过小，非基础产业占的比重过大；基本建设投资占的比重过大，更新改造投资占的比重过小；东部地区占的比重进一步扩大，中部和西部地区占的比重进一步缩小。但是，尽管这年投资规模过大和投资结构不合理，但工业重点建设和技术改造还是有了加强。

2. 工业和国内生产总值增长速度过快，结构不合理状况没有根本改变。1993 年，国内生产总值、工业增加值和工业总产值分别达到了 34634.4 亿元、14143.8 亿元和 48402 亿元，分别比上年增长了 13.5%、20.1% 和 27.3%。这年国有工业、集体工业、个体工业和其他经济类型工业产值分别增长了 5.7%、35%、66.2%、92.5%。

这年重工业比重略有上升，轻工业比重略有下降，二者分别为 53.5% 和 46.5%；重工业产值中的采掘工业和原材料工业的比重都有上升，制造工业比重下降，三者分别为 10.4%、42.6%、47.1%；东部地区工业占工业总产值的比重继续提高，中部和西部地区工业比重继续下降，三者分别为 67.07%、22.34%、10.59%。可见，这年尽管基础工业有了较大幅度的增长，但产业结构不合理的状态并未根本改变。东部和中西部差距继续扩大（详见附表 5、附表 12、附表 14、附表 15、附表 19）。

3. 包括工业品在内的各种物价涨幅过高。这首先是同货币增加过多相联系的。到 1993 年末，货币供应量 M_1（流通中现金），狭义货币供应量 M_1（M_0 + 企业活期存款），广义货币供应量 M_2（M_1 + 企业定期存款 + 储蓄存款等）分别达到 5864.7 亿元、14180 亿元、31429 亿元，分别增长 35%、21%、23.7%。[①] 1993 年，商品零售价格、居民消费价格、工业品出厂价格、主要原料燃料和动力购进价格、固定资产投资价格分别比上年提高了 13.2%、14.7%、24%、35.1%、26.6%（详见附表 40）。

4. 工业经济效益明显上升，但总体水平不高。随着工业增长速度大幅上升，工业经济效益明显提高。1993 年，37 万个工业企业经济效益综合指数为 96.61，比上年提高 7.16 个百分点。其中，工业产品产销率、工业资金利税率、成本费用利润率、流动资金周转率以及工业全员劳动生产率等反映工业经济效益各个方面的指标都有不同程度的提高。1993 年，受固定资产投资规模过大、需求旺盛的影响和拉动，重工业生产经营情况较好，经济效益水平明显好于轻工业。1993 年，重工业经济效益综合指数为 102.89，比上年提高 11.28 个百分点，高于轻工业综合指数 93.16。但是，轻重工业之间经济效益的这种差距在逐步缩小，轻重工业经济效益综合指数之差由上半年的 16.28 缩小到全年的 9.73。1993 年，国有大中型企业和其他经济类型企业经济效益水平高。这年国有大中型企业经济效益综合指数为 106.19，比全国平均水平高 9.58 个百分点；以"三资"企业为主的其他类型工业企业全年经济效益综合指数达 134.35，比全国平均水平高 37.74 个百分点，为各种经济类型企业之首。1993 年，多数地

①《中国经济年鉴》（1994），中国经济年鉴社，第 86 页。

区经济效益上升，经济快速发展的东南沿海地区效益提高明显。全国 29
个省（市、区）（不含西藏）工业经济效益综合指数比上年提高的有 24
个。其中，提高幅度超过 10 个百分点的有：山西、辽宁、上海、安徽、
广东、广西、四川、云南、青海和宁夏 10 个省（市、区）。上海、江苏、
浙江、福建、广东、广西等省（市、区）经济效益综合指数超过或接近
100，都高于全国平均水平。①

但是，这年工业整个经济效益仍然不高（详见附表 42、附表 43）。可
见，党中央、国务院加强宏观调控方针的贯彻执行，虽然在 1993 年取得
了重大成就，但在消除 1992 年~1993 年上半年形成的工业和国民经济过
热方面，仅仅是开了一个好头，更艰巨的任务还在后面。

但后来的实践证明，这个方针在避免工业和国民经济的大起大落，
实现经济"软着陆"方面起了决定性的作用。

第二节　1994 年~1996 年，实现"软着陆"

一、1994 年"软着陆"起步

依据国内外各种条件的分析，1994 年国民经济和社会发展计划确定
的宏观调控最主要目标是：国内生产总值比上年增长 9%，主要由工业构
成的第二产业增加值增长 10.7%，商品零售价格涨幅控制在 10% 以内。据
此确定的主要任务是：坚持把发展农业放在首位，全面发展农村经济；
大力调整结构，改善经营管理，提高效益，搞好国有大中型企业；保持
合理的固定资产投资规模，着力优化投资结构；进一步扩大对外开放，
积极有效地利用国外资金、资源、技术和市场；切实把经济建设转到依
靠科学技术进步的轨道。加强和改善宏观调控的政策措施是：宏观调控
的基本出发点是保持改革、发展和稳定的相互协调、相互统一；宏观调
控的基本任务是保持社会总供给与总需求的大体平衡；宏观调控要着力
控制物价总水平的上涨幅度；宏观调控体系要在深化改革中不断完善。②

但是，由于各种因素的制约（其中包括工业和国民经济增长以及物

---

① 《中国经济年鉴》（1994），中国经济年鉴社，第 64 页。
② 《中国经济年鉴》（1994），中国经济年鉴社，第 28~30 页。

价上升的惯性作用），这年计划确定的工业和国民经济总量目标并未完全实现，只能看作是"软着陆"的起步。这年工业经济运行的基本结果如下。

1. 工业和国民经济总量的增长速度比上年虽有下降，但降幅不大，仍处于过热状态。1994 年国内生产总值、工业增加值、工业总产值分别达到 46759.4 亿元、19359.6 亿元、30176 亿元，分别比上年增长了12.6%、18.9%、24.2%。这年国有工业、集体工业、个体工业和其他经济类型工业的产值分别比上年增长了 6.5%、24.9%、56.3%、74.3%。

这年轻工业和重工业产值在工业总产值中的比重，分别由上年的46.5%下降到46.3%，由53.5%上升到53.7%；采掘工业、原材料工业和制造工业产值在重工业产值中的比重，分别由上年的10.4%下降到8.5%，由42.6%下降到32.9%，由47.1%上升到58.6%；东部、中部和西部地区工业产值在工业总产值中的比重，分别由上年的67.07%下降到67.01%，由22.34%上升到22.60%，由10.59%下降到10.39%（详见附表5、附表12、附表14、附表15、附表19）。可见，这年某些基础产业"瓶颈"制约状况未见好转，东部和中西部差距开始缩小。

2. 工业和全社会的固定投资规模增幅比上年有了大幅下降，但规模仍然偏大，结构也有不合理之处。1994 年全社会固定资产投资达到 13373亿元，比上年增长了 25.1%（只包括国有和集体投资，不包括私人投资）。其中，基础产业和非基础产业分别达到5552.1亿元和6820.9亿元，二者分别比上年增长了30.81%和20.83%，二者比重分别为44.87%和55.13%。这年国有单位的基本建设投资达到6436.7亿元，比上年增长了39.5%。其中，基础产业和非基础产业分别达到3778.77亿元和2657.93亿元，分别比上年增长了43.01%和34.7%，二者比重分别为58.71%和41.29%。这年国有工业固定资产投资为4822.7亿元，比上年增长35%。其中，基本建设和更新改造的投资分别达到2761.68亿元和1928.04亿元，二者分别比上年增长37.8%和25.3%，二者比重分别为57.3%和40%。这年东部、中部和西部的国有基本建设投资分别达到3838.33亿元、1434.09亿元和881.22亿元，三者分别比上年增长61%、31.9%和24.6%，三者比重分别为59.6%、22.3%、15.3%（详见附表32、附表35、附表38、附表39）。可见，就绝对量增长来说，基础产业和非基础产业的建设，特别是基础产业的重点建设都有加强；基本建设和更新改造以及东部、中部和西部地区的建设也都有加强。但是，就比重来说，这年基础产业投资有所加强，非基础产业投资有所削弱；基本建设投资有所加强，更新改造投资有所削弱；东部地区投资有所加强，中部和西部地区投资有所削弱。前一点表明投资结构优化，后两点表明投资结构不合理状况有了进一步发展。

3. 包括工业品在内的各种物价指数以比上年更大的幅度上升。1994年，商品零售价格、居民消费价格、工业品出厂价格、主要原料燃料动力价格、固定资产投资价格分别比上年提高了 21.7%、24.1%、19.5%、18.2%和 10.4%（详见附表 40）。这是改革以来物价涨幅最高的一年，是多种因素的综合作用。(1) 1992 年以来工业和国民经济持续过热，投资和消费基金持续膨胀，货币供应持续过快增长。到 1994 年底，M_0、M_1、M_2 分别达到 7289 亿元、20600 亿元、47000 亿元，分别又比上年增长了 24.3%、26.8%、34.4%。1991 年~1994 年，M_0、M_1 和 M_2 分别年均增长 29%、28.7%和 29.9%，分别比 GDP 年均增长 11.7%与物价年均增长 10.4%之和高出 6.3、6.0 和 7.2 个百分点。[①] 显然，货币供应过多，是物价大幅上升的根本原因。(2) 农业基础相对脆弱，在盲目追求工业高速增长的过程中又在一定程度上忽视了农业生产，致使农产品供应不足，成为推动物价上涨的一个最重要的因素。1994 年，与农业生产直接相关的食品价格的上涨因素，大约占了零售价格上涨 21.7%中的 13 个百分点，即占了 60%。[②] (3) 各项经济改革，特别是价格改革，也在一定程度上推动了物价总水平的上升。(4) 对物价管理有所放松，法制不健全，市场交易不规范，流通秩序比较混乱，乱涨价现象比较普遍。这些在物价上涨方面也起了推波助澜的作用。

4. 工业经济效益有所改善，但总体水平不高的情况并没有改观。1994 年，全国乡及乡以上独立核算工业企业经济效益综合指数为 97，比上年提高了 0.4 个百分点。全年，重工业经济效益综合指数为 98.13，轻工业为 95.75，重工业高于轻工业 2.38 个百分点。但与上年相比，轻工业经济效益综合指数提高了 2.59 个百分点，而重工业却下降了 4.76 个百分点。大中型企业和其他经济类型企业经济效益水平保持领先地位。1994

①《中国经济年鉴》(1995)，中国经济年鉴社，第 76 页；《中国经济年鉴》(1996)，中国经济年鉴社，第 127 页。

②《中国经济年鉴》(1995)，中国经济年鉴社，第 4 页。

年，大中型工业经济效益综合指数为107.71，其他经济类型为126.9，分别比全国平均水平高出10.72和29.91个百分点。国有企业由于受生产发展缓慢的影响，工业经济效益综合指数为95.11，比上年下降0.3个百分点，集体企业为94.25，比上年下降0.86个百分点。经济快速发展的东南沿海地区经济效益水平仍好于内陆地区。据对全国29个省（市、区）统计（不含西藏），全年工业经济效益综合指数高于全国平均水平的有10个，它们是北京（122.38）、黑龙江（107.80）、上海（127.11）、江苏（101.60）、浙江（105.75）、福建（100.40）、山东（103.93）、广东（111.13）、广西（103.23）、云南（205.06）。

　　但是，工业企业整体效益不高未见改观。（1）产品库存上升。1994年工业产销率为95.48%，比上年下降0.92个百分点，产大于销2303亿元。年末，全国乡及乡以上独立核算工业企业的产成品资金占用4018亿元，比年初增加约720亿元。其中，国有企业占用2119亿元，比年初增加17.4%；集体企业占用1337亿元，增加20.4%，乡办工业增加27.6%，其他经济类型增加35.6%。轻工业库存1785亿元，增加18.9%；重工业库存2232亿元，增加22.1%。（2）企业资金紧张，相互拖欠款严重。年末，全国乡及乡以上独立核算工业企业应收账款净额达6314亿元。（3）企业亏损面、亏损额都比上年增加。全年，全国预算内国有工业企业亏损12155户，亏损面为34.3%，亏损额334.4亿元，比上年同期增亏7.9%。[①]

　　总体来说，1994年在实现工业和国民经济的"软着陆"方面已经取得了重要进展，但远未实现"软着陆"，只是实现"软着陆"的起步。

二、1995年"软着陆"迈出重大步伐

　　综合分析各种条件，1995年国民经济和社会发展计划确定宏观调控最主要目标是：国内生产总值增长8%~9%，工业增加值增长10%左右，商品零售价格涨幅控制在15%左右。据此规定的主要任务：（1）以提高经济增长质量和效益为中心，保持经济适度增长。（2）坚决抑制通货膨胀，控制物价上涨幅度。这是1995年宏观调控的首要任务，是处理改革、发展、稳定三者关系的关键，是难度很大的任务。因为在这年价格涨幅15%的调控目标中，上年涨价延续到这年的滞后影响约占10个百分点，

———————

　　①《中国工业经济年鉴》（1995），中国经济年鉴社，第59~60页。

这年可调控的余地只有 5 个百分点左右。(3) 切实加强农业，保证主要农产品稳定增长。(4) 把调整工业生产结构，提高经济效益放在突出位置。(5) 保持合理的固定资产投资规模，优化投资结构。(6) 进一步扩大开放，积极有效地利用外资。(7) 坚持把科技、教育放到优先发展的战略地位。加强和改善宏观调控的政策措施是：实行 1994 年底中共中央经济工作会议明确提出的适度从紧的财政、货币政策；严格控制固定资产投资和消费基金的过快增长；整顿流通秩序，加强对市场价格的调控和监管；努力为深化国有企业改革创造必要的宏观经济环境；进一步完善宏观调控体系。[①]

由于党中央、国务院关于改革和发展一系列政策更进一步贯彻，以及宏观调控力度加大等方面的原因，1995 年在实现工业和国民经济"软着陆"方面迈出了重大步伐。这年工业经济运行的结果如下：

1. 1995 年，工业和国民经济增幅在上年下降的基础上，又以更大的幅度下降；但结构调整进展迟缓。1995 年国内生产总值、工业增加值和工业总产值分别达到 58478.1 亿元、24718.3 亿元和 91894 亿元；分别比上年增长 10.5%、14% 和 14.3%，增幅分别比上年下降 2.1、4.9 和 9.9 个百分点。这年国有工业产值增长了 8.2%，集体工业增长了 15.2%，个体工业增长了 51.5%，其他经济类型工业增长了 37.2%。这里还要着重提到：到 1995 年，我国已经提前 5 年实现了原定的国民生产总值翻两番的目标。

1995 年，轻工业产值占工业总产值的比重由上年的 46.3% 上升到 47.3%，重工业比重由 53.7% 下降到 52.7%；在重工业产值中，采掘工业比重由 8.5% 下降到 7.9%，原材料工业由 32.9% 下降到 32.5%，制造业由 58.6% 上升到 59.6%；在全部工业产值中，东部地区比重由 67.01% 下降到 66.01%，中部地区由 22.6% 上升到 23.81%，西部地区由 10.39% 下降到 10.18%（详见附表 5、附表 12、附表 14、附表 15、附表 19）。可见，基础产业"瓶颈"制约作用未见缓解，东部和中西部差距开始进一步缩小。

2. 这年工业和全社会的固定资产投资在上年大幅度下降的基础上，又有大幅下降，投资产业结构未见改善但地区结构有改善。1995 年全社会固定资产投资达到 14186.7 亿元，比上年增长了 14.7%（只包括国有和集体投资，不包括私人投资）。其中，基础产业和非基础产业分别达到了

---

① 《中国经济年鉴》(1995)，中国经济年鉴社，第 17~22 页。

6629.25 亿元和 7557.45 亿元，分别比上年增长了 19.4% 和 10.8%，二者比重分别为 46.73% 和 53.27%。这年国有单位的基本建设投资达到了 7403.6 亿元，比上年增长了 15%。其中，基础产业和非基础产业分别达到了 4153.7 亿元和 3249.9 亿元，分别比上年增长了 9.92% 和 22.27%，二者比重分别为 56.1% 和 43%。这年国有工业固定资产投资达到 6066.7 亿元。其中，基本建设和更新改造的投资分别达到 3236.34 亿元和 2200.15 亿元，二者比重分别为 53.3% 和 36.3%。这年国有单位在东部、中部和西部的基本建设投资分别达到 4008.93 亿元、1755.87 亿元和 1018.99 亿元；三者比重分别由上年的 59.6% 下降到 54.1%，由 22.3% 上升到 23.7% 和由 13.7% 上升到 13.8%（详见附表 32、附表 35、附表 38、附表 39）。

3. 包括工业品在内的诸种价格指数大幅下降。1995 年商品零售价格，居民消费价格，工业品出厂价格，主要原料、燃料、动力购进价格和固定资产投资价格分别为 14.8%、17.1%、14.9%、15.3%、5.9%。尽管这年价格指数仍然很高，但比 1994 年涨幅已有大幅度下降（详见附表 40）。这是由于贯彻了上述党中央、国务院一系列政策的结果，特别是实行适度从紧的货币政策的成效。到 1995 年底，流通中现金（M_0）为 7885 亿元，比上年增长 8.2%，比上年增幅下降 16.1 个百分点。全年净投放现金 600 亿元，比计划少投放 900 亿元，比上年少投放 820 多亿元；M_1 为 23987 亿元，比上年增长 16.8%，比上年增幅下降 9.4 个百分点；M_2 为 60751 亿元，比上年增长 29.5%，比上年增幅下降 5.0 个百分点。1995 年 M_0 和 M_1 分别比同年经济增长率与物价增幅之和低 16.8 和 8.2 个百分点，M_2 年增长率仍高出同年经济增长率与物价增幅之和，但高出幅度减少（由 1991 年~1994 年年均高出 7.2 个百分点下降到 1995 年高出 4.5 个百分点）。货币供应量增幅下降，促进物价涨幅明显回落。[①]

4. 随着工业增幅的回落，工业经济效益下降。1996 年，全国工业经济效益综合指数 90.02，比上年同期下降 6.97 个百分点；企业盈利水平较低，百元资金投入创利税仅为 9.1 元，百元成本费用投入创利润为 3.62 元，比上年同期分别下降 1.46 元和 1.17 元；企业亏损面为 21.1%，比上年同期上升 0.8 个百分点，亏损额 883.1 亿元，增亏 30.3%。国有企业亏

---

①《中国经济年鉴》（1996），中国经济年鉴社，第 128 页。

损问题尤为突出，国有企业亏损面达 33.5%，上升 0.5 个百分点，亏损额540.6 亿元，增长 20.7%。预算内国有工业企业亏损面达 34.8%，比上年同期增加 0.5 个百分点，亏损企业亏损额 409 亿元，增长 20.5%。同时，产成品占用和企业间相互拖欠继续增加。据对全国 37.8 万户独立核算工业企业统计，1996 年末，产成品资金占用达 4598 亿元，比年初增加 580亿元，比上年同期增长 14.4%。到年末，应收账净额 8049.7 亿元，比年初增加 1735.7 亿元。①特别是有些工业企业生产经营不好，困难较多。主要集中在煤炭、军工、森工、纺织等行业。据调查，停产、半停产企业职工 750 万人。这些生产经营状况不好的企业和行业，存在的困难主要是：停产、半停产企业的在职职工和退休职工的工资和基本生活费发放没有保障，职工福利开支受到很大影响，职工的物价补贴无法兑现。

但是，基于工业和国民经济总量增幅以及物价增幅大幅下降这样两个最重要情况，可以认为，1995 年在实现"软着陆"方面已经迈出了重大步伐。当然，还没有完成实现"软着陆"的任务。

三、1996 年成功实现"软着陆"

基于对各种因素的分析，1996 年国民经济和社会发展计划确定宏观调控最主要目标是：国内生产总值增长 8%，商品零售价格涨幅控制在 10% 左右。据此确定的主要任务，（1）保持经济适度增长，提高国民经济的整体素质和效益。（2）继续实行适度从紧的财政货币政策，把抑制通货膨胀作为宏观调控的首要任务，使物价总水平上涨幅度进一步降到 10%左右。实现这一目标既有有利条件，又有不利条件。上年物价上涨对当年的滞后影响由 1995 年的 9.7 个百分点缩小为 1996 年的 2~3 个百分点。（3）切实加强农业，全力夺取农业丰收。（4）继续深化国有企业改革，搞好各项配套改革。（5）进一步优化投资结构，努力提高投资效益。（6）提高对外贸易效益，加强对利用外资的引导。（7）加快科技成果转化，优先发展教育事业。在推进经济增长方式转变方面的政策措施是：经济增长要立足于充分利用现有基础；提高科技进步对经济增长的贡献率；狠抓资源节约与有效利用；进一步优化企业组织结构和投资结构；充分发挥市

---

① 《中国经济年鉴》（1996），中国经济年鉴社，第 108 页。

场机制优胜劣汰的作用；为经济增长方式转变创造良好的宏观环境。[①]

由于这些政策的贯彻执行，终于在 1996 年成功地实现了"软着陆"。这年工业经济运行的结果如下。

1. 这年工业和国民经济的增幅回到了合理的高速增长区间。1996 年国内生产总值、工业增加值和工业总产值分别达到了 67884.6 亿元、29082.6 亿元和 99595.4 亿元，分别比上年增长了 9.6%、12.5% 和 16.6%。[②] 这年国有工业总产值增长了 5.1%，集体工业增长了 20.9%，个体工业增长了 20%，其他经济类型工业增长了 23.8%。

1996 年，轻工业产值占工业总产值的比重由上年的 47.3% 上升到 48.1%，重工业比重由 52.7% 下降到 51.9%；在重工业产值中，采掘工业由 7.9% 上升到 8.4%，原材料工业由 32.5% 下降到 31.6%，制造业由 59.6% 上升到 60%；在工业总产值中，东部地区比重由 66.01% 下降到 65.42%，中部地区由 23.81% 上升到 25.35%，西部地区由 10.18% 下降到 9.23%。可见，基础产业结构变化不大，但东部和中西部地区的差距进一步缩小（详见附表 5、附表 12、附表 14、附表 15、附表 19）。

2. 这年工业和全社会的固定资产投资又有了大幅度下降，投资的产业结构和地区结构也有改善。1996 年，全社会固定资产投资达到了 15716 亿元，比上年增长了 10.8%（只包括国有和集体投资，不包括私人投资）。其中，基础产业和非基础产业投资分别为 7704.33 亿元和 8011.67 亿元，分别比上年增长了 16.22% 和 6.01%，二者比重分别为 49.02% 和 50.98%。这年国有单位的基本建设投资达到了 8610.8 亿元，比上年增长了 16.3%。其中，基础产业和非基础产业投资分别达到了 5041.1 亿元和 3569.7 亿元，分别比上年增长了 21.36% 和 9.84%；二者比重分别为 58.54% 和 41.46%。这年国有工业固定资产投资达到了 6903 亿元。其中，基本建设和更新改造投资分别为 3629.4 亿元和 2344.1 亿元，二者比重分别为 52.6% 和 34%。这年国有单位在东部、中部和西部的基本建设投资分别为 4631.6 亿元、2049.7 亿元和 1237.6 亿元，三者比重分别由上年的 54.1% 下降到 53.8%，由 23.7% 上升到 23.8% 和由 13.8% 上升到 14.4%（详见附表 32、附表 35、附表

---

① 《中国经济年鉴》（1996），中国经济年鉴社，第 47~52 页。
② 在我国现阶段，国内生产总值年增长率 8%~10%，都可以看作是合理的高速增长区间。

38、附表 39）。

3. 包括工业品在内的各种价格指数又有了大幅度下降。1996 年，商品零售价格，居民消费价格，工业品出厂价格，主要原料、燃料、动力价格和固定资产投资价格分别比上年增长了 6.1%、8.3%、2.9%、3.9% 和 4%（详见附表 40）。其中，居民消费价格涨幅偏高。但包括居民消费价格在内，所有价格涨幅均低于国内生产总值的增长率。这同坚持贯彻适度从紧的货币政策是相联系的。"八五"时期，我国货币供应量增长过高，流通中现金（M_0）、狭义货币（M_1）和广义货币（M_2）年均增长 24.4%、26% 和 29.7%，大大高于同期经济增长与物价涨幅之和。1996 年，货币发行得到有效控制，货币供应量增幅回落。1996 年末，流通中现金（M_0）为 8802 亿元，比上年增长 11.6%；狭义货币（M_1）为 28515 亿元，增长 18.9%；广义货币（M_2）为 76095 亿元，增长 25.3%。[1]

4. 工业经济效益又有大幅下降。工业经济效益下滑，是 1996 年工业经济运行中的突出问题。这年第一季度，全国独立核算国有工业企业首次出现了盈亏相抵后的净亏损，引起了政府高度重视，采取了建立扭亏增盈责任制等一系列有力措施，遏制了亏损大幅度上升的势头。但并没有根本改变工业经济下滑的局面。1996 年全国乡及乡以上工业企业实现利润总额 1424 亿元，比上年下降 15.3%；亏损企业亏损达 1234 亿元，比上年增长 34.9%；企业亏损面为 23%，比上年上升 1.7 个百分点；亏损率为 46.4%，比上年上升 11.2 个百分点。高额亏损是导致企业总体经济效益下降的重要因素。1996 年盈利企业盈利额为 2658 亿元，比上年增长 2.4%，但因亏损的大幅度增加，导致盈亏相抵后整个工业利润减少。其中，国有工业企业实现利润 417 亿元，比上年下降 42.5%；亏损企业亏损 727 亿元，比上年增长 37.5%；集体工业企业实现利润 493 亿元，比上年增长 16.7%，亏损企业亏损 250 亿元，比上年增长 20.7%；其他经济类型企业实现利润 514 亿元，比上年下降 3.6%，亏损 257 亿元，比上年增长 43.7%。

1996 年工业企业经济效益继续出现较大幅度下降，是多年来诸多因素积累和综合作用的结果。主要是：（1）一些改革和政策调整使一部分工

---

[1]《中国经济年鉴》（1997），中国经济年鉴社，第 100 页。

业收入发生转移。如价格结构性调整、社会保障体制和住房制度改革、承包到期的企业改按新税制运作、降低出口退税比率、提高折旧率等，都要增加企业的成本费用支出，使一部分利润发生转移。（2）前一时期严重通货膨胀消失的后果。在前几年高通货膨胀时期，工业企业财务效益包含很大"水分"。如依靠过旺需求形成卖方市场和银行贷款负利率获得"涨价效益"，以及企业固定资产折旧仍按原值而不是按重置价格提取，以"吃老本"的办法虚增利润。当严重通货膨胀消失，并开始出现买方市场时，一方面，产品涨价受到抑制，不适应市场需求变化和缺乏竞争能力的产品难以销售，盲目扩大的生产能力出现闲置；另一方面，为抑制通货膨胀提高了贷款利率，企业利息支出增加，已经拉上去的工资成本具有刚性，重置或新置的固定资产需要偿还更多的债务，推动企业成本、费用大幅上升。同时，使 1996 年末工业企业产成品资金占用达到5346 亿元，比上年增长 16.3%；应收账款净额达到9270 亿元，比上年增长 15.9%。[①]（3）国有企业管理体制还很不适应发展社会主义市场经济的要求。这是国有企业生产经营困难、效益下降的最根本原因。目前国有企业经营机制转换较慢，适应市场需求和竞争环境变化的能力很弱，产品、技术、管理等的创新动力不足。地区、部门分割严重阻碍了结构调整和生产要素的优化配置。社会保障制度不健全，也制约着本应淘汰破产的企业退出市场。国有企业负债率偏高，社会负担过多，包袱沉重。所有这些，都使国有企业特别是竞争性行业的国有企业在市场竞争中处于被动地位。（4）结构不合理，不少行业和产品盲目重复建设严重，"大而全"、"小而全"问题突出。

　　但是，1996 年经济增长率已经下降到了合理的高速增长区间，物价上涨率也显著低于经济增长率。因此，可以认为，1996 年成功地实现了"软着陆"。当然，结构调整以及提高经济质量和效益的任务还远没有完成。但是，相对 1986 年以后那次"软着陆"未成功和 1989 年那次"硬着陆"带来的市场疲软来说，这次成功实现"软着陆"，是改革以来的第一次，是一个伟大的创造，具有极重要的意义。

---

① 《中国经济年鉴》（1997），中国经济年鉴社，第 82~83、142~143 页。

第三节　1997 年~1998 年，继续实现快速、健康发展

依据党中央的精神，李鹏总理在 1997 年 3 月召开的八届人大五次会议上提出："今年要保持国民经济持续快速、健康发展。"① 江泽民总书记在 1997 年 9 月召开的党的十五大提出："在这个时期（指从 1997 年~2010 年——引者），建立比较完善的社会主义市场经济体制，保持国民经济持续快速健康发展，是必须解决好的两大课题。"② 显然，在 1996 年实现经济"软着陆"之后，保持国民经济持续快速健康发展，也是 1997 年~1998 年发展工业的基本指导方针。

一、1997 年是"软着陆"之后继续实现快速、健康发展的第一年

1997 年国民经济和社会发展计划规定的最主要的宏观调控目标是：经济增长率为 8%，全国商品零售价格上涨幅度为 6%。依此目标提出的主要任务是：继续加强农业基础地位，全面发展农村经济；进一步搞好国有企业，保持工业适度增长；保持适度投资规模，大力优化投资结构；加强价格调控监管，降低物价上涨幅度；转变外贸增长方式，提高利用外资质量；进一步减少财政赤字，继续保持金融稳定；努力发展科技教育和各项社会事业，推进社会主义精神文明建设；继续改善人民生活，加快实现再就业工程。在加大结构调整力度方面还提出：以增量带动和促进存量调整，努力解决经济生活中"大而全"、"小而全"和盲目重复建设问题；以市场需求为导向，培育新的经济增长点；继续深化经济体制改革，形成有利于结构调整的体制环境。③

由于实施了这些政策措施，也由于继续实施适度从紧的财政政策和货币政策，注意掌握调控力度，④ 1997 年实现了国民经济的持续快速增长。这年工业经济运行的基本结果如下：

1. 1997 年工业和国民经济总量增幅继续回落，但仍处于高速增长区

---

① 《中国经济年鉴》（1997），中国经济年鉴社，第 5 页。
② 《中国共产党第十五次全国代表大会文件汇编》，人民出版社 1997 年版，第 20 页。
③ 《中国经济年鉴》（1997），中国经济年鉴社，第 18~23 页。
④ 《中国共产党第十五次全国代表大会文件汇编》，人民出版社 1997 年版，第 26 页。

间。这年国内生产总值、工业增加值和工业总产值分别达到了74772.4亿元、31752.3亿元和112127.6亿元，分别比上年增长了8.8%、11.1%和13.9%。这年国有工业、集体工业、个体工业和其他经济类型工业的总产值分别比上年增长了6.4%、15.1%、18.4%和18.2%（详见附表5、附表12）。①

2. 工业结构调整取得初步进展。（1）工业行业结构调整向好的方向发展。电子和通信行业高速增长，远远高于一些传统产品。1997年，电子工业总产值比上年增长24.9%，而轻工系统总产值比上年增长5.6%，纺织行业工业总产值比上年增长13.96%，煤炭行业中原煤和洗煤分别比上年增长1.7%和7.4%。（2）工业企业组织结构调整步伐加快，国有大型企业对经济发展的支撑作用增强。这年国家重点联系的507户国有大型企业实现工业总产值和销售收入分别占全部国有企业的51.4%和61.3%。盈利向少数特大型企业及企业集团集中。全年盈利1亿元以上的企业152户，实现利润891亿元，占507户重点企业利润总额的93.4%，为全部国有工业利润总额的近两倍。其中盈利10亿元以上的盈利大户13户，实现利润490.4亿元，占507户重点企业利润总额的51.4%，比全部国有工业利润还多37.7亿元。（3）企业产品结构调整加快，技术含量高、市场需求较旺的产品增长较快。程控交换机、电子计算机、半导体集成电路、轿车、组合音响等生产比上年增长0.224倍~1.7倍，而一些生产能力严重过剩的一般日用消费品及机电设备的生产继续低速增长或下降，如金属切削机床、拖拉机、木材等都是负增长。企业开发新产品取得新进展。全年工业企业新产品产值比上年增长13.2%；新产品产值率达5.9%，比上年提高0.2个百分点。（4）国产品牌质量档次明显提高，成为消费品市场的主导品牌。据国家统计局1997年底对全国大中城市零售商场销售的100种主要商品调查，国产品牌在消费品市场占较大优势，市场占有率高于国外品牌。电冰箱、洗衣机、空调器、个人电脑的国产品牌市场占有率分别达93%、83%、57%和60%。在调查的100种商品中，有85种国产品牌居市场占有率和销量第一。尤其是家电市场，国产名优产品占据较大的市场份额。如长虹彩电的市场占有率已达25.4%，海尔电冰箱达35.3%，海尔空调器达30.7%，新科影碟机达37.8%。（5）地区间结构调整

①《中国经济年鉴》（1998），中国经济年鉴社。

初步开展，工业增长速度差距缩小，1997 年东、中、西部地区工业总产值比上年分别增长 13.5%、13% 和 10.9%，增长速度比较接近。随着国内市场统一性、竞争性的加强，地区间的分工和协作逐步发展，新的重复建设逐步减少，企业跨地区的兼并联合增加。[①]

3. 这年工业和全社会的固定资产投资的增幅比上年又进一步回落。1997 年全社会固定资产投资（包括国有和集体投资，不包括个体和其他经济的投资）达到 17292.1 亿元，比上年增长了 10%。[②] 这年国有单位的基本建设投资达到了 9862.8 亿元，比上年增长 14.5%。其中，基础产业和非基础产业的投资分别达到 5788.9 亿元和 4073.8 亿元，二者分别比上年增长了 14.83% 和 14.12%；二者比重分别为 58.69% 和 41.31%。这年国有工业固定资产投资达到 7326 亿元，比上年增长 6.1%。其中，基本建设和更新改造的投资分别达到 4040.2 亿元和 2371 亿元，二者分别比上年增长了 11.3% 和 1.1%；二者比重分别为 55.1% 和 32.4%。这年国有单位在东部、中部和西部的基本建设投资分别达到 5217 亿元、2369 亿元和 1549.8 亿元；三者比重分别为 52.9%、24% 和 15.7%。这些数据表明，就绝对数来说，1997 年各项投资都有增长，但就比重来说，基础产业投资得到了加强，更新改造有了削弱，中西部投资也得到了加强（详见附表 32、附表 35、附表 38、附表 39）。

4. 开始形成买方市场，[③] 包括工业品在内的价格指数进一步下降。总体上看，1997 年消费品市场、生产资料市场和投资品市场都开始呈现出买方市场的基本格局。据对 613 种主要商品供求情况的调查分析，1997 年上半年供求基本平衡的商品的比例为 89.0%，供不应求和供过于求的各为 5.5%。到下半年，供求基本平衡的商品的比例变为 66.6%，比上半年下降 22.4 个百分点；供过于求的占 31.8%，上升了 26.3 个百分点，供不应求的仅占 1.6%，下降了 3.9 个百分点。

1997 年商品零售价格和居民消费价格分别增长了 0.8% 和 2.8%，工业品出厂价格下降了 0.3%，主要原料、燃料、动力价格和固定资产投资价格分别比上年上升了 1.3% 和 1.7%（详见附表 40）。这一点，同继续执行

---

① 《中国经济年鉴》（1998），中国经济年鉴社。
② 《中国统计摘要》（1998），中国统计出版社，第 41 页。
③ 本书所说的买方市场，是指供求基本平衡和供略大于求的市场。

适度从紧的货币政策是相关的。1997年，现金流通量（M_0）10178亿元，全年投放1376亿元，比上年增长15.6%；狭义货币（M_1）34826亿元，比上年增加5032亿元，增长16.5%；广义货币（M_2）90995亿元，比上年增加14132亿元，增长17.3%。[①]

5. 工业经济效益初步回升，但总体水平仍然很低。1997年，工业产品销售率为96.2%，比上年提高0.3个百分点。其中重工业产销率96.72%，高于轻工业1.08个百分点；国有工业97.31%，分别高于集体和其他经济类型工业2.67和0.74个百分点，也高于全部工业平均水平。

全部独立核算工业企业总体效益好于上年。1997年，37万户企业经济效益综合指数全年为91.3，比上年提高3.1个百分点；实现利税总额5427.39亿元，比上年增长11.15%；实现利润总额1626.71亿元。其中工业企业盈利企业盈利额为2968.07亿元，比上年增长14.12%；亏损企业亏损额为1341.36亿元，比上年增长11.09%。

国有工业企业效益恢复性增长。1997年，6.8万户国有工业企业盈利额为1195.37亿元，比上年上升9.55%（1996年盈利企业盈利额比1995年下降8.79%）；实现利润450.93亿元，比上年增加47.86亿元，上升11.87%；实现利税总额2882.46亿元，比上年增加196.25亿元，上升7.31%。其利税占全部工业的53.11%。

但是，工业经济效益整体水平仍然不高。其突出表现是：（1）生产能力闲置。1997年，据国家统计局统计的900多种产品有半数以上生产能力利用率在60%以下。其中105种重要产品生产能力利用率总的格局是：轻工产品比重工产品低，生活用产品比生产资料产品低，劳动密集型产品比资金、技术密集型产品低，普通制造业产品比精密制造业产品低。生产速度下降，下岗规模逐年扩大。据国家统计局统计，1997年我国下岗人员总数已超过1000万人，占全部职工的比重近8%。（2）资金使用效率不高。1997年，全国乡及乡以上独立核算工业企业年末产成品资金占用5912亿元，比上年增加621亿元，增长11.7%。其中140种主要工业产品实物库存量比上年增加的有109种，占77.9%；应收账款净额10956亿元，比上年增加1718亿元，增长18.6%；资金周转次数仅为1.46次，

---

① 《中国经济年鉴》（1998），中国经济年鉴社。

其中国有企业仅为 1.25 次。(3) 亏损严重。1997 年全国乡及乡以上独立核算工业企业亏损面为 23.5%，亏损企业亏损额达 1340 亿元，比上年增加 133 亿元，增长 11.1%。其中国有企业亏损面为 39.2%，亏损企业亏损额 743 亿元，比上年增加 56 亿元，增长 8.2%，亏损额占利税的比重为 25.83%，比 1996 年上升 0.21 个百分点。①

依据上述情况，可以认为，1997 年由于执行党中央、国务院的一系列方针政策，在坚持适度从紧的货币政策的同时，注意了适度微调，从而使 1997 年成为实现"软着陆"以后工业和国民经济获得持续、快速发展的第一个年度。需要着重指出：这年形成的高增长、低通胀的局面，是过去多年没有的。这年基础产业和基础设施的"瓶颈"制约作用也明显缓解。这年初步形成的买方市场，又是一个具有重大历史意义的根本性转变。这些成就又是在亚洲一些国家 1997 年 7 月开始发生的金融危机，并对我国经济发生重大影响的条件下取得的。所以，1997 年工业和国民经济发展的成果，是极其伟大的成就! 当然，调整结构和提高经济质量等问题还没有根本解决。

二、1998 年是"软着陆"之后继续实现快速、健康发展的第二年

1998 年国民经济和社会发展计划规定的宏观调控的最主要目标是：经济增长率 8%；工业增加值增长率 11%；商品零售价格涨幅控制在 3% 以内，居民消费价格涨幅控制在 5% 左右。据此目标，这年国民经济和社会发展的主要任务是：稳定和加强农业基础地位，全面发展农村经济；提高工业运行质量，积极培育新的经济增长点；保持固定资产投资规模适度增长，调整和优化投资结构；进一步发展开放型经济，提高对外开放水平；加强财政收支管理，防范和化解金融风险；实施科技兴国和可持续发展战略，全面发展各项社会事业；加大再就业工程实施力度，继续改善人民生活。②

依据党的十五大精神和 1998 年的情况（如有效需求不足和市场销售不旺，亚洲一些国家金融危机的深化及其对我国经济发展负面影响的加大等），还要实行适当的货币政策。按照宏观经济发展目标的要求，计划

---

① 《中国经济年鉴》(1998)，中国经济年鉴社。
② 《中华人民共和国第九届全国人民代表大会第一次会议文件汇编》，人民出版社 1998 年版，第 43~50 页。

确定 1998 年广义货币（M_2）增长 16%~18%，与上年实际增幅持平；狭义货币（M_1）增长 17%左右，略高于上年；现金投放 1500 亿元，现金流通量（M_0）达到 11678 亿元，增长 14.7%，低于上年。[①]

就发展工业来说，还要采取以下政策措施：

1. 适度扩大投资需求，增加基础设施、高新技术产业和企业技术改造的投入。增加投资仍是经济增长、刺激内需的重要措施，1998 年全社会固定资产投资预定达到 27850 亿元（包括国有、集体和私人投资），增长10%以上。要把投资重点放在农林水利建设，铁路、公路、通信、环保等基础设施建设，普通居民住宅建设以及高新技术产业和企业技术改造方面。在加快投资的同时，还要注意保护好国内企业，防止亚洲一些国家利用货币贬值，将大量廉价的钢材、水泥等基建材料投放国内市场，确保新增加的固定资产投资能够主要转化为国内需求而不是进口需求。同时，切实防止单纯扩大生产规模和盲目重复建设，充分发挥现有企业的潜力，不能再盲目铺新摊子，集中力量加快有市场前景、效益好的在建项目建设。

2. 积极开拓国内市场特别是农村市场，促进消费需求的适度增长，扩大工业品的市场空间。（1）工业企业要主动适应市场需求的变化，及时调整产品结构，不断推出市场前景好、效益高的拳头产品，提高生产企业开拓市场的能力。（2）要加强对市场变化的分析研究，发挥市场信息引导作用，搞好产销衔接。（3）要大力开拓市场，改善城乡居民消费环境和消费条件，促进消费需求的增长。（4）要加大普通居民住宅建设和市政基础设施投资力度，积极培育新的经济增长点。

3. 积极扩大出口，保持合理进口，坚决打击非法进口与走私。（1）要进一步推进以质取胜和市场多元化战略。优化出口商品结构，提高出口商品的质量和档次，大力开拓独联体和东欧、非洲、拉美等潜力较大的新市场。（2）要深化外贸体制改革，积极推进大中型生产企业实行自营出口；对国家确定的重点企业，赋予进出口经营权，尽快由审批制改为登记备案制，商品出口配额要更多地向生产企业倾斜。（3）要在还贷有保证的条件下，扩大进出口银行和其他商业银行的出口信贷规模，支持成套

---

① 《中国经济年鉴》（1998），中国经济年鉴社。

设备出口和工程承包。(4)要继续完善出口退税政策,根据国家财力可能,提高某些重要出口商品的出口退税率。(5)要鼓励有条件的企业向上述市场潜力较大的地区销售产品,特别是利用当地的市场和资源投资办厂,转移国内过剩生产能力。(6)要加强对进口的宏观调控,严禁成品油和新闻纸等商品过度进口冲击国内市场。进一步加强打击走私、逃税骗税和反倾销的工作力度,防止非法进口和不正当竞争对国内市场的冲击。

4. 要加快结构调整,大力发展高新技术产业,加快利用高新产业改造传统产业。要加快重点产品的升级步伐,在机电、化工、汽车、能源、通讯、重要原材料、信息、生物等重点产业中,抓一批有高附加值、高技术含量和成本有优势、市场有前景的重点产品,带动产品结构合理化和提高产品竞争力。要重点促进电子、信息及自动化技术的发展,积极探索建立符合我国国情的高新技术风险投资机制,促进科技成果的转化,并有重点地引进一批高新技术,组织好消化吸收。对市场前景好、拥有自主知识产权的高新技术项目,予以重点扶持,尽快实现产业化。加快采用高新技术改造传统产业。重点是应用生物技术等改造我国传统的农业,发展高效、优质和高产农业;应用集成电路技术、光纤通信技术、计算机技术、先进制造技术等改造我国的机械、电子、汽车、石油化工和建筑等国民经济支柱产业;应用高速铁路运输技术、内河航运技术、电子技术、煤炭洁净利用技术等发展我国的公路、铁路、水运、航空、电力、煤炭等基础设施和基础工业。

5. 促进乡镇企业和中小企业的发展。要采取有效措施,遏制近几年乡镇企业增长速度大幅度下滑的趋势。(1)要加快乡镇企业改革,进一步发挥其机制灵活的优势。(2)把发展乡镇企业与推进农业产业化和建设农村社会化服务体系结合起来,使之相互促进。(3)积极鼓励东部地区同中西部地区合作发展乡镇企业,在产品开发和市场开拓上进一步加强联合。(4)清理整顿乡镇企业税外收费,减轻乡镇企业负担。在巩固和强化大型企业和企业集团在国民经济中地位的同时,积极扶持和促进中小型企业的发展。引导中小型企业向"小而精"、"小而专"、"小而特"的方向发展。信贷投放要注意支持那些产品有市场、有效益和开发应用新技术的中小型企业。各有关方面要在市场信息、新技术推广、人员培训、市场开拓、国际合作等方面,加强对中小型企业的指导和服务。

上述政策措施的实施，使 1998 年上半年工业经济的运行取得了以下结果。

1. 工业和国民经济平稳增长。这年上半年国内生产总值达到 34731 亿元，比上年同期增长 7%。工业增加值 9209 亿元，比上年同期增长 7.9%；工业总产值（1990 年不变价格）27303.8 亿元，比上年同期增长 9.5%。与上年上半年比，工业增加值回落 3.7 个百分点，与本年第一季度比，回落 0.3 个百分点。这年上半年，国有及国有控股工业增加值增长 3.6%，集体工业增长 7%，"三资"、股份制及其他经济类型工业增长 11.3%。①

2. 工业经济结构调整继续展开。这年上半年，能源行业增速呈下降趋势，能源生产总量同比下降 5.5%。铁路、公路、水运货运量持续下降，分别下降 5.9%、6.6%、5.1%，运量减少最多的是煤炭和石油。农用工业品和日用工业品生产相对比较稳定。冶金、有色金属、化工、建材等投资品产量增长速度较高，其中钢增长 6%，钢材增长 6.9%，10 种有色金属增长 10.7%，平板玻璃增长 7.6%。增长最快的是电子通信等高附加值产品。邮电通信业累计完成业务总量 1113.9 亿元，比上年同期增长 37.7%；电子信息产品制造业完成工业总产值 2248 亿元，同比增长 26.2%。工业内部各产业增速的这种此消彼长，固然有国际油价下跌、国家基础设施投资拉动、有关产品走私严重等因素在起作用，但也反映出工业产业结构的积极变化。②

3. 包括工业在内的全社会固定资产投资持续增长，投资结构继续改善。上半年，国有单位固定资产投资 5828 亿元，同比增长 13.8%。农业和交通邮电通信业投资分别比上年同期增长 16.1%和 32.4%。③

4. 买方市场进一步发展，市场价格低位运行。全国商品零售价格同比下降 2.1%，居民消费价格下降 0.3%，工业品出厂价格下降了 5%。据对 601 种主要商品的调查，上半年供过于求的占 74.2%，供求基本平衡的占 25.8%，已无供不应求的商品。④

5. 工业经济效益大幅下降。1998 年 1 月~5 月，全国工业企业累计实

①②《人民日报》1998 年 7 月 18 日第 1 版；《经济日报》1998 年 7 月 25 日第 1 版。

③《人民日报》1998 年 7 月 18 日第 1 版。

④《人民日报》1998 年 7 月 18 日第 1 版；《光明日报》1998 年 7 月 24 日第 6 版；《经济日报》1998 年 7 月 25 日第 1 版。

现利润 257.3 亿元，比上年同期下降 49.5%；国有工业企业盈亏相抵后净亏损 110.1 亿元，同比减利增亏达 200.7 亿元。但 6 月份当月，国有工业已扭亏为盈，实现利润 17.4 亿元。[①]

上述数据表明，党和政府一系列政策的贯彻执行，特别是 1998 年初实施的扩大内需、刺激经济增长的措施已经初见成效。这主要表现在三方面：（1）各层次货币供应量增速与经济增长及物价回落状况基本适应，尤其是金融机构贷款呈逐月加快态势。1998 年 6 月末，反映社会总需求变化的货币指标广义货币 M_2 余额为 94656.4 亿元，比上年同期增长14%；反映企业资金松紧的货币指标狭义货币 M_1 余额为 33776.3 亿元，比上年同期增长 8.7%；市场现金流通量 M_0 为 9720 亿元，比上年同期增长 6.6%。前 6 个月，金融机构贷款尤其是国有独资商业银行贷款呈逐月加快态势。6 月末，金融机构各项贷款余额为 78797.6 亿元，比上年同期增长 15.6%，增幅比上月高 0.4 个百分点，是近 4 个月来的最高值。上半年累计，金融机构各项贷款增加 3764.5 亿元。自 4 月份以来，中长期贷款投放呈加快态势。上半年中长期贷款增加 712.8 亿元，比上年同期多增 171.7 亿元。[②]（2）固定资产投资增长速度逐月加快，第一季度同比增长 10.3%，上半年同比增长 13.8%，增幅比第一季度提高 3.5 个百分点，其中 6 月份增长 16.3%。[③]（3）投资品生产增速较快。以上 3 项指标加速回升态势表明，政府扩大内需、刺激经济的措施正在落实。

但 1998 年上半年经济增长率并没有达到 8%。其主要原因：（1）亚洲金融危机不仅没有减弱，还在继续发展，使我国第二季度出口增幅明显放慢，第一季度出口增幅 13.2%，第二季度仅增长 7.6%，回落 5.6 个百分点。这必然影响到中国经济的增长。（2）上半年十几个省出现严重的水灾，使我国夏粮减产 11%，第二季度农业增长速度明显放慢。根据测算，这使 GDP 增长速度减少 0.4 个百分点。此外，水灾还对有关省份的工业、投资、交通运输业也造成影响。初步测算，由于阴雨、水灾，广东、广西、江西、安徽等省份的工业增加值至少减少 100 亿元。[④]（3）经济增速下

①《经济日报》1998 年 7 月 25 日第 1 版；《人民日报》1998 年 8 月 6 日第 2 版。
②《人民日报》1998 年 7 月 14 日第 1 版。
③《光明日报》1998 年 7 月 18 日第 1 版。
④《光明日报》1998 年 7 月 18 日第 1 版。

降具有惯性。(4) 扩大内需等项政策实施力度难以把握，其完全落实也需要一个过程。

　　还要提到：亚洲一些国家金融危机的深化和 1998 年 7 月以来长江、嫩江和松花江流域发生的特大水灾，给我国实现预定的经济增长目标造成了很大困难。但在以江泽民总书记为核心的党中央正确领导下，经过全国人民的艰苦奋斗，随着扩大投资、刺激内需和扩大出口各项政策实施力度的加大及其落实，特别是在刺激内需方面具有某种特殊作用的、积极的财政政策和适当的货币政策，1998 年的经济增长率达到 8%，[①] 工业增加值增长率达到 11%，是有可能基本完成的。商品零售价格涨幅控制在 3% 以内更是可以实现的。从这些最重要指标来看，可以预期：1998 年是"软着陆"以后继续实现工业和国民经济快速、健康发展的第二个年头。当然，调整经济结构和提高经济效益还是一个多年才能实现的任务。需要说明一点：这里以实现 8% 经济增长率作为快速增长的最主要指标，是从我国现阶段在正常情况下可能达到的 8%~10% 的高速增长区间来说的。但是，1998 年发生了两个重要特殊情况。(1) 1997 年 7 月以来亚洲一些国家发生的金融危机还在深化，对我国经济发展的影响也在加大。(2) 1998 年夏季以来，长江和嫩江、松花江流域发生了特大水灾，已经给我国经济造成了严重损失。考虑到这两点，就不能简单地用上述 8%~10% 的指标来衡量 1998 年经济的高速增长。还要提到：如果以国际经济组织对世界各国 1998 年经济增长率预计数作为参照系，那么，即使我国经济增长 7%，甚至更低一些，也是最高的经济增长速度。

---

　　① 注意：这里说的 8%，是没有水分的扎扎实实的 8% 的经济增长速度。

第七章 1993 年~1998 年，工业生产建设的主要成就和经验

第一节 工业生产建设的主要成就

1. 以社会主义公有制为主体、多种所有制共同发展的格局已经基本形成。党的十一届三中全会以后，逐步推行了以社会主义公有制为主体的多种所有制共同发展的方针。经过近 20 年的发展，这种共同发展的基本格局已经初步形成。在 1997 年工业总产值中，国有工业产值只占 26.54%，集体工业占 40.52%，个体工业占 15.92%，以"三资"工业为主的其他经济类型占 17.02%（详见附表 13）。但要说明：在其他经济类型工业所占 17.02 个百分点中，有一部分是混合所有制工业。其中包含了一部分公有（包括国有和集体）成分。这里只是说的这种基本格局初步形成。显然，伴随社会主义市场经济体制的基本建立，这种格局还会进一步发展和完善。

2. 工业基本建设和技术改造继续取得重大进展，工业生产能力有了巨大增长。1992 年全社会工业固定资产投资为 3715.95 亿元，1995 年增长到 6356.46 亿元（详见附表 36）。1995 年以后又有进一步增长。1992 年~1997 年，国有工业固定资产投资由 2759.47 亿元增长到 7326 亿元。其中，基本建设投资由 1458.31 亿元增长到 4040.2 亿元，更新改造投资由 1076.65 亿元增长到 2371 亿元（详见附表 38）。

随着固定资产投资的增长，工业新增固定资产和新增生产能力也有

巨大增长。1992 年工业新增固定资产为 979.3 亿元，1996 年达到 2673.22 亿元（详见附表 43）。仅是 1997 年新增的煤炭开采能力有 2587 万吨，发电机组容量 1376 万千瓦，汽车 38000 辆，新建铁路交付营运里程 896 公里，新建公路 12012 公里，沿海港口吞吐能力 11725 万吨（详见附表 1、附表 2）。正是这种新增生产能力的巨大增长，成为 90 年代中期开始出现的、包括消费品和投资品在内的生产能力大量过剩的物质基础。当然，我国生产能力过剩出现是有它的特点的。主要是在生产力发展水平和人民生活较低的情况下发生的，而且同大量的盲目重复建设、重复生产相联系的。

随着固定资产投资的巨大增长，又有一大批技术水平先进的大中型项目建成投产。其中最重要的有：1997 年京九、南昆铁路全线投入运营，长江三峡和黄河小浪底水利水电枢纽工程顺利截流。

3. 工业总产值和工业主要产量持续高速增长。1992 年~1997 年，工业总产值由 34599 亿元增加到 112127.6 亿元，平均每年增长 19.1%，高于 1979 年~1984 年平均每年增长 9.6% 的速度，也高于 1985 年~1992 年平均每年增长 16.1% 的速度。这期间不仅工业增长速度高，而且成功地实现了"软着陆"。这同 1985 年以后"软着陆"未实现又起飞和 1988 年以后"硬着陆"导致市场销售疲软，接着又过热的情况，是有原则区别的，是工业发展中的一种质的飞跃。为了便于清楚地说明这一点，我们运用工业增加值这个经济指标表述如下。以上年为 100，1985 年~1988 年工业增加值每年分别增长 18.2%、9.6%、13.2%、15.3%；1989 年~1992 年每年分别增长 5.1%、3.4%、14.4%、21.2%；1993 年~1997 年每年分别增长 20.1%、18.9%、14%、12.5%、11.1%（详见附表 5）。

这期间主要工业产品产量，除了自行车和缝纫机等少数产品产量下降以外，许多产品的产量又有很大的增长（详见附表 3）。1997 年钢产量达到 1 亿吨以上，发电装机容量达到 2.5 亿千瓦。1993 年~1997 年 5 年铁路正线铺轨总里程 11344 公里，高速公路增加 4083 公里，电话总容量达 1.1 亿门。

伴随着工业产量（还要加上农业产量）持续、高速增长，计划经济体制（还要加上生产力水平低）下形成的、长期存在的商品（包括消费资料和生产资料）短缺经济已经有了根本改观，消费品和投资品都出现了供求平衡或供大于求的格局，初步形成了买方市场。这是我国工业发展史上一个具有历史意义的重大转折。

伴随工业产量的大幅增长，一些主要工业产品产量在世界的位次和工业制成品在出口商品总额中的比重连续上升。1996年，钢产量居世界位次由1992年的第三位上升到第一位，发电量由第四位上升到第二位，化肥由第三位上升到第二位，糖由第六位上升到第四位（详见附表20）。工业制成品在出口商品总额中的比重，由1992年的79.98%上升到1997年的86.9%（详见附表21）。

4. 基础产业产值增速加快，产值比重上升。按当年价格计算，1993年~1996年基础产业产值平均每年增长了39.81%，非基础产业产值增长了31.16%，其中，非基础工业增长了30.92%。与此相联系，1996年基础产业产值占社会总产值中的比重由1992年的36.1%上升到42.18%，非基础产业的比重由63.9%下降到57.82%。其中，非基础工业由38.38%下降到34.48%（详见附表7、附表8、附表9）。随着基础产业以较高速度增长，同时比重上升，改革以来多年存在基础产业"瓶颈"制约开始缓解。这是此期间产业结构调整方面取得的一项重大成就。

伴随基础工业的大幅上升，以工业品为原料的轻工业产值比重也有明显上升，由1992年的32.8%上升到37.5%（详见附表16）。

这期间产业结构发展另一个重要方面，就是高新技术产业有了很大发展，比重上升。1997年高新技术区内企业已近13700家，年末从业人员147万，实现年技工贸总收入3388亿元，工业总产值达到3109亿元，利税总额达350亿元，出口创汇达65亿美元。自1991年起，以上各指标平均年增长率分别为32%、48%、84%、88%、76%、82%。高新技术区全员劳动生产率从1991年的5.2万元/人，增长到1997年的23万元/人，增长了3倍多。产值过亿元的高新技术企业从1991年的7家增加到530家，超过10亿元的企业发展到47家，超过50亿元的有5家。1998年，高新技术产业占国民生产总值的比重不足1%，1997年提高到11%。[①]

5. 大型工业企业比重继续上升。1996年大型工业企业产值占工业总产值比重由1992年的36.4%上升到38.2%；中小型企业由63.6%下降到

①《人民日报》1998年8月6日第1版。

61.8%（详见附表18）。

6. 工业物质技术基础继续得到加强。1996年国有工业企业平均每个职工年末使用固定资产原值，由1992年的30862.1元上升到70312.4元。1992年~1997年，国有单位平均每万名职工中的专业技术人员由478人增加到595.9人（详见附表24、附表25）。

7. 工业地区布局继续有所改善。改革以来，东、中、西部地区工业均有很大发展。改革以来，东部工业较中西部工业获得了较快的发展，地区差距有所扩大。90年代中期，国家依据新的情况，采取促进区域经济协调发展政策，更加重视支持中西部地区的发展，积极朝着缩小差距的方向努力。[①] 这样，从90年代中期开始，中西部工业又开始以比东部更快的速度发展。1992年~1996年，东部工业产值占全国工业总产值比重分别为65.73%、67.07%、67.01%、66.01%、65.42%，中西部比重为34.27%、32.93%、32.99%、33.99%、34.58%（详见附表19）。

8. 职工生活继续显著提高。1992年~1997年，全国采掘业、制造业和电力、煤气及水的生产供应业职工的平均工资分别由3209元增加到6873元，由2635元增加到5933元，由3392元增加到9649元，分别增长了12.8%、19.3%、50.9%。1992年~1996年，全国保险福利费用总额由1309.5亿元增加到2725.3亿元，但由于工资总额增速更快，相当于工资总额的比重由33.2%下降为30%（详见附表45、附表47），职工生活水平又向小康水平挺进了一大步。还要着重提到：1995年，我国城镇职工实行了每周5天工作制。这在我国历史上也是破天荒第一次。

总体来说，1993年~1997年，我国工业和国民经济发展取得了极其伟大的成就！归结起来就是：成功地实现了"软着陆"和高增长、低通胀；消费品、投资品买方市场的初步形成和基础产业"瓶颈"制约缓解；经济总量翻两番的战略目标提前5年于1995年实现；以社会主义公有制为主体，多种所有制共同发展的基本格局已经初步形成；适应市场经济发展要求的宏观调控体系的框架初步建立；对外开放的总体格局基本形成；职工和人民生活水平急速向小康目标挺进。当然，这些成就的许多方面是改革以来工业和国民经济发展的成果，但这期间工业和国民经济

---

① 《中国经济年鉴》（1996），中国经济年鉴社，第7~8页。

的发展在这方面起了极重要的作用。

第二节　工业生产建设的主要经验

1993 年~1998 年，发展工业生产建设的经验，以及作为这些经验总结的政策，有了更大的发展。其中有些方面还有了质的飞跃。1992 年党的十四大报告、1996 年国务院《关于国民经济和社会发展"九五"计划和 2010 年远景目标纲要的报告》和 1997 年党的十五大报告，对这期间工业和国民经济发展的主要经验已经作了系统、全面的总结。我们在本编第一章已经作了比较详细的叙述。这里只是着重提到其中的几点。

1. 首次提出以建立社会主义市场经济体制为改革目标，并多方面、有效地推进了改革开放。最重要的有：（1）进一步贯彻了以社会主义公有制为主体、多种所有制共同发展的方针，并扩大了开放。这是这期间工业和国民经济持续、高速增长的极重要因素。1997 年工业总产值比 1992 年增长了 77528.6 亿元。在这个增长额中，国有工业只占 15%，集体工业（主要是乡镇集体工业）占 42%，个体工业占 20%，以"三资"企业为主的其他经济类型工业占 24%。非国有工业合计占 85%（详见附表 11~附表 13）。如前所述，"三资"企业中包括了一部分公有（包括国有和集体）成分。1997 年，工业制成品出口额大约占到了当年工业总产值的 12%（详见附表 11、附表 21），成为拉动工业高速增长的重要因素。（2）适应加强宏观调控的需要，1994 年在财政、税收、金融、投资和外汇等方面大力推进了改革，初步建立了宏观调控的框架，成为推动"软着陆"的一个重要因素。

2. 在需求和供求方面综合采取了一系列的、相互配套的政策，特别是实行了适度从紧的财政、货币政策，在 1993 年~1996 年间成功地实现了"软着陆"。在这以后的 1997 年~1998 年又依据国内外情况的变化对适度从紧的财政、货币政策逐步加大了调整力度，推行了积极的货币政策，特别是积极的财政政策，又继续保持了工业和国民经济快速、健康发展。

3. 依靠科技进步，调整和优化产业结构。1992 年~1996 年，在全社会固定资产投资总额中，基础产业投资占的比重由 44.62% 上升到

49.02%，非基础产业由 55.38%下降到 50.98%。其中，非基础工业由 24.51%下降到18.39%（详见附表 32）。基础产业投资力度的加大，正是这期间基础产业"瓶颈"制约缓解的重要因素。

改革初期，高新技术产业在我国产业中占的比重不大。但到 1996 年，高新技术产业增加值在工业制造业中所占的比重达到了 12%。这表明高新技术产业在我国产业结构中已占有一定的地位。

4. 促进地区经济的协调发展。在国有单位基本建设投资总额中，东部地区 1992 年占 50.2%，到 1994 年上升到 59.6%，1995 年~1997 年分别连续下降到 54.1%、53.8%、52.9%。与此相对应，1995 年~1997 年中西部地区投资比重上升。对中西部地区投资力度的加大，正是该地区 90 年代中期以后发展较快的一个重要因素。

但这期间也存在我们在前面提到的问题：政策仍需进一步完善，政策的许多方面没有得到充分贯彻。

1. 1987 年党的十三大，特别是 1996 年八届全国人大四次会议提出：要实现经济增长方式从粗放型向集约型的根本转变。但这种转变进展迟缓。1992 年~1997 年，基本建设投资在国有工业固定资产投资中的比重由 52.8%上升到了 55.1%，更新改造投资比重由 39%下降到了 32.4%（详见附表 38）。这一重要指标表明，这期间在实现经济增长方式转变方面进展不大。由此造成的结果，大批国有企业技术改造乏力，产业技术升级缓慢，以致技术水平较低成为我国工业的一个重大缺陷。

2. 在产业结构方面，尽管基础产业"瓶颈"制约已经缓解，但基础产业发展滞后的问题并没有根本解决。高新技术产业比重虽有提高，但相对经济发达国家来说，仍然是比较低的。1996 年我国高新技术产业增加值在制造业中所占比重为 12%，预计到 2010 年才能达到 25%。而美国、日本、联邦德国的这一指标在 1996 年就超过了 25%，印度在 1990 年也达到了 12.5%。至于地区产业结构趋同情况在这期间也无多少变化。

3. 在企业组织和产业组织方面，计划经济体制下形成的、长期存在的企业"大而全"、"小而全"，企业平均规模小，大企业比重低，生产和销售的集中度低等方面的情况，在这期间并无根本改变。

4. 由于我们在第七编第七章已经提到过的原因，国有企业改革滞后状况，在这期间的 1993 年~1994 年并无大的改变。1995 年虽然把国有企业改革列为改革的重点，改革步伐加快，但并没有根本改变这种滞后状况。以致这一点成为当前影响改革、发展和稳定的一个最重要问题。

5. 上述各点必然使工业经济效益下滑的状况不能得到根本扭转（详见本编第三章）。

但所有这些并不能否定这期间在发展工业和国民经济方面取得的极其伟大的成就!

结束语

依据前面对新中国成立以后工业经济发展历史的叙述,在此作一简要的小结。

1. 1949 年 10 月~1952 年,由于较全面地贯彻了党的新民主主义的经济纲领(再加上其他许多原因),在极其困难的条件下用短短的 3 年时间就恢复了遭到长期战争严重破坏的工业和国民经济。当然,这期间在某些方面也发生过"左"的错误,但这不是主要的。但需说明:这期间恢复的工业,基本上是半殖民地半封建中国已经达到的水平,并未越出中国工业化的初期阶段。

2. 1953 年~1957 年,由于较好地贯彻了党的从新民主主义社会到社会主义社会的过渡时期总路线(也要加上其他许多原因),因而这期间在取得社会主义改造决定性胜利的同时,建立了社会主义工业化的初步基础。这个初步基础的建立,可以看作是中国工业化由初期阶段开始步入中期阶段的基本标志。当然,这期间在生产建设和改造方面都发生过"左"的错误,但也不是问题的主要方面。

3. 1958 年~1976 年 10 月,是中国已经建立的计划经济体制进一步强化的时期,可分为三个阶段。

(1) 1958 年~1960 年"大跃进"时期。由于这期间"左"的路线在党内占了统治地位,支配了经济关系(包括所有制和分配等)和生产建设各方面,使工业生产建设没有得到应有的发展,并受到严重破坏。

(2) 1961 年~1965 年经济调整时期。这期间虽然没有从根本上否定"左"的路线,也没有突破传统计划经济体制的框框,但在当时条件下许多方面都回到正确轨道上，从而使工业生产建设得到了迅速的恢复和发展。

（3）1966年~1976年10月"文化大革命"。这期间"左"的路线发展到了极端，又受到林彪、江青两个反革命集团的破坏，从而使工业生产建设没有得到应有的发展，受到了长达10年更为严重的破坏。当然，1958年~1976年，工业生产也有增长，产业结构和技术升级的某些方面也有进展（如石油工业、化学工业、冶金工业的某些领域、核工业和空间技术的发展），从而加强了"一五"时期建立起来的工业化的基础。但这期间工业年平均增长速度降为10.1%，低于"一五"时期（18%）7.9个百分点（详见附表12）。这样，在"一五"时期开始步入工业化中期以后，其进程就被大大延缓了。

4. 1976年10月~1998年间，头两年（1976年10月~1978年）仍然延续了过去长期存在的"左"的路线。但在1978年召开的党的十一届三中全会以后，中国就进入了市场取向改革和社会主义现代化建设的新时期，工业生产建设取得了前所未有的伟大成就。

（1）工业增长速度大大加快。1979年~1997年，工业年平均增长率达到15.4%，比1958年~1976年10.1%高出5.3个百分点（详见附表12）。

（2）1993年以来，特别是到1996年成功实现"软着陆"以后，出现了高增长、低通胀的多年未见的良好局面。

（3）结构调整和技术升级取得重大进展。在这方面，改革以来已经发生了4次大的变化。①70年代末到80年代上半期，加快了轻工业的发展，改变了重工业产品的服务方向，使"一五"时期开始出现、尔后趋于严重的轻工业落后于重工业发展的不协调状态有了根本改变。②80年代下半期以来，以家用电器为代表的耐用消费品有了持续、高速增长，实现了耐用消费品的升级换代。③90年代以来，加强了基础产业。到90年代中期以后，基础产业"瓶颈"制约明显缓解。④90年代以来，高新技术产业迅速发展，在工业总产值中的比重显著上升。继80年代乡镇企业充分展现异军突起之后，90年代高新技术产业也开始显露出异军突起的端倪。

（4）在生产持续、高速增长的基础上，初步实现了由计划经济体制形成的、长期存在的卖方市场向买方市场的过渡。

（5）职工在普遍实现温饱的基础上，迅速向小康生活目标挺进。

（6）以公有制为主体、多种所有制共同发展的基本格局，产品生产的市场调节的基本格局和宏观调控的主要框架，以及全方位的、多层次的、多元化的对外开放的总体格局已经初步形成。国有企业改革也已取得重大进展。

（7）已经形成了发展工业和国民经济的正确道路。其整体体现，就是由党的十五大确立为我们党的指导思想的邓小平理论，其集中表现就是这次大会依据邓小平理论系统阐述并加以发展的社会主义初级阶段的基本路线和纲领。[①]

当然，这期间工业发展中也存在不少问题。但总的说来，改革以来，不仅大大加速了中国工业化进程，而且在知识经济时代已现端倪和经济全球化的条件下，开始实现了处于中期阶段的工业化进程（这是主体）与知识经济化进程起步的结合；也不仅是为尔后进一步加速工业化打下了强大的物质技术基础，更重要的是奠定了适合社会主义初级阶段的所有制结构的初步基础，特别是形成了一条发展工业和国民经济的正确道路。

5. 总体来说，在新中国成立以后，我国工业生产建设取得了历史上从未有过的最伟大成就。

（1）工业产值和主要产量巨大增长。1950年~1997年，我国工业总产值由191亿元增长到112127亿元，人均工业总产值由35元增长到9070元；工业总产值增长了687.45倍，年均增长14.3%。如果不考虑国民经济恢复时期，1952年~1997年，工业总产值也增长了280.65倍，年均增长13%。1949年，钢、煤、原油、发电量分别居世界的第26、第9、第27、第25位；到1996年，分别上升到第1、第1、第5、第2位。与工业高速增长相联系，1980年~1997年，工业制成品在出口商品总额中的比重由49.7%上升到56.9%（详见附表10、附表11、附表20、附表21）。

（2）工业物质技术基础大大加强。1952年~1996年，国有工业平均每个职工使用的固定资产原值由2100.7元增长到70312.4元，平均每万名职工中专业技术人员由16.4人增长到595.9人（详见附表24、附表25）。

（3）产业结构调整和技术升级成绩显著。1952年~1996年，在社会总产值中，基础工业比重由4.23%上升到25.28%。其中，原材料工业由

① 《中国共产党第十五次全国代表大会文件汇编》，人民出版社1997年版，第9~20页。

2.48%上升到 17.5%，能源工业由 1.75%上升到 7.78%；非基础工业由21.39%上升到 34.48%。1949 年~1997 年，在工业总产值中，轻工业比重由 73.6%下降到 49.1%，重工业由 26.4%上升到 50.9%。1952 年~1996 年，在重工业产值中，采掘工业、原材料工业和制造工业分别由 15.3%下降到8.4%，由 42.8%下降到 31.6%，由 41.9%上升到 60%；在轻工业产值中，以农产品为原料的轻工业由 87.5%下降到 62.5%，以非农产品为原料的轻工业由 12.5%上升到 37.5%（详见附表 9、附表 14~附表 16）。高新技术产业比重也有大幅上升。所以，这些数据虽然反映了基础产业发展滞后，但确实表明了产业结构和技术升级已经取得重大进展，表明工业化进程已经有了长足发展，并显露了处于中期阶段的工业化进程开始与知识经济化进程相结合。

（4）大型工业企业的比重上升，产业集中度提高。1980 年~1996 年，在工业总产值中，大企业产值比重由 34.1%上升到 38.2%，中小企业比重由 65.9%下降到 61.8%（详见附表 18）。

（5）新中国成立以来工业地区布局尽管有过曲折的变化，但总的趋势是向着合理方面发展的。1949 年~1996 年，沿海地区工业在工业总产值中的比重由 71.47%下降到 65.42%，内地由 28.53%上升到 34.58%（详见附表 19）。

（6）职工生活有了显著的提高。诚然，1952 年~1978 年，工业职工年均货币工资由 508 元增长到 630 元，但实际工资下降了 1.1%。但在这期间，由于就业人口的大幅增长以及工资总额和劳保福利费用的大幅增长，职工生活还是有改善的。1952 年~1978 年，全部工业职工工资总额由 25.4亿元增加到 262.4 亿元，增长了 9.33 倍；国有单位职工劳保福利费用由9.52 亿元增长到 66.91 亿元，占工资总额的比重由 14.1%上升到 15.7%（详见附表 44、附表 47）。1978 年以后，职工生活有了大幅度提高。1978年~1997 年，采掘业、制造业以及电力、煤气、水的生产和供应业职工年均货币工资分别由 676 元上升到 6833 元，由 597 元上升到 5933 元，由850 元上升到 9649 元；分别增长了 111%，107.5%，137%；分别每年增长了 4%，3.9%，4.6%（详见附表 45）。1978 年~1996 年，全国保险福利费用由 78.1 亿元增长到 2725.3 亿元，相当于工资总额的比重由 13.7%上升到 30%（详见附表 48）。可以认为，就绝大多数职工来说，已在普遍实现温饱基础上，迅速向小康目标迈进。

当然，当前我国工业仍然存在许多问题。诸如国有企业改革滞后，资产负债率高，冗员多，企业办社会负担重，乡镇企业增长速度下滑过多，"三资"工业利用水平有待提高；市场发育不足，过度竞争，交易秩序混乱；经济增长方式转变、产业结构调整和技术升级缓慢，基础产业滞后并未根本解决，与世界先进技术水平的差距过大；企业组织"大而全"、"小而全"，专业化协作水平低，企业规模小，产业集中度低；盲目重复建设和重复引进，地区结构趋同；就业问题尖锐，大量生产能力闲置；企业亏损多，经济效益低；等等。

但是，我国工业有了已经达到的基础，特别是已经形成了一条正确发展工业和国民经济的道路（当然，这条道路还需在邓小平理论指导下不断总结新的实践经验，加以发展），我们可以满怀信心地预期在党的十五大精神的指引下，完全能够实现原定的建立和完善社会主义市场经济体制的目标，以及经济发展三步走的战略目标。

附　表

附表 1　工业基本建设新增主要产品生产能力（一）

年份	铁矿开采（万吨）	炼铁（万吨）	炼钢（万吨）	煤炭开采（万吨）	发电机组容量（万千瓦）	石油开采（万吨）	天然气开采（亿立方米）	汽车制造（辆）	金属切削机床（台）	拖拉机（台）
1953	68	81	22.1	969	28.7	8.8			1704	
1954	18.5	33	20.6	1047	28.4	22.8				
1955	400.3	35.8	70.6	1351	42.4	7.8			6380	
1956	270.6	89	142.4	1128	73.2	44.9		30000	3050	
1957	886	99	26	1881	74	46.9			2415	7000
1958	686	467	649	1931	179.6	128.5	2.5	20000	380	16559
1959	1011	546	299	3480	323.6	184	5	2090	20761	3470
1960	480	326	306	3100	248.5	188.1	6.4	210	10618	
1961			18	538	92	98.6			41	
1962	9	5	1	627	21.8	216.6				
1963	45		15.4	446	20.4	199.7	1.7	473	300	
1964	52.8	6.2	12.2	852	70.3	211.9	3.5		241	300
1965	282	26	52.9	857	123	263	6.5	6010	3242	3630
1966	522.5		32.4	1206	194	452.1	6.8	3000	2815	1030
1967	90		38.2	144	97.5	220.2	0.4	300	2185	
1968	97	45	65	1038	116.9	278	1.5	1050	2739	1000
1969	1529	185	135	791	187.2	237.6	1.5	1871	3958	150
1970	1351	812	382	3736	264.2	1589.2	9.4	2628	1459	400
1971	1302	525.5	169	1540	206	501.5	10.4	10490	1815	6500
1972	886	138.6	134.9	1139	299.7	574.2	15.9	600	208	9200
1973	1154	131	145	1835	400	1027.9	9.4	510	250	8500
1974	887.8	10.7	123	1702	391	1001.4	8.4	700	341	9000
1975	264	97.5	25	1905	446.3	999.7	22.5	25100	750	11900
1976	803.5	2.5	172	1729	309.9	815	23.8	2400		6700
1977	442.5	60.7	22.4	1391	362	786	16.5	7210	20	27200

续表1

年份	铁矿开采（万吨）	炼铁（万吨）	炼钢（万吨）	煤炭开采（万吨）	发电机组容量（万千瓦）	石油开采（万吨）	天然气开采（亿立方米）	汽车制造（辆）	金属切削机床（台）	拖拉机（台）
1978	115	143.8	112.5	1151	504.8	999.6	23.5	44600	77	8500
1979	462	153	210	1393	465	800	18.3	6400	46	500
1980	274		70.8	829	287	574.7	13.4	26030	356	
1981	475	25		1373	264	518.9	6.2	25000	110	
1982	310	17	18	820	294	636.5	6.2			
1983	30		6	1852	449	810.8	4.7	500		
1984	46	51		2435	377.9	1309.7	5.5	9000		
1985	480		6	1647	637.6	1737	10.8	5070		
1986	993	308	385.5	2105	663.8	1546	7.9			
1987	525	57	61.5	2106	874.4	1639	9.9	37700		3000
1988	224	92	24.9	3302	1117	1581	13.5	34157	520	
1989	300	206.8	39.9	2845	1061	1704.7	9.3	11850	138	
1990	325	21	10.5	2336	915	1334	12.7	20730		
1991	983	370	459.2	3340	1137	1491	12.1	11811		
1992	165	11.3	40.9	2792	1379	1507	10	20199		
1993	250	105.9	72.1	1305	1344.7	1542.5	10.4	53626		
1994	155	109.6	54	955	1409.8	1544.7	11.6	111210	668	
1995	11	353	188	2331	1442	1635.4	9.5	227	460	50000
1996	16	34.8	72	1694	1741		3	122000	50	
1997			137	2587	1376		21	38000		
主要工业产品新增生产能力增长率（%）										
1952年比1949年增长		76.4	55.8	1564.0	22.0	12.7				
1957年比1952年增长	1202.9	22.2	17.6	94.1	157.8	433.0			41.7	

续表 1

年份	铁矿开采（万吨）	炼铁（万吨）	炼钢（万吨）	煤炭开采（万吨）	发电机组容量（万千瓦）	石油开采（万吨）	天然气开采（亿立方米）	汽车制造（辆）	金属切削机床（台）	拖拉机（台）
1960 年比 1957 年增长	-45.8	229.3	1076.9	64.8	235.8	301.1			339.7	
1965 年比 1960 年增长	-41.3	-98.1	-82.7	-72.4	-50.5	39.8	1.6	2761.9	-69.5	4.6
1976 年比 1965 年增长	184.9	-59.7	225.1	101.8	152.0	209.9	266.2	-60.1		84.6
1978 年比 1976 年增长	-85.7	5652.0	-34.6	-33.4	62.9	22.7	-1.3	1758.3		26.9
1984 年比 1978 年增长	-60.0	-100.0	-100.0	111.6	-25.1	31.0	-76.6	-79.8		
1992 年比 1984 年增长	258.7	-77.8	581.7	14.7	264.9	15.1	81.8	124.4		
1997 年比 1992 年增长	-90.3	208.0	235.0	-7.3	-0.2		110.0	88.1		

资料来源：《伟大的十年》，人民出版社 1959 年版；《中国固定资产投资统计年鉴》（1950~1995），中国统计出版社；《中国统计年鉴》（1997），中国统计出版社；《中国统计摘要》（1998），中国统计出版社。

续表1

工业基本建设新增主要产品生产能力 (二)

年份	硫酸（万吨）	合成氨（万吨）	化学肥料（万吨）	纯碱（万吨）	烧碱（万吨）	塑料（万吨）	木材采运（万立方米）	水泥（万吨）	化学纤维（万吨）	棉纺锭（万锭）
1953	8.8	2.5	0.9	2.1	0.6		79.7	34.4		24.8
1954	1.8	2.5	0.8	3.7	0.7		76.2	28.5		36.1
1955	4.7	3.2	0.7	7	1.4		70.8	18.6		34.9
1956	16.6	1.2	0.04	6.8	1.9		63.7	66.5		13
1957	0.4	6.3	6.7	5	2.2		118.6	113.3	0.5	81
1958	32.4	10.8	22.7	14.7	4.4	0.3	252.6	193.2	0.02	80.8
1959	37.6	15.4	15.6	13.9	10.3	2.2	193.9	579.6	0.3	62.9
1960	47.7	10.3	21.8	4	9.1	0.6	146	368.4	0.2	56.2
1961	2.9	2.8	5.5	4	1.5	0.6	48.4	22.4	0.3	3.8
1962	5.1	3.2	3.5	4	1.4		8.5	10		0.1
1963	17.9	10.8	11.6	0.5	0.4	0.2	47.1	33.8	0.06	
1964	14.7	19	26.5	8	0.9	0.8	73.3	88	1.13	3.6
1965	31.1	51.8	89	8	3.9	2.5	154.5	100	1.5	141
1966	12.8	42	55.3		3.7	0.8	110.1		1.2	46
1967							82.8			
1968							77	1533		151.9
1969							66.3			
1970	55.5	84.9	61	3.6	11.2	8	79.7			
1971	25.5	75	60.9	4.7	7.5	1.5	133	307	3.3	45
1972	58.3	86	80.9	3.8	10.1	1	125.3	144	1	16.7
1973	46.7	78	74	3.2	6.3	3.6	131.4	183.2	2.9	15.3
1974	46.6	94.8	71.9	3.5	2.7	0.3	115.5	225.7	1.4	7.5
1975	42.3	95	84.2	1.2	3	0.9	106	268	3.3	9.8
1976	24	129	108.9	0.5	1.5	27	80.6	195.6	0.02	10.2
1977	23	240.6	171.2	2	8.5	12.3	64	172.3	8.9	25.2

续表1

年份	硫酸(万吨)	合成氨(万吨)	化学肥料(万吨)	纯碱(万吨)	烧碱(万吨)	塑料(万吨)	木材采运(万立方米)	水泥(万吨)	化学纤维(万吨)	棉纺锭(万锭)
1978	22	95.8	83.5	0.5	6.2	1	77.8	189.1	3	27.1
1979	11	93.9	82.2	11.5	6.5	11.1	89	273.8	7.3	62.5
1980	8	33	27.9	4.4	7.9	1.9	49.8	288.8	6	76
1981	3.5	37.5	32.3		0.7	0.1	29.8	154.4	7.9	51
1982	9.7	72.5	65.3		0.9	2	33.3	236.8	2.9	50.9
1983		11.7	8.2	2	0.5	0.7	44.7	345.7	5.1	31.2
1984	4.5	7.7	12.6	7.6	0.5	0.1	54.9	474	2.6	13
1985	7.2	43.2	43.6	25.5	0.4	1.5	40	116	13.5	10.6
1986	34.6	47.2	44	36.4	2.4	0.5	43.8	514	15.4	12.8
1987	5	9.5	24.1	37	0.4	27.2	26	451.9	13.4	33.9
1988	33	4.2	6.4	84.5	1.6	46.8	29.8	275.5	11.4	41.3
1989	8.6	12.2	23.8	61.3	22.5	6.1	21.9	451.9	7.4	46.7
1990	6	4.7	51.6	4	0.5	3.7	34.6	283	3.9	38.5
1991	7.6	47.8	132.1	5	2.7	40	30.2	189	4.6	45
1992	12	61	109.8	8	11.8	0.8	29.7	393.8	3.9	19.3
1993	13.9	5.5	46.3	20	15.8	2	62.8	550	4.3	15.8
1994	23.8	51.2	63.5	20	3.5	8.5	35.1	467.8	7.3	8.4
1995	52.9	2.6	64.4		4	0.5	15	794.6	9.3	14
1996	89.9	39.5	77.4		1.5	2.5	35	794	11.3	6
1997			88				15			

主要工业产品新增生产能力增长率 (%)

	硫酸(万吨)	合成氨(万吨)	化学肥料(万吨)	纯碱(万吨)	烧碱(万吨)	塑料(万吨)	木材采运(万立方米)	水泥(万吨)	化学纤维(万吨)	棉纺锭(万锭)
1952年比1949年增长	2.5	0.8	9.1	9.1	1.5			55.8		
1957年比1952年增长	-95.5	152.0	644.4	138.1	266.7		48.8	229.4		226.6

续表 1

年份	硫酸(万吨)	合成氨(万吨)	化学肥料(万吨)	纯碱(万吨)	烧碱(万吨)	塑料(万吨)	木材采运(万立方米)	水泥(万吨)	化学纤维(万吨)	棉纺锭(万锭)
1960 年比 1957 年增长	11825.0	63.5	225.4	-20.0	313.6		23.1	225.2	-60.0	-30.6
1965 年比 1960 年增长	-34.8	402.9	308.3	100.0	-57.1	316.7	5.8	-72.9	650.0	150.9
1976 年比 1965 年增长	-22.8	149.0	22.4	-93.8	-61.5	980.0	-47.8	95.6	-98.7	-92.8
1978 年比 1976 年增长	-8.3	-25.7	-23.3	0.0	313.3	-96.3	-3.5	-3.3	14900.0	165.7
1984 年比 1978 年增长	-79.5	-92.0	-84.9	300.0	-91.9	-90.0	-29.4	150.7	-13.3	-52.0
1992 年比 1984 年增长	166.7	692.2	771.4	150.0	2260.0	700.0	-45.9	-16.9	50.0	48.5
1997 年比 1992 年增长	649.2	-35.2	-19.9		-87.3	212.5	-49.5	101.6	189.7	-68.9

续表1

工业基本建设新增主要产品生产能力（三）

年份	自行车（万辆）	缝纫机（万架）	手表（万只）	原盐（万吨）	机制纸及纸板（万吨）	新建铁路交付营业里程（公里）	新建公路（公里）	沿海港口吞吐能力（万吨）
1953	10			12	2	586.7	2598	
1954	3			4.8	2.9	830	3824	140
1955	2	2		24.4	1.5	1222	3579	130
1956	35	5.4		34.2	8.8	1747	55930	222
1957	23.4	15.5	10	75.9	9.7	474	17472	273
1958	5	5	10	194	35.8	1358	10000	437
1959	9	9	20	287	50.6	1056	19400	826
1960	3	7		110	17	1818	4172	330
1961	9.6	4.3	12	45	7.9	469	1014	140
1962	5.4			7	1.3	231	2461	50
1963	5	2.5	29	5.3	2	298	2598	80
1964	25	22	10	11	3	420	3654	65
1965	2	12			4.6	1264	6377	280
1966	6	10	5	8.2	3	833	7173	19
1967		2		3.2	4	164	5591	432
1968	1	3.3	5	3.2	4	135	3996	490
1969	59	12.7	36	8.3	4.7	459	5129	60
1970	2.3	3	25	34	20	2342	9334	310
1971	8	13.5	52.8	33.6	10	1069	10436	478
1972	2.3	1	71	33.7	9.5	1358	8604	53
1973	40	8	95	46.7	5	1099	4976	880
1974	13	10	63	5	5.5	863	7880	1315
1975	23	18.4	153.8	29.8	4.6	462	8169	1915
1976	33	66	132	12.8	2.9	382	11822	2776
1977				30.7	6.2	611	9952	1028

续表1

年份	自行车（万辆）	缝纫机（万架）	手表（万只）	原盐（万吨）	机制纸及纸板（万吨）	新建铁路交付营业里程（公里）	新建公路（公里）	沿海港口吞吐能力（万吨）
1978	40	18	28	19.7	3.5	823	10578	1657
1979	29	44	119	44	11.2	802	4956	836
1980	113.9	103	255.6	52.1	10.8	252.8	3036	683
1981	127.5	65	146	29.4	6.7	316.7	1554	336
1982	38	40	76	30.6	5.9	103.9	751	2000
1983		21	68	15	9.2	343.2	1462	1773
1984	50	4.7	3	67.4	7.8	346.8	1443	918
1985	30			2.5	3.3	386.1	3142	4956
1986	80			1	1.1	910	4073	4646
1987	60	448	38.9	6	10.7	422	4833	1255
1988		0.1		12	7.5	433.6	4046	1041
1989	50	1		42	8.5	414	2999	4542
1990		2		26	5.4	381	3044	3022
1991	44			4	7.9	345	2909	770
1992	146			33.9	3.3	1055	4458	3117
1993		0.7		50	4	557	2636	5206
1994				38	11.9	398	6034	10261
1995			20	12.5	11.5	2386	9450	5830
1996	5			19	18.7	2170	10179	2537
1997						896	12012	11725
主要工业产品新增生产能力率（%）								
1952年比1949年增长					9.4			
1957年比1952年增长				532.5	385.0	-19.2	572.5	

续表1

年份	自行车（万辆）	缝纫机（万架）	手表（万只）	原盐（万吨）	机制板及纸板（万吨）	新建铁路交付营业里程（公里）	新建公路（公里）	沿海港口吞吐能力（万吨）
1960年比1957年增长	-74.3	66.7		44.9	75.3	283.5	-76.1	20.9
1965年比1960年增长	177.8	144.4	-50.0	-100.0	-72.9	-30.5	52.9	-15.2
1976年比1965年增长	-8.0	-16.4	1438.0		-37.0	-69.8	85.4	891.4
1978年比1976年增长	73.9	-2.2	-81.8	53.9	20.7	115.4	-10.5	-40.3
1984年比1978年增长	25.0	-73.9	-89.3	242.1	122.9	-57.9	-86.4	-44.6
1992年比1984年增长	192.0			-49.7	-57.7	204.2	208.9	239.5
1997年比1992年增长				-44.0	466.7	-15.1	169.4	276.21

附表2　工业更新改造新增主要产品生产能力　（一）

年份	铁矿开采(万吨)	炼铁(万吨)	炼钢(万吨)	煤炭开采(万吨)	发电机组容量(万千瓦)	石油开采(万吨)	汽车制造(万吨)	金属切削机床(台)	拖拉机(万台)	硫酸(万吨)	合成氨(万吨)	纯碱(万吨)	烧碱(万吨)	塑料(万吨)	锯材(万立方米)
1981	216	17.6	10	332	34.5	358	0.07	1075	0.2	21.2	32.7	3.2	3.4	1.77	5
1982	9.3	4.3	18.5	428.3	17.1	319	0.06	25	0.32	36.9	48	8.5	6.3	2.45	7.6
1983	12	3.8	68.9	448.1	21	269	1.16	605	0.52	20.7	46.2	10.7	11	3.8	5.9
1984	84.6	35	106.7	531.3	22.3	16	0.91	465	2.22	20.92	52.6	7	5.7	3.4	1.2
1985	65	114.6	213.3	416.3	16	9.8	4.11	1409	2.39	8.63	41.6	12.9	7.7	4.3	3.5
1986	75	208.9	114.5	409.5	48.6	4.5	7.6	6788	1.88	13.77	34.5	16.7	8.2	7.4	17.2
1987	305	153.8	501.2	344.6	45	85.7	6.5	5692	2.38	51.57	59	5.8	24.5	5.8	2.7
1988	118	98.8	160.1	273.8	62	163.7	11.6	4854	4.79	187.48	109	16	37.3	7.9	5.2
1989	191	162.1	199.6	295.4	44	61	6	8834	1.32	124.45	103.8	13.1	32.9	4.4	0.3
1990	494	115.9	148.7	340.7	109.5	91	7.7	13221	1.41	61.1	148.8	11.6	27.1	6.6	3.4
1991	75	354.4	123.7	164	82.4	3.9	10.5	15636	2.6	46.9	118.4	10.2	21.3	3.4	2.5
1992		127.6	347.2	273.2	86.7		10.6	7000	9.67	69.5	90	19	32.7		
1993	125.8	195.9	396.3	360.6	100.7	123	29.2	88386	6.85	36.8	45.3	4.3	12.5	6.34	5.7
1994	111	380.6	478.4	280	107.4	22.6	14.7	21623	1.3	37.3	45.2	7.3	25.9	12.27	2403
1995	145	411	420	477	221.1	71	15.1	22996	12.83	100	141.4	47.9	49.9	24.4	6
1996	87.7	175	231	456	231	13.8	33.9	6100	25.3	154	229.3	31.8	51.6	19.6	5.4
主要工业产品新增生产能力增长率（%）															
1984年比1981年增长	-60.8	98.8	967.0	60.0	-35.4	-95.6	1200.0	-56.8	1010.0	-1.4	60.8	118.7	67.6	92.0	-76.0
1992年比1984年增长	—	265.4	62.7	-48.6	166.4	—	1064.8	1405.4	335.6	232.2	171.1	171.4	473.7	—	—
1996年比1992年增长	—	37.1	-33.5	66.9	166.4	253.8	219.8	-12.9	161.6	121.6	154.8	67.4	57.8	—	—

资料来源：《中国固定资产投资统计年鉴》（1950~1995），中国统计出版社；《中国统计年鉴》（1997），中国统计出版社。

续表2

工业更新改造新增主要产品生产能力（二）

年份	水泥（万吨）	化学纤维（万吨）	棉纺锭（万锭）	自行车（万辆）	缝纫机（万架）	手表（万只）	电冰箱（万台）	洗衣机（万台）	原盐（万吨）	机制板及纸板（万吨）	新建铁路复线营业里程（公里）	新建公路（公里）	沿海港口吞吐能力（万吨）
1981	180.1	2.53	48.3	283.3	95.2	222.3	0.02	25.2	15	22.9	19	1419	236.6
1982	345.8	1.5	47.5	313.5	181.6	339.7	0.53	21.1	30.8	22.3	27	1004	457
1983	530.8	2.3	68	298	124.7	184	3.4	21.3	3.6	24.2	85	388	468
1984	546.3	2.2	61.3	160	64	86	10.35	16	11.7	25.5	6	272	536
1985	957	4.4	41.1	134	26.4	838	21.3	22	5	33.6	30	346	352
1986	1183	6.2	53.7	183	15	95	142	93.4	9.3	46.7	10	247	409
1987	1209	8	82.4	268	29.8	194	80.2	25.1	40.3	55.1	19	176	563
1988	1209	6.2	146.6	271	8.2	114	114.6	59.6	88.9	61.6	21	367	473
1989	961	5.9	115.1	165	4.1	244	49.1	50	54.3	34.1	21	276	405
1990	793	4.6	116.5	77	10.6	281	77.5		61	51.3	15	187	390
1991	686	6.9	278.3	67	4.3	376	34		151.3	63.6	27	88	350
1992	1313	11.2	61.5	125.6	10.9	250	37	25	78	66.8	3	223	320.8
1993	42291	7.1	62.6	141	7	6	32	23	83	75.1	20	141	295
1994	3126	16.6	344.7	836	41.7		47	45	39.1	90.6	154	125	631.8
1995	3364	8.7	52	387	6		82	53	74	232	4	294	621.3
1996	2151	5.1	50.3		2.5		122	92	10.4	141.8		306.8	336.5
主要工业产品新增生产能力增长率（%）													
1984年比1981年增长	203.3	-13.1	26.9	-43.6	-32.7	-61.4	5165.0	-36.6	-22.0	11.3	-68.5	-80.9	126.5
1992年比1984年增长	104.3	409.1	0.3	-21.5	-83.0	190.7	257.5	56.3	566.7	162.0	-50.0	-18.0	-40.1
1996年比1992年增长	63.8	-54.5	-18.2	—	-77.1	—	229.7	268.0	-86.7	112.3	—	37.6	4.9

附表 3　工业主要产品产量 (一)

年份	化学纤维 (万吨)	纱 (万吨)	布 (亿米)	毛线 (万吨)	呢绒 (万米)	麻袋 (亿条)	丝 (万吨)	机制纸及纸板 (万吨)	缝纫机 (万架)	自行车 (万辆)
1949		32.7	18.9	0.18	544	0.10	0.18	11		1.4
1950		43.7	25.2	0.13	488	0.15	0.34	14		2.1
1951		48.7	30.6	0.08	402	0.39	0.47	24		4.4
1952		65.6	38.3	0.20	423	0.67	0.56	37	6.6	8.0
1953		74.5	46.9	0.37	623	0.59	0.66	43	5.4	16.5
1954		83.4	52.3	0.33	782	0.59	0.67	52	15.6	29.8
1955		72.0	43.6	0.37	1027	0.53	0.77	58	15.3	33.5
1956		95.2	57.7	0.57	1427	0.79	0.94	73	20.6	64.0
1957	0.02	84.4	50.5	0.57	1817	0.83	0.99	91	27.8	80.6
1958	0.03	126.2	64.6	1.00	2674	1.20	1.13	122	64.0	117.2
1959	0.54	153.1	75.7	0.88	3385	1.07	1.02	170	65.1	133.2
1960	1.06	109.3	54.5	0.95	3646	0.86	0.83	180	88.0	176.5
1961	0.53	66.9	31.1	0.53	3092	0.59	0.52	110	61.1	74.4
1962	1.36	54.8	25.3	0.78	3242	0.44	0.47	112	77.9	137.1
1963	1.89	67.8	33.4	0.80	4369	0.50	0.47	128	93.1	148.9
1964	3.21	97.0	47.1	0.96	4809	0.86	0.71	145	102.3	170.5
1965	5.01	130.0	62.8	1.10	4240	1.25	0.91	173	123.8	183.8
1966	7.58	156.5	73.1	1.25	4383	1.46	1.18	209	142.4	205.3
1967	5.22	135.2	65.6	1.11	3577	1.24	1.13	196	126.3	177.1
1968	3.60	137.7	64.3	1.21	3976	1.08	0.93	177	139.2	201.1
1969	6.66	180.5	82.1	1.70	4975	1.48	1.30	217	192.2	292.1
1970	10.09	205.2	91.5	2.17	5776	1.84	1.67	241	235.2	368.8
1971	11.99	190.0	84.2	2.35	6153	1.81	1.93	263	249.9	412.6
1972	13.73	188.6	83.5	2.21	6046	1.32	1.95	282	263.2	440.4
1973	14.88	196.7	87.1	2.32	6211	1.69	2.11	313	293.6	496.8

续表3

年份	化学纤维（万吨）	纱（万吨）	布（亿米）	毛线（万吨）	呢绒（万米）	麻袋（亿条）	丝（万吨）	机制纸及纸板（万吨）	缝纫机（万架）	自行车（万辆）
1974	14.26	180.3	80.8	2.36	6357	1.68	1.82	299	318.9	519.6
1975	15.48	210.8	94.0	2.66	6943	1.91	2.31	341	356.7	623.2
1976	14.61	196.0	88.4	2.78	7072	1.88	2.28	341	363.8	668.1
1977	18.98	223.0	101.5	3.11	7840	2.45	2.69	377	424.2	742.7
1978	28.46	238.2	110.3	3.78	8885	2.90	2.97	439	486.5	854.0
1979	32.63	263.5	121.5	4.44	9017	3.44	2.97	493	586.8	1009.5
1980	45.03	292.6	134.7	5.73	10095	4.10	3.54	535	767.8	1302.4
1981	52.73	317.0	142.7	7.65	11308	4.29	3.74	540	1039.1	1754.3
1982	51.70	335.4	153.5	9.25	12669	5.00	3.71	589	1286.0	2420.0
1983	54.07	327.0	148.8	10.21	14291	5.51	3.69	661	1087.2	2758.2
1984	73.49	321.9	137.0	11.00	18049	5.48	3.76	756	934.9	2861.4
1985	94.78	353.5	146.7	12.59	21816	6.27	4.22	911	991.2	3227.7
1986	101.73	397.8	164.7	14.91	25187	7.60	4.72	999	989.4	3568.3
1987	117.50	436.8	173.0	20.47	26538	8.59	5.19	1141	970.0	4116.7
1988	130.12	465.7	187.9	22.50	28609	9.31	5.10	1270	983.2	4140.1
1989	148.09	476.7	189.2	25.00	27962	7.84	5.23	1333	956.3	3676.8
1990	165.42	462.6	188.8	23.80	29505	7.41	5.66	1372	761.0	3141.6
1991	191.03	460.8	181.7	28.25	31141	6.51	6.07	1479	763.8	3676.8
1992	213.04	501.7	190.7	35.06	33792	6.16	7.42	1725	833.2	4083.6
1993	237.37	501.5	203.0	34.35	35383		9.40	1914	840.6	4149.6
1994	280.33	489.5	211.3	43.96	41900		10.64	2138	861.2	4364.9
1995	341.17	542.2	260.2	51.38	65392		11.34	2812	970.6	4472.3
1996	375.45	512.2	209.1	48.25	45954		9.49	2638	683.7	3361.2
1997	422.49	531.2	203.7		35475		7.46	2166	597.5	2704.3

续表3

工业主要产品产量增长率 (%)

年份	化学纤维 (万吨)	纱 (万吨)	布 (亿米)	毛线 (万吨)	呢绒 (万米)	麻袋 (亿条)	丝 (万吨)	机制纸及纸板 (万吨)	缝纫机 (万架)	自行车 (万辆)
1952年比1949年增长	—	100.6	102.6	11.1	-22.2	570.0	211.1	236.4	—	471.4
1957年比1952年增长	—	28.7	31.9	185.0	329.6	23.9	76.8	145.9	321.2	907.5
1960年比1957年增长	5200.0	29.5	7.9	66.7	100.7	3.6	-16.2	97.8	216.5	119.0
1965年比1960年增长	371.7	18.9	15.2	15.8	16.3	45.3	9.6	-3.9	40.7	4.1
1976年比1965年增长	192.0	50.8	40.8	152.7	66.8	50.4	150.5	97.1	193.9	263.5
1978年比1976年增长	94.5	21.5	24.8	36.7	25.6	54.3	30.3	28.7	33.7	27.8
1984年比1978年增长	158.8	35.1	24.2	189.5	103.1	89.7	24.6	72.2	92.2	235.1
1992年比1984年增长	189.8	55.9	39.2	218.2	87.2	10.9	100.0	128.2	-10.9	42.7
1997年比1992年增长	98.4	5.9	6.8	—	5.0		1.4	25.6	-28.3	-33.8

资料来源:《中国统计年鉴》(1993),中国统计出版社,第444~449页;《中国统计年鉴》(1997),中国统计出版社,第443~450页;《中国统计摘要》(1998),中国统计出版社,第103~107页。

续表 3

工业主要产品产量（二）

年份	表（万只）	#手表	日用精铝制品（万吨）	灯泡（亿只）	合成洗涤剂（万吨）	原盐（万吨）	糖（万吨）	卷烟（万箱）	罐头（万吨）	啤酒（万吨）
1949				0.13		299	20	160		
1950				0.14		246	24	185		
1951				0.21		435	30	200		
1952				0.26		495	45	265	1.3	
1953				0.29		357	64	355	2.8	
1954				0.36		489	69	373	2.4	
1955				0.42		754	72	357	3.0	
1956				0.55		494	81	391	4.9	
1957	0.04	0.04	0.28	0.69		828	86	446	6.2	5
1958	1.65	1.65	0.31	1.24		1040	90	475	12.9	6
1959	8.44	8.40	0.31	1.79	0.6	1106	110	550	16.0	11
1960	50.80	50.50	0.32	2.19	1.0	1287	44	449	11.8	15
1961	64.60	62.20	0.79	2.12	1.1	1113	39	254	7.2	12
1962	81.80	76.10	0.92	2.20	2.4	994	34	244	7.3	10
1963	91.80	84.10	1.35	2.22	2.2	1056	44	323	7.3	9
1964	101.50	93.50	1.21	2.02	2.3	501	107	413	10.1	8
1965	108.30	100.80	1.14	1.92	3.0	1147	146	478	12.2	9
1966	137.40	128.90	1.04	2.37	4.2	998	159	540	14.1	9
1967	145.00	134.50	0.86	1.65	3.7	1043	148	490	12.2	11
1968	183.80	168.00	1.09	1.65	4.2	1325	151	521	13.1	12
1969	268.60	246.10	1.55	2.55	6.2	966	121	677	15.2	15
1970	358.10	347.60	1.91	3.86	9.3	1109	135	783	19.3	16
1971	429.20	422.80	1.03	4.36	10.9	1235	141	701	20.0	18
1972	491.70	483.80	2.22	4.72	15.2	1386	155	745	24.1	20
1973	573.20	562.20	2.64	5.03	17.9	1076	191	846	28.4	23

续表3

年份	表（万只）	#手表	日用精铝制品（万吨）	灯泡（亿只）	合成洗涤剂（万吨）	原盐（万吨）	糖（万吨）	卷烟（万箱）	罐头（万吨）	啤酒（万吨）
1974	673.50	656.40	3.23	4.38	19.3	1456	184	872	32.2	23
1975	809.00	782.20	3.98	5.20	22.3	1481	174	992	35.1	27
1976	949.60	911.40	4.10	5.03	21.7	1401	165	982	35.2	30
1977	1152.80	1104.30	5.24	6.17	25.7	1710	182	1211	44.2	35
1978	1410.80	1351.10	5.65	7.59	32.4	1953	227	1182	48.8	40
1979	1750.40	1707.00	5.49	8.50	39.7	1477	250	1303	50.1	52
1980	2267.50	2215.50	5.80	9.46	39.3	1728	257	1520	57.2	69
1981	2906.60	2872.40	5.68	9.66	47.8	1832	317	1704	68.4	91
1982	3313.20	3301.00	6.01	10.73	56.9	1638	338	1885	78.5	117
1983	3478.10	3469.00	6.78	12.49	67.7	1613	377	1938	84.5	163
1984	3807.10	3798.20	7.34	14.12	81.0	1642	380	2132	109.0	224
1985	5447.10	5431.10	7.26	15.33	1005.0	1479	451	2370	142.5	310
1986	7332.00	7317.40	8.79	16.09	117.5	1761	525	2596	164.1	413
1987	6159.40	6142.40	10.58	16.83	119.2	1764	506	2881	161.5	540
1988	6788.90	6661.60	8.99	18.27	131.9	2264	461	3096	220.9	656
1989	7559.65	7275.57	8.22	20.80	146.6	2829	501	3195	232.5	643
1990	8671.32	8352.64	7.85	24.54	151.4	2023	582	3298	157.1	692
1991	7824.88	7595.50	8.68	28.00	146.2	2410	640	3226	193.0	838
1992	8658.76	8610.46	8.21	32.81	166.6	2838	829	3285	224.3	1021
1993	19290.80	15183	9.92		188.3	2943	771	3376	230.3	1192
1994	47776.80	45394	10.73		217.5	2996	592	3432	247.3	1415
1995	48191.29	24480	29.44		299.8	2978	559	3485	310.6	1569
1996	47975.64	29629			262.2	2904	640	3402	282.6	1682
1997		28300			257.3	2928	680	3402		1867

续表 3

工业主要产品产量增长率（%）

年份	表（万只）	# 手表	日用精铝制品（万吨）	灯泡（亿只）	合成洗涤剂（万吨）	原盐（万吨）	糖（万吨）	卷烟（万箱）	罐头（万吨）	啤酒（万吨）
1952 年比 1949 年增长	—	—	—	100.0	—	65.6	125.0	65.6	—	—
1957 年比 1952 年增长	—	—	—	165.4	—	67.3	91.1	68.3	376.9	—
1960 年比 1957 年增长	126900.0	126150.0	14.3	217.4	—	55.4	-48.8	0.7	90.3	200.0
1965 年比 1960 年增长	113.2	99.6	256.3	-12.3	200.0	-10.9	231.8	6.5	3.4	-40.0
1976 年比 1965 年增长	776.8	804.2	259.6	162.0	623.3	22.1	13.0	105.4	186.9	233.3
1978 年比 1976 年增长	48.6	48.2	37.8	50.9	49.3	39.4	37.6	20.4	39.4	33.3
1984 年比 1978 年增长	169.8	181.1	29.9	86.0	150.0	-15.9	67.4	80.4	123.4	460.0
1992 年比 1984 年增长	127.4	126.7	11.7	132.3	105.7	72.8	118.2	54.1	105.5	355.8
1997 年比 1992 年增长	454.1	228.7	—	—	54.3	3.2	-18.0	—	25.9	82.9

续表3

工业主要产品产量（三）

年份	家用电冰箱(万台)	家用洗衣机(万台)	电风扇(万台)	录放音机(万台)	收音机(万台)	电视机(万台)	照相机(万架)	原煤(亿吨)	原油(万吨)	天然气(亿立方米)
1949					0.4			0.32	12	0.07
1950					0.7			0.43	20	0.07
1951					1.1			0.53	31	0.03
1952					1.7			0.66	44	0.08
1953					2.7			0.70	62	0.11
1954					4.7			0.84	79	0.15
1955					9.1			0.93	97	0.17
1956	0.03				17.1			1.10	116	0.26
1957	0.16			0.1	35.2		0.01	1.31	146	0.70
1958	0.26			0.4	127.4	0.02	2.10	2.70	226	1.10
1959	0.34			3.1	141.9	0.31	10.17	3.69	373	2.90
1960	0.36			4.6	158.7	0.79	17.31	3.97	520	10.40
1961	0.11			0.3	62.0	0.15	7.28	2.78	531	14.70
1962	0.09				90.3	0.36	2.05	2.20	575	12.10
1963	0.14				80.9	0.26	1.22	2.17	648	10.20
1964	0.17			0.1	78.3	0.21	1.08	2.15	848	10.60
1965	0.30			0.5	81.5	0.44	1.72	2.32	1131	11.00
1966	0.54			0.7	83.7	0.51	2.79	2.52	1455	13.40
1967	0.59			0.9	91.3	0.51	4.40	2.06	1388	14.60
1968	0.67			0.9	117.6	0.20	4.45	2.20	1599	14.00
1969	0.66			1.0	257.0	0.10	4.98	2.66	2174	19.60
1970	0.52			1.4	323.1	1.05	4.04	3.54	3065	28.70
1971	0.61			1.5	240.3	1.78	4.48	3.92	3941	37.40
1972	0.76			1.6	273.9	3.23	5.80	4.10	4567	48.40
1973	1.00			1.7	502.8	7.58	7.69	4.17	5361	59.80

续表 3

年份	家用电冰箱（万台）	家用洗衣机（万台）	电风扇（万台）	录放音机（万台）	收音机（万台）	电视机（万台）	照相机（万架）	原煤（亿吨）	原油（万吨）	天然气（亿立方米）
1974	1.34			2.4	723.0	10.18	11.10	4.13	6485	75.30
1975	1.80			3.2	935.6	17.78	18.49	4.82	7706	88.50
1976	2.12			4.1	969.1	18.45	22.50	4.83	8716	101.00
1977	2.46		137.8	5.0	1049.4	28.46	24.66	5.50	9364	121.20
1978	2.80	0.04	233.1	4.7	1167.7	51.73	17.89	6.18	10405	137.30
1979	3.18	1.80	723.7	16.5	1380.7	132.85	23.81	6.35	10615	145.10
1980	4.90	24.50	1049.9	74.3	3003.8	249.20	37.28	6.20	10595	142.70
1981	5.56	128.10	918.6	152.6	4057.2	539.41	62.30	6.22	10122	127.40
1982	9.99	253.30	1045.7	347.1	1723.9	592.01	74.23	6.66	10212	119.30
1983	18.85	265.90	1770.7	497.7	1998.9	684.01	92.56	7.15	10607	122.10
1984	54.74	578.10	1770.7	776.4	2220.3	1003.81	126.18	7.89	11461	124.30
1985	144.81	887.20	3174.6	1393.1	1600.3	1667.66	178.97	8.72	12490	129.30
1986	225.02	893.40	3528.7	1756.8	1589.5	1459.40	202.54	8.94	13069	137.60
1987	401.34	990.20	3660.7	1978.0	1763.8	1934.37	256.70	9.28	13414	138.90
1988	757.63	1046.80	4495.5	2540.4	1548.9	2505.07	312.26	9.80	13705	142.60
1989	670.79	825.43	4991.9	2349.0	1834.7	2766.54	245.18	10.54	13764	150.49
1990	463.06	662.68	5799.3	3023.5	2103.0	2684.70	213.22	10.80	13831	152.98
1991	469.94	687.17	6219.1	2873.7	1969.1	2691.41	478.18	10.87	14099	160.73
1992	485.76	707.93	6837.0	3231.8	1648.9	2867.82	526.48	11.16	14210	157.88
1993	596.66	895.85	7387.3	3647.9	1754.2	3032.97	1930.46	11.51	14524	167.65
1994	768.12	1094.24	8613.5	8395.6	4132.3	3283.26	2830.02	12.40	14608	175.59
1995	918.54	948.41	12966.7	8581.4	8204.6	3496.23	3326.15	13.61	15005	179.47
1996	979.65	1074.72	10291.7	8632.8	5650.7	3541.81	4120.77	13.97	15733	201.14
1997	986.09	1257.1	7273	—	4280.7	3513.52	4021.95	13.56	16210	245.0

续表3

工业主要产品产量增长率（%）

年份	家用电冰箱（万台）	家用洗衣机（万台）	电风扇（万台）	录放音机（万台）	收音机（万台）	电视机（万台）	照相机（万架）	原煤（亿吨）	原油（万吨）	天然气（亿立方米）
1952年比1949年增长	—	—	—	—	325.0	—	—	106.3	266.7	14.3
1957年比1952年增长	—	—	—	—	1970.6	—	—	98.5	231.8	775.0
1960年比1957年增长	125.0	—	—	4500.0	350.9	—	172900.0	197.7	256.2	1385.7
1965年比1960年增长	-16.7	—	—	-89.1	-48.6	-44.3	-90.1	-41.0	117.5	5.8
1976年比1965年增长	606.7	—	—	720.0	1089.0	3990.9	1208.1	108.7	670.6	818.2
1978年比1976年增长	32.1	—	—	14.6	20.4	187.2	-20.4	29.2	19.4	35.6
1984年比1978年增长	1853.6	14449.00	1185.0	16410.6	90.2	1841.6	603.9	27.4	10.1	-9.3
1992年比1984年增长	787.9	22.5	286.1	316.5	-25.7	185.7	317.9	40.5	24.0	27.0

续表3

工业主要产品产量（四）

年份	发电量（亿千瓦小时）	#水电	生铁（万吨）	钢（万吨）	成品钢材（万吨）	铁合金（万吨）	水泥（万吨）	平板玻璃（万重量箱）	木材（万立方米）	硫酸（万吨）
1949	43	7	25	16	13	0.1	66	91	567	4.0
1950	46	8	98	61	37	1.4	141	129	664	6.9
1951	57	9	145	90	67	1.8	249	173	764	14.9
1952	73	13	193	135	106	1.7	286	198	1233	19.0
1953	92	15	223	177	147	2.9	388	233	1754	26.0
1954	110	22	311	223	172	3.8	460	292	2221	34.4
1955	123	24	387	285	216	4.8	450	313	2093	37.5
1956	166	35	483	447	314	7.4	639	284	2105	51.7
1957	193	48	594	535	415	10.5	686	430	2787	63.2
1958	275	41	1369	800	591	18.8	930	484	3579	74.4
1959	423	44	2191	1387	897	54.3	1227	532	4518	106.1
1960	594	74	2716	1866	1111	80.5	1565	567	4129	133.0
1961	480	74	1281	870	613	46.8	621	293	2194	90.4
1962	458	90	805	667	455	19.7	600	367	2375	96.8
1963	490	87	741	762	533	22.5	806	497	3250	130.6
1964	560	106	902	964	688	26.2	1209	539	3800	170.4
1965	676	104	1077	1223	881	33.9	1634	599	3978	234.0
1966	825	126	1334	1532	1035	48.7	2015	719	4192	290.9
1967	774	131	963	1029	718	42.5	1462	578	3250	198.3
1968	716	115	857	904	666	28.8	1262	573	2791	141.5
1969	940	160	1280	1333	926	46.6	1829	807	3283	234.3
1970	1159	205	1706	1779	1188	59.5	2575	928	3782	294.1
1971	1384	251	2100	2132	1389	67.0	2158	1051	4067	357.9
1972	1524	288	2355	2338	1561	75.7	3547	1048	4253	400.5
1973	1668	389	2490	2522	1684	85.0	3731	1042	4467	468.1

续表3

年份	发电量(亿千瓦小时)	#水电	生铁(万吨)	钢(万吨)	成品钢材(万吨)	铁合金(万吨)	水泥(万吨)	平板玻璃(万重量箱)	木材(万立方米)	硫酸(万吨)
1974	1668	414	2062	2112	1466	69.1	3709	1024	4607	442.7
1975	1958	476	2449	2390	1622	76.9	4626	1262	4703	484.7
1976	2031	456	2233	2046	1466	65.9	4670	1261	4573	450.8
1977	2234	476	2505	2374	1633	73.2	5565	1481	4967	537.5
1978	2566	446	3479	3178	2208	93.9	6524	1784	5162	661.0
1979	2820	501	3673	3448	2497	117.3	7390	2083	5439	699.8
1980	3006	582	3802	3712	2716	99.4	7986	2466	5359	764.3
1981	3093	655	3417	3560	2670	79.9	8290	2701	4942	780.7
1982	3277	744	3551	3716	2902	88.9	9520	3154	5041	817.5
1983	3514	864	3738	4002	3072	108.8	10825	3647	5232	869.6
1984	3770	868	4001	4347	3372	127.5	12302	4190	6385	817.2
1985	4107	924	4384	4679	3693	149.4	14595	4942	6323	676.4
1986	4495	945	5064	5220	4058	159.7	16606	5202	6502	763.1
1987	4973	1000	5503	5628	4386	184.6	18625	5803	6408	983.3
1988	5452	1092	5704	5943	4689	208.4	21014	7293	6218	1111.3
1989	5848	1183	5820	6159	4859	238.2	21029	8442	5802	1153.3
1990	6212	1267	6238	6635	5153	244.2	20971	8067	5571	1196.9
1991	6775	1247	6765	7100	5638	246.0	25261	8712	5807	1332.9
1992	7539	1307	7589	8094	6697	264.8	30822	9359	6174	1408.7
1993	8395	1518	8739	8956	7716	300.0	36788	11086	6390	1337
1994	9281	1674	9741	9261	8428	336.1	42118	11925	6615	1537
1995	10070	1906	10529	9536	8980	431.9	47561	15732	6767	1811
1996	10813	1880	10723	10124	9338	418.0	49119	16069	6710	1884
1997	11045	1878	11544	10757	9490		49260	16155	6400	1946

续表3

工业主要产品产量增长率（%）

年份	发电量（亿千瓦小时）	#水电	生铁（万吨）	钢（万吨）	成品钢材（万吨）	铁合金（万吨）	水泥（万吨）	平板玻璃（万重量箱）	木材（万立方米）	硫酸（万吨）
1952年比1949年增长	69.8	85.7	672.0	743.8	715.4	1600.0	333.3	117.6	117.5	375.0
1957年比1952年增长	164.4	269.2	207.8	296.3	291.5	517.6	139.9	117.2	126.0	232.6
1960年比1957年增长	207.8	54.2	357.2	248.8	167.7	661.9	128.1	31.9	48.2	110.4
1965年比1960年增长	13.8	40.5	-60.3	-34.5	-20.7	-57.6	4.4	5.6	-3.7	75.9
1976年比1965年增长	200.4	338.5	107.3	67.3	66.4	94.4	185.8	110.5	15.0	92.6
1978年比1976年增长	26.3	-2.2	55.8	55.3	50.6	42.5	39.7	41.5	12.9	46.6
1984年比1978年增长	46.9	117.0	15.0	36.8	52.7	35.3	88.6	134.9	23.7	23.6
1992年比1984年增长	100.0	35.0	89.7	86.2	98.6	108.5	150.5	123.4	-3.3	72.3
1997年比1992年增长	46.5	43.7	52.1	32.9	41.7	—	59.8	72.6	3.7	38.2

工业主要产品产量 (五)

年份	纯碱(万吨)	烧碱(万吨)	农用氮、磷、钾化肥(万吨)	#氮肥	#磷肥	化学农药(万吨)	乙烯(万吨)	电石(万吨)	塑料(万吨)	轮胎外胎(万条)
1949	8.8	1.5	0.6	0.6				0.3		3
1950	16.0	2.3	1.5	1.5		0.1		0.8	0.1	7
1951	18.5	4.8	2.8	2.8		0.1		2.4	0.1	23
1952	19.2	7.9	3.9	3.9		0.2		1.1	0.2	42
1953	22.3	8.8	5.0	5.0		0.5		1.7	0.4	49
1954	30.9	11.5	6.7	6.7		1.0		2.7	0.7	70
1955	40.5	13.7	7.9	7.8	0.1	2.6		2.9	0.8	59
1956	47.6	15.6	11.1	9.7	1.4	5.5		3.1	0.9	78
1957	50.6	19.8	15.1	12.9	2.2	6.5		4.9	1.3	88
1958	64.7	27.4	19.4	15.1	4.2	8.6		7.4	1.8	174
1959	80.8	37.2	26.6	16.4	9.0	13.7		13.5	3.8	181
1960	81.5	40.7	40.5	19.6	19.3	16.2	0.07	24.3	5.4	198
1961	48.6	27.7	29.7	17.3	12.2	9.2	0.01	19.5	3.5	122
1962	51.9	29.0	46.4	33.8	12.6	8.8	0.08	19.4	4.0	128
1963	66.4	33.8	64.8	45.8	18.9	10.8	0.18	25.4	4.8	167
1964	69.5	41.1	100.8	67.5	33.2	12.9	0.20	32.6	6.4	202
1965	88.2	55.6	172.6	103.7	68.8	19.3	0.30	44.0	9.7	232
1966	106.6	69.3	240.9	146.1	94.6	26.2	0.54	56.1	13.9	262
1967	91.5	57.8	164.1	101.5	62.2	22.4	0.36	42.3	11.0	238
1968	70.1	49.6	110.0	68.4	42.2	17.1	0.37	36.0	10.6	247
1969	89.4	70.4	174.9	102.3	72.3	26.2	0.51	55.9	15.1	310
1970	107.7	89.2	243.5	152.3	90.7	32.1	1.51	69.6	17.6	425
1971	115.5	105.5	299.4	190.4	107.8	38.7	3.19	78.0	21.6	474
1972	119.7	111.5	370.1	244.4	124.9	40.2	4.44	81.3	24.8	525

续表3

年份	纯碱（万吨）	烧碱（万吨）	农用氮、磷、钾化肥（万吨）	#氮肥	#磷肥	化学农药（万吨）	乙烯（万吨）	电石（万吨）	塑料（万吨）	轮胎外胎（万条）
1973	120.4	121.0	459.2	299.6	158.9	45.6	5.10	89.6	29.5	578
1974	110.6	112.6	422.2	282.7	139.0	37.1	6.10	91.3	30.4	553
1975	124.3	128.9	524.7	370.9	153.1	42.2	6.47	98.3	33.0	700
1976	111.7	121.5	524.4	381.5	141.8	39.1	13.35	96.3	34.5	676
1977	107.7	138.6	723.8	550.9	170.8	45.7	30.27	98.9	52.4	772
1978	132.9	164.0	869.3	763.9	103.3	53.3	38.03	123.8	67.9	939
1979	148.6	182.6	1065.4	882.1	181.7	53.7	43.49	140.7	79.3	1169
1980	161.3	192.3	1232.1	999.3	230.8	53.7	48.99	152.0	89.8	1146
1981	165.2	192.3	1239.0	985.7	250.8	48.4	50.48	151.3	91.6	729
1982	173.5	207.3	1278.1	1021.9	253.7	45.7	56.49	167.5	100.3	864
1983	179.3	212.3	1378.9	1109.4	266.6	33.1	65.37	180.8	112.1	1271
1984	188.0	222.2	1460.2	1221.0	236.0	29.9	64.80	184.6	118.0	1569
1985	201.1	235.3	1322.2	1143.8	176.0	21.1	65.21	195.3	123.4	1926
1986	214.6	251.8	1359.7	1159.2	234.0	20.3	69.52	215.0	132.1	1924
1987	236.3	273.9	1672.2	1342.3	325.9	16.1	93.72	241.2	152.6	2333
1988	260.9	300.5	1740.2	1365.3	369.2	17.9	123.21	225.6	190.4	2991
1989	304.2	321.1	1802.5	1424.1	372.8	20.8	139.57	246.1	205.8	3226
1990	379.5	335.4	1879.7	1463.6	411.4	22.8	157.21	228.0	227.0	3209
1991	393.6	354.1	1979.5	1510.1	459.7	25.5	176.11	235.8	283.0	3940
1992	455.0	379.5	2047.9	1570.5	462.2	28.1	200.34	242.5	330.8	5183
1993	534.9	395.4	1956.3	1525.6	419.0	25.7	202.7	264.2	359.9	6391
1994	581.4	429.6	2272.8	1736.3	504.4	29.0	212.9	292.0	401.4	9302
1995	597.7	531.8	2548.1	1859.2	662.6	41.7	240.1	345.7	516.9	7946
1996	669.3	573.8	2809.0	2136.1	651.2	44.8	304.0	309.2	576.9	8806

续表 3

年份	纯碱（万吨）	烧碱（万吨）	农用氮、磷、钾化肥（万吨）	#氮肥	#磷肥	化学农药（万吨）	乙烯（万吨）	电石（万吨）	塑料（万吨）	轮胎外胎（万条）
1997	703.2	551.1	2911.1	2172.6	650.2	55.2	358.7	322.8	623.0	9864
工业主要产品产量增长率（%）										
1952 年比 1949 年增长	118.2	426.7	550.0	550.0	—	100.0	—	266.7	—	1300.0
1957 年比 1952 年增长	163.5	150.6	287.2	230.8	—	3150.0	—	345.5	555.0	109.5
1960 年比 1957 年增长	61.1	105.6	168.2	51.9	777.3	149.2	—	395.9	315.4	125.0
1965 年比 1960 年增长	8.0	35.1	324.7	430.6	257.5	17.3	328.6	81.1	79.6	17.2
1976 年比 1965 年增长	27.3	120.0	204.7	266.3	104.3	105.3	4233.3	118.2	250.5	191.4
1978 年比 1976 年增长	18.7	35.5	65.8	100.5	-27.0	35.9	192.3	28.1	100.0	38.9
1984 年比 1978 年增长	41.5	35.4	68.0	59.8	129.1	-43.4	71.1	49.6	73.5	67.1
1992 年比 1984 年增长	142.0	70.7	40.3	28.6	95.8	-6.7	207.7	31.5	179.7	230.3
1997 年比 1992 年增长	54.5	45.4	42.1	38.3	40.7	97.1	79.0	33.4	88.8	90.3

工业主要产品产量（六）

年份	矿山设备（万吨）	发电设备（万千瓦）	金属切削机床（万台）	汽车（万辆）	拖拉机（14.7千瓦及以上）（万台）	小型拖拉机（万台）	铁路机车（台）	铁路客车（辆）	铁路货车（万辆）	程控交换机（万门）
1949	0.07		0.16					23	0.14	
1950	0.24		0.33					2	0.07	
1951	0.21	0.2	0.59						0.29	
1952	0.81	0.6	1.37				20	6	0.58	
1953	0.82	2.2	2.05				10	209	0.45	
1954	0.87	0.8	1.59				52	443	0.54	
1955	1.12	6.2	1.37	0.01			98	541	0.93	
1956	3.09	20.1	2.59	0.17			184	311	0.71	
1957	5.29	19.8	2.80	0.79			167	454	0.73	
1958	9.56	110.0	8.00	1.60	0.10		342	970	1.10	
1959	22.98	243.3	11.55	1.96	0.29	0.21	532	422	2.01	
1960	25.19	338.8	15.35	2.26	1.16	0.12	804	818	2.16	
1961	9.03	67.9	2.67	0.36	0.69	0.05	143	256	0.49	
1962	3.45	15.2	2.25	0.97	0.71	0.01	1	70	0.16	
1963	2.20	40.4	2.22	2.06	0.87	0.02	20	341	0.14	
1964	2.82	44.0	2.81	2.81	0.98	0.09	59	321	0.24	
1965	4.00	68.3	3.96	4.05	0.96	0.36	146	160	0.29	
1966	5.19	132.3	5.49	5.59	1.18	1.16	353	114	0.50	
1967	3.77	61.9	4.07	2.04	0.85	0.97	269	87	0.56	
1968	2.93	137.5	4.64	2.51	0.89	1.11	280	117	0.64	
1969	6.16	203.1	8.56	5.31	1.34	1.94	397	284	0.99	
1970	9.63	291.8	13.89	8.72	3.19	5.14	573	576	1.38	
1971	17.33	353.3	14.57	11.10	4.45	8.09	598	674	1.44	
1972	19.53	432.5	16.22	10.82	4.93	8.95	595	672	1.35	
1973	20.15	501.8	18.33	11.62	5.79	11.93	665	829	1.87	

续表3

年份	矿山设备(万吨)	发电设备(万千瓦)	金属切削机床(万台)	汽车(万辆)	拖拉机(14.7千瓦及以上)(万台)	小型拖拉机(万台)	铁路机车(台)	铁路客车(辆)	铁路货车(万辆)	程控交换机(万门)
1974	18.99	461.6	16.45	10.48	6.27	13.80	573	635	1.65	
1975	19.61	496.5	17.49	13.98	7.84	20.94	526	804	1.57	
1976	16.15	400.2	15.70	13.52	7.37	24.00	327	556	0.80	
1977	18.45	318.1	19.87	12.54	9.93	32.05	293	538	0.64	
1978	24.29	483.8	18.32	14.91	11.35	32.42	521	784	1.70	
1979	26.37	621.2	13.96	18.57	12.56	31.75	573	856	1.60	
1980	16.25	419.3	13.36	22.23	9.77	21.79	512	1002	1.06	
1981	11.49	139.5	10.26	17.56	5.28	19.89	398	1159	0.88	
1982	15.82	164.5	9.98	19.63	4.03	29.83	486	1153	1.06	
1983	20.16	274.0	12.10	23.98	3.70	49.77	589	1230	1.58	
1984	25.81	467.4	13.35	31.64	3.97	68.86	658	1200	1.81	
1985	31.43	563.6	16.72	43.72	4.50	82.25	746	1447	1.93	
1986	30.06	722.4	16.37	36.98	2.86	77.45	818	1522	2.06	
1987	29.72	941.1	17.22	47.18	3.71	110.60	909	1791	2.16	
1988	38.36	1109.3	19.17	64.47	4.72	133.57	844	1980	2.33	
1989	32.56	1174.0	17.87	58.35	3.98	111.81	680	2000	2.41	
1990	31.38	1225.4	13.45	51.40	3.94	110.14	655	1866	1.86	
1991	33.39	1164.2	16.39	71.42	5.27	134.78	706	1674	1.85	
1992	37.27	1297.0	22.87	106.67	5.70	139.07	798	1652	2.16	
1993		1472.8	26.20	129.85	3.77	96.14	922	1847	2.90	981.42
1994		1674.0	20.65	136.69	4.67	135.51	992	1837	3.76	1340.25
1995		1667.9	20.34	145.27	6.33	206.30	974	2395	3.73	2091.63
1996		2353.5	17.74	147.52	8.37	209.66	1050	2616	3.28	2274.80
1997		1687.0	14.82	162.54	8.20	185.42	291	2458	2.83	2637.93

续表3

年份	矿山设备（万吨）	发电设备（万千瓦）	金属切削机床（万台）	汽车（万辆）	拖拉机（14.7千瓦及以上）（万台）	小型拖拉机（万台）	铁路机车（台）	铁路客车（辆）	铁路货车（万辆）	程控交换机（万门）
				工业主要产品产量增长率（%）						
1952年比1949年增长	157.1	—	756.3	—	—	—	—	-73.9	314.3	—
1957年比1952年增长	2844.4	3233.3	104.4	—	—	—	735.0	7466.7	20.7	—
1960年比1957年增长	371.7	1595.0	435.7	191.1	—	—	381.4	80.2	271.4	—
1965年比1960年增长	-84.0	-79.9	-74.0	73.9	-17.2	200.0	-81.8	-80.4	-88.8	—
1976年比1965年增长	302.5	488.2	302.6	237.5	670.8	6566.7	124.0	247.5	175.9	—
1978年比1976年增长	50.9	21.0	14.6	10.4	52.7	35.0	59.3	41.0	112.5	—
1984年比1978年增长	6.2	-3.5	-27.8	112.1	-65.5	112.3	26.3	53.1	5.9	—
1992年比1984年增长	44.6	177.7	75.4	237.3	46.2	102.0	21.3	37.7	20.0	—
1997年比1992年增长	—	30.1	-35.1	52.0	43.9	33.4	-63.5	48.8	29.6	—

附表4　国内生产总值和工业增加值

单位:亿元

年份	国民生产总值	国内生产总值	第一产业	第二产业	工业	建筑业	第三产业	#交通运输储邮电通信业	#批发和零售贸易餐饮业	人均国内生产总值(元/人)
1978	3624.1	3624.1	1018.4	1745.2	1607.0	138.2	860.5	172.8	265.5	379
1979	4038.2	4038.2	1258.9	1913.5	1769.7	143.8	865.8	184.2	220.2	417
1980	4517.8	4517.8	1359.4	2192.0	1996.5	195.5	966.4	205.0	213.6	460
1981	4860.3	4862.4	1545.6	2255.5	2048.4	207.1	1061.3	211.1	255.7	489
1982	5301.8	5294.7	1761.6	2383.0	2162.3	220.7	1150.1	236.7	198.6	525
1983	5957.4	5934.5	1960.8	2646.2	2375.6	270.6	1327.5	264.9	231.4	580
1984	7260.7	7171.0	2295.5	3105.7	2789.0	316.7	1769.8	327.1	412.4	692
1985	8989.1	8964.4	2541.6	3866.6	3448.7	417.9	2556.2	406.9	878.4	853
1986	10201.4	10202.2	2763.9	4492.7	3967.0	525.7	2945.6	475.6	943.2	956
1987	11954.5	11962.5	3204.3	5251.6	4585.8	665.8	3506.6	544.9	1159.3	1104
1988	14922.3	14928.3	3831.0	6587.2	5777.2	810.0	4510.1	661.0	1618.0	1355
1989	16917.8	16909.2	4228.0	7278.0	6484.0	794.0	5403.2	786.0	1687.0	1512
1990	18598.4	18547.9	5017.0	7717.4	6858.0	859.4	5813.5	1147.5	1419.7	1634
1991	21662.5	21617.8	5288.6	9102.2	8087.1	1015.1	7227.0	1409.7	2087.0	1879
1992	26651.9	26638.1	5800.0	11699.5	10284.5	1415.0	9138.6	1681.8	2735.0	2287
1993	34560.5	34634.4	6882.1	16428.5	14143.8	2284.7	11323.8	2123.2	3090.7	2939
1994	46670.0	46759.4	9457.2	22372.2	19359.6	3012.6	14930.0	2685.9	4050.4	3923
1995	57494.9	58478.1	11993.0	28537.9	24718.3	3819.6	17947.2	3054.7	4932.3	4854
1996	66850.5	67884.6	13844.2	33612.9	29082.6	4530.3	20427.5	3494.0	5560.3	5576
1997	73452.5	74772.4	13968.8	36770.3	31752.3	5018.0	24033.3	4525.5	6281.5	6079
"六五"时期平均	6463.1	6445.4	2021.0	2851.4	2564.8	286.6	1573.0	289.3	395.3	286
"七五"时期平均	14518.9	14510.0	3808.8	6265.4	5534.4	731.0	4435.8	723.0	1365.4	1312
"八五"时期平均	37408.0	37625.6	7884.2	17628.1	15318.7	2309.4	12113.3	2191.1	3379.1	3176

资料来源:《中国统计摘要》(1998),中国统计出版社,第12~13页。
本表按当年价格计算。

附表5 国内生产总值和工业增加值指数（一）

（1978年=100）

年份	国民生产总值	国内生产总值	第一产业	第二产业	工业	建筑业	第三产业	#交通运输仓储邮电通信业	#批发和零售贸易餐饮业	人均国内生产总值（元/人）
1978	100.0	100.0	100.0	100.0	100.0	100.0	100.0	100.0	100.0	100.0
1979	107.6	107.6	106.1	108.2	108.7	102.0	107.8	107.7	108.8	106.1
1980	116.0	116.0	104.6	122.9	122.4	129.2	114.2	113.8	107.4	113.0
1981	122.0	122.1	111.9	125.2	124.5	133.3	126.2	116.0	139.6	117.5
1982	133.3	133.1	124.8	132.1	131.7	137.9	142.6	129.5	145.1	126.2
1983	148.2	147.6	135.1	145.8	144.5	161.4	164.3	142.5	176.8	137.9
1984	170.9	170.0	152.6	166.9	166.0	179.0	196.1	163.8	214.8	156.5
1985	193.5	192.9	155.4	197.9	196.2	218.7	231.9	185.9	276.8	175.5
1986	209.9	210.0	160.5	218.2	215.2	253.4	260.0	209.7	306.1	188.2
1987	234.1	234.3	168.1	248.1	243.6	298.7	297.4	230.7	347.3	206.6
1988	260.5	260.7	172.3	284.1	280.8	322.5	336.7	261.5	396.9	226.3
1989	271.5	271.3	177.6	294.8	295.0	295.3	354.8	273.8	363.8	231.9
1990	283.0	281.7	190.7	304.1	304.9	298.8	363.0	297.2	346.5	237.3
1991	308.8	307.6	195.2	346.3	348.8	327.4	395.0	330.5	362.1	255.6
1992	352.2	351.4	204.4	419.5	422.6	396.2	444.0	365.2	409.4	288.4
1993	398.4	398.8	214.0	502.8	507.5	467.5	491.3	410.5	436.4	323.6
1994	448.7	449.3	222.6	595.2	603.5	531.5	538.3	449.5	469.9	360.4
1995	489.1	496.5	233.7	677.7	688.2	597.4	583.4	503.4	497.6	394.0
1996	536.8	544.1	245.6	759.8	774.3	648.2	629.4	561.1	524.3	427.1
1997	582.4	592.0	254.2	841.9	860.2	699.4	681.0	621.1	568.9	459.6
1979年~1997年平均每年增长		9.8	5.0	11.9	12.0	10.8	10.6	10.1	9.6	8.4
"六五"时期平均每年增长	10.8	10.7	8.2	10.0	9.9	11.1	15.2	10.3	20.9	9.2
"七五"时期平均每年增长	7.9	7.9	4.2	9.0	9.2	6.4	9.4	9.8	4.6	6.2
"八五"时期平均每年增长	11.6	12.0	4.2	17.4	17.7	14.9	10.0	11.1	7.5	10.7

资料来源：《中国统计摘要》(1998)，中国统计出版社，第14~16页。

本表指数按可比价格计算。

续表5

国内生产总值和工业增加值指数（二）
（1978年＝100）

年份	国民生产总值	国内生产总值	第一产业	第二产业	工业	建筑业	第三产业	#交通运输储邮电通信业	#批发和零售贸易餐饮业	人均国内生产总值（元/人）
1978	111.7	111.7	104.1	115.0	116.4	99.4	113.7	108.9	123.1	110.2
1979	107.6	107.6	106.1	108.2	108.7	102.0	107.8	107.7	108.8	106.1
1980	107.8	107.8	98.5	113.6	112.7	126.7	105.9	105.7	98.7	106.5
1981	105.2	105.2	107.0	101.9	101.7	103.2	110.4	101.9	130.0	103.9
1982	109.3	109.1	111.5	105.6	105.8	103.4	113.0	111.7	103.9	107.5
1983	111.1	110.9	108.3	110.4	109.7	117.1	115.2	110.0	121.9	109.3
1984	115.3	115.2	112.9	114.5	114.9	110.9	119.4	115.0	121.5	113.7
1985	113.2	113.5	101.8	118.6	118.2	122.2	118.3	113.5	128.9	111.9
1986	108.5	108.8	103.3	110.2	109.6	115.9	112.1	112.8	110.6	107.2
1987	111.5	111.6	104.7	113.7	113.2	117.9	114.4	110.0	113.5	109.8
1988	111.3	111.3	102.5	114.5	115.3	108.0	113.2	113.3	114.3	109.5
1989	104.2	104.1	103.1	103.8	105.1	91.6	105.4	104.7	91.7	102.5
1990	104.2	103.8	107.3	103.2	103.4	101.2	102.3	108.6	95.2	102.3
1991	109.1	109.2	102.4	113.9	114.4	109.6	108.8	111.2	104.5	107.7
1992	114.1	114.2	104.7	121.2	121.2	121.0	112.4	110.5	113.1	112.8
1993	113.1	113.5	104.7	119.9	120.1	118.0	110.7	112.4	106.6	112.2
1994	112.6	112.6	104.0	118.4	118.9	113.7	109.6	109.5	107.7	111.4
1995	109.0	110.5	105.0	113.9	114.0	112.4	108.4	112.0	105.9	109.3
1996	109.8	109.6	105.1	112.1	112.5	108.5	107.9	111.4	105.4	108.4
1997	108.5	108.8	103.5	110.8	111.1	107.9	108.2	110.7	108.5	107.6

附表6 国内生产总值构成和工业增加值比重

（国内生产总值=100） 单位:%

年份	第一产业	第二产业	工业	建筑业	第三产业	#交通运输仓储邮电通信业	#批发和零售贸易餐饮业
1978	28.1	48.2	44.3	3.8	23.7	4.8	7.3
1979	31.2	47.4	43.8	3.6	21.4	4.6	5.5
1980	30.1	48.5	44.2	4.3	21.4	4.5	4.7
1981	31.8	46.4	42.1	4.3	21.8	4.3	5.3
1982	33.3	45.0	40.8	4.2	21.7	4.5	3.8
1983	33.0	44.6	40.0	4.6	22.4	4.5	3.9
1984	32.0	43.3	38.9	4.4	24.7	4.6	5.8
1985	28.4	43.1	38.5	4.7	28.5	4.5	9.8
1986	27.1	44.0	38.9	5.2	28.9	4.7	9.2
1987	26.8	43.9	38.3	5.6	29.3	4.6	9.7
1988	25.7	44.1	38.7	5.4	30.2	4.4	10.8
1989	25.0	43.0	38.3	4.7	32.0	4.6	10.0
1990	27.1	41.6	37.0	4.6	31.3	6.2	7.7
1991	24.5	42.1	37.4	4.7	33.4	6.5	9.7
1992	21.8	43.9	38.6	5.3	34.3	6.3	10.3
1993	19.9	47.4	40.8	6.6	32.7	6.1	8.9
1994	20.2	47.9	41.4	6.4	31.9	5.7	8.7
1995	20.5	48.8	42.3	6.5	30.7	5.2	8.4
1996	20.4	49.5	42.8	6.7	30.1	5.1	8.2
1997	18.7	49.2	42.5	6.7	32.1	6.1	8.4
"六五"时期平均	31.4	44.2	39.8	4.4	24.4	4.5	6.1
"七五"时期平均	26.2	43.2	38.1	5.0	30.6	5.0	9.4
"八五"时期平均	20.9	46.9	40.7	6.1	32.2	5.8	9.0

资料来源:《中国统计摘要》(1998)，中国统计出版社，第17页。

本表按当年价格计算。

附表 7　社会总产值中基础产业和非基础产业产值

单位：亿元

年份	社会总产值	基础产业产值											非基础产业产值	
		农业	原材料	其中:			能源	其中:			交通	基础产业总计	非基础产业总计	其中:非基础工业
				冶金	化学	建材		电力	煤炭	石油				
1952	1343.2	882.5	33.3	17.9	6.2	9.2	23.5	4.6	17	1.9	29.6	968.9	374.3	287.3
1953	1522.9	909.8	45.6	24.4	8.5	12.7	26.6	5.5	18.9	2.2	37.2	1019.2	503.7	368
1954	1622.2	940.7	54.6	29.8	10.8	14	32.7	6.6	22.8	3.3	43	1071	551.2	423
1955	1728.6	1012	63.4	37.1	12	14.3	39	7.5	26.7	4.8	45.6	1160	568.6	433.7
1956	1968.9	1063	90.5	52.7	17.7	20.1	48.1	10	31.2	6.9	52.4	1254	714.9	524
1957	2065.9	1101	111.5	64.4	24.3	22.8	57.5	12	37.6	7.9	59	1329	736.9	554
1958	2558.9	1127.8	201.6	118.3	42.3	41	102.6	16	74.3	12.3	89.8	1521.8	1037.1	776
1959	2805.3	974	302	172.8	60.2	69	147.6	26	102.7	18.9	120	1543.6	1261.7	987
1960	2835.5	850.7	370.5	220.3	72	78.2	177.2	38	115.6	23.6	131.2	1529.6	1305.9	999
1961	2016.7	830	205.5	122.7	51.8	31	128.9	31	79.5	18.4	76	1240.4	776.3	651
1962	1891.9	881.6	157.6	92	47.6	18	112.2	30	60.6	21.6	61.2	1212.6	679.3	558.6
1963	2096.8	984	179.8	102.3	54.5	23	116.1	32	60.3	23.8	65	1344.9	751.9	594
1964	2452	1118	226.9	126.5	69.4	31	124.9	36	56	32.9	71	1540.8	911.2	700
1965	2849	1209.9	291	160.5	90.5	40	149.4	43	61.7	44.7	89.8	1740.1	1106.9	864
1966	3270	1314.9	376	194.3	127.7	54	181.3	53	66.8	61.5	100.6	1972.8	1297.2	959
1967	3026.8	1335	297.7	142.7	112	43	151.4	49	48.8	53.6	85.8	1869.9	1156.9	872.8
1968	2896.5	1302.5	248.7	114.8	97.9	36	161.4	47	52.9	61.5	83.9	1796.5	1100	860
1969	3462.3	1316.7	379.6	178.2	150.4	51	198.4	64	65.9	68.5	99.7	1994.4	1467.9	1068
1970	4153.2	1392.6	508.3	244.8	201.5	62	272.2	75	92.7	104.5	118.4	2291.5	1861.7	1333
1971	4564.4	1437.6	600.3	292.3	236	72	321.3	88.8	106.5	126	129.5	2488.7	2075.7	1471
1972	4744.2	1422.6	652.4	308	260.4	84	351.7	97.6	110.2	143.9	137.6	2564.3	2179.9	1550
1973	5146.8	1539.9	709	330	289	90	374.5	106.5	110	158	145.7	2769.1	2377.7	1707
1974	5256.8	1594	657.5	288.9	279.6	89	393.6	107.6	106	180	143.7	2788.8	2468	1742.7
1975	5830.6	1644	755.6	316.9	330.9	107.8	457.3	125	125.7	206.6	161.9	3018.8	2811.8	1996

续表7

年份	社会总产值	农业	原材料	其中: 冶金	化学	建材	能源	其中: 电力	煤炭	石油	交通	基础产业总计	非基础产业总计	非基础产业产值 其中: 非基础工业
1976	5898	1637	737.3	291.9	327	118.4	487.9	129.9	126.5	231.5	156.8	3019	2879	2030
1977	6454.6	1630.8	847.7	319.3	384.7	143.7	546.2	141.9	143.6	260.7	181.1	3205.8	3248.8	2320
1978	7280.5	1763.2	1048.1	405.5	476.7	165.9	593.2	162	163.2	268	207.5	3612	3668.5	2571
1979	7897.5	1895.6	1141.1	451	510.1	180	629.4	177.4	165.1	286.9	211.5	3877.6	4019.9	2800
1980	8534	1623	1233.7	473	565	195.7	638.7	189	159.7	290	250	3745.4	4788.6	3095
1981	8907.7	2034	1243.1	456.7	591.4	195	634.4	195	157.3	282.1	257	4168.5	4739.2	3301
1982	9754.8	2263.6	1366.8	485.2	659	222.6	661.3	207	166.3	288	286	4577.7	5177.1	3548
1983	10751.9	2440	1509.8	523.7	741.1	245	708.3	220	178.3	310	312	4970.1	5781.8	3945
1984	12334.4	2739	1696.7	579.4	830.3	287	764.4	235.6	194.7	334.1	347	5547.1	6787.3	4628
1985	14455.4	2832.8	2065	664	991	410	862.3	272.7	217	372.6	416	6176.1	8279.3	5333
1986	15926.1	2928.1	2261.6	749.9	1095.7	416	921	292	223.8	405.2	460	6570.7	9355.4	5744
1987	18176.5	3097.6	2583.5	822.3	1287.7	473.5	989.3	322.7	232	434.6	511	7181.4	10995.1	6617
1988	21050.1	3220.3	2916.6	877.7	1507.4	531.5	1056.2	342.7	244	469.5	576	7769.1	13281	7503
1989	22149.6	3320	3110	923	1612	575	1131.7	373	263	495.7	618	8179.7	13969.9	7947
1990	23652.7	3573.3	3343	1007	1792	544	1232.2	392.6	276.7	562.9	671	8819.5	14833.2	8515
1991	26381	3705	3985.5	1334.8	1912	738.7	1450.7	416.8	377	656.9	714.6	9855.8	16525.2	9713
1992	32105	3942	4860.6	1627.7	2366	898.9	2016.2	635.6	439.8	940.6	772.5	11591.3	20513.7	12321.9
1993	55566.64	6605	12634	5181	4679	2774	3505	1446	883	1176	2547	25291	30275.64	23554
1994	80934	9169	15443.11	5759.61	6153	3530.5	6356	2017	1099	3240	3223	34191.11	46742.89	29553.89
1995	90814.84	11884	16351	5465	7335	3551	7400	2440	1504	3456	3666	39301	51513.84	31196
1996	104989.2	13547	18378	5661	8511	4206	8164	2805	1508	3851	4193	44282	60707.2	36198

资料来源:《中国工业经济统计年鉴》(1988~1995),中国统计出版社;《中国统计年鉴》(1996~1997),中国统计出版社。

本表1952~1992年数据按1980年不变价计算,1993~1996年社会总产值中商业和运输业产值按国民生产总值折算。

附表 8 社会总产值中基础产业和非基础产业产值指数

(比上年增长，%)

| 年份 | 基础产业产值增长率 | | | | | | | | | | | 非基础产业产值增长率 | |
| | 农业 | 原材料 | 其中: | | | 能源 | 其中: | | | 交通 | 基础产业总计 | 非基础产业总计 | 其中: 非基础工业 |
			冶金	化学	建材		电力	煤炭	石油				
1952													
1953	3.09	36.94	36.31	37.10	38.04	13.19	19.57	11.18	15.79	25.68	5.19	34.57	28.09
1954	3.40	19.74	22.13	27.06	10.24	22.93	20.00	20.63	50.00	15.59	5.08	9.43	14.95
1955	7.58	16.12	24.50	11.11	2.14	19.27	13.64	17.11	45.45	6.05	8.31	3.16	2.53
1956	5.04	42.74	42.05	47.50	40.56	23.33	33.33	16.85	43.75	14.91	8.10	25.73	20.82
1957	3.57	23.20	22.20	37.29	13.43	19.54	20.00	20.51	14.49	12.60	5.98	3.08	5.73
1958	2.43	80.81	83.70	74.07	79.82	78.43	33.33	97.61	55.70	52.20	14.51	40.74	40.07
1959	-13.64	49.80	46.07	42.32	68.29	43.86	62.50	38.22	53.66	33.63	1.43	21.66	27.19
1960	-12.66	22.68	27.49	19.60	13.33	20.05	46.15	12.56	24.87	9.33	-0.91	3.50	1.22
1961	-2.43	-44.53	-44.30	-28.06	-60.36	-27.26	-18.42	-31.23	-22.03	-42.07	-18.91	-40.55	-34.83
1962	6.22	-23.31	-25.02	-8.11	-41.94	-12.96	-3.23	-23.77	17.39	-19.47	-2.24	-12.50	-14.19
1963	11.62	14.09	11.20	14.50	27.78	3.48	6.67	-0.50	10.19	6.21	10.91	10.69	6.34
1964	13.62	26.20	23.66	27.34	34.78	7.58	12.50	-7.13	38.24	9.23	14.57	21.19	17.85
1965	8.22	28.25	26.88	30.40	29.03	19.62	19.44	10.18	35.87	26.48	12.93	21.70	23.43
1966	8.68	29.21	21.06	41.10	35.00	21.35	23.26	8.27	37.58	12.03	13.37	16.98	11.00
1967	1.53	-20.82	-26.56	-12.29	-20.37	-16.49	-7.55	-26.95	-12.85	-14.71	-5.22	-10.82	-8.99
1968	-2.43	-16.46	-19.55	-12.59	-16.28	6.61	-4.08	8.40	14.74	-2.21	-3.93	-4.92	-1.47
1969	1.09	52.63	55.23	53.63	41.67	22.92	36.17	24.57	11.38	18.83	11.02	33.45	24.19
1970	5.76	33.90	37.37	33.98	21.57	37.20	17.19	40.67	52.55	18.76	14.90	26.83	24.81
1971	3.23	18.10	19.40	17.12	16.13	18.04	18.40	14.89	20.57	9.38	8.61	11.49	10.35
1972	-1.04	8.68	5.37	10.34	16.67	9.46	9.91	3.47	14.21	6.25	3.04	5.02	5.37
1973	8.25	8.68	7.14	10.98	7.14	6.48	9.12	-0.18	9.80	5.89	7.99	9.07	10.13
1974	3.51	-7.26	-12.45	-3.25	-1.11	5.10	1.03	-3.64	13.92	-1.37	0.71	3.80	2.09

续表 8

年份	农业	基础产业产值增长率										非基础产业产值增长率	
		原材料	冶金	化学	建材	能源	电力	其中:煤炭	石油	交通	基础产业总计	非基础产业总计	其中:非基础工业
1975	3.14	14.92	9.69	18.35	21.12	16.18	16.17	18.58	14.78	12.67	8.25	13.93	14.35
1976	-0.43	-2.42	-7.89	-1.18	9.83	6.69	3.92	0.64	12.05	-3.15	0.01	2.39	1.70
1977	-0.38	14.97	9.39	17.65	21.37	11.95	9.24	13.52	12.61	15.50	6.19	12.84	14.29
1978	8.12	23.64	27.00	23.91	15.45	8.60	14.16	13.65	2.80	14.58	12.67	12.92	10.82
1979	7.51	8.87	11.22	7.01	8.50	6.10	9.51	1.16	7.05	1.93	7.35	9.58	8.91
1980	-14.38	8.11	4.88	10.76	8.72	1.48	6.54	-3.27	1.08	18.20	-3.41	19.12	10.54
1981	25.32	0.76	-3.45	4.67	-0.36	-0.67	3.17	-1.50	-2.72	2.80	11.30	-1.03	6.66
1982	11.29	9.95	6.24	11.43	14.15	4.24	6.15	5.72	2.09	11.28	9.82	9.24	7.48
1983	7.79	10.46	7.93	12.46	10.06	7.11	6.28	7.22	7.64	9.09	8.57	11.68	11.19
1984	12.25	12.38	10.64	12.04	17.14	7.92	7.09	9.20	7.77	11.22	11.61	17.39	17.31
1985	3.42	21.71	14.60	19.35	42.86	12.81	15.75	11.45	11.52	19.88	11.34	21.98	15.23
1986	3.36	9.52	12.94	10.57	1.46	6.81	7.08	3.13	8.75	10.58	6.39	13.00	7.71
1987	5.79	14.23	9.65	17.52	13.82	7.42	10.51	3.66	7.26	11.09	9.29	17.53	15.20
1988	3.96	12.89	6.74	17.06	12.25	6.76	6.20	5.17	8.03	12.72	8.18	20.79	13.39
1989	3.10	6.63	5.16	6.94	8.18	7.15	8.84	7.79	5.58	7.29	5.29	5.19	5.92
1990	7.63	7.49	9.10	11.17	-5.39	8.88	5.25	5.21	13.56	8.58	7.82	6.18	7.15
1991	3.69	19.22	32.55	6.70	35.79	17.73	6.16	36.25	16.70	6.50	11.75	11.41	14.07
1992	6.40	21.96	21.94	23.74	21.69	38.98	52.50	16.66	43.19	8.10	17.61	24.14	26.86
1993	67.55	159.93	218.30	97.76	208.60	73.84	127.50	100.77	25.03	229.71	118.19	47.59	91.16
1994	38.82	22.23	114.17	31.50	27.27	81.34	39.49	24.46	175.51	26.54	35.19	54.39	25.47
1995	29.61	5.88	-5.12	19.21	0.58	16.43	20.97	36.85	6.67	13.74	14.95	10.21	5.56
1996	13.99	12.40	3.59	16.03	18.45	10.32	14.96	0.27	11.43	14.38	12.67	17.85	16.03
1953~1957年平均增长（%）	4.52	27.34	29.18	31.41	19.90	19.60	21.14	17.21	32.98	14.79	6.52	14.51	14.03

续表 8

年份	基础产业产值增长率										基础产业总计	非基础产业产值增长率	
	农业	原材料	其中:			能源	其中:			交通		非基础产业总计	其中:
			冶金	化学	建材		电力	煤炭	石油				非基础工业
1958~1960 年平均增长(%)	-8.24	49.22	50.68	43.63	50.81	45.52	46.85	45.41	44.02	30.53	4.80	21.01	21.72
1961~1965 年平均增长(%)	7.30	-4.72	-6.14	4.68	-12.55	-3.36	2.50	-11.80	16.63	-7.30	2.61	-3.22	-2.86
1966~1976 年平均增长(%)	2.79	8.82	5.59	12.39	10.37	11.36	10.57	6.74	16.13	5.20	5.14	9.06	8.08
1977~1978 年平均增长(%)	3.78	19.23	17.86	20.74	18.37	10.26	11.67	13.58	7.59	15.04	9.38	12.88	12.54
1979~1984 年平均增长(%)	7.62	8.36	6.13	9.69	9.57	4.32	6.44	2.99	3.74	8.95	7.41	10.80	-10.29
1985~1988 年平均增长(%)	4.13	14.50	10.94	16.08	16.66	8.42	9.82	5.80	8.88	13.51	8.79	18.27	12.84
1989~1992 年平均增长(%)	5.19	13.62	16.70	11.93	14.04	17.54	16.70	15.87	18.97	7.61	10.52	11.48	13.20
1993~1996 年平均增长(%)	36.15	39.44	36.56	37.72	47.08	41.85	44.94	36.08	42.25	52.64	39.81	31.16	30.92
1953~1996 年平均增长(%)	6.40	15.43	13.98	17.84	14.94	14.22	15.69	10.73	18.89	11.92	9.08	12.26	11.62

资料来源:《中国工业经济统计年鉴》(1988~1995), 中国统计出版社;《中国统计年鉴》(1996~1997), 中国统计出版社。
本表 1952~1992 年数据按 1980 年不变价计算, 1993~1996 年数据按现价计算, 1993~1996 年社会总产值中商业和运输业产值按国民生产总值折算。

附表9　社会总产值中基础产业和非基础产业产值构成

（以社会总产值为100，%）

年份	农业	基础产业产值比重									基础产业总计	非基础产业产值比重	
		原材料	其中:			能源	其中:			交通		非基础产业总计	其中:非基础工业
			冶金	化学	建材		电力	煤炭	石油				
1952	65.70	2.48	1.33	0.46	0.68	1.75	0.34	1.27	0.14	2.20	72.13	27.87	21.39
1953	59.74	2.99	1.60	0.56	0.83	1.75	0.36	1.24	0.14	2.44	66.92	33.08	24.16
1954	57.99	3.37	1.84	0.67	0.86	2.02	0.41	1.41	0.20	2.65	66.02	33.98	26.08
1955	58.54	3.67	2.15	0.69	0.83	2.26	0.43	1.54	0.28	2.64	67.11	32.89	25.09
1956	53.99	4.60	2.68	0.90	1.02	2.44	0.51	1.58	0.35	2.66	63.69	36.31	26.16
1957	53.29	5.40	3.12	1.18	1.10	2.78	0.58	1.82	0.38	2.86	64.33	35.67	26.82
1958	44.07	7.88	4.62	1.65	1.60	4.01	0.63	2.90	0.48	3.51	59.47	40.53	30.33
1959	34.72	10.77	6.16	2.15	2.46	5.26	0.93	3.66	0.67	4.28	55.02	44.98	35.18
1960	30.00	13.07	7.77	2.54	2.76	6.25	1.34	4.08	0.83	4.63	53.94	46.06	35.23
1961	41.16	10.19	6.08	2.57	1.54	6.39	1.54	3.94	0.91	3.77	61.51	38.49	32.28
1962	46.60	8.33	4.86	2.52	0.95	5.93	1.59	3.20	1.14	3.23	64.09	35.91	29.53
1963	46.93	8.57	4.88	2.60	1.10	5.54	1.53	2.88	1.14	3.10	64.14	35.86	28.33
1964	45.60	9.25	5.16	2.83	1.26	5.09	1.47	2.28	1.34	2.90	62.84	37.16	28.55
1965	42.47	10.21	5.63	3.18	1.40	5.24	1.51	2.17	1.57	3.15	61.08	38.92	30.33
1966	40.21	11.50	5.94	3.91	1.65	5.54	1.62	2.04	1.88	3.08	60.33	39.67	29.33
1967	44.11	9.84	4.71	3.70	1.42	5.00	1.62	1.61	1.77	2.83	61.78	38.22	28.84
1968	44.97	8.59	3.96	3.38	1.24	5.57	1.62	1.83	2.12	2.90	62.02	37.98	26.69
1969	38.03	10.96	5.15	4.34	1.47	5.73	1.85	1.90	1.98	2.88	57.60	42.40	30.85
1970	33.53	12.24	5.89	4.85	1.49	6.55	1.81	2.23	2.52	2.85	55.17	44.83	32.10
1971	31.50	13.15	6.40	5.17	1.58	7.04	1.95	2.33	2.76	2.84	54.52	45.48	32.23
1972	29.99	13.75	6.49	5.49	1.77	7.41	2.06	2.32	3.03	2.90	54.05	45.95	32.67
1973	29.92	13.78	6.41	5.62	1.75	7.28	2.07	2.14	3.07	2.83	53.80	46.20	33.17
1974	30.32	12.51	5.50	5.32	1.69	7.49	2.05	2.02	3.42	2.73	53.05	46.95	33.15

续表9

年份	基础产业产值比重											非基础产业产值比重	
	农业	原材料	其中:			能源	其中:			交通	基础产业总计	非基础产业总计	其中:非基础工业
			冶金	化学	建材		电力	煤炭	石油				
1975	28.20	12.96	5.44	5.68	1.85	7.84	2.14	2.16	3.54	2.78	51.78	48.22	34.23
1976	27.76	12.50	4.95	5.54	2.01	8.27	2.20	2.14	3.93	2.66	51.19	48.81	34.42
1977	25.27	13.13	4.95	5.96	2.23	8.46	2.20	2.22	4.04	2.81	49.67	50.33	35.94
1978	24.22	14.40	5.57	6.55	2.28	8.15	2.23	2.24	3.68	2.85	49.61	50.39	35.31
1979	24.00	14.45	5.71	6.46	2.28	7.97	2.25	2.09	3.63	2.68	49.10	50.90	35.45
1980	19.02	14.46	5.54	6.62	2.29	7.48	2.21	1.87	3.40	2.93	43.89	56.11	36.27
1981	22.83	13.96	5.13	6.64	2.19	7.12	2.19	1.77	3.17	2.89	46.80	53.20	37.06
1982	23.20	14.01	4.97	6.76	2.28	6.78	2.12	1.70	2.95	2.93	46.93	53.07	36.37
1983	22.69	14.04	4.87	6.89	2.28	6.59	2.05	1.66	2.88	2.90	46.23	53.77	36.69
1984	22.21	13.76	4.70	6.73	2.33	6.20	1.91	1.58	2.71	2.81	44.97	55.03	37.52
1985	19.60	14.29	4.59	6.86	2.84	5.97	1.89	1.50	2.58	2.88	42.73	57.27	36.89
1986	18.39	14.20	4.71	6.88	2.61	5.78	1.83	1.41	2.54	2.89	41.26	58.74	36.07
1987	17.04	14.21	4.52	7.08	2.61	5.44	1.78	1.28	2.39	2.81	39.51	60.49	36.40
1988	15.30	13.86	4.17	7.16	2.52	5.02	1.63	1.16	2.23	2.74	36.91	63.09	35.64
1989	14.99	14.04	4.17	7.28	2.60	5.11	1.68	1.19	2.24	2.79	36.93	63.07	35.88
1990	15.11	14.13	4.26	7.58	2.30	5.21	1.66	1.17	2.38	2.84	37.29	62.71	36.00
1991	14.04	15.11	5.06	7.25	2.80	5.50	1.58	1.43	2.49	2.71	37.36	62.64	36.82
1992	12.28	15.14	5.07	7.37	2.80	6.28	1.98	1.37	2.93	2.41	36.10	63.90	38.38
1993	11.89	22.74	9.32	8.42	4.99	6.31	2.60	1.59	2.12	4.58	45.51	54.49	42.39
1994	11.33	19.08	7.12	7.60	4.36	7.85	2.49	1.36	4.00	3.98	42.25	57.75	36.52
1995	13.09	18.00	6.02	8.08	3.91	8.15	2.69	1.66	3.81	4.04	43.28	56.72	34.35
1996	12.90	17.50	5.39	8.11	4.01	7.78	2.67	1.44	3.67	3.99	42.18	57.82	34.48
1953~1957年平均	56.7	4.0	2.3	0.8	0.9	2.2	0.5	1.5	0.3	2.6	65.6	34.4	25.8

续表 9

年份	基础产业产值比重											非基础产业产值比重	
	农业	原材料	其中:			能源	其中:			交通	基础产业总计	非基础产业总计	其中:非基础工业
			冶金	化学	建材		电力	煤炭	石油				
1958~1960年平均	36.3	10.6	6.2	2.1	2.3	5.2	1.0	3.5	0.7	4.1	56.1	43.9	33.6
1961~1965年平均	44.5	9.3	5.3	2.7	1.3	5.6	1.5	2.9	1.2	3.2	62.7	37.3	29.8
1966~1976年平均	34.4	12.0	5.5	4.8	1.6	6.7	1.9	2.1	2.7	2.8	55.9	44.1	31.9
1977~1978年平均	24.7	13.8	5.3	6.3	2.3	8.3	2.2	2.2	3.9	2.8	49.6	50.4	35.6
1979~1984年平均	22.3	14.1	5.2	6.7	2.3	7.0	2.1	1.8	3.1	2.9	46.3	53.7	36.6
1985~1988年平均	17.6	14.1	4.5	7.0	2.6	5.6	1.8	1.3	2.4	2.8	40.1	59.9	36.3
1989~1992年平均	14.1	14.6	4.6	7.4	2.6	5.5	1.7	1.3	2.5	2.7	36.9	63.1	36.8
1993~1996年平均	12.3	19.3	7.0	8.1	4.3	7.5	2.6	1.5	3.4	4.1	43.3	56.7	36.9
1953~1996年平均	30.8	12.1	5.1	5.0	2.1	6.0	1.7	2.0	2.3	3.1	51.9	48.1	33.2

资料来源：《中国工业经济统计年鉴》（1988~1995），中国统计出版社；《中国统计年鉴》（1996~1997），中国统计出版社。

本表1952~1992年数据按1980年不变价计算，1993~1996年数据按现价计算，1993~1996年社会总产值中商业和运输业，1993~1996年社会总产值产值按国民生产总值折算。

附表 10　工业总产值和人均工业产值

年份	工业总产值（亿元）	人均总产值（元）	年份	工业总产值（亿元）	人均总产值（元）
1950	191	35	1974	2792	307
1951	264	47	1975	3207	347
1952	349	61	1976	3278	350
1953	450	77	1977	3725	392
1954	515	85	1978	4237	440
1955	534	87	1979	4681	480
1956	642	102	1980	5154	522
1957	704	109	1981	5400	540
1958	1083	164	1982	5311	572
1959	1483	221	1983	6461	629
1960	1637	247	1984	7617	733
1961	1062	161	1985	9716	925
1962	920	137	1986	11194	1051
1963	993	144	1987	13813	1278
1964	1164	165	1988	18224	1663
1965	1402	193	1989	22017	1980
1966	1624	218	1990	23924	2092
1967	1382	181	1991	26625	2299
1968	1285	164	1992	34599	2953
1969	1665	206	1993	48402	4084
1970	2117	251	1994	70176	5855
1971	2414	283	1995	91894	7587
1972	2565	294	1996	99595	8138
1973	2794	313	1997	112127	9070

资料来源：《中国统计摘要》（1998），中国统计出版社，第 30、99 页。

本表包括村及以下工业，价值量指标按当年价格计算，人均产值按年末总人口计算。1991~1994 年工业总产值数据根据 1995 年第三次全国工业普查数据做相应调整，故与以往"提要本"数据不同。

附表 11 按经济类型分的工业总产值　　　　　　单位:亿元

年份	全部工业	国有工业	集体工业	城乡个体工业	其他经济类型工业
1949	139.90	36.75	0.70	32.16	70.40
1950	191.00	62.43	1.50	50.30	76.83
1951	263.70	90.97	3.41	60.22	109.40
1952	348.96	144.97	11.40	71.80	120.86
1953	450.00	193.70	17.42	86.70	152.22
1954	515.00	242.70	27.50	92.08	152.80
1955	534.00	273.90	40.50	78.93	140.73
1956	641.90	350.20	109.59	7.60	174.63
1957	703.80	378.54	133.97	5.84	185.65
1958	1083.00	965.71	117.30		
1959	1483.00	1313.20	169.80		
1960	1637.00	1483.12	153.90		
1961	1061.90	939.98	122.02		
1962	920.00	807.80	112.24		
1963	992.90	887.05	105.95		
1964	1163.90	1042.25	121.75		
1965	1402.00	1262.80	139.22		
1966	1624.00	1464.52	159.50		
1967	1382.00	1222.52	159.50		
1968	1285.00	1136.20	148.80		
1969	1664.90	1477.02	187.98		
1970	2117.00	1854.70	262.30		
1971	2413.90	2073.87	340.13		
1972	2564.90	2177.17	387.83		
1973	2794.00	2347.52	446.50		
1974	2792.00	2300.90	491.11		
1975	3206.90	2600.56	606.44		
1976	3277.90	2567.66	710.34		
1977	3725.00	2869.40	855.63		
1978	4236.80	3289.18	947.82		
1979	4681.30	3674.00	1008.00		
1980	5154.26	3915.60	1213.36	0.81	24.50
1981	5400.00	4037.10	1329.38	1.90	31.40
1982	5811.22	4326.00	1442.42	3.40	39.40
1983	6461.00	4739.40	1663.14	7.50	50.40
1984	7617.30	5263.00	2263.09	14.81	76.70
1985	9716.47	6302.12	3117.19	179.75	117.41

续表 11

年份	全部工业	国有工业	集体工业	城乡个体工业	其他经济类型工业
1986	11194.26	6971.12	3752.00	308.54	163.06
1987	13813.00	8250.09	4781.74	502.40	278.80
1988	18224.00	10351.28	6587.49	790.50	495.32
1989	22017.06	12343.00	7858.05	1057.70	758.44
1990	23924.36	13064.00	8523.00	1290.30	1047.56
1991	26625.00	14955.00	8783.00	1287.00	1600.00
1992	34599.00	17824.15	12135.00	2006.00	2634.00
1993	48402.00	22725.00	16464.00	3861.00	5352.00
1994	70176.00	26201.00	26472.00	7082.00	10421.00
1995	91894.00	31220.00	33623.00	11821.00	15231.00
1996	99595.40	28361.11	39232.00	15420.00	16582.30
1997	112127.60	29759.60	45430.20	17851.90	19086.00

资料来源:《中国工业经济统计年鉴》(1993),中国统计出版社,第35页;《中国统计摘要》(1998),中国统计出版社,第99页。

本表为当年价。1991~1995年数据根据1995年工业普查数据调整,1996年以后为新口径数。1949~1957年其他经济类型工业为公私合营和私营工业的数字(下面表12、13同此)。

附表12　按经济类型分的工业总产值指数
(以上年为100%)

年份	全部工业	国有工业	集体工业	城乡个体工业	其他经济类型工业
1949					
1950	136.4	169.8	214.3	156.2	109.0
1951	138.2	145.3	226.6	119.5	142.0
1952	129.9	157.0	329.4	117.4	108.8
1953	130.3	134.9	154.4	121.9	127.1
1954	116.3	127.3	160.1	107.9	101.9
1955	105.6	114.9	150.1	87.3	93.7
1956	128.1	136.4	288.7	10.2	132.4
1957	111.5	109.8	124.2	78.3	107.9
1958	154.8	260.1	85.7		
1959	136.1	135.2	143.9		
1960	111.2	113.7	91.2		
1961	61.8	60.4	75.5		
1962	83.4	82.7	88.5		
1963	108.5	110.3	94.9		
1964	119.6	119.9	117.3		
1965	126.4	127.1	119.9		
1966	120.9	121.1	119.6		

续表 12

年份	全部工业	国有工业	集体工业	城乡个体工业	其他经济类型工业
1967	86.2	84.5	101.3		
1968	95.0	94.9	95.2		
1969	134.3	134.7	130.9		
1970	132.6	130.9	145.5		
1971	114.7	114.0	119.3		
1972	106.9	105.6	114.7		
1973	109.5	108.4	115.7		
1974	100.6	98.6	110.7		
1975	115.5	113.7	123.8		
1976	102.4	98.8	117.6		
1977	114.6	112.7	121.5		
1978	113.5	114.4	110.6		
1979	108.8	108.8	108.5		
1980	109.3	105.6	119.2		
1981	104.3	102.5	109.0	234.6	131.6
1982	107.8	107.0	109.5	178.9	127.7
1983	111.2	109.4	115.5	220.6	133.9
1984	116.3	108.9	134.8	197.5	156.8
1985	121.4	112.9	132.7	1089.6	139.5
1986	111.7	106.2	117.9	167.7	134.1
1987	117.7	111.3	123.2	156.6	166.4
1988	120.8	112.6	128.1	147.3	161.5
1989	108.5	103.8	110.5	123.8	142.7
1990	107.8	102.9	109.0	121.1	139.3
1991	114.5	108.6	118.4	125.3	150.1
1992	124.7	112.4	133.3	147.0	164.8
1993	127.3	105.7	135.0	166.2	192.5
1994	124.2	106.5	124.9	156.3	174.3
1995	114.3	108.2	115.2	151.5	137.2
1996	116.6	105.1	120.9	120.0	123.8
1997	113.9	106.4	115.1	118.4	118.2
1953~1957 年均增长（%）	18.0	24.2	67.8	62.0	11.6
1958~1960 年均增长（%）	32.8	58.7	4.0		
1961~1965 年均增长（%）	-3.3	-3.4	-3.3		

续表12

年份	全部工业	国有工业	集体工业	城乡个体工业	其他经济类型工业
1966~1976年均 增长（%）	9.9	8.6	17.0		
1977~1978年均 增长（%）	14.0	13.5	15.9		
1979~1984年均 增长（%）	9.6	7.0	15.7	106.8	37.1
1985~1992年均 增长（%）	16.1	8.8	21.3	45.7	49.3
1993~1997年均 增长（%）	19.1	6.4	22.0	41.1	46.4
1953~1997年均 增长（%）	12.9	11.4	19.5	26.9	37.0

资料来源：《中国工业经济统计年鉴》（1993），中国统计出版社，第37页；《中国统计摘要》（1998），中国统计出版社，第99页。

本表为不变价。

附表13 按经济类型分的工业总产值构成
（以工业总产值为100，%）

年份	国有工业	集体工业	城乡个体工业	其他经济类型工业
1949	26.23	0.50	22.94	50.32
1950	32.67	0.79	26.34	40.21
1951	34.40	1.29	22.83	41.49
1952	41.52	3.27	20.58	34.63
1953	43.04	3.87	19.27	33.82
1954	47.13	5.34	17.86	29.67
1955	51.29	7.58	14.78	26.35
1956	54.56	17.06	1.18	27.20
1957	53.78	19.03	0.82	26.37
1958	89.17	10.83		
1959	88.55	11.45		
1960	90.60	9.40		
1961	88.51	11.49		
1962	87.80	12.20		
1963	89.33	10.67		
1964	89.54	10.46		
1965	90.07	9.93		
1966	90.18	9.82		
1967	88.46	11.54		
1968	88.42	11.58		

续表 13

年份	国有工业	集体工业	城乡个体工业	其他经济类型工业
1969	88.71	11.29		
1970	87.61	12.39		
1971	85.91	14.09		
1972	84.88	15.12		
1973	84.02	15.98		
1974	82.41	17.59		
1975	81.09	18.91		
1976	78.33	21.67		
1977	77.03	22.97		
1978	77.63	22.37		
1979	78.49	21.53		
1980	75.96	23.54	0.02	0.48
1981	74.76	24.61	0.04	0.58
1982	74.45	24.82	0.06	0.68
1983	73.35	25.74	0.12	0.78
1984	69.10	29.71	0.19	1.01
1985	64.86	32.08	1.85	1.21
1986	62.27	33.52	2.76	1.46
1987	59.73	34.61	3.64	2.02
1988	56.80	36.14	4.34	2.72
1989	56.06	35.69	4.80	3.44
1990	54.61	35.63	5.39	4.38
1991	56.17	32.99	4.83	6.01
1992	51.52	35.07	5.80	7.61
1993	46.95	34.02	7.98	11.06
1994	37.34	37.72	10.09	14.85
1995	34.00	36.60	12.90	16.50
1996	28.48	39.39	15.48	16.65
1997	26.54	40.52	15.92	17.02
1953~1957 年平均	49.96	10.57	10.78	28.68
1958~1960 年平均	89.44	10.56		
1961~1965 年平均	89.05	10.95		
1966~1976 年平均	85.46	14.54		
1977~1978 年平均	77.33	22.67		
1979~1984 年平均	74.35	24.99	0.08	0.70
1985~1988 年平均	60.92	34.09	3.15	1.85
1989~1992 年平均	54.59	34.84	5.21	5.36
1993~1997 年平均	34.38	37.44	12.80	15.37
1953~1997 年平均	69.74	21.28	6.60	10.98

　　资料来源：《中国工业经济统计年鉴》(1993)，中国统计出版社，第 36 页；《中国统计摘要》(1998)，中国统计出版社，第 99 页。
　　本表为现价。

附表 14　轻、重工业产值及比重

年份	全部工业	绝对额（亿元）		比重（%）	
		轻工业	重工业	轻工业	重工业
1949	140	103	37	73.6	26.4
1950	191	135	56	70.7	29.3
1951	264	179	85	67.8	32.2
1952	349	225	124	64.5	35.5
1953	450	282	168	62.7	37.3
1954	515	317	198	61.6	38.4
1955	534	316	218	59.2	40.8
1956	642	370	272	57.6	42.4
1957	704	387	317	55.0	45.0
1958	1083	503	580	46.4	53.6
1959	1483	616	867	41.5	58.5
1960	1637	547	1090	33.4	66.6
1961	1062	451	611	42.5	57.5
1962	920	434	486	47.2	52.8
1963	993	445	548	44.8	55.2
1964	1164	516	648	44.3	55.7
1965	1402	723	679	51.6	48.4
1966	1624	796	828	49.0	51.0
1967	1382	733	649	53.0	47.0
1968	1285	690	595	53.7	46.3
1969	1665	837	828	50.3	49.7
1970	2117	976	1141	46.1	53.9
1971	2414	1037	1377	43.0	57.0
1972	2565	1100	1465	42.9	57.1
1973	2794	1212	1582	43.4	56.6
1974	2792	1241	1551	44.4	55.6
1975	3207	1413	1794	44.1	55.9
1976	3278	1448	1830	44.2	55.8
1977	3725	1638	2087	44.0	56.0
1978	4237	1826	2411	43.1	56.9
1979	4681	2045	2636	43.7	56.3
1980	5154	2430	2724	47.1	52.9
1981	5400	2781	2619	51.5	48.5
1982	5811	2919	2892	50.2	49.8
1983	6461	3135	3326	48.5	51.5
1984	7617	3608	4009	47.4	52.6

续表 14

年份	全部工业	绝对额（亿元）		比重（%）	
		轻工业	重工业	轻工业	重工业
1985	9716	4575	5141	47.1	52.9
1986	11194	5330	5864	47.6	52.4
1987	13813	6656	7157	48.2	51.8
1988	18224	8979	9245	49.3	50.7
1989	22017	10761	11256	48.9	51.1
1990	23924	11813	12111	49.4	50.6
1991	26625	12887	13738	48.4	51.6
1992	34599	16123	18476	46.6	53.4
1993	48402	22507	25895	46.5	53.5
1994	70176	32491	37685	46.3	53.7
1995	91894	43466	48428	47.3	52.7
1996	99595	47932	51663	48.1	51.9
1997	112127	55015	57112	49.1	50.9
1953~1957 年平均				59.2	40.8
1958~1960 年平均				40.5	59.5
1961~1965 年平均				46.1	53.9
1966~1976 年平均				46.7	53.3
1977~1978 年平均				43.5	56.5
1979~1984 年平均				48.1	51.9
1985~1988 年平均				48.0	52.0
1989~1992 年平均				48.3	51.7
1993~1997 年平均				47.5	52.5
1953~1997 年平均				48.0	52.0

资料来源：《中国工业经济年鉴》（1995），中国统计出版社，第 23 页；《中国统计摘要》（1998），中国统计出版社，第 100 页。

本表为当年价。

附表 15　重工业产值中采掘、原材料和制造业产值及比重

年份	重工业产值（亿元）	其中：			比重（%）		
		采掘工业	原材料工业	制造工业	采掘工业	原材料工业	制造工业
1952	122.2	18.7	52.3	51.2	15.3	42.8	41.9
1957	330.0	48.2	131.0	150.8	14.6	39.7	45.7
1958	590.0	88.5	209.5	292.1	15.0	35.5	49.5
1959	874.0	117.1	315.5	441.4	13.4	36.1	50.5
1960	1100.0	136.4	376.2	587.4	12.4	34.2	53.4
1961	588.0	80.6	231.7	275.8	13.7	39.4	46.9
1962	454.8	64.6	187.8	202.4	14.2	41.3	44.5
1963	517.6	67.3	209.6	240.7	13.0	40.5	46.5
1964	626.9	72.1	256.4	298.4	11.5	40.9	47.6
1965	691.1	76.7	274.4	340.0	11.1	39.7	49.2
1966	881.2	98.7	337.5	445.0	11.2	38.3	50.5
1967	705.6	81.8	267.4	356.3	11.6	37.9	50.5
1968	668.8	79.6	241.4	347.8	11.9	36.1	52.0
1969	963.5	102.1	342.0	519.3	10.6	35.5	53.9
1970	1369.4	116.4	520.4	732.6	8.5	38.0	53.5
1971	1366.7	161.3	535.7	669.7	11.8	39.2	49.0
1972	1461	175.3	545.0	740.7	12.0	37.3	50.7
1973	1588.1	182.6	593.9	811.5	11.5	37.4	51.1
1974	1562.9	187.5	565.8	809.6	12.0	36.2	51.8
1975	1826.2	221.0	641.0	964.2	12.1	35.1	52.8
1976	1835.8	225.8	640.7	969.3	12.3	34.9	52.8
1977	2098.6	258.1	728.2	1112.3	12.3	34.7	53.0
1978	2425.0	292.2	860.8	1272.1	12.0	35.5	52.5
1979	2611.1	299.1	964.3	1347.7	11.5	36.9	51.6
1980	2648.8	298.8	1001.6	1348.4	11.3	37.8	50.9
1981	2514.8	381.5	1020.7	1112.6	15.2	40.6	44.2
1982	2762.6	394.7	1086.7	1281.2	14.3	39.3	46.4
1983	3104.7	407.4	1187.3	1510.0	13.1	38.2	48.6
1984	3545.7	450.6	1292.1	1803.0	12.7	36.4	50.9
1985	4211.7	482.8	1482.3	2246.6	11.5	35.2	53.3
1986	4528.5	510.8	1624.3	2393.4	11.3	35.9	52.9
1987	5185.1	536.1	1837.6	2811.4	10.3	35.4	54.2
1988	6033.6	574.3	2040.8	3418.5	9.5	33.8	56.7
1989	6475.2	613.7	2187.4	3674.1	9.5	33.8	56.7
1990	6787.5	644.2	2326.2	3817.1	9.5	34.3	56.2
1991	12105.4	1395.4	4632.8	6077.2	11.5	38.3	50.2

年份	重工业产值（亿元）	其中：			比重（%）		
		采掘工业	原材料工业	制造工业	采掘工业	原材料工业	制造工业
1992	14975.2	1488.3	5452.2	8034.7	9.9	36.4	53.7
1993	24339.2	2525.6	10358.3	11455.3	10.4	42.6	47.1
1994	22421.2	1914.7	7377.8	13128.7	8.5	32.9	58.6
1995	25605.3	2016.6	8322.5	15266.2	7.9	32.5	59.6
1996	28131.9	2376.5	8889.4	16866.0	8.4	31.6	60.0
1958~1960年平均					13.6	35.3	51.1
1961~1965年平均					12.7	40.4	46.9
1966~1976年平均					11.4	36.9	51.7
1977~1978年平均					12.2	35.1	52.7
1979~1984年平均					13.0	38.2	48.8
1985~1988年平均					10.7	35.1	54.3
1989~1992年平均					10.1	35.7	54.2
1993~1996年平均					8.8	34.9	56.3
1953~1996年平均					11.6	36.9	51.5

资料来源：《国民经济统计提要》（1949~1978），中国统计出版社；《中国统计摘要》（1997），中国统计出版社。

本表为乡及以上工业。本表 1952 年按 1952 年不变价格计算，1957~1970 年按 1957 年不变价格计算，1971~1980 年按 1970 年不变价格计算，1981~1990 年按 1980 年不变价格计算，1991 年以后按 1990 年不变格价计算。

附表 16　轻工业产值中以农产品和非农产品为原料的工业产值及比重

年份	轻工业产值（亿元）	其中：		比重（%）	
		以农产品为原料的产值	以非农产品为原料的产值	以农产品为原料	以非农产品为原料
1949					
1950					
1951					
1952	221.1	193.5	27.6	87.5	12.5
1953					
1954					
1955					

续表 16

年份	轻工业产值（亿元）	其中：		比重（%）	
		以农产品为原料的产值	以非农产品为原料的产值	以农产品为原料	以非农产品为原料
1956					
1957	374.0	311.2	62.8	83.2	16.8
1958	500.0	407.5	92.5	81.5	18.5
1959	610.0	480.7	129.3	78.8	21.2
1960	550.0	407.0	143.0	74.0	26.0
1961	431.1	318.2	112.9	73.8	26.2
1962	395.4	289.4	106.0	73.2	26.8
1963	404.4	298.9	105.5	73.9	26.1
1964	476.3	357.7	118.6	75.1	24.9
1965	702.8	503.9	198.9	71.7	28.3
1966	804.9	544.9	260.0	67.7	32.3
1967	747.9	511.6	236.3	68.4	31.6
1968	711.5	490.2	221.3	68.9	31.1
1969	890.0	605.2	284.8	68.0	32.0
1970	1051.4	736.0	315.4	70.0	30.0
1971	1119.0	783.3	335.7	70.0	30.0
1972	1086.4	780.0	306.4	71.8	28.2
1973	1200.6	859.6	341.0	71.6	28.4
1974	1233.4	869.5	363.9	70.5	29.5
1975	1392.6	976.2	416.4	70.1	29.9
1976	1426.4	987.1	439.3	69.2	30.8
1977	1629.7	1116.3	513.4	68.5	31.5
1978	1805.7	1235.7	569.8	68.4	31.6
1979	1979.6	1372.5	607.1	69.3	30.7
1980	2342.8	1603.5	739.3	68.4	31.6
1981	2661.0	1818.4	842.6	68.3	31.7
1982	2811.5	1968.5	843.0	70.0	30.0
1983	3052.2	2117.0	935.2	69.4	30.6
1984	3469.4	2356.5	1112.9	67.9	32.1
1985	4049.3	2783.3	1266.0	68.7	31.3
1986	4450.4	2999.9	1450.5	67.4	32.6
1987	5122.1	3425.9	1696.2	66.9	33.1
1988	6093.5	3958.7	2134.8	65.0	35.0
1989	6469.7	4189.5	2280.2	64.8	35.2
1990	6959.5	4485.7	2473.8	64.5	35.5
1991	11296.1	7723.4	3572.7	68.4	31.6
1992	13505.6	9078.4	4427.2	67.2	32.8

续表16

年份	轻工业产值 （亿元）	其中：		比重（%）	
		以农产品 为原料的产值	以非农产品 为原料的产值	以农产品 为原料	以非农产品 为原料
1993	16683.5	11106.5	5577.0	66.6	33.4
1994	20248.0	13234.6	7013.4	65.4	34.6
1995	22736.7	14687.8	8048.9	64.6	35.4
1996	24270.2	15163.4	9106.8	62.5	37.5
1953~1957年平均					
1958~1960年平均				78.1	21.9
1961~1965年平均				73.5	26.5
1966~1976年平均				69.7	30.3
1977~1978年平均				68.5	31.5
1979~1984年平均				68.9	31.1
1985~1988年平均				67.0	33.0
1989~1992年平均				66.2	33.8
1993~1996年平均				64.8	35.2
1953~1996年平均				69.8	30.2

资料来源：《国民经济统计摘要》（1949~1978），中国统计出版社；《中国统计摘要》（1997），中国统计出版社。

本表为乡及以上工业。本表1952年按1952年不变价格计算，1957~1970年按1957年不变价格计算，1971~1980年按1970年不变价格计算，1981~1990年按1980年不变价格计算，1991年以后按1990年不变价格可计算。

附表17 能源工业产值及其占工业总产值比重

年份	工业总产值（亿元）	能源工业产值（亿元）	能源工业产值占工业产值比重（%）
1952	343	15.2	4.4
1957	704	42.8	6.1
1962	850	89.0	10.5
1965	1394	126.1	9.0
1970	2421	236.7	9.8
1975	3219	402.1	12.5
1978	4231	521.4	12.3
1979	4591	554.5	12.1
1980	4992	564.7	11.3
1981	5178	634.3	12.2
1982	5577	661.4	11.9
1983	6164	708.6	11.5

续表 17

年份	工业总产值（亿元）	能源工业产值（亿元）	能源工业产值占工业产值比重（%）
1984	7030	764.4	10.9
1985	8295	862.4	10.4
1986	8979	922.6	10.3
1987	10307	993.1	9.6
1988	12127	1082.4	8.9
1989	12945	1164.4	9.0
1990	13747	1232.7	9.0
1991	23402	2402.7	10.3
1992	28481	2614.4	9.2
1993	41022	4784.9	11.7
1994	53373	6469.5	12.1
1995	66391	8231.2	12.4
1996	64888	8330.9	12.8
1997	70748	9580.3	13.5

资料来源：《中国统计摘要》（1998），中国统计出版社。
本表不包括村及以下工业。

附表 18　工业中大、中、小型企业产值及比重

年份	绝对额（亿元）				比重（%）		
	全部工业	大型企业	中型企业	小型企业	大型企业	中型企业	小型企业
1980	4702.5	1604.0	1022.6	2075.9	34.1	21.7	44.1
1984	6818.3	2166.6	1350.5	3301.2	31.8	19.8	48.4
1985	8434.7	2545.6	1637.0	4252.1	30.2	19.4	50.4
1986	9436.0	2868.4	1831.4	4736.2	30.4	19.4	50.2
1987	11318.5	3528.0	2222.9	5567.6	31.2	19.6	49.2
1988	14586.4	4484.6	2872.7	7229.1	30.7	19.7	49.6
1989	17473.9	5769.3	3454	8250.6	33.0	19.8	47.2
1990	18688.9	6509.0	3693.9	8486.0	34.8	19.8	45.4
1991	22088.7	7956.0	4409.5	9722.6	36.0	20.0	44.0
1992	27724.0	10081.3	5836.0	11806.7	36.4	21.1	42.6
1993	39693.0	14739.0	7507.0	17446.0	37.1	18.9	44.0
1994	53372.6	19605.6	9006.0	24761.0	36.7	16.9	46.4
1995	66389.9	25362.9	10751.0	30276.0	38.2	16.2	45.6
1996	64886.0	24756	9539.0	30591.0	38.2	14.7	47.1
1979~1984 年平均					32.9	20.8	46.3
1985~1988 年平均					30.6	19.5	49.8

续表 18

年份	绝对额（亿元）				比重（%）		
	全部工业	大型企业	中型企业	小型企业	大型企业	中型企业	小型企业
1989~1992 年平均					35.1	20.1	44.8
1993~1996 年平均					37.6	16.7	45.8
1980~1996 年平均					34.2	19.1	46.7

资料来源：《中国工业经济统计年鉴》（1995），中国统计出版社，第 144 页；《中国统计年鉴》（1997），中国统计出版社，第 413 页。

本表为乡及以上独立核算工业企业，当年价。

附表 19 东、中、西部（沿海、内地）工业产值及比重

年份	绝对额（亿元）				比重（%）		
	全部工业	沿海	内地		沿海	内地	
1949	140.2	100.2	40		71.47	28.53	
1950	191.2	136.5	54.7		71.39	28.61	
1951	263.5	191.8	71.7		72.79	27.21	
1952	343.3	243.2	100.1		70.84	29.16	
1953	447.0	315.3	131.7		70.54	29.46	
1954	519.7	358.5	161.2		68.98	31.02	
1955	548.7	371.5	177.2		67.71	32.29	
1956	703.6	484.5	219.1		68.86	31.14	
1957	783.9	532.3	251.6		67.90	32.10	
1958	1090.0	724.9	365.1		66.50	33.50	
1959	1484.0	979.4	504.6		66.00	34.00	
1960	1650.0	1077.5	572.5		65.30	34.70	
1961	1019.2	678.8	340.4		66.60	33.40	
1962	850.2	559.6	290.6		65.82	34.18	
1963	922.0	604.2	317.8		65.53	34.47	
1964	1103.2	724.8	378.4		65.70	34.30	
1965	1393.9	906.4	487.5		65.03	34.97	
1966	1686.1	1078.2	607.9		63.95	36.05	
1967	1453.5	943.0	510.5		64.88	35.12	
1968	1380.3	965.8	414.5		69.97	30.03	
1969	1853.5	1264.1	589.4		68.20	31.80	
1970	2420.8	1572.2	848.6		64.95	35.05	
1971	2389.5	1497.4	892.1		62.67	37.33	
1972	2547.4	1603.0	944.4		62.93	37.07	
1973	2788.7	1774.3	1014.4		63.62	36.38	

续表 19

年份	绝对额（亿元）				比重（%）		
	全部工业	沿海	内地		沿海	内地	
1974	2796.3	1809.1	987.2		64.70	35.30	
1975	3218.8	2045.3	1173.5		63.54	36.46	
1976	3262.2	2156.9	1105.3		66.12	33.88	
1977	3728.3	2383.8	1344.5		63.94	36.06	
1978	4230.8	2679.1	1551.7		63.32	36.68	
1979	4590.7	2783.7	1807.0		60.64	39.36	
1980	4992.4	3070.1	1922.3		61.50	38.50	
1981	5177.7	3130.6	2047.1		60.46	39.54	
1982	5577.5	3333.6	2243.9		59.77	40.23	
1983	6163.4	3677.9	2485.5		59.67	40.33	
1984	7029.9	4202.6	2827.3		59.78	40.22	
		东部地区	中部地区	西部地区	东部地区	中部地区	西部地区
1985	8261.1	4985.2	2221.5	1054.4	60.35	26.89	12.76
1986	11171.0	6757.0	3056.0	1358.0	60.49	27.36	12.16
1987	13804.0	8432.0	3740.0	1632.0	61.08	27.09	11.82
1988	18219.0	11292.0	4780.0	2147.0	61.98	26.24	11.78
1989	22043.0	13693.0	5741	2609.0	62.12	26.04	11.84
1990	23924.5	15007.2	6067.5	2849.8	62.73	25.36	11.91
1991	28248.3	18007.1	6925.8	3315.4	63.75	24.52	11.74
1992	37065.7	24363.4	8627.8	4074.5	65.73	23.28	10.99
1993	55518.9	37236.12	12403.9	5878.9	67.07	22.34	10.59
1994	76909.8	51539.78	17379.7	7990.3	67.01	22.60	10.39
1995	91886.0	60654.0	21881.0	9351.0	66.01	23.81	10.18
1996	99581.0	65142.0	25247.0	9192.0	65.42	25.35	9.23
1953~1957 年平均					68.8	31.2	
1958~1960 年平均					65.9	34.1	
1961~1965 年平均					65.7	34.3	
1966~1976 年平均					65.0	35.0	
1977~1978 年平均					63.6	36.4	
1979~1984 年平均					60.3	39.7	
1953~1984 年平均					64.8	35.2	
1985~1988 年平均					61.0	26.9	12.1
1989~1992 年平均					63.6	24.8	11.6
1993~1996 年平均					66.4	23.5	10.1
1985~1996 年平均					63.6	25.1	11.3

　　资料来源：《中国工业经济统计资料》（1949~1984），中国统计出版社，第 137 页；《中国工业发展报告》(1996)，经济管理出版社，第 133 页；《中国统计年鉴》(1997)，中国统计出版社，第 415 页。

附表 20 工业主要产品产量居世界位次的变化

年份	1949	1957	1965	1978	1980	1984	1989	1990	1991	1992	1993	1994	1995	1996
钢	26	9	8	5	5	4	4	4	4	3	3	2	2	2
煤	9	5	5	3	3	2	1	1	1	1	1	1	1	1
原油	27①	23	12	8	6	6	6	5	5	5	5	5	5	5
发电量	25	13	9	7	6	6	4	4	4	4	3	2	2	2
水泥	—	8	8	4	4	2	1	1	1	1	1	1	1	1
硫酸	—	14	3	3	3	3	3	3	3	3	—	—	—	—
化肥	—	33	8	3	3	3	3	3	3	3	2	2	2	2
化学纤维	—	26②	—	7	5	5	4	—	2	2	2	2	2	2
布	—	3	3	1	1	1	1	1	1	1	1	1	1	1
糖	—	—	8	8	10	6	6	—	6	3	3	4	4	4
电视机	—	—	—	8	5	3	1	1	1	1	1	1	1	1

资料来源：《中国统计年鉴》（1997），中国统计出版社。

① 1950年数字。
② 1960年数字。

附表 21　工业制成品在出口商品总额中的比重

年份	出口总额（亿美元）	工业制成品出口总额（亿美元）	比重（%）
1980	181.19	90.05	49.70
1981	220.07	117.59	53.43
1982	223.21	122.71	54.98
1983	222.26	126.06	56.72
1984	261.39	142.05	54.34
1985	273.50	135.22	49.44
1986	309.42	196.70	63.57
1987	394.37	262.06	66.96
1988	475.16	331.10	69.68
1989	525.38	374.60	71.30
1990	620.91	462.05	74.41
1991	718.43	556.98	77.53
1992	849.40	679.36	79.98
1993	917.44	750.78	81.83
1994	1210.06	1012.98	83.71
1995	1487.80	1272.95	85.56
1996	1510.66	1291.41	85.49
1997	1826.96	1587.67	86.90

资料来源：《中国统计年鉴》（1997），中国统计出版社；《中国统计摘要》（1998），中国统计出版社。

附表 22　按经济类型分的工业企业数

年份	企业数（万个）				企业数比重（%）		
	全部工业	国有工业	集体工业	其他经济类型工业	国有工业	集体工业	其他经济类型工业
1957	16.9	4.9	12		28.99	71.01	
1958	26.3	11.9	14.4		45.25	54.75	
1959	31.8	9.8	22		30.82	69.18	
1960	25.4	9.6	15.8		37.80	62.20	
1961	21.7	7	14.7		32.26	67.74	
1962	19.7	5.3	14.4		26.90	73.10	
1963	17	4.7	12.3		27.65	72.35	
1964	16.1	4.5	11.6		27.95	72.05	
1965	15.8	4.6	11.2		29.11	70.89	
1970	19.5	5.7	13.8		29.23	70.77	
1971	21	6.4	14.6		30.48	69.52	
1972	21.9	6.8	15.1		31.05	68.95	
1973	23	6.9	16.1		30.00	70.00	
1974	24	7.1	16.9		29.58	70.42	
1975	26.3	7.5	18.8		28.52	71.48	
1976	29.4	7.8	21.6		26.53	73.47	

续表 22

年份	企业数（万个）				企业数比重（%）		
	全部工业	国有工业	集体工业	其他经济类型工业	国有工业	集体工业	其他经济类型工业
1977	32.3	8.2	24.1		25.39	74.61	
1978	34.8	8.4	26.4		24.14	75.86	
1979	35.5	8.4	27.1		23.66	76.34	
1980	37.7	8.3	29.36	0.04	22.02	77.88	0.11
1981	38.1	8.4	29.65	0.05	22.05	77.82	0.13
1982	38.8	8.6	30.13	0.07	22.16	77.65	0.18
1983	39.2	8.7	30.42	0.08	22.19	77.60	0.20
1984	43.7	8.4	35.2	0.1	19.22	80.55	0.23
1985	46.3	9.4	36.73	0.17	20.30	79.33	0.37
1986	49.9	9.7	39.96	0.24	19.44	80.08	0.48
1987	49.4	9.7	39.31	0.39	19.64	79.57	0.79
1988	50	9.9	39.55	0.55	19.80	79.10	1.10
1989	50.4	10.2	39.48	0.72	20.24	78.33	1.43
1990	50.4	10.4	39.12	0.88	20.63	77.62	1.75
1991	50.5	10.5	38.92	1.08	20.79	77.07	2.14
1992	50.2	10.3	38.48	1.42	20.52	76.65	2.83
1993	52	10.4	38.39	3.21	20.00	73.83	6.17
1994	53.2	10.2	38.55	4.45	19.17	72.46	8.36
1995	59.2	11.8	41.35	5.05	19.93	69.85	8.53
1996	57.9	11.38	39.48	5.26	19.65	68.19	9.08
1958~1960年平均					37.95	62.05	
1961~1965年平均					28.77	71.23	
1966~1976年平均					29.34	70.66	
1977~1978年平均					24.76	75.24	
1979~1984年平均					21.88	77.97	0.17
1985~1988年平均					19.79	79.52	0.68
1989~1992年平均					20.55	77.42	2.04
1993~1996年平均					19.69	71.08	8.04
1985~1996年平均					25.36	73.29	2.58

资料来源：《中国工业经济统计年鉴》（1995），中国统计出版社；《中国统计年鉴》（1996~1997），中国统计出版社。

本表为乡及以上工业企业。

附表 23　按经济类型分的工业职工人数

年份	职工人数（万人）				职工人数比重（%）		
	全部工业	国有工业	集体工业	其他经济类型工业	国有工业	集体工业	其他经济类型工业
1952	533	510	23		95.68	4.32	
1953	624	594	30		95.19	4.81	
1954	731	610	121		83.45	16.55	
1955	801	580	221		72.41	27.59	
1956	1051	717	334		68.22	31.78	
1957	1022	748	274		73.19	26.81	
1958	2516	2316	200		92.05	7.95	
1959	2268	1993	275		87.87	12.13	
1960	2482	2144	338		86.38	13.62	
1961	1994	1597	397		80.09	19.91	
1962	1597	1178	419		73.76	26.24	
1963	1542	1119	423		72.57	27.43	
1964	1605	1159	446		72.21	27.79	
1965	1743	1238	505		71.03	28.97	
1966	1868	1324	544		70.88	29.12	
1967	1904	1382	522		72.58	27.42	
1968	1942	1492	450		76.83	23.17	
1969	2188	1630	558		74.50	25.50	
1970	2575	1959	616		76.08	23.92	
1971	2924	2233	691		76.37	23.63	
1972	3159	2350	809		74.39	25.61	
1973	3338	2397	941		71.81	28.19	
1974	2480	1494	986		60.24	39.76	
1975	3754	2691	1063		71.68	28.32	
1976	3942	2866	1076		72.70	27.30	
1977	4155	3013	1142		72.52	27.48	
1978	4354	3139	1215		72.09	27.91	
1979	4536	3208	1328		70.72	29.28	
1980	4762	3334	1428		70.01	29.99	
1981	4983	3488	1495		70.00	30.00	
1982	5115	3582	1533		70.03	29.97	
1983	5205	3632	1573		69.78	30.22	
1984	5343	3669	1641	33	68.67	30.71	0.62
1985	5557	3815	1705	37	68.65	30.68	0.67
1986	5781	3955	1781	45	68.41	30.81	0.78

续表 23

年份	职工人数（万人）				职工人数比重（%）		
	全部工业	国有工业	集体工业	其他经济类型工业	国有工业	集体工业	其他经济类型工业
1987	5971	4086	1828	57	68.43	30.61	0.95
1988	6158	4229	1850	79	68.67	30.04	1.28
1989	6228	4273	1845	110	68.61	29.62	1.77
1990	6378	4365	1876	137	68.44	29.41	2.15
1991	6551	4472	1898	181	68.26	28.97	2.76
1992	6621	4521	1862	238	68.28	28.12	3.59
1993	6626	4498	1692	428	67.88	25.54	6.46
1994	6580	4369	1605	607	66.40	24.39	9.22
1995	6610	4397	1503	710	66.52	22.74	10.74
1996	6450	4278	1429	743	66.33	22.16	11.52
1953~1957年平均					78.49	21.51	
1958~1960年平均					88.77	11.23	
1961~1965年平均					73.93	26.07	
1966~1976年平均					72.55	27.45	
1977~1978年平均					72.30	27.70	
1979~1984年平均					69.87	30.03	
1985~1988年平均					68.54	30.54	0.92
1989~1992年平均					68.40	29.03	2.57
1993~1996年平均					66.78	23.71	9.49
1953~1996年平均					72.85	25.96	4.04

资料来源：《中国工业经济统计年鉴》（1995），中国统计出版社，第 22 页；《中国统计年鉴》（1997），中国统计出版社，第 415 页。

本表为乡及以上工业。

附表 24　国有工业企业年末固定资产原值

年份	总计（亿元）	平均每个职工使用（元）
1952	107.2	2100.7
1953	127.6	2148.1
1954	166.3	2726.2
1955	191.2	3296.6
1956	227.4	3171.6
1957	274.0	3663.1
1958	373.4	1612.2
1959	520.1	2609.6
1960	658.9	3073.2
1961	738.5	4624.3
1962	786.0	6672.3
1963	830.8	7424.5
1964	898.0	7748.1
1965	969.8	7823.6
1966	1046.0	7900.3
1967	1098.9	7951.5
1968	1143.1	7661.5
1969	1209.1	7417.7
1970	1367.3	6979.5
1971	1570.6	7033.5
1972	1747.2	7434.8
1973	1922.9	8022.1
1974	2097.1	14036.8
1975	2314.2	8599.7
1976	2522.9	8802.8
1977	2753.5	9138.7
1978	3041.5	9689.3
1979	3248.5	10126.2
1980	3465.2	10393.5
1981	3748.5	10746.8
1982	4074.9	11376.0
1983	4465.7	12295.4
1984	4806.4	13100.0
1985	5182.2	13583.7
1986	5871.7	14846.3
1987	6627.7	16220.5
1988	7579.9	17923.6

年份	总计（亿元）	平均每个职工使用（元）
1989	8609.7	20149.1
1990	9788.4	22424.7
1991	11377.5	25441.6
1992	13026.9	30862.1
1993	15590.1	34652.4
1994	19256.0	44074.2
1995	25733.0	58524.0
1996	28406.22	70312.4

资料来源：《中国统计年鉴》，中国统计出版社。

附表 25　国有单位年底工程技术人员

年份	总计（万人）	平均每万职工中专业技术人员（人）
1952	16.4	103.8
1957	49.6	202.4
1960	82.1	162.7
1978	157.1	214.5
1979	166.7	216.7
1980	186.2	232.2
1981	207.7	248.1
1982	235.4	272.8
1983	280.2	319.5
1984	316.2	366.1
1985	340.4	378.7
1986	358.1	383.7
1987	401.2	415.6
1988	437.5	438.2
1989	480.7	475.5
1990	510.1	493.0
1991	502.4	471.1
1992	520.5	478.0
1993	536.3	543.2
1994	553.5	373.2
1995	562.5	519.5
1996	568.0	518.9
1997	571.9	595.9

资料来源：《中国劳动工资统计资料》（1949~1985），中国统计出版社；《中国统计年鉴》（1983，1985，1987，1993，1997），中国统计出版社；《中国统计摘要》（1988），中国统计出版社。

附表 26　乡镇工业企业基本情况

年份	企业单位		从业人员		总产值		固定资产原值	
	数量（万个）	比上年增减（%）	数量（万个）	比上年增减（%）	数量（亿元）	比上年增减（%）	数量（亿元）	比上年增减（%）
1978	79.4	—	1734.4	—	385.3	—		
1979	76.7	−3.4	1814.4	4.6	425.3	3.8		
1980	75.8	−1.2	1942.3	7.0	515.1	21.1		
1981	72.5	−4.4	1980.8	2.0	567.9	10.3		
1982	74.9	3.3	2072.8	4.6	636.0	12.0		
1983	74.4	−0.7	2168.1	4.6	744.3	17.0		
1984[①]	481.2	—	3656.1	—	1240.0	—	454.1	—
1985	493.0	2.5	4136.7	13.1	1845.9	47.9	597.3	31.5
1986	635.5	28.9	4762.0	15.1	2443.5	32.4	759.6	27.2
1987	708.3	11.5	5266.7	12.7	3412.4	39.7	1019.6	34.2
1988	773.5	9.2	5703.4	8.3	4992.9	46.3	1330.4	30.5
1989	736.5	−4.8	5624.1	−1.4	6144.7	23.1	1640.8	23.3
1990	722.0	−2.0	5571.7	−0.9	7097.1	15.5	1907.1	16.2
1991	742.6	2.9	5813.6	4.3	8708.6	22.7	2288.6	20.0
1992	793.8	6.9	6336.4	9.0	13193.4	51.5	2997.3	31.0
1993	918.4	15.7	7259.6	14.6	22100.0	67.5	4459.6	48.8
1994[②]	698.6	−23.9	6961.6	−4.1	32336.1	46.3	6560.6	47.1
1995	718.2	2.8	7564.7	8.6	12091.0[③]		12841.0[④]	
1996	756.4	5.3	7860.1	3.9	12628.0		16050.0	

资料来源：《中国统计摘要》（1997），中国统计出版社，第 162~163 页；《中国乡镇企业年鉴》（1978~1997），农业出版社。

---

① 1984 年以前为乡、村两级集体企业数，此后为全部乡镇企业数。
② 1994 年乡镇企业局调整报送单位、范围，即生产规模过小、不符合标准的企业不填正式报表。
③ 1995~1996 年为工业增加值。
④ 1995~1996 年为全部乡镇企业固定资产原值。

附表 27 个体工业基本情况

行业	户数（户）	从业人员（人）	自有资金（万元）	总产值（万元）	销售总额或营业收入（万元）	商品零售额（万元）	户均从业人员（人）	户均自有资金（万元）	户均产值（万元）
1991 年									
一、全部个体工业	1761018	3969697	868831	3885844		660876	2.2	0.49	2.2
其中：采掘业	45295	142020	35396	177328		34162			
制造业	1657823	3683809	792550	3434907		590835			
二、城镇个体工业	372293	712545	168888	899195		167856			
其中：采掘业	7169	18947	6403	23613		8662			
制造业	353073	675938	158366	826408		149463			
三、农村个体工业	1388725	3257152	699943	2986649		493020			
其中：采掘业	38126	123073	28993	153715		25500			
制造业	1304750	3007871	634184	2608499		441372			
1996 年									
一、全部个体工业	3257855	8150959	3314259	30704876			2.5	1.02	9.4
其中：采掘业	95685	340070	161973	1326263		3716169			
制造业	3162170	7810889	3152287	29378613					
二、城镇个体工业	780048	1893817	825445	8417930					
其中：采掘业	13834	40263	24023	198199		1208587			
制造业	766214	1853554	801422	8219731					
三、农村个体工业	2477807	6257142	2488814	22286946					
其中：采掘业	81851	299807	137950	1128064		2507582			
制造业	2395956	5957335	2350864	21158882					

资料来源：《中国工商行政管理年鉴》（1992），工商出版社，第 74~76 页；《中国工商行政管理年鉴》（1997），工商出版社，第 454~456 页。

附表 28　全国私营工业企业基本情况 （一）

年份		1991	1996
合计	户数（户）	72585	372822
	投资者人数（人）	166691	730284
	雇工人数（人）	1186203	5666161
	注册资本（金）（万元）	704695	12552272
城镇	户数（户）	—	137456
	投资者人数（人）	—	274783
	雇工人数（人）	—	1931189
	注册资本（金）（万元）	241286	5912458
农村	户数（户）	—	235327
	投资者人数（人）	—	455501
	雇工人数（人）	—	3730972
	注册资本（金）（万元）	463409	6639814
独资企业	户数（户）	41235	214758
	投资者人数（人）	41235	214705
	雇工人数（人）	609343	2873959
	注册资本（金）（万元）	333697	3909988
合伙企业	户数（户）	29393	82655
	投资者人数（人）	116750	293659
	雇工人数（人）	507188	1439052
	注册资本（金）（万元）	280493	1879100
有限责任公司	户数（户）	1957	75409
	投资者人数（人）	8706	221920
	雇工人数（人）	69672	1353150
	注册资本（金）（万元）	90505	6763184

　　资料来源：《中国工商行政管理年鉴》（1992），工商出版社，第 78 页；《中国工商行政管理年鉴》（1997），工商出版社，第 441~442 页。

全国私营工业企业基本情况（二）　　　　续表28

年份		1991	1996
合计	总产值（万元）	1360091	29473309
	销售总额或营业收入（万元）	—	—
	社会消费品零售额（万元）	205249	4035025
独资企业	总产值（万元）	—	13415849
	销售总额或营业收入（万元）	—	—
	社会消费品零售额（万元）	—	1766757
合伙企业	总产值（万元）	—	5706803
	销售总额或营业收入（万元）	—	—
	社会消费品零售额（万元）	—	1121734
有限责任公司	总产值（万元）	—	10350657
	销售总额或营业收入（万元）	—	—
	社会消费品零售额（万元）	—	1146534
城镇	总产值（万元）	438982	11661814
	销售总额或营业收入（万元）	—	—
	社会消费品零售额（万元）	64131	1428931
农村	总产值（万元）	921109	17811495
	销售总额或营业收入（万元）	—	—
	社会消费品零售额（万元）	141118	2606094

资料来源：《中国工商行政管理年鉴》（1992），工商出版社，第79页；《中国工商行政管理年鉴》（1997），工商出版社，第443页。

附表29　外商投资工业企业基本情况

年份	企业数（户）					投资总额（亿美元）	注册资本（亿美元）	
	总计	中外合资	中外合作	外商独资	中外股份公司		总计	其中：外方
1991	31287	20196	5981	5110	—	509.5	338.6	187.5
1996	175022	109522	22228	43144	126	4286.2	2806.4	1775.5

资料来源：《中国工商行政管理年鉴》（1992），工商出版社，第59~61页；《中国工商行政管理年鉴》（1997），工商出版社，第425页。

附表 30　全社会固定资产投资中基础产业和非基础产业投资

单位:亿元

年份	总投资	农业	原材料	其中:			能源	其中:			交通	基础产业	非基础产业	其中:非基础工业
				冶金	化学	建材		电力	煤炭	石油				
1952	90.4	7.7	8.04	5.3	0.94	1.8	6.9	2.6	3.6	0.7	10.7	33.34	57.06	13.3
1953	99	4.1	10.5	6.7	1.9	1.9	9.9	3.9	4.6	1.4	14.9	39.4	59.6	17.8
1954	100.3	6.2	11.6	7.9	1.5	2.2	12.9	5.3	5.9	1.7	17.6	48.3	52	18
1955	155.3	11.9	19.7	12.5	4.4	2.8	19.5	7.2	8	4.3	26.1	77.2	78.1	28.9
1956	143.3	11.8	22.4	14	4.8	3.6	21.9	10.6	7.5	3.8	20.7	76.8	66.5	27.9
1957	269	26.3	70.2	47.3	14	8.9	40.6	20.5	16.2	3.9	33.9	171	98	31.7
1958	349.7	32.9	77.7	51.1	14	12.6	54.4	27.5	21.7	5.2	53.2	218.2	131.5	76.3
1959	388.7	45.2	80.1	49.7	16.7	13.7	62.7	29.6	24.5	8.6	56	244	144.7	86.5
1960	127.4	16.9	23.3	14	5.5	3.8	27.2	7.6	15.6	4	14.9	82.3	45.1	25.9
1961	71.2	14.4	13.8	6.8	4.3	2.7	15.5	3.5	8.8	3.2	5	48.7	22.5	10.7
1962	98.1	22.6	18.4	8.2	5.1	5.1	16.4	3.9	8.2	4.3	7.8	65.2	32.9	14.5
1963	144.1	26.9	27.08	11.68	7.6	7.8	21.6	6.5	9.2	5.9	15.5	91.08	53.02	23.2
1964	179.6	24.9	33.2	14.2	10.8	8.2	25.5	11.6	7.7	6.2	30.5	114.1	65.5	30
66-70	976	104.3	191.2	98.8	62.2	30.2	154	68.6	46.6	38.8	150	599.5	376.5	196.3
71-74	1354.6	134.6	225	140.6	40.3	44.1	238.1	98.7	72	67.4	248.9	846.6	508	263.2
1975	409.3	38.4	99	32.4	55.4	11.2	70.8	30.6	18.6	21.6	68.6	276.8	132.5	61
1976	376.3	41	91.5	33.2	48.4	9.9	69.4	33.9	16.5	19	57.7	259.6	116.7	47.5
1977	382.3	41.7	81.2	42.7	29	9.5	78	34.7	22.6	20.7	50.2	251.1	131.2	57.9
1978	500.9	53.3	91	46.5	31	13.5	113.7	50.9	31.8	31	68	326	174.9	67.9
1979	523.5	57.9	81.5	34.7	29.4	17.4	109.8	51	31.8	27	64	313.2	210.3	65.4
1980	741.6	65.4	129.7	47.6	50.3	31.8	154.5	53.9	45.9	54.7	62	411.6	330	91.4
1981	782.7	76.9	126.8	49.7	41.7	35.4	141.3	49.9	36.4	55	67	412	370.7	130.5
1982	1019.6	95.3	170.3	67.6	55.2	47.5	172.4	56.7	45.7	70	91	529	490.6	178.1
1983	1108.3	76	191.4	69.5	65.9	56	209.4	70.5	60.8	78.1	117.5	594.3	514	187.9
1984	1423.8	75.3	221.9	84.5	77.4	60	275.8	89	82.2	104.6	161.9	734.9	688.9	261.7

续表 30

年份	总投资	农业	原材料	其中:			能源	其中:			交通	基础产业	非基础产业	其中:非基础工业
				冶金	化学	建材		电力	煤炭	石油				
1985	2007.9	66.9	267.9	109.8	92.6	65.5	364.6	124.7	97.9	142	241.6	941	1066.9	453.3
1986	2370.2	64.5	347.3	146.7	106.6	94	447.4	184	109.4	154	272	1131.2	1239	568.5
1987	2845	86.5	439.4	194.1	145.3	100	547	238.8	115.6	192.6	300	1372.9	1472.1	739
1988	3474.4	104.9	546.6	242.1	197.5	107	641.5	284	123.5	234	338.9	1631.9	1842.5	993
1989	3105.4	95.5	449.7	202.7	166	81	709.5	304.7	135.9	268.9	289.7	1544.4	1561	757
1990	3448	140.6	446.7	187.7	179	80	832	377	186.5	268.5	347.8	1767.1	1680.9	810.5
1991	4325.9	150.8	568.7	246.7	219	103	950.3	414.9	213.9	321.5	502.2	2172	2153.9	981
1992	6632.9	203.2	824.9	362.9	297	165	1196.3	542.5	256.8	397	734.9	2959.3	3673.6	1626
1993	9889.3	193.7	1125.8	552.8	378	195	1535.9	754.6	324.4	456.9	1389	4244.4	5644.9	2363
1994	12373	218.8	1416.6	610.8	602.7	203.1	1795.5	885.6	300	609.9	2121.2	5552.1	6820.9	2409.6
1995	14186.7	426.4	1675.7	653	802	220.7	2067.1	1049.1	347	671	2460.05	6629.25	7557.45	2613.7
1996	15716	688.2	1686.03	604.93	781.55	299.55	2419.00	1227.70	406.07	785.23	2911.10	7704.33	8011.67	2890.28

资料来源：《中国固定资产投资统计资料》(1950~1955)，中国统计出版社；《中国统计年鉴》(1995~1997)，中国统计出版社。

本表均按当年价格计算，表中全社会投资额指国有经济+集体经济+城乡个人投资。集体经济部分行业投资按有关数据估算。

附表 31　全社会固定资产投资中基础产业和非基础产业投资增长率

（以上年为 100，%）

年份	农业	原材料	其中: 冶金	化学	建材	能源	其中: 电力	煤炭	石油	交通	基础产业	非基础产业	其中: 非基础工业
1952													
1953	-46.75	30.60	26.42	102.13	5.56	43.48	50.00	27.78	100.00	39.25	18.18	4.45	33.83
1954	51.22	10.48	17.91	-21.05	15.79	30.30	35.90	28.26	21.43	18.12	22.59	-12.75	1.12
1955	91.94	69.83	58.23	193.33	27.27	51.16	35.85	35.59	152.94	48.30	59.83	50.19	60.56
1956	-0.84	13.71	12.00	9.09	28.57	12.31	47.22	-6.25	-11.63	-20.69	-0.52	-14.85	-3.46
1957	122.88	213.39	237.86	191.67	147.22	85.39	93.40	116.00	2.63	63.77	122.66	47.37	13.62
1958	25.10	10.68	8.03	0.00	41.57	33.99	34.15	33.95	33.33	56.93	27.60	34.18	140.69
1959	37.39	3.09	-2.74	19.29	8.73	15.26	7.64	12.90	65.38	5.26	11.82	10.04	13.37
1960	-62.61	-70.91	-71.83	-67.07	-72.26	-56.62	-74.32	-36.33	-53.49	-73.39	-66.27	-68.83	-70.06
1961	-14.79	-40.77	-51.43	-21.82	-28.95	-43.01	-53.95	-43.59	-20.00	-66.44	-40.83	-50.11	-58.69
1962	56.94	33.33	20.59	18.60	88.89	5.81	11.43	-6.82	34.38	56.00	33.88	46.22	35.51
1963	19.03	47.17	42.44	49.02	52.94	31.71	66.67	12.20	37.21	98.72	39.69	61.16	60.00
1964	-7.43	22.60	21.58	42.11	5.13	18.06	78.46	-16.30	5.08	96.77	25.27	23.54	29.31
1966~1970													
1971~1974													
1975													
1976	6.77	-7.58	2.47	-12.64	-11.61	-1.98	10.78	-11.29	-12.04	-15.89	-6.21	-11.92	-22.13
1977	1.71	-11.26	28.61	-40.08	-4.04	12.39	2.36	36.97	8.95	-13.00	-3.27	12.43	21.89
1978	27.82	12.07	8.90	6.90	42.11	45.77	46.69	40.71	49.76	35.46	29.83	33.31	17.27
1979	8.63	-10.44	-25.38	-5.16	28.89	-3.43	0.20	0.00	-12.90	-5.88	-3.93	20.24	-3.68
1980	12.95	59.14	37.18	71.09	82.76	40.71	5.69	44.34	102.59	-3.13	31.42	56.92	39.76
1981	17.58	-2.24	4.41	-17.10	11.32	-8.54	-7.42	-20.70	0.55	8.06	0.10	12.33	42.78
1982	23.93	34.31	36.02	32.37	34.18	22.01	13.63	25.55	27.27	35.82	28.40	32.34	36.48

续表31

年份	农业	原材料	其中:			能源	其中:			交通	基础产业	非基础产业	其中：非基础工业
			冶金	化学	建材		电力	煤炭	石油				
1983	-20.25	12.39	2.81	19.38	17.89	21.46	24.34	33.04	11.57	29.12	12.34	4.77	5.50
1984	-0.92	15.94	21.58	17.45	7.14	31.71	26.24	35.20	33.93	37.79	23.66	34.03	39.28
1985	-11.16	20.73	29.94	19.64	9.17	32.20	40.11	19.10	35.76	49.23	28.04	54.87	73.21
1986	-3.59	29.64	33.61	15.12	43.51	22.71	47.55	11.75	8.45	12.58	20.21	16.13	25.41
1987	34.11	26.52	32.31	36.30	6.38	22.26	29.78	5.67	25.06	10.29	21.37	18.81	29.99
1988	21.27	24.40	24.73	35.93	7.00	-17.28	18.93	6.83	21.50	12.97	18.87	25.16	34.37
1989	-8.96	-17.73	-16.27	-15.95	-24.30	10.60	7.29	10.04	14.91	-14.52	-5.36	-15.28	-23.77
1990	47.23	-0.67	-7.40	7.83	-1.23	17.27	23.73	37.23	-0.15	20.06	14.42	7.68	7.07
1991	7.25	27.31	31.43	22.35	28.75	14.22	10.05	14.69	19.74	44.39	22.91	28.14	21.04
1992	34.75	45.05	47.10	35.62	60.19	25.89	30.75	20.06	23.48	46.34	36.25	70.56	65.75
1993	-4.68	36.48	52.33	27.27	18.18	28.39	39.10	26.32	15.09	89.01	43.43	53.66	45.33
1994	12.96	25.83	10.49	59.44	4.15	16.90	17.36	-7.52	33.49	52.71	30.81	20.83	1.97
1995	94.88	18.29	6.91	33.07	8.67	15.13	18.46	15.67	10.02	15.97	19.40	10.80	8.47
1996	61.40	0.62	-7.36	-2.55	35.73	17.02	17.02	17.02	17.02	18.33	16.22	6.01	10.58
1953~1957年平均	11.26	29.20	27.49	50.32	18.92	33.47	42.10	20.14	52.64	17.94	23.20	3.90	20.35
1958~1960年平均	56.47	52.92	52.55	51.53	56.13	42.00	40.82	48.38	31.29	39.34	47.01	29.58	45.82
1961~1965年平均	10.17	9.26	0.36	18.38	21.20	-1.60	11.15	-16.18	11.58	19.61	8.51	9.78	3.74
1966~1976年平均													
1977~1978年平均	14.02		18.35	-19.97	16.77	28.00	22.53	38.83	27.73	8.56	12.06	22.42	19.56
1979~1984年平均	5.93	16.02	10.47	16.47	28.22	15.91	9.76	17.15	22.47	15.56	14.51	25.67	25.21

续表 31

年份	农业	原材料	其中:			能源	其中:			交通	基础产业	非基础产业	其中: 非基础工业
			冶金	化学	建材		电力	煤炭	石油				
1985~1992年平均	13.21	17.84	19.98	18.30	13.48	20.13	25.35	15.30	18.14	20.82	19.02	23.27	25.65
1993~1996年平均	35.66	19.57	13.63	27.36	16.08	19.25	22.65	12.14	18.59	41.08	27.02	21.52	15.47
1953~1996年平均	11.01	13.24	11.65	16.92	12.63	14.60	15.40	11.62	17.74	13.93	13.49	12.19	13.33

资料来源:《中国固定资产投资统计资料》(1950~1995),中国统计出版社;《中国统计年鉴》(1995~1997),中国统计出版社。
本表均按当年价格计算。表中全社会投资额省国有经济+集体经济,不包括城乡个人投资。集体经济部分行业投资按有关数据估算。

附表32 全社会固定资产投资中基础产业和非基础产业投资比重（以全部投资为100，%）

年份	农业	原材料	其中: 冶金	化学	建材	能源	其中: 电力	煤炭	石油	交通	基础产业	非基础产业	其中: 非基础工业
1952	8.52	8.89	5.86	1.04	1.99	7.63	2.88	3.98	0.77	11.84	36.88	63.12	14.71
1953	4.14	10.61	6.77	1.92	1.92	10.00	3.94	4.65	1.41	15.05	39.80	60.20	17.98
1954	6.18	11.57	7.88	1.50	2.19	12.86	5.28	5.88	1.69	17.55	48.16	51.84	17.95
1955	7.66	12.69	8.05	2.83	1.80	12.56	4.64	5.15	2.77	16.81	49.71	50.29	18.61
1956	8.23	15.63	9.77	3.35	2.51	15.28	7.40	5.23	2.65	14.45	53.59	46.41	19.47
1957	9.78	26.10	17.58	5.20	3.31	15.09	7.62	6.02	1.45	12.60	63.57	36.43	11.78
1958	9.41	22.22	14.61	4.00	3.60	15.56	7.86	6.21	1.49	15.21	62.40	37.60	21.82
1959	11.63	20.61	12.79	4.30	3.52	16.13	7.62	6.30	2.21	14.41	62.77	37.23	22.25
1960	13.27	18.29	10.99	4.32	2.98	21.35	5.97	12.24	3.14	11.70	64.60	35.40	20.33
1961	20.22	19.38	9.55	6.04	3.79	21.77	4.92	12.36	4.49	7.02	68.40	31.60	15.03
1962	23.04	18.76	8.36	5.20	5.20	16.72	3.98	8.36	4.38	7.95	66.46	33.54	14.78
1963	18.67	18.79	8.11	5.27	5.41	14.99	4.51	6.38	4.09	10.76	63.21	36.79	16.10
1964	13.86	18.49	7.91	6.01	4.57	14.20	6.46	4.29	3.45	16.98	63.53	36.47	16.70
1966~1970	10.69	19.59	10.12	6.37	3.09	15.78	7.03	4.77	3.98	15.37	61.42	38.58	20.11
1971~1974	9.94	16.61	10.38	2.98	3.26	17.58	7.29	5.32	4.98	18.37	62.50	37.50	19.43
1975	9.38	24.19	7.92	13.54	2.74	17.30	7.48	4.54	5.28	16.76	67.63	32.37	14.90
1976	10.90	24.32	8.82	12.86	2.63	18.44	9.01	4.38	5.05	15.33	68.99	31.01	12.62
1977	10.91	21.24	11.17	7.59	2.48	20.40	9.08	5.91	5.41	13.13	65.68	34.32	15.15
1978	10.64	18.17	9.28	6.19	2.70	22.70	10.16	6.35	6.19	13.58	65.08	34.92	13.56
1979	11.06	15.57	6.63	5.62	3.32	20.97	9.74	6.07	5.16	12.23	59.83	40.17	12.49
1980	8.82	17.49	6.42	6.78	4.29	20.83	7.27	6.19	7.38	8.36	55.50	44.50	12.32
1981	9.82	16.20	6.35	5.33	4.52	18.05	6.38	4.65	7.03	8.56	52.64	47.36	16.67
1982	9.35	16.70	6.63	5.41	4.66	16.91	5.56	4.48	6.87	8.93	51.88	48.12	17.47
1983	6.86	17.27	6.27	5.95	5.05	18.89	6.36	5.49	7.05	10.60	53.62	46.38	16.95

续表 32

年份	农业	原材料	其中: 冶金	化学	建材	能源	其中: 电力	煤炭	石油	交通	基础产业	非基础产业	其中: 非基础工业
1984	5.29	15.59	5.93	5.44	4.21	19.37	6.25	5.77	7.35	11.37	51.62	48.38	18.38
1985	3.33	13.34	5.47	4.61	3.26	18.16	6.21	4.88	7.07	12.03	46.86	53.14	22.58
1986	2.72	14.65	6.19	4.50	3.97	18.88	7.76	4.62	6.50	11.48	47.73	52.27	23.99
1987	3.04	15.44	6.82	5.11	3.51	19.23	8.39	4.06	6.77	10.54	48.26	51.74	25.98
1988	3.02	15.73	6.97	5.68	3.08	18.46	8.17	3.55	6.73	9.75	46.97	53.03	28.58
1989	3.08	14.48	6.53	5.35	2.61	22.85	9.81	4.38	8.66	9.33	49.73	50.27	24.38
1990	4.08	12.96	5.44	5.19	2.32	24.13	10.93	5.41	7.79	10.09	51.25	48.75	23.51
1991	3.49	13.15	5.70	5.06	2.38	21.97	9.59	4.94	7.43	11.61	50.21	49.79	22.68
1992	3.06	12.44	5.47	4.48	2.49	18.04	8.18	3.87	5.99	11.08	44.62	55.38	24.51
1993	1.96	11.38	5.59	3.82	1.97	15.53	7.63	3.28	4.62	14.05	42.92	57.08	23.89
1994	1.77	11.45	4.94	4.87	1.64	14.51	7.16	2.42	4.93	17.14	44.87	55.13	19.47
1995	3.01	11.81	4.60	5.65	1.56	14.57	7.39	2.45	4.73	17.34	46.73	53.27	18.42
1996	4.38	10.73	3.85	4.97	1.91	15.39	7.81	2.58	5.00	18.52	49.02	50.98	18.39
1953~1957年平均	6.9	11.9	7.7	2.1	2.1	11.7	4.8	5.0	1.9	15.1	45.6	54.4	17.7
1958~1960年平均	10.3	23.0	15.0	4.5	3.5	15.6	7.7	6.2	1.7	14.1	62.9	37.1	18.6
1961~1965年平均	17.8	18.7	9.0	5.4	4.4	17.8	5.2	8.7	3.9	10.9	65.2	34.8	16.6
1966~1976年平均	10.2	21.2	9.3	8.9	2.9	17.3	7.7	4.8	4.8	16.5	65.1	34.9	16.8
1977~1978年平均	10.8	19.7	10.2	6.9	2.6	21.6	9.6	6.1	5.8	13.4	65.4	34.6	14.4
1979~1984年平均	8.5	16.5	6.4	5.8	4.3	19.2	6.9	5.4	6.8	10.0	54.2	45.8	15.7

续表 32

年份	农业	原材料	其中:			能源	其中:			交通	基础产业	非基础产业	其中:非基础工业
			冶金	化学	建材		电力	煤炭	石油				
1985~1988年平均	3.0	14.8	6.4	5.0	3.5	18.7	7.6	4.3	6.8	11.0	47.5	52.5	25.3
1989~1992年平均	3.4	13.3	5.8	5.0	2.4	21.7	9.6	4.7	7.5	10.5	49.0	51.0	23.8
1993~1996年平均	2.8	11.3	4.7	4.8	1.8	15.0	7.5	2.7	4.8	16.8	45.9	54.1	20.0
1953~1996年平均	6.9	13.7	6.6	4.4	2.6	14.6	6.0	4.5	4.1	10.9	46.1	38.0	15.8

资料来源：《中国固定资产投资统计资料》(1950~1995)，中国统计出版社；《中国统计年鉴》(1995~1997)，中国统计出版社。

本表均按当年价格计算，表中全社会投资额指国有经济+集体经济投资额，不包括城乡个人投资。集体经济部分行业投资按有关数据估算。

附表33　国有基本建设投资中基础产业和非基础产业投资

单位:亿元

年份	总投资	农业	原材料	其中:			能源	其中:			交通	基础产业	非基础产业	其中:非基础工业	工业
				冶金	化学	建材		电力	煤炭	石油					
1953	90.4	7.7	8.04	5.3	0.94	1.8	6.9	2.6	3.6	0.7	10.7	33.34	57.06	13.4	28.34
1954	99	4.1	10.5	6.7	1.9	1.9	9.9	3.9	4.6	1.4	14.9	39.4	59.6	17.97	38.37
1955	100.3	6.2	11.6	7.9	1.5	2.2	12.9	5.3	5.9	1.7	17.6	48.3	52	18.45	42.95
1956	155.3	11.9	19.7	12.5	4.4	2.8	19.5	7.2	8	4.3	26.1	77.2	78.1	29	68.2
1957	143.3	11.8	22.4	14	4.8	3.6	21.9	10.6	7.5	3.8	20.7	76.8	66.5	28.1	72.4
1958	269	26.3	70.2	47.3	14	8.9	40.6	20.5	16.2	3.9	33.9	171	98	62.2	173
1959	349.7	32.9	77.7	51.1	14	12.6	54.4	27.5	21.7	5.2	53.2	218.2	131.5	76.75	208.85
1960	388.7	45.2	80.1	49.7	16.7	13.7	62.7	29.6	24.5	8.6	56	244	144.7	86.77	229.57
1961	127.4	16.9	23.3	14	5.5	3.8	27.2	7.6	15.6	4	14.9	82.3	45.1	26.29	76.79
1962	71.2	14.4	13.8	6.8	4.3	2.7	15.5	3.5	8.8	3.2	5	48.7	22.5	10.79	40.09
1963	98.1	22.6	18.4	8.2	5.1	5.1	16.4	3.9	8.2	4.3	7.8	65.2	32.9	14.36	49.16
1964	144.1	26.9	27.08	11.68	7.6	7.8	21.6	6.5	9.2	5.9	15.5	91.08	53.02	23.38	72.06
1965	179.6	24.9	33.2	14.2	10.8	8.2	25.5	11.6	7.7	6.2	30.5	114.1	65.5	30.26	88.96
1966~1970	976	104.3	191.2	98.8	62.2	30.2	154	68.6	46.6	38.8	150	599.5	376.5	196.31	541.51
1971~1974	1354.6	134.6	225	140.6	40.3	44.1	238.1	98.7	72	67.4	248.9	846.6	508	283.84	746.94
1975	409.3	38.4	99	32.4	55.4	11.2	70.8	30.6	18.6	21.6	68.6	276.8	132.5	61.23	231.03
1976	376.3	41	91.5	33.2	48.4	9.9	69.4	33.9	16.5	19	57.7	259.6	116.7	47.83	208.73
1977	382.3	41.7	81.2	42.7	29	9.5	78	34.7	22.6	20.7	50.2	251.1	131.2	58.16	217.36
1978	500.9	53.3	91	46.5	31	13.5	113.7	50.9	31.8	31	68	326	174.9	68.46	273.16
1979	523.5	57.9	81.5	34.7	29.4	17.4	109.8	51	31.8	27	64	313.2	210.3	65.55	256.85
1980	558.9	52	73.8	32.5	29.6	11.7	115.65	48	33.4	33.4	62.3	303.75	255.15	86.16	275.61
1981	442.9	29.2	55	27.3	19	8.7	94.64	40	23.1	27.9	40	218.84	224.06	66.37	216.01
1982	555.5	34	80.4	43	25.8	11.6	102.2	46.2	29.8	25.3	57	273.6	281.9	78	260.6
1983	594.1	35.4	86.4	42.4	30	14	127.6	57.4	40	29	78	327.4	266.7	68.28	282.28

续表33

年份	总投资	农业	原材料	其中：冶金	化学	建材	能源	其中：电力	煤炭	石油	交通	基础产业	非基础产业	其中：非基础工业	工业
1984	743	37	99.1	46.7	35.7	16.7	165.9	76.9	55	30	108	410	333	76.59	341.59
1985	1074	35.9	133.2	52	53.8	27.4	203.6	107.8	55.1	33	170.9	543.6	530.4	109.69	446.49
1986	1176	35	160.4	54.2	75.3	30.9	267	161.6	57.7	38.6	180.8	643.2	532.8	104.24	531.64
1987	1343	42.1	215	79.5	99.8	35.7	340	210.9	59.6	58.5	189.7	786.8	556.2	127.79	682.79
1988	1574	47.6	249.7	96.3	117	36.4	411.6	249.7	63.5	86.5	212.2	921.1	652.9	151.28	812.58
1989	1551.7	50.6	226.7	89.7	103.3	33.7	446.4	267.8	70.5	93.5	166.5	890.2	661.5	149.38	822.48
1990	1703.8	67.2	239.8	85.7	119.2	34.9	558.3	334.6	98.8	100	207	1072.3	631.5	154.5	952.6
1991	2115.8	85	327.8	125	157.6	45.2	646	377.7	116.6	125.9	330.6	1389.4	726.4	173.41	1147.21
1992	3012.6	112.7	399	148.4	187.5	63.1	803.6	489.7	126.8	157.9	448.2	1763.5	1249.15	255.71	1458.31
1993	4615.5	127.72	535.8	198.3	242.3	95.2	1092.8	675.1	153.1	224.9	886	2642.32	1973.18	375.85	2004.45
1994	6436.7	154.77	779.7	246.9	369.7	163.1	1490.7	1033.4	164.9	250.6	1353.6	3778.77	2657.93	491.28	2761.68
1995	7403.6	219.1	979.9	331.6	498.3	150	1650.1	1124.1	189.40	293	1304.6	4153.7	3249.9	606.34	3236.34
1996	8610.8	291.7	845.5	280.00	420.30	145.2	2065.5	1532.0	180	353.50	1838.40	5041.1	3569.7	718.4	3629.4
1997	9862.8	403.9	646.2	208.5	277.7	160	2621.9	1910.1	223.4	488.4	2116.9	5788.9	4073.9	771.9	4040

资料来源：《中国固定资产投资统计资料》（1950~1995），《中国投资统计年鉴》（1995~1997），《中国统计年鉴》（1998），中国统计出版社；《中国统计摘要》（1998），中国统计出版社。

本表按当年价格计算。农业投资中包括水利投资。

附表 34 国有基本建设投资中基础产业和非基础产业投资增长率

（比上年增长，%）

年份	农业	原材料	其中：冶金	化学	建材	能源	其中：电力	煤炭	石油	交通	基础产业	非基础产业	其中：非基础工业
1953													
1954	-46.75	30.60	26.42	102.13	5.56	43.48	50.00	27.78	100.00	39.25	18.18	4.45	34.10
1955	51.22	10.48	17.91	-21.05	15.79	30.30	35.90	28.26	21.43	18.12	22.59	-12.75	2.67
1956	91.94	69.83	58.23	193.33	27.27	51.16	35.85	35.59	152.94	48.30	59.83	50.19	57.18
1957	-0.84	13.71	12.00	9.09	28.57	12.31	47.22	-6.25	-11.63	-20.69	-0.52	-14.85	-3.10
1958	122.88	213.39	237.86	191.67	147.22	85.39	93.40	116.00	2.63	63.77	122.66	47.37	121.35
1959	25.10	10.68	8.03	0.00	41.57	33.99	34.15	33.95	33.33	56.93	27.60	34.18	23.39
1960	37.39	3.09	-2.74	19.29	8.73	15.26	7.64	12.90	65.38	5.26	11.82	10.04	13.06
1961	-62.61	-70.91	-71.83	-67.07	-72.26	-56.62	-74.32	-36.33	-53.49	-73.39	-66.27	-68.83	-69.70
1962	-14.79	-40.77	-51.43	-21.82	-28.95	-43.01	-53.95	-43.59	-20.00	-66.44	-40.83	-50.11	-58.96
1963	56.94	33.33	20.59	18.60	88.89	5.81	11.43	-6.82	34.38	56.00	33.88	46.22	33.09
1964	19.03	47.17	42.44	49.02	52.94	31.71	66.67	12.20	37.21	98.72	39.69	61.16	62.81
1965	-7.43	22.60	21.58	42.11	5.13	18.06	78.46	-16.30	5.08	96.77	25.27	23.54	29.43
1966~1970													
1971~1974													
1975													
1976	6.77	-7.58	2.47	-12.64	-11.61	-1.98	10.78	-11.29	-12.04	-15.89	-6.21	-11.92	-21.88
1977	1.71	-11.26	28.61	-40.08	-4.04	12.39	2.36	36.97	8.95	-13.00	-3.27	12.43	21.60
1978	27.82	12.07	8.90	6.90	42.11	45.77	46.69	40.71	49.76	35.46	29.83	33.31	17.71
1979	8.63	-10.44	-25.38	-5.16	28.89	-3.43	0.20	0.00	-12.90	-5.88	-3.93	20.24	-4.25
1980	-10.19	-9.45	-6.34	0.68	-32.76	5.33	-5.88	5.03	23.70	-2.66	-3.02	21.33	31.44
1981	-43.85	-25.47	-16.00	-35.81	-25.64	-18.17	-16.67	-30.84	-16.47	-35.79	-27.95	-12.18	-22.97
1982	16.44	46.18	57.51	35.79	33.33	7.99	15.50	-30.84	-9.32	42.50	25.02	25.81	17.52
1983	4.12	7.46	-1.40	16.28	20.69	24.85	24.24	29.00	14.62	36.84	19.66	-5.39	-12.46

续表34

年份	农业	原材料	其中:			能源	电力	其中:		交通	基础产业	非基础产业	其中: 非基础工业
			冶金	化学	建材			煤炭	石油				
1984	4.52	14.70	10.14	19.00	19.29	30.02	33.97	34.23	3.45	38.46	25.23	24.86	12.17
1985	-2.97	34.41	11.35	50.70	64.07	22.72	40.18	37.50	10.00	58.24	32.59	59.28	43.22
1986	-2.51	20.42	4.23	39.96	12.77	31.14	49.91	0.18	16.97	5.79	18.32	0.45	-4.97
1987	20.29	34.04	46.68	32.54	15.53	27.34	30.51	4.72	51.55	4.92	22.33	4.39	22.59
1988	13.06	16.14	21.13	17.23	1.96	21.06	18.40	3.29	47.86	11.86	17.07	17.39	18.38
1989	6.30	-9.21	-6.85	-11.71	-7.42	8.45	7.25	6.54	8.09	-21.54	-3.35	1.32	-1.26
1990	32.81	5.78	-4.46	15.39	3.56	25.07	24.94	11.02	6.95	24.32	20.46	-4.54	3.43
1991	26.49	36.70	45.86	32.21	29.51	15.71	12.88	40.14	25.90	59.71	29.57	15.03	12.24
1992	32.59	21.72	18.72	18.97	39.60	24.40	29.65	18.02	25.42	35.57	26.93	71.96	47.46
1993	13.33	34.29	33.63	29.23	50.87	35.99	37.86	8.75	42.43	97.68	49.83	57.96	46.98
1994	21.18	45.52	24.51	52.58	71.32	36.41	53.07	20.74	11.43	52.78	43.01	34.70	30.71
1995	41.56	25.68	34.31	34.78	-8.03	10.69	8.78	7.71	16.92	-3.62	9.92	22.27	23.42
1996	33.14	-13.72	-15.56	-15.65	-3.20	25.17	36.29	-4.96	20.65	40.92	21.36	9.84	18.48
1997	38.46	-23.57	-25.54	-33.93	10.19	26.94	24.68	24.11	38.16	15.15	14.83	14.12	7.45
1954~1957年平均	11.26	29.20	27.49	50.32	18.92	33.47	42.10	20.14	52.64	17.94	23.20	3.90	20.34
1958~1960年平均	56.47	52.92	52.55	51.53	56.13	42.00	40.82	48.38	31.29	39.34	47.01	29.58	45.62
1961~1965年平均	-11.24	-16.15	-22.16	-8.35	-9.76	-16.47	-17.08	-20.66	-6.33	-11.44	-14.10	-14.66	-19.00
1966~1976年平均													
1977~1978年平均	14.02	-0.27	18.35	-19.97	16.77	28.00	22.53	38.83	27.73	8.56	12.06	22.42	19.64
1979~1984年平均	-5.90	1.43	0.07	2.38	3.61	6.50	7.12	3.90	-0.55	8.02	3.89	11.33	1.89

续表 34

年份	农业	原材料	其中:			能源	其中:			交通	基础产业	非基础产业	其中:非基础工业
			冶金	化学	建材		电力	煤炭	石油				
1985~1988年平均	6.50	25.99	19.83	34.55	21.51	25.50	34.24	10.48	30.31	18.39	22.43	18.33	18.55
1989~1992年平均	24.04	12.43	11.42	12.51	14.74	18.21	18.34	18.27	16.24	20.55	17.63	17.61	14.02
1993~1997年平均	29.08	10.12	7.04	8.17	20.45	26.68	31.29	11.99	25.34	36.41	26.84	26.67	24.73
1953~1997年平均	9.42	10.48	8.70	13.80	10.74	14.45	16.18	9.84	16.05	12.77	12.43	10.19	9.65

资料来源:《中国固定资产投资统计资料》(1950~1995),中国统计出版社;《中国统计年鉴》(1995~1997),中国统计出版社。

本表均按当年价格计算。农业投资中包括水利投资。

附表35　国有基本建设投资中基础产业和非基础产业投资比重
（以基本建设总投资为100，%）

年份	农业	原材料	其中：冶金	化学	建材	能源	其中：电力	煤炭	石油	交通	基础产业	非基础产业	其中：非基础工业
1953	8.52	8.89	5.86	1.04	1.99	7.63	2.88	3.98	0.77	11.84	36.88	63.12	14.82
1954	4.14	10.61	6.77	1.92	1.92	10.00	3.94	4.65	1.41	15.05	39.80	60.20	18.15
1955	6.18	11.57	7.88	1.50	2.19	12.86	5.28	5.88	1.69	17.55	48.16	51.84	18.39
1956	7.66	12.69	8.05	2.83	1.80	12.56	4.64	5.15	2.77	16.81	49.71	50.29	18.67
1957	8.23	15.63	9.77	3.35	2.51	15.28	7.40	5.23	2.65	14.45	53.59	46.41	19.61
1958	9.78	26.10	17.58	5.20	3.31	15.09	7.62	6.02	1.45	12.60	63.57	36.43	23.12
1959	9.41	22.22	14.61	4.00	3.60	15.56	7.86	6.21	1.49	15.21	62.40	37.60	21.95
1960	11.63	20.61	12.79	4.30	3.52	16.13	7.62	6.30	2.21	14.41	62.77	37.23	22.32
1961	13.27	18.29	10.99	4.32	2.98	21.35	5.97	12.24	3.14	11.70	64.60	35.40	20.64
1962	20.22	19.38	9.55	6.04	3.79	21.77	4.92	12.36	4.49	7.02	68.40	31.60	15.15
1963	23.04	18.76	8.36	5.20	5.20	16.72	3.98	8.36	4.38	7.95	66.46	33.54	14.64
1964	18.67	18.79	8.11	5.27	5.41	14.99	4.51	6.38	4.09	10.76	63.21	36.79	16.22
1965	13.86	18.49	7.91	6.01	4.57	14.20	6.46	4.29	3.45	16.98	63.53	36.47	16.85
1966—1970	10.69	19.59	10.12	6.37	3.09	15.78	7.03	4.77	3.98	15.37	61.42	38.58	20.11
1971—1974	9.94	16.61	10.38	2.98	3.26	17.58	7.29	5.32	4.98	18.37	62.50	37.50	20.95
1975	9.38	24.19	7.92	13.54	2.74	17.30	7.48	4.54	5.28	16.76	67.63	32.37	14.96
1976	10.90	24.32	8.82	12.86	2.63	18.44	9.01	4.38	5.05	15.33	68.99	31.01	12.71
1977	10.91	21.24	11.17	7.59	2.48	20.40	9.08	5.91	5.41	13.13	65.68	34.32	15.21
1978	10.64	18.17	9.28	6.19	2.70	22.70	10.16	6.35	6.19	13.58	65.08	34.92	13.67
1979	11.06	15.57	6.63	5.62	3.32	20.97	9.74	6.07	5.16	12.23	59.83	40.17	12.52
1980	9.30	13.20	5.81	5.30	2.09	20.69	8.59	5.98	5.98	11.15	54.35	45.65	15.42
1981	6.59	12.42	6.16	4.29	1.96	21.37	9.03	7.54	6.30	9.03	49.41	50.59	14.99
1982	6.12	14.47	7.74	4.64	2.09	18.40	8.32	4.16	4.55	10.26	49.25	50.75	14.04
1983	5.96	14.54	7.14	5.05	2.36	21.48	9.66	5.02	4.88	13.13	55.11	44.89	11.49

续表35

年份	农业	原材料	其中:			能源		其中:		交通	基础产业	非基础产业	其中: 非基础工业
			冶金	化学	建材		电力	煤炭	石油				
1984	4.98	13.34	6.29	4.80	2.25	22.33	10.35	5.38	4.04	14.54	55.18	44.82	10.31
1985	3.34	12.40	4.84	5.01	2.55	18.96	10.04	5.12	3.07	15.91	50.61	49.39	10.21
1986	2.98	13.64	4.61	6.40	2.63	22.70	13.74	4.69	3.28	15.37	54.69	45.31	8.86
1987	3.13	16.01	5.92	7.43	2.66	25.32	15.70	4.30	4.36	14.13	58.59	41.41	9.52
1988	3.02	15.86	6.12	7.43	2.31	26.15	15.86	3.79	5.50	13.48	58.52	41.48	9.61
1989	3.26	14.61	5.78	6.66	2.17	28.77	17.26	4.09	6.03	10.73	57.37	42.63	9.63
1990	3.94	14.07	5.03	7.00	2.05	32.77	19.64	4.14	5.87	12.15	62.94	37.06	9.07
1991	4.02	15.49	5.91	7.45	2.14	30.53	17.85	4.67	5.95	15.63	65.67	34.33	8.20
1992	3.74	13.24	4.93	6.22	2.09	26.67	16.25	3.87	5.24	14.88	58.54	41.46	8.49
1993	2.77	11.61	4.30	5.25	2.06	23.68	14.63	2.75	4.87	19.20	57.25	42.75	8.14
1994	2.40	12.11	3.84	5.74	2.53	23.16	16.05	2.38	3.89	21.03	58.71	41.29	7.63
1995	2.96	13.24	4.48	6.73	2.03	22.29	15.18	2.23	3.96	17.62	56.10	43.90	8.19
1996	3.39	9.82	3.25	4.88	1.69	23.99	17.79	2.09	4.11	21.35	58.54	41.46	8.34
1997	4.10	6.55	2.11	2.82	1.62	26.58	19.37	2.27	4.95	21.46	58.69	41.31	7.83
1953~1957年平均	6.9	11.9	7.7	2.1	2.1	11.7	4.8	5.0	1.9	15.1	45.6	54.4	17.9
1958~1960年平均	10.3	23.0	15.0	4.5	3.5	15.6	7.7	6.2	1.7	14.1	62.9	37.1	22.5
1961~1965年平均	17.8	18.7	9.0	5.4	5.4	17.8	5.2	8.7	3.9	10.9	65.2	34.8	16.7
1966~1976年平均	10.2	21.2	9.3	8.9	2.9	17.3	7.7	4.8	4.8	16.5	65.1	34.9	17.2
1977~1978年平均	10.8	19.7	10.2	6.9	2.6	21.6	9.6	6.1	5.8	13.4	65.4	34.6	14.4
1979~1984年平均	7.3	13.9	6.6	5.0	2.3	20.9	9.3	5.7	5.2	11.7	53.9	46.1	13.1

续表 35

年份	农业	原材料	其中：			能源	其中：			交通	基础产业	非基础产业	其中：非基础工业
			冶金	化学	建材		电力	煤炭	石油				
1985~1988年平均	3.1	14.5	5.4	6.6	2.5	23.3	13.8	4.5	4.1	14.7	55.6	44.4	9.6
1989~1992年平均	3.7	14.4	5.4	6.8	2.1	29.7	17.8	4.2	5.8	13.3	61.1	38.9	8.8
1993~1997年平均	3.1	10.7	3.6	5.1	2.0	23.9	16.6	2.3	4.4	20.1	57.9	42.1	8.0
1953~1997年平均	6.8	13.3	6.4	4.6	2.3	17.0	8.6	4.4	3.5	12.2	49.2	35.3	11.8

资料来源：《中国固定资产投资统计资料》(1950~1995)，中国统计出版社；《中国统计年鉴》(1995~1997)，中国统计出版社。
本表均按当年价格计算。农业投资中包括水利投资。

附表36　按经济类型分的全社会工业固定资产投资

年份	全社会	投资额（亿元）				比重（%）			
		国有经济	城乡集体	其中：城镇集体	其中：农村集体	国有经济	城乡集体	其中：城镇集体	其中：农村集体
1953		28.34							
1954		38.37							
1955		42.95							
1956		68.2							
1957		72.4							
1958		173							
1959		208.85							
1960		229.57							
1961		76.79							
1962		40.09							
1963		49.16							
1964		72.06							
1965		88.96							
1966~1970		541.51							
1971~1974		746.94							
1975		231.03							
1976		208.73							
1977		217.36							
1978		273.16							
1979		256.85							
1980	389.5	389.5							
1981	430.4	380.43	49.97	24.53	25.44	88.4	11.6	5.7	5.9
1982	540.39	467.43	72.96	33.01	39.95	86.5	13.5	6.1	7.4
1983	626.32	546.62	79.7	31.78	47.92	87.3	12.7	5.1	7.7
1984	783.42	653.53	129.89	42.08	87.81	83.4	16.6	5.4	11.2
1985	1101.11	913.65	187.46	86.15	101.31	83.0	17.0	7.8	9.2
1986	1388.07	1159.82	228.25	102.09	126.16	83.6	16.4	7.4	9.1
1987	1753.77	1407.15	346.62	129.42	217.2	80.2	19.8	7.4	12.4
1988	2209.3	1726.53	482.77	194.5	288.27	78.1	21.9	8.8	13.0
1989	1945.2	1597.01	348.19	139.61	208.58	82.1	17.9	7.2	10.7
1990	2061.25	1747.58	313.67	122.69	190.98	84.8	15.2	6.0	9.3
1991	2544.72	2113.21	431.51	149.64	281.87	83.0	17.0	5.9	11.1
1992	3715.95	2759.47	956.48	263.66	692.82	74.3	25.7	7.1	18.6
1993	5074.57	3571.57	1503.00	284.19	1218.81	70.4	29.6	5.6	24.0
1994	5623.34	3948.25	1675.09	281.17	1393.92	70.2	29.8	5.0	24.8

年份	全社会	投资额（亿元）				比重（%）			
		国有经济	城乡集体	其中：城镇集体	其中：农村集体	国有经济	城乡集体	其中：城镇集体	其中：农村集体
1995	6356.46	4526.2	1830.26	278.47	1551.79	71.2	28.8	4.4	24.4
1981~1984年平均						86.4	13.6	5.6	8.0
1985~1988年平均						81.2	18.8	7.8	10.9
1989~1992年平均						81.0	19.0	6.5	12.4
1993~1995年平均						70.6	29.4	5.0	24.4
1981~1995年平均						80.4	19.6	6.3	13.3

资料来源：《中国固定资产投资统计年鉴》（1950~1995），中国统计出版社，第364、404页。
本表按当年价格计算。

附表37　按重工业和轻工业分的国有工业基本建设投资

年份	合计	绝对额（亿元）		比重（%）	
		重工业	轻工业	重工业	轻工业
1953	28.34	23.36	4.98	82.4	17.6
1954	38.37	31.63	6.74	82.4	17.6
1955	42.95	37.68	5.27	87.7	12.3
1956	68.2	58.79	9.41	86.2	13.8
1957	72.4	61.36	11.04	84.8	15.2
1958	173	151.2	21.8	87.4	12.6
1959	208.85	185.8	23.05	89.0	11.0
1960	229.57	208.72	20.85	90.9	9.1
1961	76.79	69.07	7.72	89.9	10.1
1962	40.09	36.92	3.17	92.1	7.9
1963	49.16	45.56	3.6	92.7	7.3
1964	72.06	66.2	5.86	91.9	8.1
1965	88.96	81.95	7.01	92.1	7.9
1966~1970	541.51	498.89	42.62	92.1	7.9
1971~1974	746.94	667.04	79.9	89.3	10.7
1975	231.03	207.9	23.13	90.0	10.0
1976	208.73	190.34	18.39	91.2	8.8
1977	217.36	190.29	27.07	87.5	12.5
1978	273.16	243.86	29.3	89.3	10.7

续表 37

年份	合计	绝对额（亿元）		比重（%）	
		重工业	轻工业	重工业	轻工业
1953	28.34	23.36	4.98	82.4	17.6
1979	256.85	226.25	30.6	88.1	11.9
1980	275.61	224.72	50.89	81.5	18.5
1981	216.01	172.63	43.38	79.9	20.1
1982	260.6	214.15	46.45	82.2	17.8
1983	282.28	243.53	38.75	86.3	13.7
1984	341.59	299.16	42.43	87.6	12.4
1985	446.49	383.05	63.44	85.8	14.2
1986	531.64	449.38	82.26	84.5	15.5
1987	682.79	583.67	99.12	85.5	14.5
1988	812.58	689.32	123.26	84.8	15.2
1989	822.48	699.39	123.09	85.0	15.0
1990	952.6	830.81	121.79	87.2	12.8
1991	1147.21	994.91	152.3	86.7	13.3
1992	1458.31	1240.91	217.4	85.1	14.9
1993	2004.45	1734.05	270.4	86.5	13.5
1994	2761.68	2398.65	363.03	86.9	13.1
1995	3236.34	2824.31	412.03	87.3	12.7
1996	3629.4				
1997	4040.2				
1953~1957 年平均				84.7	15.3
1958~1960 年平均				89.1	10.9
1961~1965 年平均				91.7	8.3
1966~1976 年平均				90.7	9.3
1977~1978 年平均				88.4	11.6
1980~1984 年平均				83.5	16.5
1985~1988 年平均				85.2	14.8
1989~1992 年平均				86.0	14.0
1993~1995 年平均				86.9	13.1
1953~1995 年平均				87.2	12.8

资料来源:《中国固定资产投资统计年鉴》（1950~1995），中国统计出版社;《中国统计年鉴》（1996~1997），中国统计出版社。

本表按当年价格计算。

附表 38　按基建和更改分的国有工业固定资产投资

年份	绝对额（亿元）			比重（%）	
	固定资产投资	基本建设投资	更新改造投资	基本建设投资	更新改造投资
1953		28.34			
1954		38.37			
1955		42.95			
1956		68.2			
1957		72.4			
1958		173			
1959		208.85			
1960		229.57			
1961		76.79			
1962		40.09			
1963		49.16			
1964		72.06			
1965		88.96			
1966~1970		541.51			
1971~1974		746.94			
1975		231.03			
1976		217.36			
1977		208.73			
1978		273.16			
1979		256.85			
1980	389.5	275.61	113.89	70.8	29.2
1981	380.43	216.01	142.97	56.8	37.6
1982	467.43	260.6	170.84	55.8	36.5
1983	546.62	282.28	207.46	51.6	38.0
1984	653.53	341.59	225.43	52.3	34.5
1985	913.65	446.49	351.05	48.9	38.4
1986	1159.82	531.64	479.16	45.8	41.3
1987	1407.15	682.79	584.62	48.5	41.5
1988	1726.53	812.58	774.97	47.1	44.9
1989	1597.01	822.48	623.19	51.5	39.0
1990	1747.58	952.6	647.49	54.5	37.1
1991	2113.21	1147.21	783.23	54.3	37.1
1992	2759.47	1458.31	1076.65	52.8	39.0
1993	3571.57	2004.45	1539.33	56.1	43.1
1994	4822.7	2761.68	1928.04	57.3	40.0
1995	6066.7	3236.34	2200.15	53.3	36.3

续表 38

年份	绝对额（亿元）			比重（%）	
	固定资产投资	基本建设投资	更新改造投资	基本建设投资	更新改造投资
1996	6903.6	3629.4	2344.1	52.6	34.0
1997	7326.0	4040.2	2371.0	55.1	32.4
1981~1984 年平均				54.1	36.6
1985~1988 年平均				47.6	41.5
1989~1992 年平均				53.3	38.0
1993~1996 年平均				54.8	37.1
1981~1996 年平均				52.4	38.6

　　资料来源：《中国固定资产投资统计年鉴》（1950~1995），中国统计出版社，第 25、112、258 页；《中国统计摘要》（1998），中国统计出版社，第 46、48 页。

　　本表按当年价格计算。

附表 39　按东、中、西部地区分的国有基本建设投资

年份	绝对额（亿元）				比重（%）		
	全国	东部	中部	西部	东部	中部	西部
1953	90.4	34.07	20.69	11.98	37.7	22.9	13.3
1954	99.0	36.69	27.89	14.33	37.1	28.2	14.5
1955	100.3	36.86	29.41	17.15	36.7	29.3	17.1
1956	155.3	55.36	47.88	34.29	35.6	30.8	22.1
1957	143.3	54.28	43.56	28.39	37.9	30.4	19.8
1958	269.0	108.82	92.83	56.75	40.5	34.5	21.1
1959	349.7	131.98	116.65	82.26	37.7	33.4	23.5
1960	388.7	145.61	132.27	87.8	37.5	34.0	22.6
1961	127.4	49.52	42.88	26.6	38.9	33.7	20.9
1962	71.2	26.69	25.12	12.45	37.5	35.3	17.5
1963	98.1	37.32	35.1	18.44	38.0	35.8	18.8
1964	144.1	55.49	48.49	30.26	38.5	33.7	21.0
1965	179.6	54.57	54.24	59.24	30.4	30.2	33.0
1966	209.0	54.38	58.08	83.61	26.0	27.8	40.0
1967	140.0	36.9	39.28	51.48	26.4	28.1	36.8
1968	113.0	33.35	33.63	34.28	29.5	29.8	30.3
1969	200.8	54.34	59.04	67.31	27.1	29.4	33.5
1970	312.5	83.88	100.64	103.86	26.8	32.2	33.2
1971	340.8	94.33	108.5	105.39	27.7	31.8	30.9
1972	327.9	104.57	98.91	92.53	31.9	30.2	28.2
1973	338.1	119.22	102.44	77.67	35.3	30.3	23.0
1974	347.7	134.66	103.25	72.39	38.7	29.7	20.8
1975	409.3	172.58	114.24	84.02	42.2	27.9	20.5

续表 39

年份	绝对额（亿元）				比重（%）		
	全国	东部	中部	西部	东部	中部	西部
1976	376.3	162.79	111.18	69.88	43.3	29.5	18.6
1977	382.3	154.81	122.0	71.77	40.5	31.9	18.8
1978	500.9	200.83	153.1	102.25	40.1	30.6	20.4
1979	523.5	221.09	154.54	108.41	42.2	29.5	20.7
1980	558.9	248.69	165.13	113.33	44.5	29.5	20.3
1981	442.9	212.2	129.34	80.19	47.9	29.2	18.1
1982	555.5	266.5	161.48	96.47	48.0	29.1	17.4
1983	594.1	277.96	177.01	105.78	46.8	29.8	17.8
1984	743.0	350.69	227.0	124.5	47.2	30.6	16.8
1985	1074.0	519.63	302.63	180.77	48.4	28.2	16.8
1986	1176.0	598.65	327.77	190.61	50.9	27.9	16.2
1987	1343.0	682.42	330.99	209.45	50.8	24.6	15.6
1988	1574.0	837.23	378.52	235.26	53.2	24.0	14.9
1989	1551.7	814.6	358.81	242.92	52.5	23.1	15.7
1990	1703.8	967.54	396.6	286.19	56.8	23.3	16.8
1991	2115.8	1029.59	515.48	362.31	48.7	24.4	17.1
1992	3012.65	1513.42	742.73	497.94	50.2	24.7	16.5
1993	4615.5	2383.69	1087.47	707.48	51.6	23.6	15.3
1994	6436.7	3838.33	1434.09	881.22	59.6	22.3	13.7
1995	7403.6	4008.93	1755.87	1018.99	54.1	23.7	13.8
1996	8610.8	4631.8	2049.7	1237.6	53.8	23.8	14.4
1997	9862.8	5217.0	2369.0	1549.8	52.9	24.0	15.7
1953~1957 年平均					37.0	28.3	17.3
1958~1960 年平均					38.6	34.0	22.4
1961~1965 年平均					36.7	33.7	22.2
1966~1976 年平均					32.3	29.7	28.7
1977~1978 年平均					40.3	31.2	19.6
1979~1984 年平均					46.1	29.6	18.5
1985~1988 年平均					50.8	26.2	15.9
1989~1992 年平均					52.0	23.9	16.5
1993~1997 年平均					54.4	23.5	14.6
1953~1997 年平均					41.8	28.8	20.7

　　资料来源:《中国固定资产统计年鉴》(1995)，中国统计出版社，第 237 页;《中国统计摘要》(1998)，中国统计出版社，第 47 页。

　　本表按当年价格计算。

附表 40　各种价格指数
(以上年为 100)

年份	商品零售 价格指数	居民消费 价格指数	工业品出厂 价格指数	主要原料、燃料动力 购进价格指数	固定资产投资 价格指数
1951	112.2				
1952	99.6				
1953	103.4				
1954	102.3				
1955	101.0				
1956	100.0				
1957	101.5				
1958	100.2				
1959	100.9				
1960	103.1				
1961	116.2				
1962	103.8				
1963	94.1				
1964	96.3				
1965	97.3				
1966	99.7				
1967	99.3				
1968	100.1				
1969	98.9				
1970	99.8				
1971	99.3				
1972	99.8				
1973	100.6				
1974	100.5				
1975	100.2				
1976	100.3				
1977	102.0				
1978	100.7		100.1		
1979	102.0		101.5		
1980	106.0		100.5		
1981	102.4		100.2		
1982	101.9		99.8		
1983	101.5		99.9		
1984	102.8		101.4		
1985	108.8	109.3	108.7	118.0	109.5

续表 40

年份	商品零售 价格指数	居民消费 价格指数	工业品出厂 价格指数	主要原料、燃料动力 购进价格指数	固定资产投资 价格指数
1986	106	106.5	103.8	109.5	110
1987	107.3	107.3	107.9	111.0	108.4
1988	118.5	118.8	115.0	120.2	113.8
1989	117.8	118.0	118.6	126.4	112.1
1990	102.1	103.1	104.1	105.6	111
1991	102.9	103.4	106.2	109.1	109.5
1992	105.4	106.4	106.8	111.0	115.3
1993	113.2	114.7	124.0	135.1	126.6
1994	121.7	124.1	119.5	118.2	110.4
1995	114.8	117.1	114.9	115.3	105.9
1996	106.1	108.3	102.9	103.9	104.0
1997	100.8	102.8	99.7	101.3	101.7
1953~1957 年平均	101.6				
1958~1960 年平均	101.4				
1961~1965 年平均	101.2				
1966~1976 年平均	99.9				
1977~1978 年平均	101.3		100.1		
1979~1984 年平均	102.8		100.5		
1985~1988 年平均	110.0		108.8		110.4
1989~1992 年平均	106.9		108.8	110.0	112.0
1993~1997 年平均	111.1		111.8	114.1	109.4
1953~1997 年平均	103.5		106.5	113.0	110.5

资料来源：《中国统计摘要》（1997），中国统计出版社，第 124~130 页；《中国统计摘要》（1998），中国统计出版社，第 70~74 页。

本表 1985~1989 年投资价格指数根据有关资料估算。

附表 41　政府指令价、指导价和市场价的比重

单位:%

品名	价格形式	1978年	1985年	1986年	1987年	1988年	1990年	1991年	1992年	1993年	1994年	1995年	1996年
社会商品零售总额	政府定价	97.0	47.0	35.0	33.7	28.9	29.8	20.9	5.9	4.8	7.2	8.8	6.3
	政府指导价		19.0	25.0	28.0	21.8	17.2	10.3	1.1	1.4	2.4	2.4	1.2
	市场调节价	3.0	34.0	40.0	38.3	49.3	53.0	68.8	93.0	93.8	90.4	88.8	92.5
农副产品收购总额	政府定价	92.2	37.0	35.3	29.4	24.0	25.0	22.2	12.5	10.4	16.6	17.0	16.9
	政府指导价	1.8	23.0	21.0	16.8	19.0	23.4	20.0	5.7	2.1	4.1	4.4	4.1
	市场调节价	5.6	40.0	43.7	53.8	57.0	51.6	57.8	81.8	87.5	79.3	78.6	79.0
生产资料销售总额	政府定价	100.0	60.0				44.6	36.0	18.7	13.8	14.7	15.6	14.0
	政府指导价						19.0	18.3	7.5	5.1	5.3	6.5	4.9
	市场调节价		40.0				36.4	45.7	73.8	81.8	80.0	77.9	81.1

资料来源:《中国物价年鉴》(1991),物价出版社,第 466 页;(1996),第 388 页;《经济日报》,1998 年 1 月 25 日第 3 版。

附表 42　国有独立核算工业企业经济效益（一）

年份	每百元固定资产原值实现的产值（元）	每百元固定资产原值实现的利税（元）	资金利润率（%）	资金利税率（%）	产值利税率（%）	每百元工业总产值占用流动资金（元）	可比产品成本降低率（%）	劳动生产率（元/人·年）
1952	134.1	25.1	19.2	25.4	18.7	23.1	2.3	4200
1953	147.4	30.8	23.1	30.4	20.9	22.2	3.1	4540
1954	136.3	29.3	22.5	30.4	21.5	20.0	6.2	5104
1955	131.1	28.4	22.1	30.0	21.7	19.8	7.0	5608
1956	151.4	30.7	22.0	32.1	20.3	17.0	8.8	6672
1957	139.3	34.2	23.9	34.6	24.5	19.4	3.8	6376
1958	179.3	50.2	34.2	46.5	28.0	17.8	8.3	5834
1959	187.7	56.6	35.2	48.7	30.2	20.3	6.6	5397
1960	171.9	52.9	32.6	43.6	30.7	24.5	2.8	5880
1961	91.9	18.2	9.0	15.9	19.8	39.6	-13.9	4188
1962	71.1	15.8	8.5	15.1	22.2	38.7	4.2	4830
1963	75.1	20.8	13.4	20.5	27.7	34.6	9.5	6162
1964	84.3	25.6	17.5	25.7	30.4	29.7	8.6	7350
1965	98.1	29.7	20.9	29.8	30.3	25.5	8.8	8995
1966	110.4	34.5	24.2	34.5	31.3	23.5	8.9	10171
1967	88.7	22.4	13.6	21.7	25.3	34.5	-2.6	8222
1968	81.0	18.2	10.0	17.3	22.5	40.9	-2.5	7633
1969	104.1	26.7	16.1	25.3	25.6	32.9	6.3	9035
1970	117.1	32.3	20.1	30.6	27.6	29.9	9.3	10167
1971	123.2	32.4	19.3	30.0	26.3	29.4	3.5	10080
1972	115.4	30.2	18.0	27.7	26.2	32.3	1.7	9537
1973	110.3	27.9	16.8	25.8	25.3	33.0	0.9	9853
1974	100.8	23.3	13.4	21.7	23.2	36.2	-2.6	9347
1975	105.2	24.0	14.1	22.7	22.8	33.4	3.9	10035
1976	95.9	20.4	11.4	19.3	21.3	36.9	-2.3	9172

续表 42

年份	每百元固定资产原值实现的产值（元）	每百元固定资产原值实现的利税（元）	资金利润率（%）	资金利税率（%）	产值利税率（%）	每百元工业总产值占用流动资金（元）	可比产品成本降低率（%）	劳动生产率（元/人·年）
1977	95.5	22.0	12.9	21.2	23.0	35.4	4.6	9914
1978	99.3	24.8	15.5	24.2	24.9	33.0	4.6	11131
1979	101.7	24.9	16.1	24.8	24.5	31.5	0.3	11838
1980	100.8	24.3	16.0	24.8	24.1	30.2	-1.1	12081
1981	95.7	22.9	15.0	23.8	23.9	30.2	-1.2	11863
1982	94.5	22.2	14.4	23.4	23.5	29.8	-0.4	12133
1983	94.9	21.7	14.4	23.2	22.8	28.5	0.2	13049
1984	97.8	22.3	14.9	24.2	22.8	26.9	-2.0	14070
1985	102.7	22.4	13.2	23.8	21.8	26.6	-7.7	15198
1986	100.2	19.9	10.6	20.7	19.9	28.9	-7.3	15451
1987	104.2	19.7	10.6	20.3	18.9	27.7	-7.0	16671
1988	113.1	20.2	10.4	20.6	17.8	25.8	-15.6	18056
1989	116.9	17.5	7.2	17.2	14.9	27.7	-22.2	18320
1990	108.3	12.9	3.2	12.4	12.0	31.8	-7.0	18639
1991	106.0	12.3	2.9	11.81	11.6	31.7	-4.8	32304
1992	109.1	12.4	2.7	9.7	11.4	29.9	-6.5	36074

资料来源：《中国统计年鉴》（1993），中国统计出版社，第437页；《中国劳动工资统计资料》（1949~1985），中国统计出版社，第224页。

本表前七项指标，1952~1976年按1970年不变价格计算，1977年以前按1980年不变价格计算，1990年以前按当年价格计算，1991年以后按1990年不变价格计算。

国有独立核算工业企业经济效益（二）　　　　　　　　　　续表 42

年份	综合指数（%）	增加值率（%）	百元固定资产原值实现利税（元）	资金利税率（%）	产值利税率（%）	百元销售收入实现利润（元）	成本费用利润率（%）	劳动生产率（元/人·年）	流动资产周转次数（次）
1992		—	12.41	9.71	11.38	3.21	3.88	36074	1.65
1993		32.96	12.87	9.68	11.11	3.61	4.10	49151	1.68
1994		31.24	12.45	9.77	11.37	3.75	4.71	40908	1.40
1995		32.09	9.29	8.01	11.10	2.55	3.22	42107	1.42
1996		27.70	7.87	6.54	10.03	1.52	1.86	45906	1.38
1997		33.00	7.58	6.27	10.44	1.53	1.86	—	1.28

资料来源：《中国统计年鉴》（1993~1998），中国统计出版社。

附表 43　基本建设经济效益（一）

年份	全部新增固定资产（亿元）	固定资产交付使用率（%）	其中：工业新增固定资产（亿元）	固定资产交付使用率（%）	投产项目个数（个）	项目建成投产率（%）
1950	—	—	3.00	73.4	—	—
1951	—	—	5.00	71.4	—	—
1952	31.14	71.5	11.30	59.8	—	—
1953	65.59	82.0	23.40	82.6	38	7.4
1954	73.67	81.3	28.23	73.6	72	10.9
1955	80.14	86.2	35.29	82.2	102	13.8
1956	111.64	75.4	48.98	71.8	121	13.2
1957	129.22	93.4	64.72	89.4	262	26.4
1958	199.62	74.8	123.75	71.5	170	10.7
1959	238.54	69.2	145.58	69.7	163	12.0
1960	264.17	68.8	164.27	71.5	177	9.8
1961	91.86	74.5	54.93	71.5	46	3.3
1962	53.44	79.0	28.07	70.0	25	2.5
1963	77.15	81.9	38.65	78.6	26	2.6
1964	114.77	82.8	63.01	87.4	40	3.5
1965	159.93	93.6	84.38	94.9	289	22.9
1966	140.39	70.4	—	—	215	18.1
1967	66.04	50.6	—	—		
1968	47.80	45.9	—	—		
1969	97.84	52.7	—	—		
1970	192.57	65.3	—	—	235	16.7
1971	174.96	54.4	—	—	115	6.8
1972	174.11	55.7	—	—	128	8.3
1973	220.69	68.7	—	—	168	10.3
1974	210.99	63.4	—	—	164	10.8

续表 43

年份	全部新增固定资产（亿元）	固定资产交付使用率（%）	其中：工业新增固定资产（亿元）	固定资产交付使用率（%）	投产项目个数（个）	项目建成投产率（%）
1975	250.53	63.9	146.29	63.3	167	10.9
1976	211.83	58.9	116.52	55.8	85	5.7
1977	260.31	71.4	155.55	71.6	121	8.4
1978	356.37	74.3	190.57	69.8	99	5.8
1979	438.00	83.7	—	—	128	9.7
1980	442.10	79.1	—	—	82	8.3
1981	383.40	86.6	192.61	89.1	79	12.6
1982	413.10	74.4	176.21	67.6	116	14.2
1983	453.10	76.3	190.55	67.5	91	11.2
1984	533.28	71.8	258.80	64.0	113	13.8
1985	733.16	68.2	287.33	64.3	121	12.6
1986	929.88	79.1	427.35	80.3	102	11.0
1987	959.09	71.4	479.21	70.4	119	12.8
1988	1112.13	70.6	551.82	67.9	121	12.7
1989	1179.03	76.0	604.33	73.4	95	9.8
1990	1362.61	80.0	737.46	77.4	152	14.4
1991	1498.73	70.8	824.10	71.8	148	14.1
1992	1975.00	65.6	979.3	67.1	158	13.7
1993	2758.93	59.8	1234.32	61.6	186	13.9
1994	3729.78	57.9	1637.84	59.3	224	15.9
1995	4712.68	63.7	1981.32	61.2	238	14.2
1996	6168.4	71.6	2673.22	71.7	200	15.8
1997	7443.2	75.1	3094.97	75.1	184	14.8

资料来源：《1949~1952 中华人民共和国经济档案资料选编》（基本建设投资和建筑业卷），中国社会科学出版社 1989 年版；《国民经济统计提要》（1949~1978），中国统计出版社；《中国统计年鉴》（1984~1998），中国统计出版社。

本表均为大中型项目。

基本建设经济效益（二）

时期（年份）	大中型项目建设周期（年）	未完工程占用额（亿元）	未完工程占用率（%）	房屋建筑面积竣工率（%）
"一五"时期	6.5	59.1	62.9	65.4
"二五"时期	12.4	207.6	96.1	65.2
1963~1965	9.7	225.6	169.6	66.3
"三五"时期	8.8	322.3	475.4	51.8
"四五"时期	10.7	539.8	165.7	54.7
"五五"时期	13.6	740.8	173.6	49.8
#1978	11.7			48.7
1979	13.6	621.6	124.4	50.4
1980	13.9	638.1	118.3	52.7
"六五"时期	8.1	744.6	115.9	49.7
1981	14.4	585.7	136.9	51.4
1982	12.1	633.1	118.5	50.5
1983	10.6	670.6	121.1	52.3
1984	9.3	777.6	113.3	49.4
1985	9.0	1010.4	103.7	46.3
"七五"时期	6.4	7758.8	113.8	48.4
1986	7.6	1115.0	99.3	50.3
1987	6.1	1330.7	105.1	48.8
1988	6.0	1544.2	109.3	46.8
1989	7.4	1808.9	127.7	45.9
1990	6.3	2023.2	118.7	48.4
"八五"时期	6.4	24808.4	105.2	45.3
1991	6.9	2438.2	115.2	46.2
1992	6.6	3135.8	104.1	46.3
1993	7.2	4491.3	97.3	43.2
1994	6.3	6639.9	103.2	43.6
1995	5.9	8103.2	109.4	47.5
1996	6.4	9687.2	112.5	48.7
1997	6.7	10698.5	107.9	48.5

资料来源：《中国统计摘要》（1998），中国统计出版社，第90页。

附表 44　工业部门职工工资总额

年份	总额（亿元）	指数（%）	
		名义工资	实际工资
		以 1952 年为 100	
1952	25.4	100.0	100.0
1953	34.1	134.2	127.6
1954	38.7	152.3	142.8
1955	42.9	168.8	157.9
1956	58.1	228.7	214.0
1957	67.5	265.7	241.7
1958	87.4	344.0	316.8
1959	113.4	446.4	410.2
1960	127.3	501.1	448.9
1961	118.8	467.7	361.0
1962	103.6	407.8	302.9
1963	97.6	384.2	290.6
1964	99.9	392.6	321.9
1965	105.1	413.7	343.3
1966	111.8	438.1	368.0
1967	118.8	467.7	395.6
1968	119.9	472.0	398.8
1969	128.2	504.7	421.4
1970	141.9	558.6	467.5
1971	160.4	631.4	529.7
1972	183.1	720.8	603.3
1973	196.1	772.0	645.3
1974	202.7	798.0	662.3
1975	214.5	844.4	699.1
1976	226.5	891.7	735.6
1977	238.8	940.1	754.9
1978	262.4	1033.0	824.3
年份	总额（亿元）	指数（%）	
		名义工资	实际工资
		以 1978 年为 100	
1978	262.4	100.0	100.0
1979	304.2	115.9	113.5
1980	360.0	137.1	124.7
1981	379.9	144.7	128.7
1982	401.3	152.9	133.0

续表 44

年份	总额（亿元）	指数（%）	
		名义工资	实际工资
		以 1978 年为 100	
1983	418.2	159.3	135.4
1984	516.8	196.9	163.4
1985	624.5	237.9	185.7
1986	749.7	285.7	210.3
1987	857.3	326.7	224.2
1988	1062.5	404.9	234.4
1989	1222.8	466.0	229.1
1990	1373.0	523.2	251.9
1991	1550.8	591.0	276.5
1992	1803.2	687.1	305.1
1993	2230.5	850.0	333.4
1994	2855.8	1088.3	350.8
1995	3473.6	1323.7	371.7
1996	3739.5	1425.1	377.2
1997	3836.5	1462.0	383.9

资料来源：《中国劳动工资统计资料》（1949~1985），中国统计出版社，第 119 页；《中国统计摘要》（1997），中国统计出版社，第 66 页；《中国统计摘要》（1998），中国统计出版社，第 38 页。

附表 45 国有和城镇集体工业职工平均工资（一）

年份	一、全部工业			二、国有工业			三、城镇集体工业		
	工资（元）	指数（以 1952 年为 100）		工资（元）	指数（以 1952 年为 100）		工资（元）	指数（以 1952 年为 100）	
		货币工资	实际工资		货币工资	实际工资		货币工资	实际工资
1952	508	100.0	100.0	515	100.0	100.0	348	100.0	100.0
1953	569	112.0	106.5	576	111.8	106.3	415	119.2	113.3
1954	583	114.8	109.7	597	115.9	108.7	464	133.3	125.0
1955	567	111.6	104.3	600	116.5	108.9	456	131.0	122.4
1956	631	124.2	116.2	674	130.8	122.4	530	152.2	142.4
1957	650	127.9	116.3	690	133.9	121.8	553	158.9	144.5
1958	519	102.1	94.0	526	102.1	94.0	477	137.0	126.1
1959	507	99.8	91.7	514	99.8	91.7	451	129.5	119.0
1960	525	103.3	92.5	538	104.4	93.5	431	123.8	110.9
1961	535	105.3	81.3	560	108.7	83.9	395	113.5	87.6
1962	595	117.1	87.0	652	126.6	94.0	409	117.5	87.3
1963	626	123.2	97.2	720	139.8	110.0	371	106.6	84.1
1964	636	125.1	102.5	745	144.6	118.5	357	102.5	84.0

续表45

年份	一、全部工业			二、国有工业			三、城镇集体工业		
	工资（元）	指数（以1952年为100）		工资（元）	指数（以1952年为100）		工资（元）	指数（以1952年为100）	
		货币工资	实际工资		货币工资	实际工资		货币工资	实际工资
1965	633	124.6	103.4	729	141.5	117.4	393	112.9	93.7
1966	619	121.8	102.3	702	136.3	114.4	418	120.1	100.8
1967	630	124.0	104.9	701	136.1	115.1	448	128.7	108.8
1968	624	122.8	103.7	689	133.7	112.9	430	123.5	104.3
1969	621	122.2	102.0	683	132.6	110.7	429	123.2	102.8
1970	596	117.3	98.1	661	128.3	107.3	395	113.5	94.9
1971	583	114.7	96.2	635	123.3	103.4	419	120.4	101.0
1972	602	118.5	99.1	650	126.2	105.6	455	130.7	109.3
1973	597	117.5	98.2	640	124.2	103.8	479	137.6	115.0
1974	588	115.7	96.0	648	125.8	104.4	433	124.4	103.2
1975	588	115.7	95.7	644	125.0	103.5	443	127.2	105.3
1976	585	115.1	94.9	634	123.1	101.5	452	129.8	107.0
1977	587	115.5	92.7	632	122.7	98.5	467	134.1	107.6
1978	630	124.0	98.9	683	132.6	105.8	495	142.2	113.4
1979	691	136.0	106.6	758	147.1	115.3	532	152.8	119.7
1980	787	154.9	112.7	854	165.8	120.7	622	178.7	130.0
1981	788	155.1	110.2	852	165.4	117.5	644	185.0	131.5
1982	802	157.8	109.8	864	167.7	116.7	659	189.3	131.7
1983	819	161.2	109.9	878	170.4	116.2	684	196.5	134.0
1984	988	194.4	129.4	1071	207.9	138.4	804	231.0	153.8

资料来源：《中国劳动工资统计资料》（1949~1985），中国统计出版社，第153、157、179页。

国有和城镇集体工业职工平均工资（二）
一、工资（元）

续表45

年份	一、全部工业			二、国有工业			三、城镇集体工业		
	采掘业	制造业	电力、煤气及水的生产和供应业	采掘业	制造业	电力、煤气及水的生产和供应业	采掘业	制造业	电力、煤气及水的生产和供应业
1978	676	597	850	704	663	873	443	503	333
1979	755	664	941	786	726	971	478	535	364
1980	854	752	1035	891	821	1073	548	619	333
1981	855	758	1045	890	820	1074	568	641	500
1982	869	773	1067	905	835	1095	575	654	500
1983	880	789	1104	915	847	1134	594	679	500
1984	1066	955	1321	1112	1028	1357	702	805	615

续表 45

年份	一、全部工业			二、国有工业			三、城镇集体工业		
	采掘业	制造业	电力、煤气及水的生产和供应业	采掘业	制造业	电力、煤气及水的生产和供应业	采掘业	制造业	电力、煤气及水的生产和供应业
1985	1324	1112	1239	1384	1190	1272	852	963	667
1986	1569	1275	1497	1638	1382	1518	945	1075	875
1987	1663	1418	1677	1734	1543	1692	1016	1180	1250
1988	1964	1710	1971	2038	1872	1994	1208	1388	1294
1989	2378	1900	2241	2449	2081	2248	1433	1523	1625
1990	2718	2073	2656	2763	2289	2648	1844	1622	2133
1991	2942	2289	2922	2982	2505	2883	1960	1798	2588
1992	3209	2635	3392	3239	2889	3354	2000	2017	2737
1993	3711	3348	4319	3856	3562	4317	2327	2469	3539
1994	4679	4283	6155	4863	4508	6124	2793	3076	5734
1995	5757	5169	7843	5944	5352	7734	3680	3717	7461
1996	6482	5642	8816						
1997	6833	5933	9649						

二、货币工资指数（1978=100）

续表 45

年份	一、全部工业			二、国有工业			三、城镇集体工业		
	采掘业	制造业	电力、煤气及水的生产和供应业	采掘业	制造业	电力、煤气及水的生产和供应业	采掘业	制造业	电力、煤气及水的生产和供应业
1979	111.6	111.1	110.6	111.7	109.4	111.3	107.9	106.4	109.1
1980	126.3	125.9	121.7	126.6	123.7	123.0	123.8	123.0	100.0
1981	126.4	126.9	122.9	126.4	123.6	123.0	128.3	127.3	150.0
1982	128.5	129.5	125.5	128.5	125.9	125.5	129.9	130.0	150.0
1983	130.1	132.1	129.8	129.9	127.7	129.9	134.2	134.9	150.0
1984	157.6	159.8	155.3	158.0	155.0	155.5	158.5	160.0	184.6
1985	195.7	186.2	145.7	196.5	179.3	145.8	192.6	191.4	200.0
1986	231.9	213.4	176.0	232.7	208.3	174.0	213.5	213.7	262.5
1987	245.9	237.3	197.2	246.3	232.5	193.9	229.5	234.5	375.0
1988	290.3	286.2	231.7	289.5	282.1	228.5	273.0	275.9	388.2
1989	351.5	318.0	263.3	347.8	313.6	257.6	323.8	302.7	487.5
1990	401.9	346.9	312.3	392.5	344.9	303.5	416.5	322.4	640.0
1991	435.0	383.2	343.5	423.5	377.6	330.4	442.9	357.2	776.5
1992	474.5	441.1	398.9	460.0	435.4	384.3	451.9	400.9	821.1
1993	548.6	560.4	507.9	547.7	536.9	494.7	525.6	490.7	1061.7
1994	691.5	716.8	723.1	690.7	679.5	701.9	631.0	611.5	1720.2

续表 45

年份	一、全部工业			二、国有工业			三、城镇集体工业		
	采掘业	制造业	电力、煤气及水的生产和供应业	采掘业	制造业	电力、煤气及水的生产和供应业	采掘业	制造业	电力、煤气及水的生产和供应业
1995	851.1	865.1	922.2	844.2	806.7	886.4	831.4	738.7	2238.3
1996	958.8	945.0	1037.1						
1997	1010.7	993.8	1135.1						

三、实际工资指数（1978=100）　　　　续表 45

年份	一、全部工业			二、国有工业			三、城镇集体工业		
	采掘业	制造业	电力、煤气及水的生产和供应业	采掘业	制造业	电力、煤气及水的生产和供应业	采掘业	制造业	电力、煤气及水的生产和供应业
1979	109.5	109.1	108.5	109.6	107.4	109.2	105.9	104.4	107.1
1980	115.4	115.0	111.1	115.6	113.0	112.3	113.1	112.3	91.3
1981	112.6	113.1	109.5	112.6	110.1	109.7	114.3	113.5	133.7
1982	112.3	113.2	109.7	112.3	110.0	109.7	113.6	113.6	131.1
1983	111.5	113.2	111.3	111.4	109.4	111.3	115.0	115.6	128.5
1984	131.5	133.2	129.5	131.8	129.3	129.7	132.2	133.5	154.0
1985	145.9	138.7	108.6	146.5	133.6	108.6	143.5	148.6	149.0
1986	161.5	148.6	122.5	162.0	145.1	121.1	148.7	148.8	182.8
1987	157.4	151.9	126.3	157.7	148.8	124.2	146.9	150.1	240.1
1988	154.0	151.8	122.9	153.6	149.7	121.2	144.8	146.4	206.0
1989	160.4	145.1	120.2	158.7	143.1	117.5	147.7	138.1	222.4
1990	181.0	156.3	140.7	176.8	155.4	136.7	187.6	145.2	288.3
1991	186.2	164.0	147.1	181.3	161.6	141.4	189.6	152.9	332.4
1992	187.0	173.9	157.2	181.3	171.6	151.5	178.1	158.0	323.6
1993	186.3	190.3	172.4	185.9	182.3	168.0	178.5	166.6	360.5
1994	187.8	194.7	196.4	187.6	184.5	190.6	171.4	166.1	467.2
1995	197.8	201.2	214.3	196.3	187.6	206.1	193.3	171.8	520.5
1996	205.9	202.8	222.6						
1997	211.0	207.5	237.0						

资料来源:《中国劳动工资年鉴》(1996)，中国统计出版社，第44~65页;《中国统计年鉴》(1997)，中国统计出版社，第267页;《中国统计摘要》(1998)，中国统计出版社，第38、70页。

附表 46　其他经济类型工业职工平均工资
一、工资（元）

年份	采掘业	制造业	电力、煤气及水的生产和供应业
1984		1007	
1985	1270	1328	1270
1986		1528	
1987		1789	
1988	2239	2462	2104
1989	2427	2889	3232
1990	2270	3055	3088
1991	3855	3626	3333
1992	3579	4154	4238
1993	3423	4874	6309
1994	4233	6096	8005
1995	5174	7245	10746
1996	5217	7945	12030

二、货币工资指数　　　　　　　　　　　　续表 46

| 年份 | 采掘业 | 制造业 | 电力、煤气及水的生产和供应业 |
	(1985=100)	(1984=100)	(1985=100)
1985		131.9	
1986		151.7	
1987		177.7	
1988	176.3	244.5	165.7
1989	191.1	286.9	254.5
1990	178.7	303.4	243.1
1991	303.5	360.1	262.4
1992	281.8	412.5	333.7
1993	269.5	484.0	496.8
1994	333.3	605.4	630.3
1995	407.4	719.5	846.1
1996	410.7	789.8	947.2

三、实际工资指数

续表 46

年份	采掘业 (1985=100)	制造业 (1984=100)	电力、煤气及水的生产和供应业 (1985=100)
1985		117.9	
1986		126.7	
1987		136.4	
1988	125.5	155.5	117.9
1989	116.9	156.9	155.7
1990	108.0	163.8	146.9
1991	174.5	185.0	150.8
1992	149.1	195.1	176.6
1993	122.9	197.2	226.5
1994	121.6	197.3	229.9
1995	127.2	200.7	264.2
1996	125.2	203.4	288.8

资料来源:《劳动工资统计年鉴》(1996),中国统计出版社,第 62~64 页;《中国统计年鉴》(1997),中国统计出版社,第 132、267 页。

附表 47 国有单位职工劳保福利费用

年份	劳保福利费（亿元）	为工资总额%
1952	9.52	14.1
1953	14.49	16.3
1954	16.63	17.5
1955	17.29	17.2
1956	26.67	19.5
1957	27.94	17.9
1958	28.37	15.7
1959	35.02	15.0
1960	36.80	14.0
1961	31.51	12.9
1962	28.25	13.2
1963	30.34	14.4
1964	28.21	12.6
1975	43.34	12.0
1976	45.46	12.2
1977	49.87	12.9
1978	66.91	15.7

资料来源:《国民经济统计提要》(1952~1978),中国统计出版社。
本表未包括计划外用工数。

附表 48　全国保险福利费用总额　　　　　　　　　　单位：亿元

年份	合计	国有单位	单位支付	民政部门支付	城镇集体单位	其他单位	保险福利费用总额相当于工资总额的%
1978	78.1	69.1	66.9	2.2	9.0		13.7
1979	107.3	94.9	92.1	2.8	12.4		16.6
1980	136.4	119.3	116.0	3.3	17.1		17.7
1981	154.9	135.7	132.4	3.3	19.2		18.9
1982	180.5	157.0	153.8	3.2	23.5		20.5
1983	212.5	182.7	179.5	3.2	29.8		22.7
1984	257.7	213.4	210.4	3.0	43.4	0.9	22.7
1985	331.6	273.6	269.9	3.7	56.8	1.2	24.0
1986	420.1	343.9	340.0	3.9	74.1	2.1	25.3
1987	508.7	415.9	411.8	4.1	89.8	3.0	27.0
1988	653.1	537.6	533.4	4.2	110.8	4.7	28.2
1989	768.0	635.5	628.0	7.5	126.5	6.0	29.3
1990	937.9	777.3	770.1	7.2	152.9	7.7	31.8
1991	1094.7	912.5	904.9	7.6	171.8	10.4	32.9
1992	1309.5	1095.8	1086.6	9.2	198.8	14.9	33.2
1993	1670.2	1386.5	1374.5	12.0	238.6	45.1	34.0
1994	1958.1	1646.2	1628.7	17.5	248.1	63.8	29.4
1995	2361.3	1980.4	1961.0	19.4	294.5	86.4	29.2
1996	2725.3	2296.6	2276.5	20.1	317.8	110.9	30.0
1997	3043.5	2578.8	2554.2	22.7	336.2	128.5	30.4

资料来源：《中国统计年鉴》（1998），中国统计出版社，第 795 页。

参考文献

《毛泽东选集》，东北书店 1948 年版。

《毛泽东选集》第 1、2、3、4 卷，人民出版社 1991 年版。

《毛泽东选集》第 5 卷，人民出版社 1977 年版。

《周恩来选集》上、下卷，人民出版社 1985 年版。

《刘少奇选集》上、下卷，人民出版社 1982 年版。

《朱德选集》，人民出版社 1983 年版。

《邓小平文选》第 1、2、3 卷，人民出版社 1993 年版。

《陈云文选》第 1、2、3 卷，人民出版社 1995 年版。

薄一波：《若干重大决策与事件的回顾》，中共中央党校出版社，上卷为 1991 年版，下卷为 1993 年版。

中国共产党第七次至第十五次全国代表大会文件以及其间有关的代表会议和中央全会的文件。

江泽民：《加快改革开放和现代化建设步伐，夺取有中国特色社会主义事业的更大胜利（在中国共产党第十四次全国代表大会上的报告）》，人民出版社 1992 年版。

江泽民：《高举邓小平理论伟大旗帜，把建设有中国特色社会主义事业全面推向二十一世纪（在中国共产党第十五次全国代表大会上的报告）》，人民出版社 1997 年版。

中国人民大学中国革命史教研室：《中国人民政治协商会议文件选辑》。

全国人民代表大会第一届至第九届第一次会议文件。

《人民日报》（1949 年~1998 年 8 月）。

《新华月报》（《新华半月刊》）（有关各月）。

《经济日报》（有关各月）。

《光明日报》（有关各月）。

《中国经济年鉴》（1981~1998），经济管理杂志社（或经济管理出版社、中国经济年鉴社）。

《中国统计年鉴》（或《中国统计摘要》）（1981~1998），中国统计出版社。

《中国工业经济统计资料》（或《中国工业经济统计年鉴》）（1949~1997），中国统计出版社。

《中华人民共和国三年来的伟大成就》，人民出版社1953年版。

《我国的国民经济建设和人民生活》，中国统计出版社1958年版。

《伟大的十年》，人民出版社1959年版。

《中华人民共和国经济大事记（1949~1980)》，中国社会科学出版社1984年版。

《中华人民共和国国民经济和社会发展计划大事辑要（1949~1988)》，红旗出版社1989年版。

《中华人民共和国工业大事记（1949~1990)》，湖南出版社1991年版。

《中国共产党执政四十年》（增订本），中共党史出版社1991年版。

《中华人民共和国经济管理大事记》，中国经济出版社1987年版。

中央档案馆、中国社会科学院编：《1949~1952中华人民共和国经济档案资料选编》（有关各卷），中国城市经济社会出版社（或经济管理出版社、中国社会科学出版社）。

国防大学党史党建政工教研室编印：《中共党史教学参考资料》（有关各卷）。

中国社会科学院工业经济研究所情报资料室编印：《中国工业经济法规汇编（1949~1981)》。

薛暮桥等：《中国国民经济的社会主义改造》，人民出版社1959年版。

中央工商行政管理局、中国科学院经济研究所资本主义经济改造研究室：《中国资本主义工商业的社会主义改造》，人民出版社1962年版。

《当代中国经济》、《当代中国的经济管理》、《当代中国的经济体制改革》、《当代中国财政》、《当代中国的金融事业》、《当代中国商业》、《当代中国的物价》、《当代中国对外贸易》、《当代中国的对外经济合作》、《当代中国的固定资产投资》、《当代中国的基本建设》、《当代中国的劳动力管理》、《当代中国的职工工资福利和社会保险》、《当代中国的煤炭工业》、《当代中国的石油工业》、《当代中国的有色金属工业》、《当代中国的石油化学工业》、《当代中国的建筑材料工业》、《当代中国的机械工业》、《当代中国的农业机械工业》、《当代中国的电子工业》、《当代中国的航空工业》、《当代中国的核工业》、《当代中国的轻工业》和《当代中国的纺织工业》等，中国社会科学出版社。

中国社会科学院工业经济研究所编：《中国工业发展报告》（1996~1998），经济管理出版社。

中共中央党史研究室：《中国共产党的七十年》，中共党史出版社1991年版。

汪海波主编：《新中国工业经济史（1949.10~1985）》（一卷本），经济管理出版社1986年版。

汪海波著：《新中国工业经济史（1949.10~1957）》，经济管理出版社1994年版。

汪海波等：《新中国工业经济史（1958~1965）》，经济管理出版社1995年版。

费正清、罗德里克·麦克法夸尔主编：《剑桥中华人民共和国史》（有关各卷），上海人民出版社和海南出版社等。

后　记

　　1986 年，我主编了《新中国工业经济史（1949.10~1985）》。[①] 1994 年，我撰写了《新中国工业经济史（1949.10~1957）》。[②] 1995 年，我与董志凯等撰写、出版了《新中国工业经济史（1958~1965）》。[③] 为了进一步总结新中国工业经济的发展，我又撰写了本书。本书力图在马克思列宁主义、毛泽东思想，特别是邓小平理论指导下，对已经问世的、浩繁的新中国工业经济发展的史料作出新的概括，试图在新中国工业经济发展的历史分期，篇章节安排，重大历史事件的决策、实施和结果的系统叙述，定性分析与定量分析相结合，典型史料与统计资料的结合运用，以及历史事件的评价等方面作出新的探索和比较客观的叙述。可以说，本书是作者近 20 年的研究成果，想以此作为向我们伟大祖国——中华人民共和国 50 华诞的献礼！

　　但是，限于作者水平和时间，本书在史料选择、历史叙述和数据处理等方面仍有不少不尽如人意之处，希望读者批评指正。作者拟在再版时修改。

　　本书写作吸收了我国学术界已有的成果，特别是本后记开头提到的

---

　　① 该书 1986 年由经济管理出版社出版。我任主编，包括设计写作提纲，主持第一、二稿修改讨论，最后统改定稿等项工作。该书由我和俞恒、马泉山、吕政分别撰写（详见该书后记）。

　　② 该书由我主编和撰写，1994 年由经济管理出版社出版。

　　③ 该书由我和吕政主编。主编工作大体同《新中国工业经济史（1949.10~1985）》。该书由我、董志凯、剧锦文、徐洪才和董小君分别撰写（详见该书后记）。该书 1995 年由经济管理出版社出版。

三本史学著作。

本书写作过程中，刘立峰和戚韦东搜集和计算了大量数字资料；王东也搜集了许多史料。

本书出版受到了山西经济出版社诸位领导同志（特别是赵建廷副总编辑）的关注。

本书写作乃至我一生的研究和教学工作，都受到了我妻子刘海英的鼎力相助。

趁本书问世之时，向上述四方面的先生和女士表示衷心感谢！

汪海波

1998 年 10 月 26 日